Wenn Kinder sich ärgern

Wenn Kinder sich ärgern

Emotionsregulierung in der Entwicklung

von

Maria von Salisch

Hogrefe · Verlag für Psychologie
Göttingen · Bern · Toronto · Seattle

PD Dr. Maria von Salisch, geb. 1956. 1976-1983 Studium der Psychologie in New York, Hamburg und San Francisco. 1989 Promotion. Seit 1990 Wissenschaftliche Assistentin an der Freien Universität Berlin, 1999 Habilitation.

Die Deutsche Bibliothek - CIP - Einheitsaufnahme

Salisch, Maria von:
Wenn Kinder sich ärgern : Emotionsregulierung in der Entwicklung / von Maria von Salisch. - Göttingen ; Bern ; Toronto ; Seattle : Hogrefe, Verl. für Psychologie, 2000
ISBN 3-8017-1088-2

© by Hogrefe-Verlag, Göttingen · Bern · Toronto · Seattle 2000
Rohnsweg 25, D-37085 Göttingen

Umschlagbild: Katharina Vogtmeier, 8 Jahre
Gesamtherstellung: Dieterichsche Universitätsbuchdruckerei
W. Fr. Kaestner GmbH & Co. KG, D-37124 Rosdorf/Göttingen
Printed in Germany
Auf säurefreiem Papier gedruckt

ISBN 3-8017-1088-2

Inhalt

8

Einleitung

Schulkinder ärgern sich häufig. Glaubt man ihren Eintragungen in einem Ärgertagebuch, dann ärgern sich Kinder im Grundschulalter im Mittel einmal täglich über eine Person aus ihrem sozialen Umfeld, also über Eltern oder Geschwister, Klassenkameraden oder Freunde, Lehrer oder Hausmeister, andere Kinder aus dem Hort oder vom Spielplatz. "Großer Ärger" wurde dabei etwas häufiger, "kleiner Ärger" etwas seltener notiert. Was machen Kinder, wenn sie sich ärgern? Malträtieren sie die Person, die sie geärgert hat, weil (körperliche) Gewalt eine notwendige Folge des Ärgers ist? Oder ziehen sie sich zurück und geben sich selbst die Schuld? Oder stopfen sie sich mit Schokolade voll? Oder spinnen sie zusammen mit anderen Kindern Intrigen gegen die Person, die sie geärgert hat? Wenn Kinder sich einmal täglich ärgern, dann gewinnt die Frage, wie sie mit diesem Gefühl umgehen, eine weitreichende praktische Bedeutung, die ihren Alltag in Schule und Familie, Kindergarten und Freizeiteinrichtungen bestimmt.

Wie Menschen mit ihrem Ärger umgehen, ist ein Thema mit Tradition. Schon die griechischen und römischen Philosophen haben sich damit befaßt, wann es (moralisch) vertretbar ist, Ärger zu empfinden. Wie sich das Empfinden von Ärger (und anderen Gefühlen) im Laufe von lebensgeschichtlichen Entwicklungsprozessen verändert, ist spätestens seit der Romantik Gegenstand von unzähligen Bildungsromanen; die "Herzensbildung", so die deutsche Übersetzung von Flauberts "Education sentimentale", hat seitdem einen festen Platz in der Literatur. In der Psychologie wurde das Gefühlsleben in den letzten Jahrzehnten vernachlässigt. Nach der "kognitiven Wende" in den 70er Jahren standen in den letzten 20 Jahren andere Themen im Mittelpunkt der Psychologie. In dem Bereich der Psychologie, der sich mit der kindlichen Entwicklung beschäftigt, war dies nicht anders. In einem Standard-Lehrbuch der Entwicklungspsychologie von über 1100 Seiten aus dem Jahre 1987 galten ganze vier Einträge den "Gefühlen".

Seitdem hat sich einiges geändert. In den letzten Jahren haben die Gefühle eine Renaissance in der Psychologie erlebt, wahrscheinlich weil jedem, der mit Menschen zu tun hat, deutlich wurde, daß sie überspitzt formuliert mehr sind als "problemlösende Maschinen". Gerade bei Kindern ist offensichtlich, daß diese kleinen Menschen oft große Leidenschaften hegen. Die nächste Auflage des erwähnten Entwicklungspsychologie-Lehrbuchs aus der Mitte der 90er Jahre trug diesen Überlegungen Rechnung, denn nun bezogen sich bereits 33 Einträge auf die "Emotionen". Seit dieser Zeit hat sich auch das öffentliche Interesse am Gefühlsleben intensiviert, sicherlich nicht zuletzt vorangetrieben durch Daniel Golemans Bestseller "Emotionale Intelligenz". Emotionale Intelligenz beruht nach Goleman (1997) (der sich hier auf Salovey und Mayer (1990) beruft) auf folgenden fünf Fähigkeiten, nämlich (1) einer korrekten Selbstwahrnehmung; (2) der Fähigkeit, Emotionen zu handhaben; (3) der Fähigkeit, Emotionen zur Motivationssteigerung einzusetzen; (4) der Empathie mit anderen Menschen und (5) der sozialen Kompetenz in den Beziehungen zu anderen Menschen (S. 65f). Auch wenn man Golemans großspreche-rischen Ankündigungen und "Beweisen" zur erfolgssteigernden Wirkung emotionaler Intelligenz nicht glauben mag und dieser Liste noch einige weitere Fähigkeiten hinzufügen möchte (z.B. Saarni, 1990), so sind hier doch sehr wichtige Fähigkeiten angesprochen, die eng mit der psychischen Gesundheit des Einzelnen und seiner Einbettung in befriedigende zwischenmenschliche Beziehungen zusammenhängen dürften.

Von einer dieser fünf Fähigkeiten soll dieses Buch handeln, nämlich von der Fähigkeit, seine Emotionen handhaben oder regulieren zu können. Was ist damit gemeint? Ausgangspunkt meiner Überlegungen zur Emotionsregulierung war Ekman und Friesens (1988) Konzept der Darbietungsregeln. Dieses Konzept wurde von den beiden nordamerikanischen Forschern im Verlauf ihrer kulturvergleichenden Untersuchungen des emotionalen Ausdrucksverhaltens entwickelt. Sie wollten damit ihrem Befund Rechnung tragen, daß manche Formen des Ausdrucks von Gefühlen kulturübergreifend gleich und andere je nach Kultur verschieden sind. Grundgefühle wie Trauer, Angst, Ärger, Überraschung, Ekel oder Freude wurden nämlich von Eingeborenen aus Neu Guinea, die vorher so gut wie keinen Kontakt zu westlichen Kulturen hatten, in gleicher Weise im Gesicht ausgedrückt (und auf Photos wieder-erkannt) wie von Studierenden aus Berkeley in Kalifornien. Nach Ekman und Friesen (1988) vermitteln die Darbietungsregeln zwischen einem neuronal gesteuerten Affektprogramm und dem Ausdruck dieser Gefühle in Gesicht, Stimme und Körper. Darbietungsregeln modulieren den Ausdruck der Gefühle gemäß den Regeln, die in der jeweiligen Kultur gültig sind. Sie definieren kurzum, "wer wem gegenüber wann welches Gefühl in welcher Intensität" zeigen darf. Nach einigem Überlegen stellte sich heraus, daß das Konzept der Darbietungsregeln zu vordergründig ist, weil es sich nur auf das beobachtbare Ausdrucksverhalten bezieht und alle anderen Aspekte von Gefühlen außen vor läßt. Außerdem ist mit den Darbietungsregeln noch nichts darüber gesagt, wie Menschen es bewerkstelligen, ihr Ausdrucksverhalten diesen Regeln anzupassen. Wie schaffen es Menschen, etwa bei einer Beerdigung betrübt auszusehen, obwohl ihnen der Tote gar nicht nahe stand? Wie gelingt es Kindern, ihren Ärger auf ihre Lehrerin im Ausdruck so zu verkleinern, daß diese nichts (oder nur wenig) davon bemerkt? Die Strategien, die angewandt werden, um das Aus-drucksverhalten zu modulieren, sind in dem Konzept der Darbietungsregeln nicht enthalten.

Gesucht wurde daher nach einem Konzept, das zum einen das gesamte Verhalten abdeckt, also auch jenes, das sich vielleicht nicht direkt beobachten läßt. Zum anderen sollte das Konzept auch den Prozeß einbeziehen, mit dessen Hilfe die Modulation des Ausdrucksverhaltens erreicht wird. Eine Orientierung am Konzept der Bewältigung drängte sich auf. Im transaktionalen Ansatz von Lazarus wird einer Person Bewältigung immer dann abverlangt, wenn sie Streß empfindet, wenn also die Anforderungen ihrer Umgebung oder ihrer Selbst ihre eigenen Ressourcen stark beanspruchen oder überfordern (Lazarus & Launier, 1978). Als Folge eines Prozesses der Bewertung der eigenen Kräfte im Vergleich zu den Anforderungen entsteht ein Ungleichgewicht, das auch die Intensität und die Qualität der emotionalen Reaktion bestimmt. Bestimmte notwendige und hinreichende Bewertungen führen nach Lazarus (1991a,b) zu bestimmten Emotionen. Da vor allem negative Emotionen mit der Erfahrung von Unlust oder unangenehmen physiologischen Prozessen einhergehen, bemüht man sich, mit diesen Gefühlen "umzugehen", sie eben zu "bewältigen". In der bekannten Definition von Lazarus und Folkman (1984, S. 141) wird Bewältigung verstanden als "sich ständig verändernde kognitive und verhaltensmäßige Bemühungen, mit spezifischen externen und/oder internen Anforderungen, die die Ressourcen einer Person beanspruchen oder übersteigen, fertig zu werden". Diese Definition lenkt den Blick auf die Strategien, die man anwendet, um mit den Anforderungen fertig zu werden. Ob dies gelingt und ob der Aufwand dabei vertretbar ist, wird ausgeklammert. Entscheidend ist allein die Innensicht der Person, also ihr Bemühen, ihre Gefühle zu bewältigen. Mit dem Fokus auf die Person rücken intrapsychische Strategien der Bewältigung in die Betrachtung, die möglicherweise kein direktes Äquivalent im Ausdrucksverhalten haben.

Weil der Begriff der Bewältigung die Intention impliziert, daß das Gefühl "verkleinert" werden soll, wird der neutralere Begriff der Regulierung vorgezogen, auch wenn die "Vergrößerung" bei anderen negativen Gefühlen als dem Ärger nur sehr selten vorkommen dürfte. Die Emotionsregulierung umfaßt damit alle Strategien, die angewandt werden, um den Gefühlsimpuls umzuformen, sei es, um ihn in Ausdruck, Erleben oder Physiologie zu intensivieren oder um ihn in diesen drei Bereichen abzuschwächen (Frijda, 1986). Eine etwas konkretere Beschreibung liefert Levenson (1994b), der die Wege aufzählt, auf denen Emotionen gehandhabt werden können. Seiner Meinung nach unterscheiden sich emotionale Regulierungsprozesse darüber hinaus u.a. in Hinblick darauf,

- ob die Intensität des Gefühls verändert wird oder ob es durch ein anderes ersetzt oder maskiert wird;
- ob die Regulierungsbemühungen vor dem Erleben des Gefühls oder währenddessen einsetzen;
- ob die eigenen Gefühle oder die von anderen Menschen reguliert werden und
- ob die Steuerung bewußt oder unbewußt, willentlich oder unwillkürlich geschieht.

Weil die Frage danach, ob Regulierungsstrategien willentlich und bewußt eingesetzt werden oder nicht, ein sehr schwieriges Terrain beschreitet, beschränkt sich dieses Buch auf die Beschreibung jener Strategien, die der Introspektion einer Person zugänglich sind. Ob diese Gedanken oder Verhaltensweisen mit dem bewußten Ziel gewählt werden, das Gefühl zu regulieren, wird dabei nicht gefragt. Entscheidend ist allein der zeitliche Zusammenhang. Weiterhin werden in diesem Buch die Begriffe Emotion, Gefühl und manchmal auch Affekt synonym verwandt. Welcher Aspekt der Emotion gemeint ist, wird jedoch im allgemeinen gekennzeichnet.

Insgesamt scheint die Emotionsregulierung eine recht komplexe Angelegenheit zu sein, die sowohl im Umgang mit anderen als auch innerhalb der eigenen Person betrieben wird und dort in verschiedenen Bereichen und zu unterschiedlichen Zeitpunkten ansetzen kann. Angesichts dieser Komplexität stellt sich natürlich sofort die Frage: Wie entwickeln sich diese Fähigkeiten? Und: Unter welchen Umständen werden sie gelernt? Dies sind die zentralen Fragen dieses Buches. Weil die Entwicklung der Emotionsregulierung nicht in ihrer ganzen Breite abgehandelt werden kann und der Ärger in zwischenmenschlichen Beziehungen eine besonders wichtige Emotion ist, beschränkt sich dieses Buch auf die Entwicklung des Ärgers und der Bemühungen, seiner Herr zu werden. Bei der Schilderung der Entwicklung der Ärgerregulierung werden zwei Stränge verfolgt, nämlich zum einen ein intrapsychischer Strang und zum anderen ein interpersonaler Strang. Im intrapsychischen Entwicklungsstrang wird das Kind als Einzelperson betrachtet, und es werden die Veränderungen, die sich hieraus für die Entwicklung des Ärgers und seiner Regulierung ergeben, skizziert, also für das Säuglingsalter die ungeheuren neurologischen, kognitiven und motorischen Umwälzungen, für die Kleinkindzeit der Spracherwerb und für Vorschulalter und Schulalter das sich ausbildende Wissen über Gefühle und moralische Regeln. Weil Menschen und besonders junge Kinder ohne ihre Bezugspersonen gar nicht leben können, wird noch ein zweiter Strang verfolgt, der die Entwicklung der Emotionsregulierung in den Beziehungen des Kindes zu seinen Eltern, Geschwistern, Peer-Gruppen und Freunden nachzeichnet. Themen in diesem interpersonalen Strang sind die soziale Bezugnahme, die "Verhandlungen" der Kleinkinder über Regeln und Verbote im Familienkreis sowie die Aushandlungen, die Kinder regelmäßig mit ihren Spielkameraden bei Rollenspielen und Besitzkonflikten vornehmen müssen. Der intrapsychische und der interpersonale Entwicklungsstrang bei der Emotionsregulierung stehen natürlich nicht nebeneinander, sondern sind miteinander verbunden. Genauer gesagt sind sie in reziproker Weise voneinander abhängig. Ein Beispiel: Einerseits sind die sich entwickelnden kognitiven und sprachlichen Fähigkeiten Voraussetzungen für die Verhandlungen mit Familienangehörigen und befreundeten Kindern, andererseits scheinen gerade diese Aushandlungen das Verständnis der Kinder für emotionale Sachverhalte zu befördern (Hughes & Dunn, 1998). Damit bilden die frühen intrapsychischen Entwicklungen die Grundlage für spätere Fähigkeiten zur Aushandlung divergierender Meinungen und Interessen mit anderen Menschen, die ihrerseits wieder die Entwicklung des Wissens über emotionale Belange vorantreiben.

Dieses Buch behandelt die Entwicklung der Emotionsregulierung am Beispiel des Ärgers. Das erste Kapitel geht daher der Frage nach, was Ärger und Ärgerregulierung sind, und warum es so wichtig ist, gerade das Gefühl Ärger zu untersuchen. Das zweite Kapitel setzt mit der Geburt an und verfolgt die Entwicklung des Ärgers und der Bemühungen, seiner Herr zu werden, bis zum Alter von etwa drei bis vier Jahren, wenn also die Sprachentwicklung im wesentlichen abgeschlossen ist. Hier nimmt das dritte Kapitel den Faden auf und betrachtet einerseits die Aushandlungen, mit denen Kindergartenkinder tagtäglich ihr Spiel mit Gegenständen und soziodramatischen Rollen koordinieren und andererseits das Wissen über Gefühle, das Kinder normalerweise im gleichen Zeitraum erwerben. Ab dem vierten Kapitel, das die Entwicklungen im Schulalter skizziert, werden Ergebnisse aus einer eigenen Untersuchung präsentiert, zunächst zur Vielfalt und zur Altersentwicklung der verschiedenen Strategien der Ärgerregulierung. Kapitel fünf geht auf Unterschiede zwischen Jungen und Mädchen ein, die in den vielen Geschlechtsrollensterotypen zum Ausdruck von Ärger ("zickiges Mädchen") enthalten sind. Weitere interindividuelle Unterschiede werden in Kapitel sechs vorgestellt, das sich der Frage widmet, wie Ärgererleben und Ärgerregulierung mit einer (negativen) Selbstbewertung zusammenhängen. Hier werden Verbindungen vom Ärger zur psychischen Gesundheit und zur Gewaltbereitschaft gezogen. Im Ausblick weitet sich die Betrachtung, indem Theorien zum intrapsychischen und zum interpersonalen Strang der emotionalen Entwicklung vorgestellt und in Hinblick auf die noch offenen Fragen für zukünftige Forschungen diskutiert werden.

Obwohl auch gelegentlicher Ärger nicht ausbleiben kann, so verbindet mich doch ganz überwiegend ein Gefühl der Dankbarkeit gegenüber all denen, die bei dem DFG-Projekt "Ärger in der mittleren Kindheit" und bei der Abfassung dieses Buches mitgearbeitet haben. Hellgard Rauh möchte ich für ihre langjährige Unterstützung danken. Dank geht weiterhin an meine ProjektmitarbeiterInnen Nana Fischer, Ute Spiewok, Susanne Moosdorf, Iris Pfeiffer und Thomas Thiel, die die empirischen Arbeiten zuverlässig betreut haben. Kritische Unterstützung bei einzelnen Kapiteln kam von Erwin Lemche, Axel Schölmerich und Monika Sieverding. Bei der Endredaktion geholfen hat Sabine Schröder. Ihnen allen sei an dieser Stelle herzlich gedankt, und natürlich auch den SchülerInnen und ihren Eltern, der Schule und ihren Lehrkräften, sowie den Studierenden, die an den verschiedenen Untersuchungen beteiligt waren. Außerdem möchte ich der Forschungs- und Nachwuchskommission der Freien Universität Berlin für ihre Förderung danken.

Nicht zuletzt möchte ich meinen beiden kleinen Kindern danken, die mir auf ihre Weise wertvolle Hinweise zur Entwicklung des Ärgers und seiner Regulierung gegeben haben. Ohne die Unterstützung meiner gesamten Familie wäre dieses Buch sicher nicht zustande gekommen.

Kapitel 1
Was ist Ärger? Was ist Ärgerregulierung?

Leider kann dieses Buch nicht die Entwicklung aller Emotionen samt der Bemühungen, sie zu regulieren, behandeln. Ein solches Unterfangen wäre zwar reizvoll, weil es dann möglich wäre, die Entwicklung von verschiedenen Gefühlen zu vergleichen und festzustellen, welche Regulierungsstrategien spezifisch für einzelne Emotionen sind, welche bei bestimmten Emotionsgruppen und welche bei jeder Gefühls-aufwallung, also quasi "universell", eingesetzt werden (Janke, 1999). Dennoch würde eine solche Abhandlung nicht mehr zwischen zwei Buchdeckel passen. Zu schnell ist nämlich das Wissen über die Gefühle und ihre Entwicklung in den letzten Jahren gewachsen (z.B. Saarni, Mumme & Campos, 1997). Zu vielfältig sind außerdem die Gefühlsregungen, die Kinder und Erwachsene erleben: über 500 Begriffe gibt es im Englischen für Gefühle und Befindlichkeiten (Johnson-Laird & Oatley, 1989); im Deutschen dürften es kaum weniger sein. Selbst wenn man sich auf "Emotions-familien" (Shaver, Schwartz, Kirson & O'Connor, 1978) oder "Grundemotionen" (Ekman, 1994a) beschränkt, kommt man immer noch auf eine Zahl zwischen fünf und zehn. Aus diesen Gründen beschränkt sich dieses Buch auf eine "Familie" von Emotionen, nämlich auf den Ärger und das mit ihm verwandte Gefühl der Verachtung. Am Rande behandelt werden Schuld und Scham, weil diese Gefühle manchmal dem Ärger vorangehen oder ihm folgen. Weil Regulierungsbemühungen oft durch verschiedene Ängste motiviert sind, werden auch Gefühle der Angst gelegentlich angesprochen.

Eine zweite Beschränkung betrifft das, worüber man sich ärgert. Da verschiedent-lich bestätigt wurde, daß sich Menschen sehr viel häufiger über andere Personen als über Dinge ärgern (Averill, 1982; Scherer, 1988), möchte ich mich auf den Ärger auf andere Menschen konzentrieren. Dies schließt leider den schon von Piaget 1954 in der Sorbonne-Vorlesung angedeuteten Gedanken aus, daß die Affektivität des Menschen, d.h. seine Emotionen, Werte und Moralvorstellungen, das Energie-reservoir ausmacht, auf dem die Funktionsfähigkeit seiner Intelligenz beruht. Möglicherweise ist es gerade der Ärger auf die Widerständigkeit von Gegenständen oder Sachverhalten, der Menschen dazu bringt, sich weiter mit ihnen zu beschäftigen - bis sie den Widerstand überwunden haben und ihre Schemata und/oder die Wirk-lichkeit verändert haben (Geppert & Heckhausen, 1990). In diesem Buch geht es also nur um den Ärger, den Menschen auf ihre Mitmenschen haben. Diese Art des Ärgers soll zusammen mit den Bemühungen, ihn zu reduzieren, im Kontext der Entwicklung von Kindern und Jugendlichen untersucht werden. Doch warum sollte man gerade die Emotion Ärger unter die Lupe nehmen und keine andere? Der nächste Abschnitt beschäftigt sich mit den Gründen für diese Wahl.

1.1 Warum man Ärger und Ärgerregulierung in der Ontogenese untersuchen sollte

Folgende Gründe sprechen dafür, den Ärger und die Bemühungen, mit ihm fertig zu werden, in der Entwicklung von Kindern und Jugendlichen zu untersuchen:

1) Unabhängig von der Frage, ob es Grundemotionen gibt und was unter ihnen zu verstehen ist (Ekman & Davidson, 1994), ist unbestritten, daß Ärger ein fundamentaler Bestandteil des menschlichen Zusammenlebens ist. Dies zeigt sich nicht nur im ontogenetisch frühen Erscheinen des Ärgerausdrucks (siehe Kapitel 2), sondern auch in der weltweit gleichen Produktion und im universellen Wiedererkennen des Ärgerausdrucks im Gesicht (Ekman, 1988). Als die Prototypentheoretiker Shaver et al. (1987) Menschen auf der Straße nach Beispielen für Gefühle fragten, fiel diesen als erstes der Ärger ein. Weitere Belege für die grundlegende Bedeutung des Ärgers präsentierte die gleiche Autorengruppe, als sie 135 Emotionswörter der englischen Sprache einer hierarchischen Clusteranalyse unterzogen. Ergebnis dieser Analyse war, daß es etwa eine Handvoll übergeordneter Emotionsbegriffe gibt und daß der Begriff des Ärgers einer davon ist. Unter pragmatischen Gesichtspunkten ist vielleicht ebenso wichtig, daß Ärger die Emotion ist, die Erwachsene am häufigsten erleben - häufiger noch als Trauer, Scham, Furcht oder Freude (Scherer, 1988). Nach einer Befragung mit einem Tagebuch ärgern sich Schulkinder im Durchschnitt ebenfalls recht häufig, nämlich etwas mehr als einmal am Tag, allerdings mit großen interindividuellen Unterschieden (Studie 1, v. Salisch, 1993c).

2) Die Emotion Ärger ist mit einem Handlungsimpuls verbunden (Frijda, 1986), der konstruktive und destruktive Elemente enthält. Einerseits braucht man ein gewisses Maß an ärgerunterstützter Energie, um Ideen zu gestalten und Widerstände zu überwinden (Lewis, 1993c). Andererseits kann ein Übermaß an Ärger oder unkontrollierter Ärger am falschen Platz destruktive Folgen haben, und zwar sowohl für den einzelnen als auch für seine sozialen Beziehungen. Dieses Dilemma wirft die Frage auf, wie Ärger zu regulieren ist.

3) Ärger stellt eine bestimmte Art des Bezugs einer Person zu ihrer Umwelt dar (Campos, Campos & Barrett, 1990). Wer sich ärgert, konstruiert eine Verletzung seiner Ansprüche, Wünsche oder Bedürfnisse durch eine andere Person, die er dafür verantwortlich macht (Mees, 1991; Lazarus, 1991a). Ärger entzündet sich am Konflikt zwischen der eigenen Person und dem Gegenüber, sei dies nun ein einzelner oder eine Gruppe. Ärger entsteht insofern an der Schnittstelle zwischen der "Person" und ihrer "Umwelt". Ausgelöst durch "äußere" Ereignisse wird Ärger von der Person "innerlich" empfunden und verarbeitet. Ob und wie sehr sich

jemand über etwas ärgert, hängt damit ebenso von den äußeren Gegebenheiten ab wie von Merkmalen seiner eigenen Person. Damit taucht die Frage auf, inwiefern Personenmerkmale, wie etwa Geschlecht oder Selbstwert, die Aktualgenese, das Empfinden und die Regulierung von Ärger beeinflussen.

4) Aus interpersonaler Perspektive ist Ärger eine interessante Emotion, weil er, wie gesagt, eine Verletzung von Normen und Standards beinhaltet (Mees, 1991) und insofern mit Gerechtigkeit zu tun hat (Scherer, 1990). Angesichts oftmals knapper Ressourcen ist davon auszugehen, daß hin und wieder Rechte einzelner Personen, der Gemeinschaft oder Ideale des zwischenmenschlichen Umgangs verletzt werden. Diese Grundbedingung des menschlichen Zusammenlebens hat zur Folge, daß es immer wieder nötig ist, differierende Ansprüche und Interessen auszuhandeln, sowohl zwischen einzelnen als auch zwischen sozialen Gruppen. Ärger hilft dabei einerseits, diese Rechte gegenüber anderen zu vertreten, sie auch eine Weile durchzuhalten, also auf keinen Fall vorschnell nachzugeben. Indem er den Blick auf Mißstände richtet, hilft der Ärger dabei, die soziale Ordnung aufrecht zu erhalten (Averill, 1982). Andererseits kann die leidenschaftliche Wut, also der unregulierte Ärger, die manchmal recht delikaten Verhandlungen aus der Bahn werfen, zur Eskalation, zu gewaltsamen Formen der Auseinandersetzung und letztlich zum Abbruch von Beziehungen führen (v. Salisch, 1991a). Gesellschaften sind darauf angewiesen, daß ihre Mitglieder lernen, den Ausdruck - und vielleicht sogar das Empfinden - ihres Ärgers soweit zu regulieren, daß sie strittige Punkte miteinander aushandeln können. Auch wenn sich die bevorzugten Formen der Ärgerregulierung je nach Kultur (Kornadt, 1988), Sozialschicht (Miller & Sperry, 1987) und Geschlecht (Fabes & Eisenberg, 1992; Goodenough, 1931) unterscheiden, so ist doch kein Gemeinwesen ohne die in der Sozialisation gelernte Regulierung der ärgerlichen Gefühle vorstellbar.

Die moralische Entwicklung ist ebenfalls nicht denkbar ohne die Regulierung von ärgerlichen Gefühlen. Liest man Piagets (1932/1986) Schilderung der Entwicklung einer autonomen Moral unter dem Aspekt der Ärgerregulierung, dann wird dort beschrieben, daß Kinder lernen, ärgerprovozierende Meinungsverschiedenheiten beim Spiel zu erörtern und letztlich die Spielregeln (und das Procedere der Konfliktlösung) über die Gefühle des einzelnen zu stellen. Um ein gesuchter Mitspieler zu werden, muß jedes Kind lernen, Gefühle des Ärgers, des Triumphes oder des Stolzes in gewissem Maße in seinem Ausdrucksverhalten zu minimieren (Saarni & v. Salisch, 1993).

5) Ärger zu untersuchen ist ferner wichtig, weil die Regulierung dieses Gefühls mit Problemen und Störungen sowohl auf sozialer als auch auf individueller Ebene verknüpft ist. Kinder, die im Urteil anderer Kinder bei geringfügigen Anlässen gleich mit Ärger reagieren oder denen es häufig nicht gelingt, ihren Ärger zu beherrschen, werden von ihren Klassenkameraden nicht sehr geschätzt (Fabes & Eisenberg, 1992). "Der flippt immer gleich aus" ist das typische Urteil eines Zehnjährigen über einen solchen Jungen. Soziometrische Studien weisen darauf hin, daß Kinder, die bei ihren Klassenkameraden in diesem Sinne als aggressiv gelten, häufig aktiv von diesen zurückgewiesen werden (z.B. Dodge, Coie & Brakke, 1982). Die Ablehnung durch die Gleichaltrigen erschwert diesen Kindern die Teilhabe an den einzigartigen Entwicklungsmöglichkeiten, die mit den gleich-

berechtigten Peer-Beziehungen verknüpft sind (Krappmann, 1991; Youniss, 1980). Prädiktionsstudien über zehn und mehr Jahre haben ferner ergeben, daß Kinder, die bei ihren Peers als aggressiv galten und von ihnen abgelehnt werden, ein erhöhtes Risiko tragen, über die Zeit noch aggressiver zu werden, in der Schule Probleme zu haben und als Jugendliche kriminell zu werden (zusammenfassend v. Salisch, 1999a).

6) Darüber hinaus kann die Art und Weise, wie ein Kind ärgerliche Vorfälle mit anderen wahrnimmt und abmacht, auch ein früher Hinweis auf Symptome sein, die sich später im Jugendalter in einem niedrigen Selbstwert oder in depressiven Verstimmungen niederschlagen. Wer sich oft das Recht abspricht, Ärger zu empfinden oder anderen gegenüber auszudrücken, beraubt sich, kurz gesagt, auch der Möglichkeit, Beziehungen nach seinen Wünschen und Bedürfnissen zu gestalten oder Dinge zu seinem Gefallen zu ändern. Daß ein solches Verhalten dazu beiträgt, die Ärgerneigung zu erhöhen und die Intensität des erlebten Ärgers zu steigern, liegt auf der Hand. "Depressive" und depressionsanfällige Kinder und Jugendliche scheinen demnach besonders viel Ärger mit sich herumzutragen, der sich bei Mädchen auch häufiger gegen die eigene Person richtet (Renouf & Harter, 1990).

7) Ein letztes Argument, das für die Untersuchung des Ärgers spricht, bezieht sich auf Befunde, nach denen eine bestimmte Form des Ärgerausdrucks, nämlich die Feindseligkeit, bei Erwachsenen mit negativen Gesundheitsfolgen einhergeht, insbesondere mit einem erhöhten Risiko, koronare Herzkrankheiten zu erleiden (Friedman & Booth-Kewley, 1987; zusammenfassend Hodapp & Schwenkmezger, 1993; Weber, 1994). Problematische Familienbeziehungen lassen sich ebenfalls auf bestimmte Strategien des Umgangs mit Ärger zurückführen (Satir, 1977). Zusammenhänge zwischen diesen Gesundheitsrisiken und zwischenmenschlichen Störungen und der Regulierung von Ärger lassen sich letztlich nur dann aufklären, wenn ihre Entwicklung in der Ontogenese berücksichtigt wird.

Umgekehrt folgt aus dem eben Gesagten, daß eine gelingende Ärgerregulierung ein Zeichen für die psychische Gesundheit von Kindern, für eine zufriedenstellende Gestaltung ihrer zwischenmenschlichen Beziehungen und für eine gute Integration in die Gruppe der Gleichaltrigen ist. Die Einbindung in diese Gruppen und Beziehungen eröffnet weitere Chancen für die kognitive, soziale und moralische Entwicklung sowie für die Entfaltung der Persönlichkeit (v. Salisch, 1999a). Die Fähigkeit, seinen Ärger in angemessener Weise zum Ausdruck zu bringen, hängt daher eng mit einer gelungenen Passung zwischen den Heranwachsenden und ihren Lebensumständen zusammen, also mit dem, was in der angelsächsischen Sozialwissenschaft kurz und bündig "adaptation" genannt wird.

1.2 Läßt sich der Ärger denn überhaupt regulieren?

Auch wenn sieben Gründe dafür sprechen, den Ärger und die Bemühungen, mit ihm fertig zu werden, in der Entwicklung zu betrachten, so stellt sich zunächst einmal die prinzipielle Frage, ob der Ärger überhaupt (willentlich) zu beeinflussen ist. Denn möglicherweise ist der Ärger etwas, was uns widerfährt und was wir passiv erleiden. Ob wir uns in einer Situation ärgern oder nicht, können wir uns nicht aussuchen, meistens geschieht es sogar, ohne daß wir es wünschen oder daß es uns angenehm wäre. Ob das Herz schneller schlägt und wir vor Zorn rot oder blaß werden, haben wir ebenfalls nicht immer im Griff, auch wenn wir damit anderen unbeabsichtigte Einblicke in unser Seelenleben geben. Flammt der Ärger immer wieder und auch bei nichtigen Anlässen auf, so müssen wir uns eingestehen, daß wir innerlich noch immer mit dem ursprünglichen Vorfall beschäftigt sind. Und nicht zuletzt erleben manche Menschen, daß ein ärgerlicher Gedanke andere Gedanken der gleichen Art nach sich zieht, und sie in eine Spirale immer intensiveren Ärgers einsteigen, die sie mental kaum mehr zurückdrehen können (Rusting & Nolen-Hoeksma, 1998). So können wir den Ärger erleben - als eine Leidenschaft, die uns ohne unser Zutun packt, uns beutelt und eine ganze Zeit nicht in Ruhe läßt. In gewisser Weise ist dieses Erleben einer unhinterfragbaren Betroffenheit gar das Markenzeichen, das "echte" Gefühle von "eingeredeten" unterscheidet (Ulich & Kapfhammer, 1991; Ekman, 1994a). Als solches gibt uns das Gefühl des Ärgers oder der Empörung wichtige Hinweise auf unsere moralischen Werte (Montada, 1993) bzw. allgemeiner formuliert auf unsere Pläne (Oatley, 1992), die uns vorher vielleicht nicht (ganz) bewußt gewesen sind.

Auch wenn der Ärger vielleicht die positive Funktion hat, uns auf unsere Wertvorstellungen und Erwartungen aufmerksam zu machen, so stellt sich dennoch die Frage, ob der Ärger, wenn er einmal "da" ist, nur als gegeben hinzunehmen oder aktiv zu beeinflussen ist. Diese Frage hat die Philosophen seit Alters her beschäftigt. Da die historischen Denker so gut wie alle der Auffassung waren, daß der Ärger eine Leidenschaft sei, die kaum zu beeinflussen sei, bezogen sich ihre Ausführungen vor allem darauf, wann es ethisch und moralisch gerechtfertigt ist, Ärger zu empfinden. Auf die Gefahren, die mit unkontrollierten Wutausbrüchen einhergehen, wiesen nach Averill (1982) so gut wie alle der klassischen Autoren hin. Alle beobachteten, daß Menschen, die wütend sind, mitunter unklug oder ungerecht handeln, auch wenn sie eigentlich, nämlich bei klarem Verstand, besser wissen, wie man sich verhalten sollte. Vor allem der römische Stoiker Seneca wies auf die Gefahren hin, die dem unkontrollierten Ärger - und für ihn war jeder Ärger unkontrollierbar - innewohnen. Wird die Wut einmal zugelassen, so überwältigt sie die ganze Person und beeinträchtigt ihre Fähigkeit, nachzudenken und vernünftig zu handeln. Die Wut ist für Seneca die Ursache für die schwersten Verbrechen, sowohl auf der Ebene des Einzelnen wie auf der Ebene des Staates; sie kann in zwischenmenschlichen Beziehungen nur Schaden anrichten. Ärger oder Wut sind für ihn, ebenso wie alle anderen Gefühle, "Krankheiten des Geistes", und zwar solche von der übelsten Sorte.

Die Art, wie über das Empfinden und den Ausdruck von Ärger im allgemeinen gesprochen wird, legt ebenfalls nahe, daß der Ärger, wenn er verspürt wird, nicht oder nur schwerlich auf ein geringeres Maß herunterzufahren ist. Die sprachlichen Bilder, die uns (im Englischen und im Deutschen) zur Verfügung stehen, spiegeln nämlich fast ausnahmslos die Schwierigkeiten wider, die Menschen mit der Reduzierung ihres Ärgers haben. Ausgehend von einer Kritik empirischer Untersuchungen verschiedener Gefühlsprototypen analysierte der ungarische Linguist Kövecses (1990) die konventionalisierte Sprache, in der Menschen über Gefühle reden, also die abgegriffenen Redewendungen und Klischees, die Bilder und Vergleiche, die Menschen benutzen, wenn sie versuchen, sich ihre eigenen Gefühle und die anderer zu erklären. Ausgehend von der Beobachtung, daß die körperlichen Begleiterscheinungen von Gefühlen oft als Bezeichnung für das gesamte Gefühl gewählt werden (Metonyme), stellt Kövecses (1990) u.a. die körperliche Hitze ("heiße Wut") und den inneren Druck ("ich könnte platzen vor Wut") als körperliche Äquivalente des Ärgers und der Wut vor. Aus dem Hitzekonzept leitet er dann jene Redewendungen ab, die den Ärger mit der "Zornesröte" in Gesicht und Nacken, mit unruhigem und agitiertem Verhalten ("er tobte vor Wut") sowie mit einer beeinträchtigten Wahrnehmung ("dann sah sie rot") gleichsetzen. Der Ärger als Hitze scheint eine zentrale Metapher zu sein, um die sich eine ganze Reihe weiterer Metaphern rankt. Entspricht der Ärger Hitze oder Feuer ("brennende Wut"), dann wirkt diese auf den Körper als Behältnis für Gefühle ein ("sie kochte vor Wut"), erwärmt Flüssigkeit und bringt Dampf hervor ("du solltest einmal Dampf ablassen"). Intensiver Ärger übt Druck auf den Behälter, also den Körper, aus ("das hältst du im Kopf nicht aus"), und zwar so sehr, daß bei zu hoher Intensität die Person explodiert ("ihm platze der Kragen", "da ging sie in die Luft"). Während des Ausbruchs oder der Explosion gelangt das, was bisher im Innern des Behälters war, nach draußen ("er fing an, Gift und Galle zu spucken"). Dieser Reihe von verwandten Metaphern, so Kövecses (1990), unterliegt das Konzept, daß Ärger sehr heftig ausfallen und zu Kontrollverlust führen kann. Dieser, so suggerieren die Metaphern weiter, birgt Gefahren und zwar sowohl für die Person selbst wie auch für ihre Umgebung.

Das Thema des "Ausrastens" taucht weiterhin in jenen Redewendungen auf, die das agitierte Verhalten der verärgerten Person zum Ausgangspunkt nehmen. Diese Redewendungen beziehen sich auf die Ähnlichkeit von Wut und Wahnsinn ("sie tobte vor Wut"), die soweit reicht, daß unkontrolliertes, wahnsinniges Verhalten für starke Wut steht ("als der Schiedsrichter ihm die rote Karte zeigte, schäumte er vor Wut"). Auch "mad", das umgangssprachliche Äquivalent zu "anger" im amerikanischen Englisch, weist auf die konzeptuelle Verwandtschaft zwischen Ärger/Wut und Wahnsinn in diesem Kulturkreis hin. Der Kontrollverlust steht ferner hinter jenen Metaphern, die den Ärger als ein negatives Gefühl, also als Gegner auffassen, den man bekämpfen möchte. Im Mittelpunkt dieser Gruppe von Metaphern steht das Bild, daß der Ärger - wie auch andere Leidenschaften - ein wildes Tier sei, das in der Person schlummert. Weckt man es, so zeigt es gefährliches Verhalten, eben das Verhalten aggressiver Tiere ("dann zog sie die Krallen wieder ein"; "er zeigte ihm die Zähne"). Folgt man den historischen Denkern und der sprachlichen Repräsentation des Ärgers, dann zeichnet sich der Ärger vor allem durch die Gefahr des "Ausrastens", des Kontrollverlusts, aus. Dieses Stereotyp wurde auch empirisch bestätigt: Nordamerikanische Versuchspersonen, die nach ihrem Erleben von (und ihren Vorstellungen über) Ärger befragt wurden, zeichneten ebenfalls ein farbenreiches Bild des "wilden Wüterichs", während ihr prototypisches Wissen über Kontrollbemühungen vergleichsweise karg ausfiel. Gerade einmal zwei Antworten waren dieser Frage gewidmet (Shaver et al., 1987).

Auch wenn man in Rechnung stellt, daß der englische Begriff des "angers", auf dem die zitierten Sprachuntersuchungen beruhen, für eine intensivere Gefühlsqualität steht als der deutsche "Ärger" und das Thema des Kontrollverlusts im angelsächsischen "anger" an vergleichsweise prominenterer Stelle steht, so ist doch nicht von der Hand zu weisen, daß die meisten Metaphern ein deutsches Äquivalent haben. Offensichtlich legen daher auch die sprachlichen Repräsentationen im Deutschen nahe, den Ärger als kaum zu unterbindende Leidenschaft zu erleben. Gleichwohl ist anzunehmen, daß der Ärger reguliert wird. Folgende Argumente, die summa summarum auch für die anderen Gefühle gelten, sprechen dafür:

1) Der Ärger, den wir täglich erleben, kommt keinesfalls immer so dramatisch daher, wie es das Stereotyp suggeriert. Sicher überfallen uns ärgerliche Gefühle manchmal ohne unser Zutun und halten uns für eine Weile in Atem, doch von diesen Fällen auf das Erleben allen Ärgers zu allen Zeiten zu schließen, ist nicht zulässig. Manchmal ist der Ärger eher schwach ausgeprägt, manchmal baut er sich erst langsam auf, manchmal ist er schnell wieder vorbei.

2) Auch die physiologischen Reaktionen des autonomen und des zentralen Nervensystems, die im Leidenschafts-Stereotyp eine zentrale Rolle spielen, sind nicht immun gegen Beeinflussungen. Zwar lassen sich diese körperlichen Empfindungen sicher nicht völlig manipulieren, aber Phänomene wie das Vortäuschen des Ärgers (gegenüber sich selbst und gegenüber anderen) sprechen dafür, daß auch diese zum Teil simuliert werden können. Jeder, der einmal beobachtet hat, wie jemand sich aufplustert, ist wahrscheinlich von der Kunstfertigkeit beeindruckt, mit der diese Person ihre körperlichen und expressiven Reaktionen steuern kann. Nicht nur Schauspieler und Politiker beherrschen diese Kunst. Sicherlich sind manche Menschen in ihrer Selbstpräsentation bewußter oder geschickter, aber dennoch ist festzuhalten, daß wir alle, so Goffman (1976), jeden Tag ein wenig Theater spielen (Laux & Weber, 1993). Das Erleben der körperlichen Aspekte der Gefühle, das für die Philosophen seit der Antike ein wichtiges Kriterium für die Zuordnung der Gefühle zu den Leidenschaften war, ist daher zu hinterfragen.

3) Führt man dieses Argument weiter, so kommt man dazu, daß das Erleben von Ärger von sozialen Konstruktionen und Repräsentationen (Gordon, 1981; Weber, 1997) gefärbt ist. In der Tat scheint es ein Stereotyp über das Erleben von Ärger (und anderen Gefühlen) zu geben, das jene Aspekte hervorhebt, die das passive Erleiden von Gefühlen zum Inhalt haben, wie etwa die Plötzlichkeit und Intensität, mit der sie auftreten, oder die Unmöglichkeit, sie zu unterbinden. Averill (1982) spricht von sozialen Imperativen, also von für selbstverständlich gehaltenen Verknüpfungen zwischen bestimmten Anlässen und den entsprechenden emotionalen Reaktionen, die von den einzelnen Mitgliedern einer Gesellschaft gewöhnlich nicht hinterfragt werden. Ein weiteres Beispiel für diese Art von Stereotypen in unserer Kultur wäre die "Liebe auf den ersten Blick", die ohne weiteres als echtes Gefühl akzeptiert wird und ausreicht, um weitreichende Lebensentscheidungen zu rechtfertigen (Gordon, 1981). Kulturvergleichende Untersuchungen weisen auf die sozialen Konstruktionen hin, die der Entstehung und der Darbietung von Gefühlen unterliegen (z.B. Lutz, 1988; Kornadt, 1988).

Zusammenfassend läßt sich daher feststellen, daß die These, daß Ärger eine Leidenschaft ist, sich nicht generell halten läßt. Zwar erleben wir ihn oft als Widerfahrnis, sind uns unserer Regulierungsbemühungen also kaum bewußt. Dennoch spricht die soziale Konstruktion des Ärgers (Averill, 1982) dagegen, daß er immer eine im wesentlichen unkontrollierbare Leidenschaft ist. Was Ärger über das subjektive Erleben hinaus genau ist, wird im nächsten Abschnitt beschrieben, weil es die Grundlage dafür ist, auf welchen Wegen Menschen ihren Ärger bewältigen (können).

1.3 Ärger: Aktualgenese, Ausdruck und körperliche Begleiterscheinungen

Unter den verschiedenen Wissenschaftlern, die sich mit Gefühlen befassen, besteht Einigkeit, daß diese aus mehr als nur dem subjektiven Erleben bestehen. Zwar steht dieser Aspekt bei einer ganzen Reihe von ihnen im Mittelpunkt ihrer theoretischen Konzeptionen (z.B. Ortony, Clore & Collins, 1988; Mees, 1991), dennoch konzedieren fast alle, daß darüber hinaus noch weitere Komponenten eine Rolle spielen. Ulich und Mayring (1992) sprechen davon, daß zusätzlich zur subjektiven Erlebniskomponente mindestens noch eine neuro-physiologische Erlebniskomponente, eine kognitive Bewertungskomponente und eine interpersonale Ausdrucks- und Mitteilungskomponente am emotionalen Geschehen beteiligt sind Die psychoanalytisch geschulten Emotionstheoretiker Krause, Steimer-Krause und Ullrich (1992) differenzieren das subjektive Empfinden weiter aus: Sie unterscheiden zwischen der Wahrnehmung bzw. dem zunächst vorsprachlichen Erleben eines Gefühls und dessen sprachlicher Repräsentation, die natürlich nicht notwendigerweise gegenüber anderen geäußert werden muß. Frijda (1986), Oatley (1992) und Roseman, Wiest und Swartz (1994) fügen als weitere Komponente Ziele (oder Handlungsbereitschaften) hinzu. Der nun folgende Überblick über die Komponenten des Ärgers lehnt sich an Weber (1994) und Wallbott (1993) an.

1.3.1 Zur Aktualgenese des Ärgers

Von allen Emotionstheorien haben sich vor allem solche mit der Aktualgenese von Gefühlen beschäftigt, die Kognitionen in den Mittelpunkt ihrer Theorien stellen, also in der Terminologie von Ulich und Mayring (1992) die kognitiven Bewertungstheorien und die kognitiven Verarbeitungstheorien. Zu den kognitiven Bewertungstheorien zählen die Modelle von Lazarus (1991a), Weiner (1986), Ortony et al. (1988), Mees (1991, 1993) und Oatley (1992), die verschiedene Einschätzungen oder Bewertungen vor das Erleben eines Gefühls stellen. Zu den kognitiven Verarbeitungstheorien gehören die Überlegungen von Scherer (1984a,b) und Stein, Trabasso und Liwag (1993). Im folgenden werde ich eine Übersicht über die Antezedenzen des Ärgers geben. Zu diesem Punkt liegt eine Vielzahl von Forschungsarbeiten vor. Es sind inzwischen soviele, daß eine vollständige Darstellung der einzelnen Theorien, oder auch nur die Einordnung der Bewertungen und Zuschreibungen in den Rahmen der verschiedenen Gesamttheorien, ein eigenes Buch ausmachen würde. Deshalb möchte ich mich auf diejenigen Aspekte beschränken, über die im großen und ganzen Übereinstimmung herrscht. Kontroverse Punkte werden am Ende des Abschnitts erörtert.

Übereinstimmungen zwischen den kognitiven Emotionstheorien

Wie entsteht Ärger? Oder genauer gesagt: Welche Bewertungen werden mit dem Begriff "Ärger" belegt? Die Theorien von Weiner (1986), Lazarus (1991a), Scherer (1984a,b) und Stein et al. (1993) stimmen darin überein, daß ein Mensch dann Ärger empfindet, wenn er oder sie daran gehindert wird, ein selbstgesetztes Ziel zu erreichen. Daß die Behinderung beim Verfolgen von Zielen als antezedente Bedingung von Ärger (und Aggression) angesehen wird, hat schon eine längere Geschichte: Die Frustrations-Aggressionstheorie (Dollard, Doob, Miller, Mowrer & Sears) postulierte bereits 1939, daß die Blockierung einer zielführenden Handlungsfolge aggressives Verhalten nach sich zieht. Berkowitz (1962) modifizierte diese Theorie insofern, als er den Ärger zwischen die Frustration und das aggressive Verhalten "schaltete": nur wenn die durch die Zielblockade ausgelöste Frustration Ärger auslöst, kann es (aber muß es nicht) zu schädigendem Verhalten kommen (siehe Kapitel 4.3.1). Daß Ärger durch die Behinderung eigener Ziele ausgelöst wird, ist zu differenzieren, vor allem in Hinblick darauf, was eigentlich ein Ziel ist (oder sein könnte). Denn Menschen verfolgen oft mehrere Ziele gleichzeitig, die zudem manchmal inkompatibel sind. Hinzu kommt, daß Ziele häufig nicht bewußt sind, erst im Nachhinein rekonstruiert werden, aus verschiedenen Motiven heraus umgedeutet werden (Lewis, 1993c; M.D.Lewis, 1995) oder - noch zweifelhafter - von anderen Personen unterstellt werden. Ein weiteres Problem betrifft den Inhalt der Ziele. Beschränkt man sich bei seinem Zielbegriff auf konkrete Handlungen oder Handlungspläne, dann entfallen all jene Ereignisse, in denen Ansprüche und Wünsche, Bedürfnisse und Erwartungen verletzt werden. Diese müssen zwar für das Individuum relevant sein - wären sie es nicht, würde nach Lazarus (1991a) gar kein Gefühl entstehen -, aber sie müssen nach Meinung von Epstein (1979) und Oatley (1992) nicht notwendigerweise bewußt sein.

In Lazarus (1991a) Theorie steht neben der Relevanz und der Unvereinbarkeit mit den eigenen Zielen eine weitere (notwendige und hinreichende) Bewertung für Ärger, nämlich die Bedrohung oder Verletzung des Selbsts (ego or ego identity) oder von Personen oder Gegenständen, die eng mit dem Selbst verbunden sind. Das Kernthema für Ärger in zwischenmenschlichen Beziehungen ist für ihn dementsprechend "a demeaning offense against me and mine" (S. 222). Lazarus greift damit auf Theorien zurück, nach denen die Bewahrung oder Erhöhung des eigenen Selbstwerts einer der Grundpfeiler der Persönlichkeit ist (z.B. Epstein, 1993). Daraus folgt, daß Menschen mit einem verletzlichen Selbstwertgefühl häufiger Handlungen von anderen, die mit ihren eigenen Zielen unvereinbar sind, als ärgerprovozierenden Angriff auf sich selbst deuten sollten. Dieser Gedanke wird in Kapitel 6 wieder aufgenommen.

Damit kommen wir zu dem zweiten Punkt, an dem die meisten kognitiven Emotionstheorien übereinstimmen, nämlich daß Ärger durch die Verletzung von Normen hervorgerufen wird. Eine Norm - oder ein "sollte" in der Terminologie von Heider (1958) - ist eine Überzeugung, die die bindende Verpflichtung, in einer bestimmten

Weise zu handeln, zu denken oder zu fühlen, beinhaltet. Unter den Normen besteht eine Art Hierarchie: Je zentraler eine Norm im persönlichen Wertegefüge ist, desto schwerer wiegt der Verstoß gegen sie. Die Verletzung gesellschaftlicher Konventionen ist demnach eine läßlichere Sünde als die Verletzung moralischer Maximen. Wichtig ist ferner die Intention, die dem Regelverstoß zugrundegelegt wird. Auch hier beziehen sich die meisten Autoren auf Heider (1958), der fünf Niveaus der Zuschreibung von Verantwortlichkeit unterscheidet. Von diesen scheinen drei für die Aktualgenese von Ärger relevant zu sein. Diese tauchen auch in der juristischen Diskussion von Tatbeständen auf. Ärger und Zorn sollten nach Mees' rationaler Analyse (1991, 1993) vor allem dann entstehen, wenn die geschädigte Person annimmt, daß der Verursacher

1) den Schaden verursacht hat;
2) den Schaden in seinem ganzen Ausmaß vorhergesehen hat;
3) den Schaden billigend in Kauf genommen hat;
4) den Schaden gewollt hat.

Daraus ergeben sich drei Arten der Zuschreibung von Intentionen. Der Intentionsmodus der Fahrlässigkeit liegt vor, wenn der Schaden nicht oder nicht in seinem ganzen Ausmaß vorhergesehen wurde. Der Intentionsmodus der Rücksichtslosigkeit enthält Ereignisse, in denen der Schaden oder das Leid für die Person vom Verursacher in Kauf genommen wurde. Im Intentionsmodus der Böswilligkeit sind hingegen all jene Fälle zusammengefaßt, in denen der Schaden intendiert wurde. Diese Zuschreibungen der Verursachung können durch "praktische Erklärungen" (Scott & Lyman, 1976), also durch Entschuldigungen oder Rechtfertigungen, modifiziert werden. Entschuldigungen können sich nach Mees (1991) darauf beziehen,

1) daß der Verursacher den Schaden nicht in seinem ganzen Ausmaß hätte vorhersehen können (oder müssen);
2) daß der Verursacher durch besondere Umstände oder Befindlichkeiten beeinträchtigt wurde, den Schaden vorherzusehen;
3) daß der Verursacher durch besondere Umstände (z.B. Zwang) oder Beeinträchtigungen (z.B. Krankheit oder Affekte) dazu veranlaßt wurde, den Schaden in Kauf zu nehmen bzw. ihn sogar zu intendieren.

Rechtfertigungen beziehen sich in der Regel darauf, daß der Verursacher ein höherwertiges Motiv hatte, gegen das der Schaden abzuwägen war. So verletzt ein Chirurg mit seinem Messer zwar die körperliche Unversehrtheit eines Menschen, doch tut er dies aus einem höherwertigen Motiv heraus, nämlich um die Krankheit seines Patienten zu heilen. Ein weiteres höheres Motiv wäre die Abwendung eines größeren Schadens. Ein solches Motiv legitimiert die Zufügung von Schaden.

Um zu überprüfen, ob diese Bewertungen, Entschuldigungen und Rechtfertigungen bei realen Ärgererlebnissen eine Rolle spielen, wurden (erwachsene) Versuchspersonen in Averills (1982) Studie gebeten, ihr intensivstes Ärgererlebnis der letzten Woche in vier Kategorien einzuordnen, die sich auf die Zuschreibung der Verantwortlichkeit beziehen. Diese Kategorien schlossen sich gegenseitig aus. In 51% der Fälle beruhte der Ärger auf einer Handlung, die willkürlich und ungerechtfertigt war: der Verursacher wußte, was er oder sie tat, und hatte kein Recht, dies zu tun. In der Terminologie von Mees (1991) wurde dem Verursacher damit Böswilligkeit unterstellt. Weitere 31% der Erlebnisse ließen sich auf vermeidbare Handlungen zurückführen oder waren das Ergebnis von Unachtsamkeit, Fahrlässigkeit oder mangelnder Voraussicht. In diesen Fällen wurden dem Verursacher Fahrlässigkeit oder Rücksichtslosigkeit zugeschrieben. Gewollt und gerechtfertigt waren die Handlungen des Verursachers lediglich in jenen 11% der Situationen, in denen der Verursacher wußte, was er oder sie tat, und ein Recht hatte, dies zu tun. Die ärgerprovozierende Handlung des Verursachers war in diesem Fall (durch höherwertige Motive oder andere Umstände) zu rechtfertigen. Die restlichen 7% der Ärgererlebnisse resultierten aus unvermeidbaren Zufällen oder Ereignissen, die nicht vorherzusehen und von niemandem zu kontrollieren waren. Da in diesem Fall niemandem die Verantwortung für den Schaden zugeschrieben werden kann, sollte in der Terminologie von Mees (1993) kein Ärger, sondern Enttäuschung entstehen. Im Alltagsverständnis scheinen sich Ärger und Enttäuschung allerdings zu überlappen (Russell & Fehr, 1994). Averills Verteilungen wurden von Weber (1994) mit deutschen Erwachsenen repliziert. Schmitt, Hoser und Schwenkmezger (1991) bestätigten, daß die Intensität des empfundenen Ärgers davon abhing, welche Intention dem Verursacher des Schadens in einer hypothetischen Situation zugeschrieben wurde.

Kontroverse Punkte unter den (kognitiven) Emotionstheorien

Welchen Stellenwert die Zuschreibung der Verantwortlichkeit für die Aktualgenese des Ärgers hat, ist unter den kognitiven Emotionstheoretikern umstritten: Während für Lazarus (1991a) die Zuschreibung von Verantwortung auf eine konkrete Person, die ihre ärgerprovozierende Handlung hätte kontrollieren können bzw. intentional böswillig handelte, nur eine Bedingung ist, die das Empfinden von Ärger fördert, ist dies für Weiner (1986) eine unerläßliche Voraussetzung, ein *sine qua non*. Schätzt eine Person die Handlung des Verursachers als "nicht zu kontrollieren" ein, würde nach Graham und Weiner (1991) nicht Ärger, sondern Mitleid entstehen. Was bei dieser Analyse indessen unscharf bleibt, ist der Begriff der Kontrollierbarkeit. Meinen Graham und Weiner mit "Kontrollierbarkeit", daß der Schaden hätte vorhergesehen werden können, daß er hätte vorhergesehen werden müssen oder daß er in Kauf genommen wurde, obwohl dem Individuum alternative Verhaltensmöglichkeiten offen standen? Über die Frage, ob und inwiefern eine ärgererregende Handlung hätte kontrolliert werden können, besteht sicherlich oft ein erheblicher Spielraum bei der Interpretation, der bei der Aushandlung von Verantwortlichkeiten zum Konflikt führen kann. Ob und inwiefern die jeweilige Zuschreibung der Kontrollierbarkeit die Intensität des Ärgerempfindens beeinflußt, ist empirisch bislang eine offene Frage.

Ein weiterer Punkt, in dem sich einige der kognitiven Ärgertheorien unterscheiden, betrifft die Einschätzung der eigenen Fähigkeiten zur Bewältigung der Situation. Scherer (1984a,b) ist der Meinung, daß Ärger nur dann entsteht, wenn die Person glaubt, daß sie die Fähigkeit hat, das (ärgerprovozierende) Ereignis oder seine Konsequenzen zu kontrollieren, oder die Macht hat, es zu verändern bzw. mit den Folgen ihres Ärgerausdrucks fertig zu werden. Wird das eigene Bewältigungspotential als niedrig eingeschätzt, dann resultieren in Scherers Modell andere negative Emotionen, wie Furcht, Scham, Ekel oder Trauer (die zum Teil auf weiteren Bewertungen beruhen). In den Überlegungen von Stein et al. (1993) wird Ärger ebenfalls nur dann ausgelöst, wenn das Individuum den Plan gefaßt hat, das blockierte Ziel dennoch zu erreichen. Ist kein Plan dieser Art vorhanden, entsteht Trauer. Diese beiden Modelle weisen auf die enge Verwandtschaft zwischen Ärger und Trauer (Janke, 1999) bzw. anderen negativen Emotionen hin, die oft zu beobachten sind, etwa in der Entwicklung der ersten Lebensmonate (siehe Kapitel 2) oder wenn Menschen eine wichtige Bezugsperson verloren haben und zwischen Wut (und damit Hoffnung) und Trauer über die Unwiederbringlichkeit des Verlustes oszillieren (Grossmann et al., 1989). Daß bei der "Wut der Verzweiflung" das Bewältigungs-potential als besonders hoch eingeschätzt wird, möchte ich jedoch bezweifeln.

Ein zentraler kritischer Punkt an diesen Modellvorstellungen betrifft den Status, den die kognitiven Bewertungen haben. Zwar kann man übereinstimmen, daß Ärger oft durch Bewertungen der Ungerechtigkeit etc. ausgelöst wird, aber sind diese Attribu-tionen hinreichende und notwendige Bedingungen, wie Lazarus (1991a) postuliert? In diesem Fall würde das Beispiel *eines* regelwidrig erlebten Ärgergefühls ausrei-chen, um das Modell in Frage zu stellen. Empfinden Menschen Ärger gegenüber Schwächeren, also gegenüber kleinen Kindern oder Behinderten, dann wäre dies ein Beispiel, das dem Modell von Weiner widerspräche, der an dieser Stelle "Mitleid" annehmen würde. Weber (1994) weist ferner darauf hin, daß auch Ärger auf Gegen-stände in Modellen keinen Platz hat, die ihr Hauptgewicht auf die Zuschreibung von Verantwortung legen.

Ein Punkt, der mit dem Stellenwert der Bewertung eng zusammenhängt, betrifft die Rolle, die die physiologische Erregung für das Erleben des Ärgers spielt (Zajonc, 1980). Kaum Einigkeit besteht etwa darüber, ob psychophysiologische Prozesse not-wendig sind, um Ärger hervorzurufen oder um die Entstehung von Ärger zu erleich-tern (Ortony et al., 1988; Lewis, 1993b). Die Experten stimmen auch nicht darüber überein, welche physiologischen Prozesse im Zentralnervensystem und/oder im autonomen Nervensystem dabei beteiligt sind; genauer gesagt, ob diese Prozesse eher global "Erregung" oder "Aktivierung" kennzeichnen (z.B. Schachter & Singer, 1962) oder ob sie für einzelne Emotionen spezifisch sind (z.B. Ekman, Levenson & Friesen, 1983) (siehe Kapitel 1.3.3). Daher wäre zu klären, ob über die kognitiven Bewertun-gen hinaus noch weitere - möglicherweise mimische und/oder physiologische - Prozesse an der Aktualgenese des Ärgers beteiligt sind (Frijda, 1986) und in wel-chem Verhältnis diese zu den kognitiven Konstruktionen stehen (Meyer, Schützwohl & Reisenzein, 1993).

Weniger ausschließlich in ihren Behauptungen als die Position der "reinen" Attribu-tionstheoretiker ist die Position von Oatley (1992) oder von Averill (1982). Diese beiden Autoren gehen davon aus, daß die Bewertungen Teil eines "Syndroms" sind, das aus mehreren Teilen besteht und die sprachliche Repräsentation der begleitenden Gedanken und Gefühle als einen Punkt unter mehreren enthält. Dies schließt die Möglichkeit nicht aus, daß mit den Attributionen kognitive Konstruktionen erfaßt werden, die im Nachhinein als Erklärung für das eigene Gefühl herangezogen werden. Dieser Verdacht liegt vor allem dann nahe, wenn nach dem Ärgerempfinden in hypothetischen Situationen gefragt wird oder die Befragung über die Genese des Ärgers erst nach geraumer Zeit stattfindet. In diesem Fall wäre nicht auszuschließen,

daß die Zuschreibungen der Versuchspersonen ihre Alltagstheorien über die Aktualgenese von Ärger widerspiegeln, die sicher von sozialen Regeln und Repräsentationen (Gordon, 1981; Averill, 1982; Weber, 1997) durchdrungen sind.

Zusammenfassung

1) Ärger entsteht, wenn Menschen bei der Verfolgung ihrer Ziele behindert werden,
   wobei unter Zielen bei einigen Autoren nicht nur Aktivitäten, sondern auch allgemeine Werte und Normen sowie persönliche Regeln, Ansprüche und Bedürfnisse
   gefaßt werden.
2) Ärger wird hervorgerufen bzw. intensiviert, wenn Menschen die Verletzung einer
   Norm einer anderen Person zuschreiben, die den Schaden verursacht hat. Daß
   Ärger entsteht bzw. vergrößert wird, ist um so wahrscheinlicher, wenn der anderen Person unterstellt wird, sie habe mit Absicht eine Handlung begangen, die
   kontrollierbar (vermeidbar) war und für die es keine Entschuldigung oder Rechtfertigung gab.
3) Möglicherweise wird Ärger nur dann empfunden, wenn die Person meint, mit dem
   ärgerprovozierenden Ereignis fertig zu werden. Zumindest ist es wahrscheinlicher,
   daß die ärgerlichen Empfindungen unter diesen Umständen auch ausgedrückt
   werden.

1.3.2 Das Ausdrucksverhalten bei Ärger

Ebenso wie es beim Erleben von Ärger verschiedene Varianten gibt, man etwa
tobende Wut oder nagende Ressentiments verspüren kann, so gibt es auch nicht nur
eine "Ärgermiene", sondern eine ganze Familie davon. Manche Bewegungen der
Gesichtsmuskeln kommen bei allen Mitgliedern der Ärgerausdrucksfamilie vor,
andere sind spezifisch für einzelne Varianten. Aufbauend auf die Beschreibungen
von Darwin (1872/1986) präsentierte Ekman (1992) drei Ausdrucksbewegungen als
Kernelemente des Ärgers, nämlich
- Zusammenziehen und Senken der Augenbrauen (AU 4)
- Hochziehen der oberen Augenlider (AU 5)
- Anspannung der Lippenmuskeln (AU 23).

Die Nummern bezeichnen dabei die Action Units, also Erscheinungsveränderungen
auf der Oberfläche des Gesichts, die sich zuverlässig voneinander unterscheiden
lassen. Jedes dieser Action Units beruht auf der Anspannung von einem oder
mehreren Gesichtsmuskeln (Ekman & Friesen, 1978; Ekman, 1988). Weitere
Bewegungen, die bei Ärger vorkommen können, aber nicht müssen, sind etwa die
Anspannung der unteren Augenlider (AU 7), das Aufeinanderpressen der Lippen
(AU 24) oder die Öffnung des Mundes in Form eines "Vierecks", das durch die
Anspannung der Oberlippe entsteht (AU10). Allein aus den drei Kernbewegungen
und den verschiedenen Zusatzbewegungen läßt sich, wenn man sie systematisch

kombiniert, eine große Zahl von Ausdrucksbewegungen ableiten. Diese Zahl wächst noch einmal um ein Vielfaches, wenn man die Intensitäten der einzelnen Action Units berücksichtigt. Welche Ausdrucksform des Ärgers gewählt wird, hängt sowohl von individuellen Präferenzen ab als auch davon, ob der Ausdruck spontan erfolgte oder simuliert wurde, ob er unterbunden oder moduliert werden sollte sowie von weiteren Kontextbedingungen.

In der Stimme zeigt sich der Ärger nach Darwin (1872/1986) durch Schreien, durch eine laute, harsche und unharmonische Stimme oder durch die Tatsache, daß die Stimme in der Kehle erstickt. Scherer, Banse, Wallbott und Goldbeck (1991) ermittelten auf experimentellem Wege, daß sich Ärger durch eine hohe Grundfrequenz, eine große Lautstärke und eine schnelle Sprechgeschwindigkeit auszeichnet. Aus den Körperbewegungen läßt sich, so Darwin (1872/1986), Ärger ablesen, wenn der ganze Körper zittert, die Arme mit geballten Fäusten erhoben werden, oder der ärgerliche Mensch gar ausholt, um seinen Beleidiger oder einen anderen unbelebten Gegenstand zu schlagen. Diese sehr dramatischen Ausdrucksformen des Ärgers stimmen fast wortwörtlich mit den Beschreibungen des Ärger-Prototyps überein, die Shaver und Mitarbeiter (1987) mehr als hundert Jahre später erstellten. Außerdem erinnern sie an die metaphorischen Redewendungen, die Kövecses (1990) sammelte. Interessant ist an Darwins (1872/1986) Beschreibungen vielleicht noch die Beobachtung, daß ärgerliche Menschen den Kopf aufrecht tragen, die Brust ordentlich heben und den einen oder beide Ellbogen in die Seiten einstemmen. Dieses Verhaltensmuster ähnelt dem "Plusgesicht", das Zivin (1977) bei durchsetzungsfähigen Vorschulkindern beschrieb. Setzte ein Kind eine solche Siegermiene auf, so "gewann" es den Konflikt mit dem anderen Kind überzufällig häufig.

1.3.3 Physiologische Prozesse bei Ärger

Schon Darwin (1872/1986) wies darauf hin, daß Ärger mit kardiovaskulären Reaktionen einhergeht. Er schrieb: "die Thätigkeit des Herzens ist bedeutend beschleunigt, immer ist das Herz und die Circulation afficirt" (S. 75, 244). Mit diesen kardiovaskulären Veränderungen hängt zusammen, so Darwin (1872/1986) weiter, daß das Gesicht gerötet ist oder auch "totbleich" werden kann. Wallbott (1993) identifizierte in der beschleunigten Atmung, der erhöhten kardiovaskulären Tätigkeit und der Muskelspannung ein Kampfmuster. Die Bereitschaft zur Attacke zeigt sich ferner darin, daß sich der Körper aufrichtet (Eibl-Eibesfeldt, 1984); der Mensch sich, metaphorisch gesprochen, aufplustert. Ärger geht mit einer Aktivierung des sympathischen Nervensystems einher, Adrenalin und Noradrenalin werden verstärkt ausgeschüttet (Ax, 1953; Funkenstein, 1955). Diese Sichtweise, die Ärger und Angst aufgrund der Ausschüttung von Katecholaminen zu differenzieren suchte, blieb indessen nicht unwidersprochen. Frankenhäuser (1975), Erdmann (1983) und Stemmler (1984, 1989) konnten diese Unterscheidung nicht bestätigen. Alternativ wäre daher mit Henry (1986) zu überlegen, ob es nicht einzelne Hormone, sondern vielmehr ganze Muster verschiedener Hormone sind, die die Emotionen unterscheiden. Bei Ärger/Wut könnte, so Henry (1986), neben einer erhöhten Ausschüttung von Noradrenalin auch Testosteron ein Rolle spielen, während der Adrenalinspiegel nur wenig steigt. Dennoch ist zu bedenken, ob es nicht sinnvoll ist, die hormonellen Grundlagen komplexerer Anforderungs- und Verhaltensmuster zu untersuchen, denn eine aggressive Aktivierung dürfte eher mit der vermehrten Ausschüttung von Katecholaminen in Verbindung stehen, während passives Verhalten durch eine vermehrte Produktion von Cortisol gekennzeichnet ist (Frankenhäuser, 1979). Stemmler (1989) nimmt ebenfalls an, daß sich nicht die einzelnen Emotionen, sondern bestimmte Person - Umwelt - Transaktionen durch spezifische Reaktionsprofile im autonomen Nervensystem (ANS) auszeichnen. Diese Überlegung scheint auch deshalb sinnvoll zu sein, weil, wie wir im nächsten Abschnitt sehen werden, die Bemühungen um Regulierung ein integraler Bestandteil der Ärgerreaktion sind. Und die Regulierungsprozesse können, wie im weiteren Verlauf dieses Kapitels zu zeigen ist, ganz unterschiedliche Formen annehmen.

Problematisch an der Mehrzahl dieser psychophysiologischen Studien ist die Operationalisierung des Ärgers. Oft erfolgte sie über den Rückschluß auf den Kontext: eine solche Situation muß Menschen einfach ärgerlich machen! Ekman, Levenson und ihre Mitarbeiter überprüften dagegen sehr genau, daß ihre Versuchspersonen auch wirklich Ärger und nur Ärger empfanden. Ihr Zugang zur Aktivierung des autonomen Nervensystems lief über das Gesicht. In einer Serie von Experimenten baten sie Männer und Frauen (Ekman, Levenson & Friesen, 1983), junge und alte Menschen (Levenson, Carstensen, Friesen & Ekman, 1991), Schauspieler und Studierende (Ekman et al., 1983) sowie Nordamerikaner und Indonesier der Miningkabau-Kultur aus Sumatra (Levenson, Ekman, Heider & Friesen, 1992), ihr Gesicht nach den Anweisungen eines Trainers zu verziehen. Dieses Vorgehen nannten sie den "Directed Facial Action Task". Ganz gleich, ob die Versuchspersonen ihren eigenen Gesichtsausdruck im Spiegel sahen oder nicht, übereinstimmendes Ergebnis bei diesen diversen Stichproben war, daß bei einem ärgerlichen Gesichtsausdruck sowohl die Herzfrequenz als auch die Temperatur anstieg. Die Beschleunigung der Herzfrequenz trat zwar auch bei den negativen Emotionen Furcht und Trauer auf, aber die Kombination von erhöhter Herzfrequenz und erhöhter Fingertemperatur wurde allein bei Ärger gemessen. Von anderen Arbeitsgruppen ist dieser Befund allerdings noch nicht bestätigt worden; Stemmler (1989) weist darauf hin, daß er eng mit der Methode der Ärgerinduktion zusammenhängen mag. Ob die Zusammenhänge zwischen Physiologie und Ausdrucksverhalten, die beim vollständigen Ärgerausdruck des "Directed Facial Action Task" gemessen wurden, allerdings auch bei dem reduzierten Ärgerausdruck auftreten, den wir im Alltag meist zeigen, ist eine offene Frage. Weber (1994) zweifelt ebenfalls die ökologische Validität des gestellten Ärgerausdrucks im "Directed Facial Action Task" an.

Das Verhältnis zwischen den Komponenten Physiologie, Erleben und Ausdrucksverhalten wird in den verschiedenen Theorien unterschiedlich konzeptualisiert. Die Kontroversen in diesem Bereich werden in v. Salisch (1997a) erläutert. Empirische Befunde zum Verhältnis der Komponenten des Ärgers bei Erwachsenen liefern die Studien von Stemmler, Schäfer und Marwitz (1993) sowie die Untersuchung von Wallbott (1993).

1.4 Formen der Ärgerregulierung

"Menschen ärgern sich nicht nur, sie gehen auch mit ihrem Ärger um". So könnte man Frijdas (1986) Satz paraphrasieren: "people not only have emotions, they also handle them". Wie im folgenden gezeigt wird, sind Regulierungsprozesse in allen vier Komponenten des Ärgers (und anderer Gefühle) möglich, also sowohl in der Wahrnehmung und Bewertung von antezedenten Sachverhalten, als auch in der Art des Erlebens und des Ausdrucks. Hinzu kommen Regulierungsbemühungen auf der physiologischen Ebene. Tabelle 1.1 faßt die verschiedenen Formen der Regulierung kurz zusammen. Im folgenden werden sie dann erläutert.

Tabelle 1.1   Die Komponenten des Ärgers und ihre Regulierung

Emotionskomponente	Regulierungsprozeß	Quelle
Wahrnehmung und Bewertung	Regeln der Bewertung Regeln der Ursachenzuschreibung Regeln des Zeitverlaufs	Averill (1982)
	Neubewertung	Lazarus (1991a) und Coping Theorien
	Feeling rules zur Bewertung	Hochschild (1990)
Erleben	Emotionale Szenarien	de Sousa (1980)
	Feeling rules zum Erleben	Hochschild (1990)
Ausdruck	Darbietungsregeln	Ekman & Friesen (1988)
	Regeln des Verhaltens über Ausdrucksverhalten und Motorik	Averill (1982)
Physiologische Prozesse	Regeln des Verhaltens über physiologische Prozeße	Averill (1982)
	Feeling rules über physiologische Prozesse	Hochschild (1990)
	Körperbezogenes Bewältigungsverhalten (z.B. Jogging, Alkohol, Schlafen)	Coping Theorien und Laux & Weber (1990)
	Differentielle Aktivierung der beiden Vorderlappen des Neocortex	Fox (1994) Dawson (1994b)

1.4.1 Regulierungsprozesse bei Bewertung, sprachlicher Repräsentation und Erleben

Da Menschen ihr Verhalten und ihre Körperempfindungen ständig registrieren, werden sie schnell gewahr, wenn sich etwas ändert. Diese Veränderungen sind das Ausgangsmaterial für die Empfindungen, die phänomenologisch orientierte Psychologen wie William James die "vorreflektierte Erfahrung" nennen. Gefühle zu empfinden, ist bei erwachsenen Menschen jedoch keine vorreflektierte Erfahrung, sondern ein Produkt von weiteren Bewußtseinsprozessen, bei denen die vorreflektierte Erfahrung reflektiert wird und durch die Verknüpfung mit Sprache und anderen Symbolsystemen eine Bedeutung erlangt, die über das Individuum hinausweist. Regulierungsprozesse in diesem Bereich betreffen die Art und Weise, wie emotionsrelevante Informationen bewertet werden, wie sie sprachlich repräsentiert werden und wie sie in das Regelsystem einer Gemeinschaft eingepaßt werden.

Regeln der Bewertung

Am Anfang des Emotionsprozesses steht die Einschätzung der antezedenten Bedingungen, die in den meisten Fällen bewußter Natur ist. Die hierbei ablaufenden Bewertungsprozesse unterliegen nach Averill (1982) Regeln der Bewertung. Diese Regeln betreffen, allgemein gesagt, die Frage der Legitimität des Gefühls. Sie beziehen sich unter anderem darauf, wie Merkmale der antezedenten Situation einzuschätzen sind (z.B. "eine Person hat das Recht (oder vielleicht sogar die Pflicht), ärgerlich zu werden, wenn ihr absichtlich Schaden zugefügt wurde, wenn ihre Ehre, ihre Freiheit, ihr Eigentum oder andere Rechte beeinträchtigt wurden"). Außerdem betreffen sie die Personen, auf die sich ein Gefühl rechtmäßigerweise richten sollte (z.B. "man sollte sich nur über Personen ärgern, die auch für ihr Verhalten verantwortlich gemacht werden können"). Ferner kreisen sie um die Ziele, die Menschen legitimerweise mit ihren Gefühlen verfolgen sollen - sofern es Ziele gibt (z.B. "Ärger sollte darauf abzielen, die Situation zu korrigieren, Gerechtigkeit wiederherzustellen und/oder Wiederholungen zu verhindern, und nicht darauf gerichtet sein, der Person, über die man sich ärgert, Schmerz oder Schaden zuzufügen"). Averill (1982), aus dessen Buch diese Beispiele entnommen sind, führt weiter aus, daß diese Regeln sowohl in Form von positiven Bestimmungen, also von Geboten, wie auch in Form von Einschränkungen oder Verboten existieren. Diese Regeln sind, so Averill (1982), gesellschaftliche Übereinkünfte über die "angemessene" Art, Situationen zu bewerten und sie in Form von Gefühlen wie Ärger in Worte zu fassen. Außerdem können diese Regeln dabei helfen, erlebte Gefühle nachträglich sich selbst und anderen zu erklären.

Die Regeln der Bewertung sind indessen nicht nur am allerersten Anfang des Emotionsprozesses von Bedeutung. Denn oft wird der Emotionsprozeß mehrfach durchlaufen. Die Neubewertung von Situation, Person und Zielen spielt dabei eine wichtige Rolle, da sie in vielen Fällen zu einem veränderten Erleben der Emotion führt (Lazarus, 1991a; Averill, 1982). Auch Entschuldigungen, Rechtfertigungen (Mees, 1991) oder andere nachträgliche Umdeutungen (Hochschild, 1990) können die Dauer und die Qualität des Gefühlserlebens beeinflussen. Hochschild (1990) nannte derartige Versuche, das eigene Erleben zu verändern, "Emotionsarbeit". Ein Beispiel für diese Art von Arbeit wäre die Aussage einer Frau, deren Mann ihren Geburtstag vergessen hatte: "Ich bemühte mich, nicht enttäuscht zu sein".

Regeln der sprachlichen Benennung

Tiefergehend als die Frage der Einschätzung von situativen Gegebenheiten ist wahrscheinlich die Frage der sprachlichen Repräsentation des Erlebens, geht es in diesem Falle doch darum, festzustellen, welches Gefühl man überhaupt fühlt, oder genauer gesagt, ob das, was man fühlt, noch ein Mitglied der Emotionsfamilie X oder schon ein Mitglied der Emotionsfamilie Y ist. Kövecses (1990) führte aus, daß mittels sprachlicher Repräsentationen kulturelle Deutungsmuster dieser Emotion erschlossen werden, etwa durch bestimmte Metaphern, die Vorstellungen zu so diversen Bereichen wie emotionsauslösenden Bedingungen, physiologischen Begleiterscheinungen, zwischenmenschlichen Folgen, Zeitverlauf, begleitenden Handlungen und Regulierungsregeln enthalten (siehe Kapitel 1.2). Aus psychologischer Sicht ist hinzuzufügen, daß durch die sprachliche Repräsentation in emotionalen Szenarien dieser Art (de Sousa, 1980) nicht nur kulturspezifische, sondern auch schichtspezifische, familienspezifische, paarspezifische und ideosynkratische Einflüsse zum Tragen kommen (Gordon, 1981). Durch die sprachliche Benennung wird das eigene Erleben eingeordnet, wird ihm eine Bedeutung zugewiesen. Indem man sagt: "Ich liebe dich" oder "Ich ärgere mich über dich" tritt man in eine komplexe Beziehung zu einer anderen Person ein, die Regeln über das Erleben und die sprachliche Benennung von Gefühlen enthält, die über die unmittelbar Beteiligten hinausgehen (Averill, 1982).

Regeln des Verhaltens

Die Empfindungen, die aus der eigenen Motorik, den körpereigenen physiologischen Veränderungen sowie dem eigenen Ausdrucksverhalten - soweit man es verfolgen kann - resultieren, werden nie unreflektiert übernommen. Das Feedback, das aus diesen Prozessen resultiert, wird interpretiert, und zwar mit Hilfe von Regeln des Verhaltens. Sie beziehen sich unter anderem auf die Rolle der physiologischen Aktivierung (z.B."Jemand, der sich ärgert, sollte eine angemessene physiologische Erregung aufweisen"). Welche physiologischen Veränderungen bei welchen Gefühlen zu spüren sind, liegt als schematisches Wissen abrufbereit vor (Rimé, Philippot & Cisamolo, 1990) - auch schon bei Schulkindern (Shields & Stern, 1979; Janke, 1999).

Weitere Regeln betreffen das subjektive Erleben des Gefühls. Hier ist etwa die Vorschrift zu nennen "Ein Gefühl sollte spontan entstehen und nicht willentlich hervorgerufen werden". Die Soziologin Arlie Hochschild (1990) konzentrierte sich auf diesen Bereich und legte überzeugend dar, daß zwischen dem spontanen Zustandekommen und der willensbasierten Produktion von Gefühlen ein weites Feld liegt. Schauspielern, die die Stanislawski-Technik beherrschen, gelingt es etwa, sich soweit in vergangene Gefühlsepisoden hineinzuversetzen, daß sie das damalige Gefühl aktuell verspüren. Nicht jeder mag gleich geschickt in dieser Kunst der willensgesteuerten Erzeugung von Gefühlen sein, aber nach Hochschild (1990) unterliegt jeder den gesellschaftlichen Erwartungen über das Erleben (und den Ausdruck) von bestimmten Gefühlen in bestimmten Situationen, die sie "feeling rules" nannte.

Regeln der Ursachenzuschreibung

Nach Averill (1982) ist für das Erleben von Gefühlen von entscheidender Bedeutung, daß sie als Widerfahrnis erlebt werden, auch wenn sie seiner Meinung nach soziale Konstruktionen sind. Regeln der Ursachenzuschreibung beziehen sich darauf, ob und inwiefern sich das Selbst an dem Gefühl beteiligt sieht. Die Frage ist, genauer gesagt, inwiefern das Selbst die Gefühle, die es erlebt, seinem bewußten Teil zuschreibt, oder inwiefern es die Ursache für seine Gefühle woanders lokalisiert, beispielsweise in dem Verhalten anderer Personen oder in seinen körperlichen Empfindungen. Daß sich hier eine Grauzone zwischen der aktiven Selbstzuschreibung und dem passiven Widerfahrnis auftut, liegt auf der Hand. Emotionsregulierung bedeutet in diesem Fall, selbst aktiv herbeigeführte, durch Herstellung geeigneter Umstände "billigend in Kauf genommene" oder durch Perseveration bestimmter Gedanken verstärkte Gefühle durch die Interpretation als Widerfahrnis den Status eines "echten Gefühls" zu geben, das beispielsweise im Fall der moralischen Empörung als unhinterfragbare Evidenz gilt (Montada, 1993; Ulich, 1991).

Regeln des Zeitverlaufs

Diese Regeln betreffen nach Averill (1982) die Dauer von Emotionsepisoden und die "normale" Abfolge von Ereignissen, denn Emotionen enthalten nicht nur Bewertungen über vergangene Ereignisse, sondern auch Vorhersagen für die Zukunft. Ein Satz wie "Ich liebe Dich" oder "Ich ärgere mich über Dich" umfaßt insofern zwei (wahrscheinlich recht unterschiedliche) Prognosen über den künftigen Gang der Ereignisse.

Die Regeln, die Averill (1982) und mit ihm die sozial-konstruktivistischen Soziologen Hochschild (1990) und Gordon (1981) beschreiben, enthalten Rechte, wie man in bestimmten Situationen - allgemein gesprochen - fühlen sollte. Das Erleben der entsprechenden Emotion wird für legitim erachtet. Diese Rechte verwandeln sich jedoch in dem Moment zu Pflichten, wenn das Nicht-Erleben eines Gefühls sanktioniert wird. Erlebt man in Situationen, wo dies sozial völlig gerechtfertigt wäre, keinen Ärger, dann erscheint dies suspekt; passiert dies öfter, dann erhält man den Ruf, eine moralisch zweifelhafte Person zu sein. Averill (1982), Hochschild (1990) und Gordon (1981) gehen gleichermaßen davon aus, daß diese Regeln gesellschaftlicher Natur sind und in der Kindheit gelernt werden (siehe Kapitel 2.3.4). Frijda (1986) bezweifelt die vollständige soziale Determination dieser Art der Regulierung mit dem Argument, daß Menschen von sich aus motiviert sind, eigene Empfindungen zu beherrschen und Unbehagen zu reduzieren.

Bewältigungsverhalten

Weitere Prozesse, die das Erleben von Gefühlen verändern können, sind unter dem Terminus der Bewältigung gefaßt worden. In ihrem Beitrag zum Handbuch für Emotionsforschung, der nahezu fünfzig Jahre Streß- und Bewältigungsforschung unter dem Aspekt der Regulierung von Gefühlen zusammenfaßt, unterscheiden Laux und Weber (1990) zwischen intrapsychischen, aktionalen und expressiven Formen der (emotionalen) Bewältigung von belastenden Ereignissen. Intrapsychische Bewältigungsformen sind "kognitive Prozesse, die Wahrnehmungs-, Denk-, Vorstellungs- und Interpretationsprozesse umfassen" (Laux & Weber, 1990, S. 579). Aktionale Formen der Bewältigung beziehen sich dagegen auf Handlungen, wie etwa Angriff, soziale Zuwendung, Flucht und Rückzug. Expressive Bewältigungsformen betreffen die Art und Weise, wie Gefühle ausgedrückt werden. Laux und Weber (1990) konzedieren, daß diese Dreiteilung der Bewältigungsformen künstlich ist, läuft die Bewältigung von wirklichen Ereignissen doch meist auf mehreren Ebenen zugleich ab. So werden Handlungen, also aktionale oder expressive Formen der Bewältigung, in der Regel von Gedanken vorbereitet, begleitet oder nachbereitet. Im Sinne von Averills (1982) oben beschriebenen Regeln des Verhaltens wäre hinzuzufügen, daß die Ausdrucksbewegungen, die Handlungen (und wahrscheinlich konsequenterweise auch die sie begleitenden physiologischen Prozesse) auf das Erleben zurückwirken und insofern indirekt regulierend wirken. Nähere Auskünfte zu diesem Themenkomplex, der in Hinblick auf die gesundheitlichen Folgen des Auslebens bzw. der Unterdrückung des Ausdrucks von Ärger in einer Vielzahl von Arbeiten erörtert wurde, finden sich bei Weber (1994).

Das Erleben von Gefühlen wird vor allem durch die intrapsychischen Formen der Emotionsregulierung gefärbt, die auch gut alleine stehen können. Zum Beispiel können Rachephantasien zwar das Gemüt beruhigen, müssen aber (zum Glück) nicht in die Tat umgesetzt werden. Zu den intrapsychischen Formen der Emotionsregulierung zählen Laux und Weber (1990) "defensive" Bewältigungsformen, wie etwa Vermeidung, Bagatellisierung oder wirklichkeitsfliehende Phantasien. Eine weitere Gruppe von Formen der intrapsychischen Regulierung besteht aus positiv konnotierten Formen der Bewältigung, wie etwa die Umdeutung durch "positives Denken" oder die Umwandlung des belastenden Geschehens durch Humor. Obwohl bereits von Seneca vorgeschlagen (Averill, 1982), wurden diese Regulierungsstrategien in der neueren Forschung bisher nicht oft beachtet. Soweit sie nicht illusionär oder realitätsverzerrend sind, sollten sie dem Individuum bei Entwicklung und Zurechtkommen mit seinen Lebensumständen helfen. Zu den intrapsychischen Formen der Bewältigung gehören ferner selbstabwertende Gedanken, also eine grüblerische Selbstbeschuldigung, die den eigenen Ärger für nicht gerechtfertigt erklärt.

1.4.2 Regulierungsprozesse beim Ausdruck

Wie Ärger ausgedrückt wird, läßt sich ebenfalls auf vielen Wegen beeinflussen. Regulierungsbemühungen können sich nicht nur auf die sprachliche Mitteilung, sondern auch auf paralinguistische Merkmale, wie Lautstärke, Modulation oder Sprechgeschwindigkeit, Ausdrucksbewegungen in Gesicht und Körper, Gesten, Körperhaltungen und motorische Reaktionen beziehen. Soll der Ärger im Ausdruck vollständig unterdrückt werden, sind diese Anstrengungen in der Regel nicht überall gleich erfolgreich. Auch wenn vor allem der sprachliche Ausdruck der Kontrolle unterliegt (Scherer, 1988), so schimmert das Erleben doch auf vielen anderen Wegen durch (Ekman & Friesen, 1969; Ekman, 1985).

Das Leitkonzept im Bereich der Regulierung des Ausdrucksverhaltens ist das einleitend erwähnte Konzept der Darbietungs- oder Vorzeigeregeln. Darbietungsregeln - der Name hat übrigens nichts mit den Darbietungen der Tiere zu tun, die die Ethologen beobachten - modulieren kurz gesagt "wer wem gegenüber wann welches Gefühl (in welcher Intensität) zeigen darf". Dieses Konzept stammt zwar aus den kulturvergleichenden Forschungen von Ekman und Friesen (1988), wurde in der Folge aber erweitert auf Regeln, die jeweils für eine ethnische Gruppe, eine Sozialschicht (z.B. Miller & Sperry, 1987) oder ein Geschlecht (z.B. Fuchs & Thelen, 1988) gelten. Da auch Familien ganz unterschiedliche Vorstellungen haben, welches emotionale Ausdrucksverhalten angemessen ist (Halberstadt, 1986), wären zu dieser Aufzählung noch familienspezifische Darbietungsregeln hinzuzufügen. Modulierungen größeren Ausmaßes kommen ferner bei der bewußten Täuschung und im Theater vor. Techniken zur Umsetzung der Darbietungsregeln sind: (1) die Neutralisierung, also das undurchdringliche Pokergesicht; (2) die Vergrößerung, also die Intensivierung des erlebten Gefühls im Ausdruck; (3) die Verkleinerung, also die Abschwächung des empfundenen Gefühls; (4) die Maskierung, also die Überdeckung des erlebten Gefühls durch ein anderes (meist ein Lächeln) im Ausdruck, und damit verwandt (5) die Simulation, also das "Vortäuschen" eines Gefühls im Ausdrucksverhalten, das nicht zugleich empfunden wird (Ekman, 1988). Diese Techniken decken die Möglichkeiten zur Modulierung von Art und Intensität der erlebten Emotion weitgehend ab. Zeitliche Parameter der Regulierung erörtert Thompson (1990).

Aus Fridlunds (1991) "verhaltensökologischer Sicht" wird der Ausdruck von Gefühlen vor allem durch soziale Bedingungen beeinflußt. So formuliert wäre Fridlunds (1991) Auffassung kaum zu widersprechen, da die Bedeutung des Ausdrucksverhaltens als Signal für die Kommunikation von Gefühlen und damit für zwischenmenschliche Beziehungen unumstritten ist (z.B. Ekman, 1994a; Hinde, 1985). Genauer gesagt gibt das emotionale Ausdrucksverhalten des Senders dem Empfänger sowohl Informationen über die Vergangenheit, nämlich über die Bewertungen, die der Sender über abgelaufene Ereignisse vorgenommen hat, als auch über die Zukunft, nämlich über die Handlungsbereitschaften des Senders (Kelley, 1984). Für den Ärger bedeutet dies, daß der Ärgerausdruck dem Empfänger signalisiert, daß ihm die Verantwortung dafür gegeben wird, daß ein Ziel des Senders blockiert oder eine seiner Normen verletzt wurde. Außerdem wird mit dem Ärgerausdruck die Möglichkeit schädigender Handlungen in den Raum stellt. Fridlund (1991) wendet ein, daß manches Ausdrucksverhalten dem Sender schadet, und zwar sowohl in der aktuellen Situation als auch in der Evolution. Daher sollten in der Entwicklungsgeschichte der Menschheit Strategien entwickelt und Tendenzen verstärkt worden sein, die es Menschen ermöglichen, ihr Erleben im Ausdruck zu verbergen. Täuschungsmanöver im Verhalten, so Fridlund (1991) weiter, seien schon bei Tieren zu beobachten. In Studien mit Menschen, in denen diese gebeten wurden, ihr Ausdrucksverhalten zu unterbinden, könne man das zugrundeliegende Gefühlserleben ebenfalls nicht aus dem Ausdruck erschließen. Allenfalls verwiesen so unspezifische Signale wie vermehrtes Augenblinzeln (Gross & Levenson, 1993) auf eine allgemeine Unruhe, nicht aber auf das dahinterstehende Erleben eines bestimmten

Gefühls. Diese Unruhe, so Fridlund (1991) schließlich, sei vielleicht auch auf Konflikte über das Verbergen des Gefühls zurückzuführen (King & Emmons, 1990). Fridlund untermauerte seine Überlegungen durch zwei eigene Untersuchungen, nach denen Probanden weniger lächeln und weniger Besorgnis auf ihren Gesichtern tragen, wenn sie allein waren und am meisten, wenn sie einer anderen Person von Angesicht zu Angesicht gegenübersaßen.

Was an Fridlunds (1991) Position hervorsticht, ist die Ausschließlichkeit, mit der er die soziale Determination des emotionalen Ausdrucksverhaltens postuliert. Denn Fridlunds These läßt sich nicht halten, wenn man weitere Faktoren, wie die Intensität des Erlebens oder die Beziehung zu den Zuschauern, einbezieht. In einer ähnlichen Untersuchung stellten Hess, Banse und Kappa (1995) nämlich fest, daß die Intensität des Ausdrucksverhaltens nicht vom sozialen Kontext allein, sondern von komplexen Interaktionen zwischen der Intensität des Erlebens, der Allein- vs. Zusammenbedingung und der Beziehung zu den Zuschauern abhing. Außerdem dürfte die Fähigkeit, seinen Ärgerausdruck zu modulieren, durch Prozesse beeinflußt werden, die gleichzeitig ablaufen. Nehmen andere Dinge die Aufmerksamkeit völlig in Anspruch, dann dürfte der Ärger zwar über das Gesicht ausgedrückt werden. Der Ärgerausdruck wäre dann aber nicht bewußt, weil ihm keine Aufmerksamkeit geschenkt wird (Lewis, 1993b).

Die verschiedenen Arten von nonverbalen Zeichen des Gesichts und des Körpers bilden in Hinblick auf ihre Regulierbarkeit ein Kontinuum: so gibt es auf der einen Seite Embleme, also nonverbale Handlungen, die eine direkte verbale Entsprechung haben, (wie etwa in der Zeichensprache), Illustratoren, die direkt mit der Rede zusammenhängen, und Regulatoren, die das Hin und Her des Austausches zwischen Sender und Empfänger regeln (Ekman, 1988). Diese Klassen von nonverbalen Zeichen sind sicher mehr oder weniger gelernt. Die Verknüpfung zwischen ihnen und dem emotionalen Erleben ist durch Konventionen geregelt und zufällig. Diese Art von Zeichen dürfte daher mit dem Willen einfach zu steuern sein. Eine Mittelstellung bezüglich der Regulierbarkeit dürften konventionalisierte Darbietungen von Gefühlen einnehmen, wie etwa das Vortäuschen von Ärger (z.B. in Drohgebärden). Am anderen Ende dieses Kontinuums stehen Adaptoren, also Bruchstücke von früher gelernten adaptiven Handlungen, wie etwa Selbstberührungen sowie die emotionalen Ausdrucksformen im Gesicht, die mit Hilfe von Darbietungsregeln moduliert werden (Josephs, 1993).

1.4.3 Regulierungsprozesse auf der physiologischen Ebene

Da physiologische Prozesse in der Regel an der Aktualgenese, dem Erleben und der Aufrechterhaltung von Gefühlen beteiligt sind, können Regulierungsbemühungen auch auf dieser Ebene ansetzen. So diverse Bewältigungsstrategien wie Schlafen, Jogging, Yoga, Meditation, Alkoholkonsum oder Rauchen sind nicht zuletzt deshalb so wirkungsvoll, weil sie das Wohlbefinden von Menschen auf der körperlichen Ebene beeinflussen. Bei der Emotionsregulierung auf der physiologischen Ebene unterscheidet man am besten zwischen Prozessen, die im autonomen, und solchen, die im zentralen Nervensystem lokalisiert sind, obwohl es sicher vielfältige Über-schneidungen zwischen beiden gibt, etwa durch hirngesteuerte Hormonausschüttungen, die primär im Körper wirken, aber auch Rückwirkungen auf das zentrale Nerven-system haben (Stansbury & Gunnar, 1994). Eine Übersicht über dieses weite Feld, das hier nur in aller Kürze angerissen werden kann, geben Frijda (1986), LeDoux (1992) und aus entwicklungspsychologischer Sicht Thompson (1990, 1994).

Soweit Gefühle auf mehr oder weniger bewußten Bewertungen antezendenter Bedingungen beruhen, gehen ihnen auf jeden Fall Einschätzungen des eigenen Zustandes und des Kontextes sowie der Dringlichkeit der Angelegenheit voraus (z.B. Frijda, 1986). Urteile dieser Art beruhen auf kognitiven Prozessen, die vor allem im Neocortex lokalisiert sind. Zwar wird sicherlich auch der Hippocampus als zentrale Schaltstelle für das deklarative Gedächtnis (LeDoux, 1994c) einbezogen, aber originär kognitive Prozesse, wie vorausblickende Planung, feine Unterscheidungen, Aufmerk-samkeitslenkung oder die Verarbeitung sprachbasierter Informationen, dürften sich vor allem im Vorderlappen der Großhirnrinde abspielen. Fox (1994) und Dawson (1994b) stellten unabhängig voneinander bei Ableitungen des EEG-Potentials durch die Kopfhaut fest, daß die verschiedenen Emotionen, die in Gesicht und Verhalten von Kleinstkindern gezeigt wurden, mit der asymmetrischen Aktivierung der beiden Vorderlappen der Großhirnrinde zusammenhingen. Ein Beispiel: Reagierten 21-monatige Kleinkinder auf verschiedene emotionsauslösende Bedingungen mit einem ärgerli-chen Gesicht, so war der linke Vorderlappen der Großhirnrinde in der Regel aktiver als bei einem traurigen Gesicht, bei dem der rechte Vorderlappen verstärkt Aktivität zeigte. Der Unterschied zwischen der Aktivität des linken und des rechten Vorder-lappens war jedoch gering, gemessen an dem allgemeinen Anstieg der Aktivierung bei allen Gefühlen gegenüber einer nicht-emotionalen Baseline (Dawson, 1994b). Dawson (1994b) vermutet auf Grund dieser und ähnlicher Befunde, daß die beiden Hälften der Großhirnrinde nicht nur mit dem (zeitgleichen) Ausdruck von Gefühlen zu tun haben, sondern auch mit der Regulierung eben dieser Gefühle. Sie schreibt:

"The left frontal region is specialized for regulation strategies involving action schemes that serve to maintain continuity and stability of the organism - envi-ronment relation and of ongoing motor schemes, such as those involved in lan-guage and the expression of happiness and interest. In contrast, the right frontal region appears to be specialized for regulation strategies that involve proces-sing novel stimuli that disrupt ongoing activity, such as might occur during the expression of fear, disgust, and distress" (1994b, S. 151).

Fox (1994) führt diesen Gedanken weiter und postuliert, daß nicht nur die Aktivierung, sondern auch der Mangel an Aktivierung (Hypoaktivierung) im rechten oder linken Vorderlappen mit bestimmten Strategien der Emotionsregulierung zusammenhängen. Hypoaktivität im rechten Vorderlappen könnte, so Fox (1994), mit dem Wegfallen von Inhibitionen bei der Annäherung, also mit Hyperaktivität und Impulsivität zusammenhängen. Hypoaktivität im linken Vorderlappen hängt vermutlich mit der Abwesenheit von Freude zusammen. Dawson (1994b) konnte bei Säuglingen von depressiven Müttern eine verminderte Aktivität in diesem Bereich nachweisen, und zwar sowohl während der Baseline als auch bei einer Spielepisode, die bei den Babys "normaler" Mütter zu einer großen Aktivierung des linken Vorderlappens geführt hatte (siehe auch Kapitel 2.1.3).

Insgesamt dürften die Regulierungsprozesse im Gehirn aber ungleich komplexer sein als hier dargestellt, denn die einzelnen Bereiche im Gehirn, wie etwa der Neocortex, werden nicht nur durch Aktivierungen auf der gleichen und der gegenüberliegenden Hirnhälfte kontrolliert (ipsi- und contralaterale Kontrolle), sondern auch von subkortikalen Prozessen beeinflußt (Fox, 1994). Was sich hier entwickelt, ist ein komplexes Gefüge von sich gegenseitig ausbalancierenden Prozessen, ein System von "checks und balances". Hinzu kommt, daß Regulierung in zwei Richtungen ablaufen kann, also nicht nur Aktivierung bedeutet, sondern auch Inhibition. Nur wenn man diese beiden Wege der Regulierung annimmt, lassen sich die feinen Abstimmungsprozesse erklären, die kennzeichnend für die menschliche Emotionsregulierung sind (Frijda, 1986).

1.4.4 Emotionsregulierung im Verlauf

Zusätzliche Regulierungsprozesse sollten durch Rückkoppelungen zwischen den einzelnen Komponenten zustande kommen. Diese wurden bisher nur am Rande berührt. Die von Marc D. Lewis (1995, 1996) vorgeschlagene Dynamische Systemtheorie macht eine Reihe von interessanten Aussagen zum Wechselspiel zwischen den "kognitiven" Bewertungen und den "Emotionen". Diese charakterisiert er als zugleich biologische und kulturgeprägte Empfindungen. Soweit sie sich auf den Prozeß der Emotionsregulierung beziehen, sollen M.D. Lewis' Überlegungen hier in aller Kürze wiedergegeben werden.

M.D. Lewis argumentiert, daß die kognitive Bewertung der antezedenten Bedingungen nicht zu einem Zeitpunkt abgeschlossen ist, sondern daß ein ständiges Wechselspiel zwischen dem Erleben von Emotionen (auf sprachlicher und körperlicher Ebene) und den Bewertungen herrscht. Mit anderen Worten: Die Abfolge von Bewertung und Gefühlsempfindungen ist nicht sequentiell, sondern rekursiv. Genauer gesagt entstehen Emotionen in der Aktualgenese durch positive Rückkoppelungsschleifen zwischen bestimmten kognitiven Bewertungen und dem emotionalen Erleben. Diesen Vorgang der gegenseitigen Verstärkung von bestimmten Gedanken und Gefühlsempfindungen nennt man in der Umgangssprache "sich hineinsteigern". Welche Komponente dabei ursächlich ist, ist im Nachhinein nicht mehr zu klären. Differentielle Aspekte kommen dadurch ins Spiel, daß manche Bewertungen und Gefühlsempfindungen häufig zusammen auftreten und dadurch wahrscheinlich gekoppelt werden. Die Koppelung von kognitiven Bewertungen und Gefühl macht es auf die Dauer wahrscheinlicher, daß beide in Zukunft gemeinsam aktiviert werden; in der Sprache der Dynamischen Systemtheorie gesprochen, bilden sich "Attraktoren" für einen bestimmten Kognitions-Emotions-Zustand. Koppelungen zwischen einzelnen Bewertungen und Gefühlsempfindungen sind prinzipiell immer möglich. Eingeschränkt werden sie lediglich durch biologisch verankerte Ordnungsprinzipien wie etwa die Struktur des Cortex, durch Ordnungsgesichtspunkte der Sprache und durch die Abfolge der kognitiven Entwicklungsschritte. Welche Attraktoren im Rahmen dieser Bedingungen bevorzugt aktiviert werden, hängt von der individuellen Lerngeschichte ab und unterscheidet sich von Mensch zu Mensch. Welche Emotionsqualitäten zu einem gegebenen Zeitpunkt empfunden werden, hängt damit unter anderem mit der "Landkarte der Kognitions-Emotions-Attraktoren" (in einem bestimmten Zustandsraum) zusammen, die ein Mensch im Laufe seines Lebens ausgebildet hat.

Nach der Dynamischen Systemtheorie gehen die Aktualgenese von Gefühlen und deren Regulierung ineinander über; der Fokus liegt auf dem zeitlichen Verlauf. Parallel zur positiven Verstärkung bestimmter Koppelungen von Bewertungen und Gefühlsempfindungen wird die Existenz von negativen Rückkoppelungsschleifen angenommen. Diese greifen Prozesse auf, die traditionellerweise als "Abwehrmechanismen" oder "defensive Bewältigungsformen" beschrieben werden. Durch die Verknüpfung von bestimmten Bewertungen mit Schmerz entsteht, so M.D. Lewis (1996), das Empfinden von Angst. Dieses Erleben intensiviert sich, wenn die Aufmerksamkeit auf verwandte Aspekte wie Hilflosigkeit oder Verwundbarkeit gelenkt wird. Parallel zu den Attraktoren, die gerne und häufig aufgesucht werden, bilden sich bei wiederholter Koppelung dieser schmerzhaften und belastenden kognitiven und emotionalen Elemente "Repellants", also Zustände, die nach Möglichkeit vermieden werden. In der aktuellen Gefühlsepisode intensiviert sich zugleich mit der Angst die Suche nach einem Ausweg, und zwar entweder auf der Ebene des Verhaltens (etwa durch Verlassen der Situation) oder auf der Ebene der Gedanken (etwa durch alternative Bewertungen der antezedenten Bedingungen) oder auf beiden Ebenen. Über die Zeit entstehen auf diese Weise neue Koppelungen zwischen den schmerzhaften Bewertungen bzw. der Angst-Emotion und den erleichternden Umdeutungen bzw. Handlungen. Sind diese erfolgreich darin, die Angst bzw. die schmerzhaften Gedanken zu vermindern, dann gewinnen sie auf Dauer die Qualität von neuen Attraktoren in dem Sinne, daß sie beim Verspüren der schmerzhaften Bewertungen oder Angstempfindungen bevorzugt aktiviert werden. Der Zugang zu diesen erleichternden Attraktoren wird durch interne oder externe Pläne oder Skripte erleichtert. Ein Beispiel hierfür ist das Pfeifen im dunklen Wald, mit dem sich Menschen das Gefühl der Unbekümmertheit zurückgeben möchten, das ihnen angesichts von Gedanken oder Empfindungen von Bedrohung abhanden gekommen ist. Ein weiteres Beispiel könnte das selbstgerechte und sogar grausame Verhalten sein, das Kinder mitunter an den Tag legen, wenn sie sich besonders allein und hilflos fühlen. Durch vielfache Wiederholungen werden diese Abläufe soweit automatisiert, daß sie dem Bewußtsein später kaum mehr zugänglich sind.

1.5 Zusammenfassung

Am Anfang dieses Kapitels wurde argumentiert, warum es sinnvoll ist, sich bei der Untersuchung der Entwicklung von Gefühlen und ihrer Regulierung auf eine Emotion zu beschränken, und warum dieses der Ärger sein sollte. Dennoch stellt sich die Frage, ob der Ärger denn überhaupt zu beeinflussen sei, denn wir erleben ihn oft als etwas, was uns ungewollt überfällt, uns eine Weile nicht mehr ihn Ruhe läßt und uns vielleicht sogar zu unbesonnenen Handlungen hinreißt. Historische Denker und sprachliche Metaphern unterstützen dieses Bild des Ärgers als eine im wesentlichen unkontrollierbare Leidenschaft. Gleichwohl ist anzunehmen, daß der Ärger reguliert wird, denn zum einen kommen nicht alle Ärgerepisoden so dramatisch einher, wie es das Leidenschafts-Stereotyp suggeriert. Zum anderen sind sprachliche Mitteilungen über das eigene Erleben in Hinblick auf die soziale Konstruktion solcher Äußerungen zu hinterfragen.

Über das subjektive Erleben hinaus besteht der Ärger nach Meinung der meisten Experten aus drei weiteren Komponenten, nämlich ärgerantezedenten Wahrnehmungen und Bewertungen, einem charakteristischem Ausdrucksverhalten in Gesicht, Stimme und Körper sowie bestimmten Reaktionsmustern im autonomen und zentralen Nervensystem. Ob diese psychophysiologischen Muster spezifisch für den Ärger sind oder auch für andere Emotionen gelten, wird kontrovers diskutiert. Zwei Bewertungen, die nach einhelliger Meinung kognitiver Emotionstheoretiker Ärger hervorrufen (können), sind die Zielblockade (in einer engen und einer weiten Definition) sowie die Verletzung von Normen (oder Erwartungen). Ob und wie starker Ärger aus diesen Antezedenzen entsteht, hängt vor allem mit der Zuschreibung der Verantwortlichkeit und der Art der Intention (Böswilligkeit, Fahrlässigkeit, Vorhersehbarkeit) zusammen. Entschuldigungen und Rechtfertigungen können sich auf diese und andere Faktoren wie besondere Umstände oder höherwertige Motive beziehen. Damit sind die wesentlichen formalen Argumente genannt, die Menschen benutzen, wenn sie ihren Ärger durch Neubewertungen intrapsychisch regulieren bzw. sich mit dem Verursacher oder mit anderen darüber austauschen. Hinzu kommt allerdings noch ein weiterer Anlaß, der nur in Lazarus' Konzeption (1991a) als wichtige Ärger-Antezedenz aufgeführt wurde, nämlich die (reale oder angedrohte) persönliche Kränkung. Keine Übereinstimmung besteht unter den Emotionstheoretikern, ob diese Bewertungen zur Aktualgenese von Ärger hinreichend sind, und welche Rolle psychophysiologische Prozesse bei der Aktualgenese und dem Erleben von Ärger spielen.

Anstrengungen, den Ärger zu regulieren, finden in allen vier Komponenten statt. Im Bereich ärgerantezedenter Wahrnehmungen und Bewertungen nehmen Modulierungsbemühungen die Form von Regeln der Bewertung, der Ursachenzuschreibung und des Zeitverlaufs an. Hinzu kommen die von den Bewältigungsforschern erarbeiteten Formen der Neubewertung sowie feeling rules, die sich auf die Bewertung ärgerrelevanter Sachverhalte richten. Im Bereich des Erlebens treten vor allem die sozial konstruierten feeling rules hervor. In seinem Ausdruck wird der Ärger unter dem Diktat von Darbietungsregeln meistens verkleinert, neutralisiert oder maskiert. Bei den psychophysiologischen Prozessen spielen wieder sozial konstruierte feeling rules und Regeln des Verhaltens eine Rolle, vor allem, wenn diese Prozesse nicht direkt gemessen, sondern nur über Selbstauskünfte erfragt werden. Körperbezogenes Bewältigungsverhalten (z.B. Jogging) und die differentielle Aktivierung der beiden Vorderlappen des Neocortex sind zwei weitere Beispiele für Regulierungsprozesse bei der physiologischen Komponente des Ärgers.

Zusammenfassend läßt sich daher feststellen, daß Bemühungen, den Ärger zu reduzieren, sowohl auf der Mikro-Ebene der physiologischen Abläufe im autonomen und zentralen Nervensystem als auch auf der übergreifenderen Ebene von Erlebens- und Bewertungsprozessen ablaufen. Da die physiologischen Prozesse eine Welt für sich darstellen und die empirischen Untersuchungen, die in diesem Buch vorgestellt werden sollen, auf Selbstberichten beruhen, liegt das Schwergewicht der weiteren Darstellung auf den erlebensbasierten Regulierungsstrategien, die sich in Bewertungen, sprachlichen Repräsentationen und Ausdrucksverhalten niederschlagen. Weitere Regulierungsprozesse sollten durch Rückkoppelungen zwischen den einzelnen Komponenten zustandekommen. Diese eher dynamischen Aspekte der Emotionsregulierung sind bisher nur am Rande berührt worden. Die von M.D. Lewis (1995, 1996) vorgestellte Dynamische Systemtheorie enthält eine Reihe von interessanten Überlegungen zur Verbindung zwischen zwei Komponenten des Strukturmodells, nämlich zum Verhältnis von kognitiven Bewertungen und emotionalem Erleben, das in dieser theoretischen Konzeption auch körperbasierte Empfindungen einschließt.

Kapitel 2
Ärger und Ärgerregulierung bei Säuglingen und Kleinkindern

Nachdem nun geklärt ist, was Ärger ist und auf welchen Wegen man seiner Herr werden kann, geht es in diesem Kapitel um die Entwicklung dieses Gefühls in der frühen Kindheit. Beschrieben werden Entstehung, Ausdruck und Regulierung von Ärger im Zusammenhang mit den neurologischen, kognitiven, motorischen und sprachlichen Umwälzungen, die zwischen der Geburt und dem Eintritt in den Kindergarten mit etwa drei Jahren stattfinden. Kapitel drei behandelt die Entwicklungen in der Vorschulzeit, Kapitel vier die Veränderungen im Schulalter. Auch wenn es das Ziel dieses Kapitels (und der beiden folgenden) ist, einen Überblick über die Literatur zur Entwicklung der Ärgerregulierung zu geben, so stößt dies doch schnell an seine Grenzen. Probleme entstehen etwa dadurch, daß nur eine recht kleine Zahl von entwicklungspsychologischen Forschungsarbeiten direkt zum Thema "Ärger" vorliegen. Wurde die Entwicklung kognitiver Bewertungsprozesse noch einigermaßen häufig untersucht, so sind Studien zur Entwicklung der Modulation des Ärger-Ausdrucksverhaltens schon sehr viel dünner gesät. Über entwicklungsbedingte Veränderungen der physiologischen Prozesse, die mit Ärger zusammenhängen, ist jenseits des Säuglingsalters kaum etwas bekannt; über Strategien zur (bewußten) Beeinflussung dieser körperlichen Abläufe, wie etwa körperliche Bewegung, liegt nicht eine einzige Studie mit Kindern vor. Poetisch gesprochen stellt sich die Lage so dar, daß eine Reihe von Inseln verhältnismäßig gesicherten Wissens in einem Meer des Unwissens liegen. Theorien zur emotionalen Entwicklung, die angesichts der lückenhaften empirischen Befundlage weiterhelfen könnten, beziehen sich in der Regel nur auf eine einzige Emotionskomponente (v. Salisch, 1997a).

Angesichts dieser Sachlage schlage ich folgenden Weg ein: Statt mich auf Forschungsarbeiten zu beschränken, die explizit zum Thema "Ärger" Bezug nehmen, beziehe ich auch jene mit ein, die aus angrenzenden Gebieten der Entwicklungspsychologie stammen, also aus der Beobachtung aggressiven Verhaltens ebenso wie aus Studien über Täuschung. Die Ergebnisse dieser Forschungen beziehe ich soweit wie möglich auf die Emotion Ärger. Dabei kann nicht ausbleiben, daß manche Interpretation über die referierten Untersuchungen hinausgeht; Spekulationen sind angesichts der dürftigen Literatur nahezu unvermeidlich. Bei der Beschreibung der Entwicklung von Ärger und Ärgerregulierung setze ich dort Schwerpunkte, wo das Wissen einigermaßen gesichert erscheint. Insbesondere verfolge ich zwei Stränge der Entwicklung, nämlich einen, der die Entwicklung des Kindes als Einzelperson zum Inhalt hat, und einen zweiten, der die Entwicklung des Kindes im Zusammenleben mit seinen Eltern, Geschwistern und Freunden betrachtet. Unter dem ersten Blickwinkel verstehe ich das Kind als Einzelperson und skizziere die Auswirkungen, die die ungeheuren neurologischen, kognitiven, motorischen und sprachlichen Veränderungen zwischen null und etwa drei Jahren auf die Entstehung und die Regulierung von Ärger haben. Unter der zweiten Perspektive nehme ich an, daß Kinder soziale Wesen sind, deren Ärgerregulierung sich von Anfang ihres Lebens an im Zusammenleben mit ihren Mitmenschen ausbildet. Aus dieser Sicht rücken Themen, wie soziale Bezugnahme, Affektabstimmung, die Verhandlung von Verboten sowie allgemeiner das Sprechen über Gefühle mit Familienmitgliedern und anderen Bezugspersonen, in den Mittelpunkt des Interesses. Da im allgemeinen recht wenig über die Entwicklung von Ärger und Ärgerregulierung bekannt ist, verzichte ich in diesem Kapitel darauf, interindividuellen Unterschieden systematisch nachzugehen. Weitere Übersichten, besonders zu den einzelnen Theorien emotionaler Entwicklung, finden sich bei Saarni, Mumme und Campos (1997), Ulich und Mayring (1992) sowie bei Geppert und Heckhausen (1990).

Dieses Kapitel ist in drei Teile gegliedert. Der Schwerpunkt des Abschnitts über die Säuglingszeit liegt auf dem Erwerb prozeduralen Wissens über das Erleben und den Ausdruck von Ärger. Der zweite Abschnitt behandelt die Gründe, warum Wutanfälle im zweiten Lebensjahr so viel häufiger und heftiger werden. Der dritte Abschnitt konzentriert sich auf die Sprachentwicklung und ihre Folgen für die Regulierung von Gefühlen. Beschrieben werden das rasche Anwachsen des Sprechens über Gefühle, die natürlich die vielen Familiengespräche über die Gründe der Entstehung, die Angemessenheit des Ausdrucks und die Wege der Regulierung von Ärger mit einschließen.

2.1 Der Beginn von Ärger und Ärgerregulierung im Säuglingsalter

Dieser Abschnitt befaßt sich mit den Anfängen des (nachgeburtlichen) Gefühlslebens und damit auch mit dem Beginn der Bemühungen, Gefühle zu beeinflussen. Dabei läßt sich das Gefühl des Ärgers zunächst noch kaum von dem globaleren des Kummers oder des Unbehagens abgrenzen. Von einer Fähigkeit zur Regulierung der Einzelemotion "Ärger" kann man erst dann sprechen, wenn sich diese, wie man an Anlässen und Ausdrucksverhalten ablesen kann, ab dem zweiten Lebensmonat auszudifferenzieren beginnt (Camras, Malatesta & Izard, 1991; Stenberg & Campos, 1990). Die Zeitspanne, über die hier berichtet wird, fängt bei der Geburt an und endet etwa mit 18 Monaten. Sie umfaßt damit die gesamte Zeit, in der Wissen, Denken und überhaupt alle kognitiven Prozesse sensomotorisch organisiert sind.

2.1.1 Die Anfänge der Selbstregulierung

Das erste, einschneidendste und wohl folgenreichste Ereignis im Leben eines Kindes ist seine Geburt. Nicht nur ist der Geburtsprozeß selbst belastend, etwa durch die Preßwehen und den engen Geburtskanal (Janus, 1991). Auch die Anpassung an das

Leben außerhalb der Gebärmutter stellt eine Vielzahl von Anforderungen. So gilt es für das neugeborene Baby, seinen Atem, seinen Kreislauf, seine Temperaturregelung und seine Nahrungsaufnahme und -verarbeitung auf das Leben in unserer Welt "draußen" umzustellen. Hinzu kommt die Wirkung der Schwerkraft, die den freien Gebrauch von Armen und Beinen hemmt, sowie die unzähligen Reize, die durch den Hautsinn, den Geschmackssinn und das verbesserte Sehen und Hören ausgelöst werden (Leboyer, 1981). "Risikokinder" und Frühgeborene müssen weitere belastende Erfahrungen verkraften, die überdies oft noch mit der räumlichen Trennung von der Mutter einhergehen, (Field, 1991). Aber auch bei normalen Geburten sind Komplikationen, die zu zeitweiligen Schädelverformungen oder Schlüsselbeinbruch führen, nicht selten (Janus, 1991).

All dieses will verarbeitet sein. Dies geschieht in den ersten Tagen und Wochen des Lebens. Angesichts dieses Pensums bringen Säuglinge bemerkenswerte Fähigkeiten zur Selbstregulation mit auf die Welt, die allerdings individuell recht unterschiedlich ausgeprägt sind (Rothbart, 1989; Brazelton & Cramer, 1991). Verhaltensweisen, wie den Kopf drehen, an den Fingern saugen, durch Räkeln und Strecken seine Körperhaltung anpassen oder das Fixieren eines interessanten Gegenstandes (oder Gesichts), erleichtern es dem neugeborenen Baby, sich selbst zu beruhigen oder zu erregen. Diese Verhaltensweisen helfen den Säuglingen - abstrakter gesagt - dabei, die Übergänge zwischen den sechs Verhaltenszuständen zu steuern, zu denen sie fähig sind. Sie helfen ihnen, mit dem Wechsel zwischen Ruhigschlaf, Aktivschlaf, Halbschlaf, wacher Aufmerksamkeit, quengeliger Aufmerksamkeit und Schreien zurechtzukommen. Bei Überbelastung im physiologischen, motorischen oder Bewußtseinssystem bricht die Organisation der Neugeborenen indessen schnell zusammen; sie verlieren die Balance und fangen an zu schreien (Brazelton & Cramer, 1991). Besonders schwierig für junge Säuglinge ist es, den Zustand der wachen Aufmerksamkeit zu erreichen und zu halten, bei dem sie ihre Umgebung mit den Augen mustern und auf Geräusche reagieren. In der Reaktion auf äußere und innere Anforderungen zeigen sich bereits erste Entsprechungen zu späteren Bewältigungsstrategien (Spangler & Scheubeck, 1993).

Hier kommen die Eltern und andere Betreuungspersonen ins Spiel. Durch Ankuscheln und Streicheln, Schaukeln und Zureden helfen sie den neugeborenen Säuglingen, die Übergänge zwischen den Zuständen so zu steuern, daß sie wach und aufmerksam werden oder anfangen zu schlafen. Diese Verhaltensweisen tragen ebenso zur Beruhigung der sehr jungen Babys bei wie weitere Maßnahmen, die eigentlich der Pflege dienen, wie etwa das Saugen an Brust oder Flasche (zusammenfassend Rauh, 1995). Das Repertoire der Pflegearbeiten verändert sich zwar etwas im Laufe der Zeit, im wesentlichen jedoch tragen die Eltern noch für lange Zeit Sorge für die Aufrechterhaltung des körperlichen Wohlbefindens ihres Kindes. Doch was hat die Pflege eines Babys mit der Regulierung von Gefühlen zu tun? Zum einen sind diese Pflegemaßnahmen, was von Eltern oft vergessen wird, zugleich immer Gelegenheiten zur Interaktion, bei denen die Beziehung zwischen Eltern und Kind gestaltet wird (Stern, 1992). Weil die Regulierung der Gefühle ebenso wie die Regulierung der körperlichen Vorgänge bedeutet, auf die Ansprüche des Kindes zu reagieren, dürften viele Eltern auf beide Arten von Signalen ähnlich reagieren. Zum anderen enthalten die meisten Gefühle - und gerade Ärger - eine körperliche Komponente und sind daher auch auf dieser Ebene zu beeinflussen, und zwar sowohl vom Kind selbst wie auch von seinen Pflegepersonen. Während der frühen Säuglingszeit beinhaltet die Regulation von physiologischen und emotionalen Zuständen im wesentlichen das gleiche Repertoire von Maßnahmen auf Seiten der Eltern. Erregungszentren im Stammhirn sowie das sympathische Nervensystem sind von Geburt an funktionstüchtig. Sie reagieren auf Unsicherheit, Neuheit und bedeutsame Veränderungen in der Umwelt (Thompson, 1990) in den ersten Monaten eher mehr als weniger und mit großen interindividuellen Unterschieden hinsichtlich der Irritierbarkeit des Säuglings, die zumindest die Säuglingszeit hindurch stabil zu sein scheinen (Rothbart, 1989).

Das Erkennen von Emotionen bei anderen Menschen

Von ihren biologischen "Voreinstellungen" her sind Säuglinge auf den emotionalen Austausch mit anderen Menschen eingerichtet. Dies zeigt sich nicht nur daran, daß sie von Geburt an Personen und Gegenstände im Abstand von 25 cm einigermaßen scharf erkennen können, denn dies ist der Abstand, den das Kind beim Halten und beim Saugen an der Brust zum Gesicht der Mutter einnimmt (Brazelton & Cramer, 1991). Imitationsstudien deuten ebenfalls darauf hin, daß neugeborene Säuglinge fähig sind, bestimmte emotionale und nicht-emotionale Gesichtsausdrücke ihres Gegenübers, wie etwa Stirnrunzeln und Lippenlecken, wahrzunehmen und nachzuahmen (zusammenfassend Rauh, 1995). Allerdings ist dies nur unter optimalen Bedingungen möglich, nämlich nur dann, wenn sie wach und aufmerksam sind und das menschliche Gesicht als einziges ausgeleuchtet ist. Auch unter normaleren Bedingungen werden menschliche Gesichter gegenüber kognitiv ebenso komplexen Nicht-Gesichts-Stimuli (Fantz, 1961) bevorzugt. Dennoch ist auffallend, daß Säuglinge im Alter von ein bis zwei Monaten selten das Innere eines Gesichtes fixieren, sondern immer haarscharf am Gesicht vorbeizublicken scheinen. Die Erklärung für dieses Rätsel ist einfach: In diesem Alter interessieren sich die Babys für den Haaransatz, der als stärkster Kontrast am einfachsten zu erkennen ist (zusammenfassend Wilkening & Krist, 1995). Beginnt das Gesicht jedoch zu sprechen oder die Miene zu verziehen, dann schauen auch Säuglinge von weniger als zwei Monaten in das Innere des Gesichts (Haith, Bergmann & Moore, 1977). Ab dem Alter von zwei Monaten bevorzugen die Kleinstkinder zunächst Rundungen, Kontraste, vertikale Symmetrie, Winkel und Komplexität in dieser Reihenfolge, betrachten also zunächst gezielt die Augen, dann den Mund und zuletzt die Nase ihrer Bezugspersonen (Stern, 1992, S. 94f.). Die Verfeinerung des Sehens und der visuellen Wahrnehmung in den ersten Lebensmonaten basiert neurologisch gesehen auf der verbesserten Übertragung der Nervenimpulse, die durch die Umkleidung der Nervenenden (Axone) der primären sensorischen Felder im Neocortex mit Myelin zustande kommt, denn diese Hirnareale sind hauptsächlich für die Repräsentation von visuellem und auditivem Material zuständig (zusammenfassend Lemche, 1996). Kindern im Alter von fünf bis sieben Monaten gelingt es dann mühelos, das Bild eines bestimmten Gesichts länger als eine Woche im Gedächtnis zu behalten, selbst wenn sie es nur einmal und weniger als eine Minute lang angesehen haben (Fagan, 1976).

Einer der großen Meilensteine in der Entwicklung des Säuglings ist das Auftauchen des sozialen Lächelns, also der Fähigkeit, andere Menschen auf deren Anregung hin anzulächeln. Zwar huscht schon seit dem ersten Lebenstag hin und wieder ein "Engelslächeln" über das Gesicht eines schlafenden Babys, aber das Lächeln als einigermaßen regelmäßige Reaktion auf das Lächeln der Mutter oder des Vaters tritt in der Regel erst zwischen der sechsten und der zehnten Lebenswoche des Kindes auf. Lautes Lachen, das sich wegen der ungeübten Stimmbänder zunächst noch recht krächzend anhört, taucht erst um den vierten Lebensmonat auf (Rauh, 1995). Daß Säuglinge im Alter von etwa zwei Monaten schon recht gut in der Lage sind, verschiedene Emotionen zu erkennen, zeigte sich in einer Laborstudie daran, daß sie unterschiedlich reagierten, je nachdem, ob ihre Mutter ein ärgerliches, trauriges oder freudiges Gesicht machte und entsprechende Töne von sich gab. Signalisierten Miene und Stimme der Mutter Ärger, dann antworteten die Säuglinge zwar nicht immer, aber doch überzufällig häufig selbst mit einem Ärgergesicht. Bei den anderen Emotionen traten ähnliche Ergebnisse auf: In überzufällig vielen Fällen "matchten" die Babys den mimischen Ausdruck ihrer Mütter (Haviland & Lelwica, 1987).

Die bemerkenswerten Fähigkeiten junger Säuglinge, den emotionalen Zustand ihres menschlichen Gegenübers zu erkennen, läßt sich auch daran ablesen, daß sie die Fähigkeit haben, Informationen aus verschiedenen Sinnesmodalitäten zusammen zu erleben, etwa ein ärgerliches Gesicht und eine ärgerliche Stimme als Ganzes zu erfahren (amodale Wahrnehmung, siehe Wilkening & Krist, 1995; Stern 1992). Das ganzheitliche Erleben, das in der amodalen Wahrnehmung zutage tritt, legt nahe, daß Babys nicht nur die einzelnen abgrenzbaren Emotionen, sondern auch die globaleren Befindlichkeiten vertrauter Mitmenschen ablesen können, die Stern (1992) "Vitalitätsaffekte" nannte. Die Gestimmtheit seiner Bezugspersonen teilt sich dem Säugling dadurch mit, wie diese sich bewegen, ob sie ihn etwa nervös oder ruhig, unachtsam oder übervorsichtig, freudig oder zornig halten, tragen oder niederlegen. Die Qualität der Bewegung ist für das junge Baby am ganzen Körper zu spüren; beim Niederlegen etwa bewegt sich sein empfindlicher Kopf entsprechend weich oder hart auf die Unterlage zu.

Ärgerausdruck und Ärgererleben von 0 bis 2 Monaten

In den ersten beiden Lebensmonaten überschneidet sich Ausdruck von Ärger - und damit möglicherweise auch dessen Erleben - mit dem von Kummer oder Unbehagen ("distress"). Für diese Behauptung sprechen folgende Argumente: Zum einen ist das Ausdrucksverhalten sehr ähnlich; sowohl beim Ärger als auch bei distress schreien Säuglinge in der Regel. Auch die begleitenden Körperbewegungen lassen keine eindeutige Zuordnung zur einen oder anderen Emotion zu (Camras, 1994). Im Alter von fünf Monaten ist es dann zwar möglich, von den Gesichtsbewegungen her zwischen verschiedenen Arten von "Schreigesichtern" zu unterscheiden, doch welches "Emotionsetikett" man den einzelnen Muskelkonfigurationen verpaßt, scheint eine Frage der Definition zu sein (Camras, Campos, Oster, Myake & Bradshaw, 1992). Ein weiterer Hinweis für die anfängliche Überlappung zwischen Ärger und distress liegt in der Tatsache begründet, daß beide Emotionen gewöhnlich in ähnlich strukturierten Situationen auftreten, oft innnerhalb der gleichen Episode. Camras (1992) beschreibt, wie das Gesicht ihrer Tochter Justine bei vielen Schreiepisoden in den ersten Lebenswochen mal diese, mal jene Miene trug, also ständig zwischen Ausdrucksformen des Ärgers, des Kummers, der Trauer und des Schmerzes oszillierte. Möglicherweise, und dies ist eine reine Spekulation, weil zu diesem Punkt bislang noch keine neurologischen Daten vorliegen, spiegelt der noch undifferenzierte Ausdruck von Ärger und Kummer in den ersten beiden Lebensmonaten die subkortikale Erregung wider (Rinn, 1984), die ebenso wie die Steuerung der Gesichtsnerven erst langsam unter die Kontrolle kortikaler Prozesse gelangt (Rauh, 1995).

Was das intensive Schreien, das die meisten mimischen Ärgerreaktionen in der frühen Säuglingszeit begleitet, für das Erleben des Babys bedeutet, ist nach wie vor eine offene Frage. Ist dieses Schreien, das zunächst mit Wimmern beginnt, auf die Dauer aber einen fordernden und dringlichen Charakter annehmen kann, eine primitive Wutreaktion? Der Psychoanalytiker Parens (1993) vermutet dies, da er davon ausgeht, daß Ärger entstehen muß, wenn exzessive Unlust lange genug angedauert hat. Dornes (1996) hält dagegen, daß das untröstliche Schreien des Babys bzw. der diesem zugrundeliegende körperliche Zustand ebenso wahrscheinlich wie zum Erleben von Ärger und Wut auch zur Erfahrung von Ohnmacht und Verzweiflung führen kann. Auf jeden Fall löst das andauernde und kaum zu beeinflussende Schreien einer stattlichen Zahl junger Säuglinge bei ihren Eltern Gefühle des Ärgers und der Belastung bis hin zur Verzweiflung aus (Olbrich & Brüderl, 1995). Die Streßreaktion der Eltern kann sich wieder dem Baby mitteilen (Stern, 1992) und so eine verhängnisvolle Spirale gegenseitiger Irritation in Gang setzen.

Auch wenn die kognitiven Bewertungen noch nicht soweit ausdifferenziert sind, daß man von abgrenzbaren Gefühlen von Ärger bzw. Kummer sprechen kann, so ist doch anzunehmen, daß in den ersten Lebensmonaten eine gewisse Konkordanz zwischen dem Ausdruck und dem Erleben von Gefühlen besteht. Eltern gehen zumindest fest davon aus, daß kein zufälliger Zusammenhang zwischen dem Schreien ihres Säuglings und seinem Unbehagen besteht, auch wenn dessen genaue emotionale Färbung unklar bleibt. Mehrere Gründe sprechen nach Dornes (1993) zumindest für eine grobe Approximation dieser beiden Aspekte des emotionalen Prozesses. Zum einen ist eine Entsprechung von Ausdruckssignal und innerem Erleben stammesgeschichtlich gesehen adaptiv, weil Säuglinge zum Überleben darauf angewiesen sind, daß ihre Betreuungspersonen ihre Signale richtig lesen können, auch oder gerade weil ihre eigenen kognitiven Strukturen noch kaum entwickelt sind. Krause (1983) schreibt dazu:

> "Vielmehr ist es zwingend anzunehmen, daß der Signalanteil, der ohne korrespondierende Ausführungshandlung und möglicherweise ohne entsprechende Kognition auftritt, ganz außerordentlich früh manifest wird, weil durch ihn der Sozialpartner, der ja die fehlende Motorik und Kognition ersetzen muß, motiviert werden soll, beides für das unfertige Lebewesen einzusetzen" (S. 1024).

Daß das Ausdrucksverhalten für die grundlegenden Emotionen schon ab der Geburt "einsatzbereit" ist, hat den Vorteil, daß auf diese Weise Informationen über spezifische Gefühlszustände übermittelt werden können, die in dieser Form möglicherweise zunächst noch gar nicht empfunden werden, sich aber ab dem zweiten Lebensmonat entwickeln (siehe nächster Abschnitt). Für die Annahme einer Konkordanz von Ausdruck und Erleben spricht weiterhin, daß der Gefühlsausdruck im Gesicht ab dem dritten Lebensmonat oft (allerdings nicht immer) von emotionsspezifischen vokalen oder motorischen Verhaltensweisen begleitet ist. Die Rückmeldungen der Gesichtsmuskulatur und des autonomen Nervensystems sollten ebenfalls dazu beitragen, daß dieser Zustand als Gefühl einer bestimmten Qualität empfunden wird. Dornes (1993) bezeichnet dies als eine sensorische und präkognitive Form des Gefühls. Ein weiteres Argument für die anfängliche Konkordanz zwischen Erleben und Ausdruck ist der Bericht von Stern (1992), daß blind geborene Babys in den ersten vier Monaten ihres Lebens die gleichen grundlegenden mimischen Ausdrucksmuster zeigen wie ihre sehend geborenen Altersgenossen. Ob die zunächst recht enge Verknüpfung von Ausdruck und Erleben darauf beruht, daß das Ausdrucksverhalten ein direkter "readout" von genetisch determinierten neurologischen oder bewertenden Prozessen ist (Izard, 1994), oder ob man einen weniger deterministischen und mehr durch die Entwicklung geprägten Zusammenhang zwischen antezedenten Bedingungen und Erleben einerseits und Erleben und Ausdruck andererseits annimmt (z.B. Camras, 1992, 1994), wird zur Zeit kontrovers diskutiert. Zu bedenken ist jedenfalls, daß Sozialisationseinflüsse in Form von Kontingenzlernen vermutlich schon im ersten Lebenshalbjahr wirksam werden und das Ausdrucksverhalten beeinflussen (Malatesta & Haviland, 1982). Die bewußte, also kortikal gesteuerte Verstellung der Mimik scheint neurologischen Befunden zufolge jedoch im frühen Säuglingsalter noch kaum möglich zu sein (Rinn, 1984).

Zusammenfassung: Die Anfänge der Selbstregulierung

Zusammenfassend läßt sich sagen, daß Säuglinge bereits mit einigen Fähigkeiten zur Selbstregulation zur Welt kommen, die sich auch zur Regulierung von Gefühlen einsetzen lassen. Zu nennen ist hier zuallererst das laute Schreien, das zum Abbau von körperlichen Spannungen dienen kann (Brazelton & Cramer, 1991; Lewis, Ramsay & Kawakami, 1993). Manche jungen Säuglinge scheinen sich aber auch in das Schreien hineinzusteigern. Außerdem ist das Weinen ein soziales Signal, das besonders am Anfang des Lebens gut geeignet ist, Pflegepersonen und deren Unterstützung herbeizurufen. Weniger dramatisch, aber nicht minder wirksam als das laute Vokalisieren ist das Abtauchen in den Schlaf, mit dem sich nicht wenige Neugeborene vor Lärm oder körperlichen Schmerzen (Field, 1991) schützen. Da alle kognitiven Prozesse in diesem frühen Lebensalter auch emotional getönt sind, mag ein dritter Weg der Emotionsregulierung für junge Säuglinge darin bestehen, die Aufmerksamkeit auf "interessante" Objekte zu richten, mögen diese nun ein roter Ball, das Geräusch einer Rassel oder das sich bewegende Gesicht der Mutter sein. Eltern lernen auf jeden Fall früh, daß der Gefühlszustand ihres Sprößlings oft, aber beileibe nicht immer, durch Ablenkung zu beeinflussen ist. So eindrucksvoll die von Geburt an einsatzbereiten und artspezifischen selbstregulierenden Verhaltensweisen Hand-in-den-Mund-führen oder Lageänderungen auch sind, so leiden sie doch unter zwei wesentlichen Beschränkungen: Zum einen darf die ärgerliche Erregung ein bestimmtes, recht niedrig anzusetzendes Maß nicht übersteigen, denn wenn die Erregung zu groß wird, findet die Hand des Säuglings den Weg in den Mund nicht mehr. Zum anderen können Babys in diesem zarten Alter die Ursachen ihres Ärgers oder ihres Kummers kaum ausmachen, geschweige denn ändern.

2.1.2   *Ärger und Ärgerregulierung zwischen 2 und etwa 8 Monaten*

Zwischen dem zweiten und dem dritten Monat treten weitreichende Veränderungen im Leben eines Säuglings auf, die es sinnvoll machen, von einer neuen Phase zu sprechen (Stern, 1992). Nicht nur verschwinden langsam die angeborenen Verhaltensmuster, die das Leben des Neugeborenen zum Teil sehr eingeschränkt haben, wie etwa der "tonic neck reflex". Auch bilden sich regelmäßigere Zyklen von Schlafen und Wachen aus. Insgesamt entsteht eine größere Regelmäßigkeit und Kontrolle über die verschiedenen Verhaltenszustände; nicht zu erklärendes Herumwimmern wird beispielsweise seltener. Unter dem sprunghaft ansteigenden Schädelumfang (Fischer & Rose, 1994) entstehen vermutlich auch erste Zentren im Vorderlappen der Großhirnrinde, die die bewußte Steuerung von Aufmerksamkeit und Verhaltensweisen ermöglichen (Thompson, 1990, 1994).

Die kognitive Entwicklung macht ebenfalls einen Sprung nach vorne: die Babys gewinnen ein erstes Verständnis der Ziel-Mittel-Relation (z.B. Piaget & Inhelder, 1986). Mit der Entwicklung des Greifens lernen die Kinder nach dem dritten Lebensmonat, wie sie visuelle und propriozeptive motorische Informationen koordinieren müssen, um das gewünschte Objekt zu erreichen. Nach Stern (1992) entsteht unter anderem aus der Vielzahl von Erfahrungen der gelungenen Manipulation von Objekten das Bewußtsein der eigenen Urheberschaft, das einer der Grundbausteine eines Kern-Selbst ist. Weitere kognitive Fähigkeiten entwickeln sich, unter anderem die Unterscheidung von Ereignissen auf der Wahrnehmungsebene, die Erinnerung an Erfahrungen in ähnlichen Situationen sowie die gelernte Assoziation zwischen den eigenen Bedürfnissen und Zielen und den Verhaltensreaktionen der Bezugspersonen (Kopp, 1989). Auf interpersonaler Ebene bilden sich erste Erwartungen an das Verhalten von vertrauten Personen aus, vor allem, daß sie nicht mit regungslosem Gesicht dasitzen, sondern mit den Babys spielen sollen. Tun sie dies nicht, dann protestieren die Säuglinge und versuchen aktiv, ihre gewohnten Spielkameraden zu lebhafterem Verhalten zu animieren (Cohn & Tronick, 1983).

Aus diesen Entwicklungen, die hier nur kurz angedeutet wurden, lassen sich einige Veränderungen bezüglich der Art und der Auslösung der Ärgerreaktion ableiten. Wie ein Lernexperiment von Lewis, Alessandri und Sullivan (1990) nachwies, entsteht der Ärger ab dem zweiten Lebensmonat zunehmend durch die Frustration von Ziel-Mittel-Relationen. Michael Lewis und seine KollegInnen brachten nämlich 48 Säuglingen von zwei, vier, sechs und acht Monaten bei, daß sie mit einer Bewegung ihres Armes das Bild eines lächelnden Säuglings und die Titelmelodie der Sendung "Sesamstraße" einschalten konnten. Dies war die Kontingenzgruppe. Einer Kontrollgruppe gleichen Alters wurden diese frühen Fernseherfahrungen zwar auch geboten, aber sie konnten sie nicht selbst kontrollieren; in dieser Gruppe bestand keine Kontingenz zwischen der Aktivität der Kinder und dem Fernsehen. Nachdem die Säuglinge der Kontingenzbedingung den Zusammenhang gelernt hatten, wurde die Verbindung zwischen ihren Bewegungen und dem Fernseher unterbrochen. Selbst bei heftigen Armbewegungen schaltete sich der Fernseher nicht wieder ein. Nach einigen Minuten der "Löschung" ließ sich das Fernsehgerät wieder wie gewohnt betätigen. Wie zu erwarten, zeigten die Babys, die vorher gelernt hatten, wie der Fernseher zu bedienen war, in der Lernphase signifikant häufiger Freude, Interesse und Überraschung auf ihren Gesichtern als die Kontrollgruppe. Während der Löschungsphase waren bei den Kindern der Kontingenzgruppe entsprechend häufiger Ausdrucksformen von Ärger zu sehen. Mit zunehmendem Alter reagierten die Säuglinge auf die Verletzung ihrer Erwartung immer regelmäßiger mit einem Ärgergesicht. Lewis et al. (1990) schließen aus diesen Ergebnissen, daß Ärger (auf dem Gesicht) dann auftritt, wenn die Kinder beginnen, die Ziel-Mittel-Relation zu begreifen, also in ersten Anfängen und in sehr einprägsamen Situationen ab etwa zwei Monaten und regelmäßiger dann ab etwa vier Monaten. Erst wenn Kinder gelernt haben, daß sie ihre Ziele durch bestimmte Mittel auch erreichen können, ist die Ärgerreaktion, die zu einer Aktivierung des Organismus führt, sinnvoll. Die eine Grundbedingung für die Entstehung von Ärger, nämlich die Blockierung von Zielen bzw. die Verletzung von Erwartungen (siehe Kapitel 1.3.1), liegt in diesem Fall vor. Dadurch, daß die Kinder gelernt hatten, durch Schnurziehen die interessanten Effekte zu erzielen, konnten sie auch eine Art Plan, also eine Vorstellung, wie das Ziel zu erreichen sei, bilden.

Rudimentäre Aspekte der Normverletzung als weiterer antezedenter Bedingung von Ärger ließen sich in einem Experiment von Stenberg, Emde und Campos (1983) ausmachen. Bei diesem Versuch wurde Säuglingen von sieben Monaten ein fester Keks aus dem Mund gezogen und außerhalb der Reichweite des Säuglings gehalten, und zwar zehnmal von der Mutter und zehnmal von einer fremden Person. Erwartungsgemäß quittierten die Kinder den Entzug des Gebäckstücks mit einem Ärgergesicht, dessen Intensität sich im Verlauf des Experiments immer mehr steigerte. Nahm die Mutter dem Baby den Keks weg, dann reagierten die Kinder mit heftigerem Ärger, als wenn eine fremde Person das gleiche tat. Die Diskriminierung der Säuglinge läßt sich als Verletzung von eingespielten Handlungsmustern (RIGs = representations of interactions that are generalized) zwischen Mutter und Kind verstehen. Möglicherweise treten in diesem Verhalten erste Anfänge einer Intersubjektivität zutage (Stern, 1992), die sich in der Erwartung von geteilten Zielen zwischen Mutter und Kind äußert. Nach dieser Interpretation wird bei der Mutter heftiger protestiert, weil das Kind die Erfahrung (RIG) internalisiert hat, daß diese sich von seinen Kundgebungen des Mißfallens rühren läßt, was bei einer fremden Person für das Kind ungewiß ist.

Die Übung und Erprobung des Greifens mit Händen und Armen, die ab diesem Zeitpunkt im Mittelpunkt des "Trainingsprogramms" des Säuglings steht, bringt es mit sich, daß Behinderungen in diesem Bereich, also das Festhalten der Arme, auf lautstarken Protest stoßen (Stenberg et al. 1983; Camras et al., 1992). Ab dem vierten

Lebensmonat treten die sehr wirkungsvollen Folgen des Ärgerausdrucks zum ersten Mal hervor, nämlich die gezielte Anstrengung, wenn nötig mit dem ganzen Körper, um Schwierigkeiten zu überwinden und Hindernisse beiseite zu räumen (Lewis, 1993c), in diesem Fall also mit den Armen zu fuchteln, um die unerwünschte Behinderung abzuschütteln. Ab diesem Alter wird die Ärgerreaktion koordinierter. Denn jetzt umfaßt sie nicht nur den Gesichtsausdruck, sondern auch ganzkörperliche Verhaltensweisen, wie schlagen, festhalten, anstarren, wegblicken, sich steif machen, kratzen und beißen (Fisher, Shaver & Carnochan, 1990). Darwin (1872/1986) beobachtete bei seinem Sohn, wie er bei Ärgergeschrei im Gesicht und am ganzen Körper rot wurde. Mit sechs bis acht Monaten wird das Ziehen an den Haaren zu einer attraktiven Beschäftigung für kleine Menschen. Ob diese Verhaltensweisen aggressiver Natur sind, ob sie durch Selbstbehauptung oder durch Neugier motiviert sind, kann nur im Einzelfall und anhand des Kontextes entschieden werden (Dornes, 1996).

Säuglinge im ersten Lebensjahr, die noch nicht sprechen und noch keine Symbole entwickeln können, besitzen eine "sensomotorische Intelligenz". Piaget und Inhelder (1986) prägten diesen eingängigen Begriff, der im wesentlichen aussagt, daß Säuglinge ihr Verständnis von ihrer Umwelt (und damit mittelbar auch von sich selbst) nicht durch symbolische Repräsentationen, sondern durch Wahrnehmungen und Handlungen gewinnen. Die eigenen Wahrnehmungen und Handlungen werden, verkürzt gesagt, zu Handlungsschemata verarbeitet und auch in dieser Modalität ausgedrückt. Daraus folgt, daß das Verständnis, das Kinder in der sensomotorischen Phase von ihren Eltern und anderen Bezugspersonen erwerben, ausschließlich über deren Handlungen und deren Ausdrucksverhalten vermittelt wird. Aus diesem Grunde ist für Babys nicht von größter Bedeutung, *was* zu ihnen gesagt wird, sondern *wie* dies geschieht. Musikalische Parameter der Sprache, wie etwa Rhythmus, ansteigende und abfallende Spannungsbögen, Wiederholungen und leichte Abwandlungen, sind für Säuglinge besonders interessant, da auch schon sehr junge Menschen eine ausgeprägte Sensitivität für zeitliche Parameter mitbringen. Diese Empfänglichkeit befähigt sie schon im zarten Alter von etwa drei Monaten, den Unterschied zwischen den Silben "ba" und "pa" zu erkennen, der im Bruchteil einer einzigen Sekunde besteht (Papousek, 1994; Stern, 1992).

Besonders die alltäglichen und insgesamt wenig dramatisch verlaufenden Bemühungen um die Regulierung von Affekten und Handlungen sollten dazu angetan sein, das Verständnis des Säuglings von sich selbst und seinen Mitmenschen zu fördern. Jeden Tag müssen grundsätzliche Bedürfnisse gestillt werden, im wesentlichen Essen und Wickeln, Schlafen und Spielen. Die Art und Weise, wie dies geschieht, wie etwa die Mutter-Kind-Dyade auf der Verhaltensebene aushandelt, wieviel körperliche Nähe oder Distanz und wieviel face-to-face-Engagement oder Abwendung in diesem Moment für beide angenehm ist, schafft eine Vielzahl von Ereignissen, die vom Kind als Verhaltenssequenzen generalisiert werden. Stern (1995), an dem sich diese Schilderung orientiert, schreibt, daß diejenigen Verhaltensweisen vom Säugling im ersten Lebensjahr als kontingent mit seinem eigenen Verhalten empfunden werden, die zwischen etwa einer Viertelsekunde und drei Sekunden auf das eigene Verhalten folgen. Dabei sind sowohl positive wie auch negative Kontingenzen zu beachten: auf das Lächeln des Kindes kann die Mutter regelmäßig zurücklächeln, was den Kontakt intensiviert. Oder sie kann sich gerade in diesem Moment regelmäßig zur Seite drehen und damit die Vermeidung eines vertieften Austausches signalisieren. Die Responsivität der Pflegeperson kann differentiell ausgeprägt sein, sie kann also bei der Befriedigung von körperlichen Bedürfnissen in ihrem Verhalten sehr viel genauer auf das Baby abgestimmt sein als bei der Regulierung von Gefühlen oder nur von bestimmten Gefühlen (Stern, 1995). Aus der zentralen Bedeutung der Verhaltensebene für die psychische Struktur des präverbalen Säuglings und Kleinkinds folgt, daß die Einflußnahme auf die Gefühle und die Gefühlsregulierung ebenfalls auf der Verhaltensebene, und zwar in Form von Konditionierung (bzw. präreflexiver Regulierung, Dornes, 1993), erfolgen muß. Feinfühligkeit bedeutet, daß die Bezugspersonen auf das Verhalten des Kindes insofern eingestimmt sind, als daß sie dessen Gefühle und Bedürfnisse wahrnehmen und richtig interpretieren, ihre Verhaltensreaktionen prompt erfolgen lassen und diese in ihrem Umfang angemessen sind (Großmann et al., 1989).

Eine Laboruntersuchung von Carol Malatesta und Janet Haviland (1982) erforschte die zeitlichen Zusammenhänge zwischen dem Ausdrucksverhalten von Müttern und ihren Säuglingen von drei bzw. sechs Monaten, während die beiden zusammen spielten und während einer kurzen Trennung von der Mutter. Die beiden Autorinnen beobachteten, daß die Säuglinge im Durchschnitt zwischen sechs und sieben Mal Ärger auf ihren Gesichtern zeigten, während ihre Mütter nur im Ausnahmefall eine ärgerliche Miene zogen. Ein Hauptergebnis dieser Untersuchung war, daß längst nicht alle Emotionen, die das Baby auf dem Gesicht zeigte, von der Mutter sofort beantwortet wurden. Nur etwa ein Viertel der Ausdrucksbewegungen des Säuglings wurde von der Mutter innerhalb von einer Sekunde mit einer eigenen Veränderung des Gesichtsausdrucks beantwortet. Diese Zahl mag niedrig erscheinen, zumal die Mütter sich wahrscheinlich bemüht haben, im Labor ihr kompetentestes Spielverhalten zu demonstrieren. Mehrere Faktoren können diese Zahl erklären: Zum einen ist eine Sekunde möglicherweise ein zu enges Zeitfenster, um das Ausmaß der Kontingenz zu beurteilen. Zum anderen ist es bei manchen Kindern sehr schwierig, alle Emotionen zu beantworten, da diese mitunter sehr schnell über ihr kleines Gesicht huschen. Zum dritten scheint es nach einer weiteren Untersuchung von Malatesta, Culver, Tesman und Shepard (1989) so zu sein, daß Babys von Müttern, die auf das emotionale Ausdrucksverhalten ihrer Sprößlinge nur selten oder mittelhäufig mit gleichem Ausdruck reagierten, eine signifikant größere Chance haben, eine sichere Bindungsrepräsentation zu entwickeln. Eine zu hohe Kontingenz im mütterlichen Mienenspiel, so vermuten Malatesta und Mitarbeiter (1989), deutet möglicherweise auf einen überstimulierenden Stil der mütterlichen Bemühungen um ihr Kind hin, auf den das Baby über kurz oder lang mit Vermeidungsverhalten wie Blickabwendung reagiert. Zwar benutzen beide der hier referierten Arbeiten das gleiche Kriterium für die Erfassung kontingenter Reaktionen, doch wurden in der Folgeuntersuchung von Malatesta und Mitarbeitern (1989) keine Zahlen über das Ausmaß der Kontingenz angegeben, so daß eine Abschätzung, in welcher Bandbreite Kontingenz adaptiv ist und ab wann sie überstimulierend wirkt, leider nicht möglich ist.

Ein weiteres Ergebnis der Untersuchung von Malatesta und Haviland (1982) war, daß von allen kontingenten mütterlichen Reaktionen 35% Entsprechungen (matches) im Emotionstyp waren, also etwa auf den Ausdruck der Freude beim Kind ein

Ausdruck der Freude bei der Mutter folgte. Auf den Ausdruck des Ärgers beim Baby reagierten die Mütter überzufällig häufig mit dem vollen Ärgerausdruck oder mit einem seiner Hauptbestandteile, nämlich mit dem Zusammenziehen der Augenbrauen. Ausdrucksformen der Freude (also Lächeln) erschienen nach einem Ärgerausdruck der Kinder signifikant seltener auf den Gesichtern ihrer Mütter. Zeigten die Babys allerdings nicht den vollen Ärgerausdruck, sondern zogen nur ihre Augenbrauen zusammen, dann verminderten die Mütter zwar vorübergehend ihr Spielanimationsgesicht der Überraschung, ignorierten das Stirnrunzeln ihrer Nachkömmlinge aber auch überzufällig häufig. Aus einer weiteren Untersuchung berichtete Malatesta-Magai (1991), daß Mütter von frühgeborenen Babys auch den vollen Ärgerausdruck ihres Babys im Alter von etwa zwei, fünf und sieben Monaten überzufällig häufig ignorierten, möglicherweise um die erhöhte Irritabilität dieser Säuglinge zu reduzieren. Weitere Ergebnisse der Studien von Malatesta zur differentiellen Responsivität von Müttern gegenüber ihren Söhnen bzw. ihren Töchtern folgen in Kapitel 5.

Da Säuglinge auf der Ebene des Verhaltens operieren, sind die Verhaltensweisen, mit denen die Eltern auf den Ärgerausdruck der Säuglinge reagieren, von grundlegender Bedeutung für die Entwicklung der Ärgerregulierung. Zugleich lassen sich die Lernerfahrungen, die auf dieser Ebene angesiedelt sind, später nur schwer in Worte fassen. Die Prinzipien der Verhaltensforschung legen folgende Lernerfahrungen nahe: Reagieren die Eltern auf den Ärger des Kindes regelmäßig mit Verhalten, das die Ursachen für dieses Gefühl beseitigt, dann lernt das Kind, daß sein Protest ein soziales Signal ist, das ihm Erleichterung schafft und für andere von Bedeutung ist. Insgesamt sollte das Kind meist zufrieden sein, weil Gründe für seine Unzufriedenheit in der Regel schnell aus der Welt geschafft werden. In den Fällen, in denen sich die Ursachen nicht von den Betreuungspersonen ausschalten lassen, weil sie etwa in den mangelnden Fähigkeiten des Kindes oder in der Tücke eines Objekts liegen, und das frustrierte Schreien des Babys von den Bezugspersonen ausgehalten wird, dann kann es u.a. die Erfahrung machen, daß es auch so frustriert, wie es ist, von ihnen akzeptiert wird. Auch wenn die Ursachen nicht zu ändern sind, ist geteilte Wut wahrscheinlich nur halbe Wut. Die Bindungsforschung betont ebenso wie klinische Theorien zur Eltern-Kind-Therapie (Stern, 1995), daß die offene Kommunikation positiver wie negativer Gefühle für die Persönlichkeitsentwicklung von großer Bedeutung ist (Großmann et al., 1989; Cassidy, 1994).

Weitere Klassen von Verhaltenskontingenzen auf den Ärgerausdruck des Kindes sind Ignorieren und Bestrafen. Geht die Bezugsperson regelmäßig aus dem Zimmer, wenn sich das Baby ärgert, so ist dies auch eine Form der Bestrafung, da Säuglinge die Nähe vertrauter Personen schätzen. Weniger subtil als der Entzug der Anwesenheit sind direkt bestrafende oder herabmindernde Blicke oder Äußerungen. Die Botschaften, die das Kind aus derartigen Verhaltensweisen mitnimmt, können im Extremfall sein, daß sein Ärger unter keinen Umständen akzeptiert wird. Wahrscheinlicher ist jedoch, daß der Ärgerausdruck in manchen Situationen akzeptiert wird, in anderen aber nicht; etwa beim Spiel ja, in Bindungssituationen aber nicht, möglicherweise weil hier weitergehende Ansprüche an die Bindungsperson gestellt werden. Denkbar ist ferner, daß Kinder schon in diesem frühen Alter anfangen, Gefühlssubstitutionen zu lernen, also etwa anstelle des Schmerzes, den sie empfinden, im Ausdruck Ärger zu zeigen (Moser & v. Zeppelin, 1996). Plausibel ist dies deshalb, weil manche Eltern den

Ausdruck von Ärger als Zeichen der Vitalität ansehen, ihn positiv verstärken oder gar gezielt trainieren, während sie das Zeigen von (körperlichen oder psychischen) Schmerzen und Verletzungen ablehnen (Miller & Sperry, 1987).

Auch wenn die Prinzipien des Lernens auf der Verhaltensebene wohlbekannt sind, so ist doch zu fragen, durch welche Mechanismen die Babys Strategien der Ärgerregulierung erwerben. Geht man über die Verhaltensebene hinaus, so ist zu vermuten, daß der Lernprozeß allgemein gesprochen über die Erwartungen läuft, die sich die Säuglinge aufgrund wiederholter Erfahrungen in bestimmten Situationen gemacht haben. Doch welche Form haben die Erwartungen von Säuglingen, die weder sprechen noch mit anderen Symbolsystemen operieren können? Über die Art und Weise, wie die Mikroereignisse, die die Babys auf der Verhaltensebene erleben, von ihnen repräsentiert (und damit auch erinnert) werden, besteht wenig Einigkeit zwischen den verschiedenen Säuglingsforschern (zusammenfassend Dornes, 1996). Zwei Beispiele für die präverbale Repräsentation emotionaler Ereignisse müssen daher genügen (siehe auch Ulich, 1994).

Crittenden (1993) nimmt beispielsweise an, daß diese Ereignisse als generalisiertes prozedurales Wissen, also als wenn-dann-Verknüpfungen vorliegen, die affektiv getönt sind. Crittenden (1993) postuliert, daß die Repräsentationen sich nicht auf einzelne Verhaltensakte beziehen, sondern auf funktionale Klassen. Der Säugling erinnert demnach verallgemeinerte Sequenzen, wie etwa "wenn ich zeige, daß es mir nicht gut geht, dann verhält sich meine Mutter in einer Weise, die mir gut tut". Diese werden Bestandteil seines Arbeitsmodells der Bindungsbeziehung, das sich später, nämlich ab etwa 12 Monaten, am Verhalten des Kindes in Belastungssituationen ablesen läßt. Stern (1995) geht dagegen davon aus, daß die verschiedenen Erfahrungen, die der Säugling zu einem Zeitpunkt mit einer Person macht, zu einem "emergent moment" verdichtet werden. Die Repräsentation dieses Augenblicks ist näher an der Verhaltensebene angesiedelt als Crittendens (1993) Konzeptualisierung. "Emergent moments" umfassen die verschiedenen perzeptuellen, konzeptuellen und sensomotorischen Schemata sowie Skripte zur Abfolge von Ereignissen und eine Repräsentation des affektiven Gehalts der Episode. Hinzu kommt ein globales Schema, das die ganze Episode zusammenfaßt und einen Sinn aus ihr konstruiert. Eine Vielzahl von Momenten dieser Art bilden ein "schema-of-being-with-another-at-a-certain-activity", also eine prototypische Abbildung der Art und Weise, wie man mit jemandem bei einer bestimmten Klasse von Handlungen zusammen sein kann. Unter Hinweis auf den Aufbau neuronaler Netze (Edelman, 1987) vermutet Stern (1995), daß die verschiedenen "emergent moments" im Wettstreit untereinander stehen. Nur jene "Momente" werden vermutlich auf Dauer gespeichert, die oft aktiviert werden und sich damit als vorhersagekräftig für das Verhalten der Bezugspersonen erweisen. Wie bei der Entwicklung des Greifens, bei dem Säuglinge zunächst viele Varianten durchprobieren, "gewinnt" am Ende das Verhaltensmuster, welches am funktionalsten ist (Thelen, 1990).

Was bedeuten diese Repräsentationen nun für die Entwicklung der Ärgerregulierung? Stern (1995) hat vor allem auf der Ebene des Verhaltens beobachtet und ein Modell darüber aufgestellt, wie Verhalten vom Säugling erlebt und repräsentiert wird. Einzelne Emotionen wie Ärger kommen in diesen Überlegungen zunächst einmal nicht vor. Zwar wird die emotionale Färbung als Bestandteil des "emergent moment" separat abgespeichert, doch die Form, in der dies geschieht, ist die einer zeitlichen Kontur, präziser gesagt, die eines Spannungsbogens. Dennoch lassen sich aus Sterns Überlegungen einige Hinweise zu den emotionalen Botschaften entnehmen, die Kinder aus der Interaktion mit ihren Bezugspersonen gewinnen können. Die Interaktionen zwischen Eltern und Kind sind nicht zuletzt auch deshalb so wichtig, weil in ihnen die Repräsentationen, die diese Erwachsenen über sich als Betreuungspersonen, über die Persönlichkeit des Kindes und über ihre Beziehung haben, lebendig werden. Zugleich werden sie regelmäßig in das umgesetzt, was schon das kleine Baby verstehen kann, nämlich Verhalten. Die Interaktionen auf der Verhaltensebene sind mit anderen Worten eine Schnittstelle, über die die Repräsentationen der Elterngeneration in die Köpfe der Kindergeneration übertragen werden (Stern, 1995). Ein Beispiel: Eine Mutter deutet (aufgrund bestimmter Vorkommnisse in ihrer eigenen Lebensgeschichte) das in den Augen des Beobachters normal assertive oder erkundende Hauen ihrer sechsmonatigen Tochter als "aggressiv" und wendet sich in diesen Momenten regelmäßig körperlich von ihr ab und ignoriert sie. Das kleine Mädchen dürfte, weil dies häufig geschieht, daraufhin das "schema-of-being-with" entwickeln, daß sie bei ihrer Mutter nicht so herumhauen darf, wie sie Lust hat, obwohl auf Dinge (und Personen) einzuschlagen in der Mitte des ersten Lebensjahres einer der bevorzugten Wege der Exploration ist. Wird dieses Schema auf weitere Personen oder weitere Verhaltensweisen übertragen, dann sind dem Erkundungsdrang und in der Folge wahrscheinlich auch der Selbstbehauptung des kleinen Mädchens recht enge Grenzen gesetzt (ähnliche Beispiele diskutiert Dornes, 1996). Etwas subtiler, aber in den Folgen nicht weniger verheerend, könnte das regelmäßige Mißverstehen des kindlichen Zorns über Unterbrechungen im Spiel oder über die "Tücke des Objekts" als Hunger sein, auf den die Mutter mit Nahrungsangeboten reagiert (Demos, 1986). Innerhalb jeder Mutter-Kind-Dyade entsteht auf diese Weise ein paarspezifisches System von Bedeutungen des Ärgerausdrucks (Crittenden, 1993).

In der Bindungsforschung wird die Art und Weise, wie Ärger reguliert wird, ebenfalls nicht direkt thematisiert. Ärger ist eine intermediäre Kategorie, die zwischen der Beziehungsebene einerseits (die in dieser Forschungsrichtung vorwiegend angesprochen wird) und der Ebene der konkreten Situation und des konkreten Verhaltens andererseits angesiedelt ist, da Ärger unter verschiedenen Bedingungen entstehen kann. Paradebeispiel der Bindungsforschung (bezüglich der Ärgerregulierung) ist der Protest, den das Kind äußert, wenn es bei Kummer, Müdigkeit, Hunger oder Schmerz die körperliche Nähe seiner Bindungsperson verlangt (oder später selbst herstellt) und bei diesem Versuch zurückgewiesen wird. Ignoriert die Bezugsperson die Bindungssignale des Kindes beständig, etwa weil sie das Kind als "klammerig" empfindet, dann dürfte das Kind über sein erstes Lebensjahr hinweg das Arbeitsmodell erwerben, daß es diese Person nicht mit seinem eigenen Kummer belasten darf. Im Verhalten äußert sich diese Erfahrung darin, daß Ärger und Protest bei der erwarteten Zurückweisung unterdrückt werden. Erste Anzeichen dafür zeigen sich mit etwa sieben Monaten, wenn die Kinder anfangen, beim Spiel und in Bindungssituationen nicht mehr den vollen Ärgerausdruck zu zeigen, sondern lediglich ihre Lippen aufeinander zu pressen (Malatesta et al., 1989). Deutlichere Zeichen sind ab etwa zwölf Monaten zu beobachten, wenn diese Kinder im Fremde-Situations-Test ein "unsicher-vermeidend" genanntes Bindungsverhalten an den Tag legen. Dies besteht vor allem darin, daß sie ihrer Bezugsperson nach einer angsterregenden Trennung nicht ihre

Bindungsbedürfnisse signalisieren, sondern so tun, als ob nichts gewesen sei. Nur an physiologischen Maßen wie einem erhöhten Kortisolspiegel und einer beschleunigten Herzfrequenz läßt sich ablesen, wie unwohl und belastet sich diese Kinder in ihrer Haut fühlen müssen (Großmann et al., 1989; zusammenfassend Rauh, 1995).

Werden die Bindungssignale des Kindes inkonsistent zurückgewiesen, dann bildet das Kind auf Dauer (wie bei jeder intermittierenden Verstärkung) das Schema aus, daß es sein Verhalten verdeutlichen muß, um das gewünschte Ziel zu erreichen, in diesem Fall also seinen Protest verstärken muß, um die Bindungsfigur auf die eigenen Bedürfnisse aufmerksam zu machen. Während die konsistente Zurückweisung der kindlichen Bindungsbedürfnisse, verkürzt gesagt, zur Minimierung des Ärgerausdrucks führen sollte, sollte die inkonsistente Zurückweisung dieser Bedürfnisse zu einer Maximierung des Ärgerausdrucks führen (Cassidy, 1994). Im Fremde-Situations-Test schlägt sich dies darin nieder, daß die nun ein- bis eineinhalbjährigen Kinder nach der Wiederkehr ihrer Bezugsperson zugleich starkes Bindungsverhalten, wie Kuscheln und Anklammern, und Wut und Verzweiflung über die gerade beendete Trennung zeigen. Wegen seiner Doppelgesichtigkeit wurde dieses Verhaltensmuster "unsicher-ambivalent" genannt (Großmann et al., 1989; zusammenfassend Rauh, 1995). Für Kleinkinder, die in ihrer Bindung zur Mutter als unsicher-ambivalent klassifiziert worden waren, war das Ärgermuster die vorherrschende Verhaltensweise, die sie in 38-40% der Kodierintervalle der Nach-Trennungs-Episoden zeigten; daneben waren Ausdrucksformen der Trauer ebenfalls relativ häufig (20 - 27% der Intervalle; Shiller, Izard & Hembree, 1986). Angesichts der oben referierten Ergebnisse von Malatesta et al. (1989) zur Kontingenz ist dabei allerdings zu fragen, was konsistente und inkonsistente Zurückweisung auf der Verhaltensebene bedeuten. Anscheinend muß die konsistente Responsivität der Bindungsperson nicht das ganze erste Lebensjahr lang gleich hoch sein; unfeinfühliges Verhalten während eines Zeitabschnitts - etwa während einer akuten Krise - kann in den folgenden Monaten wieder ausgeglichen werden und mit 12 bis 18 Monaten dennoch zu einer sicheren Bindungsbeziehung führen (Ziegenhain, Rauh & Müller, 1998).

Zusammenfassung: Die Entwicklung der Ärgerregulierung zwischen 2 und etwa
            8 Monaten

Von den physiologischen Voraussetzungen her wird es für die Babys zunehmend einfacher, ihre Aufmerksamkeit willkürlich zu verändern, sich selbst also von ärgererregenden Sachverhalten abzulenken. Da mit etwa zwei Monaten die Kopfkontrolle gut ausgebildet ist, bedeutet dies aber auch, daß Säuglinge nun schwerer von anderen abzulenken sind. Wollen sie sich nicht von ihrem Ärger abbringen lassen, dann wenden sie von nun an einfach den Kopf ab. Mit der Entwicklung und der fortwährenden Verbesserung des Greifens gelingt es den Babys nun auch, Spielzeuge zur eigenen Ablenkung zu benutzen, allerdings nur, wenn der Ärger nicht allzu groß ist (Kopp, 1989; Buss & Goldsmith, 1998). Die zunehmende motorische Kontrolle über Arme und Hände bringt es ferner mit sich, daß diese nun eingesetzt werden können, um das zu beeinflussen, was den Ärger ausgelöst hat, etwa an der

Schnur zu zerren, die die Fernsehbilder erscheinen läßt (Lewis et al., 1990). Ärgerausdruck und Ärgerregulierung gehen hier Hand in Hand.

Körperlich bedingte Ärgerreaktionen auszuschalten, ist auch weiterhin das Bemühen der Eltern, die dafür ein bestimmtes Repertoire von Maßnahmen einsetzen, das natürlich dem Entwicklungsstand des Kindes angepaßt sein muß. Denn das, was ein Kind ablenkt, ändert sich natürlich mit der Entwicklung. Aus den Verhaltenskontingenzen der Betreuungspersonen auf seinen Ärgerausdruck lernt das Kind, wann sein Ärger ignoriert und wann er als angemessen akzeptiert wird. Wird der Ärger und Protest, den Kleinkinder bei der Zurückweisung ihrer Bindungsbedürfnisse äußern, regelmäßig zurückgewiesen, so haben sie mit zwölf Monaten in der Regel gelernt, ihren Ärger und Kummer im Ausdruck zu unterbinden. Ist die Zurückweisung des Ärgers in Bindungssituationen nicht konsistent, dann neigen Babys und Kleinkinder dazu, ihren Ärger deutlicher auszudrücken. Diese Lernerfahrungen dürften über die Bildung von Repräsentationen (also Schemata oder Arbeitsmodelle) gesteuert werden, doch welche Form diese präverbalen Abbildungen haben und wie sie organisiert sind, liegt noch weitgehend im Dunkeln (siehe Dornes, 1996).

2.1.3 Ärger und Ärgerregulierung zwischen etwa 8 und 18 Monaten

Auswirkungen der neurologischen und der kognitiven Entwicklung

Während des gesamten ersten Lebensjahres wächst das Gehirn des Babys in einem rasanten Tempo, kommt es doch mit nur 23% des Volumens eines Erwachsenen-Gehirns zur Welt. Umfang und Gewicht vergrößern sich durch das schnelle Ansteigen der Zahl der Synapsen, durch die Zunahme von Axonen und durch die Verästelung der Dendriten. Die Übertragung von Nervenimpulsen wird durch den Aufbau einer Myelinschicht beschleunigt und verbessert. Während der ersten Lebensjahre bilden sich Nervenbahnen, also bevorzugte Wege der Übermittlung von Nervenimpulsen. Periodische Umorganisationen des Nervensystems bringen es mit sich, daß bestimmte Nervengruppen selektiv verstärkt werden. Wenig oder gar nicht benutzte Nervenzellen und -bahnen werden noch eine Weile "vorgehalten", sterben dann aber ab (Edelman, 1987). Auf diese Weise entsteht eine gewisse Plastizität im Gehirn, die die Verarbeitung von Erfahrungen und Umwelteinflüssen ermöglicht (Panksepp, 1994c).

Die neurologischen und kognitiven Entwicklungen sowie die komplexere Art der sozialen Bezogenheit lassen die Entwicklungsforscher Emde, Gaensbauer und Harmon (1976) und Stern (1992) von einem "biobehavioral shift" und von einer neuen Entwicklungsstufe im Alter von sieben bis neun Monaten sprechen. In der zweiten Hälfte des ersten Lebensjahres ist zunächst mit sieben bis acht Monaten ein sprunghafter Anstieg des Kopfumfangs zu verzeichnen (Fischer & Rose, 1994). Ergebnisse aus PET-Elektroscans, die auf einen erhöhten Glukoseverbrauch im Neocortex hinweisen (Chugani, 1994), verdeutlichen, was sich in dieser Zeit im Inneren des Kopfes abspielt, nämlich daß sich die Großhirnrinde verstärkt entwickelt. Zwischen sieben und neun Monaten verzweigen sich die Dendriten in bestimmten Schichten des Neocortex in rasantem Tempo (zusammenfassend Lemche, 1996). Vor allem der Vorderlappen (frontalis) der Großhirnrinde, der beim Menschen den größten Teil des Gehirns ausmacht, entwickelt sich in dieser Zeit. Der frontale Neocortex dient nicht nur dazu, motorische Programme auszuführen (Rinn, 1984), sondern hat auch die Funktion, feinere Unterscheidungen zu treffen, mentale Repräsentationen zu speichern und die Reaktionen verschiedener Systeme zu organisieren und zu koordinieren (Bell & Fox, 1994). Für die Emotionsregulierung dürfte dabei von Bedeutung sein, daß es für das Kind durch die Entwicklung des frontalen Neocortex möglich wird, Informationen über vergangene Aktivitäten (und Zustände) im Gedächtnis zu behalten, ohne sich durch die gerade auszuführenden Handlungen ablenken zu lassen. Der Vorderlappen der Großhirnrinde scheint damit der Ort zu sein, an dem sich die Prozesse der Hemmung, der Verzögerung sowie der gedächtnisgestützten (und später der sprachgestützten) Regulierung von Gefühlen abspielen (Fischer & Rose, 1994).

Mit dem allgemeinen Wachstum des Vorderlappens geht eine Spezialisierung der beiden Hirnhälften einher (Thompson, 1990). Während im linken Vorderlappen wahrscheinlich die Prozesse angesiedelt sind, die mit Freude, Interesse und Ärger verbunden sind, so vermutet man im rechten Vorderlappen jene Prozesse, die mit Kummer und Trauer zu tun haben (Dawson, 1994b). Dawson (1994 a, b) konnte nachweisen, daß der Ausdruck von Ärger, den Kleinkinder von 12 bis 15 Monaten im Gesicht zeigten, als ihre Mutter den Laborraum verließ, zeitlich mit erhöhter Aktivität im linken Vorderlappen der Großhirnrinde einherging. Ausdrucksformen der Trauer auf den Gesichtern der Babys waren dagegen mit erhöhter Aktivität des rechten Vorderlappens verbunden. Die differentielle Aktivität in den beiden Hirnhälften war aber, und dies muß dazu gesagt werden, relativ gering - gemessen an der starken Aktivierung, die durch die Trennung überhaupt zustande gekommen war. Die größten Veränderungen traten demnach gegenüber der Baseline auf, die erhoben wurde, als das Baby zusammen mit der Mutter im Labor war.

Zusammen mit der Spezialisierung der beiden Hälften des Vorderlappens der Großhirnrinde bildet sich die Verbindung zwischen diesen beiden Hemisphären aus. Damit wird es möglich, Gefühle nicht nur auf der gleichen Seite des Gehirns zu regulieren (ipsilaterale Kontrolle), sondern sich auch die Besonderheiten der anderen Hirnhälfte bei der Regulierung zunutze zu machen (contralaterale Kontrolle). Infolge dieser anatomischen Entwicklung werden die Regulierungsprozesse zunehmend flexibler (Thompson, 1990). Eine Längsschnittstudie von Bell und Fox (1994) legt dies nahe: 13 Säuglinge nahmen zwischen ihrem siebten und ihrem zwölften Lebensmonat monatlich an einer Untersuchung teil, bei der sie kognitiv getestet und für eine kurze Zeit von ihren Müttern getrennt wurden. Bei der kognitiven Aufgabe zeigte sich, daß die Babys sich zunehmend planvoller verhielten, es ihnen also immer besser gelang, einen Gegenstand wiederzufinden, der in einem zweiten Versteck verborgen worden war, selbst wenn sie zwischenzeitlich einige Sekunden warten mußten (A-nonB Fehler, zweites Stadium der Objektpermanenz; zusammenfassend Rauh, 1995). Genauer gesagt gelang es ihnen, immer längere Wartezeiten zu tolerieren, bevor sie den Gegenstand an der richtigen Stelle suchten. Auch bei der darauf folgenden Trennung von den Müttern erduldeten die Kleinstkinder zunehmend längere Wartezeiten, bevor sie zu weinen begannen (0 bis 30 Sekunden). Eine Gruppe von acht Säuglingen, die über die sechs Meßzeitpunkte hinweg regelmäßig längere Zeit wartete, bevor sie zu weinen anfing, zeigte eine höhere Aktivierung im linken als im rechten Vorderlappen der Großhirnrinde. Die andere Gruppe von fünf Kleinstkindern, die in der Regel nach kürzerer Zeit weinte, wies dagegen eine vergleichsweise höhere Aktivität im rechten Vorderlappen auf. Diese vergleichsweise höhere Aktivität im rechten Vorderlappen war dann besonders ausgeprägt, wenn die Latenzzeit bis zum Einsetzen des Weinens sehr kurz war, nämlich unter zehn Sekunden lag. Die Autoren Bell und Fox (1994) vermuten, daß diejenigen Säuglinge, die länger warteten, bevor sie zu weinen begannen, ihren Impuls durch Aktivierung von positiven Gefühlen aus der linken Hälfte des Vorderlappens hemmten. Diese Spekulation ließe sich durch eine Analyse des Gesichtsausdrucks während der Wartezeit untermauern, aber dies wurde leider nicht berichtet. Von Interesse wäre ferner, ob diejenigen Kinder, die bei der kognitiven Aufgabe längere Wartezeiten tolerierten, auch diejenigen waren, die es in der Trennungssituation bis zum Weinen länger aushielten. Nur eine ideographische Auswertung dieser Art könnte kausale Verknüpfungen zwischen der Entwicklung der Objektpermanenz und der Entwicklung der Emotionsregulierung belegen.

Eine weitere Folge der Ausbildung des Vorderlappens der Großhirnrinde ist, daß nun komplexere Formen der Emotionsregulierung möglich sind, die auch das Langzeitgedächtnis beanspruchen (zusammenfassend Lemche, 1996). Nicht nur sind die Kinder ab der zweiten Hälfte des ersten Lebensjahres zunehmend in der Lage, den Fokus ihrer Aufmerksamkeit und ihrer Handlungen zu wechseln, Handlungsimpulse aufzuschieben, Handlungen zu längeren Sequenzen zu ordnen sowie Mittel-Zweck-Verbindungen zwischen Handlungen herzustellen und zu erinnern (Dawson, 1994b; Rauh, 1995). Auch werden die Kleinstkinder nun fähig, ihre Bezugspersonen zur Lösung ihrer Probleme bewußt einzubeziehen. Neu ist dabei der intentionale Gebrauch des Blicks und des emotionalen Ausdrucksverhaltens. Ein Beispiel: Ein 13 Monate altes Mädchen sitzt am Tisch und versucht, den Deckel einer Flasche abzuschrauben. Auch nach mehreren Versuchen gelingt dies nicht. Nach einigen Äußerungen des Unmuts stellt das Mädchen Blickkontakt zu seiner Mutter her, die dann den Deckel abschraubt. Dies beruhigt das Kind (Kopp, 1989). Diese so einfache und alltägliche Handlungssequenz setzt auf Seiten des Babys mindestens sechs verschiedene Fähigkeiten voraus: (1) die selektive Aufmerksamkeit für relevante Stimuli; (2) die Erweiterung der Aufmerksamkeit über das eigene frustrierende Problem hinaus auf die anwesende Bezugsperson; (3) die Wahrnehmung der Kontingenz zwischen der eigenen emotionalen Befindlichkeit und dem Verhalten der Bezugsperson; (4) die Wahrnehmung der zeitlichen Abfolge des Verhaltens; (5) die Hemmung einer impulsiven Reaktion (z.B. Flasche und Deckel wegwerfen) sowie (6) die Ausführung von planvollem und zielgerichtetem Verhalten, das sowohl Aufschub wie auch Umweg beinhaltet (Dawson, 1994b).

Die Auswirkungen der motorischen Entwicklung

Eine der augenfälligsten Entwicklungen in der zweiten Hälfte des ersten Lebensjahres ist die Tatsache, daß die Kinder nun anfangen, sich eigenständig fortzubewegen. Die

Erkundung des Raumes wird zu einer beliebten Beschäftigung. Mit dem Raum, in dem sich die Kinder bewegen, wachsen auch die Verbote, mit denen die Erwachsenen viele der interessantesten Gegenstände belegen. Fernseher und Stereoanlage, Bodenvasen und Bücherborde dürften in so gut wie allen Familien für kleine Kinder Tabu sein. Werden attraktive Spielgegenstände den Kindern weggenommen und vor ihnen verborgen, so ruft dies Ärger und Protest, oft aber auch planvolles Verhalten hervor: die Kinder bewegen sich zunehmend zu dem Platz, wo sie den versteckten Gegenstand zum letzten Mal gesehen haben, und fangen an, ihn an diesem Platz zu suchen. Auch bei "nicht-emotionalen Gelegenheiten" kann man Kinder dieser Altersgruppe dabei beobachten, wie sie Gegenstände wiederholt verstecken und wiederfinden. Piaget (1975) nannte dieses Verhalten, das eines der am meisten untersuchten Phänomene der kognitiven Entwicklung im Säuglingsalter ist, einfache Objektpermanenz (zusammenfassend Rauh, 1995). Zwar suchen die Kinder zunächst nur an einem Ort (A-nonB Fehler), aber die Erfahrung der selbständigen Fortbewegung scheint den Erwerb der einfachen Objektpermanenz zu beschleunigen (Kermoian & Campos, 1988). Betrachtet man dieses Verhaltensmuster nicht unter dem Gesichtspunkt der kognitiven, sondern dem der emotionalen Entwicklung, dann tritt hier eine Strategie der Ärgerregulierung zutage, nämlich durch planvolles Handeln Hindernisse zu überwinden (Buss & Goldsmith, 98), also von anderen versteckte Gegenstände wiederzufinden. Auch der aufrechte Sitz und die zunehmende feinmotorische Geschicklichkeit der Hände bedingen zusammen mit den neu erworbenen kognitiven Fähigkeiten, daß es Kindern in diesem Alter immer besser gelingt, Langeweile, leichten Kummer oder Frustration durch Ablenkung zu überspielen (Kopp, 1989).

Zugleich verändert sich die Qualität ihres Ärgerausdrucks. Werden ihnen die Arme festgehalten, so zeigen Kleinkinder von zwölf Monaten ihre Wut nicht nur schneller als mit fünf Monaten (Camras et al., 1992). Ihr Protest wird auch lauter, vor allem in der Stimme (Thompson, 1990). Insgesamt wird die Ärgerreaktion komplexer und umfaßt nun zusätzlich so planvolle Verhaltensweisen, wie gezielten Widerstand zu leisten, die störende Hand des Erwachsenen wegzustoßen, oder den Keks festzukrallen, der ihnen vorher schon mehrmals weggenommen worden war (Fischer et al., 1990). Case, Hayward, Lewis und Hurst (1988) postulieren aus theoretischen Gründen, daß bei einem Konflikt zwischen Angst und Ärger das Kind die Aufmerksamkeit zwar verlagern kann, aber das ursprüngliche Gefühl noch im Sinn hat. Der Ärger, der zur "Entladung" drängt, sollte sich daher u.a. in der Verschiebung aggressiver Handlungen auf weniger bedrohliche Ziele äußern. Dornes (1996) schildert informelle Beobachtungen, nach denen Kinder am Ende des ersten Lebensjahres in Situationen, in denen sie eigentlich auf ihre Mutter ärgerlich sein sollten, auf ein Spielzeug einschlugen.

Soziale Bezugnahme

Die größere Beweglichkeit und Kraftentfaltung der Kinder bringt es ferner mit sich, daß explorative Tätigkeiten an manchen Stellen stärker eingeschränkt werden müssen als zuvor. Ist das Kind im Zweifel, ob das, was es tut, "in Ordnung" ist, dann blickt es zu seiner Bezugsperson. Der Blick zur Bezugsperson, der sich auch bei Gefahren beobachten läßt, die von Abgründen (visuelles Kliff), fremden Personen oder attraktiven und zugleich bedrohlichen Spielzeugen (Spielzeug - Roboter) ausgehen, wurde *Soziale Bezugnahme* ("social referencing") genannt. Eine Rückversicherung dieser Art ist frühestens im siebten Lebensmonat zu beobachten. Ab etwa zehn Monaten schauen die Babys der Betreuungsperson bei der Bezugnahme bevorzugt ins Gesicht, vermutlich weil die Information, die sie dort erhalten können, am genauesten ist. Im zweiten Lebensjahr wird der bezugnehmende Blick zur Bezugsperson immer häufiger (Walden, 1991).

Bei Unsicherheit benutzen die Kinder das emotionale Signal der Eltern als Orientierung für ihr eigenes Verhalten. In dem klassischen Experiment von Sorce, Emde, Campos und Klinnert (1985) wurden Kinder von genau einem Jahr auf einen Apparat gesetzt, der einen "Abgrund" suggerierte, der mit Plexiglas bedeckt war (visuelles Kliff). War der Abgrund zu niedrig, dann krabbelten die Kinder einfach darüber hinweg. War der Abgrund zu tief, dann hielten alle Kinder am Rande an. Nur bei einer bestimmten Höhe wurde gerade soviel Unsicherheit bei den Kindern erzeugt, daß sie beim Krabbeln regelmäßig innehielten und ihre Mütter anblickten. Lächelte die Mutter ihr Kind an, so überquerte das Kind die visuelle Klippe in allen Fällen. Stellte sie Furcht auf ihrem Gesicht dar, dann wandten sich alle Kinder von der "gefährlichen Stelle" ab . Ein ärgerliches Gesicht der Mutter war etwas weniger wirksam: nur 89% der Kinder ließen sich vom Überqueren des Abgrunds abhalten. Wichtig dabei war, daß das Signal der erwachsenen Referenzperson klar und eindeutig war, denn bei konfligierenden Signalen einer Versuchsleiterin, die die zehn Monate alten Babys zunächst mit freudiger, dann mit ärgerlicher Miene anschaute oder in Gesicht und Stimme unterschiedliche Botschaften übermittelte, reagierten die Kleinstkinder verstärkt mit gehemmtem und unsicherem Verhalten (Barrett, 1984).

Allgemein kann man sagen, daß die Orientierung des Kindes am emotionalen Ausdrucksverhalten seiner Betreuungspersonen bei Unsicherheit dazu dient, am überlegenen Wissen der Erwachsenen teilzuhaben und dies für die Steuerung des eigenen Verhaltens zu nutzen (Walden, 1991). Die Kinder benutzen die Informationen, die ihnen mit Hilfe des Gefühlsausdrucks übermittelt werden, um Ereignisse zu verstehen, die für sie mehrdeutig sind oder ihre eigenen Fähigkeiten der Bewertung übersteigen. Sie lernen mit Hilfe der sozialen Bezugnahme sekundäre Bewertungen im Sinne von Lazarus (Klinnert, Campos, Sorce, Emde & Svejda, 1983). Was sich die Kleinkinder von ihren Bezugspersonen in diesen Situationen via soziale Bezugnahme "abgucken", sind unter anderem deren emotional gefärbte Bewertungen gegenüber einem weiten Spektrum von Sachverhalten, nämlich sowohl gegenüber Spielzeugen, fremden Personen und anderen Ereignissen in der "äußeren Welt" als auch gegenüber emotionalen Zuständen und Verhaltensweisen des Kindes. Denn der mißbilligende Blick der Mutter richtet sich sicher manchmal auch auf das Verhalten des Kindes. Auf diese Weise kann sich das Kind nicht nur am Affekt seiner Bezugspersonen "anstecken" (affect contagion), sondern es kann auch an ihrem Vorbild lernen, welche emotional getönten Einstellungen und Verhaltensweisen in bestimmten Kontexten "richtig" sind.

Affektabstimmung

Die soziale Bezugnahme, die Kinder in der zweiten Hälfte des ersten Lebensjahres zu zeigen beginnen, ist Teil einer neuen Art der interpersonalen Bezogenheit, die Stern (1992) "Affektabstimmung" nannte. Geteilt wird nicht nur die emotionale Befindlichkeit, sondern auch der Gegenstand der Aufmerksamkeit, der sich im Gebrauch der Zeigegeste äußert. Voraussetzung für diese Fähigkeiten ist das Wissen, daß sich innere subjektive Erfahrungen mitteilen und damit auch mit anderen teilen lassen. Ein Beispiel:

> "Ein neun Monate alter Junge haut auf ein weiches Spielzeug los, zunächst ein bißchen wütend, allmählich aber mit Vergnügen, voller Spaß und Übermut. Er entwickelt einen stetigen Rhythmus. Die Mutter fällt in diesen Rhythmus ein und sagt "kaaaa-bam, kaaaa-bam", wobei das "bam" auf den Schlag fällt und das "kaaaa" die vorbereitende Aufwärtsbewegung und das erwartungsvolle Innehalten des Arms vor dem Schlag begleitet" (Stern, 1992, S. 200f.).

Voraussetzung für das Funktionieren dieser Art der Abstimmung ist zum einen die Fähigkeit der Bezugsperson, den emotionalen Zustand des Säuglings von seinem Verhalten abzulesen. Als zweites muß die Betreuungsperson sich selbst auf eine Weise verhalten, die das Verhalten des Säuglings zwar nicht genau nachahmt, ihm aber in anderer Weise entspricht. Eine dritte Voraussetzung ist, daß der Säugling das entsprechende Signal der Pflegeperson als zugehörig zu seinem eigenen Gefühlszustand erkennt. Wie Stern (1992) beobachtete, beziehen sich die meisten Entsprechungen der Bezugspersonen auf Intensität, Spannungsverlauf oder Dauer der Handlung des Kindes. Rhythmus und räumliche Gestalt des Verhaltens werden seltener aufgenommen. Die Mütter, die Stern (1992) im Videolabor bei der Affektabstimmung beobachtete, taten dies anscheinend, ohne sich dessen bewußt zu sein. Nach ihrem Verhalten befragt, berichteten sie, daß sie dies taten, um mit ihrem Kind "auf einer Wellenlänge" zu sein. Auch die Babys erwarteten offensichtlich ein bestimmtes Abstimmungsverhalten. Entsprach die Affektabstimmung ihrer Mutter nicht genau dem Standard, der für diese Dyade galt, dann reagierten sie verstört und schauten sie mit fragendem Blick an.

Geteilt werden nach Stern (1992) vor allem die Vitalitätsaffekte, also die Spannungsbögen, die normalerweise Handlungen unterliegen; aber auch Äußerungen diskreter Affekte, die in Interaktionen in der Regel seltener vorkommen, können miteinander abgestimmt werden. Interindividuelle Unterschiede ergeben sich aus Fehlabstimmungen bei beiden Arten von Affekten. Aus den Fehlabstimmungen hinsichtlich des Spannungsverlaufs können die Babys subtile Botschaften über die Erwünschtheit und die Angemessenheit von Parametern wie Intensität oder Dauer ihrer Gefühlsreaktionen entnehmen. Da die Toleranzgrenzen von Eltern hinsichtlich der Ärgerreaktionen ihrer Kinder unterschiedlich ausgeprägt sind, dürften sie zu unterschiedlichen Zeitpunkten eingreifen, um das Geschrei zu unterbinden. Zugleich können sie die Intensität des kindlichen Ausdrucks in ihrem Verhalten spiegeln, unterbieten oder gar überbieten, die Dauer des Protestverhaltens zu beeinflussen suchen und vieles mehr. Hinsichtlich der Affektkategorie kann die Fehlabstimmung zum einen darin bestehen, daß Ärgersignale des Kindes von der Mutter mit einem anderen Gefühl beantwortet werden; das Protestverhalten des Kindes etwa als Traurigkeit oder Müdigkeit gespiegelt wird. Aus der Tatsache, daß sich der Ärger nicht der Mutter mitteilen läßt und es daher unmöglich ist, dieses Empfinden mit ihr zu teilen, lernt das Kind, welche Zustände privater Natur sind. Vielleicht tritt die Fehlabstimmung auch nur in bestimmten Situationen auf. Eine zweite Form der Fehlabstimmung hinsichtlich der Emotionskategorie ist die selektive Abstimmung, also das Ignorieren eines Gefühls, indem andere Teile des Verhaltens des Kindes aufgegriffen werden. Wird ein so grundlegendes Gefühl wie Ärger regelmäßig nicht beachtet, so sollte dies auf Dauer weitreichende Auswirkungen auf die Persönlichkeit des Kindes haben. Näheres zu diesen klinischen Extrapolationen der Effekte von sozialer Bezugnahme und Affektabstimmung finden sich in Kapitel 6. Eine empirische Bestätigung der Affektabstimmung und ihrer Auswirkungen fehlt leider.

Die Aushandlung von Verboten

Wie oben schon angedeutet, werden aufgrund der gestiegenen Beweglichkeit, der stärkeren Kraftentfaltung, der größeren Fingerfertigkeit sowie des immer gewitzteren Einsatzes von Hilfsmitteln zum Ende des ersten Lebensjahres Verbote immer häufiger. Auch wenn Wohnräume im Sinne einer Ärgerprävention umgestaltet werden, so ist es doch für Eltern hin und wieder unumgänglich, ein festes "Nein" auszusprechen. Bei solchen Gelegenheiten blickt das Kleinkind seine Betreuungsperson in der Regel an und dann wieder weg. Dabei prüft es die Ernsthaftigkeit und die Klarheit des Verbots, etwa indem es seine Hand dennoch langsam wieder an die verbotene Pflanze heranführt. Emde, Biringen, Clyman und Oppenheim (1991) beobachteten, daß die Kinder ihrer Bezugsperson entweder vor oder nach der verbotenen Handlung ins Gesicht schauten, entweder, so vermuten sie, um anhand des Emotionsausdrucks des vertrauten Erwachsenen die eigene Unsicherheit aufzulösen oder um nachträglich eine Bestätigung für ihre Entscheidung einzuholen. Aus dem gegenseitigen Anschauen entwickeln sich "sensomotorische Verhandlungen" (Fischer et al., 1990). Bei diesen Aushandlungen mit Hilfe des emotionalen Ausdrucksverhaltens setzen Kleinkinder oft ihren ganzen Charme ein, um ihre Betreuungspersonen umzustimmen. Da Kinder um ihren ersten Geburtstag herum einfache sprachliche Aufforderungen und Rituale verstehen, schon selbst durch Kopfnicken "ja" oder "nein" signalisieren können (Rauh, 1995) und zunehmend besser in der Lage sind vorzutäuschen, daß sie müde oder traurig, aufgeregt oder ärgerlich sind (Fisher et al., 1990), werden die Verhandlungen im Laufe der Zeit immer komplexer. Was von diesen Aushandlungen internalisiert wird, sind Verhandlungsstrategien und deren Konsequenzen (Emde et al., 1991), also etwa "wenn Papi nicht ganz ärgerlich aussieht und ich ihn anlächele, dann gibt er meistens nach". Mit 24 Monaten, so folgerten diese Autoren aus ihrer längsschnittlichen Beobachtung von Verbotssituationen, ließen die Kinder ein Wissen um Gebote und Verbote jedenfalls solange erkennen, wie ein Elternteil körperlich anwesend war und sie sich in Zweifelsfällen mit einem Blick bei dieser Person rückversichern konnten. In

Situationen der sozialen Bezugnahme, der Affektabstimmung und der Aushandlung von Verboten dürften sich in der Dyade von Kind und Betreuungsperson über die Zeit geteilte Bedeutungen entwickeln, die Grundlage der frühen moralischen Entwicklung sind (Emde et al., 1991). Da Verbote mit Frustration, in der Regel also mit Leid oder Ärger einhergehen (Mees, 1991), sollten Kinder in diesen Situationen auf Dauer nicht nur lernen, ihr Verhalten zu steuern, sondern auch ihren Ärger zu regulieren. Hier könnte auch eine frühe Wurzel der Ärgerregulierung durch Humor liegen, denn manche Eltern "trainieren" die Frustrationstoleranz ihrer Nachkömmlinge, indem sie sie bewußt foppen und necken. Das Thema der Verinnerlichung, das hier anklingt, wird in Kapitel 3 wieder aufgenommen.

Zusammenfassung: Die Entwicklung der Ärgerregulierung zwischen etwa 8 und 18 Monaten

Mit der motorischen und der kognitiven Entwicklung wird es ab der zweiten Hälfte des ersten Lebensjahres für Kleinkinder zunehmend einfacher, sich mit Hilfe von Spielzeugen über kleinere Frustrationen hinwegzutrösten (Kopp, 1989). Die gleichen Faktoren bedingen vermutlich auch, daß Kinder bei Ärger immer häufiger planvolles Verhalten einsetzen, also etwa ein Objekt, das vor ihren Augen versteckt wurde, nun aktiv suchen. Planvolles Verhalten zeigt sich weiterhin darin, daß die Kleinkinder nun verstärkt ihre Eltern bei der Lösung ihrer Probleme einbeziehen, sei es, um von ihnen instrumentelle Hilfestellungen zu erhalten, sei es, um sich bei Unsicherheit an ihrem Ausdrucksverhalten zu orientieren (soziale Bezugnahme), oder sei es, um ihre eigenen Gefühlszustände mit ihnen zu teilen (Affektabstimmung). Auch bei der Aushandlung von Verboten, die bei den außerordentlich mobilen Kleinkindern häufiger ausgesprochen werden müssen, dürften Strategien der Ärgerregulierung gelernt werden.

2.2 Warum sich Kleinkinder so häufig und so heftig ärgern

Um die Mitte des zweiten Lebensjahres herum vollzieht sich ein weiterer Umbruch im Denken und Verhalten des Kindes. Ebenso folgenreich wie die Fortbewegung auf zwei Beinen ist sicherlich, daß Kinder in diesem Alter die sensomotorische Phase verlassen und beginnen, mit Symbolsystemen zu operieren (Piaget, 1975; Fischer et al., 1990; Case et al., 1988). Die Symbolfunktion geht nach Piaget aus der Fähigkeit zur aufgeschobenen Nachahmung von Handlungen hervor (Ginsburg & Opper, 1975), setzt diese doch neben der Fähigkeit zur Ausführung der Handlung auch die Repräsentation der ursprünglichen Handlung, der eigenen Ausführung und dem Hin- und Herschalten (Reversibilität) zwischen diesen beiden Repräsentationen voraus. Außerdem müssen beide Repräsentationen im Langzeitgedächtnis gespeichert werden, denn sonst könnte die Nachahmung nicht aufgeschoben werden (Stern, 1992). Aufgrund der Fähigkeit zur aufgeschobenen Nachahmung ist ein Kind nun zum Beispiel in der Lage, den Wutanfall, den es am Nachmittag bei einem anderen Kind beobachtet hat, am Abend zu wiederholen. (Piaget berichtete dies von einem seiner Kinder.) Als neurologische Voraussetzung für diese Entwicklungen ist zu berichten, daß die tertiären Assoziationsfelder des Neocortex, die ein multimodales Gedächtnis ermöglichen, im zweiten Lebensjahr langsam funktionstüchtig werden. Zugleich verbessert sich die Verbindung zwischen den beiden Hirnhälften, die zunehmend speziellere Funktionen übernehmen. Damit ist eine neurologische Grundlage für die Verknüpfung von Wirklichkeit und Phantasie durch Symbole und Sprache gelegt (zusammenfassend Lemche, 1996).

Das zweite Lebensjahr ist im Volksmund als das "Trotzalter" bekannt, nicht zuletzt deshalb, weil das "Nein" bei vielen Kindern eines ihrer ersten Worte ist und schnell zu ihrem Lieblingswort avanciert. Bei manchen Kindern vergeht kein Tag ohne Wutausbrüche, die Darwin (1862/1986) wahrscheinlich aus der leidvollen Erfahrung mit seinen eigenen Nachkömmlingen folgendermaßen beschrieb: "Junge Kinder wälzen sich, wenn sie in heftiger Wut sind, auf dem Boden, auf dem Rücken oder Bauche liegend, schreien, stoßen, kratzen oder beißen alles, was nur in ihren Bereich kommt" (S. 246). Nach der klassischen Untersuchung von Francis Goodenough (1931) über 1878 Wutanfälle, die 45 Mütter von Kindern zwischen sieben Monaten und sieben Jahren protokollierten, liegt die Spitze der Wutanfälle zwischen 12 und 24 Monaten. Danach fällt die Häufigkeit dieser so lautstarken Form des Protestes rapide ab (ähnlich: Emde, Robinson, Corley, Nikkari & Zahn-Waxler, 1995). Die Zornesausbrüche der Kleinkinder dauerten meist nicht lange an. Mehr als zwei Drittel von ihnen waren innerhalb von vier Minuten beendet. Dafür traten sie bei manchen Kindern um so häufiger auf, bis zu zehn Mal an einem Tag. Auf Goodenoughs (1931) Frage nach den Hintergrundfaktoren stellte sich heraus, daß ein Wutausbruch um so wahrscheinlicher war, je schlechter der Gesundheitszustand des Kindes war, je längere Zeit seit der letzten Mahlzeit verstrichen war, je müder das Kind war und je mehr ältere Geschwister es hatte. Gerade der letztgenannte Befund unterstreicht, wie eng Erleben und Ausdruck von Ärger mit zwischenmenschlichen Beziehungen verknüpft sind (v. Salisch, 1996).

Woher kommt die Steigerung von Häufigkeit und Intensität des kindlichen Ärgerverhaltens im Verlauf des zweiten Lebensjahres? Vor allem die Heftigkeit der Reaktion, die manchmal einem Systemzusammenbruch gleicht (Lewis, 1993c), wirft bei Eltern und Beobachtern regelmäßig dringende Fragen auf. Auch wenn manche dieser Fragen letztlich sicher nicht zu beantworten sind, werde ich im folgenden einige der Gründe erörtern, warum die Wutanfälle von Kleinkindern manchmal so dramatische Formen annehmen.

Eine erste Ursache für die gesteigerte Häufigkeit und Heftigkeit der Protestreaktionen könnte darin liegen, daß zu den bekannten Ärgerauslösern, wie Festhalten, Hinderung des Erkundungsverhaltens oder Impfschmerzen, entwicklungsbedingt weitere Antezedenzen hinzukommen. Das fängt ganz einfach damit an, daß die Kleinkinder sich zunächst mit Hilfe der Sprache noch nicht so recht verständlich machen können. Das ist frustrierend, zumal die nonverbale Kommunikation zuvor meist gut eingespielt war (Stern, 1992). Hinzu kommt, daß die Kleinkinder inzwischen so geschickt, so pfiffig und so selbständig geworden sind, daß sie jetzt darauf bestehen, Tätigkeiten selbst auszuführen, die zuvor andere für sie gemacht haben, also sich selbst anzuziehen oder selbst mit dem Löffel zu essen. Da geht natürlich vieles langsamer und manches ganz daneben. Wird die Eigeninitiative des Kindes bei diesen Routinen und Gewohnheiten blockiert, so kommt es häufig zu Wutausbrüchen (Goodenough, 1931). Nach Heckhausen (1987), der dies in Zusammenhang mit der Entwicklung des Leistungsmotivs in Spielsituationen untersucht hat, haben Kinder zunächst noch eine recht starre Zielplanung, die sie Erwachsenen kaum verständlich machen, geschweige denn aufschieben können (Kemmler, 1957). Nahm die erwachsene Versuchsleiterin den Kindern die nächste Spielhandlung aus der Hand, dann protestierten sie ab etwa 18 Monaten regelmäßig und mit Vehemenz, etwa indem sie "ich" riefen und den Zugang zum Spielmaterial versperrten. Mit 30 Monaten erlaubten sie der Versuchsleiterin zwar, ihnen das Spielmaterial aus der Hand zu nehmen, aber Hilfe, um die sie nicht gebeten hatten, lehnten sie mit dem nun schon etwas elaborierteren Protestschrei "ich kann es selber" ab (Geppert & Küster, 1983). Heckhausen (1987) vermutet, daß die unerbetene Hilfeleistung die Kompetenz der Kinder implizit in Frage gestellt hat. Zweifel an ihren Fähigkeiten werden von den Kleinkindern offenbar als Angriff auf ihr ganzes Selbst interpretiert. Selbständig und kompetent zu sein, scheint in diesem Alter für das Selbst des Kindes von zentraler Bedeutung zu sein (Dunn, 1988). Auch Erikson (1984) stellte in seinem bekannten Stufenmodell die Selbständigkeit oder Autonomie in den Mittelpunkt der zweiten Entwicklungsstufe.

Um die Mitte des zweiten Lebensjahres herum entwickelt sich die Fähigkeit, sich selbst im Spiegel zu erkennen. Damit erreichen Kinder die Stufe des objektiven Selbstbewußtseins, in der ihnen bewußt ist, daß sie als Personen auch von anderen gesehen werden, auch ein Kleinkind und ein Mädchen oder ein Junge mit einem bestimmten Namen sind. Neben dem existentiellen Selbst entwickelt sich das Bewußtsein eines kategorialen Selbst (Lewis & Brooks-Gunn, 1979). Demonstrierten die Kinder ihr objektives Selbstbewußtsein im Spiegel-Test, dann verloren sie ihre Unbefangenheit. Wurden sie gebeten, unbekannten Erwachsenen etwas vorzusingen oder vorzutanzen, dann zeigten sie ab diesem Zeitpunkt verstärkt "verschämtes" Verhalten, wie die Augen niederschlagen oder erröten; die Kinder fühlten sich offenbar den Blicken der Erwachsenen ausgesetzt (Lewis, Sullivan, Stanger & Weiss, 1989). Ein weiterer Grund für die Zunahme der Wutanfälle im zweiten Lebensjahr könnte also darin liegen, daß das Bewußtsein, im Mittelpunkt des öffentlichen Interesses zu stehen (Bennett, 1989), viele neue Möglichkeiten der psychischen Kränkung schafft, die sich dann in Form von Wutausbrüchen äußern können. Was Kinder am Ende des zweiten Lebensjahres besonders verletzbar macht, ist die Tatsache, daß sie noch nicht zwischen einem Versagen unterscheiden können, das sich lediglich auf einen Teilbereich bezieht, und einem, das ihre ganze Person betrifft (Harris, 1992). In ihrem Empfinden stehen sie mit ihrem ganzen fragilen Selbst entblößt da.

Um ihren zweiten Geburtstag herum haben sich Kinder die Regeln, Normen und Bewertungsmaßstäbe ihrer Umwelt soweit zu eigen gemacht, daß sie nun anfangen, ihr eigenes Verhalten anhand dieser Kriterien zu bewerten. Schreiben sie sich einen Fehler oder ein Versagen angesichts dieser Maßstäbe selbst zu (internale Attribution) und betrifft diese Zuschreibung nicht nur einen Bereich, sondern die ganze Person des Kindes, dann sollte nach Lewis' (1993a) kognitiver Attributionstheorie Scham die Folge sein. Da Scham eine sehr schmerzliche und unangenehme Reaktion ist, versuchen Menschen mit verschiedenen Mitteln, das Erleben der Scham abzumildern oder zu umgehen. Eine der Möglichkeiten, Scham nicht zu spüren, besteht in ihrer Umwandlung in Wut (rage), die dann wieder in Scham übergehen kann, also in einem Oszillieren zwischen Wut und Scham enden kann. Retzinger (1987) nannte dieses Phänomen, das sie bei Erwachsenen beobachtet hatte, die "Scham-Wut-Spirale". Ursache dieser Art der Wut ist die Scham, also eine narzißtische Kränkung. Aus diesem Grund unterscheidet sich nach Lewis (1993c, S. 160), der hier auf Retzinger (1987) aufbaut, das Erleben der schambedingten Wut in folgenden Punkten von dem des "gewöhnlichen" Ärgers:

- Während man seinen Ärger als gerechtfertigt empfindet, fühlt man sich bei dieser Art der Wut machtlos.
- Während beim Ärger die Verletzung erkannt wird, wird sie bei dieser Art der Wut abgestritten.
- Während Ärger im Bewußtsein präsent ist, wird diese Art der Wut, weil sie eigentlich Scham ersetzen soll, aus dem Bewußtsein verbannt.
- Ärger richtet sich auf die wirkliche Ursache, während diese Art der Wut eine generalisierte Reaktion ist.

Die Psychoanalytiker Moser und v. Zeppelin (1996) führen aufgrund klinischer Erfahrungen mit ihren erwachsenen Patienten an, daß Wut auch bei anderen Verletzungen des Selbst entstehen kann, die sich zunächst nicht in Form von Scham, sondern in Form von Furcht oder Schmerz äußern. Allerdings, so räumen sie ein, stellen diese Möglichkeiten "Extrapolationen zurück in die Kindheit" dar, müssen also durch empirische Untersuchungen an Kindern bestätigt werden. Das Gleiche gilt für den Nachweis der Scham-Wut-Spirale bei Kindern. Dieser Gedanke wird im sechsten Kapitel wieder aufgenommen.

Durch die neu erworbene Fähigkeit, symbolische Abbildungen der Realität herzustellen und aus dem Gedächtnis abzurufen, sind Kinder ab der Mitte des zweiten Lebensjahres in der Lage, Phantasien zu bilden und Affekte mit Phantasien zu verknüpfen (Dornes, 1996). Ein weiterer Grund, warum der Ärgerausdruck häufiger und heftiger wird, mag damit zu tun haben, daß frühere Ärgersituationen nun besser erinnert werden können. Dornes (1996) führt dazu aus: "Der Ärger, der durch Versagungen ausgelöst wird, verschwindet nicht mehr mit den Anlässen, sondern dauert an, unter anderem deshalb, weil die Auslöser jetzt im Geiste immer wieder aufs Neue evoziert werden können und so den Ärger über die konkrete Situation hinaus am Leben halten." (S. 204). Tomkins (1991) elaboriert weitere Gedankenverknüpfungen, die zur "Vergrößerung" der Ärgerreaktion beitragen können. Mit Hilfe von Konzepten der Dynamischen Systemtheorie gelingt es M.D. Lewis (1995) sehr gut, den Prozeß der positiven Rückkoppelung zwischen bestimmten kognitiven Antezedenzen und dem Erleben von Ärger zu beschreiben, der dazu beiträgt, daß das Individuum seine Aufmerksamkeit auf spezifische Sachverhalte verengt und sich letztlich in seinen Ärger hineinsteigert. Dadurch, daß diese Koppelungen mit der Zeit an Stabilität gewinnen, können sich kleine Unterschiede bei den Auslöserkognitionen, langsam, nämlich über wiederholte Rückkoppelungsschleifen, zu lautstarken und anhaltenden Effekten aufschaukeln. Mit diesem Konzept läßt sich sowohl die Mikrogenese von Wutanfällen als auch die Entstehung und die Stabilität interindividueller Unterschiede in diesem Bereich erklären (siehe auch Kapitel 1.4.4).

Nach den Prinzipien des "Lernens am Erfolg" sollten Wutanfälle als Strategie zur Durchsetzung von Wünschen, wenn sie regelmäßig durch Nachgeben "belohnt" werden, auf die Dauer häufiger werden. Dies könnte ein Grund dafür sein, warum sich die Ärgeranfälle bei manchen Kindern über lange Zeit halten, während sie bei anderen zurückgehen. Kinder mit unsicher-ambivalenter Bindungsbeziehung produzieren besonders dramatische Wutanfälle, um ihre Eltern dazu zu bewegen, ihre Wünsche und Bedürfnisse zu beachten (Crittenden, 1993).

Zusammenfassend läßt sich die besondere Häufigkeit und Heftigkeit der Wutanfälle im Kleinkindalter zum einen durch die Entwicklung der Selbständigkeit erklären, die zugleich eine besondere Kränkbarkeit in diesem Bereich mit sich bringt. Eine erhöhte Verletzbarkeit entsteht zum anderen dadurch, daß Kinder sich jetzt in ihrem kategorialen Selbst erkennen und damit ein Bewußtsein der öffentlichen Aufmerksamkeit - auch für ihre Schwächen und Fehler - erlangen. Ein dritter damit zusammenhängender Punkt, der mitunter mit Hilfe von Ärger verarbeitet wird, ist die Schamreaktion, die im dritten Lebensjahr aufgrund bestimmter Selbstbewertungen angesichts von Versagen beginnt. Ein vierter Grund nimmt Bezug auf die Verstärkung der Ärgerreaktionen aufgrund der Erinnerungen des Kindes an vergangene Versagungen. Ein fünfter Punkt argumentiert mit den Prinzipien des Lernens am Erfolg, daß Wutanfälle häufiger werden sollten, wenn sie regelmäßig durch Nachgeben belohnt werden. Dennoch dürfte ein Rest von Fällen bleiben, der sich auch durch diese Punkte nicht aufklären läßt. Die Hintergründe für manche dieser Fälle mögen für immer ein Rätsel bleiben, etwa der Fall eines Kindes, das sich nicht entscheiden konnte, ob es jetzt einen Bonbon haben wollte oder nicht und darüber in Wut ausbrach (Brazelton, 1994). Hier ließe sich nur mit Heckhausen (1987) spekulieren, daß eine geplante Handlung blockiert wurde - in diesem Fall vom Kind selbst, das den Griff zum angebotenen Bonbon unterbrach, in seiner Handlungssteuerung zugleich aber nicht flexibel genug war, um aus der Situation herauszukommen.

2.3 Zum Verhältnis von Spracherwerb und Ärgerregulierung

Mit der Symbolfunktion entwickelt sich auch die Sprache, die wohl das wichtigste Symbolsystem ist, über das wir verfügen. Mit der erhöhten Kränkbarkeit und Ärgeranfälligkeit gehen daher auch neue Möglichkeiten einher, den eigenen Ärger auszudrücken, ihn anderen mitzuteilen und ihn zu modifizieren. Der nächste Abschnitt ist daher der Funktion der Sprache bei der Regulierung von Gefühlen gewidmet.

2.3.1 Die Anfänge des Sprechens über Gefühle

Ab wann sprechen Kinder über Gefühle? In welcher Form tun sie dies? Wie sprechen Mütter mit ihren Kindern über Gefühle? Diesen Fragen ging Lois Bloom (1993) in einer Untersuchung mit 14 englischsprachigen Kindern aus New York nach, die sie im Alter von 9 bis 21 Monaten einmal im Monat zusammen mit ihren Müttern im Spielzimmer der Universität beobachtete. Aus den Transkripten dieser gemeinsamen Spielsitzungen ging hervor, daß die Kinder in dieser Zeit der ersten Worte ihre Gefühle ausgesprochen selten mit Worten benannten. Auch ihre Mütter sprachen selten über Gefühle, selbst wenn man den Gefühlsbegriff erweiterte und Äußerungen wie "you like it?" einbezog. Während die Anzahl der sprachlichen Äußerungen des Kindes im Zeitraum zwischen dem ersten Wort und der Benennungsexplosion vier bis fünf Monate später stark zunahm, änderte sich an der Häufigkeit ihrer nonverbalen Emotionssignale über die gleiche Zeitspanne wenig; Worte ersetzten zunächst noch nicht den Gefühlsausdruck, der über Gesicht und Stimme, Körperhaltungen und Körperbewegungen vermittelt wurde. Daß die Sprache noch für einige Zeit nicht an die Stelle der nonverbalen Gefühlsäußerungen tritt, erklärt Bloom (1993) damit, daß die nonverbale Kommunikation als Signalsystem gut eingespielt sei und eigentlich ausreiche, um die eigene Befindlichkeit mitzuteilen; die parallele Benennung der Emotionen gar redundant wäre. Sprachen die Mütter über Gefühle, dann eher indirekt, indem sie sich zu Gründen, Folgen und Umständen des emotionalen Ausdrucksverhaltens ihrer Kinder äußerten.

Am Ende des zweiten Lebensjahres wird die verbale Mitteilung der eigenen Gefühlszustände häufiger. Nach den Berichten ihrer Mütter hatte etwa ein Drittel der 20 Monate alten Kinder Wörter in ihrem Wortschatz, die Gefühlsqualitäten oder emotionales Ausdrucksverhalten wie Lachen oder Weinen bezeichneten (Bretherton, McNew & Beeghley-Smith, 1981). Familienbeobachtungen von Dunn, Bretherton und Munn (1987) kommen zu ähnlichen Ergebnissen: In der zweiten Hälfte des zweiten Lebensjahres stieg die Anzahl der Äußerungen über innere Befindlichkeiten ("inner state language") von durchschnittlich 0.8 mit 18 Monaten auf durchschnittlich 4.7 Beiträge mit 24 Monaten per zwei Stunden Beobachtungszeit an. Allerdings bezog sich dabei nur ein Teil der inner state language explizit auf Gefühle, da auch Äußerungen zu Empfindungen und physiologischen Zuständen (z.B. Hunger, Geschmacksqualitäten) sowie zu Bewußtseinszuständen (z.B. Schlaf, Langeweile) in diese Kodier-Kategorie eingingen. Im Alter von 28 Monaten hat ein Großteil der (nordamerikanischen) Kleinkinder die Wörter "mad" oder "angry" als Bezeichnung für Ärger in ihren Wortschatz aufgenommen. Während 73% dieser Kleinkinder nach Berichten ihrer Mütter sich selbst oder eine andere Person schon einmal als "mad" bezeichnet hatten, war das Verständnis von 33% der Kinder sogar schon soweit fortgeschritten, daß sie das Ärgerwort schon einmal sowohl auf sich selbst als auch auf andere Personen angewandt hatten (Bretherton & Beeghley, 1982). Die erste deutsche Studie über den Erwerb der inner state language seit den zuerst 1928 publizierten Untersuchungen von Stern und Stern bestätigt im Längsschnitt, daß die sprachliche Benennung innerer Befindlichkeiten zwischen 23 und 36 Monaten stark ansteigt, auch wenn man die Zunahme aller verbalen Äußerungen einbezieht. Dennoch sind verbale Äußerungen über Befindlichkeiten recht seltene Ereignisse. Bezogen sich mit fast zwei Jahren etwa 2% aller verbalen und vokalen Äußerungen der Kleinkinder auf innere Zustände aller Art, so waren es mit drei Jahren immerhin schon 6,6%. Für das emotionsauslösende Ereignis einer Trennung von ihrer Mutter, das in dieser Untersuchung regelmäßig "hergestellt" wurde, fanden die Kinder mit zunehmendem Alter immer häufiger Worte, die sich nicht auf den Fakt als solchen, sondern auf ihr subjektives Erleben der Trennungssituation bezogen (Klann-Delius & Kauschke, 1996).

In diesem Alter fangen Kinder und ihre Bezugspersonen nicht nur an, ihre Befindlichkeiten zu besprechen, sondern auch die Ursachen dafür zu erörtern. Bei den Familienbeobachtungen von Judy Dunn und ihren Mitarbeiterinnen erhöhte sich die Anzahl der Äußerungen des Kindes, die sich auf vorausgehende Bedingungen bezogen, von durchschnittlich 0.9 mit 18 Monaten auf durchschnittlich 2.3 Beiträge mit 24 Monaten pro zwei Stunden Beobachtungszeit. Der signifikante Anstieg der Ursachendiskussionen blieb auch dann erhalten, wenn die rasante Zunahme aller Gesprächsäußerungen ("conversational turns") über diesen Zeitraum statistisch kontrolliert wurde (Dunn, Bretherton & Munn, 1987; Brown & Dunn, 1991). Im Gespräch über die Gründe (und die Folgen) von Gefühlen bieten Kinder Erklärungen für ihr emotionales Erleben und Verhalten an, wie etwa der 28 Monate alte Junge, der zu seiner Mutter sagte: "Grandma mad, I wrote on wall" oder das zweieinhalbjährige Mädchen, das bei einem Streit zu seinem Vater sagte: "I am mad at you daddy. I'm going away, good bye" (Bretherton, Fritz, Zahn-Waxler & Ridgeway, 1986). Ab dem vierten Geburtstag dominieren reflektierende Kommentare die Unterhaltungen zwischen Müttern und ihren Kindern (Dunn, Creps & Brown, 1996).

Beobachtungsstudien demonstrieren, daß Kinder von sich aus über die Dinge reden, die sie emotional bewegen, also beispielsweise über die Absicht der Mutter, sie jetzt in einem unbekannten Spielzimmer alleine zu lassen (Klann-Delius, 1996). In einem Überblick über drei Studien berichteten Dunn und Brown (1991), daß 48% der Äußerungen erstgeborener Kinder mit 25 Monaten die "Unbehagens-Triade" von Kummer, Schmerz oder Müdigkeit betrafen, auch in Bezug auf ihr neugeborenes Geschwisterkind. Auf Ärger bezogen sich in der Regel nur sehr wenige Äußerungen (Dunn et al., 1987). Eine der Hauptfunktionen dieser Gefühlsäußerungen war, die Aufmerksamkeit der Bezugspersonen auf die eigenen Bedürfnisse zu lenken, um Trost, Unterstützung oder einfach Aufmerksamkeit zu erhalten. Untersuchte man den Kontext der Gesprächsbeiträge, dann zeigte sich, daß Kinder vor allem dann auch Gründe nannten, wenn ihre Bedürfnisse dringend waren (siehe auch Dunn, 1988). Bei den Verhandlungen über Verbote erwiesen sie sich als recht gewitzt: Gelang es ihnen, einen Streit mit der Mutter in einen Spaß umzuwandeln, dann stiegen ihre Chancen, das begehrte Ziel zu erreichen. Auch vor dem Vortäuschen falscher Gefühle schreckten die Zweijährigen nicht zurück, wenn es darum ging, ihr Ziel zu erreichen: So sagte eine muntere Zweijährige, die bei Müdigkeit immer etwas zu essen bekommen hatte, daß sie müde sei, als sie einen Kuchen sah, der für sie unerreichbar auf dem Tisch stand. Weitere Formen des strategischen Einsatzes von Gefühlen wurden bei den Zwei- bis Dreijährigen notiert, so etwa Bemühungen, bei Mißgeschicken und Beschädigungen die Aufmerksamkeit auf Geschwister zu lenken, um die eigene Haut vor Anschuldigungen zu retten. Auch gewagte Behauptungen und "Witze", die die Grenzen des Erlaubten und des Schicklichen auf die Probe stellten, sowie Neckereien, die andere Familienmitglieder bekannterweise ärgerten und provozierten, lassen sich unter der Rubrik des strategischen Gebrauchs eigener Gefühlsbekundungen fassen (Dunn & Brown, 1991).

Eine Reihe von Untersuchungen belegt die motivierende Funktion der Gefühle für den sprachlichen Ausdruck. Dunn (1988) beobachtete, daß Kinder bei Konflikten über ihre Rechte, bei denen sie mit 18 Monaten verstärkt Ärger (und Kummer) gezeigt hatten, mit 36 Monaten häufiger zu Rechtfertigungen ihres Verhaltens griffen als bei anderen Arten von Konflikten, bei denen sie sich im Jahr zuvor weniger aufgeregt hatten. Die Studie von Klann-Delius und Kauschke (1996) weist darauf hin, daß vor allem diejenigen Kinder zwischen zwei und drei Jahren in der Trennungssituation ihrer inneren Befindlichkeit verbal Ausdruck verliehen, die auch nonverbal häufiger negatives Ausdrucksverhalten zeigten. Welche Folgen die wiederholten Besprechungen von Ursachen, Umständen und Konsequenzen von Gefühlen für die affektive und die moralische Entwicklung der Kinder im Kindergartenalter haben, wird in Abschnitt 2.3.3 erörtert. Zunächst folgen eine Reihe allgemeinerer Überlegungen zu den Funktionen und Folgen der Kommunikation über Gefühle.

2.3.2 *Überlegungen zu Folgen und Funktionen des Sprechens über Gefühle*

Die Möglichkeit, Ärger und Unzufriedenheit mit Hilfe von Sprache auszudrücken, bietet unschätzbare Vorteile (Bretherton et al., 1986). Vorteilhaft ist etwa, daß Sprache es erlaubt, das oft recht diffuse Erleben von Gefühlen auf einen Punkt zu bringen, es damit in gewisser Weise zu ordnen und besser verfügbar zu haben, um schließlich auch darüber reflektieren zu können. Seinen Ärger sprachlich kundzutun, hilft außerdem Mißverständnisse (und daraus folgende Frustrationen) zu vermeiden, weil andere jetzt besser verstehen, was gemeint war. Während in der nonverbalen Kommunikation nur aus dem Kontext zu erschließen ist, auf wen oder was sich das ärgerliche Gefühl bezieht (Bänninger-Huber & v. Salisch, 1994), sind die Referenzen dieses Gefühls durch die Sprache in der Regel klar ersichtlich. Zugleich ist es nur durch Sprache (und andere Symbolsysteme) möglich, nicht im Hier und Jetzt des Empfindens zu verharren, sondern Vergangenes und Zukünftiges einzubeziehen, also die jetzigen vorangehenden Bedingungen mit vorherigen zu vergleichen ("dies ist wieder ein Fall von..."), Einschätzungen vertrauter Personen zu früheren Situationen aus dem Gedächtnis abzurufen ("du mußt auch die andere Seite sehen"), sich oft gehörte Ratschläge zu vergegenwärtigen ("wenn du wütend bist, mußt du erst einmal ums Haus laufen") oder sich die Konsequenzen des eigenen Tuns vor Augen zu führen ("wenn ich dem Baby jetzt an den Haaren ziehe, dann tut es ihm weh"). Mit der Sprache wird es möglich, über Ursachen und Anlässe des Ärgers nachzudenken und die Folgen des Ärgerausdrucks zu bedenken. Psychoanalytisch geschulte Autoren wie Dornes (1996) betonen, daß es durch Sprache möglich ist, ohne den Druck des augenblicklichen Affektzustandes Phantasien und Wünsche, Erfahrungen und Erlebnisse innerlich zur Verfügung zu haben. Der Spracherwerb mündet schließlich in den autobiographischen Erinnerungen, also in der narrativen Rekonstruktion einzelner Episoden des eigenen Lebens, die ja auch das Material tiefenpsychologisch orientierter Interviews und Therapien bilden.

Stern (1992) macht darauf aufmerksam, daß durch die Sprache eine neue Art der Bezogenheit zwischen dem Kind und seinen Bezugspersonen entsteht. Nicht nur werden durch die referentielle Struktur der Sprache Mißverständnisse vermieden. Dadurch, daß das eigene Empfinden vertrauten Personen mitgeteilt werden kann,

kann es überdies auf neue Weise mit ihnen geteilt werden. Gerade in den ersten Jahren des Spracherwerbs werden im Akt der Benennung neuer Gegenstände und Personen, Eigenschaften und Sachverhalte gemeinsame Bedeutungen geschaffen. Mit welchen sprachlichen Etiketten Anlässe und Folgen, physiologische Zustände und andere Qualitäten des Erlebens von Ärger versehen werden, ist spezifisch für jedes Mutter- oder Vater-Kind-Paar. Mit dem Sprechen über Gefühle tritt das Kind ferner in die Kulturgemeinschaft der Sprechenden ein, die jeweils eigene Szenarien zu Erleben, Ausdruck und Regulierung von Ärger bereithält (Averill, 1982; de Sousa, 1980; Kövecses, 1990). Dieser Gedankengang wird in Kapitel 2.3.4 wieder aufgenommen.

Eltern strukturieren das Gefühlsleben ihrer Kinder mit Hilfe von Sprache. Geppert und Heckhausen (1990 S. 165f.) zählen folgende Wege auf, auf denen Eltern mittels Sprache auf das Erleben, die Regulierung und möglicherweise auch auf die Entstehung der Gefühle ihrer Nachkömmlinge Einfluß nehmen: Eltern ziehen zum einen durch die "Etikettierung" von Emotionen Verbindungen zwischen dem inneren, nur vom Kinde erlebbaren Zustand, der Situation und seinem Ausdrucksverhalten. Diese Etiketten stehen später dem Kind für die Schilderung seiner Gefühlsempfindungen selbst zur Verfügung. Indem sie dem Kind erläutern, was in ihm vor sich geht, strukturieren sie sein emotionales Erleben. Weiterhin machen Eltern ihre Sprößlinge mit Hilfe von Sprache auf ihre Gefühle aufmerksam (und weisen sie damit in das Paradox ein, welches das ganze Leben lang besteht, nämlich, daß wir nicht wissen, welchen Ausdruck wir annehmen, wenn wir ein Gefühl spontan empfinden, sich andere aber an unserem Ausdrucksverhalten orientieren). Indem Eltern ihre Kinder auf ihre Gefühle aufmerksam machen, nehmen sie ferner Bezug auf vergangene und zukünftige Ereignisse, erörtern also konkret die Ursachen für den augenblicklichen Ärger und gehen auf mögliche Folgen ärgerlichen Verhaltens ein. Schließlich legen Eltern und andere Bezugspersonen bei der Kommentierung gefühlsgeladener Ereignisse dem Kind nahe, welche emotionalen Reaktionen sie in ähnlich gelagerten Situationen von ihm erwarten (siehe auch Ulich & Kapfhammer, 1991).

Diesen Vorteilen der sprachlichen Benennung von Gefühlen stehen manche Nachteile entgegen, soviele sogar, daß Stern (1992) die sprachliche Organisation des Selbst als "zweischneidiges Schwert" bezeichnete. Wie kommt er zu dieser Einschätzung? Wie auch Crittenden (1993) legt Stern (1992) besonderes Gewicht auf die Unterscheidung zwischen der prozeduralen Organisation des vorsprachlichen Empfindens und der semantischen Organisation sprachlich kodierten Erlebens. Beide Formen des Erlebens und Erinnerns existieren nebeneinander, sind aber nur zum Teil deckungsgleich. Stern (1992) zählt folgende Diskrepanzen auf: Zum einen bezieht sich das nonverbale Erleben auf globale Befindlichkeiten, während die Sprache einzelne Punkte aus dem Strom des Empfindens isoliert, sie aus dem Zusammenhang reißt und dadurch in gewisser Weise übergeneralisiert. Zum anderen sind Worte besser zur Abbildung von Kategorien geeignet als zur Darstellung von Ausprägungen und Intensitäten. Gerade die Vitalitätsaffekte, die Spannungszustände und andere Affektqualitäten bezeichnen, lassen sich einfacher und eleganter in musikalischen ("crescendo") als in sprachlichen Begriffen ("Anstieg der Spannungkurve") fassen. Schließlich lassen sich manche Aspekte des präverbalen Erlebens, wie etwa sich tief in die Augen zu blicken, mit Worten nur unzureichend wiedergeben. Weil die

Sprache das Erleben verdichtet und auf den Punkt bringt, geht manches, was in Bildern oder körperlichen Empfindungen geahnt wird, verloren. Die Ordnung, die durch die Sprache geschaffen wird, ist insofern immer eine selektive.

Während man bei Stern (1992) oft den Eindruck hat, daß er das vorsprachliche Erleben als das "wahre" Empfinden betrachtet, hält Crittenden (1993) dieser romantischen Vorstellung entgegen, daß die prozedurale und die semantische Organisation unterschiedliche Arten der Repräsentation von Informationen darstellen, die beide Beschränkungen unterliegen, allerdings unterschiedlicher Art. Über prozedurale Formen der Abbildung läßt sich zum Beispiel nur schwer nachdenken und mit anderen sprechen. Prozedurale Modelle haben eine Tendenz zur Beharrung: jenseits der Säuglingszeit ändern sie sich auch im Lichte neuer Erfahrungen nur sehr langsam - wenn überhaupt (Stern, 1995). Sie bleiben im wesentlichen im Hier und Jetzt des Empfindens und des Handelns gefangen (Crittenden, 1993). Die Transzendenz des Augenblicks, den der sprachliche Ausdruck von Gefühlen ermöglicht, wird erkauft durch eine Anfälligkeit für Beeinflussungen, zunächst von anderen, später im eigenen Selbst. Diskrepanzen können sowohl bei der Etikettierung von Gefühlszuständen als auch bei der Verknüpfung von Sachverhalten entstehen. Das heißt konkret: Bezugspersonen können ärgerliches Verhalten des Kindes regelmäßig abweichend benennen, es etwa als "quengelig" bezeichnen, und die Ursachen dafür nicht in ihrem eigenen Verhalten, sondern in der Müdigkeit des Kindes suchen. Übernehmen Kinder derartige Konstruktionen, dann weicht ihr eigenes vorsprachliches Erleben der "ungerechten Behandlung" von der Form ab, die in dieser Beziehung sprachlich mitteilbar ist. Erstrecken sich diese Abweichungen auf große oder dem Kind besonders bedeutsame Bereiche seiner Persönlichkeit, so kann dies auf Dauer zu dem Empfinden führen, daß es in zentralen Aspekten seines Selbst mißverstanden wird. Das Tragische daran ist, daß es diesen Menschen oft nicht einmal als Erwachsener gelingt, ihr Unbehagen darüber in Worte zu fassen (Crittenden, 1993). Gerade weil Menschen für ihre Worte eher zur Verantwortung gezogen werden als für ihr Ausdrucksverhalten (Scherer & Wallbott, 1979), lernen Kinder recht früh die in ihrer Familie "politisch korrekte" sprachliche Form des Gefühlsausdrucks (Stern, 1992). Lewis und Michalson (1983) sprechen von der Tendenz zu einer zunehmenden Entkoppelung von Empfinden und Ausdruck von Gefühlen.

Die Psycholinguistin Gisela Klann-Delius (1996) kritisiert an Sterns (1992) Position, daß er die Sprache auf ihren analytischen, kategorialen und repräsentativen Anteil beschränkt und jene Hinweise vernachlässigt, die sich oft nur aus der Art und Weise, wie etwas gesagt wurde, erschließen lassen. Wie aus der Kommunikationstheorie (z.B. Schulz von Thun, 1981) bekannt, werden mit sprachlichen Äußerungen nicht nur Sachinhalte übermittelt, sondern auch Botschaften über die eigene Befindlichkeit, die Einschätzung der Beziehung und mögliche Handlungsfolgen vermittelt. In diesem kommunikativen Kontext haben wir die Sprache auch gelernt. Der Riß zwischen vorsprachlichem und sprachlichem Erleben, so Klann-Delius (1996) weiter, sei daher nicht prinzipiell, sondern an den Sprachgebrauch gebunden. Praktisch werden diese Diskrepanzen außerdem erst dann virulent, wenn sie in der Beziehung wichtig werden. Sie schreibt: "Subjektive Erlebnisqualitäten explizit verbal darzustellen, ist erst dann nötig, wenn Intersubjektivität thematisch wird, entweder weil sie konfliktträchtig wurde, oder weil sie bestärkt und vertieft werden soll" (Klann-Delius, 1996, S. 115). Die Möglichkeit, über Gefühle offen miteinander zu kommunizieren, ist daher ein entscheidender Punkt für die Entwicklung enger Beziehungen, wie etwa der Eltern-Kind-Beziehung.

Mit anderen über Gefühle zu reden, und zwar sowohl über die eigenen wie auch die der anderen, hilft Mißverständnisse zu klären. Die Kommunikation über das jeweils unterschiedliche subjektive Erleben, die in einer gemeinsamen Rekonstruktion des Konfliktes enden kann, trägt dazu bei, die Koordination und Regulation der Beziehung zu verbessern. Ein Beispiel aus Dunn und Brown (1991) über die nachträgliche Besprechung einer tumultuösen Frühstücksszene zwischen der Mutter und ihrem 21 Monate alten Sohn mag diesen Punkt verdeutlichen:

> "Child: Eat my Weetabix. Eat my Weetabix (breakfast cereal). Crying.
> Mother: Crying, weren't you? We had quite a battle. 'One more mouthful,
>   Michael'. And what did you do? You spat it out!
> Child: (Pretends to cry)."
>
> (Studie 1, Beispiel 7)

Dieses Beispiel mag banal erscheinen. Zusammen mit einer Vielzahl ähnlich gelagerter Diskussionen dürfte es jedoch weitreichende Folgen haben. Auf Dauer ist wohl vorstellbar, daß durch die Erörterung und die hier erreichte gemeinsame Deutung von Befindlichkeiten und Folgen, Absichten und Zielen von Ereignissen der Vergangenheit und der Zukunft ein Spielraum eröffnet wird, in dem die großen Beziehungsthemen Bindung und Autonomie, Intimität und Separation auf neue Weise verhandelt werden können (Bretherton et al., 1986; Dunn, Bretherton & Munn, 1987; Dunn & Brown, 1991).

2.3.3   *Empirische Evidenz zu den Folgen des Sprechens über Gefühle*

Gemeinsam mit manchen Autoren könnte man annehmen, daß der Rückgang der Wutanfälle im Alter von zwei bis drei Jahren (Goodenough, 1931) damit zusammenhängt, daß die Kinder durch die Sprache neue Wege der Ärgerregulierung gefunden haben (z.B. Kopp, 1989), daß sie gelernt haben, zu argumentieren statt körperliche Gewalt einzusetzen, zu warten statt zu quengeln und ihre Ungeduld zu beherrschen, anstatt einen Wutanfall zu bekommen. Eine solche einfache Erklärung wird von den vorliegenden Befunden nicht gestützt, zumindest nicht für das dritte Lebensjahr. Denn Brown und Dunn (1991) stellten - allerdings bei einer sehr kleinen Stichprobe von sechs Kindern - fest, daß die Häufigkeit, mit der die Kinder anhaltendes Weinen oder Wutanfälle zeigten, im dritten Lebensjahr nur marginal zurückging. Erst im nächsten Lebensjahr des jüngeren Kindes halbierten sich Wut und Tränen unter den Geschwistern von 21% aller Gesprächsbeiträge mit fast drei Jahren auf 9% mit knapp vier Jahren. Bis zum 69. Lebensmonat reduzierten sich diese Episoden intensiven Ärgers oder Kummers auf 6% aller Beiträge. Gegenüber der Mutter blieb die Häufigkeit des Ärgerausdrucks über den gesamten Zeitraum von knapp drei Jahren bis knapp sechs Jahren in etwa gleich (Dunn, Creps & Brown, 1996). Brown und

Dunn (1991) kommen zu dem Schluß, daß die Sprache nicht allein die Fähigkeit zur Ärgerregulierung verändert, sondern der Gebrauch der Sprache die Gestaltung der Interaktionen und der Beziehungen auf vielfältige Weise beeinflußt.

Auch wenn die Fähigkeit, Gefühle zu benennen und zu besprechen, nicht direkt mit der Häufigkeit von Zornesausbrüchen zusammenzuhängen scheint, so besteht doch die Möglichkeit, daß das Sprechen über Gefühle die Ärgerregulierung auf indirektem Wege beeinflußt, nämlich vermittelt über die Fähigkeit, die Perspektive einer anderen Person einzunehmen. Zu wissen, was andere in emotionsgeladenen Situationen denken und fühlen, auch wenn man selbst anders empfindet, dürfte sowohl die Entstehung von Ärger beeinflussen als auch die Regulierung dieses Gefühls. Denn wenn man imstande ist, sich auszumalen, warum andere in bestimmter Weise gehandelt haben, dann wird der eigene Ärger oft weniger intensiv ausfallen, weil man sich entlastende Rechtfertigungen und Entschuldigungen zurechtlegen kann. Diese Umdeutungen dürften es Kindern außerdem erleichtern, über ihren Ärger hinwegzukommen, also die Dauer der ärgerlichen Gefühle abzukürzen, und langfristig den Aufbau feindseliger Erwartungen erschweren. Die Fähigkeit, sich in die Gefühle anderer hineinzuversetzen, hat auch zur Folge, daß Kinder sich vorstellen können, was andere Kinder empfinden, wenn sie sie körperlich oder verbal malträtieren. Auf die mit der Perspektivendifferenzierung eng verknüpfte Entwicklung von Empathie und Schuldgefühlen geht Kapitel 3 ein.

In einer Studie mit 50 zweitgeborenen Kindern aus dem US-amerikanischen Bundesstaat Pennsylvania stellten Dunn, Brown, Slomkowski, Tesla und Youngblade (1991) fest, daß die Fähigkeit zur affektiven Perspektivendifferenzierung zwischen Kindern von 40 Monaten recht unterschiedlich ausgeprägt war. Bei der Suche nach Erklärungen für diesen Befund fand diese Autorengruppe um Judy Dunn, daß die Häufigkeit, mit der die Kinder ihre Befindlichkeiten bei zwei Familienbeobachtungen sieben Monate zuvor begründet hatten, den größten unabhängigen Anteil der Varianz bei dem Test zur affektiven Perspektivendifferenzierung erklärte, nämlich 10%. Faktoren wie das Prestige des Berufs des Vaters (4%), die verbale Flüssigkeit von Mutter und Kind ("mean length of utterance", MLU; 5%) sowie das Ausmaß der Kooperation zwischen den Geschwistern (7%) waren weitere unabhängige Prädiktoren in einem Modell, das insgesamt 56% der Varianz aufklärte. Wie die beiden Geschwister ihre Auseinandersetzungen gestalteten, ob sie nämlich bei ihren Streitereien mit 33 Monaten Argumente gebrauchten oder nicht, hing ebenfalls mit ihrer Fähigkeit zur affektiven Perspektivendifferenzierung mit 40 Monaten zusammen (Slomkowski & Dunn, 1992). Bei Erstgeborenen im Alter von 36 bis 58 Monaten ergaben sich ebenfalls positive Korrelationen zwischen dem Ausmaß, in dem die Kinder über ihre eigenen Befindlichkeiten und denen ihrer jüngeren Geschwister sprachen, und einem Maß der affektiven, kognitiven und räumlichen Perspektivendifferenzierung (Howe, 1991).

Gelang es den Kindern mit 40 Monaten gut, die Perspektive der Handpuppe in dem Test zur affektiven Perspektivendifferenzierung zu übernehmen, so konnten sie sieben Monate später besser mit ihrem Freund oder ihrer Freundin spielen, d.h. ihr Spiel wurde seltener durch Auseinandersetzungen oder Parallelspiel unterbrochen. Episoden des Rollenspiels und anderer aufeinander bezogener Formen des Spiels dauerten bei ihnen länger an (Slomkowski & Dunn, 1996). Dunn, Brown und

Maguire (1995) konnten weiterhin nachweisen, daß die Fähigkeit zur emotionalen Perspektivendifferenzierung mit gut drei Jahren Folgen hatte, die sich bis in die mittlere Kindheit erstreckten. In multivariaten Analysen korrelierte nämlich die Fähigkeit zur emotionalen Perspektivendifferenzierung zusammen mit der Qualität der Geschwisterbeziehung und der Art und Weise, wie Mütter Konflikte mit dem Kind austrugen, mit dessen moralischer Entwicklung mit etwa sechs Jahren. Wie zu erwarten, hatten Kinder, die mit 40 Monaten mehr Verständnis für die Gefühle anderer aufwiesen, die eine freundliche und harmonische Beziehung zu ihrem älteren Geschwisterkind pflegten und die Mütter hatten, die in Auseinandersetzungen auch die Einwände des Kindes gelten lassen konnten, insofern eine höher entwickelte moralische Orientierung, als sie bei einer Befragung zu moralischen Dilemmageschichten eher die Gefühle der "Opfer" erwähnten und seltener eine Bestrafung von außen thematisierten. Bei einer weiteren Befragung am Ende der ersten Jahrgangsstufe (Durchschnittsalter 7:3 Jahre) bestätigten sich diese Zusammenhänge im wesentlichen. Nur Kinder, die von ihrem Temperament her als besonders schüchtern eingeschätzt wurden, gaben weniger Wiedergutmachungsversuche an (Dunn, Brown & Maguire, 1995).

Weitere Auswertungen dieser Zweitgeborenen-Stichprobe aus Pennsylvania weisen darauf hin, daß das emotionale Klima der Familie insgesamt mit dem Emotionsverständnis der Kinder zusammenhing. Je häufiger sich die Mutter, das Zielkind oder sein älteres Geschwisterkind bei den Familienbeobachtungen mit 33 Monaten ärgerte oder aufregte, desto geringer war die Fähigkeit zur affektiven Perspektivendifferenzierung des zweitgeborenen Zielkindes sieben Monate später ausgeprägt. Dieser bivariate Zusammenhang wurde allerdings von Indikatoren des sozio-ökonomischen Status, wie dem Bildungsstand des Vaters und der Mutter sowie dem Berufsprestige des Vaters, beeinflußt (Dunn & Brown, 1994; ähnlich: Crockenberg, 1985). Kinder, die sich häufig aufregten, waren zudem weniger bereit, bei Auseinandersetzungen nachzugeben, zu verhandeln oder ihre Ansichten zu begründen, und beteiligten sich auch seltener an Rollenspielen mit ihren Geschwistern als Kinder, die seltener wütend, traurig oder bekümmert waren. Familien, in denen Ärger an der Tagesordnung war, redeten insgesamt seltener über die Befindlichkeiten ihrer Mitglieder als Familien, in denen man sich seltener aufregte. Auch wenn die Eltern in diesen Familien wahrscheinlich selbst so belastet waren, daß sie kaum auf die ärgerlichen Gefühle ihrer Sprößlinge eingehen konnten, so verpassen sie doch eine Chance für das Kind, seinen Ärger auszudrücken und mit den anderen Familienmitgliedern zu klären (Dunn und Brown, 1994).

Denham, Zoller und Couchoud (1994) bestätigen, daß gering ausgeprägte Fähigkeiten zur affektiven Perspektivendifferenzierung bei Kindern im Kindergartenalter mit häufigem Ärger der Mutter zusammenhängen. Zugleich erhellen Denham und ihre Kolleginnen mögliche Hintergründe für diese Befunde. Insbesondere weisen sie darauf hin, daß Mütter nicht nur durch ihre Erklärungen und Ratschläge das Emotionsverständnis ihrer Kinder beeinflussen, sondern auch durch ihr eigenes emotionales Ausdrucksverhalten. Mütter, die auf den Ärgerausdruck ihres Kindes mit einem anteilnehmenden oder neutralen Lächeln reagieren, helfen dem Kind, mit seinem Ärger fertig zu werden und weiterhin für Gefühle offen zu sein. Mütter, die auf Ärgerbekundungen ihres Kindes jedoch selbst mit Ärger reagieren, verstricken sich bald mit ihrem Kind in eine Spirale gegenseitiger Vorwürfe und Anschuldigungen. Ist das Kind traurig, dann läßt ärgerliches Verhalten der Mutter das Kind mit seinem Gefühl allein. Nach der behavioristisch inspirierten Kontingenzhypothese von Denham et al. (1994) wirkt eine ärgerliche Reaktion der Mutter auf Gefühlsbekundungen ihres Kindes daher bestrafend, und zwar nicht nur unmittelbar auf den Ausdruck der entsprechenden Gefühle, sondern auch auf das Verständnis, das Kinder über emotionale Zusammenhänge (Situation, Erleben, Ausdruck) erwerben.

Auch wenn plausibel ist, daß die Fähigkeit, sich in die Gefühle anderer hineinzuversetzen, dazu beitragen sollte, seinen Ärger zu regulieren, so ist der Zusammenhang zwischen diesen beiden Fähigkeiten vielleicht nicht ganz so eng wie bisher angenommen. Denn Dunn, Creps und Brown (1996) stellten fest, daß die Häufigkeit, mit der Kinder zwischen etwa drei und sechs Jahren gegenüber ihren älteren Geschwistern in Kummer oder Wut ausbrachen, nicht mit ihrer Fähigkeit zur emotionalen Perspektivenübernahme zu Beginn der Untersuchung zusammenhing. Kinder, die die Gefühle anderer mit fast drei Jahren gut verstehen konnten, hatten allerdings ältere Geschwister, die in den nächsten drei Jahren mehr Kommentare an sie richteten und mehr emotional positiv getönte Rollenspiele mit ihnen spielten als Kinder mit weniger gut ausgeprägten Fähigkeiten in diesem Bereich. Dieser Befund wirft die Frage auf, ob Kinder, die schon als Kleinkinder eine positive Beziehung zu ihren älteren Geschwistern pflegten, dies auch weiterhin taten, und zwar relativ unabhängig von ihren Fähigkeiten zur affektiven Perspektivenübernahme. In dieser Lesart wäre eine wohl entwickelte affektive Perspektivendifferenzierung lediglich ein Hinweis auf eine im wesentlichen harmonische Geschwisterbeziehung. Mit anderen Worten: welchen Einfluß die Fähigkeit zur emotionalen Perspektivenübernahme auf den Ausdruck und die Regulierung von Ärger über die Qualität der bereits bestehenden Geschwisterbeziehung hinaus hat, müßte in komplexeren Modellen untersucht werden. Außerdem müßten die Besonderheiten der einzelnen Beziehungsarten (Geschwisterbeziehung, Freundschaft etc.) berücksichtig werden (siehe Hughes & Dunn, 1998).

2.3.4 Soziale und kulturelle Regeln zu Ärgerempfinden und -ausdruck

Betrachtet man die Studien der Arbeitsgruppe von Judy Dunn und anderen als Ganzes, dann scheint es, als ob allein die Häufigkeit, mit der in einer Familie über Gefühle und andere innere Befindlichkeiten geredet wird, von Bedeutung ist. Was bei diesen Gesprächen gesagt wird, welche Hinweise die Bezugspersonen auf das Gefühlserleben geben, welche Ursachen und Konsequenzen sie in Betracht ziehen und vor allem wie sie dies tun, scheint gegenüber der puren Quantität sprachgestützter emotionaler Kommunikation zurückzutreten. Nach Meinung sozial-konstruktivistischer Emotionstheoretiker wie Averill (1982) ist jedoch nicht die Quantität, sondern die Qualität, also Inhalt und Art dieser Besprechungen, das eigentlich Wichtige, denn auf diesem Wege werden die sozialen und kulturellen Bedeutungen der Gefühle und ihres Ausdrucks vermittelt. Ulich und Kapfhammer (1991) sprechen von "Gefühlsschablonen", die bei derartigen Gelegenheiten von einer Generation zur nächsten übermittelt werden. Nicht nur werden emotionsauslösende Situationen (z.B. ein Kind hat einem anderen etwas weggenommen) und das Ausdrucksverhalten des Kindes mit verbalen Etiketten belegt (Pollack & Thoits, 1989), sondern Kinder werden mit Hilfe der metaphorischen Qualität der Sprache auch in die Deutungsmuster ihrer Kultur eingeführt (siehe Kapitel 1.2). In diesen Interaktionen werden, so Averill (1982), Kinder mit den Regeln der Bewertung, der Benennung, des Verhaltens, der Zuschreibung und des Zeitverlaufs vertraut gemacht, die das Erleben des Ärgers beeinflussen (siehe Kapitel 1.4). Kövecses (1990, S. 39) argumentiert, daß Kinder mit Hilfe der Sprache lernen, ein begriffliches Universum in simplifizierter und/oder idealisierter Form aufzubauen. De Sousa (1980) elaboriert die emotionalen Szenarien, die verschiedene Kulturen für Erleben, Ausdruck und Regulierung von Gefühlen bereithalten. Averill (1982) verweist auf die Rolle des Fernsehens bei der Übermittlung dieser kulturspezifischen Muster.

Nicht nur Kulturen und Nationen unterscheiden sich hinsichtlich der Deutung von Gefühlen. Auch Subkulturen innerhalb einer Kultur können ausgeprägte und vom "mainstream" abweichende emotionale Szenarien pflegen. Die bereits mehrfach erwähnte Studie von Miller und Sperry (1987) schildert, wie junge Mütter aus einem Arbeiterviertel von Baltimore, in dem eine hohe Arbeitslosigkeit und viel Gewalt herrschen, mit Ärger und Aggressionen umgehen. Ausgehend von der Hypothese, daß Ärger (und andere) Gefühle durch den Kontext Bedeutung für Kinder erlangen, untersuchten Miller und Sperry (1987) nicht nur den unmittelbaren Kontext der verbalen Äußerungen (wie etwa die Studien von Dunn et al.), sondern auch mittelbare Kontexte, nämlich die Werte und Erziehungsziele der Mütter sowie ihre Erzählungen (narratives) über ärgererregende Begebenheiten aus der Nachbarschaft und ihrem Leben. Die qualitative Analyse wiederholter Videoaufnahmen von drei Mädchen im Kleinkindalter sowie die Auswertung fünfstündiger Interviews mit ihren Müttern erbrachte dabei folgende Ergebnisse:

- Die Mütter erzählten relativ viele Geschichten, in denen meist sie die Person waren, die sich über ein Familienmitglied geärgert hat. Diese Schilderungen waren nach einem einfachen Muster gestrickt: Auf die Regelverletzung von Person A folgte die (meist verbale) Vergeltung von Person B (also von ihnen selbst). Kinder dürften diesen Erzählungen, die auch dann nicht von ihren Ohren ferngehalten werden, wenn sie körperliche Gewalt enthalten, folgende Botschaften entnehmen: (a) Ihr Leben enthält viele Ereignisse, die mit Ärger oder aggressivem Verhalten zu tun haben; (b) diese Begebenheiten sind geeignete Themen für Gespräche und Erzählungen; (c) Kleinkinder sind nicht zu jung, zu empfindsam oder zu labil, um von solchen Vorkommnissen zu hören; und (d) die Nacherzählung dieser Erlebnisse enthält in der Regel eine Rechtfertigung für den Ärger oder das aggressive Verhalten, die die auslösenden Bedingungen oder die Grenzverletzungen betont.
- Bei den Interviews mit den Müttern zu ihren Werten und Erziehungszielen in Hinblick auf Ärger und seine Regulierung kam heraus, daß die Mütter bei ihren Töchtern viel Wert auf Selbstbewußtsein und Selbstkontrolle legten. Vor allem sollten sich ihre kleinen Mädchen nicht als Heulsusen ("sissies") erweisen. Ein weiteres zentrales Konzept der Mütter war, daß die Kinder nicht verzogen sein sollten. Ärger und aggressives Verhalten gegenüber der Mutter war nur dann

zugelassen, wenn sie, wie zwei der drei Mütter freimütig berichteten, ihre Töchter zum Zuschlagen animierten, um sie "auf die Härten des Lebens vorzubereiten".

- Die Auswertung der Videoaufnahmen des Familienlebens ergab, daß Ärger und aggressives Verhalten von den Kindern tatsächlich häufig gezeigt wurden. In 29 der 36 Stunden Videoaufzeichnungen kam es ein- oder mehrmals vor, meist gegenüber anderen Kindern. Aus dem Verhalten ihrer Mütter in diesen Konfliktsituationen dürften sich die Kinder vier Regeln erschließen, nämlich (1) Wenn ein anderes Kind dich körperlich angreift, dein Spielzeug wegnimmt oder dich in anderer Weise schlecht behandelt, mußt du dich verteidigen (Wenn nicht, dann bist du eine Heulsuse); (2) Zeige indessen keinen Ärger oder aggressives Verhalten, wenn kein Grund dazu vorliegt (Wenn nicht, dann bist du verzogen); (3) Provoziert die Mutter dich, indem sie die Rolle eines älteren Kindes einnimmt, das dich einschüchtern will, dann zeige, daß du für dich einstehen kannst (Sei keine Heulsuse); (4) Zeige keinen Ärger oder aggressives Verhalten gegenüber deiner Mutter oder anderen Pflegepersonen; folge ihren Anweisungen (Wenn doch, dann bist du ungezogen).

- Daß Kinder diese Maximen zum großen Teil übernehmen, wurde deutlich, als sie im Alter von etwa zweieinhalb Jahren begannen, selbst Anschuldigungen vorzubringen, die auf die moralischen Regeln dieser Subkultur Bezug nahmen, nämlich daß ein anderer sie provoziert hätte. Ein Mädchen fing sogar an, seine Beschuldigungen soweit auszuschmücken, daß sie den Erzählungen seiner Mutter ähnelten. Daß Provokationen von anderen sie verletzen oder traurig machen könnten, wurde in den Formulierungen der Kinder (wie ihrer Mütter) völlig ausgeklammert.

- Bei den Aushandlungen der ärgerprovozierenden Tatbestände benutzten die Kinder weder das Wort "angry" noch das umgangssprachliche "mad". Statt über ihre innere Befindlichkeit zu reden, sprachen die Kinder lieber über moralische Aspekte des Ereignisses, also über die auslösende Handlung, ihre Pläne und Ziele, Handlungen und Folgen. Beschränkt man sich bei seiner Auswertung auf die Gefühlswörter und ihren unmittelbaren situativen Kontext (so wie die Arbeitsgruppe um Judy Dunn es tut), so analysiert man nach Miller und Sperry (1987) einen allzu engen Ausschnitt der Wirklichkeit.

Kornadt (1988) weist ebenfalls darauf hin, daß die Alltagstheorie der Mutter über das Wesen und die Entwicklungsprozesse des Kindes sowie ihre Handhabung von Konflikten sich in kulturspezifischen Deutungen kindlichen Fehlverhaltens widerspiegeln. In einer Vergleichsstudie über die Erziehungseinstellungen und das Verhalten in Erziehungssituationen von deutschen und japanischen Müttern vier- bis sechsjähriger Kinder konnte Kornadt (1988) feststellen, daß japanische Mütter kindliche Missetaten eher in einer Weise deuteten, die das Kind entlastete. Dadurch wurde sowohl Kritik vermieden, die das Selbstwertgefühl des Kindes hätte verletzen können, wie auch die daraus entstehende Wut des Kindes. Kam es dennoch zum Konflikt zwischen Mutter und Kind, dann reagierten japanische Mütter eher mit Nachgiebigkeit, ohne jedoch das Setzen von Grenzen aufzugeben. Ziel war auf jeden Fall die Harmonisierung der Beziehung. Deutsche Mütter ließen einen Konflikt mit ihrem Kind eher eskalieren und zeigten dem Kind damit, daß man sich mit aggressivem Verhalten durchsetzen kann. Einschränkend zu diesen an sich plausiblen

Ergebnissen ist zu sagen, daß sie auf der Analyse von einzelnen Items aus semi-projektiven Tests beruhen und noch einer breiteren methodischen Absicherung bedürfen.

2.3.5 Zusammenfassung: Sprachliche Benennung und Ärgerregulierung

Am Ende des ersten Lebensjahres äußern Kinder die ersten Worte, am Ende des zweiten Lebensjahres benutzen sie verstärkt Gefühlsworte und fangen an, ihre Befindlichkeit mit anderen zu erörtern. Über die eigenen Gefühle und die anderer zu sprechen, tut man von diesem Zeitpunkt an ein ganzes Leben lang, vor allem in engen und dauerhaften Beziehungen. Welche Veränderungen sich mit dem Spracherwerb für die Regulierung von Ärger ergeben, wird daher etwas grundsätzlicher und über den engen Ausschnitt des Kleinkindalters hinausgehend zusammengefaßt.

Sprache ist ein sozial-konventionelles Ausdrucksmittel, denn durch Sprache wird subjektives Erleben intersubjektiv austauschbar gemacht. Dadurch, daß Sprache das subjektive Empfinden ordnet, es kontrolliert und verfügbar macht, hilft sie dem Individuum, Distanz zu seinem Erleben zu gewinnen. Bruner und Lucariello (1989) sprechen von der "cooling function" der Sprache. Die sprachliche Repräsentation emotionsgeladener Episoden läßt sich kognitiv überprüfen und umgestalten, auch wenn dabei die Gefahr besteht, daß Diskrepanzen zwischen dem prozeduralen und dem semantischen Verständnis der Situation entstehen. Konkret könnte der Spracherwerb bedeuten, daß Kinder auslösende Bedingungen, Formen des Ärgers und des Ärgerausdrucks sowie Strategien der Regulierung nun besser erinnern können, weil sie in Form von Schemata oder Skripten gefaßt sind. Damit können sie auch besser über sie nachdenken, auch in Form von Phantasiespielen mit Puppen oder anderen Kindern. Sprachliche Repräsentationen von Formen der Ärgermodulation dürften leichter zugänglich sein als nicht-sprachliche, prozedural organisierte wenn-dann-Verknüpfungen (Bretherton et al., 1986; Cassidy, 1994). Oft gehörte Ratschläge und Ermahnungen dürften sich daher eher in den entsprechenden verbalen Selbstinstruktionen niederschlagen (Kopp, 1989).

Wie die Studien von Judy Dunn und ihren Mitarbeiterinnen nachgewiesen haben, ist die Häufigkeit, mit der Familien über die Befindlichkeit ihrer Mitglieder reden, von großer Bedeutung für die Entwicklung und Ausprägung der emotionalen Perspektivdifferenzierung zu Beginn der Kindergartenzeit. Die Fähigkeit, die Gefühle anderer aus deren Situation zu erschließen, befördert wiederum die bezogene Kommunikation unter befreundeten Vorschulkindern und das moralische Verständnis von Schulkindern. Denn in diesen Gesprächen, so können wir vermuten, helfen die erwachsenen Bezugspersonen den Kindern, indem sie die Gefühlszustände anderer benennen, die sich aus dem Ausdrucksverhalten oder der Situation nur implizit erkennen lassen. Wohlmeinende Auslegungen des ärgerprovozierenden Verhaltens anderer Familienmitglieder können dem Kind ferner dabei helfen, die ärgermildernden Rechtfertigungen, Entschuldigungen und Umdeutungen auf die Dauer selbst vorzunehmen. Indem sie den Kindern die Konsequenzen ihres aggressiven Verhaltens (als einer Form des Ärgerausdrucks) vor Augen führen, dürften sie langfristig zu anderen Formen der Ärgerregulierung animieren. Bei diesen Besprechungen kommen kulturelle und subkulturelle Deutungsmuster zum Tragen. Inwiefern diese Unterredungen, auch in Zusammenhang mit der Fähigkeit zur emotionalen Perspektivenübernahme, Ausdruck und Regulierung von Ärger beeinflussen, sollte in weiteren Studien überprüft werden.

2.4 Zusammenfassung

Die Fähigkeit zur Selbstregulierung von belastenden Zuständen beginnt mit der Geburt, auch wenn Ärger und distress im ersten Lebensmonat wahrscheinlich noch nicht differenziert sind. Erst dann, wenn die Säuglinge etwa einen Monat später anfangen die Relation zwischen Zielen und Mitteln zu begreifen, wird die Ärgerreaktion sinnvoll, weil dann der Protest das Mittel ist, um das gewünschte Ziel zu erreichen. Während der gesamten sensomotorisch organisierten Säuglingszeit wird die Ärgerregulierung, soweit sie in der Beziehung mit den Bezugspersonen gelernt wird, durch deren Verhaltenskontingenzen gelernt. Kleinstkinder, deren Bindungsbedürfnisse konsistent zurückgewiesen wurden, dürften bis zu ihrem ersten Geburtstag gelernt haben, ihren Ärger und Protest über diese Zurücksetzungen in ihrem Ausdrucksverhalten zu unterbinden. Während der zweiten Hälfte des ersten Lebensjahres gehen die rasanten Fortschritte in der neurologischen Entwicklung (Anwachsen des Vorderlappens des Neocortex) und der motorischen Entwicklung (Fortbewegung) mit neuen Strategien der Ärgerregulierung einher, vor allem mit der Fähigkeit zu planvollem Verhalten, wie etwa der bewußten Suche nach einem versteckten Gegenstand oder dem gezielten Protest gegen den einschränkenden Arm eines Erwachsenen. Mit dem orientierenden Blick auf die Gefühlsbekundungen ihrer Betreuungspersonen (soziale Bezugnahme) verschaffen sich Kleinstkinder in Situationen, die für sie uneindeutig sind, Zugang zu den Meinungen und Bewertungen ihrer Familie und ihrer Kultur, unter anderem natürlich auch zu deren Regeln über Antezedenzen, Art des Erlebens und Art des Ausdrucks von Ärger. Bei den Aushandlungen von Verboten, die Eltern gegenüber ihren flinken Kleinkindern nun häufiger aussprechen (müssen), dürften weitere Fähigkeiten zur Ärgerregulierung trainiert werden.

Im zweiten Lebensjahr der Kinder werden ihre Bekundungen von Ärger und Wut sowohl häufiger als auch heftiger, unter anderem weil durch die Entwicklung bedingt, weitere Anlässe zur Abgrenzung hinzukommen. Vor allem die Behinderung der sich entfaltenden Eigeninitiative löst regelmäßig Protestgeschrei aus. Hinzu kommt, daß Kinder sich ab etwa 15 Monaten mit den Augen von anderen sehen können (objektive Selbsterkenntnis). Dies führt zu neuen Möglichkeiten der Kränkung, die sich im Zuge der Entwicklung des Regelverständnisses im dritten Lebensjahr auch in Form von Scham äußern können. Da Scham ein äußerst schmerzhaftes Gefühl ist, wird es oft mit Wut überspielt. Ein weiterer Grund für die wachsende Zahl lautstarker Wutanfälle liegt in der Gedächtnisentwicklung. Da frühere frustrierende Versagungen (einer Person) nun besser erinnert werden, bilden sie den

Hintergrund für den aktuellen Ärgeranlaß. Positive Rückkoppelungsschleifen zwischen früherem (unverarbeiteten) und aktuellem Ärger werden damit möglich; die Kinder lernen, kurzum, sich in ihre Wut hineinzusteigern.

Ab dem zweiten Lebensjahr nimmt das Sprechen über Gefühle im Kreise der Familie rasch zu. Die Fähigkeit, sein emotionales Erleben in Worte zu fassen, hat einerseits den unschätzbaren Vorteil, daß das oft diffuse subjektive Empfinden auf den Punkt gebracht wird. Damit wird es zugänglicher und zwar sowohl für das eigene Gedächtnis, das sich an diese Wortmarken nun besser erinnern kann, als auch für die Kommunikation mit anderen. Denn mit Hilfe der Sprache läßt sich der Ärger (und andere emotionale Zustände) genauer den anderen Menschen mitteilen: man kann anfangen, sich über Hintergründe, Weisen des Erlebens und Folgen des eigenen Ärgerausdrucks mit anderen zu unterhalten. Je häufiger die Befindlichkeiten der einzelnen im Kreise der Familie thematisiert wurden als die Kleinkinder fast drei Jahre alt waren, desto besser waren sie sieben Monate später in der Lage, sich in den Gemütszustand einer Puppe hineinzuversetzen, die in verschiedene emotions-auslösende Situationen verwickelt war. Die hier geprüfte Fähigkeit zur affektiven Perspektivendifferenzierung war ihrerseits ein guter Prädiktor für die bezogene Kommunikation bei spielbezogenen Aushandlungen unter Vorschulkindern sowie für die moralische Sensibilität von Schulanfängern. Dennoch hing weder die Häufigkeit des Redens über Gefühle noch die Fähigkeit zur affektiven Perspektivendifferenzierung direkt mit einem Rückgang der ärgerlichen Protestbekundungen zusammen. Wichtig wäre daher nicht nur, zu untersuchen, wie häufig Mütter, Väter und Kinder über Gefühle wie Ärger sprechen, sondern auch, in welcher Weise sie dies tun. Denn nur so ließe sich feststellen, ob Eltern ihren Nachfahren bestimmte Strategien zur Regulierung ihres Ärgers beibringen, wie etwa ärgerreduzierende Entschuldigungen, Rechtfertigungen und Neubewertungen.

Kapitel 3
Ärger und Ärgerregulierung bei Vorschulkindern

Der Schwerpunkt dieses Kapitels liegt auf der Entwicklung des Ärgers und seiner Regulierung im Kindergartenalter. In dieser Zeitspanne zwischen etwa drei und etwa sechs Jahren werden wieder beide Stränge der Entwicklung verfolgt, also sowohl der interpersonale, der Veränderungen bei der Entstehung und Regulierung von Ärger auf Erfahrungen in zwischenmenschlichen Beziehungen verortet, als auch der intrapsychische Entwicklungsstrang, der der kognitiven, moralischen und neurologischen Entwicklung des Individuums nachgeht. Dieses Kapitel ist in zwei Teile gegliedert. Der erste Abschnitt beschäftigt sich mit den Entwicklungsimpulsen, die die spielerischen und ernsthaften Aushandlungen mit Gleichaltrigen und Geschwistern im Kindergartenalter enthalten können. Der zweite behandelt die Entwicklung des Verständnisses von Emotionen und moralischen Regeln, die zusammen mit der zunehmenden Kontrolle über das Ausdrucksverhalten und die Verhaltensimpulse über den Weg der Verinnerlichung zur Entwicklung von Regeln zu Erleben, Ausdruck und Regulierung von Ärger beitragen.

3.1 Emotionsregulierung im Kindergartenalter - die Rolle von Peers und Geschwistern

Mit etwa drei Jahren kommen die meisten Kinder in den Kindergarten. Wenn sie nicht schon vorher mit Geschwistern aufgewachsen sind, ist dies für Kinder der erste Zeitpunkt, an dem sie tagtäglich auf die gleichen Altersgenossen treffen, denen sie auch nicht aus dem Wege gehen können. Wie im letzten Kapitel ausgeführt, dürften die sprachlichen Fähigkeiten der meisten Kinder jetzt soweit ausgebildet sein, daß sie die Möglichkeiten, die im (verbalen) Austausch mit den Gleichaltrigen liegen, verstärkt wahrnehmen können. Dieser Abschnitt konzentriert sich daher auf die besonderen Herausforderungen, die im symmetrisch-reziproken Umgang unter Peers und unter Geschwistern für die Entwicklung von Strategien der Emotionsregulierung liegen. Das heißt nicht, daß Eltern und andere Erwachsene nun für die Entwicklung ihrer Kinder unwichtig geworden wären - ihr Beitrag wird an passender Stelle berichtet. In diesem Abschnitt soll es jedoch vorrangig um die Rolle der gleichaltrigen Kinder und Geschwister bei der Entstehung und Regulierung von Ärger in Auseinandersetzungen und bei (sozialen) Rollenspielen gehen. Da wenig empirisches Material zu diesen Themen verfügbar ist und die wenigen Befunde, die vorliegen, sich nicht speziell auf Ärger beziehen, beruht dieser Abschnitt über weite Strecken hinweg weniger auf gesicherten Ergebnissen als vielmehr auf Überlegungen, die in zukünftigen Forschungen empirisch abzusichern sind.

3.1.1 Die Bedeutung der Peer-Beziehung

Alle Eltern machen irgendwann die Erfahrung: je älter ihre Kinder werden, desto wichtiger werden ihnen andere Kinder. Vor dem Schulalter sind dies neben den eigenen Geschwistern die Altersgenossen, die das Kind außerhalb der Familie, also vor allem auf dem Spielplatz und in der Kindertagesstätte kennenlernt. Von diesen anderen Kindern schauen sich Kinder nicht nur akrobatische Übungen und Schimpfwörter ab, sondern lernen auch die Regeln und Prinzipien, Erwartungen und Normen, die in der Kinderwelt ihrer Kultur gültig sind (z.B. Opie & Opie, 1970). Hinzu kommen bestimmte Interaktionsroutinen der Kinderkultur, die es Kindern erleichtern, mit Altersanforderungen, wie etwa dem Schuleintritt, zurecht zu kommen (Krappmann, 1993c). Aus sozial-konstruktivistischer Perspektive argumentiert Youniss (1982, 1994) unter Hinweis auf Piaget (1932/1986) und Sullivan (1953/1983), daß die Beziehungen unter gleichaltrigen Kindern symmetrisch reziprok strukturiert sind, also beide an einer Interaktion beteiligten Kinder im Prinzip die gleichen Möglichkeiten haben, Handlungen und Ansichten ihres Gegenübers zu beeinflussen. Die Beziehung zwischen Eltern und Kindern ist dagegen komplementär angelegt, weil die Erwachsenen ganz eindeutig über mehr Macht und mehr Wissen als das Kind verfügen, auch wenn sie sich bemühen, dem Kind zuzuhören und seine Anliegen ernst zu nehmen (Youniss, 1982). Aus der symmetrisch reziproken Struktur der Beziehung unter Peers folgt nach Youniss (1982), daß es Kindern mit Gleichaltrigen besser gelingt, ihre Standpunkte zu vergleichen, zu prüfen und letztlich gemeinsam Problemlösungen zu erarbeiten, als in Beziehungen, in denen der eine dem anderen dauerhaft überlegen ist. Zugleich kann keiner dem anderen seine Ansichten auf Dauer aufdrücken, da die Beziehungen unter Kindern auf dem Prinzip der Freiwilligkeit basieren. Die Beziehungen unter den Peers enthalten auch deshalb besondere Entwicklungsimpulse, weil die Gleichaltrigen die gleiche Stellung gegenüber Institutionen (und ihren Repräsentanten) einnehmen (Parsons, 1955), weil sie auf verwandten Niveaus der kognitiven und sozio-moralischen Entwicklung argumentieren (Doise & Mugny, 1984) und weil sie Entwicklungsaufgaben und (normative) Lebensereignisse miteinander teilen. Diese Umstände schaffen einen Fundus von Gemeinsamkeiten, eine große Vertrautheit untereinander, die die Gleichaltrigen für die Heranwachsenden zu einer immer wichtigeren Bezugsgruppe werden läßt (zusammenfassend v. Salisch, 1999a).

Aus diesen Gründen enthalten die Beziehungen eines Kindes zu seinen Peers besondere Chancen sowohl für seine kognitive (Chapman & McBride, 1992) und moralische Entwicklung (Keller, 1996) als auch für die Ausbildung seiner Persönlichkeit (v. Salisch, 1999a,b). Piaget (1932/1986) argumentierte schon 1932, daß die Herausforderung durch andersartige Meinungen und Auslegungen von Spielregeln Kinder (im Grundschulalter) motiviert, eine von den Erwachsenen unabhängige, eben eine autonome Moral zu entwickeln. Gleichaltrige Freundinnen und Freunde machen darüber hinaus oft die entlastende Erfahrung, daß der oder die andere aufgrund ihrer Ähnlichkeit Eigenheiten, die sie an sich selbst nicht schätzen (und vor ihren Eltern möglicherweise verbergen würden), versteht und vielleicht sogar akzeptieren kann. Die Erfahrung, daß es andere Menschen gibt, die ihnen - im Guten wie im Schlechten - ähnlich sind, hilft Kindern, so Youniss (1980, 1982), einer Über- oder Unterschätzung ihrer eigenen Person vorzubeugen und Sensibilität im Umgang mit der Andersartigkeit anderer zu entwickeln. Trotz des Prinzips der Gleichrangigkeit, auf das Kinder im allgemeinen viel Wert legen (Selman, 1984), enthalten die Beziehungen unter nicht verwandten Gleichaltrigen doch auch manche asymmetrischen Elemente. Diese entstehen ganz einfach dadurch, daß ein Kind beliebter oder durchsetzungsfähiger, freundlicher oder emotional ausgeglichener, aktiver oder phantasievoller ist als andere, also besser als andere eine Führungsposition ausfüllen kann (Sroufe, Schork, Motti, Lawroski & LaFreniere, 1984). Unterschiedliche Einflußchancen ergeben sich ferner aus unterschiedlichen soziometrischen Zuordnungen: Spielangebote von Kindern, die am Rande stehen oder von anderen aktiv zurückgewiesen werden, werden häufiger abgelehnt oder ignoriert: man läßt sie einfach stehen (z.B. Dodge, 1983).

Sind Geschwister Peers?

Eine der intensivsten Kind-Kind-Beziehungen ist die Beziehung unter Geschwistern, denn Brüder und Schwestern im Vorschulalter verbringen im Durchschnitt mehr als doppelt soviel Zeit miteinander als mit ihren Eltern (Dunn, 1983). Doch sind Geschwister überhaupt Peers in dem eben besprochenen Sinne, daß sie wechselseitig die gleichen Möglichkeiten haben, die Handlungen und Ansichten des anderen zu beeinflussen (Youniss, 1982)? Nimmt man den seltenen Fall der Zwillingsbeziehung aus, so ist das ältere Geschwisterkind dem jüngeren im Alter und damit auch in der Entwicklung immer ein Stück voraus. Damit sind körperliche Kräfte und geistige Fähigkeiten, also Faktoren, die die Einflußchancen in Interaktionen ganz wesentlich mitbestimmen, zwischen Brüdern und Schwestern normalerweise ungleich verteilt. Eine Antwort auf die Frage, ob Geschwister Peers sind und ob Interaktionen zwischen ihnen damit von den oben beschriebenen Entwicklungsimpulsen profitieren können, ist recht komplex und kann hier nur kurz skizziert werden. Die genauere Argumentation findet sich in v. Salisch (1993a).

Obwohl das unterschiedliche Alter der Geschwister eine asymmetrische Beziehungsstruktur fördert, die sich erst mit der Adoleszenz angleicht (Buhrmester & Furman, 1990), gibt es dennoch drei Faktoren, die eine symmetrische Beziehungsstruktur zwischen Geschwistern begünstigen: Zum einen ist die prinzipielle Gleichheit der Geschwister gegenüber ihren Eltern und anderen Mitgliedern vorangehender Generationen zu nennen (Schütze, 1986). In der Sprache der Familientherapie bilden die Geschwister gegenüber ihren Eltern ein eigenes Subsystem mit eigenen Regeln (Schneewind, 1995). Als zweites begünstigt die große gegenseitige Vertrautheit zwischen den Geschwistern eine symmetrische Struktur der Geschwisterbeziehung, denn sie sorgt zum einen dafür, daß ein gewisses "Gleichgewicht der Kräfte" in Hinblick auf mögliche Vergeltungsschläge besteht. Zum anderen ist Geschwistern normalerweise wohlbekannt, was ihrem Geschwisterkind Kummer oder Freude bereitet und was seinem Unbehagen abhelfen könnte (Dunn, 1983; v. Salisch, 1999b). Ein dritter eher struktureller Grund für die Symmetrie auf der Beziehungsebene liegt in der Tatsache begründet, daß sich diese Beziehung nicht aufkündigen läßt. Zu Geschwistern wird man durch seine Eltern und bleibt es sein Leben lang. Dies macht die Geschwisterbeziehung zu einer relativ sicheren Beziehung, auf die sich bei Bedarf zurückgreifen läßt, und zwar von beiden Seiten (Bedford, 1993; Bank & Kahn, 1989).

Trotz aller asymmetrischen Verhaltensweisen ist dennoch zu betonen, daß die symmetrischen Elemente in den Beziehungen (und Interaktionen) unter Geschwistern im allgemeinen überwiegen. Auch wenn es einzelne Kinder gibt, die sich ausgesprochen dominant verhalten, und manche Geschwister im Alter soweit entfernt sind, daß sie mitunter Erziehungsfunktionen ausüben, so ist die Struktur dieser Kind-Kind-Beziehungen - und damit die Gelegenheitsstruktur für ihre Interaktionen - im Prinzip symmetrisch und damit abgehoben von der komplementären Beziehungsstruktur zwischen Kindern und Erwachsenen. Aus der prinzipiell symmetrischen Beziehungsstruktur unter Gleichaltrigen und Geschwistern ergibt sich eine Reihe von Folgen, die direkt und indirekt mit der Entwicklung von Strategien der Ärgerregulierung bei Kindern zu tun hat. Zwei Bereiche, in denen sich Kinder im Kindergartenalter vor allem austauschen, sollen daher im folgenden in Hinblick auf die Entwicklung der Ärgerregulierung diskutiert werden, nämlich zum einen Auseinandersetzungen und zum anderen Rollenspiele zwischen Geschwistern und Peers.

3.1.2 Auseinandersetzungen zwischen Geschwistern und Peers

Überlegungen zum Verhältnis von Konfliktverhalten und Ärger

Nach einer Pause von fast vierzig Jahren sind Konflikte zwischen nicht verwandten gleichaltrigen Kindern seit den siebziger Jahren wieder in den Mittelpunkt der wissenschaftlichen Aufmerksamkeit gerückt. Die meisten Forschungsarbeiten folgten dabei der Tradition von Piaget (1932/1986), der als erster auf die besonderen Entwicklungsimpulse hingewiesen hat, die sich aus dem Verhandeln "von Gleich zu Gleich" ergeben. Wie oben bereits beschrieben, treten die einzigartigen Möglichkeiten der Peer-Beziehungen besonders deutlich bei Aushandlungen strittiger Punkte ans Licht, denn bei diesen Auseinandersetzungen vergleichen die Kinder ihre Meinungen, stellen sie gegenseitig auf die Probe, lernen gute von schlechten Gründen zu unterscheiden und reagieren auf unzumutbare Machtdemonstrationen. Schon bald wissen Kinder, daß sie nur dann gemeinsam weiterspielen können, wenn der Streitpunkt für alle Beteiligten einigermaßen zufriedenstellend gelöst wird. Aus einer Vielzahl von Konflikten (innerhalb einer gemeinsamen Beziehungsgeschichte) entwickeln sie auf

Dauer gemeinsame Normen und Prinzipien. Einen Überblick über die Literatur zum kindlichen Konfliktverhalten und sein Entwicklungspotential bieten v. Salisch (1991a), Shantz (1987), Shantz und Hobart (1989), verschiedene Kapitel des Sammelbandes von Shantz und Hartup (1992) sowie Krappmann und Oswald (1995).

Inwiefern Auseinandersetzungen unter Peers mit Ärger einhergehen, stellt nach wie vor einen nahezu weißen Fleck auf der Landkarte der wissenschaftlichen Forschung dar (Shantz, 1987). Dabei ist doch so naheliegend, daß die Art und Weise, wie Kinder ihre Meinungsverschiedenheiten austragen, zu einer differenzierteren Betrachtung von Konflikten und ihrem Entwicklungspotential beitragen könnte. Ob der erste Anspruch mit weinerlicher oder mit fester Stimme vorgetragen wird, ob der Gegenzug von Überraschung, Ärger oder Angst gekennzeichnet ist, ob im Verlauf der Aushandlung Interesse und Aufregung oder finstere Mienen vorherrschen, ob der Konflikt mit einem Austausch von Lächeln oder dem beleidigten Rückzug eines der Kontrahenten beendet wird - all dies wäre heranzuziehen, um zwischen verschiedenen Arten der Auseinandersetzung zu differenzieren. Alltägliche Streitereien ließen sich so von harten Konfrontationen mit weitreichenden Folgen unterscheiden, ebenso feindselige Spitzen von "freundlichen" Sticheleien, weil die Gefühle, die die Beteiligten durch Gesicht und Stimme, Worte und Gesten übermitteln, den Konflikt in einen Kontext setzen, der seine Bedeutung erhellt.

Überlegt man sich nun - mangels geeigneter Literatur - aus welchen Gefühlslagen heraus Konflikte entstehen, dann kommt man darauf, daß am Anfang einer Auseinandersetzung oft Ärger stehen dürfte, denn wenn keiner sich ärgert oder aufregt, gibt es im allgemeinen auch keinen Streit. Nicht jedes Erleben von Ärger führt jedoch zur offenen Konfrontation (Fabes & Eisenberg, 1992). Nicht einmal jedes Empfinden von Ärger wird dem Verursacher dieses Gefühls mitgeteilt. Denkbar sind ferner Auseinandersetzungen, in denen die Parteien ihre konfligierenden Ziele "kaltblütig", also ohne offen ausgedrückte oder aktuell empfundene Gefühle, verfolgen. Im Verlauf von Auseinandersetzungen sollte Ärger ebenfalls eine Rolle spielen. Denn ob und wie Ärger ausgedrückt wird, dürfte die Art und Weise beeinflussen, in der die unterschiedlichen Ansprüche und Meinungen, Wünsche und Bedürfnisse ausgehandelt werden. Vandell und Bailey (1992) argumentieren unter anderem, daß der Ausdruck starker (negativer) Gefühle Kennzeichen für destruktive Auseinandersetzungen ist. Auch wenn sehr intensive Bekundungen von Ärger oder Kummer die Verhandlungen sicherlich erschweren, wenn nicht gar kurzfristig zum Stillstand bringen, und die Gefahr der Eskalation vergrößern, so sind die langfristigen Auswirkungen doch weniger eindeutig. In manchen Beziehungen (und in manchen Kulturen) müssen Konflikte auf die Spitze getrieben werden, bevor sie gelöst werden können, selbst wenn dies bedeutet, daß man sich gegenseitig anbrüllt. Die Toleranz für derartig lautstarke Ausdrucksformen des Ärgers ist natürlich je nach Person, Dyade oder Beziehung unterschiedlich ausgeprägt. Das andere Extrem, nämlich seinem Ärger auch dann nicht Ausdruck zu verleihen, wenn man ungerechterweise angegriffen wurde, scheint ebenfalls nicht förderlich für Peer-Beziehungen zu sein (Eisenberg, Fabes, Nyman, Bernzweig & Pinuelas, 1994), weil es einen Rückzug angesichts von Gegenwehr bzw. Nachgeben gegenüber den Ansprüchen des anderen Kindes darstellt. Kinder beurteilen Gleichaltrige, die nicht für ihre eigenen Rechte eintreten, oft recht hart; sie nennen sie "Waschlappen". In Hinblick auf die (friedliche) Lösung von

Konflikten dürfte daher ein "mittleres" Niveau des Ärgers (bzw. des Ärgerausdrucks) hilfreich sein; einerseits genug, um Erklärungen und Argumente vorzubringen (Dunn & Brown, 1994), eigene Ansprüche zu unterstreichen und ungerechte Forderungen zurückzuweisen, andererseits indessen nicht soviel, daß die Aushandlung auf Dauer gestört wird. "Ein bißchen" ärgerlich zu sein, kann zudem dazu beitragen, daß Kinder ihre Ansprüche, Wünsche und Bedürfnisse gegenüber dem gleichaltrigen Kind oder dem Geschwister auch dann zu Gehör bringen, wenn dieses über größere Körperkräfte verfügt oder aus anderen Gründen einflußreicher als sie selbst ist.

Vor dem Hintergrund der Überlegungen und Befunde von Piaget (1932/1986) und Youniss (1980, 1982), die auf die besondere entwicklungsstimulierende Kraft der Konfrontationen unter gleichaltrigen Kindern hingewiesen haben, erscheint es sinnvoll, der Aktualgenese, dem Ausdruck und der Regulierung von Ärger in diesem Kontext besondere Aufmerksamkeit zu schenken. Die Entstehung und Verhandlung von Auseinandersetzungen unter Peers und Geschwistern scheint ein besonders geeignetes Feld zur Untersuchung der Entwicklung der Ärgerregulierung zu sein. Dabei werden zwei Fragen im Mittelpunkt der Betrachtung stehen: zum einen die Frage, inwiefern Peers und Geschwister Ärger verursachen, und zum anderen die Frage, wie der entstandene Ärger mit diesen Personen ausgehandelt wird. Dabei muß auf zwei Probleme hingewiesen werden: Wie gesagt gibt es nur eine Handvoll Studien, die die "emotionale Begleitmusik" von Auseinandersetzungen erkundet haben. Ob und inwiefern die Streitigkeiten, die die anderen Konfliktforscher beschrieben haben, mit Ärger einhergehen, ist daher unklar. Eine zweite Schwierigkeit entsteht dadurch, daß die Literatur über die Ärgerregulierung, die auf Individuen abhebt, mit jener über Auseinandersetzungen zusammenzubringen ist, die meist auf der Ebene der Dyade angelegt ist und selten intrapsychische Prozesse wie Ärgererleben oder Ärgerregulierung betrachtet.

Geschwister und Peers als Ärgerverursacher

Geschwister scheinen besonders potente Ärgerverursacher zu sein. So berichtete Goodenough (1931) auf der Grundlage von mütterlichen Protokollierungen, daß die Häufigkeit der Wutanfälle bei Kindern zwischen ein und sechs Jahren unter anderem mit der Anzahl ihrer älteren Brüder und Schwestern zusammenhing. Je mehr ältere Geschwister in der Familie lebten, desto häufiger entzündete sich die Wut der jüngeren Kinder. Dunn und Munn (1986) notierten übereinstimmend, daß bei der Beobachtung von Familien pro Stunde im Durchschnitt acht Konflikte zwischen den beiden Geschwistern im Vorschulalter auftraten. Etwa die Hälfte dieser Aushandlungen kreiste um drei Themen, nämlich um Ansprüche, Rechte und Besitztümer. Etwa jede zehnte dieser Auseinandersetzungen wurde von lautstarken Bekundungen des Ärgers oder Kummers begleitet (Dunn & Munn, 1987). Je häufiger die Kleinkinder Ärger und Kummer im Konflikt mit ihrem älteren Bruder oder ihrer älteren Schwester ausdrückten, desto weniger waren sie einige Monate später bereit, mit diesem Geschwisterkind zu teilen oder zu kooperieren, es zu trösten oder zu unterstützen (Dunn & Munn, 1986).

Wie häufig oder wie selten es zu Auseinandersetzungen kommt, variiert sehr stark zwischen den Geschwisterpaaren: Im Alter von knapp drei Jahren (des jüngeren Kindes) notierte Dunn (1993) zwischen keinem und 56 Konflikten pro Stunde der Familienbeobachtung! Ursachen für Häufigkeit und Intensität des Geschwisterstreits lassen sich zum einen an Merkmalen des Kindes festmachen, wie etwa seinem Temperament oder der Passung mit dem Temperament seines Geschwisters (z.B. Munn & Dunn, 1989; Stocker, Dunn & Plomin, 1989; Stoneman & Brody, 1993). Zum anderen wurden Familienvariablen als Erklärung herangezogen, wie etwa die Qualität der ehelichen Beziehung der Eltern (MacKinnon, 1989; Hetherington, 1988), die Harmonie und der Zusammenhalt der Familie (Brody, Stoneman, McCoy & Forehand, 1992) und schließlich das ungleiche oder unresponsive Verhalten eines oder beider Elternteile (z.B. Volling & Belsky, 1992; Brody, Stoneman & Burke, 1987; Stocker & McHale, 1992). Wurde eine unsichere Bindungsbeziehung zwischen der Mutter und ihrem erstgeborenen Kind im Kleinkindalter festgestellt, dann erhöhte dies über die genannten Faktoren hinaus die Häufigkeit, mit der sich dieses Kind im Alter von sechs Jahren mit seinem jüngeren Geschwister stritt (Volling & Belsky, 1992). Vandell und Bailey (1992) geben einen sehr lesenswerten Überblick über die inzwischen schier unermeßliche Literatur zum Einfluß familiärer Faktoren auf die Auseinandersetzungen zwischen Geschwistern.

Auch unter Kindern, die nicht die beschränkten Ressourcen einer Familie teilen müssen, sind Meinungsverschiedenheiten nicht selten. Auseinandersetzungen waren dann besonders wahrscheinlich, wenn ein Kind das Spielzeug an sich nahm, mit dem ein anderes Kind gerade spielte. Dennoch waren gewalttätige Anfänge, wie etwa an einem Spielzeug zu zerren oder ein anderes Kind zu hauen, relativ seltene Ereignisse (Ross & Conant, 1992). Aus der Beobachtung des freien Spiels von Kindern im Kindergarten kommen Fabes, Eisenberg, McCormick und Wilson (1988) zu ähnlichen Schlüssen über die Aktualgenese des Ärgers unter Gleichaltrigen. Unter den dreieinhalb- bis fünfeinhalbjährigen Kindern dieses Kindergartens entstand Ärger fast ausschließlich in sozialen Situationen, meist im Umgang mit anderen Kindern, seltener gegenüber den Erziehern. Auch hier kreiste etwa die Hälfte aller Aushandlungen um Ansprüche auf Spielgegenstände. Weitere 28% der Auseinandersetzungen wurden durch körperliche Behinderungen, etwa durch schubsen oder hauen, an der Kleidung ziehen oder den Zugang verwehren, hervorgerufen. Wie häufig und in welcher Art sich nicht verwandte gleichaltrige Kinder auseinandersetzen, hängt ebenso wie Geschwisterstreit auch von familiären Faktoren ab, unter anderem von der Qualität der Ehe der Eltern dieser Kinder (Gottman & Katz, 1989), genauer von der Häufigkeit und der Art und Weise, in der die Eltern ihre eigenen ärgergetränkten Auseinandersetzungen vor den Ohren der Kinder austragen (Cummings, Iannotti & Zahn-Waxler, 1985; Cummings, 1987; Davies & Cummings, 1995).

Konfliktverhalten unter Peers

Auseinandersetzungen unter Kleinkindern entzünden sich oft an der Benutzung von Spielzeugen (Ross & Conant, 1992). Gegen die widerrechtliche Aneignung von

Spielgegenständen entwickeln Kinder vielfältige Formen der Gegenwehr, wobei das laute "Nein" und der Protestschrei "Meins" in den ersten Lebensjahren wahrscheinlich am häufigsten zu hören sind. Mit dem Alter wächst die Häufigkeit des Widerstandes: Während 11% der Einjährigen ihr Spielzeug verteidigten oder wegbewegten, taten dies bei den Zweijährigen schon 20%. Die Häufigkeit, mit der der Angreifer bei Besitzkonflikten malträtiert wurde, war bei beiden Altersgruppen etwa gleich und lag bei etwa 10% (Caplan, Vespo, Pederson & Hay, 1991). Junge Kinder sind bekanntlich etwas tolpatschig: Etwa ein Drittel der körperlichen Angriffe unter Kleinkindern ging auf das Konto von mißglückten Erkundungen der Person des anderen Kindes; bei älteren Kindern kamen diese Versehen ausgesprochen selten vor (Bronson, 1981). Die ein- bis dreijährigen Spielkameraden schienen dies zu verstehen, reagierten sie doch neutral oder sogar positiv bei ausholenden und erkundenden Schlägen niedriger Intensität, die von den jungen Kindern mit offenen Händen ausgeführt wurden. Nur bei besonders harten Schlägen oder solchen, die ihren Kopf trafen, war ihre emotionale Reaktion eindeutig, nämlich fast immer negativ (Brownlee & Bakeman, 1981). Bei Besitzkonflikten leisten Kinder im Kindergartenalter Widerstand, indem sie das umstrittene Objekt außer Reichweite legen oder selbst den Bereich verlassen. Gerade im Kindergarten, wo es viele Spielanregungen und potentielle Spielgefährten gibt, scheint es Kindern leichter zu fallen, Dinge oder Aktivitäten aufzugeben, als zu zweit, wo man aufeinander und auf das weniger reichlich vorhandene Spielzeug angewiesen ist, das zudem oft noch einen Eigentümer hat (Ross & Conant, 1992). Streitigkeiten unter Kindern werden ebenfalls zunehmend auf verbalem Wege ausgetragen. Ein einfaches "Nein" reicht bald nicht mehr aus, um seinen Anspruch zu verteidigen; die Kinder fangen nun an, Begründungen und Rechtfertigungen, Erklärungen und Anweisungen zu geben. Bei Kindern im Vorschulalter stehen sich Anspruch und Gegenanspruch oft unversöhnlich und über mehrere Gesprächsbeiträge hinweg gegenüber; die Gefahr der Eskalation ist groß. Nur elaboriertere Äußerungen, die auch die Perspektive des anderen Kindes einbeziehen, wie etwa der Vorschlag, sich abzuwechseln, zu teilen oder etwas anderes zu tun, scheinen einigermaßen häufige Kompromißformeln zu sein, die es den Kindern ermöglichen, ihren Konflikt zu beenden (Eisenberg & Garvey, 1981).

Zwei Studien beschreiben, was geschieht, wenn Kinder zwischen drei und sechs Jahren Konfliktemotionen wie Ärger, Ekel oder Verachtung bei der Aushandlung von Meinungsverschiedenheiten mit nicht verwandten Kindern im Labor auf ihren Gesichtern tragen. Matsumoto, Haan, Yarbrove, Theodorou und Carney (1986) studierten das Konfliktverhalten von Vierjährigen, die sich mit einer vereinfachten Version des Prisoner's Dilemma-Spiels beschäftigten, denn anhand dieses Spiels läßt sich, kurz gesagt, feststellen, welche Spielstrategien Menschen verfolgen und inwiefern sie ihr Konfliktverhalten am Verhalten ihres Spielpartners ausrichten. Sequenzanalysen des Ausdrucksverhaltens der Kinder ergaben, daß der Ausdruck von Ärger, Ekel/Abscheu oder Verachtung auf dem Gesicht eines Kindes die Wahrscheinlichkeit erhöhte, daß sein Spielpartner und Freund beim nächsten Zug mauerte oder betrog. Auch bei einem (wahrscheinlich nicht empfundenen) sozialen Lächeln und einem emotional neutralen Gesichtsausdruck ließen sich diese Folgen beobachten. Lediglich der Ausdruck eines empfundenen emotionalen (Duchenne-) Lächelns machte eine moralische Lösung wahrscheinlicher. War die Lösung einmal erreicht, so waren beide Kinder, so vermutet die Autorengruppe um Matsumoto (1986), so erleichtert oder so zufrieden, daß der Ausdruck von Ärger oder Ekel/Abscheu beim nächsten Spielzug seltener als unter anderen Bedingungen auftrat. Auch wenn der Ausdruck von Ärger, Abscheu und ähnlichem auf dem Gesicht moralische Lösungen nicht zu befördern scheint, so mag eine solche Miene Kindern doch dabei helfen, ihre Wünsche durchzusetzen. Dies jedenfalls ist das Ergebnis eines Experiments von Linda Camras (1977), die zwei Kinder im Kindergartenalter, die nicht miteinander bekannt waren, dadurch in Aushandlungen verwickelte, daß sie ihnen nur *einen* Hamster zum Spielen gab. Anhand der Videoaufnahmen dieser Auseinandersetzungen untersuchte Camras vor allem jene Ausdrucksformen, die Verhaltensforscher "Drohgesichter" nennen. Diese enthalten sowohl Elemente des Ärgerausdrucks, wie etwa das Stirnrunzeln, als auch Elemente des Ekelausdrucks, wie etwa das Nasekrausen. Zeigte eines der beiden Kinder ein Drohgesicht dieser Art, dann wartete das andere Kind in der Regel länger, bevor es seine Bitte, den Hamster auch einmal halten zu dürfen, erneuerte.

Fabes, Eisenberg und ihre MitarbeiterInnen wählten einen anderen Zugang zur Untersuchung des Konfliktverhaltens: sie beobachteten die Kinder während des freien Spiels in einem Kindergarten, denn gewöhnlich kommen im Laufe eines Vormittags auch unprovoziert genügend ärgererregende Auseinandersetzungen vor. Ihre Beobachtungen zeigten, daß die Kinder recht unterschiedliche Wege einschlugen, um mit ihrem Ärger umzugehen. Jungen neigten dazu, ihrem Ärger für alle sichtbar Luft zu machen, etwa indem sie weinten, sich beleidigt zurückzogen oder einen Wutanfall bekamen (Fabes & Eisenberg, 1992). Zugleich zeigten Jungen stärkere Anzeichen von Irritation und waren auch eher geneigt, körperlich Vergeltung zu üben (Eisenberg et al., 1994). Mädchen hatten dagegen die Tendenz, aktiven (aber nicht offensiven) Widerstand zu leisten (Fabes & Eisenberg, 1992) und das ärgererregende Verhalten des anderen Kindes mit Worten anzuprangern (Eisenberg et al., 1994). Diese Geschlechtsunterschiede, die in Kapitel 5 weiterverfolgt werden, hatten auch dann Bestand, wenn das Alter des Kindes auspartialisiert wurde. Die Art und Weise, wie Kinder ihren Ärger angesichts der Provokation eines Peers regulierten, hing ferner mit ihrer Art der Bewältigung von anderen Problemen, ihrem Temperament, ihrer sozialen Kompetenz (im Urteil ihrer Erzieherinnen) sowie mit ihrem soziometrischen Status unter den Gleichaltrigen zusammen (Fabes & Eisenberg, 1992; Eisenberg et al., 1994). Verbale Einwände, die auf eine Aushandlung des Ereignisses hinausliefen, korrelierten zum Beispiel positiv mit einer konstruktiven Bewältigung anderer Schwierigkeiten sowie mit nicht allzu intensiven emotionalen Reaktionen in anderen Situationen. Diese beiden Merkmale waren von Müttern und Kindergartenpersonal in etwa übereinstimmend eingeschätzt worden.

Konfliktverhalten unter Geschwistern

Wie Geschwister sich auseinandersetzen, wurde in der Forschung erst in jüngerer Zeit mit Entwicklungsimpulsen in Verbindung gebracht. Bahnbrechend waren dabei die Studien von Judy Dunn (z.B. 1988), die den Blick auf die sozial-kognitiven

Fähigkeiten lenkten, die Kinder im Umgang mit ihren Geschwistern erwerben. Da diese zum Teil längsschnittlich angelegten Studien wichtige Einblicke in die Entwicklung des Emotionsverständnisses und Konfliktverhaltens geben, sollen sie hier etwas ausführlicher behandelt werden.

Zum Leidwesen der Eltern lassen sich im zweiten und dritten Lebensjahr besonders leidenschaftliche Auseinandersetzungen zwischen Geschwistern beobachten, die (nach Dunn, 1988) schon vor mehr als tausend Jahren den Kirchenvater Augustinus an der Unschuld junger Kinder zweifeln ließen. Während mehr als 20% aller Auseinandersetzungen unter Geschwistern von mehr oder weniger intensiven Bekundungen von Unbehagen oder Wut begleitet waren, so waren dies bei Konflikten mit der Mutter nur etwa halb soviele (Dunn, 1988). Im Verlauf des zweiten Lebensjahres des jüngeren Kindes wurde das körperliche aggresssive Verhalten häufiger. Wurden mit 14 Monaten des jüngeren Kindes im Durchschnitt noch 0.5 Episoden körperlich aggressiven Verhaltens pro Stunde Familienbeobachtung gezählt, so traten zehn Monate später schon durchschnittlich 1.5 Episoden dieser Art pro Stunde unter den Geschwistern auf (Dunn, 1988; Dunn & Munn, 1985). Zugleich ließen sich jedoch auch Anzeichen beginnenden Verstehens, vor allem von Regeln und Normen, feststellen. Dies läßt sich nach Dunn (1988) unter anderem daran ablesen, daß das Provozieren und Hinter-das-Licht-Führen des Geschwisters im Laufe des zweiten Lebensjahres sowohl häufiger wie auch pfiffiger wird. Ein jüngerer Bruder, so beobachtete Dunn (1988), war im Alter von etwa 18 Monaten schon so raffiniert, daß er bei einem Streit mit dem Bruder die Szene verließ, um dessen gehüteten Besitz zu zerstören. Ein solches Verhalten setzt voraus, daß das jüngere Kind die (affektive) Perspektive seines Geschwisters einnehmen kann, auch wenn diese Fähigkeit möglicherweise nur dann zum Tragen kommt, wenn es hochmotiviert ist und wenn es sich um vertraute Interaktionsmuster handelt. Das zunehmende Einschalten der Mutter bei Regelverstößen läßt sich ebenfalls als Zeichen dafür deuten, daß das jüngere Kind anfängt, die Regeln der Familie begreifen. Direktere Hinweise auf das wachsende sozial-kognitive Verständnis des jüngeren Kindes kommen weiterhin aus der steigenden Zahl von Konflikten, in denen das Kind und sein Geschwister ihre Handlungen und Wünsche begründen und rechtfertigen. Äußerten die jüngeren Kinder mit 18 Monaten in fast gar keinem Konflikt Argumente, so taten sie dies mit 36 Monaten in fast schon einem Drittel der Fälle. Der Befund, daß die zweitgeborenen Kinder im Verlauf ihres dritten Lebensjahres zunehmend Regeln in Frage stellten bzw. darauf beharrten, daß sie die gleichen Rechte wie ihr älterer Bruder oder ihre ältere Schwester haben, läßt sich ebenfalls als Anwachsen ihres sozialen Verstehens auslegen (Dunn, 1988).

Angesichts der schnell wachsenden verbalen Fähigkeiten wird interessant, welcher Art die Begründungen sind, die Kinder im Streit mit ihren Geschwistern verwenden. Slomkowski und Dunn (1992) unterschieden zwischen selbstbezogenen Begründungen und solchen, die auf die Bedürfnisse des Konfliktpartners eingingen und damit unter Umständen darauf hinausliefen, die eigenen Wünsche zurückzustellen. Bei Familienbeobachtungen von 50 zweitgeborenen Kindern stellten Slomkowski und Dunn (1992) fest, daß die Kinder von knapp drei Jahren bei Auseinandersetzungen mit der Mutter etwa ebensoviele selbstbezogene und auf-den-anderen-bezogene Argumente vorbrachten wie bei Konflikten mit dem älteren Geschwisterkind. Je mehr Begründungen die Mutter äußerte, die sich auf das zweitgeborene Kind bezogen, desto mehr selbstbezogene Argumente brachte das Kind vor. Daß das "Nachgeben" oder Eingehen auf die Wünsche und Bedüfnisse des zweitgeborenen Kindes mit der verstärkten Vertretung eigener Interessen auf Seiten dieses Kindes einherging, wurde beim Geschwisterstreit ebenfalls deutlich: die Korrelation zwischen anderen-bezogenen Argumenten des älteren Geschwisters und den selbstbezogenen Argumenten des jüngeren Kindes war wieder signifikant. Gingen die Mutter (und das ältere Geschwisterkind) regelmäßig auf die Anliegen ihres fast dreijährigen Familienmitglieds ein, so war dieses Kind drei Jahre später besser in der Lage, Auseinandersetzungen mit einem befreundeten Kind in konstruktiver Weise auszutragen (Herrera & Dunn, 1997). Insofern ähnelten sich Struktur und Folgen der Konflikte zwischen dem Kind und seinen beiden älteren Beziehungspartnern.

Was in der Geschwisterbeziehung jedoch einmalig war, war die Reziprozität der Begründungsmuster der beiden Kinder, und zwar sowohl "im Guten" wie auch "im Schlechten". "Im Guten" insofern, als die an dem anderen orientierten Begründungen der beiden Kinder signifikant miteinander korrelierten. Machte es das ältere Kind dem jüngeren leicht, indem es auf seine Bedürfnisse Rücksicht nahm, so war auch das jüngere Kind eher zu Kompromissen und zur Zurückstellung eigener Anliegen bereit und umgekehrt. "Im Schlechten" insofern, als auch das Mauern wechselseitig war. Verwandte das ältere Kind keine Argumente, so beharrte auch das jüngere Kind auf seinem Standpunkt und umgekehrt. Mit einer Korrelation von .79 war dies der stärkste Zusammenhang der ganzen Untersuchung. Symmetrische Reziprozität, so läßt sich dieser Untersuchung entnehmen, entwickelt sich unter Geschwistern im Vorschulalter also nicht nur bezüglich des Nachgebens, sondern auch bezüglich des Beharrens. Das einfache Vergeltungsprinzip des "Auge um Auge, Zahn um Zahn" zeigt sich hier in seiner Begrenztheit. Zu erkennen, wann dieses Prinzip angemessen ist und wann nicht, ist der weiteren Entwicklung vorbehalten (Youniss, 1982).

Obwohl es nicht ausdrücklich erwähnt wurde, ist doch anzunehmen, daß ein guter Teil der Auseinandersetzungen mit Ärger und Aufregung einherging. Der Gebrauch von Argumenten in Aushandlungen mit dem Bruder oder der Schwester hing nicht nur direkt, sondern auch indirekt, nämlich vermittelt über die Fähigkeit zur affektiven Perspektivendifferenzierung, mit der Entwicklung der Ärgerregulierung zusammen. Denn je weniger Argumente überhaupt ein Kind gegenüber seinem älteren Bruder oder seiner älteren Schwester vorbrachte, desto geringer war seine Fähigkeit zur affektiven Perspektivendifferenzierung sieben Monate später ausgeprägt (Slomkowski & Dunn, 1992). Wie im vorangegangenen Kapitel bereits berichtet, schlägt sich eine erhöhte Fähigkeit zur affektiven Perspektivendifferenzierung mit 40 Monaten offenbar auch langfristig nieder, nämlich mit 47 Monaten in einer besser entwickelten Fähigkeit, sich mit seinem Kommunikationspartner abzustimmen (Slomkowski & Dunn, 1996; Brown, Donelan & Dunn, 1996) und in den ersten Grundschuljahren in einer erhöhten moralischen Sensibilität (Dunn et al., 1995).

Kompliziert werden diese Ergebnisse durch andere längsschnittliche Befunde von Herrera und Dunn (1997), die darauf hinweisen, daß vor allem die Art der Begründungen, die die Mütter mit ihren dreijährigen Kindern gebrauchten, für deren späteres Konfliktverhalten von Bedeutung war. Denn je mehr Argumente die Mütter in diesen Auseinandersetzungen vorbrachten, die ihre eigenen Anliegen in den

Vordergrund schoben, desto weniger waren ihre Kinder mit etwa sechs Jahren in der Lage, bei einem Konflikt mit einem befreundeten Kind ihre Ansprüche zu rechtfertigen und beidseitig zufriedenstellende Lösungen zu finden. Dieses Ergebnis hatte auch dann Bestand, wenn die Begründungsart des Kindes mit fast drei Jahren, seine verbale Flüssigkeit und seine emotionale Perspektivenübernahme mit 40 Monaten einbezogen wurden. Aspekte des Geschwisterstreits verloren bei diesen strengen methodischen Kontrollen ihre Vorhersagekraft. Herrera und Dunn (1997) erklären die unerwartet große Bedeutung der Art der Auseinandersetzungen mit der Mutter (und die relativ geringe Bedeutung des Geschwisterstreits) damit, daß sich Struktur und emotionale Beteiligung der Konflikte mit der Mutter und dem Freund oder der Freundin ähnelten, denn in beiden ging es vor allem um Regeln (und nicht um Besitztümer, wie gegenüber Geschwistern) und in beiden schlugen die Wellen meistens nicht allzu hoch.

3.1.3 Rollenspiele mit Geschwistern und Peers

Im allgemeinen etwas erfreulicher stellt sich eine weitere Aktivität unter Vorschulkindern dar, nämlich das Spiel, genauer gesagt das Rollenspiel. Während Oerter (1995) zusammen mit einer Reihe weiterer Autoren die Lusthaftigkeit und die Selbstvergessenheit des Spiels betont, heben Flitner (1996) und Krappmann (1986) die Ernsthaftigkeit des Spiels hervor. Krappmann (1986) unterstreicht die Krisen und vergeblichen Anstrengungen, die Mißverständnisse, den Streit und die mühsam erreichten Stabilisierungen, die die Aushandlung von Regeln und die oft schnell wechselnden Bedeutungen und Spielebenen den Kindern abverlangen. Neben den "ernsthaften" Auseinandersetzungen scheinen daher das Spiel im allgemeinen und die spielbedingten Koordinierungsbemühungen im besonderen ein weiterer Ort zu sein, der mit der Entwicklung der Ärgerregulierung eng verbunden ist. Ebenso wie beim Konflikt ist anzunehmen, daß einerseits "neue" Strategien der Ärgerregulierung aus dem Spiel erwachsen. Andererseits ist eine gewisse Ausbildung der Ärgerregulierung Voraussetzung für ein Gelingen des gemeinsamen Spiels, denn die Kinder müssen auch (oder gerade) im Spiel immer wieder mit Meinungsverschiedenheiten fertig werden (Gottman & Parker, 1986). Auch bei den Aktivitäten, die auf der Grenze zwischen Auseinandersetzung und Spiel stehen, ist eine flexible Ärgerregulierung gefragt, denn ohne gleichzeitige Bindungs- und Beschwichtigungssignale, wie Lächeln, Regieanweisungen oder zärtlichem Körperkontakt in den Kampfpausen, können die spielerischen "als-ob-Auseinandersetzungen" leicht zum Ernstfall werden (Haug-Schnabel, 1987).

Die Entwicklung des Rollenspiels

Jenseits des ersten Lebensjahres wird das Symbolspiel zur Hauptbeschäftigung von Kindern. Um ihren ersten Geburtstag herum fangen Kinder an, Eigenschaften von Objekten als Anlaß zu Spielhandlungen zu nehmen: so halten sie etwa den Telefonhörer ans Ohr. Wenige Wochen später "sprechen" sie, genau wie die Erwachsenen, in den Hörer hinein. Mit etwa eineinhalb Jahren sind die meisten Kinder dabei, ihre Puppen wie Menschen zu behandeln, indem sie sie füttern und versorgen. Um ihren zweiten Geburtstag herum beginnen die Kinder dann, ihren Puppen Wünsche und Gefühle zuzuschreiben, zunächst in einfachen und später in immer komplexeren Konfigurationen. Auch Gegenstände werden immer vollständiger durch symbolische Objekte oder Gesten ersetzt, ohne daß die Kinder dabei den Überblick verlieren, was noch Realität und was schon Spiel ist (Belsky & Most, 1981). Im zweiten Lebensjahr wird das Sozialspiel mit anderen Kindern häufiger, zunächst in Form von einfachem Geben und Nehmen, später in Form von komplementären Rollen, wie etwa Jagen und Verfolgen (Howes & Matheson, 1992). Zu dieser Zeit fangen auch die ersten sehr einfachen objektbezogenen sozialen Symbolspiele an, etwa zwischen Geschwistern, die zusammen den Schlauch des Staubsaugers als Telefon benutzen. Haben Kleinkinder eine freundliche und unterstützende Beziehung zu ihrem älteren Geschwister, dann gelingt es ihnen meist schon vor ihrem zweiten Geburtstag, an einfachen Rollenspielen teilzunehmen. Sich an dieser Art von Phantasiespielen zu beteiligen, setzt für das jüngere Kind voraus, eine von der Wirklichkeit abweichende Rahmung der Spielszene anzunehmen, eine Rolle darin auszufüllen, die von der eigenen abweicht, die (oft geradezu diktatorischen) Anweisungen des älteren Bruders oder der älteren Schwester auszuführen, eigene Ideen zum Als-ob-Spiel beizusteuern sowie die eigenen fiktiven Handlungen mit den ebenso fiktiven des Geschwisters zu koordinieren. Im Laufe des dritten Lebensjahres beginnen die jüngeren Kinder dann, die Anweisungen ihres älteren Geschwisterkindes nicht mehr so widerstandslos zu übernehmen und insgesamt mehr Eigeninitiative zu entwickeln (Dunn, 1988). Für ein Viertel bis ein Drittel der Geschwisterpaare im Vorschulalter, die Judy Dunn (1993) untersuchte, war das gemeinsame Phantasiespiel eine fesselnde Aktivität, die sich manchmal bis zu einer Dauer von 140 Gesprächsbeiträgen erstreckte.

Mit Spielpartnern, die weniger vertraut oder wegen ihres ebenso jungen Alters weniger in der Lage waren, Rahmen für Spielhandlungen vorzugeben, scheinen die kooperativen Als-ob-Spiele im zweiten Lebensjahr seltener zu sein und erst ab 30 Monaten an Bedeutung zu gewinnen. Komplexe Rollenspiele, die durch den Einsatz von Metakommunikation ("Regieanweisungen") gekennzeichnet sind, tauchen im Spiel mit nicht verwandten Kindern gleichen Alters gewöhnlich erst um den dritten Geburtstag auf (Howes & Matheson, 1992; Fein, 1981). Soziodramatische Spiele über konkrete Handlungsabläufe (z.B. Einkaufen oder Vater, Mutter, Kind) und themenbezogene Rollenspiele (z.B. Mondlandung oder Superman) stellen erhöhte Anforderungen an die Fähigkeiten der Beteiligten zur Kooperation, nämlich (1) sich auf einen Spielgegenstand oder ein Spielthema zu einigen; (2) sich über den Umgang mit dem Gegenstand bzw. der Rollenverteilung zu einigen; (3) sich über die zeitliche Struktur, etwa das Abwechseln, zu verständigen; (4) mit Spielunterbrechungen, die einen Partner vorübergehend "außer Gefecht" setzen, fertig zu werden; (5) sich über den Stand der gemeinsamen Gestaltung, über den eigenen oder den gemeinsamen Spaß, über die Beziehung zum Spielkameraden sowie über weitere Spielideen auszutauschen und schließlich (6) den Wechsel des Spielgegenstandes oder Spielthemas zu bewältigen (Schmidt-Denter, 1988, S. 92). Beim gemeinsamen Phantasieren und Imaginieren erschaffen und gestalten die Kinder eine gemeinsame

Geschichte. Dabei verkörpern sie manchmal nicht nur mehrere Personen in einem gemeinsamen "Theaterstück", sondern sind zugleich Schauspieler und Autoren, Regisseure und Bühnenarbeiter. Sie spielen also nicht nur mehrere Rollen, sondern auch auf mehreren Ebenen, zum Teil gleichzeitig oder im fliegenden Wechsel. Was den Kindern dabei an Kommunikation und Koordination abverlangt wird, ist beträchtlich (Garvey, 1974). Oerter (1995) gibt einen Überblick über die verschiedenen Varianten der Mitteilung, die die gemeinsame Entwicklung und Variation eines Spielthemas ermöglichen.

Nahezu alle Autoren, die über das Rollenspiel berichten, betonen, wie sehr die Spielthemen den Kindern am Herzen liegen. Spiel ist nicht immer von Spielfreude und Entlastung gekennzeichnet, sondern ermöglicht auch die Durcharbeitung belastender Probleme. Oerter (1993, 1995) nennt als Entwicklungsthematiken, die im Spiel bearbeitet werden, zum einen die Allmacht (bzw. die eigene Abhängigkeit und Machtlosigkeit), bei der im Extremfall Spielfiguren oder Mitspieler getötet werden, zum anderen die Abgrenzung des Selbst von anderen, bei der etwa die eigene Spielhöhle streng abgeschottet wird, und zum dritten die Sauberkeitserziehung, bei der etwa anstelle des Kindes die Puppe aufs Töpfchen gesetzt wird. Eine zweite Gruppe von Spielinhalten befaßt sich nach Oerter (1993, 1995) mit den vielen Themen, die in den Beziehungen zu Familienangehörigen entstehen, wie etwa mit der Möglichkeit einer Trennung von der Mutter. Krappmann (1986) unterstreicht, daß Kinder beim Spiel oft die Grenze zwischen dem Erlaubten und dem Verbotenen, dem Schicklichen und dem Anstößigen reizt. Für Kinder ist das Spielen eine faszinierende Angelegenheit, in der sie völlig aufgehen können. Manchmal spiegelt auch eine irritierte oder erregte Gespanntheit den Ernst der Thematik.

Überlegungen zur Emotionsregulierung im Rollenspiel

In den letzten dreißig Jahren wurde das Spiel der Kinder vor allem in Hinblick auf die kognitive Entwicklung der Kinder (zusammenfassend: Krappmann, 1986; Flitner, 1996; Kauke, 1992) oder die evolutionäre Bedeutung des Spiels (z.B. Kauke, 1992) untersucht. Ausgeklammert blieben dabei fast immer Fragestellungen zu den emotionalen Aspekten des Spiels. Diese emotionalen Gesichtspunkte sind umgekehrt schon seit langem Gegenstand therapeutischer und diagnostischer Bemühungen, doch systematische und empirisch überprüfbare Auswertungen des Spielens sind in dieser Tradition rar. Daß das Spiel in der akademischen Psychologie über lange Jahre nur ausnahmsweise unter dem Gesichtspunkt der emotionalen Entwicklung untersucht wurde, ist verwunderlich, da doch spätestens seit Wilhelm Sterns "Psychologie der frühen Kindheit" (1914/1952) bekannt sein dürfte, daß Spielen eine Phantasietätigkeit ist, die zum Teil die Wirklichkeit spiegelt, zum Teil aber auch eigenen Gesetzmäßigkeiten gehorcht (Hoppe-Graff & Mäckelburg, 1991).

Erst in jüngerer Zeit wurden die emotionalen Aspekte des Kinderspiels wieder aufgegriffen. Ein Beispiel dafür sind die Puppenspiel-Studien von Fischer und Mitarbeitern (Fischer et al., 1990, Fischer & Pipp, 1984), die im folgenden kurz zusammengefaßt werden. Fischer et al. gaben Kindern zwischen 2 und 16 Jahren

Geschichten vor, die sie mit Hilfe von Puppen nachspielen sollten. Dabei stellten sie folgendes fest: Während die Aufspaltung von "netten" und "gemeinen" oder "lieben" und "ärgerlichen" Handlungen zu Beginn des Rollenspielens mit etwa zwei Jahren noch quasi automatisch geschah, wurden auf der nächsten Stufe mit etwa vier bis fünf Jahren die Handlungen beider Puppen insofern koordiniert, als die eine "gemeine" Handlungen ausführte, weil die andere auch "gemein" gehandelt hatte. Unter optimal unterstützenden Bedingungen waren Kinder allerdings schon vor dem Schulalter in der Lage, "nette" und "gemeine" Handlungen in einer Person zu vereinigen. Waren die zum Nachspielen vorgegebenen Geschichten indessen so komplex, daß die Kinder sie nicht ganz verstanden, dann neigten sie noch einige Jahre später dazu, die Geschichten so umzuformen, daß "nette" und "gemeine" Handlungen auf verschiedene Personen aufgespalten wurden. Im Schulalter kam dann die Fähigkeit hinzu, mehrere dieser Handlungskonstellationen zu koordinieren, so daß komplexe sozio-emotionale Skripte entstanden. Nun konnten die Puppen gleichzeitig konfligierende Gefühle erleben oder ihr Erleben veränderte sich mit ihrer Deutung der Ereignisse, etwa nach einer Entschuldigung. Mit dem Beginn abstrakten Denkens mit etwa zehn bis zwölf Jahren rückten unterliegende Konzepte, wie etwa die Absichten, die den Handlungen zugrunde lagen, in den Vordergrund. Im weiteren Verlauf wurden verschiedene übergeordnete Werte, wie etwa betrügerische Absichten und die Verantwortlichkeit, sich dafür zu entschuldigen, miteinander in Beziehung gesetzt. In der Tradition von Piaget führen Fischer et al. diese Ergebnisse auf die kognitive Entwicklung zurück, allerdings mit dem Unterschied, daß ihr zentrales Konzept der "skills" nicht (wie bei Piaget) in der Person lokalisiert ist, sondern in der Transaktion zwischen dem Kind und seiner Umwelt. Fischers Konzept der Entwicklung und Koordination von "skills" bezieht sich insofern auf die Fähigkeiten des Kindes, seine Handlungen und Gedanken angesichts eines Kontextes zu regulieren (Fischer et al., 1990; Fischer & Pipp, 1984).

Ein weiteres Werk neueren Datums, das sich den emotionalen Aspekten des kindlichen Spiels widmet, ist das Buch von Rolf Oerter (1993). Auf der Grundlage handlungstheoretischer Überlegungen stellt Oerter (1993) eine hermeneutisch angelegte Beobachtung des Spielverhaltens einer Handvoll Kinder zwischen eineinhalb und drei Jahren im Längsschnitt vor. Im Mittelpunkt von Oerters Analyse steht die Betrachtung des Spiels als Mittel der Realitätsbewältigung von Kindern, wobei die Realitätsbewältigung natürlich den Umgang mit allen Gefühlen beinhaltet, die beim Coping auftauchen. Auch wenn es viele Ähnlichkeiten und Überlappungen gibt, so ist der Begriff der Realitätsbewältigung dennoch nicht ohne weiteres in den der Emotionsregulierung zu überführen (Laux & Weber, 1990). Mangels empirischer Untersuchungen und konzeptueller Übereinstimmung folgen daher einige eigene Überlegungen zu den Impulsen, die das Rollenspiel enthalten könnte, und zwar zunächst für die Entwicklung von Strategien der Emotionsregulierung im Selbst und dann für die Entwicklung von Wegen der Emotionsregulierung zusammen mit anderen Kindern. Wenn möglich werden Bericht und Diskussion der Ergebnisse auf die Emotion Ärger zugespitzt.

Eine emotional entlastende Funktion des Spiels, auf die schon Freud (1920) hingewiesen hat, könnte darin bestehen, daß Kinder beim Spielen in die Lage versetzt werden, ihre Gefühle (etwa ihren Ärger) in einem Medium darzustellen, das ihnen wohlvertraut ist, nämlich in Form von Handlungen und begleitender Sprache. Indem sie Situationen, die ihnen Schwierigkeiten machen, in Szene setzen, geben sie ihnen eine Struktur. Eine erste Form der Realitätsbewältigung, so Oerter (1993), besteht im Nachspielen der Episoden. Einige dieser ordnenden Funktionen des Spiels wurden bereits vor mehr als fünfzig Jahren von Margret Lowenfeld in der "Welt-Technik" entdeckt, deren Auswertung Charlotte Bühler (1955) dann systematisierte. Bei der Gestaltung einer "Welt" von Lebewesen, Gebäuden, Ausstattungsstücken und amorphen Materialien vermag das Kind auszudrücken, was es sonst nicht mitteilen könnte. Beim Bauen und Spielen mit diesen Spielgegenständen und Materialien erwirbt das Kind die Fähigkeit, so Flitner (1996), seine selbst geschaffene Welt zu bearbeiten und schließlich zu ordnen. Voraussetzung dafür ist natürlich eine freundliche und gewährende Umwelt.

Über die bloße Gestaltung problematischer Situationen hinaus schafft die spielerische Nachgestaltung nach Peller (1954) Entlastung in weiterer Hinsicht. Die belastende Episode (etwa, daß das Kind angeschrien wurde, weil es etwas falsch gemacht hatte) wird nämlich nachgespielt, viele Male und in verschiedenen Varianten. Genauer gesagt wird die Episode solange wiederholt, bis das Gefühl, das sie beim Kind hervorgerufen hat (etwa Ärger oder Angst), soweit abgebaut ist, daß kein Anreiz mehr besteht, sie noch einmal darzustellen. Auch Geschichten aus dem Fernsehen oder Bilderbüchern bieten sich als Motive für Nachgestaltungen an. Miller, Hoogstra, Mintz, Fung und Williams (1993) untersuchten mit qualitativen Methoden, wie der zweijährige Kurt durch das wiederholte Vorlesen und Nacherzählen der bekannten "Geschichte von Peter Rabbit" von Beatrix Potter seine eigenen Anliegen "bearbeitete", nämlich daß er ebenfalls seiner Mutter nicht gehorchen und etwas kaputtmachen würde, daß er alleine in Gefahr geriete und daß etwas Schlimmes mit seiner Familie geschehe. Sobald sich diese Sorgen im Zuge seiner vielen Nachschöpfungen aufgelöst hatten, verstummte auch seine Bitte, die Geschichte noch einmal vorgelesen zu bekommen. Oerter (1993) beobachtete allerdings auch, daß ein Kind über Monate hinweg im Spiel versuchte, eine schwierige familiäre Situation (Scheidung) zu bewältigen, was jedoch nicht gelang und schließlich zur Eskalation führte. Erst die Veränderung der Familienkonstellation (im wirklichen Leben) ließ die Thematik im Spiel verschwinden.

Bei der Verarbeitung belastender Erlebnisse im Rollenspiel kommt ein weiterer Punkt erleichternd hinzu: Kinder spielen dabei nämlich nicht nur - wie meist in der Wirklichkeit - die passive Rolle, sondern übernehmen den aktiven Part, gestalten beispielsweise das Verhalten desjenigen, der sie angebrüllt hat. Die passiv erlittene Situation wird damit in eine aktive umgewandelt, ein Vorgang, den Flitner (1996) "Selbstermächtigung" nannte. Jetzt ist das Kind "Herrscher der Situation", kann in die aktive Rolle schlüpfen und auskosten, wie es sich "anfühlt", selbst herumzuschreien. Oder es kann Gespenst spielen und damit diejenigen ärgern und ängstigen, die es zuvor gepeinigt haben. Hinzu kommt, daß sich das Kind beim Nachstellen der Szene seine Wünsche erfüllen kann, etwa indem es einen glücklichen Ausgang der Konfrontation inszeniert (Peller, 1954). Da das Kind klein, schwach und abhängig ist und wenig andere Möglichkeiten hat, Macht auszuüben und Wünsche zu befriedigen, bietet ihm das Spiel eine der wenigen Chancen, eine unbefriedigende Realität zu kompensieren (Oerter, 1993). Piaget (1932/1986) sah im Spiel der Kinder gar das

Gegenmittel gegen den "Zwang der Wirklichkeit", der die Kinder angesichts ihrer unvollkommenen Fähigkeiten sonst oft verzweifeln ließe (Ginsburg & Opper, 1975). Wygotsky (1933/1980) betonte ebenfalls, daß unerfüllbare Wünsche - etwa der Wunsch, groß zu sein - im Rollenspiel illusionär verwirklicht werden können. Vielleicht haben die Rachephantasien, mit der manche Kinder im Grundschulalter ihren Ärger gegenüber einem Freund oder einer Freundin bewältigen, hier ihren Ursprung. Auch der Rückzug in Phantasiewelten mag hierauf zurückzuführen sein (Oerter, 1993).

Wenn Kinder im Rollenspiel den aktiven Part übernehmen, so gibt ihnen dies neben der Selbstermächtigung auch die Möglichkeit, Verhaltensweisen auszuprobieren, die sie in Wirklichkeit nicht auszuführen wagen (Peller, 1954). Sein Puppenkind kann ein Kind schon mit harschen Worten ins Bett schicken, bei älteren Geschwistern oder Eltern wäre dies nicht möglich. Dennoch besteht ein kompliziertes Verhältnis zur Wirklichkeit (Fein, 1981). Daß ein solches Verhalten, wie die Psychoanalytikerin Peller (1954) annimmt, zur "Katharsis" unangenehmer und unannehmbarer Gefühlszustände und damit zum Rückgang aggressiver Spiele führt, ist allerdings zu bezweifeln (Schmidtchen & Erb, 1976). Ob man durch die Bereitstellung von Möglichkeiten zum zerstörerischen Spiel (etwa durch Action-Spielzeug) Kinder nicht nur kurzfristig, sondern auch langfristig zu gewalttätigen Handlungen verlockt, ist indessen auch nicht sicher (Roth, 1989). Zu bedenken ist ebenfalls, daß eine strikte Vermeidung von Gewalt auf der Phantasieebene dazu führen kann, daß die Gewalt in realen Beziehungen ihren Weg suchen muß (Buettner, 1989). Vielleicht sollte man das aktive Spiel der Kinder als ein Planspiel begreifen, als ein Erkunden des "was wäre wenn" auf der Ebene von handlungsbezogenem Spiel und Phantasie (Harris, 1992), das später durch rein gedankliche Planspiele abgelöst wird.

Wenn Kinder zusammen mit anderen Kindern kooperative Rollenspiele spielen, dann können sie davon in Hinblick auf die Entwicklung der Emotionsregulierung in dreifacher Hinsicht profitieren. Indem sie ihre Gefühle dem - hoffentlich verständnisvollen - anderen Kind durch das Medium der inszenierten Spielhandlung mitteilen, können sie sich erstens entlasten und "soziale Unterstützung" finden (Brown & Dunn, 1992). Als zweites lernen sie durch das Nachstellen von gefühlsgeladenen Situationen verschiedene "Gefühlsskripte" (Bretherton, 1993; Tomkins, 1991) kennen. Dies sollte ihr Verständnis für Ursachen und Konsequenzen von Gefühlen schärfen, vor allem in Situationen, in denen ihre Spielkameraden emotional anders reagieren, als sie selbst es tun würden. Als drittes - und dies dürfte wohl das Schwierigste sein - stehen sie vor der Aufgabe, ihre jeweiligen "Gefühlsskripte" zu koordinieren. Gelingt ihnen dies, dann kann das Phantasiespiel zu einem Mittel der Bewältigung werden. Gottman (1986) beschreibt, wie zwei befreundete Jungen auf der Ebene des kooperativen Rollenspiels mit den Themen Angst und Macht fertig wurden: die Spielszene begann damit, daß die vierjährigen Freunde die Wirkung von Gift erörterten. Dann wendeten sich die beiden den Gefahren zu, die von Kreuzottern ausgehen, und kamen schließlich auf Haie zu sprechen. Dabei ging ihnen auf, daß sie es mit einem mächtigen Gegner zu tun haben. Nachdem sie sich überlegt hatten, was geschehen würde, wenn sie auf einen Baum klettern, das Tier erschießen oder es in Metall verwandeln würden, kamen sie endlich zu dem Schluß, daß das Monster, zu dem der Hai inzwischen avancierte, nur dadurch in Schach zu halten ist, daß man ihm eine noch mächtigere Metapher entgegenstellt - und das ist: Zement. Fein (1987) beschreibt, mit welcher Souveränität Kinder im kooperativen Rollenspiel mit "Gefühlsschemata", also mit Versatzstücken sozialer Rollen und sozio-emotionaler Beziehungen, jonglieren, die sich weit von irgendeiner Realität entfernt haben. Da diese auf recht allgemeinem Niveau gespeichert sind, besteht ein großer Spielraum für die konkrete Ausfüllung. Dies ermöglicht das Zusammenspiel mehrerer Kinder. Kritisch ist zu Feins (1987) Theorie anzumerken, daß sie nur mit Beobachtungsbeispielen bei einzelnen Kindern belegt wurde.

Empirische Evidenz zur Rolle des Spiels mit Gleichaltrigen und Geschwistern für die Entwicklung der Emotionsregulierung

Die Überlegungen, die bisher zur Rolle des Spiels angestellt wurden, stammen zum großen Teil aus hermeneutisch angelegten Auswertungen von Spiel und Spielverlauf (z.B. Oerter, 1993) oder aus psychoanalytisch inspirierten Beobachtungen (z.B. Peller, 1954). Empirische Evidenz quantitativer Natur zu diesen Thesen beschränkt sich auf wenige Studien, die hier deshalb etwas genauer wiedergegeben werden sollen. Direkte Zusammenhänge zwischen dem Rollenspiel und der Bewältigung eines realen Lebensereignisses, das sicherlich auch viel Ärger einschließt, stellt lediglich die Untersuchung von Kramer und Gottman (1992) vor. Diese Autoren untersuchten, wie 30 Kinder im Vorschulalter im Spiel mit einem Freund oder einer Freundin die Geburt eines jüngeren Geschwisters bewältigten. Je länger das Freundespaar vor der Geburt kooperative Rollenspiele spielte, in denen die beiden gemeinsam Phantasiethemen nachstellten - vermutlich auch über das bald zu erwartende Baby -, je weniger die Aushandlungen den beiden dabei aus der Hand glitten und je höher die Bezogenheit ihres Spiels im allgemeinen war, desto stärker war die Beziehung des Kindes zu seinem jüngeren Geschwister später, nämlich als das Baby sechs und vierzehn Monate alt war, von positiven Gefühlen geprägt. Diese Ergebnisse hatten auch dann Bestand, wenn der Einfluß von Familienvariablen (Interaktion zwischen Mutter und Kind, Qualität der Ehe der Eltern), die ebenfalls zur Erklärung einer positiven Geschwisterbeziehung herangezogen werden können, statistisch ausgeschaltet wurde. Kramer und Gottman (1992) zitieren weitere Untersuchungen, nach denen Phantasiespiele Kindern helfen, mit Trennungsängsten und Katastrophen fertig zu werden.

Neben den direkten sind sicherlich auch indirekte Zusammenhänge zwischen Phantasiespielen und der Entwicklung der Ärgerregulierung anzunehmen. Diese dürften vor allem über die Entwicklung sprachlicher und sozial-kognitiver Kompetenzen vermittelt sein. So wurde das kooperative Spiel der Vorschulkinder als Impetus für ihre Sprachentwicklung (Bruner, 1977) angesehen. Brown und Dunn (1992) unterfütterten diese Überlegungen durch die Beobachtung, daß Kinder im Verlauf ihres dritten Lebensjahres zunehmend mehr mit ihren älteren Geschwistern als mit ihren Müttern über ihre Befindlichkeiten sprachen; die Mütter zum zweiten Meßzeitpunkt mit fast vier Jahren sogar fast nie im gleichen Raum mit ihnen waren. Die relativ seltenen Gefühlsbesprechungen mit den Müttern fanden zudem überwiegend im Kontext von Bemühungen um Pflege oder Erziehung des Kindes statt: Mütter zeigten Verständnis für Ängste, Kummer und Schmerzen des Kindes oder äußerten sich zu Gefühlen, um das Verhalten des Kindes zu bändigen, etwa indem sie auf Gefahren hinwiesen. Im Gegensatz dazu fanden Gespräche über Gefühle unter den Kindern eher im Kontext von Spiel und Spaß statt. Die beiden Kinder schütteten sich aus über Späße, zogen einander auf, redeten aber auch immer häufiger über Gründe und Folgen ihrer Gefühle. Im Gegensatz zur Mutter, die sich vorwiegend zu den Gefühlen des (jüngeren) Kindes äußerte, neigten die beiden Geschwister dazu, jeweils ihre eigene Befindlichkeit in den Vordergrund zu stellen. Dies zeigte insofern Erfolg, als die jüngeren Kinder zum zweiten Meßzeitpunkt mit fast vier Jahren vergleichsweise häufiger über die Empfindungen des Geschwisters redeten als über die der Mutter. Brown und Dunn (1992) folgerten aus diesen Befunden, daß die symmetrische Reziprozität im Konstatieren der eigenen Befindlichkeit die (jüngeren) Kinder auf Dauer herausfordert, die Gefühle anderer Menschen zu erkennen und zu respektieren. Denn hier steht ihnen kein wohlmeinender Erwachsener gegenüber, der es ihnen "leicht macht", indem er auf ihre Gefühle eingeht, sondern ein anderes Kind, das sich einerseits an Späßen und Spielen ebenso freuen kann wie sie selbst, andererseits unter Umständen aber auch ebenso auf seinen eigenen Empfindungen beharren kann wie sie selbst. So faszinierend das Spiel mit dem (älteren) Geschwister auch ist, so ist der Umgang von Gleich zu Gleich doch oft auch turbulent: Sowohl mehr positive Gefühle in Form von Lachen als auch mehr negative Gefühle in Form von Jammern oder Weinen äußerten die Kinder im Umgang mit dem älteren Bruder oder der älteren Schwester als im Umgang mit der Mutter.

Eine weitere Auswertung der Familienbeobachtungen von Judy Dunn und Mitarbeiterinnen ergab, daß Kinder, die mit ihren Geschwistern (außerhalb von gemeinsamen Rollenspielen) häufiger über Befindlichkeiten sprachen, auch öfter zusammen mit eben diesem Bruder oder dieser Schwester Phantasiespiele spielten. Diese hatten zudem eine größere Bandbreite von Themen zum Inhalt. Die Beteiligung an sozialen Rollenspielen, besonders mit dem Geschwister, trug seinerseits zur Erklärung der affektiven Perspektivendifferenzierung sieben Monate später bei (Youngblade & Dunn, 1995). Wie bereits mehrfach erwähnt, beförderte die mit 40 Monaten gemessene Fähigkeit, in die Haut eines anderen zu schlüpfen, unter anderem längere Rollenspiele mit dem Freund oder der Freundin sieben Monate später (Slomkowski & Dunn, 1996) und verlangsamte den (normalen) Rückgang von positiven Interaktionen im Rahmen von Rollenspielen mit dem älteren Geschwisterkind (Dunn, Creps & Brown, 1996). Eine genauere Analyse der Gespräche mit der Mutter, dem Geschwisterkind und einem befreundeten Kind kurz vor dem vierten Geburtstag bestätigte, daß Kinder in diesem Alter mit ihren Müttern sehr viel seltener über Geisteszustände (mental state talk) und vor allem seltener über gemeinsame Zustände ("Wir tun jetzt so als ob..") sprachen als mit dem älteren Geschwister oder einem befreundeten Kind. Diese verhandlungsfreundlichen Wendungen wurden dann besonders häufig benutzt, wenn die Geschwisterbeziehung bzw. die Freundschaft im wesentlichen kooperativ waren (Brown, Donelan & Dunn, 1996). Kinder, die mit knapp vier Jahren häufig mit ihrem Freund über Geisteszustände sprachen, hatten gut ein Jahr später ein besseres Verständnis sowohl für irreführende Annahmen (false beliefs, siehe Kapitel 3.2) und die daraus resultierenden Handlungen und Gefühle von anderen Personen als auch für Existenz von gemischten Gefühlen. Diese Ergebnisse hatten auch dann Bestand, wenn das Alter der Kinder, ihre verbalen und nonverbalen Fähigkeiten sowie ihr Verständnis für irreführende Annahmen und ambivalente Gefühle in der Ausgangssituation in die Vorhersage einbezogen wurden (Hughes & Dunn, 1998).

3.1.4 Zusammenfassung: Ärgerregulierung bei Aushandlungen mit Gleichaltrigen und Geschwistern im Kindergartenalter

Dieser Abschnitt ging von der Annahme aus, daß Geschwister und Gleichaltrige andere Anforderungen an die Ärgerregulierung eines Kindes stellen als seine Eltern und andere Erwachsene. Auch wenn der unterschiedliche Entwicklungsstand manch asymmetrisches Element in den Interaktionen und Beziehungen unter Geschwistern begünstigt und dominantes Verhalten einiger Kinder vordergründig gegen die Gleichheit aller Kinder sprechen mag, so ist dennoch das Prinzip der symmetrischen Reziprozität in den Beziehungen zwischen Peers aufrechtzuerhalten. Empirische Untersuchungen stellten fest, daß Kinder bei Ärger gegenüber ihren Spielkameraden im Kindergarten dazu neigten, ihrem Ärger Luft zu machen, körperlich Vergeltung zu üben oder verbalen Widerstand zu leisten (Fabes & Eisenberg, 1992). Insgesamt, so zeigte ein Überblick zum Konfliktverhalten unter Kindern, ist körperlich aggressives Verhalten selten und bei Kleinkindern nur dann, wenn der Schlag besonders schmerzhaft oder bedrohlich ist, von negativen Reaktionen begleitet. Ansprüche werden zunehmend verbal ausgehandelt. Dies endet allerdings nicht selten in der Sackgasse von Behauptung und Gegenbehauptung. Beobachtungen des Konfliktverhaltens unter Geschwistern förderten einerseits eine Zunahme körperlich aggressiven Verhaltens im zweiten Lebensjahr zutage. Andererseits ließen sich aber auch Hinweise auf ein schnelles Anwachsen des sozial-kognitiven Verständnisses finden (Dunn, 1988). Analysen des Konfliktverhaltens in Familien, in denen das jüngere Kind im vierten Lebensjahr war, wiesen sowohl auf Ähnlichkeiten wie auch auf Unterschiede im Gebrauch von Argumenten in der Mutter-Kind-Beziehung und in der Geschwisterbeziehung hin. Symmetrische Reziprozität, so stellte sich heraus, entstand unter den Geschwistern (und nur bei ihnen) nicht nur in Hinblick auf das "Nachgeben", sondern auch in Hinblick auf das "Mauern". War ein Kind geneigt, seine Anliegen und Wünsche, Behauptungen und Bedürfnisse nicht zu begründen, dann war auch sein Bruder oder seine Schwester nur selten bereit, Argumente zu gebrauchen (Slomkowski & Dunn, 1992).

Theoretische Überlegungen weisen ebenso wie qualitative Analysen (z.B. Oerter, 1993) darauf hin, daß Kinder bei Rollenspielen in ihrer emotionalen Entwicklung profitieren können. Rollenspiele ermöglichen den Kindern, ihre Gefühle und insgesamt belastende Situationen in Szene zu setzen. Im Verlauf von wiederholten Gestaltungsversuchen können sie dann unter Berücksichtigung der Perspektiven aller Beteiligten geordnet werden. Dabei können Kinder sich Wünsche erfüllen, etwa besonders groß und stark zu sein, oder ein Happy End herbeiführen. Rollenspiele geben Kindern ferner die Chance, auch solche Strategien der Ärgerregulierung auszuprobieren, für die sie im wirklichen Leben bestraft würden. Ob es bei Spielen mit aggressivem Inhalt allerdings zur "Katharsis" kommt, ist zu bezweifeln. Spielen die Kinder mit anderen Kindern zusammen, so lernen sie nicht nur die "Gefühls-skripte" ihrer Mitspieler kennen, sondern stehen auch vor der Aufgabe, die Beiträge mit ihren Spielpartnern zu koordinieren. Gelingt dies über längere Spielepisoden - vielleicht am besten mit besonders guten oder vertrauten Freunden -, dann wäre das Rollenspiel ein weiterer Weg, auf dem Kinder im Kindergartenalter ärgererregende und belastende Situationen "bewältigen" könnten. Empirische Evidenz für diese letzte Überlegung stammt aus einer Untersuchung von Kramer und Gottman (1992), nach der die Fähigkeit zu ausgedehnten Phantasiespielen dazu beitrug, daß Kinder im Kindergartenalter mit einem der belastendsten Ereignisse im Leben junger Kinder fertig geworden sind, nämlich mit der Geburt eines jüngeren Geschwisters und der sich daraus ergebenden Geschwisterrivalität.

Daß Geschwister im vierten Lebensjahr vor allem im Kontext von Spiel und Spaß über ihre Befindlichkeiten reden, belegt die Studie von Brown und Dunn (1992). Symmetrische Reziprozität kam hier insofern zum Tragen, als beide Kinder die Angewohnheit hatten, über ihre eigenen Gefühle zu reden, während die Mütter eher geneigt waren, sich zurückzunehmen und auf die Bedürfnisse des Kindes oder die Erfordernisse der Erziehungssituation einzugehen. Allerdings war der verbale Austausch unter Geschwistern nicht immer harmonisch, sondern endete oft in Tränen und Geschrei. Die Konfrontation mit der unterschiedlichen Gefühlswelt des älteren Bruders oder der älteren Schwester zeigte längerfristig jedoch insofern Wirkung, als die jüngeren Kinder am Ende der Untersuchung mit fast vier Jahren häufiger die Befindlichkeit des Geschwisters ansprachen als die der Mutter. Wie oft die Kinder zusammen mit ihrem älteren Geschwister Rollenspiele spielten, korrelierte außerdem mit der sieben Monate später gemessenen Fähigkeit, die affektive Perspektive einer Puppe zu übernehmen (Youngblade & Dunn, 1995).

Insgesamt, so läßt sich diesen Untersuchungen entnehmen, enthalten die durch Auseinandersetzungen und Rollenpiele angeregten Aushandlungen unter Geschwi-stern und Gleichaltrigen einzigartige Anforderungen an die Kinder, ihr Verständnis für die Meinungen und Befindlichkeiten anderer auszubilden und damit mittelbar und unmittelbar zu lernen, ihren Ärger und andere Gefühle zu regulieren. Umgekehrt trägt auch eine wohl ausgebildete Fähigkeit zur affektiven Perspektivendifferenzie-rung zu einer bezogeneren und verhandlungsbereiteren Kommunikation bei - zumindest unter befreundeten Kindern. Das Verhältnis zwischen Interaktionsver-halten und sozial-emotionalen Kognitionen ist also wechselseitig. Damit stellt sich die Frage, welchen Stellenwert die "kognitive" Ebene des Verständnisses für Gefühle gegenüber den Interaktionserfahrungen hat: ist sie lediglich ein "marker" oder trägt sie etwas eigenes zur Entwicklung von Emotionswissen und emotionalem Verhalten bei? Dies müßte in komplexeren Modellen als bisher untersucht werden, die auch die Beziehungsspezifität mancher Ergebnisse in Rechnung stellen sollte (Hughes & Dunn, 1998), denn ungeklärt ist bisher, wie Erfahrungen von einem Beziehungssystem (z.B. Geschwisterbeziehung) in ein anderes (z.B. Freundschaft) übertragen werden.

3.2 Emotionsverständnis, Verhaltenskontrolle und Verinnerlichung der Ärgerregulierung im Kindergartenalter

Während der Vorschuljahre wird die Entwicklung der Ärgerregulierung auch durch physiologische Reifungsprozesse angeregt. Genauer gesagt entwickelt sich der Vorderlappen des Neocortex, der es Kindern erleichtert, spontane Impulse zu kontrollieren, die Ausführung von Handlungen genauer zu steuern und insgesamt ihr Verhalten besser zu planen (Fox, 1994). Anzunehmen ist, daß die "äußeren" Anregungen aus dem sozialen Umfeld des Kindes mit der "inneren" Entwicklung des Neocortex zusammenhängen (Panksepp, 1994c), aber wie dies genau geschieht, muß noch geklärt werden. Dieser Abschnitt beschäftigt sich mit den beiden großen Themen, die durch die "innere" Entwicklung und die "äußeren" Interaktionserfahrungen möglich gemacht werden, nämlich zum einen mit der Ausbildung des Wissens über Aktualgenese, Modulation und Folgen von Gefühlen bzw. gefühlsmotivierten Handlungen und zum anderen mit der sich parallel und zunächst unabhängig davon entwickelnden Fähigkeit zur Kontrolle von Emotionsausdruck und Verhalten generell. Inwiefern die Veränderungen in diesen beiden Bereichen zur Verinnerlichung von Regeln des Erlebens, des Ausdrucks und der Regulierung von Ärger beitragen, wird zum Schluß diskutiert.

3.2.1 Die Entwicklung des Wissens über die Aktualgenese von Gefühlen

Schon lange vor ihrem Schuleintritt haben Kinder eine ziemlich genaue Vorstellung davon, welche Arten von Situationen Ärger auslösen. Eine experimentell angelegte Untersuchung von Brody und Harrison (1987) bestätigt etwa, daß Kinder im Kindergartenalter recht gut in der Lage sind, einfachen Situationen ein Emotionswort zuzuordnen. Der Geschichte "Du hast ein neues Spielzeug bekommen; dein Freund tritt es und macht es kaputt" wäre zum Beispiel das Emotionswort "Ärger" zuzuordnen. Diese Fähigkeit scheint im Alter von vier bis fünf Jahren für Grundemotionen wie Ärger, Trauer oder Glück/Freude abgeschlossen zu sein. Russell (1990) stellte weiterhin fest, daß die meisten Kinder von vier bis sechs Jahren auch über die Konsequenzen von Ärger Bescheid wußten: 77% von ihnen gaben nach Erwachsenen-Maßstäben korrekte Antworten über mögliche Folgen ärgerlicher Empfindungen. Harris (1992) drehte das Verfahren um und bat Kinder, zu Emotionswörtern Situationen zu erzählen. Schon die fünfjährigen Kinder aus den Niederlanden und Großbritannien waren in der Lage, angemessene Geschichten zu den Grundemotionen Angst, Freude, Trauer und Ärger/Wut zu erzählen. Daß auch Kinder aus einem entlegenen Bergdorf im Himalaya bereits im gleichen Alter korrekte Situationen für diese Grundemotionen benennen konnten, spricht für die kulturübergreifende Natur dieses Entwicklungsganges (Harris, 1992). In einem Experiment prüften Stadler, Janke und Schmidt-Atzert (1997) eine Frage, die lange Jahre umstritten war, nämlich ob schon Vorschulkinder feindselige von fahrlässigen Intentionen unterscheiden können. Zu diesem Zweck konstruierten die Autoren eine Situation im Labor, bei der die Mauer eines Kindes durch eine Puppe (die unerkannt von der Versuchsleiterin gespielt wurde) zerstört wurde. Damit wurde die "Belohnung" des Kindes in Frage gestellt. 31 der 39 beteiligten Jungen zwischen vier und sechs Jahren erkannten korrekt, ob die Puppe die Mauer mit böswilliger Absicht oder "aus Versehen" zum Einsturz gebracht hatte. Lag eine absichtliche Schädigung vor, so war die Bereitschaft der Jungen, der Puppe "ordentlich weh zu tun" größer, als wenn die Schädigung ohne erkennbar böswillige Absicht geschehen war. Beobachterinnen konnten bei der Jungengruppe, die von der Puppe absichtlich geschädigt worden war, mehr "aggressive" Verhaltensweisen entdecken und schätzten diese Gruppe auch insgesamt als ärgerlicher, gereizter und erregter als die Vergleichsgruppe der unabsichtlich geschädigten Jungen ein. In Hinblick auf die selbstberichteten Gefühle und Handlungsbereitschaften ergaben sich keine signifikanten Unterschiede zwischen den beiden Gruppen. Zusammenfassend läßt sich daher festhalten, daß es den meisten Kindern offenbar schon im Kindergartenalter gelingt, in einer realen Schädigungssituation Feindseligkeit von Fahrlässigkeit zu unterscheiden, auch wenn sich dies eher auf der Verhaltensebene als bei der Selbstauskunft zeigt.

Daß Kinder lernen, daß das Erleben von Gefühlen nicht von der objektiven Situation abhängt, sondern von deren subjektiver Wahrnehmung, ist ein weiterer Aspekt des Verständnisses von Emotionen, der besonders von Harris (1992) betont wird. Harris (1992) führte nämlich den Nachweis, daß Kinder zwischen vier und sechs Jahren immer korrekter vorhersagen können, wie frustriert sich die Elefantendame Ellie fühlt, wenn sie in einer Dose Milch entdeckt, in der sie eigentlich ihr Lieblingsgetränk Coca Cola vermutet hatte. Für Paul Harris (1992) ist dieses Wissen über die Wirksamkeit irreführender Annahmen (false beliefs) ein Hinweis darauf, daß Kinder im Laufe ihrer Entwicklung eine "theory of mind", also eine Theorie des Geisteslebens, ausbilden, die sich zunehmend weniger an beobachtbaren Tatsachen, wie etwa dem Ausdrucksverhalten, orientiert. Mit dem Einblick in die Funktionsweise der Psyche, so vermuteten Harris (1992) und seine Mitarbeiter, gewinnen Kinder immer vielfältigere Möglichkeiten, mit ihren eigenen Gefühlen umzugehen, also mit ihren Ängsten und Ärgernissen, mit ihren Sorgen und Kümmernissen zunehmend besser fertig zu werden. Das Verständnis für die menschliche Gefühlswelt beeinflußt natürlich auch den Umgang mit anderen Menschen. Denn: Je entwickelter dieses Verständnis ist, je besser sich ein Kind also in die Wünsche, Vorstellungen und Überzeugungen anderer Menschen hineinversetzen kann, desto gezielter kann es sie unterstützen und desto weniger sollte es sie aus Unkenntnis verletzen. Es mag zunächst paradox erscheinen, aber je entwickelter das Verständnis eines Kindes ist, umso wirkungsvoller kann es zugleich auch andere Menschen provozieren bzw. sie umso treffsicherer kränken. Das Wissen um diese Strategien der Einflußnahme auf das emotionale Innenleben anderer Menschen ist nach Harris eine der Voraussetzungen für ihre Anwendung.

Ein weiterer Beleg für das immer komplexere Wissen, das Kinder über das menschliche Gefühlsleben ausbilden, sind die verschiedenen Untersuchungen über die Entwicklung des Verständnisses von multiplen Gefühlen. Angestoßen durch Beobachtungen in der Kindertherapie, nach denen es den jungen Klienten äußerst schwer fiel, gemischte Gefühle gegenüber Familienangehörigen zuzugeben, die in ihrem Verhalten ganz offensichtlich waren, machte sich Susan Harter (1977) daran, die Entwicklungssequenz des Verständnisses für ambivalente Gefühle zu erforschen. Dabei kam sie zu folgenden Ergebnissen (Harter, 1986): Wurden die Kinder gebeten, Geschichten zu erzählen, in denen sie zwei Gefühle (die sie sich aussuchen konnten) zum gleichen Zeitpunkt erlebt hatten, dann mußten die meisten Fünfjährigen passen. Sie konnten sich nur Geschichten ausdenken, bei denen sie zwei Gefühle nacheinander empfunden hatten. Die Siebenjährigen konnten hingegen schon Beispiele dafür bringen, daß man manchmal zwei positive oder zwei negative Gefühle zum gleichen Zeitpunkt gegenüber dem gleichen Sachverhalt haben kann. Kindern im Alter von etwa achteinhalb Jahren gelang es, Erlebnisse zu schildern, bei denen sie zugleich zwei Gefühle gleicher Valenz gegenüber unterschiedlichen Sachverhalten empfunden hatten. Die Zehnjährigen waren in der Lage, Geschichten zu erzählen, bei denen sie zum gleichen Zeitpunkt eine positive und eine negative Emotion verspürt hatten, allerdings gegenüber unterschiedlichen Sachverhalten. Erst Kinder im Alter von durchschnittlich elf Jahren konnten sich vorstellen, widerstreitende Gefühle gegenüber dem gleichen Sachverhalt zu haben, und dies auch mit Beispielen belegen. Das verbale Verständnis für emotionale Ambivalenz ist demnach erst gegen Ende der mittleren Kindheit voll ausgebildet.

Fischer und Mitarbeiter (1990) untersuchten, wie in Kapitel 3.1.3 berichtet, nicht das Verständnis von Ambivalenz auf der Gefühlsebene, sondern auf der Handlungsebene. Als sie Kinder baten, Puppen "nette" und "gemeine" Handlungen ausspielen zu lassen, kamen sie zu etwas anderen Ergebnissen. Sie fanden nämlich, daß Kinder schon vor dem Schulalter in der Lage waren, eine Puppe gleichzeitig "nettes" und "gemeines" Verhalten gegenüber einer zweiten Puppe spielen zu lassen, allerdings nur unter optimalen Unterstützungsbedingungen ihrer Umwelt, im wesentlichen also, wenn die Kinder mit dem Spielmaterial vertraut waren und sie die wichtigsten Punkte der Geschichte präsent hatten. Mit den unterstützenden Umweltbedingungen ist eine Erklärung für Fischers Befund der frühen Überwindung der emotionalen Spaltung gegeben. Ein zweiter Grund mag sich darauf beziehen, daß Fischer und Mitarbeiter die Kinder die Geschichten nicht erzählen ließen, sondern sie nachgestalten ließen, denn bei diesem Verfahren waren die Antworten der Kinder auf der offenbar vertrauteren Ebene der Handlungen angesiedelt. Möglicherweise läßt sich prozedurales Wissen am besten auf der Handlungsebene wiedergeben. In ihrem eigenen Verhalten zeigen Kinder übrigens schon lange vor diesem Zeitpunkt alle Anzeichen ambivalenten Verhaltens. Dunns (1988) Beispiele über das zugleich zärtliche und feindselige Verhalten älterer gegenüber jüngeren Geschwistern im Kleinkindalter sind nur dramatische Höhepunkte des Ausdrucks widerstreitender Gefühle, einer Tendenz, die wohl schon in der Säuglingszeit ihren Anfang hat. Bemerkenswert ist also die große zeitliche Verzögerung zwischen dem Ausdruck ambivalenter Empfindungen einerseits und dem Wissen darüber andererseits.

3.2.2 Die Entwicklung der Ausdrucksmodulation von Gefühlen und des Wissens hierüber

Die Entwicklung des Wissens über wahre und scheinbare Gefühle

Ein weiterer Bereich, in dem sich das Verständnis von Gefühlen entwickelt, betrifft das Wissen, daß man sein emotionales Ausdrucksverhalten verstellen und andere damit täuschen kann. Die Unterscheidung zwischen "wahren", also innerlich erlebten, und "scheinbaren", also im Ausdrucksverhalten vorgetäuschten, Gefühlen basiert nach Josephs (1993) auf drei "allgemein-kognitiven" Voraussetzungen, nämlich (1) einer theory of mind, die zwischen "innerem" Erleben und "äußerem" Ausdruck differenziert, was mit der Unterscheidung zwischen "Erscheinung" und "Wirklichkeit" zusammenhängt; (2) der Fähigkeit zur emotionalen Perspektivendifferenzierung insofern, als den Kindern bewußt ist, daß andere Menschen ihre Gefühle nur aus ihrem Ausdrucksverhalten ablesen können, und damit zusammenhängend (3) dem Wissen, daß man das eigene Ausdrucksverhalten dazu einsetzen kann, um andere Menschen hinters Licht zu führen. Harris (1992) überprüfte zusammen mit seinen Kollegen den Entwicklungsgang der Unterscheidung zwischen wahren und scheinbaren Gefühlen. Vierjährige, so fand Harris (1992), wußten zwar, in welchen Situationen die Hauptpersonen von hypothetischen Geschichten normalerweise positive oder negative Gefühle empfinden würden. Wurden sie jedoch nach Situationen gefragt, in denen das Ausdrucksverhalten mit großer Wahrscheinlichkeit vom Erleben abweicht, so mußten die meisten von ihnen passen. Erst Kinder von etwa sechs Jahren konnten das vom Erleben abweichende Ausdrucksverhalten korrekt vorhersagen. Kinder dieses Alters wußten in der Regel auch, daß diskrepantes Ausdrucksverhalten andere Menschen täuschen kann (Harris, 1992). Josephs (1993) bestätigte an einer Stichprobe deutscher Kindergartenkinder, daß das Wissen über die möglichen Diskrepanzen zwischen wahren und scheinbaren Gefühlen mit dem Alter zunimmt und daß es unabhängig davon ist, ob der Grund für die Verstellung in den hypothetischen Geschichten prosozialer oder selbstdienlicher Natur ist.

Die Entwicklung der Modulation des Ausdrucks von Gefühlen

Ausdruck und Erleben von Gefühlen hängen jenseits des ersten Lebensjahres nicht mehr notwendigerweise zusammen. Spätestens ab ihrem dritten Geburtstag sind Kinder sehr wohl in der Lage, falsche Tatsachen überzeugend vorzuspielen. Lewis, Stanger und Sullivan (1989) brachten die Kinder in eine Versuchssituation, indem sie ihnen verboten, einen sehr interessanten Spielzeug-Zoo anzuschauen, der hinter ihrem Rücken aufgebaut war, während die Versuchsleiterin das Zimmer verließ. Danach befragt, ob sie nach dem Spielzeug geschielt hätten, antworteten 62% der Kinder entweder mit "nein" oder sie gaben gar keine Antwort, obwohl eine Videoaufnahme zeigte, daß sie in Wirklichkeit doch das Spielzeug angeschaut hatten. Analysierte man das nonverbale Ausdrucksverhalten der "Vortäuscher", so ergaben sich keine Unterschiede gegenüber dem Verhalten derjenigen Kinder, die wahrheitsgemäß berichteten, daß sie das Spielzeug angeblickt hatten. Vor allem erwachsene Beurteiler waren nicht imstande, anhand der "Unschuldsmiene" der Kinder festzustellen, welche gelogen und welche die Wahrheit gesagt hatten. Weitere Laborstudien unterstreichen, daß die willentliche Beherrschung der Gesichtsmuskulatur auch unter weniger motivierenden Bedingungen, nämlich bei einfachen verbalen Anweisungen, mit dem Alter zunimmt. Konnten die Dreijährigen schon auf Kommando lächeln und Teile des Überraschungsgesichts zeigen, so erwiesen sich die Vier- und Fünfjährigen als wahre Experten. Sie waren nämlich imstande, alle Grundemotionen mit Ausnahme von Angst und Ärger ebenso überzeugend wie die erwachsene Vergleichsgruppe zu produzieren (Lewis, Sullivan & Vasen, 1987). Ab wann Kinder die verschiedenen Techniken zur Umsetzung von Darbietungsregeln, wie etwa Vergrößerung, Verkleinerung, Neutralisierung und Maskierung, beherrschen, ist bisher noch nicht im Feld untersucht worden. Auch interindividuelle Unterschiede bezüglich der Fähigkeit, nicht erlebte Gefühle im Ausdrucksverhalten vorzutäuschen bzw. erlebte Gefühle im Ausdruck zu unterdrücken oder zu neutralisieren, sind bislang noch nicht systematisch erforscht worden.

Unter dem Stichwort der Darbietungsregeln wurde am häufigsten die Fähigkeit untersucht, Enttäuschung gegenüber einer erwachsenen Versuchsleiterin zu maskieren. Orientierungspunkt für alle weiteren Studien war Carolyn Saarnis (1984) Enttäuschungsparadigma, das deshalb im folgenden etwas genauer geschildert wird, auch wenn Ärger und Enttäuschung möglicherweise zwei verschiedene Emotionen sind (Mees, 1991) und es bei dieser Versuchsanordnung um die Unterbindung des Gefühlsausdrucks gegenüber einer erwachsenen Person geht. Bei diesem Laborexperiment wird zunächst die Erwartung beim Kind aufgebaut, daß seine Tätigkeit durch ein attraktives Geschenk der Versuchsleiterin belohnt wird. Bei einer zweiten Tätigkeit, die ein paar Tage später ausgeführt wird, wird diese Erwartung verletzt: das Kind bekommt kein altersangemessenes, sondern ein unattraktives Geschenk. Während das Kind das wenig attraktive Geschenk erhält, wird sein Ausdrucksverhalten auf Video aufgenommen und anschließend analysiert. Pamela Cole (1986) adaptierte das Enttäuschungsparadigma für Kinder im Vorschulalter. In ihrer ersten Studie stellte Cole (1986) erwartungsgemäß fest, daß alle Kinder bei Erhalt des unattraktiven Geschenks mehr Ausdrucksformen von Ärger, Ekel und Trauer auf ihren Gesichtern zeigten als bei Erhalt des attraktiven Geschenks. Dennoch trugen Mädchen schon ab der jüngsten Altersgruppe häufiger ein Lächeln, den Ausdruck der Überraschung oder eine Mischung von beiden auf ihren Gesichtern als Jungen entsprechenden Alters. Hinsichtlich des Ausdrucks negativer Gefühle während der Enttäuschungssituation traten weder Alters- noch Geschlechtsunterschiede auf. Cole (1986) erweiterte diese Ergebnisse in einer zweiten Studie, in der sie 20 Mädchen zwischen 3:0 und 4:9 Jahren mit dem Enttäuschungsparadigma untersuchte. Dabei variierte sie, ob die Versuchsleiterin bei Erhalt der Geschenke anwesend war oder nicht. Auch diese drei- und vierjährigen Mädchen setzten beim Öffnen des unattraktiven Geschenks eine positive Miene auf und äußerten sich in neutraler Weise, allerdings nur dann, wenn die Versuchsleiterin anwesend war. Waren sie alleine, als sie das reizlose Geschenk auspackten, notierte man eine Vielzahl von negativen Ausdrucksbewegungen und Wortbeiträgen, die ihrem Erleben wahrscheinlich eher entsprachen. Weitere Ergebnisse zu Geschlechtsunterschieden beim Enttäuschungsparadigma folgen in Kapitel 5.

Daß man andere Menschen in die Irre führen kann, wenn man eine Miene aufsetzt, die vom eigenen Erleben abweicht, konnte nur eines der zwanzig Mädchen bei der Nachbefragung in Coles (1986) zweiter Studie in Worte fassen. Dieses Ergebnis ist bemerkenswert, hatten doch fast alle Mädchen während der Enttäuschungssituation eine positive Miene bewahrt. Es deckt sich mit einem Befund von Josephs (1993), die feststellte, daß Ratingurteile über das Gelingen der Vorspiegelung von Freude und Zufriedenheit in der Enttäuschungssituation bei Kindern von fast fünf Jahren (im Durchschnitt) noch nicht signifikant mit ihrem Wissen über den Ausdruck und das Verbergen positiver und negativer Gefühle zusammenhing. Erst bei der älteren Altersgruppe von durchschnittlich 6:3 Jahren ergab sich eine knapp signifikante Korrelation zwischen dem Wissen des einzelnen Kindes und dem Ratingurteil über sein Verhalten in der Enttäuschungssituation (Josephs, 1993) (ähnlich Garner & Power, 1996).

Auf die Frage, warum das Wissen über die Verstellung des Ausdrucksverhaltens erst einige Jahre später verbal zugänglich ist als das Verhalten selbst, gibt es im wesentlichen zwei Antworten. Zum einen mag dies an methodischen Schwierigkeiten liegen, zeigt sich doch auch bei anderen Fähigkeiten, daß das Wissen, das bei Befragungen anhand von hypothetischen Geschichten ans Licht kommt, oft geraume Zeit hinter dem herhinkt, was Kinder unter den zugleich einschränkenderen und motivierenderen Bedingungen des Familienalltags zeigen (Dunn, 1988). Zum anderen mag der "Entwicklungsrückstand" des Wissens dadurch bedingt sein, daß die Regulierung des Ausdrucksverhaltens zuerst auf der Verhaltensebene gelernt wird. Implizites Lernen dieser Art fängt bereits im vorsymbolischen Säuglingsalter an, und zwar anhand der kontingenten Reaktionen, die ihre Mütter auf ihr Ausdrucksverhalten zeigen (Malatesta & Haviland, 1982). Gelingt es Kindern immer wieder, ihre erwachsenen Bezugspersonen bewußt zu täuschen, kommt einige Zeit später wahrscheinlich das Lernen am Erfolg hinzu. Das Lernen am Modell - oder durch die Identifikation mit den Bezugspersonen (Damon, 1989) - ist ebenfalls im wesentlichen impliziter Natur und nicht sprachlich vermittelt. Auch wenn die Form, in der dieses Wissen auf der Verhaltensebene mental repräsentiert wird, noch Gegenstand der Kontroverse ist (Stern, 1992, 1995; Crittenden, 1993), so herrscht doch Übereinstimmung darüber, daß es prozeduraler Natur ist. Wie andere Formen prozeduralen Wissens ist das Wissen über die Modulation des Ausdrucksverhaltens daher vorbewußt und schlecht zu verbalisieren. Zwar setzt ab der zweiten Hälfte des ersten Lebensjahres auch das explizite Beibringen von Höflichkeitsregeln, wie etwa das "winke-winke" beim Abschied ein, die sprachlich vermittelt werden. Doch enthalten auch diese sozialen Regeln eine behaviorale Komponente: Verhält sich das Kind entsprechend dieser Konventionen, dann wird es belohnt; Nicht-Befolgung wird ignoriert oder manchmal auch bestraft. Anzunehmen ist daher, daß der Ausdruck und die Regulierung von Ärger sowohl auf dem impliziten nonverbalen prozeduralen Wege wie auch auf dem expliziten semantisch vermittelten Wege beeinflußt werden.

Durch das Reden über Gefühle, so ist auch anhand der vielen Befunde von Judy Dunn und ihrer Arbeitsgruppe zu vermuten, entsteht neben dem vorbewußten prozeduralen Wissen immer mehr sprachlich verfügbares semantisches Wissen (siehe Kapitel 2). Welches Verhältnis zwischen prozeduralem und semantischem Wissen besteht, liegt noch weitgehend im Dunkeln. Zwar liegen einige theoretische Überlegungen von Stern (1992, 1995) und Crittenden (1993) über diese beiden Arten der Repräsentation von Gefühlen und Beziehungen vor, doch empirisch überprüft ist davon recht wenig. Abgesichert erscheint allein, daß Kinder die Verstellung ihres Ausdrucksverhaltens beim Enttäuschungsparadigma nicht nur durch Nachahmung eines visuellen Modells erworben haben können, denn Kinder, die seit ihrer Geburt blind waren, modulierten ihre Gesichtsbewegungen in dieser Situation in ähnlicher

Weise wie eine Kontrollgruppe sehender Kinder, die ihnen in Hinblick auf Alter, Geschlecht und Schultyp angeglichen worden war (Cole, Jenkins & Shott, 1989).

Eine weitere interessante Frage, die ebenfalls kaum erforscht worden ist, betrifft die Folgen dieses Wissens. Erst dann nämlich, wenn das Wissen über die Verstellung des Ausdrucksverhaltens Kindern sprachlich zugänglich ist, sollten sie in der Lage sein, dieses Wissen auch strategisch einzusetzen, also andere Menschen bewußt hinters Licht zu führen. Vielleicht speist sich die Vorliebe, die Kinder im Grundschulalter für Streiche und andere Formen der Verstellung haben, zum Teil aus dieser Quelle, eben aus dem gerade erst erworbenen Wissen über die Täuschung und der Freude am Üben dieser neuen Kompetenz. Ob es einem Kind jedoch gelingt, die Maskierung und Verstellung, das Vortäuschen falscher Tatsachen und das Auslassen wichtiger Sachverhalte so erfolgreich über die Bühne zu bringen, daß andere davon überzeugt werden, ist noch eine zweite Frage. Manche Kinder sind, ebenso wie Erwachsene, einfach notorisch schlechte Lügner (Ekman, 1985).

3.2.3 Das Wissen über moralische Regeln bezüglich des Ärgerausdrucks

Die Fähigkeit, seinen Ärger zu regulieren, speist sich nicht nur aus dem Wissen um Entstehung und Modulation von Gefühlen sowie aus der sich entwickelnden Kontrolle des Ausdrucksverhaltens, sondern auch aus dem Wissen und der Beurteilung der Folgen ärgerlichen Verhaltens. Werden durch ärgermotivierte Handlungen, wie etwa Hauen oder Treten, andere Menschen geschädigt, so fällt dies in den Bereich moralischer Regeln. Denn interpersonale Konflikte im Alltag, so Keller (1996), "haben immer dann eine moralische Dimension, wenn Handlungen und ihre Folgen sowie die ihnen zugrundeliegenden psychischen Bedingungen in Hinblick darauf beurteilt werden, was im Sinne von Prinzipien der Fairness richtig und vernünftig und was im Sinne von moralischen Idealen gut und wünschenswert ist" (Keller, 1996, S. 17). Hinzuzufügen ist vielleicht ein weiteres Beurteilungsprinzip, nämlich das der Fürsorge oder der Anteilnahme. Da Keller (1996) einen umfassenden Überblick über die Entwicklung des moralischen Verständnisses und der moralischen Motivation von Kindern vorgelegt hat, fasse ich mich hier kurz.

Schon ab dem zweiten Lebensjahr wissen die meisten Kinder, daß körperlich aggressives Verhalten andere Personen verletzen kann und daß es moralische Regeln gibt, die Verhalten dieser Art bestrafen. Smetana (1981) stellte beispielsweise fest, daß Kinder von zweieinhalb bis viereinhalb Jahren die Verletzung von moralischen Regeln dieser Art mit intensiveren Strafen belegten als die Verletzung von Konventionen. Aufbauend auf weitere Studien von Turiel (1983) und Shantz (1982) kommt Keller (1996) daher zu dem Schluß, daß Kinder im Vorschulalter sich nicht nur - wie von Piaget (1932/1986) und Kohlberg (1969) gleichermaßen angenommen - in ihrem moralischen Urteil am Gehorsam gegenüber Autoritäten oder der Angst vor Strafe orientieren, sondern schon auf dieser präkonventionellen Stufe moralischen Denkens in der Lage sind, die negativen Folgen ihres eigenen Handelns für andere vorherzusehen. Allerdings scheint diese Form des moralischen Urteils noch ziemlich vom Kontext abzuhängen (Keller, 1996). Hinzu kommt, daß die Kenntnis moralischer

Regeln nicht unbedingt bedeutet, daß Kinder im Vorschulalter bei der Verletzung dieser Regeln Schuldgefühle oder andere moralische Gefühle empfinden. Besonders frappant sind in diesem Zusammenhang die Befunde von Nunner-Winkler und Sodian (1988), die Vier- bis Achtjährige zu moralrelevanten Situationen befragten, wie einem anderen Kind Süßigkeiten wegzunehmen oder einen unrechtmäßig erworbenen Gewinn mit Spielkameraden zu teilen. Obwohl fast alle Kinder die entsprechenden moralischen Regeln nennen konnten, waren die meisten Vierjährigen, etwa die Hälfte der Sechsjährigen und immerhin noch zehn Prozent der Achtjährigen, der Meinung, daß das Kind, das diese Regeln in den entsprechenden Geschichten gebrochen hatte, sich glücklich und zufrieden fühlen würde. Dieses Ergebnis hatte auch dann Bestand, wenn die Regelübertretung von den Kindern als "schwer" beurteilt wurde und das regelbrechende Kind (durch eine schnelle Wendung der Geschichte) letztlich keinen Vorteil davon hatte. Allerdings wurden dem regelverletzenden Kind freudige Gefühle nur dann zugeschrieben, wenn es mit Absicht gegen die Regel verstoßen hatte. Moralische Gefühle, so folgern Nunner-Winkler und Sodian (1988) aus diesen Befunden, treten in den Hintergrund, wenn sie mit dem Erreichen eigener Ziele in Konflikt geraten.

Arsenio (1988) bestätigte, daß Vorschulkinder sich auch bei solchen hypothetischen Geschichten am Ergebnis orientierten, die die Bedrohung oder die körperliche Verletzung eines anderen Kindes zum Inhalt hatten. Mehr als die Hälfte der fünfjährigen Kinder, die er befragte, gab nämlich an, daß es sich gut fühlen würde, wenn es ein anderes Kind von der Schaukel schubsen würde, um selbst schaukeln zu können. In einer weiteren Studie stellten Arsenio und Kramer (1992) fest, daß die freudigen Gefühle des "Täters", die in den Aussagen der Vierjährigen noch unvermittelt neben den Gefühlen von Angst, Ärger oder Traurigkeit des "Opfers" standen, bei den Sechsjährigen schon insofern vermittelt wurden, daß sie auf Nachfrage zusätzlich negative Gefühle des "Täters" berichten konnten. Dies war vor allem dann möglich, wenn die Leiden des von der Schaukel gestoßenen Kindes in den Vordergrund gestellt wurden. Die achtjährigen Kinder vermuteten beim "Täter" zum Teil schon spontan gemischte Gefühle. Arsenio und Kramer (1992) diskutieren diese Befunde zum einen in Hinblick auf das sich erst langsam entwickelnde Konzept ambivalenter Gefühle (Harter & Buddin, 1987; Harris, 1992, siehe Kapitel 3.2.1) und zum anderen in Hinblick auf das Stufenmodell der Entwicklung der Integration widerstreitender Gefühle und Verhaltensweisen im Puppenspiel von Fischer et al. (1990), über das in Kapitel 3.1.3 berichtet wurde.

Keller (1996) analysierte in einer Längsschnittstudie unter anderem die Entwicklung der Folgen, die Kinder zwischen sieben und fünfzehn Jahren vorhersahen, wenn sie in einer Dilemma-Geschichte ein Versprechen gegenüber einer Freundin zugunsten eines attraktiven Kinobesuchs gebrochen hatten. Schuldgefühle wurden in dieser Untersuchung ebenso als Indikator für das Wissen um moralische Verpflichtungen und interpersonale Verantwortungen betrachtet wie Entschuldigungen und Rechtfertigungen. Schuldgefühle, Entschuldigungen, Rechtfertigungen sowie Wiedergutmachungsversuche tauchten nach Kellers (1996) Auswertungen erst ab Stufe 2 auf, auf der die meisten Kinder mit etwa neun Jahren argumentierten. Erst ab Stufe 3, die die Mehrzahl der Heranwachsenden mit etwa fünfzehn Jahren erreichte, deckte sich das Bewußtsein der zwischenmenschlichen Verantwortung und/oder moralischen

Verpflichtung mit der (hypothetischen) Handlungsentscheidung, auf jeden Fall das Versprechen gegenüber der Freundin zu halten. Keller (1996) folgerte aus diesen und weiteren Befunden aus der Literatur, daß die Konsistenz zwischen moralischem Urteil und moralischem Handeln erst dann relevant wird, wenn moralische Selbstbeurteilungen (etwa die Einschätzung der eigenen Person als verläßlich) Teil des Selbstkonzeptes werden. Ein moralisches Selbst ist demnach in der Regel erst ab der Adoleszenz voll ausgebildet. Interindividuelle Unterschiede dürften im weiteren Leben in Hinblick darauf bestehen, welche Bedeutung die moralischen Selbstbeurteilungen im Selbstkonzept des einzelnen haben und wie wichtig der Person die Konsistenz zwischen moralischem Bewußtsein und moralischem Handeln ist. Mit dem Konzept des moralischen Selbst integriert Keller (1996) zwei Ansätze der Moralentwicklung, die für sich allein nicht überzeugen, nämlich den von Kohlberg (1969), der schon die moralrelevanten Kognitionen als handlungsleitend ansah, mit dem von Hoffman (1983), der die Empathie als moralisches Motiv in den Mittelpunkt seiner theoretischen Vorstellungen rückte.

3.2.4 *Die Verinnerlichung von moralischen Regeln und Verhaltenserwartungen*

Eine weitere Forschungsrichtung, die sich mit dem Problem der Konsistenz zwischen Bewußtsein und Verhalten auseinandersetzt, ist die der Verinnerlichung (Kochanska, 1993). Genauer gesagt geht es bei der Verinnerlichung um den Prozeß der Gewissensbildung, also um die Übernahme von Werten, Normen und moralischen Standards, auch in Abwesenheit von äußeren Strafen. Sich diese Regelungen zu eigen zu machen, ist für Kinder wichtig, um antisoziale und destruktive Impulse zurückzuhalten. Die positive Funktion des Gewissens ist der Schutz gegen neue Verfehlungen bzw. die Wiedergutmachung des Schadens, den man angerichtet hat. Verantwortlichkeit nicht nur für das eigene Wohlergehen zu entwickeln, sondern auch für das anderer, ist unbedingt notwendig, um die soziale Ordnung aufrechtzuerhalten. Negative Folgen hat die Gewissensbildung dann, wenn die "innere Bestrafung" so streng oder so rigide ist, daß Furcht, Schuld, Scham, Selbstkritik und andere Arten von Gewissensbissen so ausgeprägt sind, daß sie Wohlbefinden und Selbstwertgefühl des Kindes auf Dauer beeinträchtigen. Kochanska legte ein Zwei-Komponenten-Modell der Verinnerlichung vor, das sie zusammen mit ihren Mitarbeitern empirisch untermauerte (Kochanska, De Vet, Goldman, Murray & Putnam, 1994). Nach diesem Modell entwickelt sich die Verinnerlichung aus dem Zusammenspiel zweier Komponenten, nämlich zum einen der Komponente des affektiven Unbehagens und zum anderen der Komponente der Verhaltenskontrolle. Die Komponente des affektiven Unbehagens umschließt Gefühle von Schuld, Scham, Bedauern, Angst, oder allgemeiner gesagt, Gewissensbisse bei Regelübertretungen oder Verletzungen von Verhaltensstandards. Die Komponente der Verhaltenskontrolle umfaßt die willentliche Beeinflussung des Verhaltens, etwa die Fähigkeit, Impulse aufzuschieben oder ganz zu unterdrücken. Da diese beiden Komponenten neben Emotionsverständnis, moralischen Regeln und Ausdruckskontrolle für die Entwicklung der Ärgerregulierung relevant sein dürften, wird ihre Entwicklung im folgenden skizziert.

Studien von Kagan (1981), Emde und Mitarbeitern (1991) und anderen stimmen darin überein, daß Kinder im Laufe des zweiten Lebensjahres ein Bewußtsein für Standards, Regeln und Normen entwickeln. Reagieren Kinder unter zwei Jahren mit einer Mischung aus Interesse, Aufgeregtheit oder sogar Amüsement auf Regelübertretungen (Dunn, 1988), so zeigen sie nach ihrem zweiten Geburtstag bei eigenen Mißgeschicken in der Regel zwei Verhaltensmuster, nämlich entweder eine Mischung aus Anspannung und Frustration oder den Ausdruck der Trauer, der oft mit Bemühungen um die Behebung des Schadens einhergeht (Cole, Barrett & Zahn-Waxler, 1992). Etwa zum gleichen Zeitpunkt lassen sich erste Tröstungsversuche gegenüber anderen Personen beobachten, die traurig oder bekümmert aussehen (Zahn-Waxler, Radke-Yarrow & King, 1979). Ebenfalls im dritten Lebensjahr entwickelt sich das Verständnis von Regeln, Normen und Standards. Bewertet ein Kind sein eigenes Verhalten als Regelübertretung oder Mißerfolg, der seiner globalen Unfähigkeit zuzuschreiben ist, dann sollte dies nach Michael Lewis' (1993a) kognitiver Attributionstheorie zum Erleben von Scham führen. Schuld entsteht nach Lewis (1993a), wenn die Zuschreibung der Ursachen des eigenen Versagens nicht global, also bezogen auf die ganze Person, sondern bezogen auf spezifische Fähigkeiten erfolgt. Weitere Unterscheidungsmerkmale zwischen Scham und Schuld, die hinsichtlich der Entwicklung des affektiven Unbehagens bei Regelübertretungen allerdings nicht relevant sind, diskutieren Geppert und Heckhausen (1990).

Eine Besonderheit der frühkindlichen Zuschreibung von Schuld ist, daß sie oft generalisiert ist, sich also auf Sachverhalte bezieht, die die Kinder gar nicht kontrollieren können. Graham, Doubleday und Guarino (1984) stellten fest, daß Kinder bis zu sechs Jahren den Heldinnen und Helden von Bildergeschichten auch in solchen Situationen Schuldgefühle zuschrieben, in denen diese zwar einen Schaden angerichtet, aber keine Kontrolle über die Situation hatten. Eine weitere Untersuchung von Graham (1988) bestätigte, daß Kinder vor dem Schulalter sich vor allem auf das Ergebnis einer Handlung konzentrieren und ihnen dabei oft aus dem Blick gerät, inwiefern es durch anderes Handeln zu vermeiden gewesen wäre. Die Untersuchung von Roos (1988) weist ebenfalls darauf hin, daß Kinder noch im Grundschulalter dazu neigen, allzu häufig Schuld zu attribuieren, weil sie die eigenen Möglichkeiten, Handlungen zu beeinflussen, überschätzen. Zentral für jede Beschreibung der Entwicklung von Schuld sind die Überlegungen von Hoffman (1978, 1990), der davon ausging, daß die entwicklungskorrelierten Veränderungen kognitiver Fähigkeiten unter anderem dazu führen, daß Heranwachsende Schuld in einer immer größeren Bandbreite von Situationen empfinden. Während Schuldgefühle bei Übertretungen einfacher moralischer Regeln schon vor dem Schulalter auftreten, sind in den späteren Grundschuljahren auch Schuldgefühle wegen unterlassener Handlungen, etwa unterlassener Hilfeleistungen, möglich. Noch später, so Hoffman, löst sich das Schuldgefühl von den konkreten Folgen des eigenen Handelns (etwa dem Kummer einer anderen Person) und umschließt nun auch antizipatorisch Schuld über Ereignisse, die noch gar nicht eingetreten sind (und vielleicht auch nie so eintreten werden). Williams und Bybee (1994) bestätigten die hier skizzierte Entwicklungssequenz insofern, als Schuldgefühle über Unterlassungen, über die Vernachlässigung eigener Verantwortlichkeiten sowie über das Versagen gegenüber selbstgesteckten Zielen in den autobiographischen Schulderlebnissen ihrer Probandinnen und Probanden zwischen 11 und 18 Jahren zunahmen. Die übergeneralisierte Schuld, die Kennzeichen des Erlebens jüngerer Kinder ist, nahm mit dem Alter entsprechend ab. Daß Schuldgefühle über Unterlassungen und Versagen gegenüber selbstgesteckten Zielen, die für das Selbstkonzept wichtig sein dürften, erst ab dem Jugendalter regelmäßig auftreten, deckt sich mit den oben berichteten Befunden von Keller (1996), nach denen die Konsistenz zwischen moralischem Urteil und moralischem Handeln auch erst zu diesem relativ späten Zeitpunkt bedeutsam wird.

Die Entwicklung der Verhaltenskontrolle

Der zweite Aspekt in Kochanskas (1993) Zwei-Komponenten-Modell der Verinnerlichung betrifft das Verhalten, genauer gesagt die aktive und freiwillige Hemmung oder Modulation des Verhaltens in Abwesenheit von Eltern oder anderen erwachsenen Hütern moralischer Standards. Verhaltenskontrolle hängt sowohl mit der Temperamentsdimension der Impulsivität zusammen wie auch mit der Fähigkeit zur hemmenden Kontrolle (inhibitory control; Rothbart, 1989). Außerdem ist sie verwandt mit dem Aufschub von Belohnungen, der Kontrolle des Ausdrucksverhaltens (siehe Kapitel 3.2.2) sowie mit der Fähigkeit, Verhalten zu planen, also mit Aspekten des Verhaltens, die die Persönlichkeitstheoretiker Block und Block (1979) unter dem Begriff "Ich-Kontrolle" (ego control) zusammenfaßten. Kognitive Voraussetzungen für die Kontrolle des Verhaltens, die sich im zweiten Lebensjahr zu entwickeln beginnt, sind nach Kochanska (1993) die Fähigkeit zum symbolischen Denken sowie die Erinnerung an Erwartungen und Regeln über angemessenes Verhalten. Genauer gesagt umfaßt die Verhaltenskontrolle neben der erlernten Fähigkeit zur Hemmung von Verhalten auch die Motivation, die verbotene Handlung zu unterlassen - etwa eine kostbare Lampe nicht zu berühren. Um sein Verhalten kontrollieren zu können, muß das Kind daher nicht nur fähig sein, der Versuchung zu widerstehen, die dabei erzeugte Frustration auszuhalten und eine mögliche Belohnung (etwa in Form von Lob durch die Eltern) aufzuschieben, sondern auch imstande sein, effektive Bewältigungsstrategien einzusetzen, etwa seine Aufmerksamkeit abzulenken oder sich selbst die oft gehörten Ermahnungen der Eltern ins Gedächtnis zu rufen (Kopp, 1989). Gerade in den ersten Jahren hört man noch manchmal, wie Kinder angesichts von verlockenden aber leider verbotenen Gegenständen oder Handlungen laut "nein" zu sich selbst sagen (Emde et al., 1991).

Das Konzept der Verhaltenskontrolle von Kochanska (1993) weist Ähnlichkeiten mit zwei weiteren Modellen der Selbstregulierung auf. Zum einen ist es, wie gesagt, verwandt mit dem Konstrukt der Ich-Kontrolle (ego control) von Block und Block (1979). Unterscheiden tut es sich insofern, als Kochanska (1993) sich fast ausschließlich auf die hemmenden Prozesse konzentriert, während Block und Block (1979) sowohl hemmende als auch aktivierende Funktionen postulieren. Optimal ist in dem Modell der beiden Blocks ein mittleres Ausmaß an Kontrolle - eben nicht soviel, daß Kreativität und Spontaneität gehemmt werden, aber auch nicht so wenig, daß ein Kind sich nicht konzentrieren kann. Zum anderen ähnelt Kochanskas (1993) Konzept der Verhaltenskontrolle Pulkkinens (1982, 1986) Konzept der Impulskontrolle insofern, als beide die Suppression des (Ausdrucks)verhaltens enthalten. Pulkkinen führt darüber hinaus noch die Dimension gelingender und mißlingender Neutralisierung auf der Ebene des Erlebens ein, eine Dimension, die Kochanskas Modell nicht enthält. Genauer gesagt wird in Kochanskas (1993) Konzeption das Verhältnis von Kontrolle auf der Verhaltensebene zu affektivem Unbehagen als Regulierungsmechanismus auf der Ebene des Erlebens nicht ausmodelliert; in der experimentellen Umsetzung dieser Überlegungen (Kochanska et al., 1996) fallen die Gefühle der Schuld etc. bei Regelübertretungen gar völlig unter den Tisch. Die Temperamentsforscher Rothbart und Derryberry (1981) differenzieren ebenso wie Pulkkinen (1982, 1986) zwischen der Emotionsregulierung auf der Ebene des Erlebens (inklusive physiologischer Prozesse) und der Selbstregulierung auf der Ebene des Ausdrucksverhaltens. Eisenberg und Fabes (1992) faßten die verschiedenen, hier nur sehr knapp skizzierten Überlegungen von Block und Block (1979), Pulkkinen (1982, 1986) und Rothbart und Derryberry (1981) zur Regulierung von Ausdruck und Erleben in einem Modell zusammen, das folgende Punkte enthält:

- Emotionsregulierung umfaßt sowohl hemmende als auch aktivierende Prozesse
- Emotionsregulierung findet sowohl auf der Ebene des Erlebens als auch auf der Ebene des Ausdrucksverhaltens statt
- Form und Ergebnis der Bemühungen um Emotionsregulierung hängen unter anderem von der Emotionsintensität ab, die sie als angeborene Stärke des emotionalen Empfindens bzw. Schwelle der emotionalen Reaktivität definieren.

Die im letzten Punkt angesprochenen interindividuellen Unterschiede, die auch als "Temperamentsunterschiede" bezeichnet werden, werden hier nicht weiter verfolgt.

3.2.5 Überlegungen zur Verinnerlichung von Regeln zum Ärgererleben

Eine so knappe Darstellung verschiedener Vorstellungen zur Entwicklung der Selbstregulierung ist auch mit Bezug auf die Ärgerregulierung problematisch. Schwierigkeiten entstehen dadurch, daß die Begriffe in den einzelnen Modellen zwar ähnliches bezeichnen, sich aber oft nur schwer aufeinander beziehen lassen. Ein Beispiel: Während sich Kochanskas (1993) Begriff der Verhaltenskontrolle lediglich auf den behavioralen Aspekt der Verinnerlichung in Versuchungssituationen bezieht, ist Block und Blocks (1979) Begriff der Ich-Kontrolle als Persönlichkeitsdimension insofern viel breiter angelegt, als er sich auf die charakteristische Art bezieht, in der Kinder in einer Vielzahl von Situationen reagieren. Weitere Schwierigkeiten tauchen auf, wenn man versucht, diese theoretischen Vorstellungen auf die Frage der Ärgerregulierung zu beziehen. Sie liegen zum großen Teil darin begründet, daß Erleben, Ausdruck und Physiologie meist nicht systematisch unterschieden werden bzw. das Verhältnis zwischen diesen Ebenen nicht thematisiert wird. Damit zusammen hängt das Problem, daß sich die Mehrzahl dieser Modellvorstellungen nicht auf Emotionen, sondern auf Verhalten bezieht. Da bisher meines Wissens noch keine

Überlegungen zur Entwicklung von Regeln des Ärgererlebens (und der Ärgerregulierung) vorliegen, erschien es gleichwohl sinnvoll, Kochanskas (1993) Konzepte des affektiven Unbehagens und der Verhaltenskontrolle (mit entsprechenden Modifikationen) als Orientierungspunkte zu benutzen.

Mit der Ausbildung von Normen und Standards, von moralischen und konventionellen Regeln entstehen Maßstäbe zur Bewertung von Erleben und Verhalten, und zwar sowohl des Verhaltens anderer wie auch des eigenen Erlebens und Verhaltens (Ulich, 1991). Wie das Verhalten von anderen eingeschätzt wird, ob als Provokation oder als Mißverständnis, ob als mit böswilliger Absicht ausgeführt oder durch bestimmte Umstände entschuldigt, all dies ist, kurz gesagt, entscheidend für die Aktualgenese von Ärger. Inwiefern sich der Erwerb von Normen und Standards, Regeln und Bewertungen nicht nur auf die Aktualgenese, sondern auch auf das Erleben von Ärger auswirkt, ist bislang noch eine weitgehend offene Frage. Genauer gesagt geht es darum, wie sich die verschiedenen "feeling rules" (Hochschild, 1990) entwickeln, die in Kapitel 1.4 als Prozesse der Emotionsregulierung auf der Ebene des Erlebens beschrieben wurden. Wie dort ausgeführt, läßt sich die Emotionsregulierung auf der Ebene des Erlebens in Regeln der Bewertung, Regeln der sprachlichen Benennung, Regeln des Verhaltens, Regeln der Ursachenzuschreibung und Regeln des Zeitverlaufs untergliedern. Im Falle des Ärgers scheinen die Regeln der Bewertung besonders relevant zu sein, denn sie geben an, unter welchen situativen Bedingungen Ärger zu verspüren als angemessen gilt. Diese Frage nach der Legitimität des Ärgers sollte im Sinne einer sekundären Bewertung die Qualität des Erlebens und möglicherweise auch die Art der Regulierung dieses Gefühls beeinflussen.

Antworten auf die Frage, unter welchen Umständen Empfindungen des Ärgers gerechtfertigt, ja vielleicht sogar geboten sind, variieren je nach Kultur und Sozialschicht, geben diese gesellschaftlichen Formationen doch Deutungsregeln über die Verursachung ärgerprovozierender Ereignisse vor. Dies führt zur Frage der Sozialisation des Erlebens von Ärger, die abgesehen von kursorischen Hinweisen zu Familieneinflüssen und der Rolle des Fernsehens (Seifenopern!) bisher noch kaum die Aufmerksamkeit empirisch arbeitender Wissenschaftler auf sich gezogen hat. Auch jene Fälle, in denen sich Kinder über die Regelverletzungen anderer ärgern, dies den Verursachern gegenüber aber nicht zum Ausdruck bringen können, weil sie sich zugleich tief gekränkt fühlen, wurden bisher außer in klinischen oder pädagogischen Kontexten (z.B. Heinemann, Rauchfleisch & Grüttner, 1992) noch nicht in der Entwicklung untersucht. Allgemein ist sehr wenig darüber bekannt, wie Kinder Empfindungen von Ärger bei sich bewerten, ob sie Ärger etwa im allgemeinen für ein "häßliches" Gefühl halten oder für nützlich, um etwas durchzusetzen, ob sie sich bei Ärger meist besonders stark oder sich eher schuldig fühlen, daß sie schon wieder eigene Ansprüche anmelden, die zu Konflikten mit anderen führen.

Wichtig wäre, die Regeln der Bewertung, die die Umstände angeben, unter denen Kinder es als legitim ansehen, Ärger zu empfinden, in der Entwicklung zu erforschen, da sie im Mittelpunkt der Ärgerregulierung durch Neubewertungen des ärgerprovozierenden Ereignisses stehen (siehe Kapitel 1.4). Die Frage ist, genauer gesagt, ab welchem Alter Kinder dazu in der Lage sind, Situationen, die ihren Ärger hervorgerufen haben, so umzudeuten, daß ihr Ärger nun nicht mehr gerechtfertigt erscheint, sie also ihren eigenen Anspruch zurücknehmen müssen. Umdeutungen kommen dadurch zustande, daß Aspekte der ärgerauslösenden Situation neu beurteilt werden, etwa indem die Motive des anderen in Betracht gezogen werden. Konkret gefragt: Ab wann sind Kinder in der Lage, durch Perspektivenübernahme und Wissen über "false beliefs", durch Entschuldigungen und Rechtfertigungen ihren Ärger im Erleben abzuschwächen? Zu dieser Frage lassen sich folgende Vorhersagen formulieren:

- Wie in Kapitel 3.2.1 berichtet, liegt bei den meisten Kindern ab dem Vorschulalter ein Wissen über die *Verknüpfung von Situation und Emotion*, von antezedenten Bedingungen (Fabes et al., 1988) einschließlich der Irreführung durch "false beliefs" (Harris, 1992) vor. Damit sollten die Kinder auch über die Bedingungen Bescheid wissen, die ihren eigenen Ärger ausgelöst haben, inklusive irrtümlicher Annahmen ihrerseits. Dieses Wissen sollte es ihnen ermöglichen, ihren Anspruch in solchen Fällen zurückzunehmen, in denen er auf Mißverständnissen beruhte, die offensichtlich aufgrund ihrer eigenen eingeschränkten Perspektive entstanden sind.

- Spätestens zu Beginn der Grundschulzeit ist die *Zuschreibung der Intentionalität* abgeschlossen; nun können die Kinder Provokationen, die aufgrund von Fahrlässigkeit oder Nicht-Bedenken der Folgen des eigenen Tuns zustande gekommen sind, von jenen trennen, die absichtlich, also mit böswilliger Intention ausgeführt wurden (Stadler et al., 1997). Wie in Kapitel 1 ausgeführt, ist dies ein entscheidender Gesichtspunkt bei der Beurteilung der Intensität des Ärgerempfindens und der Bereitschaft zu schädigendem Verhalten.

- Ab dem Schulalter kommt hinzu, daß sie die *Kontrollierbarkeit* der ärgerprovozierenden Situation einschätzen können (Graham, Doubleday & Guarino, 1984). In Hinblick auf die Ärgerregulierung könnte dies bedeuten, daß Kinder ab diesem Zeitpunkt in der Lage sind, das Verhalten des Ärgerverursachers durch Umstände zu entschuldigen, die außerhalb seiner Kontrolle lagen. Der Ärger über die Verabredung, die die Freundin nicht eingehalten hat, kann jetzt beispielsweise dadurch entschuldigt werden, daß sie stattdessen mit ihrer Mutter einkaufen gehen mußte.

- In den Grundschuljahren selbst kommt die Betrachtung der *Motive des Ärgerverursachers* ins Spiel (Olthof, Ferguson & Luiten, 1989). Sind die Kinder in der Lage, prosoziale Motive auch bei solchen Handlungen in Betracht zu ziehen, deren Ergebnis eindeutig schädigend oder zerstörerisch ausfällt, dann gewinnen sie Zugang zu einer weiteren Kategorie von Rechtfertigungen und Entschuldigungen (siehe Kapitel 1.3.1).

Die immer reichhaltigeren Beurteilungen der ärgerauslösenden Bedingungen ermöglichen immer umfassendere und komplexere Möglichkeiten der Ärgerregulierung durch Neubewertung der fahrlässigen Intentionen des Verursachers und entschuldigender Umstände seines Handelns. Diese Umdeutungen der ärgererregenden Bedingungen dürften die Intensität des Ärgers vermindern, denn sie entziehen dem Gefühl die kognitive Grundlage. Sind die Neubewertungen erfolgreich, dann ist Ärger als Gefühl nicht mehr gerechtfertigt (Umgekehrt können Neubewertungen, die neue Informationen über böswillige Absichten des Verursachers in den Vordergrund rücken, den bisher nur geringen Ärger natürlich auch intensivieren.). Einschränkend ist zu dieser Argumentation zu sagen, daß das bis hier skizzierte Wissen über ärgererregende Sachverhalte nur allgemein und bezüglich hypothetischer Geschichten erfragt wurde (Ausnahme: Stadler et al., 1997). Ob bzw. ab wann Kinder auch bei ihren eigenen Ärgererlebnissen zu Einschätzungen dieser Art kommen und ob sie die Umdeutung einzelner Aspekte der Situation zur Regulierung ihres Gefühlslebens auch benutzen, sind zwei völlig offene Fragen. Drei verschiedene Antworten sind denkbar: In der Hitze der Leidenschaft mag einerseits manches in den Hintergrund treten, was bei der Betrachtung der Situation mit kühlem Kopf hervortritt (Eisenberg & Fabes, 1992). Andererseits demonstrieren Kinder gerade in solchen Situationen, in denen sie selbst betroffen sind, ein zwar eingeschränktes, aber doch erstaunlich fortgeschrittenes Wissen (Dunn, 1988). Als drittes wäre zu bedenken, daß Neubewertungen vielleicht nicht im ersten Moment des Ärgererlebens einsetzen, sondern erst im weiteren Verlauf, also bei genauerem Nachdenken über die antezedenten Bedingungen, wirksam werden. Diese Antwortmöglichkeiten deuten eigentlich nur die Notwendigkeit an, dem Prozeß und der Entwicklung der Ärgerregulierung durch Neubewertungen vertieft nachzugehen.

3.2.6 Überlegungen zur Verinnerlichung von Regeln zu Ärgerausdruck und Ärgerregulierung

Welche Folgen körperlich aggressives Verhalten hat, ist Kindern im allgemeinen recht früh bekannt, merken sie doch schnell, wie schmerzhaft es ist, wenn andere sie hauen oder treten, stoßen oder an den Haaren ziehen. (Dies könnte eine Grundlage für entsprechende empathische Gefühle sein.) Außerdem lernen sie sowohl durch die Kontingenz der negativen Reaktion ihrer Opfer (Brownlee & Bakeman, 1981) als auch durch entsprechende Hinweise ihrer Bezugspersonen, daß ihre harten Schläge anderen Menschen wehtun (Zahn-Waxler et al., 1979; Dunn et al., 1991). Daß Kinder spätestens mit vier Jahren wissen, daß es moralische Regeln gibt, nach denen das Hauen in vielen Situationen bestraft wird (Smetana, 1981), ist angesichts dieser reichen Vorerfahrungen kein Wunder, auch wenn sie selbst in diesem Alter einem Kind, das seine Interessen mit Gewalt durchsetzt, noch wegen des Erfolgs, den es damit hat, Freude zuschreiben (Arsenio, 1988).

Viel seltener als die Folgen körperlich aggressiven Verhaltens wurden die Konsequenzen untersucht, die Kinder für andere Formen schädigenden Verhaltens vorhersehen, etwa für verbal aggressives Verhalten. Daß Necken und Hänseln, Aufziehen und Lächerlich machen andere Kinder kränken und verletzen könnte, dürfte Kindern nicht bewußt sein, wenn man bedenkt, mit welcher Unbefangenheit sich viele von ihnen bis in die ersten Grundschuljahre vornehmen, andere Kinder zu "ärgern". Doch dies ist nur eine Alltagsbeobachtung. Ob sie sich halten läßt, ob in diesem Alter überhaupt ein systematischer Zusammenhang zwischen der eigenen Neigung zum "Ärgern" und dem Wissen um die Folgen davon besteht (Keller, 1996), müßte überprüft werden. Auch das Wissen über die Folgen von Intrigen, die anderen Kindern die Freunde ausspannen, sie an den Rand drängen oder aus Spielen ausschließen, wurde noch nicht erforscht, auch wenn ein Gutteil der Kinder dies sicher irgendwann einmal am eigenen Leibe erfahren hat (Petillon, 1993). Ebenfalls ein weißer Fleck auf der Forschungslandkarte sind die Konsequenzen, die Kinder für distanzierendes Verhalten vorhersehen, also für das Sich-abwenden von der Person, die einen geärgert hat. Allgemein gesagt sind die Folgen, die Kinder mit allen Formen ärgerregulierenden Verhaltens außer dem direkten körperlich schädigenden Verhalten verbinden, nicht bekannt.

Bei der Ärgerregulierung in Form von körperlich aggressivem Verhalten ist den Kindern, wie gesagt, schon in jungen Jahren bewußt, daß hiermit oft eine moralische Regel verletzt wird (Smetana, 1981). Ob und ab wann die Verletzung dieser Regel soweit verinnerlicht ist, daß sie zu affektivem Unbehagen führt, ist insofern eine offene Frage, als das Zufügen von körperlichem Schaden nicht experimentell untersucht wurde bzw. eine solche Untersuchung sich aus ethischen Gründen verbietet. Zwar konnten Cole und ihre Kolleginnen (1992) Frustration, Unbehagen und Wiedergutmachungsversuche, wie oben berichtet, schon ab zwei Jahren beobachten, als sie im Labor Mißgeschicke produzierten, aber diese bestanden darin, daß eine Puppe kaputtging und ein Saftbecher umfiel. Scham wurde von Lewis (1993a) und Geppert und Heckhausen (1990) in Leistungssituationen beobachtet, nicht aber in Situationen, in denen eine andere Person körperlich geschädigt wurde. Wie sich Schuldgefühle im Ausdrucksverhalten manifestieren, ist ein weiteres bisher ungelöstes Problem (siehe Bänninger-Huber & v. Salisch, 1994). Die ebenfalls oben berichtete Neigung von Kindern bis in die Grundschuljahre, Schuld auch in solchen Situationen auf sich zu attribuieren, die sie gar nicht kontrollieren konnten, beruht auf Bildergeschichten (Harris, 1992). Nimmt man die Befunde aus hypothetischen Geschichten als Evidenz für affektives Unbehagen, dann sollten erst ab etwa sechs Jahren neben die Freude über die Durchsetzung eigener Interessen mit Hilfe körperlich aggressiven Verhaltens die negativen Gefühle treten, die auf der gleichzeitigen Verletzung des "Opfers" beruhen (Arsenio & Kramer, 1992). Ob dieses Wissen jedoch handlungsleitend wird, also körperlich schädigendes Verhalten in der Tat hemmt oder unterbindet, ist angesichts der Befunde von Keller (1996), daß Heranwachsende bis ins Jugendalter Diskrepanzen zwischen moralischem Wissen und Handeln wohl tolerieren, weiterhin eine offene Frage.

Bei der Bewertung körperlich aggressiven Verhaltens tritt am deutlichsten zutage, was auch allgemeiner der Fall ist, nämlich daß sich alle Formen der Ärgerregulierung unter dem Gesichtspunkt der Moral beurteilen lassen, also in Hinblick darauf, was im Sinne der Gerechtigkeit richtig und vernünftig, im Sinne der Moral gut und wünschenswert oder im Sinne der Anteilnahme beziehungsfördernd ist. Auch schädigendes Verhalten in Form von Intrigen oder anderen indirekten Wegen der Vergeltung läßt sich unter diesen moralischen Aspekten bewerten, ebenso intrapsychische Formen der Ärgerregulierung, wie etwa Rachegedanken. Interindividuelle Unterschiede könnten sich darauf beziehen, wie umfassend und wie flexibel die Regeln des Ärgerausdrucks sind, also wie viele oder wie wenige Ausnahmen sie zulassen und wie streng die "Strafen" bei Übertretung sind. Sind die Regeln des Ärgerausdrucks streng und lassen sie nur wenig Spielraum für Ausnahmen, dann dürfte es dem Kind nur in seltenen Fällen möglich sein, seinem Ärger ungehemmt Ausdruck zu verleihen. Sind immer viele "Wenn und abers" zu bedenken, bevor ein Kind seinem Ärger Luft machen kann, dann weist auch dies auf internalisierende Störungsbilder hin (Satir, 1977). Eine Verletzung dieser Regeln wird durch affektives Unbehagen, also durch Schuld und Scham, Angst und Bedauern, bestraft. Tragisch an einem besonders strengen und unnachgiebigen Gewissen ist die Tatsache, daß die Verletzung der Regeln eigentlich schon vorprogrammiert ist, wenn diese so umfassend oder so rigide sind, daß das Kind sie selbst bei bestem Willen nicht einhalten kann. Daß ein Kind unter solchen Umständen wenig Freude am Leben hat, sich selbst ausgesprochen kritisch gegenübersteht und sein Selbstwert im allgemeinen recht niedrig sein dürfte, liegt auf der Hand.

Daß über das körperlich aggressive Verhalten hinaus noch weitere Regeln bezüglich des Ärgerausdrucks von Kindern gelernt werden, belegen die Forschungsarbeiten zu den Darbietungsregeln, die vor allem mit Carolyn Saarnis Enttäuschungsparadigma gearbeitet haben. Wie Cole (1986) nachweisen konnte, neigen Mädchen schon ab drei Jahren dazu, der erwachsenen Versuchsleiterin gegenüber ihre Enttäuschung über ein unattraktives Geschenk zu verbergen. Täuschungsverhalten in einer Versuchungssituation ließ sich ebenfalls schon um den dritten Geburtstag beobachten (Lewis et al., 1989). Alltagsbeobachtungen setzen den Beginn der Modulation des Ausdrucksverhaltens je nach situativen Gegebenheiten (wie etwa der Anwesenheit von Publikum) noch früher an. Angesichts dieser Befunde und Beobachtungen ist zu vermuten, daß Kinder schon ab dem Vorschulalter in der Lage sind, unter besonders motivierenden Bedingungen Ärger und Enttäuschung im Ausdruck zu verbergen. Der Geltungsbereich dieser Verkleinerungsregeln für Ärger, also die Frage, auf wie viele Situationen und Personen sie anzuwenden sind, dürfte mit dem Alter zunehmen, doch dieses wurde noch nicht erforscht. Was aus den Befunden von Josephs (1993) und anderen indessen hervorgeht, ist die Tatsache, daß sich die Regulierung des Ausdrucksverhaltens zunächst eigenständig entwickelt und für die meisten Kinder bis etwa zum Schulalter noch recht unabhängig von ihrem verbalisierbaren Wissen über die Ausdrucksmodulation ist. Um die Entwicklung des Geltungsbereichs ihrer Darbietungsregeln für Ärger zu studieren, reicht es daher nicht aus, Kinder über sie zu befragen, sondern man müßte sie in den entsprechenden Situationen beobachten oder spezielle Forschungsstrategien zur Aufdeckung ihres prozeduralen Wissens verwenden. Auch hier ist die Frage der Motivation zur Verwendung von Darbietungsregeln bzw. die sich erst langsam schließende Kluft zwischen Wissen und Handeln (Keller, 1996) zu prüfen. Bezüglich der Ausdrucksregulierung sind interindividuelle Unterschiede zu erwarten, sowohl im "normalen" wie auch im "pathologischen" Spektrum.

Zu untersuchen wäre ferner, ob die Bewältigungsregeln (Weber, 1997; Averill, 1982), die Erwachsenen für den Umgang mit Ärger geläufig sind, schon Kindern vor dem Schulalter bekannt sind. Zu vermuten ist, daß Kinder die Ratschläge ihrer Eltern, wie beispielsweise vor dem Zuschlagen "erst einmal bis zehn zu zählen", schon früh gehört haben. Die vielen Hinweise und Ermahnungen, Ausdrucks- und Bewältigungsregeln, die Eltern und andere Bezugspersonen äußern, wenn ein Kind ihnen von seinen Ärgererlebnissen erzählt, müßten ausgewertet werden. Wie Kinder diese Regeln verstehen (Stamova, 1998) und ob sie sie in den entsprechenden Situationen anwenden, sind zwei weitere Fragen, die auf empirische Untersuchung warten.

3.2.7 Zusammenfassung: Emotionsverständnis, Verhaltenskontrolle und Verinnerlichung der Ärgerregulierung im Kindergartenalter

Durch die Forschungen der kognitiv orientierten Entwicklungspsychologie haben wir in den letzten fünfzehn Jahren viel Neues über das Wissen erfahren, das sich Kinder über Gefühle und andere geistige Prozesse aneignen. Forschungen in der Tradition der theory of mind belegen, daß Kinder im Alter von vier bis fünf Jahren über Situationen Bescheid wissen, die Ärger auslösen. Ein weiterer potenter Ärgerauslöser in Familien mit mehreren Kindern, nämlich durch falsche Annahmen in die Irre geleitet zu werden (false belief task), wird ihnen zwischen vier und sechs Jahren zunehmend mehr vertraut. Feldbeobachtungen ergänzen, daß Kindern auch bei ihren Spielkameraden im Kindergarten die Faktoren bekannt sind, die zur Entstehung von Ärger führen. Weitere Ergebnisse weisen darauf hin, daß Kinder im Vorschulalter sich im allgemeinen nicht vorstellen können, zwei Gefühle zum gleichen Zeitpunkt zu fühlen, höchstens nacheinander. Diesen Befunden nach ist das verbalisierte Verständnis widerstreitender Gefühle gegenüber einem Sachverhalt erst gegen Ende der mittleren Kindheit voll ausgeprägt. Dem steht gegenüber, daß Kinder spätestens ab dem Kleinkindalter ambivalente Gefühle in ihrem Verhalten zum Ausdruck bringen, etwa gegenüber nachgeborenen Geschwistern. Es besteht also eine Verzögerung von mehreren Jahren, bevor Kinder das Verhalten, das sie zeigen, auch in Worte fassen und reflektieren können, auch wenn man die Aufgabe für die Kinder vereinfacht, indem man sie bittet, Geschichten mit Puppen nachzuspielen (Fischer et al., 1990).

Etwa zwischen vier und sechs Jahren entwickeln Kinder ein immer differenzierteres Wissen um die Verstellung ihres Ausdrucksverhaltens. Ab etwa sechs Jahren ist Kindern in der Regel bewußt, daß ihr Gesichtsausdruck nicht notwendigerweise mit ihrem Erleben übereinstimmen muß und daß die Verstellung andere Menschen in die Irre führen kann. Negative Bewertungen gegenüber einer Form des Ärgerausdrucks, nämlich des körperlich aggressiven Verhaltens, lassen sich bei vielen Kindern schon früher, nämlich ab drei Jahren, nachweisen. Daß diese Bewertungen als "schlimm" oder "böse" nicht notwendigerweise dazu führen, daß Kinder im Vorschulalter einem Kind, das ein anderes von der Schaukel schubst, Schuldgefühle zuschreiben, sondern eher annehmen, daß es sich glücklich und zufrieden fühlt, belegen verschiedene Forschungsarbeiten. Fangen Kinder dann mit sechs Jahren an, bei Nachfragen und besonderer Hervorhebung der Leiden des "Opfers" auch negative Gefühle des "Täters" zu erwähnen, dann bedeutet dies noch für einige Jahre nicht unbedingt, daß diese Gefühle auch ihr Verhalten bestimmen. Dies legt zumindest Keller (1996) nahe, die ein moralisches Selbst, das auf die Konsistenz zwischen moralischer Verpflichtung oder interpersonaler Verantwortung einerseits und moralischem Handeln andererseits Wert legt, erst ab dem Beginn des Jugendalters mit etwa zwölf Jahren ausmachen konnte.

Untersuchungen, bei denen Kinder nicht über ihr Wissen befragt wurden, sondern in entsprechend konstruierten Situationen beobachtet wurden, weisen darauf hin, daß die Modulation des Ausdrucks und des Verhaltens wesentlich früher einsetzt als das eben zusammengefaßte Wissen darüber. Bis zur Grundschulzeit existiert das Wissen über Darbietungs- oder Ausdrucksregeln zudem noch relativ unverbunden neben dem entsprechenden Verhalten. Diese Befunde wurden in Hinblick auf die prozedurale Natur des frühkindlichen Wissens über das Ausdrucksverhalten und seine Kontingenzen (Crittenden, 1993; Stern, 1992, 1995) diskutiert, das zunächst in sprachlicher Form noch kaum zugänglich ist. Zu vermuten ist, daß sich Gefühle der Schuld und andere Formen von Gewissensbissen bei einem so offenkundigen Regelbruch wie der Anwendung körperlicher Gewalt wahrscheinlich ebenfalls schon vor dem Schulalter nachweisen lassen, wenn man sich Methoden bedient, die die prozedurale Natur dieses Wissens berücksichtigen. Zugleich bedeutet dies, daß die ganze Bandbreite der Formen der Ärgerregulierung Kindern erst ab dem Grundschulalter soweit bewußt oder soweit verbal zugänglich ist, daß sie darüber Auskunft geben können.

3.3 Zusammenfassung

In diesem Kapitel wurde die Beziehung unter (ungefähr) gleichaltrigen Kindern hervorgehoben, da diese symmetrisch-reziprok strukturierte Beziehung Kinder vor besondere Anforderungen in Hinblick auf ihr Erleben und ihre Regulierung von Ärger stellt. Denn bei den vielen Aushandlungen divergierender Meinungen und Wünsche, die tagtäglich anfallen, steht ihnen kein wohlmeinender Erwachsener gegenüber, der auf sie eingeht (oder seine Macht gebraucht), sondern ein anderes Kind, das sich einerseits an den gleichen Dingen freuen kann wie sie selbst, unter Umständen aber auch ebenso verbohrt auf seinem Standpunkt beharrt wie sie selbst. Erst langsam lernen Kinder, wie man bei den vielfältigen Abstimmungsprozessen im Spiel mit Gegenständen und sozialen Rollen Meinungen rechtfertigt und beidseitig zufriedenstellende Lösungen findet. Empirische Untersuchungen legen nahe, daß diese Fähigkeit, bei Ärger konstruktive verbale Verhandlungen zu führen, damit zusammenhängt, daß ältere Geschwister auf ihre jüngeren Geschwister im Alter von knapp drei Jahren bei Auseinandersetzungen häufiger eingegangen sind und sie damit seltener in eine ausweglose Konfrontation gegenseitigen Beharrens geführt haben. Konstruktive Aushandlungen waren auch dann wahrscheinlicher, wenn die Ärgerreaktion nicht allzu intensiv ausfiel und wenn das Kind über effektive Wege der Bewältigung auch von anderen Gefühlen verfügte. Generell scheint eine Geschwisterbeziehung, in der viel über die Gefühle der Beteiligten gesprochen wird, dazu beizutragen, daß die Kinder mit etwas über drei Jahren ein besseres Verständnis für die Gefühle anderer entwickeln, das anscheinend später dem "normalen" Rückgang der Rollenspiele unter den Geschwistern entgegenwirkt, ein bezogenes Spiel mit dem Freund oder der Freundin fördert und letztlich auch das Wissen über ambivalente Gefühle befördert.

Denn mit dem Fortschreiten der kognitiven Entwicklung und damit wahrscheinlich zum Teil unabhängig von den konkreten Erfahrungen, die Kinder bei der Koordination machen, erwerben sie ein Wissen über Ärger (und andere Gefühle), das zunehmend auch verbal zugänglich ist. Schon vor dem Schulalter verfügen Kinder über das Wissen, daß Ärger meist mit frustrierenden Situationen zusammenhängt, genauer genommen mit der Wahrnehmung der Zielblockade oder der Normverletzung durch das betreffende Kind. Bei den Intentionen eines Ärgerverursachers können sie nun böswillige von fahrlässigen Absichten unterscheiden, zumindest auf der Verhaltensebene. Zugleich entwickelt sich das Wissen über die Folgen aggressiven Handelns in Form von moralischen Regeln und entsprechenden Schuldgefühlen, die allerdings bis in die Schulzeit hinein wahrscheinlich noch nicht handlungsleitend sind. Im Kindergartenalter wird ferner die Modulation des unkontrollierten Ausdrucks von Ärger und anderen antisozialen Verhaltensimpulsen gelernt, zunächst auf der Ebene des Verhaltens; ab dem Schulanfang ist die Ausdrucksmodulation auch verbal zugänglich.

Welchen Einfluß konstitutionelle Faktoren wie etwa das Temperament oder die Erregbarkeit (arousal) eines Kindes auf sein Erleben und seine Regulierung von Ärger haben, wurde auf den vergangenen Seiten nur kurz angerissen (Eisenberg & Fabes, 1992). Zusammen mit der Entwicklung von Selbstbewertungen wären sie bei einer differentiellen Betrachtung der emotionalen Entwicklung (Ulich, 1994) sicher an wichtiger Stelle zu berücksichtigen. Das Gleiche gilt für die Sozialisationseinflüsse, die von Eltern, Familien und der weiteren Kultur ausgehen.

Kapitel 4
Ärger und Ärgerregulierung im Schulalter

Schulkinder ärgern sich häufig. Glaubt man ihren Eintragungen in einem Ärgertagebuch, dann ärgern sich Kinder im Grundschulalter im Mittel einmal täglich über eine Person aus ihrem sozialen Umfeld. "Großer Ärger" wurde dabei etwas häufiger, "kleiner Ärger" etwas seltener notiert (Studie 1). Dieses Kapitel setzt den Literaturüberblick für das Schulalter fort, zunächst mit einer Beschreibung von Ärgeranlässen und ärgerantezedenten Bewertungen samt der Neigung mancher Kinder, anderen, die sie geärgert haben, fast immer böswillige Absichten zu unterstellen. Dann folgen die Entwicklungen im Bereich des Ausdrucks und der Regulierung von Ärger, zunächst auf der Ebene des Verhaltens, später auf der Ebene des Wissens. Aus diesen Beschreibungen kristallisieren sich die beiden Fragen dieses Kapitels heraus, nämlich welche der vielen Strategien Schulkinder wie oft benutzen, wenn sie sich über ein befreundetes Kind ärgern, und wie sich diese Präferenzen mit dem Alter verändern. Zu diesen beiden Fragen werden eigene Forschungsergebnisse vorgestellt.

4.1 Die Entwicklung ärgerantezedenter Bewertungen im Schulalter

Mit dem Alter, in dem die Kinder in die Schule kommen, ist die Entwicklung der Attributionen, die Kinder als antezedente Bedingungen für Ärger nennen, schon weitgehend abgeschlossen. In Graham, Doubleday und Guarinos (1984) Studie schätzten schon die Sechs- bis Siebenjährigen in ihren Ärgergeschichten die Ursachen als durch den Verursacher kontrollierbar ein, und zwar nicht viel seltener als die älteren Kinder. Olthof, Ferguson und Luiten (1989) gaben Kindern aus dem Kindergarten, der ersten, der dritten und der fünften Klasse kurze Bildgeschichten vor, in denen ein Junge die Ritterburg, die ein anderes Kind gebaut hatte, kaputt macht. Variiert wurde bei den Erzählungen, ob die Zerstörung mit Absicht geschah, ob sie vermeidbar gewesen war und ob ein prosoziales oder ein antisoziales Motiv den Zerstörer beflügelt hatte. Dann wurden die Kinder gebeten, ein Urteil darüber abzugeben, wie ärgerlich sie als Baumeister gewesen wären und als wie "böse" (naughty) die Handlung zu beurteilen wäre. Wie zu erwarten, schätzten die Kinder ihren Ärger als stärker ein, wenn die Zerstörung beabsichtigt war und nicht durch ein prosoziales Motiv entschuldigt werden konnte. Was die "einfache" Kategorie der

Intention betrifft, so zeigten sich keine Altersunterschiede. Erst- wie Fünftkläßler reagierten in ihrem Urteil etwa gleich stark "sauer" auf die Zerstörung. Altersunterschiede traten nur insofern zutage, als die Kinder der dritten und fünften Klasse eher die beiden anderen Faktoren, die Motive und die Vermeidbarkeit der Zerstörung, bei ihrer Beurteilung in Betracht zogen. Handelte der Zerstörer aus guten Gründen - etwa um dem Kind bei seinem Burgbau zu helfen - oder war der Zerfall des Bauwerks unvermeidlich, dann schätzten die älteren Kinder ihren Ärger als weniger intensiv und die Tat als moralisch weniger verwerflich ein als die jüngeren Kinder (ähnlich Dodge, Murphy & Buchsbaum 1984). Ab dem Alter von acht bis neun Jahren scheint die Entwicklung komplexerer Attributionen, die Handlungen entschuldigen und damit die Intensität des Ärgers mindern können, ebenfalls weitgehend abgeschlossen zu sein.

Ein Einwand gegen diese Art der Forschung bezieht sich darauf, daß die Attributionen selten in einen Beziehungskontext plaziert werden. In der Geschichte von Olthof et al. (1989) ging es - wie gesagt - darum, daß ein beliebiger Junge namens Henk die Burg zertrümmerte. Whitesell und Harter (1996) stellten die Zuschreibungen ihrer Versuchspersonen dagegen in den Kontext von zwei konkreten Beziehungen, nämlich in den der Freundschaft und den der Peer-Beziehung. Sie befragten eine Gruppe von 96 Elf- bis Fünfzehnjährigen darüber, was sie denken würden, wenn ein namentlich benanntes Kind "etwas Gemeines" zu ihnen sagen würde, wobei die beiden Kinder entweder befreundet waren oder einander neutral gegenüberstanden. Variiert wurde in den Geschichten sowohl die Intention dieses Übeltäters als auch die Frage, ob der Beleidigung oder Kränkung eine Provokation vorausging bzw. ob das andere Kind sich später entschuldigte. Die Ergebnisse dieser Untersuchung weisen darauf hin, daß die Jugendlichen eher bereit waren, die Beschimpfung wohlwollend auszulegen, sie als "unabsichtlich" hinzustellen und auf "ein Mißverständnis" oder ihre eigene Beteiligung zu verweisen, wenn sie mit dem Übeltäter befreundet waren und keine Provokation vorlag. Im Falle der Beleidigung durch Freundinnen oder Freunde mischten sich in das Gefühl des Ärgers auch häufiger Empfindungen von Trauer und Kummer oder innerer Aufruhr (emotional turmoil); die Präadoleszenten reagierten nach eigenen Angaben in der Regel verletzter und gekränkter als bei einer Beschimpfung durch Peers, mit denen sie nicht befreundet waren. Wie in Kapitel 4.6 noch näher zu erläutern sein wird, wurde auch ihre Reaktion auf die Beleidigung von der Beziehung zum Verursacher beeinflußt: in der Freundschaft bemühten sie sich, über den Vorfall ins Gespräch zu kommen, in der Beziehung zu dem Klassenkameraden war eher Vermeidung die Folge. Whitesell und Harters (1996) Untersuchung zeigt, daß die Bewertung der Ursachen stark davon abhängt, wer den Ärger verursacht hat.

Nach der Betrachtung der Bewertungen, die dem Ärger vorausgehen, sollen nun die "typischen" Umstände erörtert werden, bei denen sich Schulkinder ärgern. Petillon (1993) bat 177 Schulanfänger etwa sechs Wochen nach Schulbeginn (T1), über die Ereignisse zu berichten, die sie wütend, froh, traurig bzw. ängstlich machten. Dieses Interview wurde am Ende des ersten (T2) und am Ende des zweiten Schuljahres (T3) wiederholt. Die Auswertung der Geschichten ergab, daß die Kinder zwar darin übereinstimmten, daß in nahezu allen Fällen (93%) ein Mitschüler oder eine Mitschülerin ihren Zorn erregt hatte, aber in Hinblick auf die konkreten Anlässe unterschieden sich Jungen und Mädchen deutlich. Während fast die Hälfte der

Jungen im Zusammenhang mit körperlichen Aggressionen, also mit handgreiflichen Späßen und Prügeleien, Wut empfand, war dies bei weniger als einem Fünftel der Mädchen der Fall. Dafür regten sich die Mädchen um so mehr über verbale Beleidigungen und Beschimpfungen (T3: 15% Jungen vs. 32% Mädchen), über Ärgern und Hänseln (T3: 11% vs. 24%) sowie über ihren Ausschluß aus den Aktivitäten oder Gruppierungen der Gleichaltrigen (T3: 13% vs. 24%) auf. Bei längsschnittlicher Betrachtung der antezedenten Bedingungen stellte sich heraus, daß sich die Ärgergeschichten von Mädchen und Jungen über den Zeitraum von fast drei Jahren immer weiter voneinander entfernten. Petillon (1993) zieht aus den Ergebnissen den Schluß, daß Jungen vor allem bestrebt sind, sich einen hohen Rang in der Gruppe zu "erkämpfen". Ihre Wut entzündete sich dementsprechend häufig an der Ohnmacht bei schmerzhaften Niederlagen und an der Willkür der Stärkeren. Den Mädchen scheint vor allem daran gelegen zu sein, von einem Kreis von Mitschülerinnen geschätzt und von ihnen in gemeinsame Aktivitäten einbezogen zu werden. Wut und Eifersucht auf Grund von Zurückweisungen durch die anderen Mädchen war das wichtigste Thema unter den Mädchen. Damit gehen Petillons (1993) empirisch ermittelte Ergebnisse konform mit den Formulierungen Neo-Sullivanischer Theoretiker zu den Entwicklungsaufgaben während der Kindheit und des Jugendalters (Buhrmester & Furman, 1986).

4.2 Interindividuelle Unterschiede: Der feindselige Attributionsbias

Kinder unterscheiden sich darin, was ihnen etwas bedeutet. Auch wenn interindividuelle Unterschiede in Hinblick auf ärgerrelevante Ziele und Bedürfnisse, Ansprüche und Präferenzen noch nicht systematisch untersucht worden sind, so ist doch anzunehmen, daß diese zum einen Teil in der Person des Kindes verankert (Rothbart, 1989; Eisenberg & Fabes, 1992) und zum anderen Teil gelernt sind (Tomkins, 1991). Darüber hinaus unterscheiden sich Kinder darin, wie sie Hinweisreize von anderen Menschen wahrnehmen und bewerten, nämlich ob sie dies oft in einer Weise tun, die ihren Ärger hervorruft oder nicht. Damit ist die Frage angesprochen, ob selbst bei "gleichen" antezedenten Bedingungen interindividuelle Unterschiede der Wahrnehmung und der Bewertung zustande kommen. Denkbar wäre nämlich, daß es dispositionelle Faktoren gibt, die die Entstehung von Ärger erleichtern und die Ärgerreaktion intensiver ausfallen lassen (Hodapp & Schwenkmezger, 1993). Inwiefern die Aktualgenese des Ärgers, wie die der Angst (Krohne & Hock, 1994), nicht nur von proximalen und aktuellen, sondern auch von distalen und dispositionellen Faktoren beeinflußt wird, wird von Ulich und Mayring (1992) und von M.D. Lewis (1995) ausmodelliert.

4.2.1 Das Modell von Dodge zur Verarbeitung sozialer Hinweisreize

Mit der Verarbeitung von (sozialen) Hinweisreizen bei Kindern beschäftigt sich das "Modell zur Verarbeitung sozialer Informationen" von Kenneth Dodge (1986).

Obwohl Dodges Forschung darauf abzielte, aggressives Verhalten unter Kindern zu erklären, läßt es sich auch auf die Entstehung von Ärger anwenden, denn das Empfinden von Ärger dürfte ein Zwischenschritt zu (möglichem) aggressivem Verhalten sein (Graham, Hudley & Williams, 1992). Gerade die ersten Schritte der Informationsverarbeitung laufen wahrscheinlich parallel. Dodges Modell orientiert sich an den langjährigen Forschungen zum Problemlösen. Dieses heuristische Modell postuliert sechs Verarbeitungsschritte, die aufeinander folgen und durch Rück-koppelungsschleifen miteinander verbunden sind. Diese Schritte laufen sehr schnell ab und sind nur unter besonderen Bedingungen dem Bewußtsein zugänglich. Eine überarbeitete Fassung des Modells erweiterte den Umfang der einzelnen Verarbei-tungsschritte, löste die streng sequentielle Abfolge der einzelnen Prüfschritte im Sinne eines Spiralmodells auf und baute zusätzliche Feedback-Schleifen ein (Crick & Dodge, 1994). Dennoch bleibt der Grundgedanke des ursprünglichen Modells, über das hier berichtet wird, erhalten. Auf seiten des Kindes gehen in das "Modell zur Verarbeitung sozialer Informationen" zum einen seine biologisch begründeten Fähigkeiten und Befindlichkeiten und zum anderen seine Gedächtnisinhalte ein. Auf diese Kombination von biologisch und sozial geprägten Voraussetzungen auf Seiten des Kindes trifft ein sozialer Hinweisreiz, d.h. das Kind bemerkt, daß jemand anderes etwas mit ihm tut (z.B. ein Kind es anrempelt). Im ersten Verarbeitungsschritt geht es um die Wahrnehmung und Enkodierung der Hinweisreize, die im zweiten Schritt mental repräsentiert und in Zusammenhang mit Gedächtnisinhalten interpretiert werden. Die Verarbeitungsschritte drei, vier und fünf befassen sich damit, welches Verhalten ausgewählt und ausgeführt wird. Sie werden in diesem Kapitel, das sich auf die Entstehung von Ärger konzentriert, nicht weiter diskutiert, sondern erst im sechsten Kapitel wieder aufgenommen.

1. Verarbeitungsschritt: Soziale Hinweisreize wahrnehmen und enkodieren

Beim ersten Schritt der Verarbeitung geht es darum, aus den vielen Hinweisreizen, die auf das Kind einstürmen, diejenigen auszusuchen und aufzunehmen, die relevant für es sind. Welche Reize von anderen Menschen überhaupt (oder bevorzugt) wahrgenommen, wie die einzelnen Informationen miteinander verknüpft und im Gedächtnis gespeichert werden, sind Prozesse, die sich mit dem Alter entwickeln. Während sich jüngere Kinder eher auf globale Aspekte von Personen konzentrieren, sind ältere Kinder in der Lage, differenziertere Aspekte, wie etwa Persönlichkeits-züge, Gewohnheiten oder Überzeugungen, einzubeziehen (Livesley & Bromley, 1973), für die sie zusätzliche Informationen benötigen. Zehnjährige Jungen hörten sich daher im Durchschnitt ein Drittel mehr Hinweisreize auf einem Tonband an als sechsjährige Jungen, bevor sie ein Urteil über die freundlichen oder feindseligen Absichten eines gleichaltrigen Provokateurs abgaben. Die Repräsentation von Hinweisreizen fällt in der Regel dann korrekter und elaborierter aus, wenn das Kind und der Protagonist in der vorgegebenen Geschichte gleichen Geschlechts, gleicher ethnischer Abstammung oder gleichen Alters sind, da die Ähnlichkeit die Perspek-tivenübernahme und damit eine zutreffende Enkodierung erleichtert (Dodge, 1986; siehe auch Shantz, 1983).

Eine weitere eher allgemeinpsychologische Bedingung, die die Genauigkeit der Enkodierung beeinflußt, ist der Zustand des Organismus. Forschungen zu nicht-sozialen Hinweisreizen belegen, daß Menschen, die müde oder krank, hungrig oder betrunken sind, bei ihrer Enkodierung mehr Auslassungen und Fehler machen. Denn Müdigkeit beeinträchtigt die Wachsamkeit und hohe physiologische Erregung verengt die Aufmerksamkeit auf wenige Hinweisreize (zusammenfassend in Dodge, 1991). Ebenso weist eine Reihe von Forschungsarbeiten nach, daß die Stimmung eines Menschen seine Informationsverarbeitung beeinflußt. Sind erwachsene Menschen in ärgerlicher oder gereizter Stimmung, dann sind sie eher dazu bereit, anderen die Verantwortung zuzuschreiben als wenn sie in trauriger Stimmung sind (Keltner, Ellsworth & Edwards, 1993). Auch das "mental priming", also die experimentelle Schaffung einer Voreingenommenheit, kann die Bereitschaft erhöhen, anderen Menschen böswillige Absichten zu unterstellen, auch wenn dieser Bias normalerweise nicht vorhanden ist (Graham & Hudley, 1994).

2. Verarbeitungsschritt: Soziale Hinweisreize mental repräsentieren und interpretieren

Der zweite Schritt bei der Verarbeitung von sozialen Informationen besteht darin, die wahrgenommenen Hinweisreize mit Gedächtnisinhalten zusammenzubringen und auf dieser Grundlage zu interpretieren. Eine mögliche Entscheidung an dieser Stelle ist, daß man den Vorgang weiter beobachten muß, bevor man seine Schlüsse ziehen kann (dies entspräche einer Rückkoppelungsschleife zu Verarbeitungsschritt 1). Die Entscheidung, wie etwas zu verstehen ist, ist in gewissem Umfang angeboren, so etwa die Schreckreaktion bei Bedrohung der körperlichen Integrität. Die meisten Einschätzungen dürften jedoch erlernt sein. Wie in Kapitel 1 erörtert, ist die Zuschreibung der Verantwortlichkeit ein zentraler Punkt bei der Entstehung von Ärger. Rempelt ein Kind ein anderes zum Beispiel an, dann ist es die Frage, ob das Verhalten des anderen Kindes als absichtlich feindselig ("es wollte mich provozieren"), als fahrlässig ("es ist gestolpert ") oder sogar als prosozial ("es wollte mich vor dem plötzlich abbiegenden Auto zurückhalten") ausgelegt wird. Aus Sicht der Attributionstheorie (Weiner, 1986) erweiterten Graham et al. (1992) das Modell von Dodge (1986). Ausgehend von der Überlegung, daß die Zuschreibung der Kontrollierbarkeit unterschiedliche Emotionen hervorruft, setzten sie den "Ärger" als vermittelnden Schritt zwischen der Interpretation und dem Verhalten ein. Indem sie eine Sequenz von "Denken → Fühlen → Handeln" postulierten, gaben Graham und Mitarbeiter eine Antwort auf die kritische Frage an Dodges (1986) Modell, wie nämlich die zunächst "kalten" Schritte der Informationsverarbeitung in "heißblütigen" Vergeltungsaktionen enden können. Die Untersuchung von Graham et al. (1992) mit männlichen Jugendlichen der afro-amerikanischen Unterschicht Kaliforniens weist darauf hin, daß bei den "normalen", "nicht aggressiven" Jugendlichen ein enger Zusammenhang zwischen der Zuschreibung einer feindseligen Intention und der Stärke ihres Ärgers bestand (r = .70), wenn sie Szenen beurteilten, in denen ein negatives Ereignis für den Protagonisten durch verschiedene Intentionen des Verursachers zustande gekommen war. Strukturgleichungsanalysen der Zusammenhänge bestätigten ferner die vorhergesagte zeitliche Reihenfolge: auf die Art der

Intentionszuschreibung folgte Ärger unterschiedlicher Intensität, der wiederum die Wahrscheinlichkeit einer schädigenden Vergeltungsreaktion beeinflußte. Alle anderen Pfade konnten ausgeschlossen werden.

4.2.2 Wie aggressive Kinder soziale Hinweisreize verarbeiten

In Hinblick auf den *ersten Verarbeitungsschritt*, nämlich der Wahrnehmung und der Enkodierung von sozialen Hinweisreizen, stellten Dodge und Newman (1981) fest, daß Jungen, die von Lehrern und Mitschülern als aggressiv beurteilt worden waren, sich 40% weniger Hinweisreize auf einer Audiokassette anhörten, bevor sie die Absichten eines gleichaltrigen Provokateurs bewerteten als ihre "nicht aggressiven" Altersgenossen. Die als "aggressiv" eingestuften Jungen konnten nicht so lange abwarten und alle möglichen Seiten des Vorfalls bedenken, sondern hatten ihr Urteil in der Regel (allzu) schnell parat (Dodge, 1986). Außerdem zeigten sie bei der Verarbeitung der Hinweisreize (cues) Defizite, denn von den verschiedenen cues, die ihnen über die vermeintliche Provokation eines Peers angeboten wurden, beachteten sie vor allem den letzten Hinweis (Dodge & Tomlin, 1987). Die Konzentration auf die zuletzt genannten Aspekte des Vorfalls (recency bias) hielt sie ebenfalls davon ab, ein abgewogenes Urteil zu fällen.

In Bezug auf den *zweiten Verarbeitungsschritt*, also der Repräsentation und Interpretation der Wahrnehmungen, traten ebenfalls Defizite bei der Informationsverarbeitung "aggressiver" Kinder ans Licht, denn Dodge (1980) stellte fest, daß die "aggressiven" Kinder ihren Peers in hypothetischen zweideutigen Situationen, in denen ein Kind provoziert oder geschädigt wurde, eher feindselige Absichten unterstellten. Diese Neigung nannte er den "feindseligen Attributionsbias". Auch in denjenigen Situationen, in denen der Schaden durch einen Zufall entstanden war, den keiner zu verantworten hatte, neigten die "aggressiven" Grundschulkinder dazu, bei dem anderen Kind feindselige Absichten zu vermuten. Sogar bei Geschichten, in denen die Gleichaltrigen bei der Verfolgung von ausgesprochen prosozialen Absichten Schaden anrichteten, waren die "aggressiven" Kinder häufiger als andere Kinder bereit, Böswilligkeit als Motiv anzunehmen (Dodge et al., 1984). Die Autoren nehmen diese Befunde als Beleg dafür, daß bei den "aggressiven" Kindern ein Defizit bei der Auswahl und der Interpretation von Hinweisreizen über die Absichten von anderen Kindern besteht (ähnlich Graham et al., 1992). Allerdings scheint sich der feindselige Attributionsbias nach der Untersuchung von Quiggle, Garber, Panak und Dodge (1992) nicht auf Kinder zu beschränken, die als "aggressiv" eingestuft werden. Auch Kinder, die sich in dem Childhood Depression Inventory als überdurchschnittlich depressiv darstellten (ohne zugleich bei anderen als "aggressiv" zu gelten), neigten bei hypothetischen Provokationen zu ungerechtfertigten Unterstellungen der Böswilligkeit und berichteten sogar noch stärkere Ärgerempfindungen als die Vergleichsgruppe der "aggressiven" Kinder. Worin sich die beiden Problemgruppen unterschieden, war lediglich ihre Einschätzung, ob es etwas nützt, sich mit aggressiven Mitteln durchzusetzen.

4.2.3 Zur Sozialisation des feindseligen Attributionsbias

An diesem Punkt interessiert, wie sich die Verarbeitung sozialer Informationen auf Seiten des Kindes entwickelt und unter welchen Bedingungen maladaptive Verarbeitungsmuster, wie etwa der feindselige Attributionsbias, entstehen können. Mit Hilfe von Strukturgleichungsmodellen konnten Weiss, Dodge, Bates und Pettit (1992) nachweisen, daß nordamerikanische Kindergartenkinder aus der Unterschicht, die in frühkindlicher Zeit von ihren Eltern körperlich streng bestraft worden waren oder andere extrem restriktive Disziplinierungsmethoden erlebt hatten, mit größerer Wahrscheinlichkeit ein maladaptives Modell zur Verarbeitung sozialer Informationen entwickelten, auch wenn das Geschlecht der Kinder, ihre Sozialschicht und die Zusammensetzung der Familie (Ein-Eltern- vs. Zwei-Eltern-Familien) statistisch kontrolliert worden waren. Die in jungen Jahren hart bestraften Kinder zeigten auch vermehrt aggressives Verhalten im Kindergarten (ähnlich: Hart, Ladd & Burleson, 1990). Hinweise auf internalisierende Verhaltensprobleme ließen sich bei dieser Gruppe indessen nicht finden (Weiss et al., 1992).

Möglicherweise gehen die Erfahrungen jedoch noch weiter in der Lebensgeschichte des Kindes zurück und spiegeln eine generalisierte Erwartung der Feindseligkeit wider. Nach der Bindungstheorie könnte man vermuten, daß diese Erwartungshaltung Bestandteil des "Arbeitsmodells" (Grossmann et al., 1989) ist, das das Kind über die Beziehungen zu anderen Menschen gebildet hat. Suess, Grossmann und Sroufe (1992) führten ein Experiment zur Einschätzung von Provokationen in Bildgeschichten mit fünfjährigen Kindern im Kindergarten durch, die sie als Kleinkinder in Hinblick auf die Qualität ihrer Bindungsbeziehungen zu Mutter und Vater klassifiziert hatten. Kinder, die im zweiten Lebensjahr eine sichere Bindungsbeziehung zu ihrer Mutter hatten, neigten vier Jahre später im Kindergarten zu im Zweifelsfall positiven oder realistischen Interpretationen der Bildgeschichten. Sie schrieben dem Kind, das den Schaden verursachte, seltener Böswilligkeit zu, wenn dies erkennbar nicht der Fall war. Die Kinder, die früher in ihrem Bindungsverhalten als "unsicher" eingestuft worden waren, neigten hingegen dazu, dem Schadensverursacher entweder summarisch feindselige Motive zu unterstellen oder auch in solchen Fällen von dessen Gutwilligkeit auszugehen, in denen alle Kontextmerkmale dagegen sprachen. Nach der Bindungstheorie bereiten die Erfahrungen der Zurückweisung oder der Nicht-Beachtung in psychischen Belastungssituationen, die Kinder in einer unsicher-vermeidenden Bindungsbeziehung gemacht haben, ihnen viel Ärger und Kummer, den sie in dieser Beziehung (aus Angst vor weiterer Zurücksetzung) aber nicht zum Ausdruck bringen können (Main, Kaplan & Cassidy, 1985; siehe auch Kapitel 2.1.1). Die Arbeitsmodelle, die sich auf der Grundlage derartiger Erfahrungen bilden, haben die Tendenz, sich im Laufe der Zeit zu verfestigen und damit Korrekturen immer weniger zugänglich zu sein (Grossmann et al., 1989). So mag es nicht verwundern, daß Jugendliche mit einer (im ersten Lebensjahr) unsicher-vermeidenden Bindungsbeziehung von ihren Freunden als signifikant feindseliger eingeschätzt wurden als eine Vergleichsgruppe Jugendlicher mit einer sicheren Mutter-Kind-Bindung (Zimmermann & Grossmann, 1993). Die Art der Beziehung zu den Eltern und deren Erziehung scheint damit ein wichtiger Hintergrundfaktor für die Entstehung und Regulierung von Ärger bei Kindern und Jugendlichen zu sein, auch wenn bisher noch ungeklärt ist, in welcher Weise die Arbeitsmodelle der beiden Eltern-Kind-Beziehungen auf andere Beziehungen "übertragen" werden (v. Salisch & Seiffge-Krenke, 1996), die wie die Gleichaltrigenbeziehung zudem noch anders strukturiert sind (Youniss, 1982, siehe Kapitel 3).

4.3 Die Entwicklung aggressiven Verhaltens als einer Form der Ärgerregulierung

4.3.1 Konzeptuelle Klärungen: Ärger und aggressives Verhalten

Wohl kaum ein Bereich des Soziallebens hat soviel wissenschaftliche Aufmerksamkeit auf sich gezogen wie das aggressive Verhalten, auch wenn kaum Einigkeit darüber besteht, was genau darunter zu verstehen ist. Außerdem ist umstritten, ob aggressives Verhalten eine notwendige Folge ärgerlicher Empfindungen ist. Zu diesen beiden Punkten folgen daher zunächst einige Vorüberlegungen, bevor dann die Entwicklung aggressiven Verhaltens im Schulalter aufgenommen wird.

Die größte mit den Forschungen zum aggressiven Verhalten verbundene Schwierigkeit liegt darin, daß sich nur sehr schwer Übereinkunft darüber herstellen läßt, welches Verhalten als "aggressiv" zu bezeichnen ist. Je nachdem, wie man aggressives Verhalten definiert, entstehen unterschiedliche Schwierigkeiten (Hartup & de Wit, 1974). Parke und Slaby (1983) haben vier Probleme bei der Definition von aggressivem Verhalten herausgestellt, die ich in Hinblick auf das Verhalten von Kindern konkretisiert habe:

1) Definiert man aggressives Verhalten in Hinblick auf das Vorkommen bestimmter Verhaltenskategorien, wie etwa Schlagen, Treten etc., dann schränkt man das Spektrum aggressiver Handlungen stark ein. Zugleich läßt man die Intention des Handelnden außer Acht. Elaboriertere Formen der Schädigung, die gerade bei älteren Kindern an Bedeutung gewinnen, werden bei dieser Definition nicht berücksichtigt.

2) Legt man fest, daß Verhalten nur dann als aggressiv bezeichnet werden soll, wenn das Ziel ist, einen anderen Menschen (aus feindseligen Motiven heraus) zu schädigen, dann muß man diese Absicht nachweisen. Intentionen nachzuweisen, ist indessen oft schwierig. Schließt man aus der Beobachtung des Verhaltens auf Intentionen und Motive, dann läuft man Gefahr, den Heranwachsenden Absichten zu unterstellen, die sie selbst vielleicht nicht äußern würden und die sie vielleicht auch gar nicht hatten.

3) Geht man nicht von der Intention der Handelnden, sondern vom Ergebnis ihrer Handlung aus, dann kann man aggressives Verhalten als Handlung definieren, die einen "Schaden" anrichtet. Bei dieser Definition taucht die Schwierigkeit auf, zu bestimmen, was genau ein Schaden ist. Ein blauer Fleck läßt sich vielleicht noch feststellen, aber ob ein Kind psychisch verletzt wurde, läßt sich von außen oft gar nicht erkennen. Und auch mit den "blauen Flecken" ist es manchmal gar nicht so

einfach: die an einer Rauferei beteiligten Kinder haben oft ganz andere Vorstellungen davon, ob ein Knuff schmerzhaft oder schädigend war, als danebenstehende Erwachsene.

4) Dies führt zum vierten Punkt: Zuschauer neigen dazu, dem Verhalten der Kinder, die sie beobachten, eine Bedeutung zu unterlegen. Ob ein und dieselbe Verhaltensweise als "aggressiv" oder als "nicht aggressiv" bewertet wird, ist ein soziales Urteil, das unter anderem von der Reputation desjenigen, der das Verhalten ausführt, abhängt. Mit anderen Worten: Wenn ein als "schüchtern und lieb" eingeschätztes Kind ein anderes schlägt, wird dieses meist anders gewertet, als wenn der "Raufbold der Klasse" das gleiche tut. Auch die Einschätzungen, die Mitschüler oder Lehrer über andere Kinder abgeben, unterliegen dem Einfluß solcher Stereotypen. Was in Skalen zum Peer-Urteil über aggressives Verhalten gemessen wird, ist also nicht das Verhalten selbst, sondern vor allem die soziale Reputation des betreffenden Kindes.

Auch wenn das Problem mangelnder Konvergenz zwischen verschiedenen Perspektiven bei der Beurteilung anderer Verhaltensweisen ebenfalls zu berücksichtigen ist, so ist es beim aggressiven Verhalten doch besonders brisant, denn hier geht es darum, daß jemand geschädigt und jemand anderes dafür verantwortlich gemacht wird. Notwendig scheint es daher, den bisher bevorzugten Zugang per Verhaltensbeobachtung durch Verfahren zu ergänzen, die Einblick in die Absichten und Empfindungen der Beteiligten geben. Nur so kann man feststellen, ob ein Verhalten, das Beobachter als aggressiv beurteilen, wirklich schädigende Absichten verfolgte (Definition 2) oder das Verhalten den Empfänger wirklich geschädigt hat (Definition 3). Doch: Inwieweit kann man Angaben zu den eigenen Absichten Glauben schenken? Die Gültigkeit selbstberichteten aggressiven Verhaltens wird durch Faktoren wie soziale Erwünschtheit eingeschränkt, denn viele Menschen geben sicher nicht gerne zu, daß sie feindselige Gedanken in ihrer Brust hegen oder gar andere mit Bedacht schädigen (Mummendey et al., 1982). Innensicht und Außensicht aggressiven Verhaltens korrespondieren nicht notwendigerweise. Für die Gültigkeit von Selbstberichten zum aggressiven Verhalten spricht hingegen, daß öffentlich sichtbares Verhalten, wie Schlagen oder Treten, auch in der Einschätzung des eigenen Verhaltens schwer verschwiegen werden kann, vor allem wenn man weiß, daß andere es ebenfalls beurteilen. Auch empirische Ergebnisse untermauern die Validität von selbstberichtetem schädigenden Verhalten. Petillon (1993) kam in seiner Längsschnittstudie mit 262 Schulanfängern zu dem Ergebnis, daß die vom Kind selbst erwähnte Häufigkeit, mit der es in körperliche Auseinandersetzungen verwickelt ist, von seinen Klassenkameraden mit wachsendem Alter zunehmend genauer erfaßt wurde. Cairns, Cairns, Neckerman und Ferguson (1989) bestätigten in einer multimodal angelegten Längsschnittstudie über die Entwicklung aggressiven Verhaltens zwischen der vierten und der neunten Klasse, daß Selbstbericht und Fremdbericht aggressiven Verhaltens zunehmend konvergieren. Insgesamt legen diese Befunde nahe, daß Selbstauskünfte über schädigendes Verhalten im großen und ganzen valide sind und den Vorteil haben, daß sie die Intentionen des Aggressors berücksichtigen.

Damit kommen wir zur zweiten Frage, ob ärgerliche Gefühle sich immer in Form von schädigendem Verhalten äußern. Nicht notwendigerweise, würde ich sagen, denn zum einen ist Ärger nicht eine notwendige Vorbedingung für aggressives Verhalten. Intentional schädigendes Verhalten - wenn man diese Definition akzeptiert - kann nicht nur "aus dem Affekt" heraus, sondern auch vorbedacht erfolgen, etwa aus dem Kalkül, dadurch Vorteile zu erreichen. Denkbar ist eine Form der "kalten", der instrumentellen Aggression, die ohne jedes Gefühl von Ärger oder Feindseligkeit für ihre "Opfer" auskommt. Zum anderen resultiert auch nicht jedes ärgerliche Erlebnis in schädigendem Verhalten. "Ärgerreize" führen nicht notwendigerweise zu schädigenden "Reaktionen". Ärgerliche Empfindungen können sich in vielen anderen Verhaltensweisen manifestieren. Menschen können ihre Gefühle in gewissem Umfang beeinflussen, menschliches Verhalten ist sehr viel variabler als die Reiz-Reaktions-Modelle unterstellen (Kagan, 1974; S. Feshbach, 1974; Averill, 1982). Wie im zweiten Kapitel beschrieben, fangen Kinder schon früh an, andere Wege zur Regulierung ihres Ärgers einzuschlagen. Empirische Befunde unterstreichen, daß Ärger nur recht selten mittels aggressiven Verhaltens ausgelebt wird. Erwachsene wählten direkt schädigende Verhaltensweisen gegenüber dem Verursacher selbst beim intensivsten Ärgererlebnis der letzten Woche relativ selten: 10% der Befragten berichteten, daß sie zu körperlicher Gewalt gegriffen hatten, 49% hatten geschimpft, 41% hatten eine Belohnung entzogen. Auch wenn der Wunsch nach Schädigung bei fast allen Befragten vorhanden war, so wurde er doch vergleichsweise selten in die Tat umgesetzt (Averill, 1982). Aus diesen Gründen, ist es nötig, drei logische Beziehungen zwischen ärgerlichen Gefühlen und aggressivem Verhalten zu postulieren. Zum einen gibt es "instrumentelles" schädigendes Verhalten, das nicht auf Gefühlen des Ärgers beruht. Als zweites ist "reiner" Ärger denkbar, also Ärger, der sich nicht in aggressivem Verhalten entlädt. Ärgerliche Gefühle, die zu aggressivem Verhalten führen, sind nur die dritte mögliche Beziehung zwischen Ärger und Aggression. Auf den Punkt gebracht bedeutet dies: ärgerliche Gefühle *können* sich in schädigendem Verhalten äußern, *müssen* dies aber nicht tun.

4.3.2 *Die Entwicklung verschiedener Formen aggressiven Verhaltens*

Nach diesen Vorbemerkungen will ich mich wieder den Kindern zuwenden und berichten, wie sich ihr "aggressives" Verhalten über die Grundschulzeit hinweg entwickelt. Aus der schier unübersehbaren Gesamtzahl der Forschungsberichte werde ich mich auf solche Arbeiten beschränken, die sich zur Entwicklung der verschiedenen Formen aggressiven Verhaltens in einem natürlichen Setting äußern, da sie Auskunft darüber geben, wie sich *eine* der vielen Möglichkeiten, seinen Ärger auszudrücken, entwickelt. Für einen Gesamtüberblick über die Entwicklung der Aggression verweise ich auf die exzellente Zusammenfassung von Parke und Slaby (1983). Angesichts der oben erwähnten Schwierigkeiten, aggressives Verhalten eindeutig zu definieren, scheint es bei den vorzustellenden Untersuchungen auf jeden Fall angebracht, die "Perspektiven" der Beurteiler auseinander zu halten (Mummendey et al., 1982) und konvergierende Evidenz aus mehreren Erhebungsmethoden zu sammeln. Denn gerade bei dem Bericht über das körperlich aggressive Verhalten ist nicht immer sichergestellt, daß hinter dem Verhalten wirklich eine Schädigungsabsicht stand.

Die Entwicklung körperlich aggressiven Verhaltens

Einer der großen Entwicklungstrends ist die Abnahme von körperlichen Formen der Aggression, wobei Unterschiede zwischen Jungen und Mädchen im Laufe der Grundschuljahre immer deutlicher hervortreten. Archer, Pearson und Westeman (1988) berichten aus ihren Beobachtungen während Perioden unstrukturierter Aktivitäten im Klassenzimmer, daß körperlich aggressives Verhalten bei Mädchen zwischen sechs und elf Jahren zurückging, während es bei Jungen in etwa gleich häufig blieb. Jungen wurden häufiger dabei beobachtet, wie sie andere Kinder schlugen oder mit ihnen rangelten (auch Krappmann, 1994). An diesen körperlichen Auseinandersetzungen waren Mädchen zunehmend weniger beteiligt, sie teilten immer seltener aktiv Schläge aus und steckten auch immer seltener welche ein. Dieser beobachtete Geschlechtsunterschied wird von den Ergebnissen der Längs-schnittstudie von Cairns et al. (1989) durch die Selbstberichte einer etwas älteren Gruppe untermauert. 220 Jungen und Mädchen aus einer Vorstadt in den USA wurden von der vierten bis zur neunten Jahrgangsstufe einmal im Jahr mit Hilfe von Fragebögen und Interviews befragt. In einem Interview über zwei Konflikte mit Klassenkameraden aus jüngerer Zeit erwähnten die Mädchen zwischen der vierten und der siebten Klasse immer seltener körperliche Mittel der Auseinandersetzung. Daß auch Jungen zunehmend fähiger werden, ihrem Ärger nicht mehr vor allem körperlichen Ausdruck zu verleihen, zeigte sich daran, daß bei ihnen der Gebrauch körperlich aggressiven Verhaltens ebenfalls abnahm, allerdings nur dann, wenn sie Streit mit Mädchen hatten. In Konflikten unter Jungen blieb der Einsatz von körper-licher Gewalt über diesen Zeitraum gleich. Die Autoren schließen aus diesem Befund, daß bei Auseinandersetzungen unter männlichen Jugendlichen noch immer die von Ferguson und Rule (1980) identifizierte "Brutalitätsnorm" gilt, gewalttätiges Verhalten unter Jungen also durchaus akzeptiert wird (Huesmann & Guerra, 1997; ähnlich Sturzbecher, Dietrich & Kohlstruck (1994) über Jugendliche aus Branden-burg). In allen Studien standen weibliche Jugendliche der körperlichen Gewalt sehr viel reservierter gegenüber. Gegenüber diesen Studien ist einschränkend zu bemer-ken, daß über die Art der Situationen und über die Beziehung, die zwischen "Tätern" und "Opfern" bestand, nichts erwähnt wurde. Lediglich Krappmann (1994) merkte auf Grundlage seiner Beobachtungen von Viertkläßlern in Klassenzimmer und Pausenhof an, daß befreundete Kinder recht selten zu körperlicher Gewalt griffen, höchstens dann, wenn eigentlich vergnügliche und einvernehmliche Rangeleien entgleisten.

Die Entwicklung feindselig aggressiven Verhaltens

In Anlehnung an eine Unterscheidung von S. Feshbach (1964) differenzierte Hartup (1974) zwischen instrumenteller Aggression, die darauf abzielt, Gegenstände, Territorien oder Vergünstigungen wiederzuerlangen, und feindseliger Aggression, die die Absicht verfolgt, Personen zu schädigen. Instrumentell aggressives Verhalten wird durch Behinderungen beim Erreichen von Zielen hervorgerufen, eben dem Auslöser in der traditionellen Frustrations-Aggressions-Hypothese (Dollard et al.,

1939). Aggressivem Verhalten feindseliger Natur liegen nach Hartup (1974) zwei Bedingungen zugrunde: Zum einen Auslöser, die nicht nur frustrieren, sondern auch das Selbstwertgefühl bedrohen, und zum anderen die Zuschreibung, daß dieser Angriff mit böswilliger Absicht (und ohne Entschuldigungen) erfolgte (siehe Kapitel 1.3.1). Wie Hartup und de Wit (1974) anmerken, ist diese Definition insofern problematisch, als in einer Episode oft sowohl feindselige wie auch instrumentelle Aspekte enthalten sind. Zudem könnte man argumentieren, daß durch das feindselig aggressive Verhalten auch ein Ziel erreicht wird, nämlich die Erhöhung des eigenen Selbstwertgefühls, und das Verhalten somit auch instrumentellen Charakter hat. Als drittes könnte man einwenden, daß die Annahme, ob und inwiefern das aggressive Verhalten dazu dient, das eigene Selbstwertgefühl zu stabilisieren, kaum unabhängig vom Verhalten zu überprüfen ist (siehe Punkt 2 oben). Trotz der begrifflichen Unschärfe dieser Unterscheidung möchte ich einige Forschungsergebnisse zum feindselig aggressiven Verhalten vorstellen, geben sie doch Auskunft über Formen aggressiven Verhaltens, die unter älteren Kindern häufig zu beobachten sind.

Über die Grundschuljahre nimmt die Bedeutung feindselig aggressiven Verhaltens zu. Aus seinen durch Bildkarten gestützten Interviews mit Schulanfängern berichtet Petillon (1993), daß Kinder Ausschluß und Hänseln als Anlaß zum Konflikt von der ersten bis zur dritten Klasse zunehmend häufiger nannten. Diese Formen der sozialen Isolierung waren häufig Anlaß für Wut, Trauer oder Angst unter den Kindern, besonders unter den Mädchen. Grundschülerinnen waren weitaus häufiger in Intrigen verwickelt, und zwar sowohl aktiv als Ausschließende als auch passiv als "Opfer". Wer "Opfer" und wer "Täterin" war, verschwamm indessen über die Zeit; der Anteil der Revanchen durch "Gegenausschluß" stieg von 22% im ersten auf 55% am Ende des zweiten Schuljahres an. Ausschluß aus der Gruppe oder von Aktivitäten wurde im Laufe der Zeit zunehmend mit Hänseleien verbunden; beide Verhaltensweisen verfestigten sich im zweiten Schuljahr. Diese Berichte über das eigene Verhalten und das Verhalten von Klassenkameraden werden durch Beobachtungen von Krappmann (1994) über mißlingende Aushandlungen unter Viertkläßlern ergänzt. Krappmann stellte fest, daß mehr als ein Viertel seiner protokollierten Szenen Einmischungen und peinliche Bloßstellungen zum Thema hatte. An diesen waren allerdings überwiegend Jungen beteiligt: 39% der Szenen fanden zwischen Jungen statt, weitere 45% zwischen Jungen und Mädchen. McCabe und Lipscombs (1988) Beobachtungen über die Häufigkeit "verbaler Aggressionen" im Klassenzimmer bestätigten, daß der Anteil feindseliger, also auf die Schädigung von Personen gerichteter Äußerungen bei Jungen und Mädchen über die Jahre anstieg. Eine weitere Kategorie verbal schädigenden Verhaltens, nämlich Verleumdungen bei Dritten, war bei den dreizehnjährigen Mädchen besonders beliebt; die Haupteffekte für Alter und für Geschlecht wurden bei den entsprechenden Varianzanalysen signifikant. Daß die älteren Mädchen solche indirekten, den Verursacher nicht konfrontierenden Formen der Auseinandersetzung bevorzugen, deckt sich mit den Ergebnissen der schon erwähnten Untersuchung von Cairns et al. (1989). Mit zunehmendem Alter berichteten die Mädchen immer häufiger, daß sie bei Konflikten mit Peers - vor allem mit anderen Mädchen - zur Intrige griffen, indem sie diese Kinder ausschlossen, etwas Nachteiliges über sie erzählten oder ihr Ansehen in der Peer-Gruppe auf andere Weise herabsetzten. In der siebten Klasse kreiste etwa jeder dritte Konflikt unter

Mädchen um solche Themen. Möglicherweise sind diese Intrigen noch weiter verbreitet, denn der Ausschluß aus Aktivitäten ist doch nur die offensichtlichste Spielart der Manipulation von Gruppenansichten. Üble Nachrede, Bloßstellungen und die Verbreitung von nachteiligen Gerüchten dürften viel eher unentdeckt bleiben. Jungen beteiligten sich äußerst selten an diesen Machenschaften, weder in der vierten noch in der siebten Klasse (Cairns et al. (1989). Auch Crick und Grotpeter (1995) stellten fest, daß mehr Mädchen als Jungen der dritten bis fünften Jahrgangsstufe von ihren Klassenkameraden als relational aggressiv nominiert wurden. (Daß diese Befunde nicht mit den Beobachtungen von Krappmann (1994) über die starke Beteiligung von Jungen an Ausschließen und Ausstoßen, Einmischen und Bedrängen übereinstimmen, mag mit den unterschiedlichen Perspektiven von Beobachter (Krappmann, 1994), Selbst (Cairns et al., 1989) und Peers (Crick & Grotpeter, 1995) zusammenhängen.)

Zusammenfassend läßt sich feststellen, daß körperliche Formen der Auseinandersetzung über die Grundschuljahre zurückgehen, vor allem unter den Mädchen. Mädchen setzen mit zunehmendem Alter immer häufiger indirekte Formen der Schädigung ein, wie etwa Intrigen, Ausschluß oder Reputationsschädigung. Diese beiden Entwicklungstrends werden sowohl durch Beobachtungen als auch durch Selbstberichte der Kinder in Interviews gestützt. Bei den Jungen ist ein Anstieg feindselig aggressiver Äußerungen zu verzeichnen. Der Einsatz körperlicher Gewalt geht bei ihnen bei Auseinandersetzungen mit Mädchen zurück und bleibt bei Konflikten unter Jungen etwa gleich häufig. Auf die Geschlechtsunterschiede, die hier zutage treten, werde ich in Kapitel 5 gesondert eingehen.

4.4 Die Entwicklung der Modulation des Ärgerausdrucks

Wie Kinder im Grundschulalter ihre ärgerlichen Gefühle ausdrücken, ist auch das Thema der Emotionsforschung. Ausgehend von dem Konzept der Darbietungsregeln (Ekman & Friesen, 1988), die spezifizieren, wer wann wem gegenüber welches Gefühl (in welcher Intensität) zeigen darf, wurde erforscht, wie Kinder eben diese Regeln zum Ausdruck von Gefühlen lernen. Wie im dritten Kapitel erläutert, gelingt es schon Kindern im Kindergartenalter, ihre Enttäuschung über ein unattraktives Geschenk gegenüber einer erwachsenen Versuchsleiterin zu verbergen (Cole, 1986). Als Saarni (1984) Kinder im Grundschulalter danach fragte, wie man sich in dieser Situation verhalten sollte, sprachen sich ältere Schulkinder eher für ein Verbergen der Gefühle im Ausdrucksverhalten aus und konnten dieses auch mit komplexeren Argumenten begründen. Die Zehnjährigen argumentierten etwa mit der Notwendigkeit, Normen der Höflichkeit einzuhalten. Das Votum für das Verbergen wurde auch in die Tat umgesetzt: in der von Saarni (1984) experimentell hergestellten Geschenksituation überspielten die Kinder aus der dritten und der fünften Klasse häufiger als die Erstkläßler ihre Enttäuschung, indem sie die Versuchsleiterin mehr oder weniger deutlich anstrahlten. Verbunden mit dem Alterseffekt war ein Geschlechtseffekt. Während die ältesten Mädchen am häufigsten lächelten, verliehen die jüngsten Jungen ihrer Enttäuschung unverhohlenen Ausdruck. Insgesamt zeigten die Jungen mehr "Übergangsverhalten", also Anzeichen der Anspannung, wie sich kratzen, oder positives Verhalten von niedriger Intensität, wie etwa ein schüchternes Lächeln. Saarni (1984) deutet diese Ergebnisse so: Während das Regelbewußtsein bei beiden Geschlechtern gleich entwickelt ist, stehen Mädchen von ihrer Geschlechtsrolle her mehr unter dem Druck, "nett" zu sein und ihre Enttäuschung vor der Versuchsleiterin zu überspielen. Jungen wird es eher verziehen, wenn sie sich nicht allzu enthusiastisch für ein Geschenk bedanken.

Daß Grundschulkinder ärgerliche Gefühle bewußt vor anderen abschirmen, bestätigt die Studie von Underwood, Coie und Herbsman (1992). In dieser Untersuchung wurden 75 acht-, zehn- und dreizehnjährige Kinder aus der afro-amerikanischen Unterschicht der USA zu kurzen Videoclips befragt, die Szenen mit Lehrern und Gleichaltrigen enthielten, die eindeutig feindselige oder nicht feindselige Absichten verfolgten. Gefragt wurden die Kinder danach, wie sie sich an der Stelle der Hauptfigur der Geschichte fühlen würden, welches Gesicht sie ziehen würden und was sie in diesen Situationen tun würden. Wenn man die ärgerlichen Empfindungen, die die Kinder für die einzelnen Geschichten angaben, mit ihren Antworten zu ihrem Gesichtsausdruck in Beziehung setzte, dann stellte sich folgendes heraus: (1) Die Kinder maskierten ihre ärgerlichen Gefühle eher gegenüber Lehrern als gegenüber gleichaltrigen Kindern (38% vs. 3%). (2) Mit zunehmendem Alter neigten Jungen eher dazu, Ärger und Trauer, die sie empfanden, im Ausdrucksverhalten zu überspielen. Während bei den Achtjährigen erst jeder sechste seinen Ärger vor der Öffentlichkeit verbarg, so tat dies bei den Dreizehnjährigen schon jeder zweite. (3) Bei den Mädchen war ein gegenläufiger Alterstrend zu verzeichnen: Der Anteil der Mädchen, die angaben, ihren Ärger nach außen zu zeigen, stieg von 40% auf 87% deutlich an. Die Autoren diskutieren diese für die Mädchen sicherlich etwas überraschenden Ergebnisse mit dem Hinweis auf das "chill", einer Ausdrucksnorm unter männlichen afro-amerikanischen Jugendlichen, die besagt, daß "mann" unter allen Umständen "cool" bleiben muß. Hinzuzufügen ist, daß in diesen Video-Geschichten ärgerliche Erlebnisse mit Lehrern und mit Mitschülern gemischt waren, differentielle Ausdrucksergebnisse für beide Personengruppen aber nicht berichtet wurden. Dabei ist es wohl denkbar, daß männliche Jugendliche bei Provokationen von Mitschülern - insbesondere von jüngeren oder körperlich schwächeren Schülern - weniger Zurückhaltung an den Tag gelegt hätten.

Daß unter Grundschulkindern recht strenge Regeln über den Ausdruck von Ärger herrschen, die wahrscheinlich in gewissem Umfang je nach Region und Ethnie variieren, belegt die Studie von Zeman und Garber (1996) mit amerikanischen Kindern weißer Hautfarbe. Bei einer Geschichte, in der sich ein Kind ärgert, weil sein Cousin ihm mit der Absicht, ihn zu ärgern, ein "blödes Baby-Spielzeug" zum Geburtstag schenkt, gaben die befragten Kinder der ersten, dritten und fünften Klasse an, daß sie ihren Ärger eher vor den Augen eines Gleichaltrigen als gegenüber ihrer Mutter oder ihrem Vater verbergen würden, wenn eine dieser Personen sie beim Öffnen des Geschenkkartons beobachten würde. Von anderen Kindern erwarteten die Kinder weniger Verständnis für ihr Gefühl als von ihren Eltern. Bei den Kindern der fünften Klasse war die Tendenz zur Maskierung des Ausdrucks ausgeprägter als bei den jüngeren Kindern. Dieser Alterstrend deckt sich mit den Befunden von Murphy und Eisenberg (1996), die feststellten, daß Kinder am Ende der mittleren Kindheit eher angaben, daß sie sich bei einem Erlebnis mit einem Gleichaltrigen, das sie ärgerlich gemacht hatte, innerlich oder äußerlich distanzierten.

Zusammenfassend läßt sich im Grundschulalter eine Tendenz konstatieren, den Ausdruck von Enttäuschung und Ärger zunehmend vor anderen zu verbergen. Für den Ausdruck der Enttäuschung gegenüber Autoritätspersonen wird diese Aussage auch durch die Beobachtungsdaten von Saarni (1984) gestützt. Für den Ärger liegen jedoch nur Selbstberichte vor (Murphy & Eisenberg, 1996; Underwood et al., 1992; Zeman & Garber, 1996), die sich im Fall von Underwood et al. (1992) und Zeman und Garber (1996) auf vorgegebene hypothetische Situationen beschränken. Die Frage, inwiefern die berichtete Neigung zu einer immer größeren Kontrolle des Ärgerausdrucks sich auch wirklich im Verhalten niederschlägt, ist damit noch offen. Auch die damit einhergehende Frage, wie erfolgreich die Kinder darin sind, ihre Bemühungen um Ausdruckskontrolle in die Tat umzusetzen, harrt noch der Beantwortung. Interessant wäre diese Antwort nicht nur aus dem methodischen Grund der Überprüfung von Selbstberichten, sondern auch in Hinblick auf die im letzten Abschnitt festgestellte Neigung zu Intrigen, beruht der Erfolg dieser Manipulationen doch nicht zuletzt darauf, daß es gelingt, das "Opfer" über die eigenen ärgerlichen Empfindungen im Dunkeln zu lassen.

4.5 Die Entwicklung des Wissens über Strategien zur Regulierung von Gefühlen

Wenn Kinder über die Grundschuljahre hinweg immer mehr dazu neigen, den Ausdruck ihres Ärgers vor anderen abzuschirmen und die Mädchen immer seltener zu Formen körperlicher Gewalt greifen, dann taucht die Frage auf, was die Kinder mit ihrem Ärger "machen", wenn sie ihn zunehmend nicht mehr direkt ausdrücken. Wie in Kapitel 1.4 beschrieben, werden Emotionen auf vielfältige Weise reguliert, nämlich auf der Ebene des Erlebens, auf der Ebene des Ausdrucks sowie auf der Ebene physiologischer Prozesse. Um solche Prozesse der Regulierung von Ärger soll es im weiteren gehen, wobei betont werden muß, daß auch für das Schulalter keine Studien zu den physiologischen Regulierungsprozessen vorliegen. Dieses Kapitel muß sich daher auf die Frage beschränken: Was denken oder tun Kinder im Grundschulalter, um ihre ärgerlichen Gefühle zu regulieren? Um diese Frage zu beantworten, soll zunächst vorgestellt werden, welche Möglichkeiten der Ärgerregulierung Kindern im Grundschulalter bekannt sind.

4.5.1 Die Entwicklung des Wissens über Selbstkontrolle und Selbstregulierung

Im Rahmen seiner Forschungsarbeiten zum Belohnungsaufschub interessierte sich Walter Mischel für die Mittel, die Kinder im Vorschulalter einsetzen, um einer Versuchung zu widerstehen. In seinen Experimenten konnten die Kinder wählen, entweder sofort eine kleine Belohnung oder nach einigem Abwarten ein größeres Geschenk zu erhalten. Die Selbstkontrolle, die hier angesprochen wurde, hängt von zwei Faktoren ab: von der Kompetenz und der Performanz. Die Kompetenz umfaßt das Wissen über Regeln, Konventionen oder Prinzipien des Verhaltens sowie die prinzipielle Fähigkeit zur Ausführung dieses Verhaltens, im Falle des Ärgers also das Wissen über Regeln des Erlebens, des Ausdrucks und der Regulierung dieses Gefühls und die prinzipielle Beherrschung dieser Regeln. Die Performanz ist die situative Umsetzung dieser Regeln. Sie wird wiederum von zwei Faktoren beeinflußt, nämlich zum einen von den erwarteten Konsequenzen des Verhaltens und zum anderen von den subjektiven Zielen und Verhaltensrichtlinien, die in Verhaltensplänen formuliert werden. Pläne enthalten Unterpläne, die Wege zur Umsetzung spezifizieren, eben kognitive oder aktionale Strategien. In den Experimenten zum Belohnungsaufschub bestanden die Verhaltensstrategien meist aus Selbstinstruktionen, etwa die eigenen Gedanken auf die große Belohnung zu richten oder die Aufmerksamkeit von der Versuchung wegzulenken (z.B. Mischel & Patterson, 1978). Kinder, die im Alter von vier bis fünf Jahren viele Selbstinstruktionen dieser Art spontan generieren konnten, waren über zehn Jahre später im Jugendalter besser in der Lage, frustrierende Situationen auszuhalten (Shoda, Mischel & Peake, 1990).

In einer Pilotstudie befragten Mischel und Mischel (1977) etwas ältere Kinder direkt zu ihrem Wissen über Strategien der Selbstkontrolle im Zusammenhang mit der Regulierung von Ärger, aggressivem und antisozialem Verhalten. Neun- bis zehnjährige Kinder konnten auf Mischel und Mischels Fragen nach ihren diesbezüglichen Plänen schon recht komplexe Selbstinstruktionen angeben, etwa daß sie sich Strafen (des Vaters oder des Schuldirektors) ausmalen würden, daß sie sich selbst (vor einer Prügelei) sagen würden: "Ich will mich nicht prügeln" oder daß sie sich die Körperkräfte ihres Gegners vor Augen führen würden. Andere Kinder erwähnten Strategien, wie sich selbst (statt den anderen) zu schlagen, mit der Tür zu knallen oder eine andere Freundin anzurufen. Zehnjährige Kinder wissen, daß man Vorsätze und Pläne aufrechterhalten und bekräftigen kann, indem man sie sich immer wieder vorsagt, sich öffentlich zu ihnen bekennt, sich als Erinnerungshilfe "einen Knoten ins Taschentuch" macht etc. Selbstinstruktionen dieser Art sind möglicherweise Folgen des Sprechens über Gefühle in der Familie (siehe Kapitel 2 und 3). Sie werden regelmäßig in der Therapie von aggressivem und antisozialem Verhalten bei Kindern eingesetzt (z.B. Meichenbaum, 1978; Petermann & Petermann, 1993).

4.5.2 *Die Entwicklung des Wissens über die Ärgerregulierung im Rahmen der theory of mind*

In einer der ersten Studien über das Wissen, das Kinder über die Gefühlswelt haben, fragten Harris, Olthof und Meerum Terwogt (1981) Kinder von sechs, elf und fünfzehn Jahren anhand von kurzen Geschichten, ob sie anderen gegenüber vorgeben könnten, daß sie nicht ärgerlich (oder ängstlich) seien. Alle Kinder bejahten diese Frage und wiesen darauf hin, daß sie dafür einfach ein glückliches Gesicht aufsetzen müßten. Erst bei der Frage, was sie tun würden, um ihr Erleben ebenfalls zu verändern, traten Altersunterschiede hervor: Sechsjährige gaben in der Regel an, daß sie die Situation verändern würden, daß sie spielen oder etwas tun würden, was ihnen Spaß macht. Die Elf- und Fünfzehnjährigen nannten ebenfalls vergnügliche Aktivitäten. Zugleich erwähnten sie jedoch mentalistische Strategien, wie etwa sich zu bemühen, das ärgerliche oder angsterregende Ereignis zu vergessen. (Leider wurden bei dieser Studie die Ergebnisse für die beiden Emotionen Angst und Ärger zusammengefaßt berichtet.) Harris und Lipian (1989) nahmen dieses Ergebnis in einer weiteren Studie unter die Lupe. Bei einer Befragung von sechs-, zehn- und fünfzehnjährigen Kindern und Jugendlichen im Krankenhaus bestätigte sich, daß ältere Kinder und Jugendliche zunehmend mentalistische Strategien angaben, wenn sie gefragt wurden, was sie tun würden, um mit ihren derzeitigen Gefühlen - wahrscheinlich der Angst, der Sorge und des Alleinseins - fertig zu werden. Zwar nannten auch Zehnjährige Spiele, Lesen und lustige Aktivitäten als Mittel der Emotionsregulierung, doch zugleich schilderten sie den Effekt, den diese Beschäftigungen normalerweise auf ihre Psyche haben. Ab etwa zehn Jahren wissen Kinder also um die ablenkende Wirkung solchen Tuns. Die Fünfzehnjährigen erwähnten fast nur noch Strategien, die ihr eigenes Gefühlsleben direkt - und nicht über den "Umweg" der Tätigkeit oder der Situationsänderung - verändern, wie etwa "den eigenen Verstand beschäftigen" etc.

Wie lernen Kinder, (negative) Gefühle durch Ablenkung oder bewußtes Vergessen zu vermindern? Harris (1992) skizziert zu dieser Frage folgenden Entwicklungsgang: Schon sechsjährige Kinder bestätigen, daß ein negatives Ereignis in ihrem Erleben zwar nicht völlig verschwindet, aber doch abgeschwächt wird, wenn ein positives Ereignis darauf folgt (Harter, 1983, Harter & Buddin, 1987, siehe Kapitel 3.2). Von dieser Beobachtung ist es nur ein kleiner Schritt zu der Erkenntnis, daß man seine eigenen Gefühle beeinflussen kann, indem man positive Ereignisse für sich selbst fabriziert. Was die Frage des absichtlichen Vergessens angeht, so stellten Harris, Guz, Lipian und Man-Shu (1985) fest, daß bereits vierjährige Kinder feste Vorstellungen über den Zeitverlauf von Emotionen haben, sie also wissen, daß Gefühle normalerweise mit der Zeit schwächer werden. Etwa ab dem Schulanfang haben Kinder ein gewisses Verständnis dafür entwickelt, daß ein negatives Gefühl abklingt, wenn man aufhört, über das Ereignis nachzudenken, das es ausgelöst hat. Ab etwa zehn Jahren haben die Kinder dann die Gesetzmäßigkeit hinter dieser Folge entdeckt: unangenehme Gefühle werden schwächer, *weil* man nicht mehr an sie denkt. Mit dieser Gewißheit ausgestattet können sich Kinder nun daran machen, unerwünschte Gefühle erträglicher zu gestalten, indem sie sich gezielt bemühen, sie zu vergessen.

Harris (1992) und seine Mitarbeiter erforschten, welche Möglichkeiten der Einflußnahme auf den eigenen Gefühlszustand Kinder kennen. Die Strategien, die diese Autoren berichten, beziehen sich zum überwiegenden Teil auf die Regulierung von belastenden und beschämenden Ereignissen und weniger auf den Umgang mit ärgerprovozierenden Erlebnissen. Eine weitere Einschränkung hat mit dem Unterschied zwischen Wissen und Anwendung zu tun. Wenn Harris feststellt, daß Kinder ab etwa zehn Jahren wissen, daß man Strategien der Aufmerksamkeitslenkung einsetzen kann, um belastende Gefühle erträglicher zu machen, dann hat er noch nichts darüber ausgesagt, wann, wie häufig oder unter welchen Umständen sie dies tatsächlich tun. Zwar setzt der bewußte Gebrauch der Regulierungsstrategien voraus, daß Kinder sie kennen, doch aus dem Wissen folgt nicht notwendigerweise, daß sie sie auch anwenden. Denkbar ist weiterhin, daß Kinder Strategien dieser Art schon gebrauchen, bevor sie sie verbal benennen können. Denn schließlich ist die Beschreibung der Art und Weise, wie man etwas tut, also die Versprachlichung von prozeduralem Wissen, eine schwierige Aufgabe, die eine genaue Beobachtung des eigenen Gefühlslebens voraussetzt (siehe Kapitel 2.3.2 und 3.2.2). Hinzu kommt, daß Harris sich mit seinem Interesse für die Entwicklung der Vorstellungen, die Kinder vom Geistesleben (mind) haben, auf ein recht enges Spektrum von Strategien konzentriert, eben vornehmlich auf die intrapsychischen Strategien der Ablenkung und des Vergessens. Die vielen anderen sozialen Strategien, etwa jene, die auf Verhandlungen oder die Einbeziehung von Dritten beruhen, bleiben in seinen Forschungen außen vor.

4.6 Ärger und Ärgerregulierung in der Freundschaft

Erwachsene erleben Ärger überwiegend in nahen Beziehungen zu anderen Menschen, also zu Familienangehörigen oder Freunden (Averill, 1982; Scherer, Wallbott & Summerfield, 1986). Für Kinder liegen zwar keine Forschungsberichte zu dieser Frage vor, doch es ist anzunehmen, daß es nicht anders ist. Umso erstaunlicher ist es daher, daß die Regulierung von Ärger und schädigendem Verhalten bisher so selten in einem Beziehungskontext untersucht wurde. Die am Anfang dieses Kapitels vorgestellten Forschungsergebnisse zur Entwicklung des aggressiven Verhaltens (Petillon, 1993; Cairns et al., 1989) beziehen sich zwar in der Regel auf das Verhalten unter (gleichaltrigen) Kindern, aber welche Beziehungen unter ihnen bestehen, wurde nicht spezifiziert. Die Befunde zur zunehmenden Maskierung des Ärgers im Ausdrucksverhalten (Underwood et al., 1992) unterscheiden nicht einmal zwischen einem Peer und einem Lehrer als "Empfänger" des Ärgerausdrucks. Dabei schafft die Beziehung den Rahmen, in dem die beschriebenen Verhaltensweisen eine Bedeutung erlangen, und diese Bedeutung ist eine andere, je nachdem, wer der Verursacher des Ärgers bzw. "Empfänger" seines Ausdrucks ist.

In Kapitel 3.1 wurden theoretische Überlegungen über die Unterschiede in der Struktur der Beziehungen zwischen Eltern und Kindern und unter Peers angestellt. Aus der komplementären Struktur der Eltern-Kind-Beziehungen und der symmetrisch reziproken Struktur der Kind-Kind-Beziehungen ergeben sich zum Teil unterschiedliche Anforderungen an das Kind, wie es seinen Ärger (und andere Gefühle) gegenüber diesen Personen regulieren soll. Während Quengeln und Nörgeln von Eltern und anderen Erwachsenen oft geduldet wird, sind die meisten Kinder in diesem Punkt viel rigoroser. Gleichaltrige können es ebenfalls in der Regel viel schlechter als Erwachsene ertragen, wenn ein Kind sich vor ihnen in Szene setzt; "Angeber" sind bei anderen Kindern besonders unbeliebt. Maria v. Salisch (1996) stellte bei jungen Erwachsenen fest, daß sie bei Ärger auf ihre (gleichgeschlechtlichen) Freunde eher dazu neigten, das ärgerauslösende Problem zu bereden, eher positive Umdeutungen vorzunehmen und seltener zu Schimpfen und Schreien oder abwertenden Gedanken zu greifen, als bei Ärger auf Familienmitglieder. Ärgerten sie sich über ihre Väter, dann waren Formen der Distanzierung, wie Aufmerksamkeitslenkung oder Weggehen, am häufigsten (v. Salisch, 1996; ähnlich: Saarni, 1991, Karniol & Heiman, 1987). Daß die Strategien der Ärgerregulierung (auch) von der Art der Beziehung zum Verursacher abhängen, wird theoretisch von Ekman und Friesens (1972/88) Konzept der Darbietungsregeln nahegelegt.

Ist ein (gleichaltriges) Kind der Verursacher des Ärgers, so ist weiterhin zu differenzieren, ob dieses Kind ein Freund oder eine Freundin oder "nur" ein Peer ist. Denn Fabes, Eisenberg, Smith und Murphy (1996) beobachteten, daß Kindergartenkinder gegenüber Altersgenossen, die sie gerne mochten, weniger intensiven Ärger zeigten. Außerdem reagierten sie bei Ärger eher mit dem offenen Ausdruck ihrer Gefühle und der aktiven Verteidigung ihres Besitzes als gegenüber Kindern, die sie weniger sympathisch fanden. Gleichzeitig waren sie ihren "Freunden" gegenüber auch weniger bereit, bei Auseinandersetzungen einfach nachzugeben. Hartup, Laursen, Stewart und Eastenson (1988) bestätigten aus ihren Beobachtungen des freien Spiels von Kindergartenkindern, daß Auseinandersetzungen unter wechselseitig befreundeten Kindern in der Regel weniger gefühlsintensiv waren als solche unter anderen Kindern. Leider teilen Hartup und Mitarbeiter nicht mit, welche Gefühle sie bei den Kindern bemerkten. Indirekte Schlüsse lassen sich lediglich aus dem Ende der Konflikte ziehen: Während Kinder, die nicht miteinander befreundet waren, nach der Konfrontation in der Regel nicht weiter zusammen spielten, neigten eng befreundete Kinder dazu, sich nach dem Streit in der Nähe des anderen aufzuhalten und in manchen Fällen sogar ihr gemeinsames Spiel fortzusetzen.

Ob Kinder ein befreundetes Kind treten, schlagen oder kratzen oder ob sie das gleiche mit einem Kind tun, mit dem sie normalerweise auf weniger freundlichem Fuße stehen, ist sicherlich ein großer Unterschied, auch wenn die Unterscheidung zwischen Freunden und Peers erst im Laufe der mittleren Kindheit an Bedeutung gewinnt (Krappmann, 1993a). Für die meisten neun- bis zwölfjährigen Kinder ist die Freundschaft allerdings schon eine "besondere", von der Peer-Beziehung abgegrenzte Beziehung, denn ab diesem Alter fangen Kinder an, Gemeinsamkeiten mit ihren Freunden nicht mehr ausschließlich in gemeinsamen Aktivitäten zu suchen, sondern in geteilten Einstellungen und Überzeugungen. Gegenseitiges Vertrauen, Loyalität und Selbstoffenbarung werden für Präadoleszente zu zentralen Merkmalen, die sie in ihren Freundschaften verwirklichen wollen (zusammenfassend v. Salisch, 1991a). Unter diesen Beziehungsvoraussetzungen erhält der Ärger, den ein Kind auf einen Freund empfindet, eine andere Bedeutung als der Ärger auf einen Klassenkameraden, ist es doch nicht die Situation an sich, die das Gefühl hervorruft, sondern die Interpretation der Situation. In welchem Beziehungskontext der Ärger entsteht, ist dabei in vierfacher Hinsicht wichtig: einmal in Hinsicht auf die (kognitiven) Bewertungen, die mit dem Gefühl einhergehen, zum anderen in Hinsicht darauf, welches Gefühl (mit welcher Intensität) hervorgerufen wurde, zum dritten in Hinsicht auf spätere (Regulierungs-) Handlungen und viertens in Hinsicht auf seine Nachwirkungen auf die Beziehung. Wie in Kapitel 4.1 berichtet, untermauerten Whitesell und Harter (1996) diese Vorhersagen, indem sie elf- bis fünfzehnjährige Jugendliche mit Hilfe einer Bildgeschichte befragten, in der ein Peer (oder der/die namentlich benannte beste Freund/Freundin) "etwas Gemeines" zu dem Kind sagt. War der

Freund oder die Freundin der Übeltäter, dann machten die Heranwachsenden wohlwollendere Zuschreibungen, vor allem dann, wenn keine Provokation vorlag. Zugleich reagierten sie bei der Beleidigung durch den Freund oder die Freundin nach eigenen Angaben mit intensiveren Empfindungen von Trauer und Verletztheit als bei den Gleichaltrigen, vor allem die Mädchen. In der Peer-Geschichte gaben die Jugendlichen an, daß sie sich in der Folge eher passiv verhalten würden, etwa indem sie die Situation oder den Gedanken an dieses herabsetzende Ereignis vermeiden. Gegenüber Freundinnen und Freunden, so berichteten die Jugendlichen, würden sie sich dagegen um eine Unterredung bemühen, die darauf abzielte, "die Dinge zu klären". Auf längere Sicht sahen sie sogar eine Verbesserung ihrer Freundschaft vorher. Demgegenüber berichteten sie, daß sich die Beziehung zu Klassenkameraden, mit denen sie nicht befreundet waren, in der gleichen Situation eher verschlechtern würde. Diese Ergebnisse belegen anhand eines Ärgeranlasses, der unter Präadoleszenten recht häufig vorkommt, wie wichtig der Kontext der Beziehung für Einschätzung, Emotion, Gefühlsbewältigung und die zukünftige Gestaltung der Beziehung ist. Je nach Beziehungspartner konstruieren die Kinder und Jugendlichen eine unterschiedliche Bedeutung in das auf der Oberfläche zunächst gleich erscheinende Erlebnis.

Über die in Kapitel 3.1 skizzierten Überlegungen zur Bedeutung der Peer-Beziehung hinaus scheint die Freundschaft in der mittleren Kindheit ein Rahmen zu sein, der besondere Impulse für die kognitive, die moralische und die soziale Entwicklung geben kann (Youniss, 1982). Auch wenn sich Freunde manchmal drangsalieren oder durch Besserwisserei auf die Nerven gehen, so verspricht die Aushandlung von Konflikten doch besondere Anstöße für die Entwicklung des einzelnen und der Beziehung. Krappmann (1993b) faßt die Aspekte zusammen, die die Konflikte, Streitereien und Zerwürfnisse in Freundschaften fruchtbar werden lassen. Freundschaften unter Kindern im Schulalter haben demnach unter anderem folgende entwicklungsfördernde Qualitäten:

- Die Freundschaft ist eine vorrangige Beziehung - also eine Beziehung, in der Kinder nach eigenen Wünschen viel Zeit miteinander verbringen. Weil die Freundschaft ein übergreifender Zusammenhang der Interaktion ist, werden die Kinder oft mehrmals mit denselben Schwierigkeiten miteinander konfrontiert, sodaß es auf Dauer weniger Streit um "Unwesentliches" geben dürfte.
- Die Freundschaft ist ein Ort der Entstehung gemeinsamer Bedeutungen. Auf Dauer mag sich daraus ergeben, daß die Freundschaft die Kinder zu Fairness und anderen Geboten einer interpersonalen Moral anregt und sie dazu stimuliert, akzeptable Begründungen und Beweise zu entwickeln.
- Die Freundschaft ist ein Bereich intimen Austausches - also ein Ort, an dem auch Peinlichkeiten offenbart werden können. Im Vertrauen auf den unterstützenden Rückhalt des Freundes oder der Freundin dürfte es Kindern leichter fallen, sich auf Neues und Risikoreiches einzulassen.
- Die Freundschaft ist eine Beziehung wechselseitig anerkannter Egalität - also eine Beziehung, in der eine strikte Symmetrie von Ansprüchen und Pflichten herrscht. Wird diese Symmetrie verletzt, dann kann die Freundschaft aufgrund ihres freiwilligen Charakters auch aufgekündigt werden.

- Die Freundschaft ist eine Beziehung mit Zukunft - also eine Beziehung, in der es sich lohnt, um der längerfristigen Ziele willen auch einmal auf die Durchsetzung eigener Interessen zu verzichten.
- Die Freundschaft ist ein stimulierender Wetteifer - also eine Beziehung zu einem bedeutsamen anderen, mit dem man sich messen kann, und dessen Leistungen einem eine besonders valide Rückmeldung über den eigenen Leistungsstand geben können.

Freundschaften unter Kindern in der mittleren Kindheit scheinen somit besonders intensive und anregende Beziehungen zu sein, u.a. deshalb, weil sie einen Rahmen für produktive Auseinandersetzungen bilden (Krappmann, 1993b). Anlaß für die Aushandlungen ist oft die Tatsache, daß ein Freund auf den anderen "sauer ist". Wenn Kinder sich über ihre Freundinnen und Freunde ärgern, dann könnte dies ihre Entwicklung insofern vorantreiben,

1) als daß dem Kind, das sich ärgert, bewußt wird, welches seine Normen und Werte, Wünsche und Präferenzen sind, was noch tolerabel ist und wo seine Grenzen sind, denn dies tritt oft erst im Konflikt mit anderen deutlich hervor (Oatley, 1992);
2) als daß beide Kinder ihre jeweiligen Sichtweisen offenlegen, das eine Kind vielleicht erlittenes Unrecht einklagt, das andere darauf antwortet, das ganze zu einem gegenseitigen Erklären und Prüfen der verschiedenen Perspektiven führt, aus dem, idealerweise und auf lange Sicht gesehen, geteilte Vorstellungen hervorgehen;
3) als daß die Offenlegung der jeweiligen Ansichten und Befindlichkeiten den Kindern hilft, ein angemessenes Bild von sich selbst und dem Freund oder der Freundin zu entwickeln, also ein Bild, das unter anderem Ähnlichkeiten und Unterschiede, Schwächen und Stärken, unauffällige Seiten und besondere Eigenheiten beider Beteiligten enthält (Youniss, 1982);
4) als daß diese Art der offenen Verhandlung die Freundschaft selbst "ehrlicher" macht, sie auf Dauer intensiviert und vertieft;
5) als daß in ungleichen Freundespaaren das "schwächere" Kind durch seinen Ärger dazu beflügelt wird, sich gegen die Dominanzbestrebungen seines Freundes zur Wehr zu setzen.

Ziel dieses Kapitels ist aufzudecken, was hinter dem beobachtbaren "aggressiven" Verhalten und der Maskierung von Ärger im Ausdrucksverhalten in real existierenden Freundschaften von Kindern steht, denn diese sind Kontexte, in denen die Entwicklung in besonderer Weise vorangetrieben wird. Gegenüber ihren Freundinnen und Freunden, so könnte man daher erwarten, setzen Kinder die am wenigsten schädigenden und die Verhandlungen am meisten begünstigenden Strategien ein, da sie bestrebt sind, nicht nur mit ihrem eigenen Ärger fertig zu werden, sondern auch ihre Freundschaft zu erhalten. Denoch ist auch unter befreundeten Kindern eine gewisse Bandbreite von Strategien zu erwarten, zumal auch die Freundschaften von unterschiedlicher Qualität sein können.

4.7 Der KÄRST - ein Fragebogen zur Vielfalt der Ärgerregulierung

In diesem Kapitel werden Forschungsergebnisse zu der Frage vorgestellt, welche der vielen verschiedenen Strategien Schulkinder gewöhnlich bevorzugen, um ihren Ärger zu regulieren. Mit der Darstellung der Vielfalt der Ärgerregulierungsstrategien werden zum einen die am Anfang dieses Kapitels berichteten Ergebnisse zur Entwicklung des aggressiven Verhaltens in einen breiteren Kontext gestellt. Denn körperlich schädigendes Verhalten ist, wie gesagt, nur ein Weg von vielen, um mit dem Gefühl des Ärgers umzugehen. Zum anderen gibt die Beschreibung der intrapsychischen Regulierungsstrategien Aufschluß über die Art und Weise, wie Kinder es schaffen, mit ihrem Ärger fertig zu werden, gerade dann, wenn sie ihn *nicht* (oder erst mit einiger Verspätung) nach außen ausdrücken. Damit zielt diese Frage auf die "Mechanismen" im Bereich der Bewertung und des Erlebens, die der Befolgung der Darbietungsregeln unterliegen. Ohne zu wissen, *wie* Kinder den Ausdruck ihrer ärgerlichen Gefühle kontrollieren, ist der Befund, *daß* sie dies tun, nur die halbe Geschichte. Die Frage, wie Kinder es bewerkstelligen, daß andere nicht merken, wie ärgerlich sie sich fühlen, verweist auf interpersonale und intrapsychische Regulierungsprozesse, deren Entwicklung für die Emotion Ärger bislang noch kaum ausgeleuchtet worden ist.

Um die Vielfalt der Strategien zu erfassen, mit denen Kinder ihren Ärger regulieren, wurde der Fragebogen zu den kindlichen Ärgerregulierungsstrategien (KÄRST, siehe Anhang) entwickelt. Dieser Selbstberichts-Fragebogen lehnt sich an die Ergebnisse der Bewältigungsforschung an (Laux & Weber, 1990), bezieht aber auch Überlegungen aus der Aggressions- und Ausdrucksforschung sowie einige Befunde aus den Erwachsenen-Studien von Averill (1982) und Weber (1994) ein. Dennoch müssen die Ergebnisse der "allgemeinen" Bewältigungsforschung für die Emotion Ärger adaptiert werden. So ist beim Ärger zum Beispiel sorgfältig zu unterscheiden, ob die "Suche nach sozialer Unterstützung" vor allem der eigenen seelischen Entlastung diente oder ob hier das Anschwärzen der Person, die einen geärgert hat, im Vordergrund stand. Auf der Grundlage dieser Überlegungen (siehe v. Salisch, 1997a) wurden die Items des KÄRST formuliert. Eine Faktorenanalyse dieses Fragebogens erbrachte die vier Faktoren "Konfrontieren und schädigen", "Sich distanzieren", "Erklären und sich zurücknehmen" und "Humor". Diese Faktoren sind inhaltlich leicht zu interpretieren, wenn man unterscheidet, wem gegenüber der Ärger reguliert wurde, ob gegenüber dem ärgerverursachenden Freund, gegenüber bisher unbeteiligten Kindern oder innerhalb der eigenen Person. Wie in dem Ordnungsschema (Tabelle 4.1) zu sehen ist, besteht der Faktor "Konfrontieren und schädigen" aus den theoretisch postulierten Strategien "konfrontierendes Verhalten", "Intrigen" und "Rachegedanken". Im Faktor "Sich distanzieren" finden sich verschiedene Formen der Distanzierung, wie etwa die Aufmerksamkeitslenkung und die (zeitweilige) Abwendung vom Verursacher des Ärgers sowie die Suche nach Hilfe und sozialer Unterstützung bei bisher unbeteiligten Kindern. Der Faktor "Erklären und sich zurücknehmen" enthält Strategien zum Erklären des eigenen Ärgers und zum Zurücknehmen des eigenen Anspruchs. Die Bewältigung des Ärgers mit Humor war zugleich Strategie und Faktor. Einzelheiten zu Konstruktion und Validierung des

KÄRST (mit Hilfe des Fremdberichts des befreundeten Kindes) lassen sich bei v. Salisch und Pfeiffer (1998) nachlesen.

Tabelle 4.1: **Ein Ordnungsschema zur inhaltlichen Interpretation der vier Faktoren des KÄRST**

	Ärgerregulierung		
Faktoren	**gegenüber Freund/Freundin**	**gegenüber unbeteiligten Kindern**	**innerhalb der eigenen Person**
1. Konfrontieren und schädigen	konfrontierendes Verhalten	Intrige	Rachegedanken
2. Sich distanzieren	sich abwenden	soziale Unterstützung suchen	Aufmerksamkeitslenkung
3. Erklären u. sich zurücknehmen	erklären und sich vertragen		den eigenen Anspruch zurücknehmen
4. Humor			

Der KÄRST basiert auf Selbstauskünften. Diese Form wurde aus zwei Gründen gewählt, zum einen, weil der Selbstbericht einer der wenigen (nicht-experimentellen) Zugänge zu intrapsychischen Vorgängen ist. Gerade wenn es darum geht herauszufinden, was an Gedanken hinter dem schädigenden oder maskierenden Verhalten steht, ist es unerläßlich, Kinder über ihre Absichten selbst zu Wort kommen zu lassen. Zum zweiten weisen die oben erwähnten Studien von Petillon (1993) und Cairns et al. (1989) darauf hin, daß Selbstbericht und Fremdbericht mit wachsendem Alter konvergieren. Der KÄRST nutzt die bei Grundschulkindern gerade entwickelte Fähigkeit, einigermaßen zuverlässig über ihr eigenes Innenleben Auskunft zu geben. Den Kindern wird die Reflexion über sich selbst erleichtert, indem sie gebeten werden, vorgegebene Aussagen für sich zu bestätigen. Die Aufgabe ist also nicht (wie bei Harris und Kollegen), selbst Strategien zu benennen. Gefordert ist nur, vorgegebene Handlungen oder Gedanken wiederzuerkennen und sie auf die eigene Person zu beziehen. Eine weitere Erleichterung besteht darin, daß die Aussagen der Kinder in den Kontext einer ganz konkreten Beziehung eingebettet werden, nämlich in die Beziehung zu einem namentlich genannten Freund des gleichen Geschlechts.

4.8 Ergebnisse zur Vielfalt der Strategien der Ärgerregulierung

Um zu dokumentieren, wie vielfältig die Strategien sind, die Kinder im Schulalter einsetzen, um mit ihrem Ärger fertig zu werden, wird nun beschrieben, wie häufig die 141 Kinder des Schulsamples aus der dritten, fünften und sechsten Klasse einer Berliner Grundschule (Studie 3) im Mittel die einzelnen theoretisch angenommenen

Strategien des Fragebogens zu den kindlichen Ärgerregulierungsstrategien (KÄRST) einsetzten, wenn sie sich über ihren Freund oder ihre Freundin geärgert hatten. Genaueres zur Durchführung der Untersuchung steht im Anhang. Mittelwerte, Standardabweichungen, prozentuale Häufigkeiten und interne Konsistenz (Cronbach alpha) der Strategien des KÄRST sind in Tabelle 4.2 wiedergegeben. Außerdem ist die Test-Retest-Reliabilität abgedruckt, denn der KÄRST wurde zu zwei Meßzeitpunkten vorgegeben, die zwischen zwei und vier Wochen auseinander lagen. Bei der Durchsicht dieser Werte ist zu bedenken, daß in einer konkreten Ärgerepisode wahrscheinlich mehrere Strategien zusammen angewandt werden. So ist zum Beispiel denkbar, daß Kinder erst den Freund oder die Freundin beschimpfen, dann eine Weile nicht mehr mit ihm oder ihr reden, sich vielleicht anderen Kindern zuwenden und sich erst nach einiger Zeit wieder mit ihm oder ihr vertragen. Welche Strategien bevorzugt miteinander kombiniert werden, wäre eine interessante Frage für weitere Forschungen.

4.8.1 Die Häufigkeit der einzelnen Strategien der Ärgerregulierung

Häufig gewählte Strategien

Wenn sie sich ärgerten, wählten die Kinder nach eigenen Angaben am häufigsten nicht-antagonistische Strategien (Weber, 1994). Darunter fällt zum einen das *Reden* mit dem Freund oder der Freundin, der oder die das Ärgergefühl ausgelöst hatte. In dieser Strategie sind zwei Items enthalten. In dem einen Item geht es darum, den eigenen Ärger dem Freund zu erklären - allerdings ohne in Vorwürfe auszubrechen. In dem anderen Item wird ein Punkt angesprochen, zu dem manche Kinder ausgefeilte Rituale entwickelt haben, nämlich sich zu vertragen, also sich nach einem Konflikt ausdrücklich zu bestätigen, daß man auch weiterhin befreundet ist. Die Angabe von etwa zwei Drittel der Kinder, daß sie "manchmal" oder "fast immer" ihren Ärger mit dem Freund oder der Freundin bereden, spricht dafür, daß viele Kinder die in der Aushandlung enthaltenen Entwicklungschancen ergreifen, indem sie ihre Wünsche und Interessen miteinander verhandeln und sich auf diesem Wege ein realistisches Bild von sich selbst, dem Freund und ihrer Freundschaft (einschließlich ihrer Belastbarkeit) verschaffen.

Ebenso häufig wie das Erklären und sich vertragen wurde eine weitere nicht-antagonistische Strategie (Weber, 1994) gewählt, nämlich die *Lenkung der Aufmerksamkeit* weg vom ärgerlichen Ereignis, sei es durch "absichtliches" Vergessen, sei es durch Ablenkung durch Spiel oder Fernsehen, oder sei es dadurch, daß sie sich einfach vom Ort des Geschehens entfernten. Etwa 70% der Kinder wählten diese Ablenkungsstrategien nach eigenen Angaben regelmäßig. Als dritte recht häufige Strategie berichteten die Kinder, daß sie sich erst einmal eine Weile von dem Kind *abwenden*, das sie geärgert hat. Etwa 58% berichteten, daß sie "manchmal" oder "fast immer" für eine Weile nicht mehr mit dem (gleichgeschlechtlichen) Freund reden, ihn oder sie für eine gewisse Zeit "wie Luft behandeln". Sich für eine begrenzte Zeit abzuwenden, kann verschiedene Zwecke erfüllen: Zum einen kann es darum gehen,

150

das Gefühl "abkühlen" zu lassen, also vor einem Gespräch mit dem Freund abzu-warten, bis der Zorn verraucht ist, um dann das Problem mit etwas mehr Gelassenheit anzugehen. Zum anderen kann die Abwendung dazu dienen, den Freund oder die Freundin "zu bestrafen", indem man ihm oder ihr die eigene Aufmerksamkeit (und Zuneigung) entzieht. Auf jeden Fall dürfte die Abwendung dazu beitragen, sich innerlich vom ärgerlichen Geschehen zu distanzieren.

Tabelle 4.2: Häufigkeit des Gebrauchs der einzelnen Strategien der Ärger-regulierung gegenüber Freundinnen und Freunden (N = 141)

KÄRST - Strategien	MW	Std.	manchmal oder fast immer	Test-Retest-Reliabilität	Cronbach alpha
Konfrontierendes Verhalten	1.14	0.71	34.1%	.64	.64
Intrige	0.76	0.87	27.4%	.76	.76
Rachegedanken	0.98	0.92	35.5%	.64	.64
Sich abwenden	1.61	0.92	58.5%	.63	.63
Soziale Unterstützung	1.57	0.82	64.9%	.56	.56
Aufmerksamkeits-lenkung	1.63	0.80	69.9%	.60	.53
Erklären und sich vertragen	1.69	0.75	66.4%	.68	.68
Eigenen Anspruch zurücknehmen	1.23	0.69	49.6%	.51	.57
Humor	1.11	0.88	38.0%	.72	.72
KÄRST- Einzelitems					
Abwertende Gedanken	1.26	0.79	42.6%	.50	-
Essen und Trinken	0.68	0.97	20.9%	.55	-

N.B. Antwortvorgabe: 0 = nie, 1 = selten, 2 = manchmal, 3 = fast immer

Auch bei der vierten nicht-antagonistischen Strategie, die etwa 65% der Kinder "manchmal" oder "fast immer" anwandten, geht es oft darum, Distanz zu gewinnen, und zwar indem man sich an andere Kinder wendet, sie um Hilfe bittet, mit ihnen spielt oder sich bei ihnen "ausquatscht". Wohlmeinende Freundinnen oder Freunde können dem Kind zuhören, sie können ihm dabei helfen auszusortieren, ob und inwiefern das Empfinden des Ärgers angemessen war, und sie können ihm schließlich mit Rat und Tat zur Seite stehen, wenn es darum geht, Konsequenzen gegenüber dem Verursacher zu ziehen. Außerdem sind Vertraute imstande, gegenüber dem Verursacher zu vermitteln. Gerade in den Busenfreundschaften der Präadoleszenten dürften all diese Hilfestellungen gewährt werden (Sullivan, 1983; Selman, 1984). Die *soziale Unterstützung* durch freundlich zugewandte, am ärgerlichen Ereignis aber unbeteiligte Peers erlaubt es Kindern, ihre Eigenständigkeit zu bewahren und sich allzu starken Beeinflussungsversuchen durch einzelne Freunde zu entziehen. Im engmaschigen sozialen Geflecht einer Schulklasse kann das "Sich-von-der-Seele-Reden" des eigenen Ärgers allerdings auch bedeuten, daß man die Freundin oder den Freund damit vor gemeinsamen Bekannten in ein schlechtes Licht rückt. (Diese Gefahr ist in der Erwachsenenwelt weniger gegeben, weil hier die einzelnen Lebensbereiche normalerweise stärker getrennt sind.) Weitere Komplikationen können in Klassenverbänden dadurch entstehen, daß die Unterstützungsperson den Ärger des Zielkindes über den verursachenden Freund anderen Kindern weitererzählt. Besonders prekär wird die Situation, wenn dies gerade dann geschieht, wenn sie sich ihrerseits über das Zielkind geärgert hat. Der Übergang von sozialer Unterstützung zur Intrige ist somit fließend. Dies mag ein Grund sein, warum Kinder so viel Wert auf die Verschwiegenheit ihrer Freunde legen (Selman, 1984). Krappmann und Oswald (1983) weisen darauf hin, wie Nähe und Distanz in Freundschaftsgeflechten durch die strategische Mitteilung von "Geheimnissen" und anderen Erlebnissen an Dritte geregelt wird. Oft läuft dies darauf hinaus, daß zwei Kinder sich verbünden und das dritte ausschließen.

Selten gewählte Strategien

Mit Mittelwerten zwischen "selten" (= 1) und "nie" (= 0) empfehlen sich drei Strategien. Daß diese Strategien alle recht hohe Standardabweichungen aufweisen, deutet darauf hin, daß sich die Kinder in diesen Umgangsweisen mit der Emotion Ärger stark voneinander unterscheiden.

Obwohl Kinder die *Intrige* fast einmütig ablehnten (etwa 38% "nie" - Antworten) und auch beim Ausfüllen des Fragebogens im Klassenverband Äußerungen wie "das ist ja gemein" zu hören waren, wählten dennoch etwas mehr als ein Viertel "manchmal" oder "fast immer" die Intrige, wenn sie sich über ihren Freund oder ihre Freundin ärgerten. Für etwa 8% von ihnen war die Intrige sogar das Mittel der Wahl. Unter die Strategie der Intrige fallen zwei Items, eines, das nach dem Ausschluß des Freundes oder der Freundin aus der Gruppe fragt, und ein zweites, das die soziale Reputation des Freundes dadurch schädigt, daß man anderen Kindern "etwas Gemeines" über ihn erzählt. Diese beiden Formen der Intrige hingen eng zusammen und waren zeitlich stabil: interne Konsistenz und Test-Retest-Reliabilität waren hoch. Petillon (1993) erwähnt, daß Kinder andere Kinder, mit denen sie Konflikte haben, zwischen der Einschulung und dem dritten Schuljahr immer häufiger aus der Gruppe herausdrängeln, der Ausschluß zunehmend gegenseitig geschieht und mit Hänseleien verbunden wird. Petillons Daten differenzieren allerdings nicht, ob die Kinder, die das Kind durch Ausschluß "bestraft", seine Freunde oder "nur" Peers sind. Aus diesem Grund sind die Häufigkeiten aus meiner Studie auch nicht direkt mit den Selbstberichten von Cairns et al. (1989) oder den Beobachtungen von McCabe und Lipscomb (1988) zu vergleichen. Anzunehmen ist jedoch, daß Kinder eher andere Gleichaltrige sozial isolieren als ihre Freunde, denn vermutlich können sie auf deren Gesellschaft eher verzichten.

Rachegedanken, die darauf abzielen, es dem Freund oder der Freundin heimzuzahlen, wälzten die meisten Kinder selten, ein Viertel von ihnen tat dies nach eigenen Angaben "nie". Dennoch war diese Form der Schädigung - wenn auch nur in Gedanken - für über ein Drittel der Kinder der Weg, den sie "manchmal" oder "fast immer" einschlugen, wenn sie auf den Freund oder die Freundin "sauer" waren. Diese gestreckte Verteilung erklärt die recht hohe Standardabweichung. Angesichts von ungleichen Machtverhältnissen mag die Vorstellung von Handlungen, die man ausführen kann, um dem anderen "eins auszuwischen", adaptiv sein, da man damit die negativen Konsequenzen vermeidet, die bei der Ausführung der entsprechenden Phantasien leicht für einen selbst entstehen können. Zugleich mögen Vergeltungsphantasien den Kindern unter manchen Umständen helfen, die ärgerlichen Gefühle abzubauen, da sie sie ja in gewisser Weise - eben auf der inneren Bühne - ausleben (Weber, 1994).

Ein weiterer, von den Kindern aber recht selten begangener Weg, mit ihrem Ärger umzugehen, bestand darin, sich "etwas Schönes *zu essen oder zu trinken* zu holen". Nur etwa ein Fünftel der Heranwachsenden tat dies "manchmal" oder "fast immer"; für über die Hälfte von ihnen kam der Gang zum Kühlschrank oder zum Versteck mit den Süßigkeiten bei Ärger in der Freundschaft dagegen nie in Frage. Kliniker gehen davon aus, daß diese Form der Befriedigung bei Jugendlichen und Erwachsenen dazu dient, sich bei Konflikten selbst zu beruhigen, sich seiner Selbst zu versichern bzw. sich selbst "etwas Gutes zu tun" (Nitz, 1987; Grunert, 1993). Ob und in welchem Ausmaß dies bereits für Kinder gilt, ist bisher noch nicht bekannt. Vermutlich ist diese Form der palliativen Bewältigung nicht spezifisch für das Gefühl des Ärgers, doch auch hierzu liegen nur Theorien und keine Daten vor.

Strategien im Mittelfeld

Im Mittelfeld liegen vier weitere Strategien, nämlich die Konfrontation mit dem ärgerprovozierenden Freund, abwertende Gedanken ihm gegenüber, Gedanken, die die eigenen Ansprüche zurücknehmen und schließlich der Humor.

Die Strategie der Ärgerregulierung, die über lange Zeit im Mittelpunkt der Forschung gestanden hat, wandten fast zwei Drittel der Kinder nach eigenen Angaben "selten" gegenüber dem Freund oder der Freundin an. Nur etwa ein Drittel der Kinder griff regelmäßig zu körperlicher oder verbaler *Konfrontation*. Dabei wurde die verbale "Anmache" (mit etwa 45%) von den Kindern weitaus häufiger regelmäßig gewählt als die körperliche Konfrontation in Form von Schubsen, Treten oder Hauen (23%). Die hohe Standardabweichung bei den körperlichen Formen der Konfrontation weist darauf hin, daß sich die Kinder in punkto Zuschlagen nach eigenen Angaben recht unterschiedlich verhalten. Daß die körperliche Konfrontation von den meisten Kindern (wie auch von meisten Erwachsenen (Averill, 1982)) recht selten gewählt wird, mag damit zu tun haben, daß die Person, über die sich die Kinder geärgert haben, ihr Freund oder ihre Freundin ist. Denn in einer Freundschaft haben Verhaltensweisen wie schlagen oder beschimpfen ein anderes Gewicht als gegenüber "normalen" Klassenkameraden (v. Salisch, 1991a; Krappmann, 1994).

Abwertende Gedanken von der Art, daß der Freund oder die Freundin "so doof" seien, "daß es sich gar nicht lohnt, sauer auf sie zu sein", setzen die Bedeutung des Freundes und der Freundschaft herab, denn wer mag schon gern mit jemandem befreundet sein, den er oder sie "doof" findet oder "nicht ganz ernst nehmen kann". Für etwa jedes vierte Kind war diese Strategie "undenkbar"; Überlegungen dieser Art kamen ihnen nach eigenen Angaben "nie" in den Sinn. Für eine etwas größere Gruppe von Kindern, nämlich für etwa 43%, schienen solche Gedanken dagegen ein beliebtes Mittel zu sein: sie werteten den Freund oder die Freundin "manchmal" oder "fast immer" ab, wenn sie sich über ihn oder sie ärgerten. Die Abwertung kann folgende Funktion haben: Indem man sich vorstellt, daß der Freund oder die Freundin "zu doof" ist, wertet man sich selbst auf. Dies dürfte besonders dann wichtig werden, wenn hinter dem Ärger eine Kränkung steht und die Abwertung des Freundes dazu beiträgt, das angeschlagene Selbstwertgefühl aufzupolieren (v. Salisch, 1993c; 1995; Sullivan, 1953/1983; Satir, 1977). Verwandt mit den abwertenden Gedanken sind kompetetive Gedanken, also Gedanken, in denen der Freund durch Hinweis auf seine mindere Leistung herabgesetzt wird. Auch dies sollte das Selbstwertgefühl stabilisieren. Daß mit dem Wetteifer Schädigungsabsichten verbunden sind und diese somit auch eine Form aggressiven Verhaltens darstellen, ist ein Punkt, auf den Kagan (1974) und S. Feshbach (1974) hinweisen. Die durch Entwicklung und Schule angeregte Neigung zum sozialen Vergleich unter Kindern (Ruble, 1983) dürfte dazu beitragen, die Wettbewerbsorientierung und damit auch die Ärgerregulierung durch abwertende Gedanken zu verstärken. Bei elfjährigen Kindern ist ein verachtender Gesichtsausdruck bei Auseinandersetzungen mit dem Freund oder der Freundin unter allen negativen Ausdrucksformen der häufigste (v. Salisch, 1991a, 1998). Zu vermuten ist, daß Kinder auf diese Weise eine emotionale Distanz zwischen sich und dem Freund schaffen. Wie diese Gesten und Gedanken der Überlegenheit (Malatesta, 1990) zu deuten sind, ob als "legitime" Abgrenzung (Kahlbaugh & Haviland, 1994) oder als Ausdruck der Feindseligkeit ("dysfunctional anger" bei Kobak, Cole, Ferenz-Gillies, Fleming & Gamble, 1993), wird davon abhängen, in welche anderen beziehungsorientierten Verhaltensweisen sie eingebettet sind.

Parallel zu den abwertenden Gedanken gegenüber dem Freund sind Gedanken, die die Wichtigkeit des eigenen Gefühls abwerten, also *den eigenen Anspruch zurücknehmen*. Ging es bei der Verachtung darum, die Ansprüche des Freundes herunterzuspielen, so stellen Gedanken daran, "daß der Freund eigentlich recht hatte" oder "daß man sich selbst nicht so wichtig nehmen soll", die Legitimität des eigenen Ärgers in Frage. Diese Überlegungen belegen einerseits die wachsende Fähigkeit zur Koordinierung verschiedener Perspektiven (Selman, 1984) und zur Formulierung von ärgermildernden Entschuldigungen (Olthof et al., 1989). Andererseits untergraben die Kinder mit ihren Zweifeln an der Rechtmäßigkeit ihres Anspruchs ihren Glauben an ihr Empfinden, so daß sie ihren Anspruch wahrscheinlich in der Aushandlung oft nicht deutlich genug vertreten. Daß die 6% der Kinder, die sich "fast immer" auf diese Weise zurücknehmen, den Freund oder die Freundin nur schwer zu einer Veränderung ihres ärgerpro-

vozierenden Verhaltens bewegen dürften, liegt auf der Hand. Eine ausführliche Diskussion der Überlegungen, die den Ausdruck des Ärgers hemmen, folgt in Kapitel 5.3.
Als letztes möchte ich über eine Strategie berichten, die erst neuerdings Eingang in die Inventare der Bewältigungsforschung gefunden hat (z.B. Weber, 1994), nämlich über den *Humor.* Zwar läßt sich bei Kindern manchmal beobachten, daß sie provozierendes Verhalten umdeuten, etwas, was zu "Streit" führen könnte, so umformen, daß es zu dem lustvollen Unsinn wird, den die Kinder "Quatsch" nennen. Über 38% taten dies nach eigenen Angaben "manchmal" oder "fast immer". Doch ist die Schlagfertigkeit, die schnelle Pointe oder der flinke Gegenzug nicht jedermanns Sache: 18% der Kinder behaupteten, daß sie den ärgerlichen Ereignissen "nie" eine lustige Seite abgewinnen konnten. Dies ist bedauerlich, wäre mit dem Humor doch soviel gewonnen: der, der sich ärgert, wäre sein Gefühl "losgeworden", der Angreifer wäre informiert, daß seine Provokation nicht geduldet wird, der Streit wäre nicht "unter den Tisch gekehrt" oder eskaliert - und all dies ohne größere soziale Kosten, denn das herzliche Lachen, auch über sich selbst, hat wohl noch niemandem geschadet.

4.8.2   Diskussion der Vielfalt der Ärgerregulierung

Dieser Überblick über die Häufigkeit der einzelnen Strategien zur Ärgerregulierung verdeutlicht, daß direkt oder indirekt schädigendes Verhalten nicht die Regel, sondern die Ausnahme war. Nur etwa jedes fünfte Kind setzte nach eigenen Angaben regelmäßig körperliche Gewalt ein. Den Freund oder die Freundin in seiner Wut "anzumeckern" oder "anzubrüllen", war dabei noch die gängigste Alternative: etwa 45% der Kinder taten dies nach eigenen Angaben "manchmal" oder "fast immer". Ob mit diesen verbalen Entgleisungen, die beobachtende Aggressionsforscher sicher unter die Rubrik "verbale Aggression" eingeordnet hätten, eine Schädigungsabsicht verbunden war oder ob den Kindern hier einfach "ihr Temperament durchging", ist nicht festzustellen. Kinder im Schulalter finden es jedenfalls durchaus verständlich, daß man den Ausdruck seines Gefühls nicht mehr maskieren kann, wenn das Gefühl zu intensiv ist (Saarni, 1991). Auf jeden Fall ist festzuhalten, daß das Gefühl des Ärgers auf den Freund sich nicht notwendigerweise in "aggressivem" Verhalten äußert. Dieser Befund hält auch gegen den Einwand stand, daß die Kinder im Selbstbericht ihr "aggressives" Verhalten vielleicht in einem etwas günstigeren Licht darstellten, denn die Korrelation dieser Verhaltensweisen mit der Tendenz, sozial erwünscht zu antworten, lag zu beiden Meßzeitpunkten nahe Null.
Weitaus häufiger als Konfrontation oder Schädigung waren nicht-antagonistische Verhaltensweisen (im Sinne von Weber, 1994), nämlich zu erklären und zu verhandeln, sich zeitweilig zurückzuziehen oder nach sozialer Unterstützung bei anderen Kindern zu suchen. Über die Hälfte der Kinder setzten diese Formen der Ärgerregulierung nach eigenen Angaben regelmäßig ein. Daß Ärger unter Freunden eher auf solchen "friedlichen" Wegen ausgetragen wird, entspricht Selmans (1984) Ergebnissen zur Konfliktlösung in der Freundschaft. Ab Stufe 2 berichteten Kinder in Selmans Interviews zum Freundschaftskonzept nämlich, daß sich Konflikte nicht mehr einseitig durch Zurücknehmen der Handlung lösen lassen, daß Entschuldi-

gungen ernst gemeint sein müssen und daß sich manche Meinungsverschiedenheiten erst dann auflösen lassen, wenn man eine Weile auseinandergegangen ist. Ab Stufe 3 gewinnt das "Reden" über die Hintergründe des Konfliktes an Bedeutung, das "Durchsprechen" wird zum Bestandteil der Konfliktlösung und zum Mittel, um die Freundschaft zu festigen (Whitesell & Harter, 1996). Betrachtet man die Verhandlungen der Kinder im Kontext mit dem zeitweiligen Sich-abwenden und dem Rückhalt-suchen bei anderen Kindern, dann kann man erahnen, daß Kinder zum Ende der mittleren Kindheit hin ein Repertoire von recht elaborierten Strategien beherrschen, um ihre Gefühle des Ärgers innerhalb ihrer Freundschaften zu regulieren. Wird der Ärger über die Grenzen der einzelnen Freundschaft hinausgetragen, dann schimmert die Fähigkeit durch, im Rahmen eines Geflechts von Freundschaften (Krappmann & Oswald, 1983) wechselnde Allianzen mit einzelnen Kindern einzugehen, also mal den einen und mal den anderen Freund zu bevorzugen und sich vielleicht mit dem jeweiligen "Lieblingsfreund" gegen die anderen zu verbünden.

Gedanken an Rache oder Vergeltung für das erlittene Unrecht, an Abwertung oder Herabsetzung des Freundes oder an die "Löcherigkeit" des eigenen Anspruchs sowie die Ablenkung der eigenen Aufmerksamkeit lassen sich alle als intrapsychische Strategien verstehen, berühren sie doch (zunächst) keinen anderen als die Person, die sie denkt. Fast alle dieser rein intrapsychischen Strategien wurden von wenigen Kindern fast immer benutzt. Nur die Lenkung der Aufmerksamkeit wurde von vielen Kindern berichtet: etwa 43% der Kinder versuchten gelegentlich und weitere 26% von ihnen fast immer, das ärgerliche Geschehen aus dem Gedächtnis zu drängen. Diese Zahlen weisen darauf hin, daß intrapsychische Strategien der Ärgerregulierung bereits von Grundschulkindern eingesetzt werden. Insbesondere die "mentalistische" Strategie der Aufmerksamkeitslenkung scheint nicht nur im Wissen über die Wege der Gefühlsregulierung (Harris, 1992) einen wichtigen Platz einzunehmen, sondern nach Angaben der Kinder auch häufig gebraucht zu werden.

4.9 Ergebnisse zur Entwicklung der Ärgerregulierung zwischen neun und zwölf Jahren

Dieser Abschnitt geht der Frage nach der Entwicklung der Regulierung von Ärger nach. Gefragt wird, welche Strategien mit wachsendem Alter zunehmen und welche im Laufe der Zeit an Bedeutung verlieren. Verlagerungen sollten vor allem dadurch entstehen, daß Kindern mit der Entdeckung der "mentalistischen" Strategien eine Vielzahl von Möglichkeiten zur intrapsychischen Steuerung ihres Gefühlshaushalts zuwächst. Wenn Kinder zunehmenden Einblick in die Wirkung von intrapsychischen Strategien, wie etwa Ablenken oder absichtliches Vergessen, gewinnen und ein immer umfassenderes Verständnis für nicht direkt beobachtbare psychische Phänomene, wie etwa Schuld- oder Schamgefühle, entwickeln (siehe Kapitel 3.2), dann bleibt die Frage, ob ihre zunehmende Einsicht in die Funktionsweise der Psyche auch Auswirkungen auf ihr Handeln hat. Bezüglich eines verwandten Bereichs, nämlich der Entwicklung eines moralischen Bewußtseins, scheinen Heranwachsende noch bis zum Jugendalter wohl in der Lage zu sein, auch größere Abweichungen zwischen Wissen und Handeln zu tolerieren (Keller, 1996). Zugespitzt müßte man daher fragen: Die Kenntnis der Regulierungsstrategien ist sicherlich eine logische Vorbedingung für ihren (bewußten) Einsatz, aber ist es auch eine psychologische?

Zu erwarten ist weiterhin, daß Kinder (vor allem die Mädchen) während dieser Zeitspanne die körperliche Konfrontation als Mittel zur Regulierung ihres Ärgers aufgeben. Eng verknüpft mit dieser Erwartung ist eine zweite, nämlich daß Kinder die Kontrolle über ihr Ausdrucksverhalten immer weiter perfektionieren, sie ihren Ärger also immer weniger direkt ausdrücken müssen. Weil Basisdaten zur Entwicklung des Einsatzes der verschiedenen Strategien der Ärgerregulierung nicht vorliegen, können über diese allgemeinen Erwartungen hinaus keine spezifischen Hypothesen formuliert werden. Wie Mädchen und Jungen ihren Ärger regulieren, wird in Kapitel 5 zusammenfassend behandelt, da vorläufige Analysen gezeigt haben, daß Interaktionen zwischen den beiden Faktoren Alter und Geschlecht nicht auftraten.

4.9.1 Das Gesamtbild - Ergebnisse zu den vier Faktoren des KÄRST

Um die Altersentwicklung zu überprüfen, wurden die Kinder in drei Altersgruppen eingeteilt: Neun- und Zehnjährige wurden Elfjährigen und Zwölfjährigen (bzw. älteren Kindern) gegenübergestellt. In Berlin gehen all diese Kinder gemeinsam in die Grundschule. Über die vier faktorenanalytisch gebildeten Skalen sowie die Einzelitems "Essen und Trinken" und "abwertende Gedanken" des KÄRST (siehe Kapitel 4.7) wurden Kovarianzanalysen mit den drei Altersgruppen als Gruppierungsvariablen gerechnet. Die soziale Erwünschtheit wurde vor der eigentlichen Varianzanalyse auspartialisiert. Die Ergebnisse dieser Auswertungen sind in Tabelle 4.3 zusammengefaßt.

Tabelle 4.3: **Kovarianzanalysen der vier Faktoren des KÄRST mit dem Alter**

KÄRST- Faktoren	Meßzeitpunkt 1		Meßzeitpunkt 2	
	$F_{(2,127)}$	p	$F_{(2,121)}$	p
Konfrontieren und schädigen	0.17	.84	2.54	.08
Sich distanzieren	**5.81**	**.00**	**5.27**	**.00**
Erklären u. sich zurücknehmen	1.13	.32	0.58	.56
Humor	1.67	.19	1.47	.24
KÄRST - Einzelitems				
Essen und Trinken	0.16	.85	0.42	.65
Abwertende Gedanken	0.78	.46	0.84	.43

N.B.: Soziale Erwünschtheit wurde als Kovariate auspartialisiert

Aus Tabelle 4.3 geht hervor, daß beim Gebrauch der zu Skalen zusammengefaßten Strategien der Ärgerregulierung kaum Veränderungen mit dem Alter auftraten. Weder ging das Ausmaß zurück, in dem die Kinder "schädigende" Strategien einsetzten, noch wurde das "Erklären und sich Zurücknehmen" häufiger. Auch die Häufigkeit, mit der die Kinder den "Humor" oder den Verzehr von Genußmitteln zur Regulierung ihrer ärgerlichen Gefühle auf den Freund einsetzten, blieb in etwa gleich. Abwertende Gedanken wurden ebenfalls nicht seltener berichtet. Die einzige Gruppe von Strategien, die die älteren Kinder nach eigenen Angaben in der Regel häufiger einsetzten, waren solche, die auf die Distanzierung gegenüber dem Freund oder dem ärgerlichen Geschehen abzielten. Dies wurde zu beiden Meßzeitpunkten bestätigt. Die Mittelwerte der drei Altersgruppen sind in Abbildung 4.1 dargestellt.

Abbildung 4.1: Mittelwerte zur Skala "Sich distanzieren"

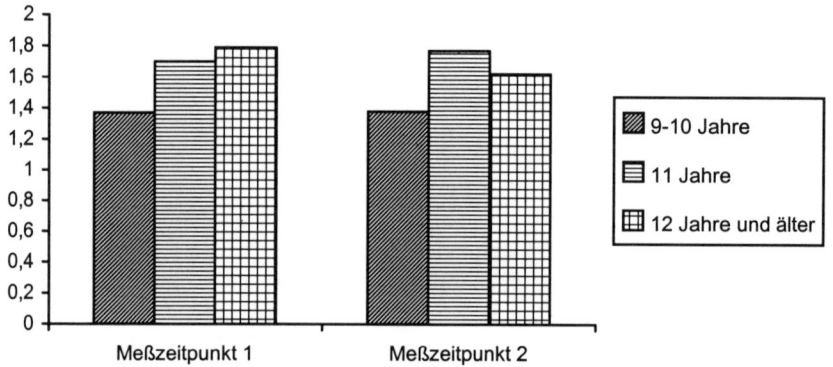

Diskussion der Ergebnisse auf der Faktorenebene

Daß sich so wenige Veränderungen mit dem Alter ergeben haben, ist - wie alle Nicht-Ergebnisse - recht schwierig zu deuten. Möglicherweise liegt es daran, daß die Altersspanne von neun bis zwölf Jahren recht eng ist, also wenig Raum für Entwicklung zuläßt. Außerdem ist anzunehmen, daß die Fähigkeit, Ärger mit Humor zu nehmen, interindividuell recht unterschiedlich ausgeprägt ist. Manchen Kindern gelingt es oft, ihre Ärgergefühle leicht zu nehmen, andere tun sich schwer damit. Dies dürfte sich kaum mit dem Alter verändern. Daß die Skala "Konfrontieren und Schädigen" keine Altersunterschiede aufweist, mag daran liegen, daß hier aktionale und intrapsychische Strategien zusammengefaßt werden, diese Skala eben sowohl die Tendenz zu körperlichen oder verbalen Konfrontationen als auch die Neigung zu Rachegedanken und Intrige enthält. Wie am Anfang dieses Kapitels ausgeführt, geht die Neigung zum Einsatz von körperlicher Gewalt mit dem Alter zurück (zumindest bei Mädchen), während die Tendenz zu Intrigen und anderen beziehungsschädigenden Formen des Verhaltens steigt (Cairns et al., 1989). Faßt man diese verschiedenen Formen schädigenden Verhaltens zu einer Skala zusammen, so dürften sich die gegenläufigen Alterstrends gegenseitig aufheben.

4.9.2 Zur Entwicklung des Einsatzes von körperlicher Gewalt als Mittel der Ärgerregulierung

Das Thema der körperlichen Auseinandersetzungen unter Heranwachsenden hat schon immer viel Aufmerksamkeit auf sich gezogen, in den letzten Jahren vor allem im Zusammenhang mit Beschädigungen in der Schule (z.B. Heinemann, Rauchfleisch & Grüttner, 1992) und der Gewalt unter Jugendlichen (z.B. Sturzbecher et al., 1994).

Da zudem auf der Grundlage der Literatur Erwartungen zum Rückgang körperlich ausgetragener Auseinandersetzungen unter Gleichaltrigen formuliert wurden, erscheint es gerechtfertigt, an diesem Punkt die Ebene der Skalen zu verlassen und die einzelnen Strategien bzw. Items zu analysieren, auch wenn die interne Konsistenz von drei Strategien problematisch ist (siehe Tabelle 4.2). Wegen der methodischen Vorbehalte gegen die Auswertung von einzelnen Items haben diese und die folgenden Analysen auf der Ebene der Strategien explorativen Charakter.

Betrachtet man allein das Item 12 des KÄRST, das sich mit dem Schubsen, Treten oder Hauen befaßt, dann zeigt sich ein signifikanter Rückgang bei den körperlichen Formen der Auseinandersetzung, vor allem zwischen zehn und elf Jahren. Bei den Zwölfjährigen stieg die Neigung zu diesen körperlich schädigenden Verhaltensweisen dagegen wieder (leicht) an. Der Rückgang war beim zweiten Meßzeitpunkt deutlicher ausgeprägt. Die Abnahme selbstberichteter körperlicher Gewalt verlief bei Jungen und Mädchen parallel. Mittelwerte und Kovarianzanalysen über dieses Item gibt Abbildung 4.2 wieder. Verbal konfrontierende Äußerungen gingen nach Angaben der Kinder zwischen neun und zwölf Jahren dagegen nicht zurück, ebensowenig Intrigen und Rachegedanken.

Abbildung 4.2: Mittelwerte und ANCOVA zum Item "Schubsen, treten, hauen"

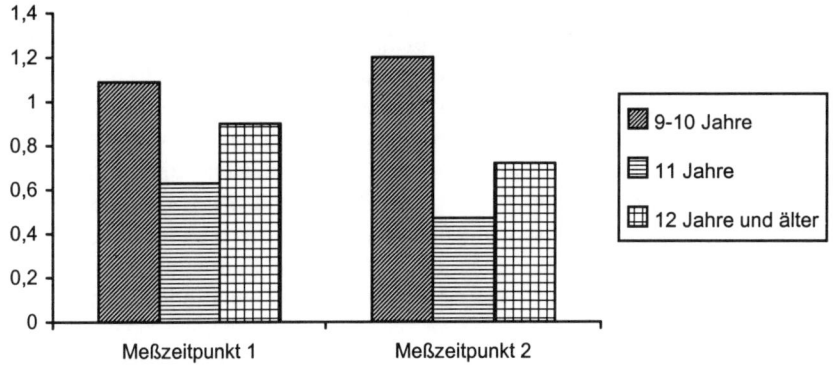

Meßzeitpunkt 1: $F_{(2,120)}= 2.2$, p= .11
Meßzeitpunkt 2: $F_{(2,120)}= 6.9$, p= .00
Soziale Erwünschtheit auspartialisiert

Diskussion der Entwicklung des Einsatzes von körperlicher Gewalt als Mittel der Ärgerregulierung

Der Befund, daß ältere Kinder seltener angeben, daß sie körperliche Mittel einsetzen, wenn sie sich über ihre Freundinnen und Freunde ärgern, steht mit einem einzigen Item methodisch auf schwachen Füßen. Gleichwohl stimmt dieses Resultat zum einen mit den Ergebnissen von Archer et al. (1988) und Cairns et al. (1989) über den Rückgang körperlicher Gewalt bei Mädchen überein. Daß auch die älteren Jungen in der vorliegenden Studien berichteten, daß sie sich seltener körperlich auseinandersetzen, mag daran liegen, daß in dieser Studie ihre Konfliktpartner nicht "irgendwelche" männlichen Peers - darunter jüngere Kinder sowie möglicherweise auch ihre "Feinde" - waren, sondern ihre erklärten und namentlich benannten Freunde. Ab Niveau 1 von Selmans Konzept zur Konfliktlösung in Freundschaften kann man Auseinandersetzungen nicht mehr dadurch beenden, daß man dem anderen seine Meinung durch Prügeln nahebringt; ab Niveau 2, das die meisten Kinder mit etwa zehn Jahren erreicht haben (Hoppe-Graff & Keller, 1988), werden Konfliktlösungen in der Freundschaft überhaupt nicht mehr als einseitig begriffen (Selman, 1984). Zu vermuten ist, daß Kinder bei der Bearbeitung ärgerprovozierender Ereignisse in ihren Freundschaften fortgeschrittenere Wege beschreiten als in anderen Beziehungen (Keller, 1996). Hinzu kommt die allgemeine Zunahme an sozialer Kompetenz, die die Konfliktlösung durch Gewalt obsolet macht (Krappmann, 1994).

4.9.3 Zur Entwicklung der Distanzierung als Mittel der Ärgerregulierung

Der Gebrauch von Strategien der Distanzierung nimmt, wie eben dargestellt, mit dem Alter zu. Will man diesen interessanten Befund weiter aufschlüsseln, dann muß man wieder die Ebene der faktorenanalytisch abgesicherten Skalen verlassen und sich auf die Ebene der Einzelstrategien begeben. Nur auf dieser "unteren" Ebene kann man herausfinden, welche Aspekte des Distanzierens bei der Entwicklung im Vordergrund standen. Waren die älteren Kinder eher bereit und in der Lage, ihre Aufmerksamkeit mit ihrem Willen zu lenken? Oder wußten mehr von ihnen, daß man sich manchmal vom Freund abwenden muß, um den eigenen Ärger zu besänftigen? Um diese und andere Fragen zu beantworten, wurden explorative Kovarianzanalysen über die theoretisch angenommenen Strategien gerechnet, die im Faktor "Sich distanzieren" enthalten sind (siehe Tabelle 4.4), auch wenn Test-Retest-Reliabilität und interne Konsistenz der Strategie "Soziale Unterstützung" kaum zufriedenstellend sind (siehe Tabelle 4.2).

Obwohl die Altersspanne zwischen neun und zwölf Jahren recht eng ist, nahm der Gebrauch von Strategien der Distanzierung über diesen Zeitraum zu. Sowohl die Aufmerksamkeitslenkung als auch die Abwendung von Freund oder Freundin stieg zwischen neun und zwölf Jahren linear an. Dies wurde zu beiden Meßzeitpunkten bestätigt. Die Suche nach sozialer Unterstützung bei unbeteiligten Kindern gewann den Mittelwerten nach an Beliebtheit, aber der Anstieg war nicht signifikant.

Tabelle 4.4: Kovarianzanalyse der im Faktor "Sich distanzieren" enthaltenen Einzelstrategien mit dem Alter der Kinder

KÄRST- Strategien	Meßzeitpunkt 1			Meßzeitpunkt 2		
	df	F	p	df	F	p
Sich abwenden	2	4.75	.01	2	3.06	.05
Soziale Unterstützung	2	2.38	.10	2	1.50	.23
Aufmerksamkeits-lenkung	2	5.11	.00	2	5.81	.00

N.B. Soziale Erwünschtheit wurde als Kovariate auspartialisiert

Diskussion der Ergebnisse zur Entwicklung der Distanzierung

Die Zusammenstellung der Strategien dieser Skala unterstreicht die doppelte Natur der Distanzierung: nämlich sich einerseits Abstand von dem ärgerlichen Geschehen zu verschaffen, vielleicht, weil man resigniert glaubt, sowieso nichts ändern zu können, vielleicht aber auch, um sich selbst soweit zu beruhigen, daß man ein klärendes Gespräch mit dem Freund führen kann. Andererseits kann die Abwendung von Freund oder Freundin auch eine Art Bestrafung durch Entzug der eigenen Zuneigung sein. Strategisch eingesetzt wird sie zum Ordnungsmittel: "Wenn du nicht ...., dann bin ich nicht mehr deine Freundin" (Krappmann, 1993b). Doch unabhängig davon, welche Funktion die Distanzierung im Einzelfall hat, was diese Gruppe von Strategien gemein hat, ist ihr vermeidender Charakter. Das Kind, das sich ärgert, hat wahrscheinlich zunächst *nicht* vor, seinem Freund mitzuteilen, daß es sich über ihn ärgert, oder will dieses jedenfalls nicht allzu deutlich durchscheinen lassen. Hat es die Absicht, die Auseinandersetzung mit dem Freund zu verschieben oder ganz zu vermeiden, dann wird es versuchen, seinen Ärger so geschickt wie möglich zu überspielen. Wird die Distanzierung als Mittel der Bestrafung durch "Liebesentzug" gewählt, dann mag der Ärgerausdruck schon etwas deutlicher ausfallen, um dem Freund zu signalisieren, daß etwas vorgefallen ist. Da das ärgerliche Kind die Absicht hat, sich aber (zunächst) nicht direkt auseinanderzusetzen, wird es seine Gefühle vermutlich nicht direkt aussprechen, sondern diese nur andeuten, etwa durch Unterlassung des Abschiedsgrußes. Auch wenn der "beleidigte Rückzug" dramatischer als hier geschildert ausfällt, besteht er auf jeden Fall aus Doppelbotschaften, die von Fall zu Fall wechselnde Anteile von "Verbergen" und "Enthüllung" der ärgerlichen Empfindungen enthalten.

Die wachsende Neigung, sich innerlich und äußerlich vom ärgerlichen Geschehen zu distanzieren, ergänzt die eingangs erwähnten Befunde von Underwood et al. (1992), nach denen Kinder berichten, daß sie den Ausdruck ihres Ärgers (im Gesicht) zunehmend maskieren, besonders im Beisein von Peers (Zeman & Garber, 1996). Das Ergebnis von Murphy und Eisenberg (1996), daß Kinder es zunehmend vermeiden, einen Peer, der ihren Ärger hervorgerufen hat, direkt zu konfrontieren, paßt ebenfalls dazu. Die Strategien der Distanzierung könnten das Mittel sein, das die Kinder benutzen, um ihr Ausdrucksverhalten zu kontrollieren. Wenn sie sich körperlich oder gedanklich abwenden, dann dürfte der Verursacher von ihrem Ärger nur wenig zu sehen (oder zu hören) bekommen. Für den bei den älteren Kindern immer häufiger werdenden Gebrauch der distanzierenden Strategien sind die von Harris (1992) zusammengefaßten Ergebnisse hinsichtlich des Wissens über die "mentalistischen" Strategien zur Beeinflussung des eigenen Gefühlszustandes ebenfalls relevant, und zwar in zweierlei Hinsicht. Harris (1992) stellte fest, daß Kinder ab etwa zehn Jahren zunehmend darüber Bescheid wußten, daß ablenkende Aktivitäten oder Gedanken die Intensität des eigenen Gefühls abschwächen können, machte aber keine Aussagen über die Verbreitung dieser Strategien. Meine Ergebnisse deuten zum einen darauf hin, daß ältere Kinder diese Strategien nach eigenen Angaben immer häufiger verwenden. Das Wissen um den Effekt der Ablenkung auf die eigene Psyche ermöglicht den Kindern, so kann man aus diesen beiden Ergebnissen schließen, diese Strategie gezielter und damit vielleicht auch häufiger einzusetzen. Zwar wäre dies noch für die einzelnen Kinder zu prüfen, doch für die Entwicklung gilt anscheinend, daß das Wissen über die Wirkung und die Häufigkeit des Gebrauchs der distanzierenden Strategien Hand in Hand gehen, zumindest soweit diese auf Selbstauskünften beruhen. Ein zweiter Punkt ist zu den Ergebnissen von Harris (1992) zu ergänzen. Die vorliegende Studie belegt nämlich, daß Kinder sich nicht nur in belastenden Situationen durch Ablenkung und Distanzierung Erleichterung verschaffen, sondern auch wenn sie sich ärgern. Ergebnisse der Bewältigungsforschung bei Kindern weisen darauf hin, daß elf- und zwölfjährige Kinder für den Umgang mit belastenden Situationen häufiger als jüngere Kinder Strategien der kognitiven Vermeidung nennen, besonders wenn das Ereignis unvermeidbar ist (Band & Weisz, 1988; Altshuler & Ruble, 1989). Nicht nur Belastungssituationen - wie Arztbesuch oder schlechte Schulnoten - werden also anscheinend immer häufiger durch gedankliche Ablenkung bewältigt, sondern auch Ärgererlebnisse.

Die mit dem Alter steigende Beliebtheit distanzierender Strategien mag weiterhin mit der von Mischel und Mischel (1977) konstatierten Tendenz zu immer ausgefeilteren Selbstinstruktionen bei der Kontrolle von ärgerlichem oder aggressivem Verhalten zu tun haben. Indem die Kinder "aktiv" vergaßen oder sich von ihrem Freund oder ihrer Freundin abwandten, setzten sie Strategien der Selbstregulierung ein. Die Selbstinstruktion "ruhig Blut, dann geht alles gut", die Petermann und Petermann (1993) in ihrem Training für aggressive Kinder zur Förderung der Impulskontrolle einsetzen, läßt sich ebenfalls als distanzierende Strategie verstehen.

Überlegungen zu den Ursachen der Zunahme der Distanzierung mit dem Alter

Von einer etwas anderen Warte läßt sich die mit dem Alter steigende Beliebtheit von Strategien der Distanzierung als Ergebnis der Bemühungen um Selbstbeherrschung verstehen, die sich Heranwachsende gegenseitig abverlangen (Gottman & Mettetal, 1986) und oft mit dem Begriff des "cool"-Seins belegen. Die Fähigkeit, den Ärgerausdruck durch distanzierende Strategien zu kontrollieren, könnte das Resultat des jahrelangen Trainings sein, nicht zu reagieren, wenn andere Kinder einen "ärgern".

Fragt man Schulanfänger, dann scheint "jemanden zu ärgern", also die bewußte Provokation von anderen, ein beliebter Sport in Klassenzimmer und Pausenhof zu sein. Ab der zweiten Klasse gehört das Lächerlich-Machen und Hänseln (und der damit erreichte Ausschluß aus Spielgemeinschaften oder Gruppen) zu einem festen Bestandteil des Schulalltags von vielen Kindern (Petillon, 1993). Sich nicht so leicht von anderen Kindern in Rage bringen zu lassen und selbst zum bösen Spiel eine neutrale Miene zu bewahren, könnten "Entwicklungsaufgaben" der Grundschulzeit sein. Zu der hier aufscheinenden Fähigkeit, sich in eine Klassengemeinschaft einzufügen, bemerkte der Entwicklungstheoretiker H.S. Sullivan: "Ein Teil des unglaublichen Zuwachses an Lebensfähigkeit beruht darauf, mit der destruktiven Autoritätsausübung derartiger Gleichaltriger, zu der es wiederholt kommt, zurechtzukommen" (Sullivan, 1953/1983, S. 259). Gegen die Provokationen der Gleichaltrigen kann man sich wehren, indem man sich revanchiert. Dies tut auch etwa die Hälfte der Kinder (Petillon, 1993). Hilfreicher als die sofortige Vergeltung ist aber vielleicht, die Zumutungen zunächst einmal zu übergehen, also so zu tun, als ob man sie nicht hört oder sieht. So stellte bereits die siebenjährige Margarita in dem Ärger-Folgen-Interview (siehe Anhang) fest: "Wenn ich mich ärgere, dann ist es schön für die anderen,..., da werd' ich so sauer und dann machen sie immer weiter, damit ich mehr sauer werde" (24:F1:2:38-1). Die zehnjährige Annika ergänzt aus der Erfahrung mit ihrem älteren Bruder: "Wenn ich so schreie, wenn ich sage 'jetzt hör doch mal auf', wenn ich richtig doll schreie, dann sagt er 'armes Mausichen' oder so, also so ironisch, immer" (9:G:1:46-50). Die Kenntnis der Darbietungsregel "Laß' Dir nichts anmerken, wenn andere (Stärkere) Dich provozieren wollen" sowie Strategien der inneren und äußeren Distanzierung könnten diesen Kindern helfen, ihre Peiniger in den Glauben zu versetzen, daß sie keinen Ärger empfinden. Auf längere Sicht könnte dies dazu beitragen, daß sie solche Situationen seltener erleben oder besser mit ihnen fertig werden.

Auf der Grundlage von qualitativen Analysen von Gesprächen unter Kindern in der mittleren Kindheit unterstreichen Gottman und Mettetal (1986), welche Bedeutung Klatsch und Tratsch für den Zusammenhalt der Peer-Gruppe haben. Klatsch ist das Mittel, um soziale Grenzen zu ziehen, um ingroups und outgroups zu definieren, um Solidarität nach innen zu schaffen und die Gruppe (oder Freundschaft) durch die Bestätigung gemeinsamer Werte und Normen zusammenzuschweißen. Im Mittelpunkt solcher Bewertungen stehen ab etwa acht Jahren psychologische Merkmale des abgelehnten Kindes, vor allem seine emotionalen "Entgleisungen"; die Kinder sprechen von "babyhaftem" Verhalten. Liest man diese Gespräche, so erhält man den Eindruck, daß soziale Normen des "coolen" Verhaltens das emotionale Leben der Grundschulkinder bestimmen. Wer bestimmte Verhaltensweisen oder Gefühle (im Übermaß) zeigt, wird durch Bloßstellungen seiner (gleichgeschlechtlichen) Peers sanktioniert (Krappmann, 1994; Zeman & Shipman, 1997). Die Projektion peinlicher Gefühle auf andere Kinder, so Gottman und Mettetal (1986) weiter, hilft den Kindern, die Emotionskontrolle bei sich selbst aufzubauen und aufrechtzuerhalten. Denn wenn andere sich "daneben" benommen haben und man dies genüßlich kommentiert, dann muß man umso mehr auf der Hut sein, daß einem das gleiche nicht selbst passiert. Die Breite, in der sich die Kinder über die vermeintlichen Fehltritte anderer auslassen, offenbart zugleich, wie gern sie sich selbst so verhalten hätten und wie dringend sie sich gegenseitig versichern müssen, daß dieses Verhalten wirklich völlig "unmöglich" ist. Durch die Sanktion der Reputationsschädigung erzeugt die Gruppe der Gleichaltrigen gehörigen sozialen Druck, sich in seinem emotionalen Ausdrucksverhalten konform zu verhalten.

Die Erfahrung, daß andere Kinder sich freuen, wenn es auf eine Provokation "reinfällt", macht wahrscheinlich nahezu jedes Kind. Im Kontext der Freundschaft trägt der Ärger - zumindest bei älteren Kindern - meist ein anderes Gesicht. Ärger auf einen (spezifischen, gleichgeschlechtlichen) Freund ist nach den oben ausgeführten Ergebnissen von Whitesell und Harter (1996) häufiger mit Trauer verbunden, vor allem dann, wenn die Heranwachsenden den Eindruck hatten, daß der Freund oder die Freundin sie mutwillig provozierte. Gefühle der Verletzung oder Kränkung standen in dieser Studie besonders bei den Mädchen im Vordergrund. Aus dieser Perspektive betrachtet könnten die Strategien der Distanzierung als eine Form des Rückzugs verstanden werden, der gebraucht wird, um mit der Verletzung fertig zu werden. Erst wenn die Heranwachsenden die Kränkung verwunden haben, können sie sich wieder der Freundin zuwenden.

4.10 Zusammenfassende Diskussion zu Vielfalt und Altersentwicklung der Ärgerregulierung

Bei den Antworten der Kinder zu den Strategien, die sie einsetzen, um ihren Ärger zu regulieren, fällt als erstes auf, daß schädigendes Verhalten eher die Ausnahme als die Regel ist. Während Anmeckern und Anbrüllen mit 45% der Heranwachsenden, die dies bei Ärger manchmal oder fast immer tun, noch relativ häufig ist, so bekennen sich nur noch die Hälfte davon, nämlich 23% dazu, regelmäßig körperliche Formen der Auseinandersetzung einzusetzen, wenn sie sich über einen bestimmten Freund ärgern. Beschränkte man sich bei der Analyse des Ärger-Ausdrucksverhaltens nur auf diese Formen körperlicher oder verbaler "Aggression", dann erhielte man ein recht verzerrtes Bild. Herausfallen würden dabei alle nicht-antagonistischen Strategien - also vor allem die verschiedenen Spielarten distanzierenden Verhaltens sowie die Aushandlung mit dem Freund, die über die Hälfte der Kinder nach eigenen Angaben "manchmal" oder "fast immer" benutzen, wenn sie sich über diesen Freund ärgern. Entfallen würden dann auch die intrapsychischen Strategien der Rachegedanken und der Zurücknahme des eigenen Anspruchs, die bis zur Hälfte der Kinder regelmäßig eingesetzt werden. Bei einer weiteren intrapsychischen Strategie der Aufmerksamkeitslenkung sind es gar etwa zwei Drittel, die dies zumindest manchmal tun. Ließe man alle diese (und noch weitere) Strategien des Umgangs mit Ärger beiseite, dann bekäme man auch keinen Einblick in die Mechanismen, mit Hilfe derer es Kinder bewerkstelligen, ihren Ärger (und ihr aggressives Verhalten) zu regulieren. Was man erhielte, wäre nicht nur ein recht beschränktes, sondern auch ein eher oberflächliches Bild.

Der Altersvergleich der Strategien der Ärgerregulierung auf der Ebene der vier Skalen ergab, daß ältere Kinder häufiger Strategien einsetzen, die auf eine äußere oder innere Abwendung vom Freund hinauslaufen. Diese Formen der Distanzierung könnten ein Weg sein, auf dem die Kinder die immer umfassendere Kontrolle ihres direkten

Ärgerausdrucks erreichen, der in den anfangs erwähnten Studien der Aggressionsforschung und der Emotionsforschung festgestellt worden war. Die Maskierung des
Ärgerausdrucks durch zeitweilige Distanzierung wird möglicherweise durch die oft
handgreiflichen Späße, Provokationen und Intrigen vorangetrieben, die Kinder einander
antun. Sich seinen Ärger nicht anmerken zu lassen, eben "cool" zu bleiben, könnte für
viele Kinder das Ergebnis eines Lernprozesses in den Grundschuljahren sein.

Daß mit dem Alter, wie von Fridlund (1991) konstatiert, Empfindung und Ausdruck von Gefühlen zunehmend auseinanderfallen (siehe Kapitel 1.3.2), ist so zu
einfach formuliert. Sicher lernen Kinder recht früh, Ausdrucksformen zu unterdrücken, die zu nachteiligen Konsequenzen führen, und solche zu produzieren, die
positive Folgen nach sich ziehen. Sicherlich wird es einfacher sein, andere zu
täuschen, wenn Kinder, wie es im Verlauf der Entwicklung geschieht, über eine
immer breitere Palette von Strategien zur Regulierung ihres Ausdrucks (sowie ihres
Erlebens) von Gefühlen verfügen. Dies gibt den Kindern die Möglichkeit, unerwünschte Ausdrucksformen auf immer eleganteren Wegen zu unterdrücken. Demgegenüber stehen indessen Regeln, die zur Offenheit verpflichten und vielleicht
gerade in dem Moment in der Entwicklung an Gewicht gewinnen, an dem Kinder in
der Lage sind, ihre Gefühle überzeugend zu verbergen oder vorzutäuschen, also etwa
ab der Präadoleszenz. Gerade in engen Beziehungen wie Freundschaften ist die
Ehrlichkeit ab Stufe 3, also etwa ab der Präadoleszenz, Bestandteil des Freund-
schaftskonzeptes vieler Heranwachsender. Daher ist zu differenzieren: Kinder
gewinnen zwar im Laufe der Jahre ein immer umfassenderes Repertoire an Strategien
zur Modulation ihres Ärgers, doch ob sie es einsetzen, hängt unter anderem von der
Beziehung zu dem ab, über den sie sich ärgern (siehe auch v. Salisch, 1996).

Der hier vorgelegte Bericht auf der Grundlage einer Fragebogenerhebung leidet
daran, daß nicht die ganze Komplexität der Ärgerregulierung in ihrer Entwicklung in
der mittleren Kindheit dargestellt werden konnte. Verknüpfungen zwischen den
einzelnen Strategien und deren Einbettung in situative Kontexte konnten nicht
behandelt werden, dazu wäre eine andere Forschungsstrategie notwendig gewesen.
Eine weitere Einschränkung bezieht sich darauf, daß die hier berichteten Ergebnisse
allein auf Selbstberichten beruhen. Die Angaben, die die Kinder über ihr Verhalten
machen, mögen nicht nur von sozialen Normen (Weber, 1997) und Erwägungen der
sozialen Erwünschtheit beeinflußt sein, sondern geben wahrscheinlich auch ihr
Verhalten nur zum Teil wieder. Auch wenn die Fremdbeurteilungen durch den Freund
oder die Freundin die selbstberichteten Strategien der Ärgerregulierung im großen
und ganzen bestätigen (v. Salisch & Pfeiffer, 1998), so ist doch anzunehmen, daß die
Innensicht ärgerlichen Verhaltens nicht in allen Punkten der Außensicht des "Opfers"
entspricht (Mummendey et al., 1982). Eine dritte Einschränkung bezieht sich darauf,
daß diese Ergebnisse auf einer querschnittlichen Befragung beruhen. Aussagen über
den Entwicklungsverlauf einzelner Kinder lassen sich nur mit Hilfe längsschnittlicher
Erhebungen machen. Insofern sind diese Ergebnisse als erste Erkundung des Terrains
zu verstehen. Über die Entwicklung der Art und Weise, wie Heranwachsene ihren
Ärger regulieren, wird sicher auch in Zukunft noch viel zu sagen sein.

4.11 Exkurs: Die Ärgerregulierung von Kindern und jungen Erwachsenen im Vergleich

Obwohl zu erwarten ist, daß sich im Zuge der grundlegenden Umwälzungen im Jugendalter auch die Emotionsregulierung verändert, liegen über diesen Lebensabschnitt kaum theoretische oder empirische Arbeiten zur emotionalen Entwicklung vor. Um einen ersten Einblick in die Entwicklung zwischen Kindheit und Erwachsenenalter zu gewinnen, wurde daher parallel zu dem Kinderfragebogen ein Fragebogen entwickelt, der die gleichen Strategien der Ärgerregulierung bei Erwachsenen abfragt. Diese wurden also ebenfalls gefragt, was sie denken oder tun, wenn sie sich über einen (gleichgeschlechtlichen) Freund ärgern, der nicht zugleich ihr Liebespartner sein sollte. Bei zehn Items war es möglich, die Formulierungen des KÄRST im Wortlaut zu übernehmen, bei weiteren fünf Items wurde die Wortwahl leicht abgewandelt. Item 12 des KÄRST über Schubsen, Treten und Hauen und Item 9 des KÄRST über Intrigen durch Ausschluß aus der Gruppe wurde durch zwei Items ersetzt, die den Lebensumständen von Erwachsenen besser entsprechen. Die Antworten von Kindern und Erwachsenen sind daher mit Einschränkung der beiden unterschiedlich formulierten Items direkt zu vergleichen.

Vergleicht man die in Tabelle 4.5 abgebildeten Mittelwerte der Kinder und der jungen Erwachsenen[1], dann stellt man fest, daß die "schädigenden" Strategien der Konfrontation, der Rachegedanken und der Intrigen von den Studierenden allesamt seltener angekreuzt wurden als von den Kindern. Dies erwies sich nicht nur bei den Mittelwerten, sondern auch bei dem Anteil derjenigen, die diese Strategien nach eigenen Angaben "manchmal" oder "fast immer" gebrauchten: griffen noch etwa 45% der Kinder regelmäßig zum verbalen Ausschimpfen oder Anbrüllen und etwa 35% zu Rachegedanken, so waren es bei den Erwachsenen nur noch 8,5% (verbale Konfrontation) bzw. 5% (Rachephantasien). Auch die abwertenden Gedanken wurden seltener berichtet: sie gehörten lediglich bei etwa 7% der Erwachsenen zum festen Repertoire ihrer Strategien, wenn sie sich über den Freund oder die Freundin geärgert hatten (Kinder: 42%). Die (fast) signifikanten Korrelationen von r (60) = -.22 (Konfrontation) bzw. r (60) = -.19 (abwertende Gedanken) mit dem Fragebogen zur sozialen Erwünschtheit lassen allerdings vermuten, daß diese Zahlen ein etwas zu rosiges Bild der jungen Erwachsenen zeichnen.

Doch nicht nur antagonistische, sondern auch viele nicht-antagonistische Strategien wurden von den Erwachsenen seltener als von den Kindern gewählt. Distanzschaffende Strategien, wie die Aufmerksamkeitslenkung und die Abwendung von Freund oder Freundin, wurden von den Erwachsenen ebenfalls seltener angegeben. Während fast 60% der Kinder regelmäßig diese Strategien der Distanzierung wählten, berichteten dies nur noch etwa 25% der jungen Erwachsenen. Vielleicht, so

---

1 Ein formaler Vergleich zwischen Kindern und jungen Erwachsenen (etwa durch eine MANOVA) wurde nicht angestellt, weil die Faktorenstruktur der beiden Fragebögen nicht vergleichbar ist. Außerdem bestehen die beiden Erwachsenen-Stichproben überwiegend aus jungen Frauen, sodaß auch der Einfluß des Geschlechts berücksichtigt werden müßte.

kann man spekulieren, entdecken die Heranwachsenden, daß sich diese recht passiven Strategien in einer engen Beziehung wie der Freundschaft nicht bewähren.

Tabelle 4.5: **Der Gebrauch der einzelnen Strategien der Ärgerregulierung - Mittelwerte von Kindern und jungen Erwachsenen im Vergleich**

	Kinder		Junge Erwachsene	
Strategien	Mzp 1 (n = 130) MW	Mzp 2 (n = 124) MW	Stichprobe A (n = 61) MW	Stichprobe B (n = 62) MW
Konfrontierendes Verhalten	1.14	1.08	0.63	0.67
Rachegedanken	0.98	0.95	0.42	0.31
Intrige	0.76	0.65	0.55	0.46
Sich abwenden	1.61	1.56	1.19	0.80
Soziale Unterstützung	1.57	1.55	1.90	1.74
Aufmerksam-keitslenkung	1.63	1.61	1.13	1.20
Erklären und sich vertragen	1.69	1.62	2.23	2.33
Eigenen Anspruch zurücknehmen	1.23	1.08	1.10	1.17
Humor	1.11	1.09	0.74	0.95
Einzelitems				
Abwertende Gedanken	1.26	1.17	0.54	0.44
Essen und Trinken	0.68	0.79	0.88	0.89

Was zwischen Kindheit und Erwachsenenalter den Mittelwerten nach zunahm, war die Häufigkeit, mit der die Befragten soziale Unterstützung bei Dritten in Anspruch nahmen. Von den Studierenden gaben 61% (gegenüber 65% bei den Kindern) an, daß sie sich bei Ärger mit dem Freund oder der Freundin manchmal oder fast immer an wohlmeinende Dritte wandten. Ein Grund dafür mag sein, daß bei den Erwachsenen die verschiedenen Welten deutlicher getrennt sind, soziale Unterstützung also nicht so leicht zur Intrige geraten kann. Den Mittelwerten nach nahm auch die direkte Aushandlung mit dem Freund oder der Freundin zu, doch spiegelte sich dies nicht in den Anteilen der "manchmal" oder "fast immer" Anworten. Dies läßt vermuten, daß nicht der Anteil der regelmäßigen Ärger-Aushandler mit den Jahren steigt, sondern der Teil der Befragten, der dies "nie" tut, eher abnimmt. Enthielten sich bei den Kindern noch 3% völlig und 31% fast völlig dieser Art von Problembesprechungen, so gab es bei den Erwachsenen nicht einen, der nicht mindestens gelegentlich (= selten) seine ärgerlichen Gefühle mit seiner Freundin oder seinem Freund beredete. Dieses Ergebnis wird durch den Befund von Tangney, Hill-Barlow et al. (1996) bestätigt, die in einer großangelegten Studie über die Entwicklung der Ärgerregulierung über die Lebensspanne feststellten, daß zwischen Kindheit und jungem Erwachsenenalter die Häufigkeit konstruktiver Diskussionen über den Ärgeranlaß anstieg.

Zusammenfassend läßt sich also sagen, daß zwischen dem Alter von zwölf und zwanzig Lebensjahren die Kontrolle über den direkten Ärgerausdruck zunimmt. Die überwiegend weiblichen jungen Erwachsenen schimpfen seltener, körperliche Mittel setzen sie wahrscheinlich gegenüber ihren Freundinnen ohnehin nur im Ausnahme-fall ein. Mit der zunehmenden Kontrolle des direkten Ausdrucks von Ärger steigt aber nicht, wie man vermuten könnte, der Gebrauch intrapsychischer Strategien; diese Strategien werden sogar seltener gewählt (Rachephantasien, abwertende Gedanken, Aufmerksamkeitslenkung) oder bleiben in etwa gleich häufig (den eigenen Anspruch zurücknehmen). Was sich im jungen Erwachsenenalter in den Vordergrund schiebt, sind vielmehr interpersonale Lösungen für den eigenen Ärger: der Anteil derjenigen, die regelmäßig bei Dritten Rat und Hilfe suchen, nimmt zu, und der Anteil derjeni-gen, die (fast) "nie" mit ihren Freunden über ihren Ärger verhandeln, verschwindet völlig. Letzteres Ergebnis wird allerdings von Überlegungen zur Selbstpräsentation überschattet: die Korrelation zwischen "Erklären und vertragen" und dem Fragebo-gen zur sozialen Erwünschtheit betrug r = .38. Außerdem wird die Verallgemeiner-barkeit der Ergebnisse durch die beiden (überwiegend weiblichen) Studentensamples überschattet. Wie sich die Ärgerregulierung bei Männern, bei Nicht-Studierenden sowie bei Personen aus anderen als den Sozialberufen darstellt, wären interessante Fragen für weitere Forschungen.

Kapitel 5
Ärger bei Mädchen und bei Jungen

Unterschiede in der Art, wie Männer und Frauen, Jungen und Mädchen mit ihrem Ärger "umgehen", werden schon seit langer Zeit mit öffentlicher Aufmerksamkeit bedacht. Gerade der Ausdruck von Ärger scheint eng mit Geschlechtsrollenstereotypen zusammenzuhängen: die hysterische Ziege, die neiderfüllte Megäre, die zänkische Xanthippe, die rachsüchtige Furie oder die biedere, aber passiv-aggressive Hausfrau sind Gegenstand nicht nur der klassischen Dramen, sondern auch unzähliger Witze und Anekdoten. Diese Stereotype leben in unserer Kultur ebenso wie das etwas farblosere Gegenbild der "Dame", die ihren Ärger nie in unbeherrschter Weise zeigt. Das entsprechende männliche Stereotyp rückt den Ausdruck von Ärger in die Nähe von Aggression und (körperlicher) Gewalt (Lerner, 1985). Die Frage ist nun, ob sich nicht nur, wie von den Stereotypen und den entsprechenden Darbietungsregeln nahegelegt, Ausdruck und Regulierung von Ärger zwischen Jungen und Mädchen unterscheiden, sondern auch das Erleben dieser Emotion durch geschlechtstypische "Gefühlsschablonen" (Ulich & Mayring, 1992) bzw. "Gefühlsregeln" (Hochschild, 1990; Gordon, 1981; Averill, 1982) geprägt wird. Denkbar wäre nämlich, daß männliche und weibliche Menschen sich darin unterscheiden, wie häufig sie sich ärgern oder welche Qualitäten des Erlebens dabei bei ihnen im Vordergrund stehen. Differenzen könnten auch dadurch entstehen, daß die Geschlechter im allgemeinen bei unterschiedlichen Anlässen mit Ärger reagieren. Dieses Kapitel geht diesen Fragen nach der Geschlechtsspezifität des Ärgers nach, und zwar sowohl anhand von Literaturbefunden wie auch mit Hilfe von drei eigenen empirischen Untersuchungen mit Kindern im Grundschulalter, nämlich einer Tagebuchstudie über das Erleben und den Ausdruck von Ärger, einer Fragebogenstudie über die Arten der Regulierung sowie einem vertiefenden Interview über die erwarteteten Folgen des Ärgerausdrucks. In allen Analysen, die in diesem Kapitel berichtet werden, wird das Alter der Kinder statistisch kontrolliert, da in Voranalysen keine konsistenten Interaktionseffekte zwischen Alter und Geschlecht festgestellt werden konnten. Die Alterszusammensetzung der verschiedenen Stichproben war für beide Geschlechter vergleichbar.

5.1 Geschlechtsunterschiede beim Erleben von Ärger

5.1.1 Wann Jungen und Mädchen Ärger erleben

Wenn man weiß, was einen Menschen ärgerlich macht, worauf er "anspringt" und was ihn so richtig "auf die Palme bringen" kann, dann weiß man viel über diese Person, über ihre Wünsche, Eigenheiten und nicht zuletzt über ihre "wunden Punkte". Da die Anlässe, die bei Kindern Ärger auslösen, im Zusammenhang mit der Entwicklung bereits berichtet wurden, sollen in diesem Abschnitt nun ausschließlich die Unterschiede zwischen Jungen und Mädchen betrachtet werden.

Über die Kleinkindzeit liegt mit Ausnahme der klassischen Studie von Goodenough (1931) wenig Material über differentielle Ärgerauslöser vor. Auf der Basis von 1878 Ärgerereignissen, die 45 Mütter auf täglichen Erfassungsbögen niedergeschrieben hatten, berichtet Goodenough folgende unmittelbare Anlässe der Zornesbekundungen der Kinder (mit abnehmender Häufigkeit): Probleme in den sozialen Beziehungen mit Spielkameraden und Erwachsenen, die Einübung und Ausführung von täglichen Gewohnheiten, direkte Konflikte mit Autoritätspersonen, alleine zurechtkommen, geringes körperliches Unbehagen oder Furcht sowie Einschränkungen der Bewegungsfreiheit. In etwa die gleichen Umstände riefen bei den Mädchen und den Jungen Wut und Protest hervor. Unterschiede ergaben sich lediglich dadurch, daß die kleinen Jungen ausgeprägter als die Mädchen gegen tägliche Regeln und Gewohnheiten, wie Zur-Toilette-Gehen oder Gesicht-Waschen, protestierten, sich häufiger bei Schwierigkeiten mit ihren Spielkameraden aufregten und öfter das Eigentum von anderen begehrten. Kleine Mädchen wurden dagegen nach den Aufzeichnungen ihrer Mütter eher dann wütend, wenn sie eine gewünschte Handlung nicht ausführen durften, wenn sie bestimmte Kleidungsstücke anziehen sollten oder wenn sie ein leichtes körperliches Unbehagen (Nässe, Kälte, Schmutz) verspürten. Die genauen Prozentangaben sind in Tabelle 5.1 abgedruckt. Hier deuten sich erste Unterschiede zwischen den Geschlechtern an, die in Richtung der gängigen Geschlechtsrollenstereotype "zartes, aber zickiges Mädchen" versus "rauhbeiniger Junge" gehen (Gloger-Tippelt, 1992). Nicht auszuschließen ist dabei natürlich, daß ein Teil dieser Unterschiede auf das Konto der Geschlechtsstereotype der protokollführenden Mütter ging.

Wurden Kinder nach Erklärungen für das ärgerliche Verhalten von anderen Kindern gefragt, dann traten folgende Unterschiede in Erscheinung: Mädchen gaben eher andere Personen als Verursacher der ärgerlichen Gefühle ihrer Spielkameraden im Kindergarten an, während Jungen vermehrt auf internale Erklärungen des Ärgers verwiesen (Fabes et al., 1988). Strayer (1986) bestätigte, daß Mädchen im Vorschul- und frühen Schulalter eher zwischenmenschliche Begebenheiten erzählten, wenn sie nach antezedenten Bedingungen für die Emotionen Glück, Trauer, Ärger, Furcht und Überraschung gefragt wurden. In den ersten Grundschuljahren unterschieden sich die Angaben von Mädchen und Jungen deutlich, wenn sie über die zwischenmenschlichen Begebenheiten berichteten, die in der Schule ihre Wut auslösten. Die Jungen ärgerten sich nach eigenen Angaben überwiegend im Zusammenhang mit körperlichen Auseinandersetzungen, während die Mädchen vermehrt dann wütend wurden,

Tabelle 5.1: Unmittelbarer Anlaß der Wutausbrüche von 0 - 6-jährigen Kindern (nach Goodenough, 1931)[1]

	Häufigkeit in Prozent	
	Jungen	Mädchen
Einschränkung der Bewegungsfreiheit	3.1	3.4
Tägliche Gewohnheiten	23.4	19.1
davon: auf die Toilette gehen	4.4	2.6
zu Bett gehen	7.7	7.5
zu Mahlzeiten erscheinen	2.7	1.5
bestimmte Arten von Essen zurückweisen	3.3	4.2
Körperpflege: Gesicht waschen etc.	5.4	4.1
Veränderungen bei täglichen Gewohnheiten	3.6	2.7
Direkte Konflikte mit Autoritätspersonen	17.7	22.4
davon: Kind durfte Gewünschtes nicht ausführen	9.6	15.7
Kind führt eine verbotene Handlung aus	2.6	1.2
Kind wehrt sich gegen Bestrafung	3.7	4.3
Kind ärgert sich über Folgen seines Tuns	1.8	1.2
Alleine zurechtkommen, sich selbst helfen	8.0	9.5
davon: vom Kind erbetene Hilfe verweigert	2.2	1.9
Weigerung, Spielzeug wegzuräumen	1.9	1.8
Unerfolgreicher Versuch, etwas alleine zu tun	3.4	6.7
Aufgezwungene Hilfe beim Wunsch, etwas zu tun	1.1	1.7
Probleme in sozialen Beziehungen mit Kindern und Erwachsenen	28.1	28.1
davon: Wunsch nach Aufmerksamkeit	4.6	7.4
Unfähigkeit, eigene Wünsche mitzuteilen	0.6	0.5
Wunsch, bei Aktivitäten von anderen "mitzumachen"	3.7	4.0
Weigerung, Spielzeug und Sachen zu teilen	2.8	3.4
Verlangen nach Eigentum von anderen	4.2	3.1
Weitere Probleme mit Spielkameraden	12.5	10.9
Geringes körperliches Unbehagen oder Furcht	7.3	7.1
davon: Wunsch nach Essen zwischen den Mahlzeiten	2.7	1.7
Geringes körperliches Unbehagen (naß, kalt,...)	1.9	3.7
Einnahme von Medizin (inkl. Einläufe etc.)	2.2	1.1
Furcht, die sich in Ärger verwandelt	0.5	0.6
Verschiedene Schwierigkeiten	4.6	5.7
davon: Weigerung, bestimmte Kleidungsstücke anzuziehen	1.8	4.1
Ungeduld beim Warten auf ein Ereignis	0.7	1.7
Mutter ungeduldig über die Langsamkeit des Kindes	2.0	0.1

1 Die Tabelle faßt die Ergebnisse der Tabellen 14 bis 21 aus Goodenough (1931) zusammen. Die Werte addieren sich nicht zu 100%, möglicherweise weil eine nicht in Tabellenform ausgedruckte Kategorie "Sonstiges" nicht nach Geschlecht aufgeteilt wurde. Die Angaben unter der Rubrik "davon" summieren sich nicht zu den fett gedruckten Zahlen, weil aus entwicklungsbedingten Gründen zum Teil unterschiedliche Grundgesamtheiten gewählt wurden. Bei Fragen des Erscheinens bei Mahlzeiten etwa wurden Kinder unter einem Jahr nicht einbezogen.

wenn sie zur Zielscheibe von Intrigen oder Hänseleien ihrer Klassenkameradinnen wurden (Petillon, 1993). Eine amerikanische Untersuchung an 108 sieben- bis elfjährigen Kindern in einem Ferienlager ergab, daß Mädchen signifikant häufiger als Jungen Erlebnisse schilderten, in denen die Verletzung einer Beziehungsregel oder die Dominanz - meist eines anderen Mädchens - der Anlaß für ihren Ärger war (Murphy & Eisenberg, 1996). Zusammenfassend läßt sich feststellen, daß mögliche Geschlechtsunterschiede, die auf eine stärkere zwischenmenschliche Orientierung der Mädchen hinweisen, im Grundschulalter weiter bestehen. Was an den Interaktionen und Beziehungen zu anderen Menschen für Jungen und für Mädchen problematisch (und damit ärgerauslösend) ist, unterscheidet sich also recht deutlich.

Was den Ärger angeht, den Kinder mit Familienangehörigen zu Hause erleben, so ergibt sich, daß die Auskünfte von Jungen und Mädchen überwiegend übereinstimmen, aber an wenigen charakteristischen Punkten auch voneinander abweichen. So stellten Feshbach, Feshbach, Cohen und Hoffman (1984) bei Interviews mit kalifornischen Kindern zwischen Vorschule und sechster Klasse fest, daß beim Erzählen von selbst erlebten Geschichten Gleichaltrige und Geschwister übereinstimmend als die häufigsten Verursacher von ärgerlichen Gefühlen identifiziert wurden und daß Ärger vor allem dann erlebt wurde, wenn die körperliche Integrität oder das Selbstwertgefühl des Kindes bedroht worden war. Mädchen gaben jedoch häufiger als Jungen an, daß ihre Eltern sie wütend gemacht hatten, besonders die Zwölfjährigen (54%). Dies deckt sich in etwa mit dem Befund von Karniol und Heiman (1987), die herausfanden, daß präadoleszente israelische Mädchen signifikant häufiger als Jungen Ärger empfanden, wenn sie von ihren Eltern gebeten wurden, eine Aufgabe - wahrscheinlich im Haushalt - auszuführen. Nordamerikanische Jungen wurden dann besonders leicht wütend, wenn ihr Eigentum in Gefahr war (Feshbach et al., 1984), israelische Jungen, wenn sie sich mit Gleichaltrigen über Gegenstände stritten (Karniol & Heiman, 1987). Charakteristisch ist ferner, daß Bedrohungen des Selbstwertgefühls häufiger von den (kalifornischen) Mädchen genannt wurden, besonders in der sechsten Klasse, wo 29% der Mädchen, aber nur 15% der Jungen Ärgererlebnisse aus diesem Themenkreis erzählten (Feshbach et al., 1984).

Geht man etwas formaler vor und befragt Kinder nach ihren ärgerrelevanten Attributionen in hypothetischen Geschichten, so ergeben sich in der Regel keine Geschlechtsunterschiede, weder im Vorschulalter (z.B. Olthof et al., 1989) noch im Grundschulalter (z.B. Underwood et al., 1992). Werden diese Fragen jedoch in dem Kontext einer spezifischen Freundschaft gestellt, dann treten Unterschiede zwischen männlichen und weiblichen Präadoleszenten ans Licht. Hat ein namentlich benannter gleichgeschlechtlicher Freund das Kind durch Beschimpfung mit "Ausdrücken" provoziert, dann berichten die Mädchen im Durchschnitt über intensivere Gefühle von Trauer, Verletztheit, Unbehagen, Verwirrung (emotional turmoil) und Angst, die Freundin zu verlieren, als die Jungen (Whitesell & Harter, 1996). Die beiden Autorinnen diskutieren diesen Befund in Hinblick auf die stärkere Einbettung der Mädchen in die Beziehung zu ihren Freundinnen. Allerdings sind bei der Mehrzahl der hier aufgeführten Studien zum einen die bei Mädchen stärker ausgeprägte Neigung, ihre Gefühle zu enthüllen, zu bedenken (Brody & Hall, 1993), und zum anderen die Unterschiede in der "Kultur" von Jungen und Mädchen: während Schimpfworte bei den meisten Mädchen ab dem Vorschulalter ein Zeichen von "echtem" Ärger sind, gehört es in manchen Jungengruppen schon fast zum guten Ton, sich gegenseitig zu beleidigen, auch weil *mann* damit ausprobieren kann, wie weit *mann* gehen kann, bevor sich der andere provoziert fühlt. Bei anderen Gelegenheiten wird das gegenseitige "Schmähen" als Ritual mit viel Lachen abgehandelt (Garvey & Shantz, 1992).

5.1.2 Wie häufig Jungen und Mädchen sowie Männer und Frauen Ärger erleben

Über die Frage, wie häufig Jungen und Mädchen sich ärgern oder wütend werden, gibt es ausgesprochen wenige empirische Untersuchungen. Für die frühe Kindheit ist auch hier die Untersuchung von Goodenough (1931) wegweisend. Anhand der Protokollbögen ihrer Mütter stellte Goodenough (1931) fest, daß Kinder von ein bis zwei Jahren am häufigsten Wutanfälle hatten, die Anzahl der Wutausbrüche ab 24 Monaten jedoch rapide "bergab" ging. Ab diesem Alter traten zuerst Geschlechtsunterschiede auf: nach Angaben der Mütter brachen Jungen zwischen zweieinhalb und fünf Jahren etwa doppelt so häufig in Ärger oder Wut aus als Mädchen gleichen Alters. Hinsichtlich der Dauer dieser Protestbekundungen und den mit dem Alter immer häufiger werdenden "Nachwehen" der Wutanfälle notierten die Mütter keine Geschlechtsunterschiede. Diese Unterschiede zwischen Jungen und Mädchen im Vorschulalter lassen sich offensichtlich nicht auf andere Settings übertragen: Fabes und Eisenberg (1992), die 69 Kinder zwischen dreieinhalb und fast sechs Jahren beim freien Spiel im Kindergarten beobachteten und die offensichtlichen Ärgerreaktionen der Kinder notierten, fanden keine systematischen Geschlechtsunterschiede in Hinblick auf die Häufigkeit des Ärgers. Ein Nachteil beider Studien ist, daß das Erleben von Ärger von Erwachsenen beobachtet wurde. Ärger, den die Kinder zwar erlebt, aber in ihrem Ausdrucksverhalten maskieren oder neutralisieren, läßt sich von außen nicht feststellen, denn Kinder sind bereits im Alter von drei bis vier Jahren offenbar schon so geschickt darin, sich zu verstellen, daß Erwachsene regelmäßig getäuscht werden (Lewis et al., 1989; Cole, 1986) (siehe Kapitel 3.2.2). Eine Studie, die das Erleben von Ärger nicht aus der Außensicht von mehr oder weniger vertrauten und einfühlsamen Erwachsenen schildert, sondern die Innensicht der Kinder erkundet, liegt bisher noch nicht vor. Eine Untersuchung, in der Kinder über ihr eigenes *Erleben* von Ärger Auskunft geben, steht also noch aus.

Wendet man sich in dieser Situation den Erwachsenen zu, dann ist die Befundlage weniger dürftig: Eine Reihe von Forschungsarbeiten, in denen diese ihr Ärgererleben beschreiben, liegt vor, allen voran die große Untersuchung von Averill (1982). In zwei seiner Arbeiten, einer Tagebuchstudie sowie einer Studie über das "intensivste Ärgererlebnis der letzten Woche", berichteten die 48 befragten Männer und Frauen in etwa über die gleiche Ärgerneigung: beide Geschlechter ärgerten sich in der Woche, in der sie Tagebuch führten, pro Tag im Mittel etwa dreimal ein wenig und etwa einmal richtig "herzlich". Meltzer (1933) kam in seiner Tagebuchstudie mit Collegestudenten ebenfalls zu dem Schluß, daß Männer und Frauen sich etwa gleich häufig ärgerten, wenn andere Personen der Anlaß ihres Zornes waren. Auffällig sind allerdings einige Unterschiede beim Erleben von Ärger. So berichteten Averills

(1982) Probandinnen signifikant häufiger, daß ihr Ärger in der letzten Woche "intensiver gewesen wäre, als es dem Anlaß angemessen gewesen wäre" (S. 290). Weber und Pionteks (1995) weibliche Versuchspersonen gaben signifikant häufiger an, daß sie weniger zufrieden mit ihrer (ärgerlichen) Reaktion auf eine hypothetische Provokation waren als ihre männlichen Probanden. Diese Befunde lassen vermuten, daß sich Männer und Frauen in der Bewertung ihres Ärgers unterscheiden. Wäre dies der Fall, so würde dies den Bericht über das eigene Ärgererleben färben, und zwar sowohl bei der Häufigkeit als auch bei der Qualität ihres Erlebens. Frauen, die ihren Ärger als stärker erleben, als es nach ihrer Meinung "nötig" ist, sollten in Hinblick auf die Häufigkeit ihres Ärgers eher vorsichtige Schätzungen abgeben. Sind sie dann doch einmal richtig "sauer", dann dürften sie sich verstärkt bemühen, die Intensität ihres Ärgers, etwa durch palliative Maßnahmen oder Umdeutungen, abzumildern oder die Legitimität ihres Ärgers in Zweifel zu ziehen. In der in Kapitel 5.3.3 berichteten Interviewstudie wird dieser Punkt weiter verfolgt. Eine weitere Geschlechtsdifferenz betrifft den Befund, daß Frauen häufiger weinen, wenn sie sich ärgern. Während dieser Unterschied in Scherer, Wallbott und Sommerfields (1986) kulturvergleichender Untersuchung vergleichsweise gering ist, ist er in Averills Studie (1982) über die intensivste Ärgererfahrung der letzten Woche stärker: 38% der Frauen berichteten, daß sie wenigstens "etwas" geweint hatten (Männer: 8%). Frauen sprachen auch häufiger mit einer schwachen oder gepreßten Stimme und berichteten insgesamt über größere Anspannung. Für die Feministinnen Crawford, Kippax, Onyx, Gault und Benton (1992) ist die Verbindung von Ärgererleben und Weinen der Ausgangspunkt für ihre Analyse von Kindheitserinnerungen. Diese Erinnerungen beziehen sich daher eher auf die Mischung von Gefühlen des Ärgers mit solchen der Enttäuschung, der Verletztheit, der Beschämung bzw. des "Mißverstanden-Werdens" als auf den "Ärger pur" (siehe auch Lerner, 1993). Daß Frauen - und wahrscheinlich Menschen im allgemeinen - in solchen Episoden dazu neigen, die Legitimität ihres eigenen Ärgererlebens in Frage zu stellen, liegt auf der Hand. Auch dieser Punkt wird in den in Kapitel 5.3.3 vorgestellten Interviews wieder aufgenommen. Insgesamt, so stellten Brody und Hall (1993) in einem Literaturüberblick fest, bestehen weniger geschlechtsspezifische Unterschiede beim Erleben als beim Ausdruck von Gefühlen. Gleichzeitig warnen diese Autorinnen jedoch vor einer einfachen Interpretation dieses Befundes, denn Selbstberichte über Gefühle werden sicherlich von Geschlechtsrollenstereotypen und der bei Frauen ausgeprägteren Tendenz zur Selbstenthüllung beeinflußt. Auch die Tendenz, im Sinne der sozialen Erwünschtheit zu antworten, müßte bei Selbstberichten des Ärgererlebens berücksichtigt werden.

5.1.3 Die Tagebuchstudie zum Erleben von Ärger bei Kindern

Das Ärgertagebuch

Um die Außensicht der Beobachtungsstudien der frühen Kindheit durch die Innensicht der Kinder zu ihrem Ärgererleben zu ergänzen, wurde eine Tagebuchuntersuchung durchgeführt. Diese Studie gibt Aufschluß über eine Frage, zu der die bisher noch keine Daten vorliegen, nämlich über Verbreitung und Verursachung des Ärgers unter Kindern.

Die 38 Schulkinder aus Studie 1 und ihre 78 Altersgenossen der Tagebuchstichprobe aus Studie 3 wurden gebeten, ein Ärgertagebuch (siehe Abbildung 5.1) auszufüllen, das auf ihre besondere Familiensituation zugeschnitten worden war. Ärger auf jedes ihrer Geschwister, die Mutter, den Vater, zwei gleichgeschlechtliche Freunde, einen gegengeschlechtlichen Freund, je einen männlichen und einen weiblichen Klassenkameraden bzw. außerschulischen "Peer" sowie auf Lehrkräfte und "sonstige Personen" konnte in dem Tagebuch notiert werden. Für jeden Tag war eine neue Seite vorgesehen, auf der die Kinder eintragen konnten, über wen sie sich heute geärgert hatten, wie "sauer" sie waren ("etwas", "mittel" oder "sehr") und wie deutlich sie dieser Person ihren Ärger gezeigt hatten ("gar nicht", "etwas" oder "deutlich"). Um sicherzustellen, daß sich die Kinder an den Tagen, an denen die Seiten leer waren, auch wirklich nicht geärgert hatten, wurde in der Hauptstudie mit Kindern (Studie 3) noch zusätzlich nach diesem Umstand gefragt. Um der Erinnerung über die jeweiligen Ärgererlebnisse auf die Sprünge zu helfen, wurden die Kinder gebeten, auf der Rückseite zwei oder drei Worte zu diesem Ereignis aufzuschreiben.

Wie häufig Kinder Ärger erleben

In beiden Untersuchungen füllten die Kinder das Ärgertagebuch im Durchschnitt etwa 8 Tage lang aus (Studie 1: MW = 7.8, Std. 2.0; Studie 3: MW = 7.8, Std. 2.3), und zwar mindestens zwei Tage und höchstens zehn Tage lang. Kinder, die das Tagebuch nur einen Tag lang ausgefüllt hatten, wurden aus der Tagebuchstichprobe ausgeschlossen. Die Anzahl der Personen, die die Kinder im Tagebuch als Verursacher ihres Ärgers markierten, war in beiden Studien nahezu identisch und lag im Mittel bei 8 Personen (Studie 1: MW = 8.05; Studie 3: MW = 8.48), natürlich mit erheblichen Schwankungen zwischen den einzelnen Kindern (Studie 1: 5 - 15, Studie 3: 4 - 25 verschiedene "Ärgerverursacher"). In der Zeit, in der sie das Tagebuch ausfüllten, waren die Kinder zwischen 0 und 14mal (Studie 1) bzw. 16mal (Studie 3) "sehr sauer" auf Personen aus ihrem sozialen Umfeld, im Durchschnitt etwa 3.6mal (Studie 1) bzw. 3.44mal (Studie 3). "Mittelstarker" und geringer Ärger kamen etwas seltener vor, im Durchschnitt 2.5mal bzw. 2.3mal während des Zeitraums der Untersuchung. Für manche Kinder gab es dabei Personen, die sie besonders häufig provozierten. In beiden Studien notierten etwa 18% der Kinder dreimal oder mehr, daß sie auf eine bestimmte Person "sehr sauer" gewesen seien. Da die Kinder sich darin unterschieden, wie lange sie Tagebuch geführt hatten, wurden die Ärgerhäufigkeiten in Hinblick auf diese Größe korrigiert. Dies geschah, indem die reinen Häufigkeiten der einzelnen Kategorien durch die Anzahl der ausgefüllten Tage geteilt wurde. Die Daten, die diesem Kapitel zugrunde liegen, sind damit die durchschnittlichen Häufigkeiten, mit der die Kinder pro Tag Ärger (bestimmter Intensität) erlebt und (in bestimmter Weise) ausgedrückt haben.

Abbildung 5.1: Das Ärgertagebuch für Kinder (Fassung für Mädchen)

Bitte das entsprechende Wort oder die entsprechende Zahl umkringeln

Heute ist:
Montag   Dienstag   Mittwoch   Donnerstag   Freitag   Sonnabend   Sonntag

Heute war ich auf niemand sauer   ◯

Heute war ich sauer auf	Ich war			Der Person, auf die ich sauer war, habe ich gezeigt, wie sauer ich war			Gezeigt habe ich es dieser Person		
	etwas sauer	mittel sauer	sehr sauer	gar nicht	etwas	deut-lich	sofort	später	nie
meinen Bruder	1	2	3	1	2	3	1	2	3
meinen Bruder	1	2	3	1	2	3	1	2	3
meine Schwester	1	2	3	1	2	3	1	2	3
meine Schwester	1	2	3	1	2	3	1	2	3
meine Mutter	1	2	3	1	2	3	1	2	3
meinen Vater	1	2	3	1	2	3	1	2	3
meine Freundin	1	2	3	1	2	3	1	2	3
meine Freundin	1	2	3	1	2	3	1	2	3
meine Freundin	1	2	3	1	2	3	1	2	3
meinen Freund	1	2	3	1	2	3	1	2	3
ein Mädchen aus meiner Klasse	1	2	3	1	2	3	1	2	3
einen Jungen aus meiner Klasse	1	2	3	1	2	3	1	2	3
meine(n) Klassen-lehrer(in)	1	2	3	1	2	3	1	2	3
jemand anders	1	2	3	1	2	3	1	2	3

Um zu prüfen, ob sich Mädchen und Jungen in Hinblick auf die Häufigkeit unterscheiden, mit der sie Ärger empfinden, wurden Kovarianzanalysen gerechnet, bei denen das Alter der Kinder (in Monaten) und ihre Antworten auf dem Fragebogen zur sozialen Erwünschtheit (Wieczerkowski et al., 1974) als Kovariaten vor Prüfung der Geschlechtsunterschiede statistisch kontrolliert wurden. Die Ergebnisse dieser Berechnungen aus Studie 3 sind in Tabelle 5.2 abgedruckt; entsprechende Kovarianzanalysen aus Studie 1 (wobei allerdings die soziale Erwünschtheit nicht kontrolliert werden konnte) befinden sich im Anhang (Tabelle A5.1).

Tabelle 5.2: **Kovarianzanalysen zur Häufigkeit des Ärgererlebens bei Mädchen und bei Jungen**

Ärgertagebuch	Jungen (N = 37) MW	Mädchen (N = 41) MW	Haupteffekt Geschlecht $F_{(1,75)}$	p
Anzahl Ärgerverursacher	9.43	7.78	6.27	.01
Anzahl ausgefüllte Tage	8.38	7.29	3.98	.05
gesamt "sauer"*	0.94	1.33	2.99	.09
"sehr sauer"	0.43	0.53	1.12	-
"mittel sauer"	0.29	0.41	1.98	-
"etwas sauer"	0.21	0.39	3.23	.07

* durchschnittliche Häufigkeit pro Tag
N.B. Alter und soziale Erwünschtheit auspartialisiert

Aus Tabelle 5.2 geht hervor, daß die Mädchen aus Studie 3 sich im Durchschnitt 1.33mal pro Tag ärgerten, während die Jungen dies nur 0.94mal taten (fast identisch in Studie 1, siehe Tabelle A.5.1 im Anhang). Die niedrigen F-Werte der Kovariate "Alter" in Studie 3 deuten darauf hin, daß das Alter der Kinder keine wichtige Rolle bei der Häufigkeit ihres Ärgererlebens spielte. Der obere Teil von Tabelle 5.2. weist darauf hin, daß die Jungen aus Studie 3 im Durchschnitt signifikant mehr Personen als Ärgerverursacher benannten. Daraus folgt, daß sich das Ärgererleben der Mädchen auf einen kleineren Kreis von Personen bezog und Ärger auf einzelne Personen demzufolge im Durchschnitt noch häufiger vorkam als bei den Jungen.

Glaubt man ihren Tagebüchern, dann erleben Mädchen in der Regel etwas häufiger Ärger als Jungen, aber der Unterschied ist gering. Dieses Ergebnis deckt sich mit den oben berichteten Befunden von Averill (1982) und anderen Tagebuchuntersuchungen bei Erwachsenen. Überdies macht es deutlich, daß Mädchen, die als Gruppe in dem Ruf stehen, besonders friedfertig zu sein, nicht unbedingt gelassener auf die alltäglichen Provokationen reagieren, sondern sich ebenso häufig, wenn nicht sogar noch etwas häufiger als Jungen, über ihre Mitmenschen ärgern. Methodisch sind diese Ergebnisse - wegen der nicht signifikanten Befunde von Studie 1 - in weiterer Studien zu überprüfen, auch in Hinblick darauf, ob Jungen und Mädchen ein unterschiedliches Skript der Emotion "Ärger" haben, also Ärger bei unterschiedlichen körperlichen Empfindungen bzw. Anlässen berichten (Russell & Fehr, 1994). Die bei Mädchen stärker ausgeprägte Neigung zur Selbstenthüllung wäre als Einflußfaktor in weiteren Untersuchungen ebenfalls zu überprüfen. Nimmt man diese Befunde jedoch "at face value", dann unterstreichen sie die Notwendigkeit, die verschiedenen Komponenten des Ärgers getrennt zu betrachten, also Erleben und Ausdruck auf jeden Fall separat zu analysieren. Weiterhin legen diese Ergebnisse nahe, daß die unterstellte "Sanftmütigkeit" der Mädchen nicht darauf zurückzuführen ist, daß sie Ärger besonders selten oder besonders milde erleben. Wahrscheinlicher ist vielmehr, daß dieses Stereotyp auf unterschiedlichen Strategien des Ausdrucks und der Regulierung von Ärger basiert. Diese Möglichkeit wird im nächsten Abschnitt geprüft.

5.2 Geschlechtsunterschiede bei Ausdruck und Regulierung von Ärger

Ganz im Sinne des eingangs erwähnten Stereotyps des rauhbeinigen Jungen werden deutlich mehr Jungen als Mädchen im Kindesalter wegen externalisierender Störungsbilder psychisch auffällig, die meist mit "aggressivem" Verhalten einhergehen (Seiffge-Krenke, 1986). Die Wissenschaft hat sich vor allem mit Geschlechtsunterschieden in Hinblick auf diese "Unterart" der Ärgerregulierung beschäftigt. Diese Unterschiede werden hier zunächst wiedergegeben, wobei die in Kapitel 4 formulierten Schwierigkeiten, überhaupt festzulegen, welches Verhalten denn als "aggressiv" zu verstehen ist, natürlich auch bei diesem Überblick zu bedenken sind.

5.2.1 Geschlechtsunterschiede beim "aggressiven" Verhalten

Über die Frage, ob und inwiefern sich das aggressive Verhalten von Jungen und Mädchen unterscheidet, liegen eine Reihe von Übersichtsartikeln vor, allen voran der klassische Überblick von Maccoby und Jacklin (1974) und die Metaanalyse von Hyde (1984), auf die hier etwas näher eingegangen wird. Hyde (1984) hat in ihrer

Metaanalyse 143 empirische Untersuchungen über aggressives Verhalten von überwiegend nordamerikanischen Kindern in Hinblick auf Geschlechtsunterschiede ausgewertet. Dabei hat sie nicht nur das Alter der Kinder und die Zusammensetzung der Stichprobe ("normale" vs. klinische Population) berücksichtigt, sondern auch die Art des aggressiven Verhaltens (körperlich, verbal, in der Phantasie, "rough-and-tumble play" etc.), das Design der Studie (Laborexperiment vs. Feldbeobachtung) sowie die Erhebungsmethode (Beobachtung, Selbstbericht, Eltern-, Lehrer- oder Peerbericht etc.) in Betracht gezogen. Eines ihrer Hauptergebnisse war, daß sich die Jungen über viele Studien hinweg "aggressiver" verhielten als die Mädchen. Dieser Geschlechtsunterschied war zwar stabil, aber nicht besonders ausgeprägt. Lediglich 5% der Varianz in den Untersuchungen wurde durch den Faktor "Geschlecht" aufgeklärt. Da die Mittelwerte von Jungen und Mädchen in der Regel nicht mehr als eine halbe Standardabweichung voneinander abwichen, ergaben sich deutliche Überlappungen zwischen den Geschlechtern. In der Mehrzahl der Studien war es in der Tat so, daß mehr Varianz innerhalb eines Geschlechts zu finden war als zwischen den Geschlechtern. Ein weiterer Befund war, daß die Geschlechtsunterschiede ausgeprägter waren, wenn die Kinder beobachtet wurden, und schwächer ausfielen, wenn Fragebögen (Selbstberichte) die Grundlage der Erhebung waren.

Insgesamt ist zu den von Hyde (1984) ausgewerteten Studien anzumerken, daß die Art des "aggressiven" Verhaltens, das erforscht wurde, sehr heterogen war, nämlich von der Bereitschaft, einer anderen Person einen Elektroschock zu versetzen, bis zu Antwortmustern in projektiven Tests reichte. Ob man diese so unterschiedlichen Verhaltensweisen miteinander vergleichen sollte, ist die Frage, zumal auch nicht in jedem Fall sichergestellt wurde, daß eine Schädigungsabsicht damit verbunden war. Vergleicht man die einzelnen Spielarten schädigenden Verhaltens, dann stellt sich heraus, daß beim körperlich aggressiven Verhalten, also beim Schubsen und Hauen, Raufen und Knuffen, Treten und Kneifen, die Jungen ganz eindeutig vorn lagen, auch wenn die körperliche Aggressivität bei beiden Geschlechtern über die Grundschuljahre zurückgeht (siehe Kapitel 4). Was die "verbalen" Formen aggressiven Verhaltens angeht, so ist die Befundlage weniger einheitlich. Zwar kamen acht der zehn von Hyde (1984) angeführten Untersuchungen mit Kindern zwischen sechs und zwölf Jahren zu dem Schluß, daß sich die Jungen auch in diesem Punkt hervortun (während zwei keine Geschlechtsunterschiede feststellen konnten), aber in einer jüngeren Untersuchung wurde beobachtet, daß Mädchen zwischen sechs und elf Jahren sowohl mehr Beleidigungen und Schimpfworte austeilen wie auch empfangen (Archer et al., 1988). Hier kommt es wohl vor allem darauf an, wie verbal aggressives Verhalten definiert wird und wie vertraut die erwachsenen Beobachter mit den Gepflogenheiten der Kinderwelt, wie Schmähritualen etc., sind.

In neueren Untersuchungen wurden elaboriertere Formen schädigenden Verhaltens erkundet, so etwa der soziale Ausschluß (Cairns et al., 1989; Petillon, 1993) und die Intrige durch Reputationsschädigung (Cairns et al., 1989; McCabe & Lipscomb, 1988; Crick & Grotpeter, 1995). Die Ergebnisse der angeführten Studien weisen darauf hin, daß Mädchen in diesen Spielarten aggressiven Verhaltens möglicherweise die Jungen übertreffen, vor allem ab der Präadoleszenz (Crick & Grotpeter, 1995). Mädchen sind in der Regel stärker als Jungen an der Frontbildung gegen einzelne beteiligt, und zwar sowohl als Ausschließende (Cairns et al., 1989) als auch als

Ausgeschlossene (Petillon, 1993). Auch Intrigen durch "backbiting", also durch die Weitergabe unvorteilhafter Tatsachen, sind eher Sache der Mädchen, besonders in der siebten Jahrgangsstufe (McCabe & Lipscomb, 1988). Diese Befunde sind vorläufig, weil sie bisher nicht häufig genug repliziert wurden. Gleichwohl weisen sie darauf hin, wie sinnvoll es ist, den Begriff des "aggressiven Verhaltens" - will man ihn denn beibehalten - zu erweitern, und zwar genau um jene Varianten, die zwar schwieriger zu beobachten sind, auf ihre "Opfer" aber nicht weniger niederschmetternd wirken dürften.

5.2.2 Geschlechtsunterschiede bei Ausdruck und Regulierung von Ärger

Säuglinge und Kleinkinder

Da der Ausdruck von Emotionen in interpersonale Beziehungen eingebettet ist (v. Salisch, 1999b; Bänninger-Huber & v. Salisch, 1994), wird er schon von früh an durch das Verhalten von anderen beeinflußt. Wie in Kapitel 2.1 beschrieben, geschieht dies unter anderem durch die Spiele, die Eltern mit ihren Säuglingen spielen, denn bei diesen beidseitigen Vergnügungen ist das emotionale Ausdrucksverhalten sowohl Inhalt als auch Vehikel der Kommunikation zwischen dem Erwachsenen und dem Kind. Die in diesen Spielen angesprochene "Selbst-Affektivität" ist nach Stern (1992) einer der Grundpfeiler für die Entwicklung des Kern-Selbst. Differentielle Effekte entstehen durch die Art, wie die Erwachsenen dem Kind bei diesen Spielen helfen, seine eigenen Gefühle zu regulieren. Die Regulierungsbemühungen können sich dabei sowohl auf die Intensität als auch auf die Art des kindlichen Gefühls beziehen: die Intensität kann im Sinne einer Feedback-Spirale immer weiter "hochgeschaukelt" werden; die Art des Gefühls kann durch die differentielle Verstärkung bzw. Löschung (z.B. durch Ignorieren) im Sinne der operanten Konditionierung beeinflußt werden. Gefühlsintensitäten, die von den Bezugspersonen durchgängig nicht toleriert werden, oder Gefühlsqualitäten, die von diesen nie aufgegriffen werden, würden nach Stern (1992) möglicherweise vom Säugling nicht als Teil seines Kern-Selbst erlebt. Dies hätte enorme Auswirkungen auf die weitere Persönlichkeitsentwicklung des Kindes.

Die empirische Überprüfung dieser Überlegungen steckt noch in den Anfängen. Einige Hinweise lassen sich allerdings der Studie von Malatesta und Haviland (1982) entnehmen, hatte sie doch genau die eben beschriebenen emotionsgeladenen Spielinteraktionen zwischen Müttern und ihren drei und sechs Monate alten Säuglingen zum Inhalt. Sechs Minuten Spiel und eine kurze Trennung wurden auf Video aufgenommen. Die Videobänder wurden dann nicht nur in Hinblick auf die Häufigkeiten der emotionalen Ausdrucksmuster von Mutter und Kind ausgewertet, sondern auch auf deren Bezogenheit. Jungen und Mädchen unterschieden sich mit durchschnittlich 6.0 bzw. 7.7 "Ärgergesichtern" in der Spielepisode nicht signifikant voneinander, wohl aber die in Sequenzanalysen ermittelten Reaktionen der Mütter auf die "saure Miene" ihres Kindes. Während die Mütter von männlichen Säuglingen signifikant häufiger als angesichts ihrer "Baseline" zu erwarten gewesen wäre mit gefurchten Brauen auf das ärgerliche Gesicht ihres Sohnes reagierten, zeigten Mütter von Töchtern neben den zusammengezogenen Augenbrauen überzufällig häufig auch selbst ein Ärgergesicht. Das heißt: während die Mütter die ärgerliche Miene ihrer kleinen Söhne mit Besorgnis quittierten, mischte sich bei ihren Töchtern die Sorge mit eigenem Ärger. Unklar ist bei diesem Ergebnis allerdings, ob sich die ärgerliche Miene der Mutter auf die Tochter bezog oder ob sie von der Tochter übernommen worden war und ob dieser Gefühlsausdruck insgesamt eher spielerische Qualitäten hatte. Auch wenn zu diesen Kontextmerkmalen, die den Ausdruck des Ärgers in wichtiger Weise qualifizieren, keine Angaben vorliegen, so ist diese Studie doch als Hinweis darauf zu werten, daß der Ausdruck von Ärger für die Jungen unkomplizierter zu sein scheint als für die Mädchen. Denn die Mädchen müssen damit rechnen, daß ihr Ärgergesicht von der Mutter mit der gleichen Miene beantwortet wird. Für die kleinen Jungen scheint dagegen der Ausdruck von Schmerz besonders problematisch zu sein; dieser wurde von ihren Müttern in 95% der Fälle nämlich einfach ignoriert.

Lerner (1993) postulierte auf der Grundlage neopsychoanalytischer Überlegungen ähnlich wie Chodorow (1978), daß Mädchen im Ausdruck ihres Ärgers insgesamt gehemmter seien, weil sich Loslösung und Individuierung (im Sinne von Mahler, Pine & Bergman, 1978) im Rahmen ihrer Beziehung zur Mutter für sie besonders schwierig gestalten. Problematisch erscheint die Loslösung der kleinen Mädchen deshalb, weil die Mutter die durch den Ärger ausgedrückte Abgrenzung der Tochter als Zurückweisung erlebt, als Aufkündigung der wechselseitigen Identifikation. Wendet sich die Tochter zugleich dem Vater zu, dann dürfte sich die Mutter außerdem ausgeschlossen fühlen und vielleicht sogar Neid (bzw. Rivalität) gegenüber der Tochter verspüren. Ihren Söhnen, so Lerner (1993) weiter, können die Mütter Abgrenzungsversuche leichter zugestehen: zwar schätzen sie auch deren emotionale Nähe, aber letztlich haben sie den Wunsch, daß ihre kleinen Jungen "anders" als sie, eben "männlich", werden. Dies trifft sich möglicherweise mit entsprechenden Bemühungen der Jungen (Chodorow, 1978), die schon recht früh, nämlich ab etwa 15 Monaten, beginnen, eine Identität auszubilden, die das Geschlecht als eine der zentralen Kategorien ihres Selbst enthält (Lewis & Brooks-Gunn, 1979).

Eine partielle Bestätigung dieser theoretischen Überlegungen bietet die Untersuchung von Robinson, Little und Biringen (1993), die das emotionale Ausdrucksverhalten von Müttern und ihren Kindern von 18 und 24 Monaten beim Spiel mit Puppenhaus und Knetmasse im Längsschnitt untersuchten. Ein Ergebnis dieser Studie war, daß sich Mädchen stärker als Jungen darum bemühten, den gleichen (positiven oder negativen) Gefühlszustand wie ihre Mütter zu erreichen. Mädchen, denen es mit 18 Monaten häufiger gelang, den vom Gesicht ablesbaren Gefühlszustand ihrer Mutter zu übernehmen, wiesen auch mit 24 Monaten mehr gemeinsame Gefühlszustände mit ihr auf. Die hier angedeutete Grenzverwischung, die sich möglicherweise schon an Malatesta und Havilands (1982) Befund über die gemeinsamen Ärgerausdrücke festmachen läßt, könnte es für Mädchen schwieriger machen, ihre Ansprüche gegenüber der Mutter zu formulieren bzw. sie durch den Ausdruck von Ärger und Wut zu unterstreichen. Dennoch - und auch darauf weisen Robinson et al. (1993) hin - bestehen ausgeprägte Unterschiede innerhalb der Mädchengruppe, bedingt etwa durch die unterschiedliche Sensitivität bzw. Kontrollneigung der Mütter. Hinzuzufügen wäre, daß neben dem Geschlecht sicher auch Faktoren, die mit der mütterlichen Responsivität verwandt sind, wie etwa die Qualität der Mutter-Kind-Bindung (Malatesta et al., 1989), sowie die familienspezifische Toleranz für den Ausdruck negativer Gefühle (familiäre Expressivität) bei der Sozialisation der Ärgerregulierung eine wichtige Rolle spielen (Burrow & Halberstadt, 1987).

Familienbeobachtungen von Judy Dunn über Kinder der gleichen Altersgruppe belegen, daß Mütter mit ihren 18-monatigen Töchtern häufiger über (deren) Gefühle und andere innere Zustände reden als mit ihren altersgleichen Söhnen. Die Mädchen sprechen dann mit 24 Monaten ihrerseits häufiger Befindlichkeiten an als ihre männlichen Altersgenossen (Dunn, Bretherton & Munn, 1987). Diese Ergebnisse sind vor dem Hintergrund zu verstehen, daß Mütter insgesamt häufiger mit ihren Töchtern sprechen und dies auch öfter in unterstützender Weise tun als mit ihren Söhnen (Leaper, Anderson & Sanders, 1998). Wie die in Kapitel 2 und 3 zusammengefaßten Untersuchungen der Arbeitsgruppe um Judy Dunn zeigen, geben diese frühkindlichen Gespräche über Gefühle Mädchen mit etwas über drei Jahren einen Vorteil, wenn es um die Fähigkeit geht, die Perspektive einer Puppe in einer emotionsauslösenden Situation zu übernehmen (Dunn, Brown & Beardsall, 1991) und mit etwa sechs Jahren ambivalente Gefühle bei anderen zu verstehen (Brown & Dunn, 1996). Auch bei der Art, wie Eltern mit ihren Sprößlingen über Ärger (und andere Gefühle) sprechen, tun sich interessante Geschlechtsunterschiede auf. Bretherton (1993) berichtet, daß Eltern mit ihren 30 bis 36 Monate alten Söhnen häufiger über Ärger redeten als mit ihren Töchtern gleichen Alters. Mit den Söhnen kreisten die Unterhaltungen eher um die Frage der Angemessenheit des Ärgers (Bretherton, 1993) und um Möglichkeiten der Vergeltung (Fivush, 1993). Sprachen die Eltern dagegen mit ihren Töchtern, dann betonten sie eher die Folgen des Ärgerausdrucks für deren soziale Beziehungen (Bretherton, 1993). Ein Beispiel mag den Sprengstoff, der sich in solchen Gefühlsdiskussionen verbergen kann, verdeutlichen: Von dem Ärger des Mädchens, daß ihre Schwester ihre Malstifte weggenommen hatte, bestätigte die Mutter lediglich, daß ihr verbaler Protest dagegen richtig gewesen sei. Danach ging sie sofort dazu über zu betonen, daß sie doch eigentlich ihre Schwester sehr gern hätte (Fivush, 1993, S. 60).

Vorschulkinder

Die ausgeprägtere Neigung von Mädchen, ihren Ärger auf verbalem Wege kundzutun, setzte sich auch im Kindergarten fort. Fabes und Eisenberg (1992) und Eisenberg, Fabes, Nyman, Bernzweig und Pinuelas (1994) stellten bei Beobachtungen von zwei Stichproben von Vorschulkindern zwischen etwa vier und sechs Jahren fest, daß Mädchen ihren erkennbaren Ärger eher durch Worte regulierten, d.h. sie wiesen ihren Widersacher eher verbal zurück oder leisteten "aktiven Widerstand", indem sie den Streitgegenstand auf nicht-aggressive Weise zurückforderten. Altersgleiche Jungen dagegen neigten dazu, ihren Ärger "raushängen" zu lassen, indem sie einen Wutausbruch inszenierten oder sich demonstrativ schmollend in eine Ecke verzogen. Auch wurde beobachtet, daß die Jungen eher körperliche Mittel der Auseinandersetzung einsetzten. Daß Jungen ihren Protest häufiger lautstark äußern als Mädchen, deckt sich mit dem schon erwähnten Befund von Goodenough (1931), daß Mütter bei ihren Söhnen zwischen zweieinhalb und fünf Jahren etwa doppelt so häufig Wutanfälle notierten wie bei ihren Töchtern.

Geschlechtsunterschiede traten regelmäßig auch dann auf, wenn Kinder in Saarnis (1984) Laborparadigma dabei beobachtet wurden, wie sie ihre Enttäuschung über ein unattraktives Geschenk vor der Versuchsleiterin verbargen. Ab dem Alter von drei bis vier Jahren zeigte sich übereinstimmend in zwei Untersuchungen, daß Mädchen in dieser Situation eher als Jungen dazu neigten, ihre Enttäuschung zu verbergen, Das taten sie meistens, indem sie sie durch ein Lächeln maskierten (Cole, 1986), vor allem in Gegenwart der Versuchsleiterin (Josephs, 1993). Dieser Geschlechtsunterschied setzte sich bei Kindern im Grundschulalter fort. Die elfjährigen Mädchen lächelten besonders breit, als sie sich für das völlig altersunangemessene Geschenk bedankten (Saarni, 1984). Dieser Geschlechtsunterschied mag daher rühren, daß Mädchen besser in der Lage sind, die Darbietungsregel des Verbergens der Enttäuschung zu erkennen, die in dem Paradigma nur implizit enthalten ist. Denn wenn das Verbergen der Enttäuschung dadurch hervorgehoben wurde, daß es in ein Maskierungs-Spiel eingebunden wurde, dann zeigten alle Kinder weniger negative Ausdrucksbewegungen als in dem Original-Enttäuschungsparadigma, in dem die Darbietungsregel für das Verbergen von den Kindern erst erschlossen werden mußte (Davis, 1995). Doch dies kann nicht die ganze Geschichte sein. Denn in dem durch Eigeninteresse motivierten Spiel gelang es Mädchen ebenfalls besser als altersgleichen Jungen, den Ausdruck ihrer Enttäuschung zu verbergen. Dieses Ergebnis interpretiert Davis (1995) mit dem Hinweis darauf, daß Mädchen in dieser Hinsicht geübter sind. Bei ihren Bemühungen um ein sozial verträgliches Ausdrucksverhalten schießen präadoleszente Mädchen manchmal allerdings auch über ihr Ziel hinaus. Während es zwölf- bis vierzehnjährigen Jungen in einer anderen Täuschungssituation recht gut gelang, Beurteiler davon zu überzeugen, daß sie negative Gefühle durch ein neutrales ("Pokergesicht") Gesicht verbergen können, wurde das Ausdrucksverhalten der Mädchen in der gleichen Situation signifikant häufiger als "zu positiv" eingeschätzt (Shennum & Bugenthal, 1982).

Was das Wissen angeht, das Kinder über die Notwendigkeit der Ausdrucksregulierung haben, so lassen sich im allgemeinen keine Geschlechtsunterschiede feststellen, weder bei Vorschulkindern (zusammenfassend Josephs, 1993) noch bei Schulkindern (Saarni, 1979; Gnepp & Hess, 1986; Harris, Donelly, Guz & Pitt-Watson, 1986). Nur Joshi und MacLean (1994), die das Experiment von Harris und Mitarbeitern (1986) in Indien wiederholten, stellten fest, daß die indischen Mädchen im Vorschulalter besonders gut in der Lage waren, den Unterschied zwischen wirklichen und vorgetäuschten Gefühlen in hypothetischen Geschichten zu benennen - vor allem wenn die Schilderungen darum kreisten, negative Gefühle wie Enttäuschung, Ekel oder Schmerz vor Erwachsenen zu verbergen. Die Autorinnen diskutieren diesen Geschlechtsunterschied mit Hinweis auf kulturelle Regeln, die den Respekt vor Erwachsenen nahelegen - besonders für kleine Mädchen. Neben der Vermeidung von (körperlicher) Bestrafung wurden Regeln dieser Art auch von den indischen Mädchen am häufigsten genannt, wenn sie nach den Gründen für die Verstellung des Ausdrucksverhaltens gefragt wurden. Mädchen im Grundschulalter aus den USA argumentierten dagegen signifikant häufiger, daß sie die Beziehung erhalten oder Konflikte vermeiden wollten (Saarni, 1991). Welche Motive Mädchen und Jungen dazu bewegen, ihren Ärgerausdruck vor dem Verursacher zu verbergen, wird in Kapitel 5.3 weiter verfolgt.

Schulkinder

Wurden Schulkinder nach der Regulierung ihres Ausdrucksverhaltens in gefühls-erregenden Situationen hypothetischer Natur gefragt, dann waren die Ergebnisse uneinheitlich. Während Harris, Olthof und Meerum Terwogt (1981) keine Geschlechtsunterschiede in Hinblick auf das Wissen über Strategien zur Regulierung von Ärger und Angst feststellen konnten und auch Zeman und Garber (1996) keine Differenzen bei der Verstellung des Ausdrucksverhaltens gegenüber verschiedenen Zuschauern berichteten, kam eine Untersuchung von Nancy Whitesell zu deutlich anderen Schlußfolgerungen. Whitesell, Robinson und Harter (1993) führten eine Studie mit 251 Präadoleszenten zwischen 11 und 15 Jahren durch, die sich nach eigenen Angaben stark oder "mittelmäßig" ärgern würden, wenn (1) ein gleichal-triges Kind sie schlagen bzw. (2) ein Freund oder eine Freundin ein nachteiliges Gerücht über sie verbreiten würde. Auf die Frage, was sie in diesen Situationen tun würden, berichteten die Jungen häufiger, daß sie ihren Ärger deutlich ausdrücken und entweder diese Person oder jemand anders hauen oder anschreien würden. Diese "offensive" Strategie hielten sie für besonders wirkungsvoll. Mädchen gaben dagegen eher an, daß sie mit dem Verursacher ihres Ärgers oder mit anderen Kindern über den Vorfall "reden" bzw. ihn für sich noch einmal überdenken würden. Eine weitere bei Mädchen beliebte Strategie bestand darin, einfach wegzugehen oder sich mit anderen Dingen abzulenken. Diese beiden Möglichkeiten wurden von den Mädchen als besonders effektiv angesehen. Diese Geschlechtsunterschiede sind nicht darauf zurückzuführen, daß die Jungen intensiveren Ärger empfanden als die Mädchen: beide Geschlechter berichteten in etwa gleiche Ärgerintensitäten. Diese geschlechts-spezifischen Unterschiede bei der "Bewältigung" von Ärger wurden in einer ähnlich angelegten Untersuchung von Whitesell und Harter (1996) allerdings nicht repliziert. Auch die in Kapitel 4.4 beschriebenen Befunde von Underwood et al. (1992) laufen diesen einfachen Geschlechtsdifferenzen entgegen.

5.2.3 Die Tagebuchstudie zum Ärgerausdruck

Die in den beiden vorangegangenen Abschnitten zusammengefaßten Befunde deuten darauf hin, daß Geschlechtsunterschiede beim Ausdruck von Ärger bestehen. Insbesondere die Aggressionsliteratur legt nahe, daß Jungen dazu neigen, ihren Ärger im Ausdruck deutlicher zu zeigen als Mädchen, auch wenn in den meisten Studien nicht geprüft wurde, ob die Kinder tatsächlich Ärger empfanden, als sie das gemes-sene "aggressive" Verhalten an den Tag legten (Hyde, 1984). Die mehrfach repli-zierten Ergebnisse aus Saarnis Enttäuschungsparadigma (Cole, 1986; Josephs, 1993; Saarni, 1984; Davis, 1995) weisen darauf hin, daß Mädchen die Tendenz haben, ihre Enttäuschung in ihrem Ausdrucksverhalten gegenüber der erwachsenen Versuchsleiterin zu verbergen, und zwar schon von früh an. Goodenoughs (1931) und Fabes und Eisenbergs (1992) Beobachtungen gehen ebenso wie Whitesell et al.'s (1993) Selbstauskünfte in dieselbe Richtung, nämlich daß Mädchen mehr zur Maskierung ihres Ärgerausdrucks neigen als Jungen. Um zu prüfen, ob die Neigung der Jungen, ihren Ärger besonders deutlich zu zeigen, und die Tendenz der Mädchen, ihren Ärger im Ausdruck zu verkleinern oder ganz zu verbergen, auch in dieser Stichprobe gelten, wurde den 38 Grundschulkindern aus Studie 1 und ihren 78 Altersgenossen des Tagebuchsamples aus Studie 3 das Ärgertagebuch vorgelegt. Darin wurden sie auch nach der Art und Weise gefragt, wie sie ihren Ärger gegenüber der Person, die ihn verursacht hatte, ausgedrückt hatten. Vorgegeben war, daß man seinen Ärger dem Verursacher "gar nicht", "etwas" oder "deutlich" zeigen konnte. Damit ist es möglich, für jedes Erlebnis die Stärke des Ärgerempfindens mit der Deutlichkeit seines Ausdrucks in Beziehung zu setzen.

Geschlechtsunterschiede beim Ärgerausdruck im Tagebuch

Die Ergebnisse der Tagebuchstudie bestätigen weitgehend, daß Empfinden und Ausdruck von Ärger eng zusammenhängen: je intensiver ein Kind seinen Ärger erlebte, desto eher neigte es dazu, ihn deutlich auszudrücken. Die Korrelationen zwischen den drei Intensitätsstufen des Erlebens und des Ausdrucks lagen zwischen r (78) = .65 und r (78) = .81 (Studie 3). Dennoch gibt es einige Hinweise, daß die Kinder ihren Ärger nicht immer in seiner ganzen Intensität durchscheinen ließen, auch wenn sie innerlich kochten. Während der Woche des Tagebuchausfüllens waren nämlich 40 % der Kinder (Studie 1) bzw. 25 % der Kinder (Studie 3) mindestens einmal "sehr sauer", haben dem Verursacher aber nichts davon gesagt oder gezeigt. Die Neigung, Ärger einfach herunterzuschlucken, war weit verbreitet: über zwei Drittel der Mädchen und Jungen äußerten ihren Ärger mindestens einmal weniger deutlich, als sie ihn empfanden. Den empfundenen Ärger im Ausdrucksverhalten zu "vergrößern", trat dagegen vergleichsweise selten auf: Daß die Kinder nur "etwas sauer" waren, ihren Ärger aber "deutlich" äußerten, kam lediglich bei 7% (Studie 1) bzw. 15% (Studie 3) der Kinder mindestens einmal in den Tagebuchaufzeichnungen vor.

Um herauszufinden, ob sich Mädchen und Jungen in Hinblick auf die Deutlichkeit unterscheiden, mit der sie ihren Ärger zeigten, wurden Kovarianzanalysen gerechnet, bei denen das Alter der Kinder und ihre Neigung, sozial erwünschte Antworten zu geben, vor Berechnung der Geschlechtsunterschiede auspartialisiert wurden. Die Ergebnisse dieser Analysen für Studie 3 sind in Tabelle 5.3 abgedruckt. Entsprechende Auswertungen aus Studie 1 (allerdings ohne Berücksichtigung der sozialen Erwünschtheit) sind im Anhang (Tabelle A.5.2) zu finden.

Aus Tabelle 5.3 geht hervor, daß die Mädchen eher als die Jungen dazu neigten, ihren Ärger gegenüber der Freundin "gar nicht" oder nur "etwas" zu Gehör zu bringen. Im Trend tendierten die Mädchen weiterhin dazu, ihren Ärger im Ausdruck zu "verkleinern", der Freundin gegenüber also weniger von ihrem Ärger durchscheinen zu lassen, als sie innerlich empfanden. Die im Anhang ausgedrückten Mittelwerte für die Jungen und Mädchen aus Studie 1 gehen ebenfalls in Richtung Verkleinerung des Ärgers, wurden aber nicht signifikant (siehe Anhang, Tabelle A.5.2).

Rechnet man den Geschlechtsvergleich nicht über die absoluten Häufigkeiten der einzelnen Ausdrucksmöglichkeiten, sondern über ihre Prozentanteile, dann stellt sich heraus, daß Mädchen im Durchschnitt bei 26% ihrer Ärgerepisoden dem Verursacher ihr Gefühl nicht zeigten, während die Jungen dies nur bei 18% ihrer Ärgererlebnisse taten. Dieser Geschlechtsunterschied ist als Trend signifikant (p < .10). Entgegen der Vorhersage waren die Mädchen nach ihren Aufzeichnungen eher als die Jungen dazu bereit, ihren Ärger in der Freundschaft intensiver zu äußern, als sie ihn innerlich empfanden, aber dies ist nur ein Trend, der in Studie 1 auch nicht bestätigt wurde.

Tabelle 5.3: Kovarianzanalysen zur Deutlichkeit des Ärgerausdrucks bei Mädchen und bei Jungen

Ärgertagebuch	Jungen (N = 37) MW	Mädchen (N = 41) MW	Haupteffekt Geschlecht $F_{(1,75)}$	p
Ärger etwas zeigen*	0.40	0.55	3.5	.07
Ärger nicht zeigen	0.16	0.35	4.4	.04
Ärger verkleinern	0.18	0.27	3.0	.09
Ärger deutlich zeigen	0.34	0.43	0.9	-
Ärger vergrößern	0.15	0.24	3.6	.06

*durchschnittliche Häufigkeit pro Tag
N.B. Alter und soziale Erwünschtheit auspartialisiert

Diskussion der Geschlechtsunterschiede zum Ärgerausdruck im Tagebuch

Nach der Tagebuchstudie neigen Mädchen eher als Jungen dazu, ihr Ärgerempfinden vor den Augen und Ohren der Freundin völlig zu verbergen oder es nur in abgemilderter Form zu ihr durchdringen zu lassen. Für die Annahme, daß sich diese Geschlechtsunterschiede im Ausdrucksverhalten nicht auf Unterschiede in der Stärke des Ärgererlebens zurückführen lassen, sprechen sowohl die in Kapitel 5.1.3 vorgestellten Gruppenvergleiche, nach denen Mädchen im Mittel etwas häufiger Ärger empfinden als Jungen, als auch das in diesem Abschnitt beschriebene Ergebnis, daß Mädchen dazu neigen, ihren Ärger im Ausdruck zu verkleinern (weil diese Variable die Stärke des Empfindens einbezieht). Die im Tagebuch dokumentierten Bemühungen der Kinder um Verbergen und Verkleinerung des Ärgerausdrucks gehen mit den mehrfach replizierten Befunden aus Saarnis Enttäuschungsparadigma konform, daß Mädchen dazu neigen, ihren Ärger oder ihre Enttäuschung über das unattraktive Geschenk gegenüber der Versuchsleiterin zu maskieren oder zu überspielen. Auch Averills (1982) Ergebnis, daß Frauen eher als Männer annehmen, daß ihr Ärgererleben intensiver war, als es dem Anlaß angemessen war, würde dafür sprechen, daß weibliche Versuchspersonen dazu neigen, ihren Ärger im Ausdruck zu verkleinern.

Nicht bestätigt wurde dagegen die Erwartung, daß Jungen ihren Ärger deutlicher zeigen als Mädchen. Den Tagebuchaufzeichnungen zufolge drückten beide Geschlechter ihren Ärger in etwa gleich häufig deutlich aus. Daß die Mädchen nach eigenen Angaben etwas häufiger ihren Ärger im Ausdrucksverhalten vergrößerten, steht zunächst einmal im Widerspruch zu dem eben diskutierten Ergebnis, daß Mädchen dazu neigen, ihren Ärger im Ausdruck zu verkleinern. Methodisch steht es auf schwachen Füßen, weil es durch die Mittelwerte von Studie 1 nicht bestätigt wurde. Post hoc läßt es sich nur mit dem Hinweis auf eine stärkere Neigung zum strategischen Einsatz des Ärgerausdrucks bei Mädchen erklären. Vielleicht sind die Mädchen einfach flexibler darin, ihren Ärger zu regulieren, und zwar in beiderlei Richtung, sowohl "nach unten", indem sie ihn im Ausdruck abschwächen, als auch "nach oben", indem sie ihn im Ausdruck verstärken. Denn die Ergebnisse von Underwood et al. (1992) legen nahe, daß Mädchen am Ende der Grundschulzeit möglicherweise weniger Hemmungen haben, ihren Ärger auf Peers deutlich auszudrücken, weil sie vor ihren Mitschülern weniger "cool" erscheinen müssen als Jungen gleichen Alters. Außerdem kommt es darauf an, wem gegenüber der Ärger im Ausdruck verstärkt wurde. Weitergehende Analysen zu Anlässen und Beziehungspartnern, denen gegenüber Mädchen ihren Ärger bevorzugt vergrößern, dürften weitere Erklärungen für diese Diskrepanz liefern.

Aus methodischer Sicht ist einschränkend zu bemerken, daß in den Tagebuchauswertungen Empfinden und Ausdruck von Ärger gegenüber verschiedenen Personen aus dem sozialen Umfeld des Kindes zusammengefaßt wurden. Geht man von personenspezifischen Darbietungsregeln (Ekman, 1972/1988) aus, so wäre zu vermuten, daß sich der Ärgerausdruck gegenüber verschiedenen Personen oder Personengruppen, so etwa gegenüber Erwachsenen vs. Kindern, gegenüber Eltern vs. Geschwistern und gegenüber Geschwistern vs. Freunden, in systematischer Weise unterscheidet (Callondann, 1995; v. Salisch, 1996). Hierbei wäre anzunehmen, daß die Deutlichkeit des Ärgerausdrucks sowohl mit der "Macht" des Verursachers als auch mit der Intimität der Beziehung zusammenhängt (Saarni, 1991). Gerade Jungen, die in den Grundschuljahren in einer festgefügten Hierarchie mit anderen Jungen leben, dürften wenig Neigung verspüren, ihren Ärger gegenüber körperlich überlegenen Geschlechtsgenossen allzu deutlich zu äußern.

5.2.4 Die Fragebogenstudie zur Ärgerregulierung

Die Ergebnisse der Tagebuchstudie und die Befunde des Enttäuschungsparadigmas legen nahe, daß Mädchen dazu neigen, ihren Ärger im Ausdruck zu verbergen. Als nächstes ist nun zu klären, welche Strategien Mädchen vorzugsweise benutzen, um die Verkleinerung ihres Ärgerausdrucks zu erreichen. Denkbar wäre zum Beispiel, daß Mädchen das Verbergen ihres Ärgers bewerkstelligen, indem sie Rachepläne schmieden, sich ablenken oder sich selbst Vorwürfe über die Unangemessenheit ihres Empfindens machen. Ob Mädchen diese drei intrapsychischen Strategien des KÄRST (siehe Tabelle 4.1), die den Ärger im Ausdruck verkleinern, bevorzugt einsetzen, soll daher in einer Fragebogenstudie geprüft werden. Da der KÄRST "aggressives" Verhalten in verschiedenen Varianten abfragt, ist es in der Fragebogenstudie weiterhin möglich, die Erwartungen zu überprüfen, die sich aus der Aggressionsliteratur ergeben. Nach der Metaanalyse von Hyde (1984) ist anzunehmen, daß Jungen mehr (körperlich) aggressives Verhalten an den Tag legen als Mädchen. Eher tentativ, weil nicht oft repliziert, ist daher die Vorhersage, daß Mädchen mehr als Jungen dazu neigen, gegen Kinder, die sie geärgert haben, Intrigen zu spinnen. Diese beiden Punkte sollen im folgenden ebenfalls geprüft werden.

122 Kinder des Schulsamples aus Studie 3, genauer gesagt 62 Jungen und 60 Mädchen, füllten den KÄRST aus. Um die Unterschiede zwischen Jungen und Mädchen in Hinblick auf die Strategien zu untersuchen, die sie anwenden, wenn sie sich über einen (gleichgeschlechtlichen) Freund ärgern, wurden Kovarianzanalysen gerechnet, bei denen das Alter der Kinder und ihre Neigung, sozial erwünscht zu antworten, vor Untersuchung des Geschlechtsunterschiedes statistisch entfernt wurden. Die Analyse auf der Ebene der vier psychometrisch abgesicherten Faktoren der Ärgerregulierung (v. Salisch & Pfeiffer, 1998, siehe Kapitel 4.7) ist in Tabelle 5.4 enthalten.

Die in Tabelle 5.4 abgebildete Auswertung auf der Ebene der Faktoren der Ärgerregulierung ergibt einen signifikanten Effekt für den Faktor 1 "Konfrontieren und Schädigen". Die Betrachtung der Mittelwerte verdeutlicht, daß Jungen signifikant häufiger als Mädchen angaben, bei Ärger auf ihren Freund diesen körperlich oder verbal zu konfrontieren bzw. ihn durch Intrigen oder Rachegedanken zu schädigen. Dieses Ergebnis war für beide Meßzeitpunkte des Ärgerfragebogens hochsignifikant, selbst wenn das Alter und die soziale Erwünschtheit kontrolliert wurden. Außerdem neigten die Jungen nach eigenen Angaben eher als die Mädchen dazu, ihren Ärger durch Essen oder Trinken abzubauen. In Hinblick auf die drei anderen Faktoren und das Einzelitem "abwertende Gedanken" unterschieden sich die Geschlechter nicht signifikant.

Tabelle 5.4: **Geschlechtsunterschiede bei der Ärgerregulierung auf der Ebene der Faktoren des KÄRST**

KÄRST - Faktoren	Jungen (N = 62) MW	Mädchen (N = 60) MW	Haupteffekt Geschlecht $F_{(1,120)}$	p
Konfrontieren und schädigen	1.23	0.70	19.31	.000
Sich distanzieren	1.52	1.68	1.70	-
Erklären u. sich zurücknehmen	1.40	1.53	1.42	-
Humor	1.21	1.06	0.98	-
KÄRST - Einzelitems Essen und Trinken	0.89	0.48	5.41	.02
Abwertende Gedanken	1.35	1.29	0.14	-

N.B. Nur 1. Mzp., Alter und soziale Erwünschtheit wurden in ANCOVAs auspartialisiert

Um die Geschlechtsunterschiede beim selbstberichteten "Konfrontieren und Schädigen" weiter aufzuschlüsseln, wurden explorative Kovarianzanalysen über die einzelnen Strategien gerechnet, die in diesem Faktor zusammengefaßt sind. Die entsprechenden ANCOVAs sind in Tabelle 5.5 dargestellt.

Tabelle 5.5: **Geschlechtsunterschiede bei der Ärgerregulierung auf der Ebene konfrontierender und schädigender Strategien**

KÄRST- Strategien	Jungen (N = 62) MW	Mädchen (N = 60) MW	Haupteffekt Geschlecht $F_{(1,120)}$	p
Konfrontierendes Verhalten	1.42	0.85	22.77	.00
Intrige	0.99	52	9.68	.00
Rachegedanken	1.22	0.75	8.67	.00

N.B. Nur 1. Mzp., Alter und soziale Erwünschtheit auspartialisiert

Die in Tabelle 5.5 abgebildeten Kovarianzanalysen verdeutlichen, daß Jungen eher als Mädchen angaben, daß sie bei Ärger auf den Freund häufiger konfrontierendes Verhalten einsetzten, ihn öfter aus der Gemeinschaft ausschlossen (Intrige) und vermehrt über Plänen brüteten, wie sie ihm den Tort "heimzahlen" könnten (Rachegedanken). Diese drei Ergebnisse waren für beide Meßzeitpunkte des Fragebogens hochsignifikant, auch wenn das Alter und die Tendenz zu sozial erwünschten Antworten vorher auspartialisiert wurden. Wegen der erwarteten Geschlechtsunterschiede beim körperlich aggressiven Verhalten wurden die Items zu körperlicher bzw. verbaler Bedrohung, die in der Strategie "Konfrontatives Verhalten" enthalten sind, zusätzlich getrennt ausgewertet. Die entsprechenden Kovarianzanalysen sind in Tabelle 5.6 abgebildet.

Den in Tabelle 5. 6 abgedruckten Kovarianzanalysen zufolge berichteten die Jungen signifikant häufiger als die Mädchen, daß sie ihren Freund bei Ärger treten, hauen oder schubsen würden. In Hinblick auf das verbal aggressive "Anmeckern oder Anbrüllen" traten keine Geschlechtsunterschiede auf. Diese Auswertung belegt, daß sich der in Tabelle 5.5 dokumentierte Geschlechtsunterschied bei der Strategie "Konfrontierendes Verhalten" vor allem auf den Einsatz körperlicher Mittel bezieht. Was den Gebrauch von Schimpfworten und Beleidigungen angeht, so waren die Mittelwerte von Mädchen und Jungen dagegen nahezu identisch.

Tabelle 5.6: **Geschlechtsunterschiede bei der Ärgerregulierung auf der Ebene der Items zum konfrontativen Verhalten**

KÄRST- Items	Jungen (N = 62) MW	Mädchen (N = 60) MW	Haupteffekt Geschlecht $F_{(1,120)}$	p
Anmeckern oder Anbrüllen	1.44	1.41	0.10	-
Schubsen, Treten od. Hauen	1.40	0.30	47.25	.00

N.B. Nur 1. Mzp., Alter und soziale Erwünschtheit auspartialisiert

Als Ergebnis der Fragebogenstudie sticht hervor, daß die Jungen nach eigenen Angaben weitaus häufiger als die Mädchen bei Ärger über ihren Freund zu schädigenden Gedanken oder Handlungen griffen, auch wenn diese bei beiden Geschlechtern insgesamt "selten" (Mittelwerte um 1) vorkamen. Daß die Jungen darüber hinaus eher bereit waren, ihrem Ärger durch Schlagen oder Treten Luft zu machen, paßt zu den in der Aggressionsliteratur metaanalytisch abgesicherten Geschlechtsunterschieden beim körperlich aggressiven Verhalten (Hyde, 1984). Whitesell, Robinson und Harters (1993) Befund, daß Jungen nach eigenen Angaben bei Ärger eher zuschlagen, geht mit den Ergebnissen der Fragebogenstudie ebenfalls konform, die allerdings nur auf einem einzigen Item beruhen. Fragt man nach den Hintergründen für diesen Geschlechtsunterschied, so liegt die Vermutung nahe, daß die größere Gewaltbereitschaft der Jungen unter anderem damit zusammenhängt, daß ein solches Verhalten in der männlichen Peer-Gruppe eher akzeptiert und geschätzt wird (Rauste-von Wright, 1989) und möglicherweise sogar das eigene Selbstwertgefühl aufpoliert (Slaby & Guerra 1988). Welchen Einfluß das Selbstwertgefühl auf die Ärgerregulierung hat, wird daher im nächsten Kapitel näher untersucht.

Was gegenüber der Aggressionsliteratur neu ist, ist der Befund, daß die Schädigung nicht nur direkt beobachtbares körperlich aggressives Verhalten umfaßt, sondern daß dieses offensichtlich eng mit indirekten Formen schädigenden Denkens und Verhaltens, also mit Intrigen und Rachephantasien, verknüpft ist. Hinter dem offen konfrontativen Schlagen und Treten stehen anscheinend feindselige Phantasien und die Sozialbeziehungen schädigende Manöver wie Ausschluß oder Rufmord. Daß Jungen eher als Mädchen bei Ärger zu schädigenden Gedanken und Verhaltensweisen tendieren, erweitert die in der Forschungsliteratur berichteten Geschlechtsunterschiede noch in einer zweiten Weise. Denn in der vorliegenden Untersuchung ging es um die Ärgerregulierung gegenüber einem einzelnen, namentlich benannten befreundeten Kind. Jungen sind demnach eher geneigt, in ihrem Ärger nicht nur "Peers im allgemeinen" zu schädigen, sondern auch jene Kinder, die sie ihre Freunde nennen. Möglicherweise machen manche Kinder, wenn sie sich ärgern, in ihrem Verhalten keine großen Unterschiede zwischen "gewöhnlichen" Klassenkameraden und ihren "besonderen" Freunden. Für die Kontinuität im aggressiven Verhalten spricht die Beobachtung von Dishion, Andrews und Crosby (1995), daß das von Lehrern und Interviewern eingeschätzte "antisoziale" Verhalten männlicher Jugendlicher mit ihrer Neigung zusammenhing, den Freund bei einer Problemlöseaufgabe zu kritisieren, herumzukommandieren oder sich auf seine Kosten durchzusetzen. Derartige "Zwangsmaßnahmen" blieben natürlich nicht unerwidert, so daß sich bald auch zwischen den Freunden Zyklen negativer Reziprozität beobachten ließen. Cairns et al. (1989) stellten ebenfalls fest, daß als "aggressiv" geltende Kinder in der Regel Freunde haben, die selbst vermehrt aggressives Verhalten zeigen. Zu vermuten ist, daß die Freundschaften zwischen Kindern, die regelmäßig zu schädigenden Strategien der Ärgerregulierung greifen, nicht besonders eng sind (zusammenfassend v. Salisch, 1999a).

Die Erwartung, daß Mädchen mehr als Jungen dazu neigen, ihren Ärger im Ausdrucksverhalten zu verbergen, war in der Tagebuchstudie bestätigt worden. In der

Fragebogenstudie ließen sich keine derartigen Unterschiede nachweisen. Mädchen waren nicht häufiger als Jungen dazu bereit, sich bei Ärger in der Freundschaft zu distanzieren oder das ganze mit Humor zu nehmen. Die Annahme, daß Mädchen mehr als Jungen dazu neigen, gegenüber Kindern, die sie geärgert haben, Intrigen zu spinnen, konnte ebenfalls nicht bestätigt werden. Im Gegenteil: in der Fragebogenuntersuchung waren es die Jungen, die sich selbst als intriganter beschrieben! Dieser Befund widerspricht zunächst der von verschiedenen Autoren festgestellten ausgeprägteren Neigung der Mädchen, ihren Ärger durch Ausschluß oder Reputationsschädigung gegenüber Dritten abzulassen. Diese Diskrepanz löst sich auf, wenn man bedenkt, auf welchem Wege die Neigung zur Intrige gemessen wurde, nämlich bei McCabe und Lipscomb (1988) durch Beobachtung und bei Cairns et al. (1989) und bei Crick und Grotpeter (1995) mittels Peer-Nominationen. Befragten Crick und Grotpeter (1995) die Kinder selbst nach ihrem eigenen "relational aggressiven" Verhalten, dann stellten sich auch hier die Jungen als intriganter dar. Mit anderen Worten: Mädchen scheinen nur dann intriganter als Jungen zu sein, wenn dies von außen, d.h. durch ihre Peers oder durch (erwachsene) Beobachter festgestellt wurde. In der vorliegenden Studie korrelierten Selbstbericht und Fremdbericht über intrigantes Verhalten des Zielkindes mit r (20) = .26 zum 1. und r (20) = .44 (p < .05) zum 2. Mzp in mittlerer Höhe miteinander (v. Salisch & Pfeiffer, 1998). Das spricht für die Validität der hier berichteten Selbstauskünfte zum intriganten Verhalten. Außerdem wurde nur in dieser Studie nach "relational aggressivem" Verhalten im Rahmen von Freundschaften gefragt.

Dies führt zu dem grundsätzlichen und bei Selbstberichten immer problematischen Punkt der Selbstdarstellung. Bei beiden Geschlechtern wurde die Neigung, sozial erwünschte Antworten zu geben, auf statistischem Wege ausgeschaltet. Dennoch ist nicht auszuschließen, daß die von den Jungen angegebene größere Bereitschaft zu "Konfrontation und Schädigung" mit ihrem Geschlechtsrollenstereotyp, oder genauer mit ihrer Selbstpräsentation als Junge, zusammenhängt. Für manche Jungen gehört es möglicherweise zu ihrem Bild von Männlichkeit, sich als besonders "schlagkräftig" darzustellen, und zwar nicht nur auf dem Pausenhof, sondern auch in einem Fragebogen. Ebenso mögen sich manche Mädchen als gesprächsbereiter präsentieren, als sie es in Wirklichkeit sind, um ihrem Selbstbild als "gutes Mädchen" zu entsprechen. Dieser Punkt wird im nächsten Abschnitt weiter erörtert.

5.2.5 Zusammenfassende Diskussion unter dem Aspekt der Geschlechtertypisierung

Vergleicht man die Ergebnisse der Tagebuch- und der Fragebogenstudie, so ergeben sich Diskrepanzen vor allem in zwei Punkten:
(1) Während im Tagebuch keine Unterschiede bei der Häufigkeit auftraten, mit der Mädchen und Jungen dem Verursacher ihren Ärger deutlich zeigen, so gaben die Jungen im KÄRST signifikant häufiger an, daß sie den Freund im Falle von Ärger "treten, hauen oder schubsen" würden. Bei einer weiteren Form des deutlichen

Ausdrucks, nämlich des "Anmeckerns", waren die Selbsteinschätzungen von Mädchen und Jungen in etwa gleich.

(2) Während die Mädchen im Tagebuch signifikant häufiger notierten, daß sie ihren Ärger gegenüber dem Verursacher gar nicht oder nur in abgemilderter Form äußern würden, fanden sich im Fragebogen keine Geschlechtsunterschiede in Hinblick auf den Einsatz von intrapsychischen Regulierungsstrategien, mit denen dies zu bewerkstelligen wäre. Dies war auch dann nicht der Fall, wenn die anderen Faktoren des KÄRST auf der Ebene der Strategien ausgewertet wurden. Im Gegenteil: Es waren die Jungen, die signifikant häufiger behaupteten, daß sie dem Freund gegenüber eine intrapsychische Strategie, nämlich Rachephantasien, anwenden würden.

Diese Diskrepanzen lassen sich zum einen Teil dadurch erklären, daß im Tagebuch nach Ärger auf alle Personen aus dem sozialen Umfeld eines Kindes gefragt wird, während sich der im Fragebogen berichtete Ärger lediglich auf eine Person aus diesem Kreis, eben auf einen Freund oder eine Freundin, bezieht. Die Tagebuchauswertungen lassen daher eher Aussagen darüber zu, wie ein Kind "im allgemeinen" seinen Ärger äußert. Bedenkt man, daß die bevorzugten Formen der Ärgerregulierung je nach verursachender Person bzw. Personengruppe (Eltern, Geschwister, Peers etc.) variieren (v. Salisch, 1996; Karniol & Heiman, 1987; Callondann, 1995), dann ist zu erwarten, daß der im Tagebuch niedergelegte Ausdruck von Ärger sich ebenfalls je nach Personengruppe unterscheidet. Diese Möglichkeit soll in weiteren Auswertungen der Tagebuchstudie überprüft werden. Zum anderen Teil ist zu bedenken, daß möglicherweise die Geschlechtsstereotype der Kinder bzw. ihre Geschlechtsrollenselbstkonzepte nicht nur darauf Einfluß nehmen, wie sie mit ihrem Ärger "umgehen", sondern auch darauf, wie sie über diesen Sachverhalt berichten. Gerade die Auskünfte auf dem KÄRST dürften durch Überlegungen zur Selbstpräsentation als Junge oder Mädchen gefärbt sein. Die Tagebuchdaten beruhen zwar auch auf Selbstauskünften, aber sie sollten in dieser Hinsicht etwas weniger "anfällig" sein, da sie über einen längeren Zeitraum erhoben wurden. Zudem ist eine Tendenz zur Verkleinerung oder zur Vergrößerung des Ärgerausdrucks nicht direkt aus dem Tagebuch abzulesen, sondern ergibt sich erst später bei der Auswertung im Computer. Diese Überlegungen sprächen dafür, den Tagebuchdaten mehr Gewicht beizumessen, was den tatsächlichen Ausdruck von Ärger bei Kindern im Grundschulalter angeht. Gleichzeitig regen diese Ergebnisse an, über den Einfluß der Geschlechtertypisierung auf Erleben, Ausdruck und Regulierung von Ärger nachzudenken. Dies soll in dem nun folgenden Exkurs geschehen.

Exkurs: Der Einfluß der Geschlechtertypisierung auf den Ausdruck und die Regulierung von Ärger

Der Begriff der Geschlechtertypisierung umfaßt sowohl die gesellschaftlich vermittelten oder interpersonal ausgehandelten Stereotype über "angemessenes" männliches und weibliches Verhalten (Geschlechtsrollenstereotype) als auch die jeweilige personenspezifische Auslegung dieser Stereotype, die mit dem Begriff der Geschlechtsrollenorientierung oder des Geschlechtsrollenselbstkonzepts bezeichnet wird. Die Geschlechtertypisierung ist demnach ein Prozeß, der sowohl auf der gesellschaftlichen Ebene als auch in der individuellen Entwicklung stattfindet, wobei sich beide Ebenen gegenseitig beeinflussen (Gloger-Tippelt, 1992). Geschlechts-stereotype umfassen sowohl die "kognitiven" Aspekte des Wissens über die Geschlechtlichkeit und die damit einhergehenden typischen Tätigkeiten, Einstellungen und Persönlichkeitsmerkmale als auch die "persönlichen" Aspekte der eigenen (geschlechtstypischen) Einstellungen, Vorlieben und Verhaltensweisen. Wie alle Stereotype dienen auch Geschlechtsstereotype einerseits dazu, Geschehnisse in der Welt zu ordnen, Vorhersagen zu erleichtern und Mehrdeutigkeiten aufzulösen. Die von den Stereotypen suggerierte Regelhaftigkeit dürfte vor allem für jüngere Kinder wichtig sein, die sich erst langsam ein Verständnis für das Funktionieren der Welt erschließen. Andererseits sind Stereotype an vielen Stellen unnötig rigide und einschränkend. Ein weiterer Nachteil ist, daß sie oft dazu gebraucht werden, um die Benachteiligung von Personen oder Personengruppen zu legitimieren.

Wie einleitend bemerkt, gibt es auf gesellschaftlicher Ebene eine Reihe von Stereotypen darüber, wann Männer und Frauen sich ärgern sollen (Hochschild, 1990; Gordon, 1981) und wie sie ihren Ärger äußern (sollen). Es existieren, mit anderen Worten, soziale Repräsentationen darüber, unter welchen Umständen es für Männer und für Frauen gerechtfertigt ist, sich zu ärgern, und wie dieses Gefühl in angemessener Weise auszudrücken ist (Averill, 1982). Verstößt eine Person gegen diesen unausgesprochenen Konsens, dann wird sie, ihre Einstellungen oder ihr Verhalten von anderen negativ bewertet. Umgekehrt erscheint auch eine Person, die sich nicht empört, wenn es gesellschaftlich erwartet wird, in den Augen anderer als ein moralisch zweifelhafter Mensch. Starken Ärger zu erleben und auszudrücken, dürfte Frauen im gesamtgesellschaftlichen Konsens nur recht selten zugebilligt zu werden (Lerner, 1993), vielleicht nur in den Fällen, in denen sie Kinder, Tiere oder andere Schwächere verteidigen oder wenn sie aus Notwehr handeln. Daß Männer und Frauen oft unterschiedlicher Meinung sind, wenn es gilt, die Angemessenheit von Ärgererleben und Ärgerausdruck zu beurteilen, ist Thema vieler Konflikte zwischen den Geschlechtern (Lerner, 1993; Tavris, 1989). Vor allem Feministinnen weisen auf diesen Umstand hin (Crawford et al., 1992; Cline & Naffzinger, 1974).

Auf der individuellen Ebene geht die Geschlechtertypisierung mit der "allgemeinen" Entwicklung einher. Ab etwa sechs Monaten können Säuglinge zwischen männlichen und weiblichen Gesichtern unterscheiden, ab etwa zwölf Monaten beginnen sie, ihr eigenes Geschlechtsrollenselbstkonzept auszuprägen (Lewis & Brooks-Gunn, 1979), und ab etwa 30 Monaten können sie ihr eigenes Geschlecht und das von anderen mit Sicherheit korrekt benennen (Serbin, Powlishta & Gulko, 1993). Die Entwicklung eines vollständigen Geschlechtskonzepts, das die Aspekte der Konstanz trotz äußerer Veränderungen, der Stabilität über die Zeit und der Unumkehrbarkeit trotz gegenteiliger Wünsche enthält, ist - ähnlich wie die Konzeptentwicklung in anderen Bereichen - bis etwa zum Schuleintritt abgeschlossen (Trautner, 1991). Das Wissen über geschlechtstypische Persönlichkeitsmerkmale ("gender trait knowledge") entwickelt sich ab etwa 30 Monaten, wenn Kinder anfangen, hervorstechende Merkmale und Aktivitäten in die Kategorien "männlich" und "weiblich" einzusortieren. Mit etwa fünf Jahren hat sich dieses Wissen erweitert. Mit "männlich" werden dabei unter anderem solche Merkmale wie "kämpfen" oder "schlimme Worte sagen" assoziiert. Nach der Untersuchung von Karbon, Fabes,

Carlo und Martin (1991) waren Vorschulkinder zwischen etwa vier und sechs Jahren zudem der Meinung, daß männliche Personen (Männer und Jungen) häufiger Ärger erleben und ihn auch intensiver ausdrücken als weibliche Personen (Frauen und Mädchen). Dabei wurde der Ärger der Erwachsenen immer als häufiger und heftiger eingeschätzt als der der Kinder. Daß Geschlechtsstereotype auch bezüglich des Ausdrucks von Verletztheit oder Traurigkeit bestehen, belegt der Glauben von 46% der Vorschulkinder, daß erwachsene Männer sich nie traurig fühlen (Karbon et al., 1991). Im Laufe der mittleren Kindheit wächst zum einen das Wissen über geschlechtstypische Persönlichkeitsmerkmale. Zum anderen wird dieses Wissen nun auch flexibler, und zwar insofern, daß die Kinder inzwischen etwas weniger davon überzeugt sind, daß andere Menschen auf Abweichungen von den Geschlechtsstereotypen unter allen Umständen negativ reagieren würden (Serbin et al., 1993). Die Einstellungen zu geschlechtstypischen Aktivitäten, Berufen und Arbeiten im Hause verlieren zwischen neun und achtzehn Jahren ebenfalls an Rigidität, und zwar sowohl in Hinblick auf die eigene Person wie auch auf Fremde (Katz & Ksansnak, 1994). Zugleich sind die interindividuellen Unterschiede hinsichtlich des Wissens über geschlechtsgeprägte Persönlichkeitsdimensionen relativ stabil (Serbin et al., 1993).

Interindividuelle Unterschiede existieren indessen nicht nur in Hinblick auf die "kognitive" Komponente des Wissens über geschlechtstypische Persönlichkeitszüge, sondern auch in Hinblick auf die Bereitschaft, sich ihnen anzupassen. Unter diesem Aspekt der Geschlechtstypisierung, der mit dem Begriff des Geschlechtsrollenselbstkonzeptes belegt wird, wird gemeinhin gefragt, in welchem Ausmaß eine Person sich selbst (positive und negative) Merkmale zuschreibt, die von der Gesellschaft als "maskulin" bzw. "feminin" eingestuft werden. Menschen, die sich selbst zugleich die positiven männlichen (instrumentellen) und die positiven weiblichen (expressiven) Eigenschaften zuschreiben, werden dabei als "androgyn" bezeichnet (Bem, 1974; Sieverding, 1990). Eine Untersuchung von Kopper (1993) mit Collegestudenten beiderlei Geschlechts ergab folgende sehr interessante Befunde: Männliche und weibliche Studierende, die sich selbst mit "maskulinen" Eigenschaften beschrieben, neigten nach ihren eigenen Angaben dazu, häufiger Ärger zu empfinden, ihn mehr "nach außen" zu kehren und weniger zu kontrollieren. Studierende beiderlei Geschlechts, die sich dagegen vor allem feminine Adjektive zuschrieben, gaben in etwa das Gegenteil an, nämlich daß sie ihren Ärger seltener äußerten und häufiger kontrollierten. "Feminine" Studierende kreuzten weiterhin häufiger Items an, die auf eine ausgeprägtere Neigung zu Depression und auf eine geringere Aggressivität hinweisen. Studentinnen und Studenten, die sich in der "androgynen" Kombination von instrumentellen und expressiven Adjektiven wiederfanden, wiesen ein drittes Muster auf: zwar neigten sie ebenfalls dazu, den Ausdruck ihres Ärgers zu kontrollieren, zugleich unterdrückten sie ihren Ärger aber weniger als ihre femininen Mitstudierenden. Dieses Muster ging mit erhöhtem Durchsetzungsvermögen und Selbstvertrauen sowie mit weniger ausgeprägten Ressentiments und geringerem passiv-aggressiven Verhalten einher. Die Zusammenhänge zwischen den maskulinen und den femininen Geschlechtsrollenselbstkonzepten und dem Ärger wurden in einer zweiten Studie in etwa repliziert, die Befunde für die androgynen Versuchspersonen jedoch nicht (Kopper, 1993).

Gegen eine einfache Interpretation des engen Zusammenhanges zwischen Geschlechtsrollenselbstkonzept, Ärgerausdruck und psychischer Gesundheit spricht zum einen die gemeinsame Methodenvarianz - alle Ergebnisse beruhen auf Selbstauskünften in Fragebögen. Zum anderen liegen Überlappungen zwischen den Konzepten vor: daß eine "maskuline" Selbstbeschreibung mit Hilfe von Adjektiven wie "aggressiv" oder "dominant" mit erhöhten Werten auf der anger-out-Skala oder anderen Aggressionsinventaren einhergeht, ist nicht weiter verwunderlich. Dennoch ließen sich in der Studie von Kopper (1993) keine einfachen Geschlechtsunterschiede zwischen männlichen und weiblichen Studierenden bezüglich des Ärgers festmachen. Erst als die Geschlechtsrollenselbstkonzepte der Versuchspersonen einbezogen wurden, traten die oben beschriebenen Unterschiede beim Erleben und beim Ausdruck von Ärger zutage. Kopper (1993) vermutet daher, daß nicht so sehr das biologische Geschlecht, sondern eher die Auffassung, die jeder Mensch von seiner Geschlechtsrolle hat, seine Form des Ärgerausdrucks prägt. Inhaltlich läßt sich die enge Verknüpfung zwischen diesen Konzepten als Kausalkette in beide Richtungen formulieren. Setzt man die Geschlechtsrollenorientierung an den Anfang, dann kann man vereinfacht folgenden Zusammenhang konstruieren: "Weil eine Person sich als männlich versteht, darf sie aggressives Verhalten zeigen". Umgekehrt ist indessen auch plausibel, daß eine Person, die sich aggressiv verhält, sich als besonders männlich empfindet, ihre Form des Ärgerausdrucks also ihr Selbstkonzept ihrer Geschlechtsrolle verstärkt.

Wie die Studien zu den Geschlechtsstereotypen im Kindergartenalter belegen (Karbon et al., 1991), ist die individuelle Auslegung der Merkmale, die zur eigenen "Männlichkeit" oder "Weiblichkeit" gehören, wahrscheinlich schon im Kindesalter von Bedeutung. Brody, Hay und Vandewater (1990) befragten Kinder aus den ersten Grundschulklassen nach ihrem Geschlechtsrollenselbstkonzept und ihrem Verhalten in hypothetischen emotionsauslösenden Geschichten. Sie kamen dabei zu folgenden Ergebnissen: Mit je mehr "männlichen" Eigenschaften Mädchen sich schmückten, desto intensiveren Ärger würden sie nach eigenen Angaben empfinden, wenn ein anderes Mädchen ihre Sandburg mutwillig zerstört hätte. Überraschend ist jedoch nicht dieses Ergebnis, das den Geschlechtsrollenstereotypen entspricht, sondern der Befund, daß die Zuschreibung einer größeren Zahl von "femininen" Adjektiven bei Mädchen ebenfalls mit einem stärkeren Ärgerempfinden einherging, vor allem dann, wenn der Übeltäter ein Junge war. Bei "maskulin" und "feminin" identifizierten Jungen traten keine signifikanten Zusammenhänge zur Intensität ihres Ärgers in der Sandburggeschichte auf. Dieser Befund von Brody et al. (1990) wirft zum einen die Frage auf, ob die von Kopper (1993) bei den feminin identifizierten Studierenden festgestellte Ärgerunterdrückung generell ist oder nur für bestimmte Personen oder Beziehungskonstellationen, etwa gegenüber Liebespartnern, gilt. Zum anderen wäre zu klären, wie es geschehen kann, daß sich das ausgeprägte Ärgerempfinden der als feminin identifizierten Mädchen gegenüber grenzverletzenden Jungen bei ihren zehn Jahre älteren Geschlechtsgenossinnen im College als Unterdrückung von Erleben und Ausdruck von Ärger artikuliert. Wenn sich die beiden Untersuchungen in eine Reihe stellen und die gegenläufigen Ergebnisse sich nicht durch methodische Abweichungen oder andere Gründe erklären lassen, dann findet irgendwann im Jugendalter bei den weiblichen Heranwachsenden ein Bruch bei ihrem Erleben und ihrem

Ausdruck von Ärger statt: feminin identifizierte weibliche Jugendliche, die vorher noch recht unbefangen Ärger (gegenüber männlichen Peers) spüren und ausdrücken konnten, versagen sich nun sowohl Empfinden wie auch Ausdruck dieses Gefühls. Fragen beziehen sich nun darauf, in welchem Alter dieser Umschlag erfolgt, ob er sich "nur" auf männliche Altersgenossen bezieht oder verallgemeinert ist und ob weitere Merkmale der Person oder ihrer sozialen Einbettung ihn beeinflussen. Mit anderen Worten: Ausmaß, Zeitpunkt und Bedingungen dieses Bruchs in der Entwicklung eines Bereichs des Erlebens und Verhaltens, der sowohl für die psychische Gesundheit von Mädchen und Frauen als auch für ihr Sozialleben von außerordentlicher Bedeutung ist, warten noch auf ihre Erklärung.

5.3 Geschlechtsunterschiede bei den erwarteten Konsequenzen des Ärgerausdrucks

In den vorangegangenen Abschnitten dieses Kapitels wurden Geschlechtsunterschiede beim Erleben, beim Ausdruck und bei der Regulierung von Ärger dargestellt und zusammenfassend unter dem Aspekt der Geschlechtertypisierung diskutiert. Hierbei wurde unter anderem deutlich, daß auf gesellschaftlicher Ebene Stereotype über den Ärgerausdruck von männlichen und weiblichen Personen existieren, die sich bereits in den Beurteilungen von Vorschulkindern wiederfinden lassen (Karbon et al., 1991). In diesem Abschnitt geht es nun um Bewertungen des Ärgerausdrucks auf *individueller* Ebene, genauer um die Konsequenzen, die Kinder für den Fall erwarten, daß sie ihr Ärgerempfinden gegenüber dem Verursacher äußern. Daß auch diese individuellen Bewertungen mit den gesellschaftlichen Geschlechtsstereotypen und der individuellen Geschlechtstypisierung zusammenhängen, liegt auf der Hand und soll hier nicht weiter ausgeführt werden. Vielmehr sollen die Befunde aus dem Ärgertagebuch und dem Fragebogen zu den Regulierungsstrategien (KÄRST), die sich auf eher habituelle Aspekte der Ärgerregulierung beziehen, ergänzt werden durch die vertiefende Analyse einer einzelnen Situation, in der sich die Kinder über einen Freund oder eine Freundin geärgert hatten, ihren Ärger diesem Kind aber gar nicht oder nur in abgeschwächter Form gezeigt haben. Erkundet wird das subjektive Erleben des Kindes, seine "kognitive Landkarte" der vermuteten Folgen seines Ärgerausdrucks. Ebenso wie in den vorhergehenden Abschnitten dieses Kapitels sind auch hier die leitenden Fragen, auf welche Weise, also hier durch welche Folgenerwartungen, Kinder es bewerkstelligen, ihren Ärger im Ausdruck zu verkleinern, und zweitens, ob und inwiefern sich Jungen und Mädchen in dieser Hinsicht unterscheiden.

Fragt man danach, wie Menschen es schaffen, aggressives Verhalten zu unterdrücken, dann stößt man schnell auf das Konzept der "Aggressionshemmung". Kornadt (1982) hat sich in seinem zweibändigen Werk über "Aggressionsmotiv und Aggressionshemmung" Gedanken darüber gemacht, was Menschen motiviert, ihre aggressiven Impulse *nicht* in Handlungen umzusetzen. Anhand der Auswertungen eines projektiven Tests, nämlich des Thematic Apperception Tests (TAT), der speziell auf die Wahrnehmung des aggressiven Gehalts von vorgegebenen Bildtafeln abgestimmt war, formulierte Kornadt (1982, S. 293f) eine "kognitive Motivations-theorie der Aggression". Diese Theorie besagt, daß die Hemmung der aggressiven Handlung auf drei Wegen zustandekommen kann: Zum einen, wie bereits in der Frustrations-Aggressions-Theorie postuliert, durch einen extrinsischen Konflikt, genauer durch die situationsbedingte Antizipation negativer Folgen einer Aggres-sionshandlung. Zum zweiten durch einen intrinsischen Konflikt, nämlich durch die Aktivierung eines stabilen aggressionsspezifischen Hemmsystems, das durch die gedankliche Beschäftigung mit der aggressiven Handlung und dem damit zu erreichenden Ziel aktiviert wird. In diesem Hemmsystem sind aggressive Impulse überdauernd mit negativen Anreizen in Form von Scham, Schuld, Reue oder Bedauern verknüpft und können sich zu einer "Angst vor Aggression" oder einer "schuldhemmungsbedingten Ablehnung der Aggression" verdichten. Als drittes kann eine Hemmung dadurch zustandekommen, daß die aggressive Handlung als unver-einbar mit den eigenen Werten betrachtet wird. Interindividuelle Unterschiede, so Kornadt (1982) weiter, beziehen sich darauf, an welchem Punkt die Hemmung einsetzt, ob schon mit dem Empfinden oder erst mit der aggressiven Handlung. Weitere interindividuelle Differenzen betreffen die Frage, ob die vorgestellten Folgen eher "äußere" oder eher "innere" Bestrafungen beinhalten. Bezogen auf die Emo-tionen postulierte Frijda (1986), ähnlich wie Kornadt (1982), ein duales Regulie-rungssystem, weil durch das Zusammenwirken der beiden Komponenten "Vergröße-rung" (augmentation) und "Hemmung" (inhibition) eine bessere "Feinabstimmung" erreicht wird als in einem System, welches nur aus einer Komponente besteht.

Mit den Konsequenzen, die Kinder mit dem Ausdruck von Ärger bzw. aggres-sivem Verhalten verknüpfen, haben sich zwei Forschungsrichtungen beschäftigt, und zwar zum einen die behavioristisch geprägte Aggressionsforschung und zum anderen die Emotionsforschung. Im folgenden wird daher erst über die erwarteten Folgen aggressiven Verhaltens und dann über die Begründungen für das Verbergen des Ausdrucks negativer Gefühle referiert.

5.3.1 Geschlechtsunterschiede bei den erwarteten Konsequenzen aggressiven Verhaltens

Im Behaviorismus kommt den erwarteten Folgen einer Handlung eine große Bedeutung zu, sind es doch die auf den Verhaltensakt folgenden Konsequenzen, die bei operanter Konditionierung die Auftretenshäufigkeit einer Verhaltensweise determinieren. Die Erwartung positiver Folgen sollte dabei das Verhalten "verstärken", während die Erwartung negativer Konsequenzen zu einer geringeren Auftretenswahrscheinlichkeit des betreffenden Verhaltens führen sollte. Bandura (1986) erweitert dieses Konzept aus Sicht der sozial-kognitiven Lerntheorie:

"Outcome expectancies reflect the child's mental representation and integration of a wide variety of social learning experiences, including the child's personal history of rewards and punishments for the behavior, the child's observation of the consequences that other people receive for the behavior, and the verbal tui-tion that the child experiences in interactions with socializing agents" (S. 312).

Welche Erwartungen Kinder über die Folgen ihres Ärgerausdrucks haben, sollte daher direkten Einfluß auf ihr Denken und Handeln haben. Perry, Perry und Weiss (1989) haben anhand von hypothetischen Situationsschilderungen erkundet, welche Konsequenzen Kinder zwischen neun und zwölf Jahren vorhersehen, wenn sie einen bestimmten (männlichen oder weiblichen) Klassenkameraden durch Schubsen, Treten oder Hauen körperlich malträtieren bzw. ihn oder sie durch "Ausdrücke" oder andere verbale Provokationen beleidigen. Jungen fühlten sich in diesen Situationen nach eigenen Angaben weniger schuldig oder aufgewühlt (upset) und bewerteten sich auch weniger negativ als Mädchen. Sie erwarteten weniger Mißbilligung von ihren Vätern oder Müttern dafür, besonders dann, wenn sich das aggressive Verhalten gegen einen anderen Jungen richtete. Die Regeln, unter welchen Umständen körperlicher oder verbaler Angriff vor dem eigenen Selbst bzw. in den Augen von Eltern und Peers gerechtfertigt ist, waren offenbar recht diffizil. Sie unterschieden nicht nur danach, ob Mädchen oder Jungen die "aggressiven" Handlungen ausführten (Crick & Ladd, 1990), ob sich diese Handlungen auf männliche oder weibliche Klassenkameraden bezogen und ob das "Opfer" in der Klasse häufiger gepiesackt wurde oder nicht (Perry, Williard & Perry, 1990), sondern auch danach, ob das Kind selbst, seine Eltern oder die Peer-Gruppe sein Verhalten beurteilte. Was aus der Sicht der Eltern "verwerflich" schien, zog nicht notwendigerweise die Mißbilligung der Gleichaltrigen auf sich (Perry, Perry & Weiss, 1989). Relativ unabhängig von den Konsequenzen, die die Kinder für ihr "aggressives" Verhalten vorhersehen, ist die Frage, für wie bedeutsam sie diese halten. Werden negative Folgen als unwichtig für die eigene Person eingeschätzt, dann sollten sie auch weniger handlungswirksam sein (Bandura, 1986). In einer Untersuchung, die ebenfalls von hypothetischen Situationen ausging, kamen Boldizer, Perry und Perry (1989) zu dem Ergebnis, daß Jungen der dritten bis sechsten Klasse sich weniger Sorgen um negative Selbstbewertungen und Zurückweisung durch die Gruppe der Peers machten als gleichaltrige Mädchen. Daß ihr "Opfer" die aggressive Handlung vergelten könnte oder unter ihrem Verhalten leiden würde, taten Jungen im Vergleich zu Mädchen ebenfalls eher als unwichtig ab (Perry et al., 1990). Selbst wenn Jungen diese Folgen als ebenso wahrscheinlich annahmen, so maßen sie ihnen doch weniger Bedeutung bei. Daraus folgt, daß diese Bedenken sie vielleicht in ihrem Handeln weniger beeinträchtigen, als dies bei Mädchen der Fall ist.

Zu diesen Untersuchungen ist zu sagen, daß sie nur nach einem sehr kleinen Ausschnitt der Strategien fragten, die Kinder einsetzen, wenn sie sich ärgern, eben nur nach körperlich oder verbal "aggressivem" Verhalten, das übrigens in seinen Folgen oft nicht einmal differenziert wurde. Daß man die Meinungsverschiedenheit mit einem Klassenkameraden aushandeln oder durch Vermittlung von anderen Kindern lösen kann, war überhaupt nicht vorgesehen. Ein weiterer Einwand bezieht sich darauf, daß in den Studien die Beziehung zu einem "Durchschnittspeer" untersucht wurde, den es in Wirklichkeit nicht gibt. Welche Beziehungen zwischen dem befragten Kind und seinem männlichen oder weiblichen Peer herrschen, ob die beiden sich sympathisch oder unsympathisch finden, befreundet, einander gleichgültig oder vielleicht sogar miteinander "verfeindet" sind, wurde nicht berücksichtigt. Was aus diesen Untersuchungen hervorscheint, sind daher nur sehr allgemeine Folgen, die

Kinder über die Anwendung körperlicher Gewalt bzw. den Einsatz von verbalen Bedrohungen und Beschimpfungen innerhalb ihrer Peer-Gruppe vorhersehen.

Eine neuere Studie von Herzberger und Hall (1993) geht hier ein Stück weiter und untersucht, welche Konsequenzen Kinder bei körperlichen und verbalen Vergeltungsaktionen gegenüber Freunden und Geschwistern erwarten. Einer der wenigen Geschlechtsunterschiede in dieser Untersuchung an Kindern der hispanischen und afro-amerikanischen Unterschicht der USA bestand darin, daß die zehn- bis vierzehnjährigen Mädchen glaubten, daß ihre Freundinnen sich signifikant schlechter fühlen würden als ihre Geschwister, wenn sie ihnen ihre "aggressive" Handlung mit gleicher Münze heimzahlen würden. Die Jungen machten in dieser Hinsicht keinen Unterschied zwischen Freunden und Geschwistern. Dieses Ergebnis unterstreicht noch einmal die Intimität in den Freundschaften präadoleszenter Mädchen, in denen sowohl die direkte Rache als auch die Weitergabe nachteiliger Informationen (Whitesell & Harter, 1996) als ernsthafter Vertrauensbruch gewertet wird (Smollar & Youniss, 1982; Selman, 1984). Zugleich weist es auf die Beziehungsspezifität aggressiven oder ärgerregulierenden Verhaltens hin (v. Salisch, 1996).

5.3.2 Geschlechtsunterschiede bei den Begründungen zu Ausdruck und Verbergen von Gefühlen

Die zweite Forschungsrichtung, die erkundet hat, welche Erwartungen Kinder mit dem Ausdruck bestimmter Gefühle verbinden, ist die kognitiv orientierte Emotionsforschung. Diese Richtung, die sich an der sozial-kognitiven Forschung in der Tradition von Piaget orientiert, stellt die Beschreibung der sich entwickelnden Begründungen für Ausdruck und Verbergen von Gefühlen in den Mittelpunkt der Betrachtung. Seit der klassischen Studie von Saarni (1979) wurden in der Emotionsforschung ebenfalls Schilderungen von hypothetischen Situationen eingesetzt, die mit Bildmaterial oder Videoclips unterlegt wurden. Die Aufgabe für das Kind besteht in der Regel darin, einen Gesichtsausdruck oder eine Verhaltensreaktion auszuwählen und seine Wahl zu begründen. Saarni (1991) gibt vier Gründe an, warum Kinder im Grundschulalter einen Gesichtsausdruck wählten, der nicht ihrem Empfinden entsprach. Bezogen auf die bekannte Situation, in der ein Kind in seiner Erwartung, ein attraktives Geschenk zu erhalten, enttäuscht wird (siehe Kapitel 3.2.2), sind dieses:

1) die Vermeidung von negativen Konsequenzen, die man etwa zu erwarten hat, wenn man seine Enttäuschung "ehrlich" zeigt;

2) die Herstellung von positiven Konsequenzen, also z.B.: wenn man seine Enttäuschung über das unattraktive Geschenk verbirgt, dann bekommt man beim nächsten Mal vielleicht ein besseres geschenkt;

3) allgemeine Regeln und Konventionen, die etwa besagen, daß man seine Enttäuschung aus Gründen der Höflichkeit nicht zeigen darf;

4) Beziehungsregeln, die etwa darauf hinauslaufen, seine Enttäuschung zu maskieren, weil man die schenkende Person nicht verletzen möchte.

Bei der empirischen Überprüfung dieser Gründe mit Hilfe von vier Geschichten über glückliche, traurige, ärgerliche bzw. ängstliche Gefühle stellte Saarni (1991) fest, daß elf- und zwölfjährige Kinder längere und elaboriertere Begründungen abgeben konnten als sechs- bis siebenjährige Kinder, denen oft nur ein "weiß nicht" als Antwort einfiel. Die Vermeidung von negativen Konsequenzen war die häufigste Antwort; sie wurde signifikant häufiger von Jungen als von Mädchen gegeben. Mädchen erwähnten eher rücksichtnehmende Beziehungsregeln, vor allem in den Geschichten, in denen ihre eigenen Gefühle nicht besonders intensiv waren. Ging es darum, seine Gefühle gegenüber Erwachsenen oder Eltern auszudrücken, dann nannten die Kinder eher Regeln und Konventionen als beim Emotionsausdruck gegenüber Gleichaltrigen. Welche dieser Begründungen in Hinblick auf den Ausdruck von Ärger und Wut bevorzugt werden, geht aus Saarnis (1991) Studie leider nicht hervor.

Zeman und Garber (1996) interviewten Kinder im Grundschulalter über ihren Ärgerausdruck. In dieser Studie ging es allerdings nicht um den Ausdruck gegenüber dem Verursacher dieses Gefühls, sondern um den Ausdruck gegenüber unbeteiligten Zuschauern. In dieser Untersuchung, in der Kinder Gründe für die Maskierung ihrer Gefühle von Ärger, Trauer oder Schmerz gegenüber unbeteiligten Dritten angaben, unterschieden Zeman und Garber (1996) zwischen vier verschiedenen Argumenten: (1) Begründungen, die sich auf negative Reaktionen der Zuschauer beziehen, etwa daß sie das Kind lächerlich machen oder ablehnen könnten, (2) Argumente, die auf mögliche schlechte Gefühle der Zuschauer Rücksicht nehmen, (3) instrumentell-negative Gründe, die die Vermeidung negativer Konsequenzen zum Inhalt haben und (4) die Verkleinerung (oder Bagatellisierung) des Problems sowie der (eigenen) affektiven Beteiligung. Die Ergebnisse dieser Untersuchung weisen darauf hin, daß der Ärger nach Angaben der Kinder vor allem deshalb verborgen wurde, um negativen Interaktionen mit der zuschauenden Person aus dem Weg zu gehen, also um zu vermeiden, daß diese Person das Kind lächerlich machen, demütigen, zurückweisen oder bloßstellen könnte. Zeman und Garber (1996) interpretieren diesen Befund als Hinweis darauf, daß Kinder bei ihrem Ärgerausdruck Strategien wählen, die ihr eigenes Selbst schützen (Laux & Weber, 1993). Vor dem Hintergrund der Regeln und Normen, die Kinder im Klatsch und Tratsch über den "richtigen" Ausdruck von Gefühlen austauschen, wäre zu ergänzen, daß die Vermeidung von Peinlichkeit und Zurückweisung Ausdruck einer Orientierung an der Norm sein könnte, sich vor den Gleichaltrigen nichts von seinem Aufgewühltsein anmerken zu lassen, eben unter (nahezu) allen Umständen "cool", zu bleiben (Gottman & Mettetal, 1986). Diese Deutung wird durch Zeman und Garbers (1996) Befund untermauert, daß die Kinder eher von zuschauenden Peers negative Bemerkungen erwarteten als von ihren Müttern oder Vätern (Zeman & Shipman, 1997).

Fuchs und Thelen (1988) fragten Kinder nach selbsterlebten Geschichten und stellten auf die Frage nach dem von den Eltern erwarteten Verständnis ergänzend fest, daß Mädchen und Jungen etwa gleich viel Verständnis von ihren Müttern bzw. Vätern antizipierten, wenn sie ihnen erzählten, warum sie sich über ihre Freundinnen und Freunde geärgert hätten. Daß Mädchen weniger Verständnis für ihre Ärgererlebnisse vorhersahen als Jungen, ließ sich zwar in den Mittelwerten gegenüber dem Vater ablesen, aber der Unterschied ließ sich nicht gegen Zufallseffekte absichern.

Viel deutlicher war die Erwartung der Jungen, daß ihre Eltern, und wieder speziell ihre Väter, mit wenig Verständnis reagieren würden, wenn sie ihnen erzählen würden, warum sie wegen ihres Freundes traurig waren.

5.3.3 Die Interviewstudie zu den erwarteten Konsequenzen des Ärgerausdrucks

Das Interview zu den Folgen des Ärgerausdrucks

Fast alle der bisher vorgestellten Untersuchungen haben gemeinsam, daß sie die Kinder nach ihren Erwartungen in hypothetischen Situationen fragen. Dieses Verfahren hat zum einen den Vorteil, daß wesentliche Merkmale der Geschichte systematisch variiert werden und zum anderen daß sich die Antworten der Kinder auf den gleichen Ausgangspunkt beziehen und daher besonders gut zu vergleichen sind. Gegen ein solches Vorgehen spricht, daß die Geschichten oft künstlich klingen. Außerdem bleibt oft unklar, wie die Kinder selbst diese Situationen konstruieren, genauer mit welchen Erfahrungen in ihrem eigenen Leben sie sie in Verbindung bringen. Inwiefern die von den Kindern geäußerten Erwartungen mit ihrem emotionalen Verhalten in realen Situationen zu tun haben, muß außerdem noch nachgewiesen werden (Ausnahme: Saarnis Enttäuschungsparadigma; Josephs, 1993). Ein zweiter Einwand gegen die erwähnten Emotionsstudien bezieht sich darauf, daß nach Begründungen für die Maskierung von Gefühlen gefragt wird. Denn die Gründe, die Kinder in den hypothetischen Situationen nennen, mögen oft zur Rechtfertigung der vorher gewählten Verhaltensalternative dienen, gerade beim Gefühl des Ärgers (Averill, 1982). Daß sich die Kinder in ihren Antworten nachträglich um Konsistenz und soziale Erwünschtheit bemühen, liegt auf der Hand, zumindest ab einem gewissen Alter. Hinzu kommt zum dritten, daß die Begründungen relativ unspezifisch ausfallen: was unter den negativen Folgen jeweils zu verstehen ist, bleibt meistens ungesagt. Ob das Kind "lediglich" Prügel erwartet oder ob es sich vorstellt, daß die Achtung des Beziehungspartners "für immer" abgezogen wird, sind zwei recht unterschiedliche negative Folgen. Welche Rückwirkungen der offene Ausdruck ärgerlicher Gefühle auf das Selbst haben kann, wird außer in den Aggressionsstudien nicht erfragt, wo diese Auswirkungen in der Kategorie "negative Selbstbewertungen" doch recht summarisch abgehandelt werden. Ein vierter Punkt nimmt Anstoß an den Ergebnisberichten der Emotionsstudien, in denen die Begründungen nur übergreifend und nicht nach Emotionen aufgeschlüsselt beschrieben werden. Daß verschiedene negative Emotionen - also Angst wie Ärger und Trauer wie Schmerz - oft "in einen Topf geworfen" werden, ist umso erstaunlicher, wenn man bedenkt, wie differenziert die Regeln für die einzelnen Gefühle sind. Daß Jungen vor allem dann wenig Verständnis von ihren Eltern befürchten, wenn sie ihre Trauer und Verletztheit äußern (Fuchs & Thelen, 1988), ist nur ein Beispiel, das auf die Emotionsspezifität der Darbietungsregeln hindeutet.

Um diese Einschränkungen zu vermeiden, habe ich ein Interview zu den vermuteten Folgen des Ärgers entwickelt, in dem

- die Einstellungen der Kinder nicht in hypothetischen, sondern in von ihnen selbst erlebten realen Situationen erfragt werden;
- nicht die nachträglichen Rechtfertigungen des Verhaltens untersucht werden, sondern die Antizipationen von Folgen, die noch nicht eingetreten sind;
- die Folgen spezifiziert und insbesondere Rückwirkungen auf das eigene Selbst unter die Lupe genommen werden;
- sichergestellt wird, daß sich die Ergebnisse nur auf die Emotion "Ärger" beziehen;
- die Art der Beziehung zum Verursacher thematisiert wird.

Dieses Ärger-Folgen-Interview wurde eingesetzt, um die aus der Literatur abgeleitete Erwartung zu überprüfen, daß Mädchen eher negative Selbstbewertungen oder Gefühle von Schuld oder Reue äußern als Jungen. Diese Vorhersage stützt sich vor allem auf die Befunde von Perry et al. (1989) und Boldizar et al. (1989) über die Konsequenzen, die Jungen und Mädchen bei aggressivem Verhalten gegenüber einem Klassenkameraden vorhersahen. Auch die von den Feministinnen Crawford et al. (1992) angeführten Selbstzweifel an der Legitimität des eigenen Ärgererlebens könnten sich in negativen Selbstbewertungen niederschlagen. Die von Weber und Piontek (1995) festgestellten Geschlechtsunterschiede in Hinblick auf die vermutete Wirksamkeit des Ärgerausdrucks lassen sich ebenfalls als eine Form negativer Selbstbewertung deuten.

Ein zweiter Punkt, der mit dem Ärger-Folgen-Interview überprüft werden sollte, war der Literaturbefund, daß Jungen weniger Sorgen um Zurückweisung durch den Verursacher ihres Ärgers äußern und Mädchen eher Gründe für die Verkleinerung ihres Ärgerausdrucks nennen, die in ihrer Beziehung zum Verursacher liegen. Diese Erwartungen nehmen zum einen Bezug auf die Ergebnisse von Boldizar et al. (1989) über die von Jungen und Mädchen erwarteten Folgen ihres aggressiven Verhaltens. Zum anderen nehmen sie die von Saarni (1991) ermittelten Begründungen für die Maskierung von Enttäuschung und anderen negativen Gefühlen auf, die möglicherweise vor dem Hintergrund einer stärkeren Beziehungsorientierung von Mädchen (Chodorow, 1978) zu interpretieren sind.

Um diese Fragen zu prüfen, wurden die 67 Kinder (31 Jungen und 36 Mädchen) der Interviewstichprobe von Studie 3 über ihre Erwartungen hinsichtlich der Konsequenzen ihres Ärgerausdrucks mündlich befragt (Leitfaden siehe Anhang). Für das Ärger-Folgen-Interview wurde eine Geschichte aus dem Ärgertagebuch ausgewählt, bei der sie auf einen Freund oder eine Freundin Ärger empfunden hatten, diesem Kind ihren Ärger aber gar nicht (oder jedenfalls in deutlich abgemilderter Form) gezeigt hatten. Erkundet wurden die Erwartungen der Kinder für den Fall, daß sie ihren Ärger doch gezeigt hätten. Diese Art der Befragung wurde gewählt, weil handlungsleitende Regeln und Normen, Phantasien und Repräsentationen beim Berichten über die vermuteten Folgen kontrafaktischen Handelns eher zum Vorschein kommen als bei der direkten Befragung (Boninger, Gleicher & Strathman, 1994). In der Frage nach dem kontrafaktischen Verhalten, also nach der Übertretung eigener Gebote, treten die Konzeptualisierungen, die ihnen unterliegen, besonders deutlich hervor (Oatley, 1992). Vor allem implizites Wissen, auch solches prozeduraler Natur, sollte durch die Frage nach dem "Was-wäre-wenn" ans Licht kommen. Diese Frage nimmt die Erzählung des Kindes auf und läßt es in eine Art Planspiel eintreten, in der es sein Erleben und Verhalten noch einmal unter veränderten Bedingungen durchprobieren kann. Auch für jüngere Kinder ist ein solches Vorgehen geeignet, weil es an die "emotionalen Schemata" anknüpft, die sich aus den Phantasiespielen der Vorschul- und frühen Grundschulzeit erschließen lassen (Fein, 1987). Ebenso wie bei diesen Rollenspielen wird ein Anstoß gegeben und die daraus folgenden Verwicklungen werden gemeinsam erkundet. Aus dem Interview wurden zunächst diejenigen Fragen ausgewertet, die sich auf die vermuteten Konsequenzen des kontrafaktischen Ärgerausdrucks für das eigene Selbst bezogen, weitere Forschungsarbeiten behandeln die erwarteten Reaktionen des Freundes (Kümpel, 1998) und die vermuteten Kommentare der Mutter, (Stamova, 1998). Nur über die Folgen, die Kinder beim Ausdruck des Ärgers in ihrem eigenen Selbst erwarten, soll hier im folgenden berichtet werden.

Bei der Auswertung der "Selbstfrage" wurde zwischen den erwarteten positiven Folgen - "Nutzen" genannt - und den erwarteten negativen Folgen des Ärgerausdrucks - "Kosten" genannt - unterschieden. Das Kodeschema, das im Anhang vollständig ausgedruckt ist, unterschied weiterhin zwischen Kosten und Nutzen in Hinblick die verschiedenen vom Ärgerausdruck berührten Personen bzw. Sachverhalte. In den Kodes in Hinblick auf das Selbst wurden die Bewertungen von Ärgerempfinden und Ausdruck in der Person des Kindes zusammengefaßt. Die Kodes zum ärgerverursachenden Freund hatten dessen vermutete Reaktionen zum Inhalt. Die Kodes zur Freundschaft bezogen sich auf die erwarteten Auswirkungen des Ärgerausdrucks auf die Beziehung der beiden Kinder. Die Kodes zu den dritten Personen erkundeten die Folgen des Ärgerausdrucks in Bezug auf Zuschauer oder weitere bisher unbeteiligte Personen (z.B. Eltern). Unter die Kodes zur Sache wurden schließlich die antizipierten Konsequenzen in Hinblick auf die Durchsetzung des Streitpunkts eingeordnet. Kodierschema und Interraterreliabilitäten sind im Anhang nachzulesen.

Geschlechtsunterschiede bei den erwarteten Kosten des Ärgerausdrucks

Um die vermuteten Geschlechtsunterschiede bei den erwarteten Kosten des Ärgerausdrucks zu prüfen, wurden die Kosten in Hinblick auf das Selbst bzw. den Verursacher mit dem Geschlecht der Kinder in Zusammenhang gebracht. Die entsprechenden Kreuztabellen aus Studie 3 sind in Tabelle 5.7 zusammengefaßt; die parallelen Tabellen aus Studie 1 befinden sich im Anhang (Tab. A.5.3).

Aus Tabelle 5.7 geht hervor, daß mehr Mädchen als Jungen im Ärger-Folgen-Interview Kosten in Hinblick auf das eigene Selbst erwähnten. Diese Kosten beinhalten im wesentlichen Zweifel darüber, ob es legitim ist, in dieser Situation Ärger zu empfinden sowie Schuldgefühle darüber, ob der Ärger dem Freund oder der Freundin in angemessener Weise mitgeteilt wurde. Die Prozentanteile der Jungen und Mädchen in Studie 1 weisen in die gleiche Richtung, wenn auch der Geschlechtsunterschied - vielleicht bedingt durch die kleine Fallzahl - knapp die Grenze zum "Trend" verfehlte. Was die Erwähnung von Kosten in Hinblick auf den Verursacher bzw. die Beziehung angeht, so halten sich die Anteile von Mädchen und Jungen in Studie 3 so ziemlich die Waage. In Studie 1 überwiegt zwar der Anteil der Jungen, die diese Art der Kosten bedenken, den der Mädchen, aber der Geschlechtsunterschied ist nicht signifikant. Erst wenn man, wie in Studie 1 möglich, diese Kosten weiter aufschlüsselt, wird deutlich, daß mehr Jungen als Mädchen befürchten, daß der Freund (oder die Freundin) auf ihren Ärgerausdruck negativ reagieren könnte. Während 50% der Jungen aus Studie 1 sich darüber sorgten, daß ihr Freund wütend werden, sie hauen, abwerten oder ablehnen bzw. sich später an ihnen rächen könnte, stellten sich lediglich 12% der Mädchen entsprechende Reaktionen ihrer Freundin vor (Phi = .41, p < .025).

Tabelle 5.7: Geschlechtsunterschiede bei der Erwartung verschiedener Kosten im Ärger-Folgen-Interview

Art der erwarteten Kosten	Jungen (N = 31) Häufigkeit	Mädchen (N = 36) Häufigkeit	Phi	p
Kosten in Hinblick auf das eigene Selbst des Kindes	55%	78%	.24	.023
Kosten in Hinblick auf den ärgerverursachenden Freund/in	64%	59%	.06	-

Diskussion der Geschlechtsunterschiede bei den erwarteten Kosten des Ärgerausdrucks

Ein Großteil des Wissens, das Kinder über die verschiedenen Komponenten des Ärgers besitzen, ist prozeduraler Natur (siehe Kapitel 2 und 3). Die frühen Wenn-dann-Verknüpfungen lassen sich nur schwer in Worte fassen, zumal wenn Kinder sprachlich wenig gewandt sind. Das Interview über das kontrafaktische Verhalten in der Ärgersituation mobilisiert diese impliziten Wissensbestände; die Frage "was wäre wenn..." läßt die Kinder mögliche Folgen für den Fall erkunden, daß sie dem Freund oder der Freundin ihren Ärger gezeigt hätten, wenn sie es in Wirklichkeit gar nicht getan haben. Die Antworten der Kinder auf diese Frage nahmen dementsprechend oft die Gestalt eines inneren Dialogs an, in dem sie den Anlaß ihres Ärgers noch einmal bewerteten, den erleichternden Folgen des Ärgerauslebens noch einmal nachspürten und die in der Freundschaft bereits gesammelten Erfahrungen noch einmal Revue passieren ließen. Auch wenn die Antworten der Kinder nicht immer völlig in sich konsistent waren, so stellen sie doch Orientierungspunkte dar. Bei Bestätigung in weiteren Studien können sie dazu beitragen, eine kognitive Landkarte über die antizipierten Folgen des Ärgerausdrucks in (verschiedenen) zwischenmenschlichen Beziehungen zu entwerfen. Einzelne Gedanken, auf welche die Kinder beim Interview immer wieder zurückkamen, könnten im Sinne der Dynamischen Systemtheorie als Attraktoren verstanden werden, die die mit dem Ärgerausdruck verbundenen Kognitionen und Empfindungen organisieren (M.D. Lewis, 1995; siehe

Kapitel 1.4.4). Der Entwicklung und den interindividuellen Unterschieden bei der Gestaltung dieser Landkarten nachzugehen, ist eine aufregende Aufgabe für die Zukunft.

Wie vermutet, erwarteten mehr Mädchen als Jungen für den Fall, daß sie ihren Ärger gegenüber der Freundin ausgedrückt hätten, Kosten für ihr eigenes Selbst. Auch wenn große Überlappungen zwischen den Geschlechtern bestanden, so zweifelten doch signifikant mehr Mädchen als Jungen an ihrem Recht, Ärger zu empfinden, und es hielten signifikant mehr Mädchen Ärger und Streiten (im allgemeinen oder in ihrem persönlichen Erleben) für negativ oder sorgten sich um die Angemessenheit ihres Ärgerausdrucks. Dieses Ergebnis läßt sich nicht darauf zurückführen, daß die Mädchen "stärkeren" Ärger auf die Freundin berichteten als die Jungen. Sowohl die Intensität, mit der Jungen und Mädchen in der ursprünglichen (im Tagebuch festgehaltenen) Geschichte Ärger empfanden, als auch die Deutlichkeit, mit der sie dieses Gefühl dem Freund oder der Freundin mitgeteilt hatten, war im Durchschnitt für beide Geschlechter gleich. Damit wurde der vorhergesagte Geschlechtsunterschied bestätigt, nämlich daß für Mädchen der (kontrafaktische) Ärgerausdruck eher mit negativen Selbstbewertungen oder Gefühlen von Schuld und Reue verknüpft ist als für Jungen.

Die bei Mädchen stärker ausgeprägte Neigung zu Selbstzweifeln beim Ärger gegenüber der Freundin unterstreicht die Ergebnisse von Perry et al. (1989) und Boldizar et al. (1989), obgleich diese beiden Autorengruppen nicht nach dem Ausdruck von Ärger, sondern nach etwas viel "Handgreiflicherem", nämlich nach körperlichen oder verbalen Formen der Vergeltung, gefragt hatten. Auch Sears bereits 1961 publizierter Befund, daß Mädchen im Fragebogen eine ausgeprägtere "Angst vor Aggressionen" angaben als Jungen, deckt sich mit den Geschlechtsunterschieden der Interviewstudie. Allerdings wird bei Sears nicht deutlich, woher diese Angst kommt, ob sie intrapsychischen Ursprungs ist oder der Furcht vor der Vergeltung durch reale Personen entspringt. Burckhardts (1991) Befragung von Mädchen (und Jungen) mit Hilfe des Aggressions-Motiv-Gitters kann an diesem Punkt weiterhelfen. Die Antwortmuster der Mädchen wiesen nämlich darauf hin, daß ihre Aggressionshemmung mit einer erhöhten "Über-Ich-Angst" zusammenhing. Möglicherweise, so kann man unter Hinweis auf Kornadts (1982) Überlegungen spekulieren, wird bei Mädchen "aggressives" Verhalten eher durch einen intrinsischen Konflikt, also durch die überdauernde Verknüpfung mit negativen Anreizen in Form von Schuld, Reue oder Bedauern, gehemmt. Ob sich die stärkeren Selbstzweifel der Mädchen nicht nur auf den Ausdruck (Averill, 1982; Weber & Piontek, 1995), sondern, wie von Crawford et al. (1992) vermutet, auch auf das Erleben und die Bewertung von Ärger beziehen, wird in weiteren Untersuchungen zu klären sein. Wie in Kapitel 5.2 beschrieben, deuten neopsychoanalytisch inspirierte Überlegungen sowie einige empirische Untersuchungen darauf hin, daß zu der Entwicklung der Selbstzweifel eine überaus enge Beziehung zwischen der Mutter und ihrer kleinen Tochter beitragen könnte, die kaum Raum für Ärger und die damit verbundene Abgrenzung läßt.

Zu bedenken ist ferner, daß der Ausdruck von Ärger nicht das gleiche ist wie "aggressives" Verhalten, wenn man festlegt, daß diesem Verhalten eine schädigende Absicht unterliegen muß. Wie auf der "Nutzenseite" des Kodeschemas betont wird, hat der Ausdruck des Ärger nicht immer schädigende Konsequenzen. Im Gegenteil: Der (unwillkürliche) Ausdruck des Ärgers teilt dem Freund oder der Freundin mit, daß "etwas nicht stimmt"; der Gefühlsausdruck ist also zunächst ein relativ unspezifisches Signal zum Innehalten, eine Kontrollbotschaft in Oatleys (1992) Terminologie. Ärger schafft damit die Möglichkeit, dem Freund oder der Freundin mitzuteilen, was einem etwas bedeutet und welche Ansprüche man hat. Geht es dann darum, dem Freund oder der Freundin die verletzten Erwartungen offenzulegen, dann sind Vorstellungen, die die Legitimität des Ärgerempfindens, die Art des Ausdrucks oder eine negative Reaktion des betreffenden Freundes (oder von Dritten) vorhersagen, eher hinderlich. Kliniker wie Satir (1977) weisen darauf hin, daß Menschen sich oft durch Sätze wie "jemand könnte das nicht mögen" oder "jemand wird mich kritisieren" (S. 99) davon abhalten, ihre Ansprüche zu vertreten. Läuft die immer wieder neu zu schaffende Balance zwischen den eigenen Wünschen, Bedürfnissen, Erwartungen und Ansprüchen und denen der anderen allzu häufig darauf hinaus, diese nicht mitzuteilen, sondern sie zurückzunehmen, dann weiß das befreundete Kind auch nicht, an welchen Punkten es Erwartungen verletzt hatte. Vielfach unausgedrückter und nicht verhandelter Ärger dürfte sich auf Dauer zu Gefühlen der Unzufriedenheit, der Einsamkeit und der Depression aufsummieren, die sich in einem selbstverstärkenden Kreislauf über die Zeit auch noch verschlimmern können.

5.4 Zusammenfassende Diskussion zum Ärger bei Mädchen und bei Jungen

Wie Jungen und Mädchen Ärger erleben, regulieren und ausdrücken, wurde in der Literatur recherchiert und in drei Studien mit unterschiedlichem Fokus untersucht: das Erleben von Ärger durch die Tagebuchstudie und die Interviewstudie, der Ausdruck von Ärger durch die Tagebuchstudie und die Fragebogenstudie und die Mechanismen der Ärgerregulierung durch die Fragebogen- und die Interviewstudie. Obwohl alle drei Untersuchungen auf Selbstauskünften der Kinder beruhen, sind sie doch vom Zugang her so verschieden, daß sie kaum Methodenvarianz miteinander teilen. Ihre Ergebnisse sind vielmehr als sich gegenseitig bestätigende "Triangulierungen" zwischen verschiedenen Meßmethoden zu verstehen (Webb, Campbell, Schwartz & Seechrest, 1966). Methodisch abgesichert sind die Ergebnisse ferner dadurch, daß sowohl die Tagebuch- als auch die Interviewstudie an einem weiteren Sample (Studie 1) durchgeführt wurden. Die Mittelwerte zu vielen Fragen stimmen für die beiden Stichproben in bemerkenswerter Weise überein, auch wenn die Geschlechtsunterschiede von Studie 1 - möglicherweise wegen der kleinen Stichprobe - selten signifikant wurden.

Ein erstes Hauptergebnis dieses Kapitels war, daß zwischen Jungen und Mädchen kaum Unterschiede in der Häufigkeit bestehen, mit der sie sich über eine Person aus ihrem sozialen Umkreis ärgerten. Dieses Ergebnis der Tagebuchstudie ist das erste, das auf Selbstauskünften des Empfindens bei Kindern beruht. Es deckt sich mit entsprechenden Befunden aus Tagebuchstudien bei Erwachsenen, die ebenfalls keine oder nur minimale Geschlechtsunterschiede bei der Häufigkeit des Ärger-Erlebens feststellen konnten (z.B. Averill, 1982). Daß Mädchen etwas häufiger als Jungen in ihren Tagebüchern notierten, daß sie nur "etwas sauer" waren, reflektiert möglicherweise Regulierungsprozesse, die bereits mit der Benennung der eigenen Empfindungen beginnen. Der Befund aus der Interviewstudie, daß Mädchen mehr Kosten für ihr Selbst annehmen, wenn sie Ärger empfinden und ausdrücken, würde diese Vermutung unterstützen.

Auch wenn sich Jungen und Mädchen kaum in der Häufigkeit unterscheiden, mit der sie Ärger erleben, so lassen sich doch deutliche Geschlechtsunterschiede beim Ausdruck von Ärger feststellen. Wie erwartet neigten vor allem die Mädchen dazu, ihren Ärger dem Verursacher mit keinem Ton mitzuteilen. Dieses ist das zweite Hauptergebnis dieses Kapitels. Zwei weitere Ergebnisse der Tagebuchstudie, die allerdings nur im Trend signifikant wurden, gehen in die gleiche Richtung: Mädchen neigten stärker als Jungen dazu, ihren Ärger nur "etwas" zu zeigen. Gemessen an der Intensität ihres Erlebens tendierten die Mädchen weiterhin dazu, ihren Ärger im Ausdruck zu verkleinern. Die Frage nach den Hintergründen für die Diskrepanz zwischen Ärger-Erleben und Ärger-Ausdruck bei den Mädchen führt zur Frage, ob Mädchen gewöhnlich andere Strategien der Ärgerregulierung einsetzen als Jungen. Das dritte Hauptergebnis ist, daß sich Jungen und Mädchen in deutlicher Weise unterscheiden, wenn es um die Wahl der Strategien der Ärgerregulierung geht, auch wenn das Alter der Kinder und die soziale Erwünschtheit ihrer Antworten kontrolliert werden: Jungen gaben im KÄRST häufiger als Mädchen an, daß sie Strategien, die den Freund konfrontieren oder schädigen, einsetzen, wenn sie auf ihn "sauer" sind. Geht man diesem Ergebnis nach, so stellt sich heraus, daß Jungen häufiger als Mädchen von sich berichteten, daß sie den Freund bei Ärger schubsen, treten oder hauen, wobei allerdings zu bemerken ist, daß die Kinder körperliche Mittel im allgemeinen recht selten einsetzten. Dieser Geschlechtsunterschied war vorhergesagt worden. Er spiegelt eine lange Reihe von Befunden aus der Aggressionsliteratur wider, nach der sich Jungen in den Grundschuljahren in der Regel körperlich "aggressiver" verhalten als Mädchen (Hyde, 1984). Was die "verbale Aggression", also das Anbrüllen und Anmeckern, angeht, unterschieden sich die Geschlechter im übrigen nicht.

Zugleich gaben Jungen häufiger als Mädchen an, daß sie sich vorstellen würden, wie sie es dem Freund "heimzahlen" könnten. Entgegen der Erwartung waren es in dieser Studie nicht die Mädchen, sondern die Jungen, die häufiger erwähnten, daß sie den Freund, über den sie sich geärgert hatten, vor anderen in ein schlechtes Licht setzen oder gar aus gemeinsamen Aktivitäten ausschließen würden. Dieser Befund, der auf Selbstauskünften der Kinder beruht, weicht von Ergebnissen aus der Literatur (Cairns et al., 1989; Crick & Grotpeter, 1995) ab, die auf Peer-Nominierungen basieren. Der unterschiedliche methodische Zugang mag diese Differenz zum einen Teil erklären. Zum anderen Teil wirft diese Diskrepanz grundsätzlicher die Frage auf, inwiefern die Antworten der Kinder durch Erwägungen der Selbstpräsentation gefärbt wurden. Zwar wurde die Neigung zu sozial erwünschten Antworten bei allen Auswertungen der Fragebogenstudie auspartialisiert, dennoch ist nicht auszuschließen, daß sich manche Jungen als besonders "männlich" darstellen wollten, wenn sie von körperlicher Gewalt berichteten. Ein Exkurs diskutierte daher Entwicklung und

Einfluß von Stereotypen und Selbstkonzepten zur Geschlechtsrolle im Zusammenhang mit Erleben und Ausdruck von Ärger.

Mehr Aufschluß über die Mechanismen, mit Hilfe derer Mädchen und Jungen ihren Ärger regulieren, verspricht die Interviewstudie, obwohl auch hier nicht auszuschließen ist, daß Überlegungen zur Selbstpräsentation bei den Antworten der Kinder eine Rolle gespielt haben könnten. Diese Untersuchung geht insofern am meisten in die Tiefe, als sie sich auf ein einziges Ärgererlebnis beschränkt, und zwar eines, bei dem sich die Kinder zwar geärgert, dem befreundeten Kind ihren Ärger aber nicht (oder nur in weit entschärfter Form) gezeigt hatten. Das Interview über das kontrafaktische Verhalten, also über die Frage, was die Kinder getan hätten, wenn sie dem Freund oder der Freundin gegenüber ihren Ärger ausgedrückt hätten, dürfte auch jenes Wissen mobilisieren, das nur in impliziter (oder gar prozeduraler) Form vorhanden ist. Das vierte Hauptergebnis dieses Kapitels war, daß Mädchen eher als Jungen Kosten für ihr Selbst erwarteten, wenn sie ihren Ärger gegenüber ihrer Freundin geäußert hätten. Diesem Ergebnis zufolge hegen Mädchen mehr Zweifel, ob ihr Erleben von Ärger gerechtfertigt und ob ihr Ärgerausdruck angemessen war. Außerdem bewerten sie Ärger im allgemeinen negativer als Jungen. Dieser Geschlechtsunterschied bei der Konzeptualisierung der Folgen des Ärgerausdrucks ist umso bemerkenswerter, als das ursprüngliche Ärgerempfinden von beiden Geschlechtern in etwa gleich intensiv war und Mädchen und Jungen ihr Erleben in etwa gleich deutlich ausgedrückt hatten. Diese unterschiedlichen Qualitäten des Erlebens und des Ausdrucks von Ärger waren aufgrund von Befunden aus der Aggressionsliteratur (Perry et al., 1989) vorhergesagt worden, nach denen Mädchen bei Vergeltungsaktionen eher negative Selbstbewertungen erwarten. Eingangs dargestellte neopsychoanalytische Überlegungen weisen darauf hin, daß diese Geschlechtsunterschiede möglicherweise durch eine undifferenzierte Mutter-Tochter-Beziehung entstanden sein könnten, die der Tochter wenig Raum für ihre Abgrenzung läßt (Chodorow, 1978; Robinson, Little & Biringen, 1993). Doch dies sind Vermutungen, die in weiteren Studien zur Sozialisation der Ärgerregulierung bestätigt werden müssen.

Kapitel 6
Zum Zusammenhang von Selbstbewertung und Ärger

Nach Geschlecht und Geschlechtsrolle soll nun ein weiteres Personenmerkmal im Zusammenhang mit den verschiedenen Komponenten des Ärgers erkundet werden, nämlich das Selbstkonzept bzw. die Selbstbewertung der Kinder. Daß die Vorstellungen, die Menschen über sich selbst haben, Einfluß darauf nehmen, wann und wie sie Ärger erleben und verarbeiten, ist keine neue Idee - zumindest nicht außerhalb der Psychologie. Blickt man sich beispielsweise in der Anthropologie um, so stößt man auf eine Vielzahl von Studien, die sich mit der Verletzung der Ehre und ihren Folgen beschäftigen. Die europäischen Untersuchungen unter ihnen beziehen sich oft auf Kulturen aus dem Mittelmeerraum (Peristiany, 1965). Schiffauer (1983) berichtet etwa aus einem Dorf in Anatolien: "Als ehrlos gilt, wer nicht extrem empfindlich reagiert, wenn seine Frau beleidigt oder belästigt wird" (S. 74). Die Ehre eines Mannes (oder einer Frau) ist dabei zunächst eine öffentliche Angelegenheit, die es gilt, gegenüber den möglichen Angriffen der anderen Dorfbewohner zu verteidigen. Die persönliche Ehre ist zugleich eng mit dem Konzept und der Bewertung der eigenen Person verknüpft, zumindest solange wie Menschen nicht ausdrücklich zwischen einem "inneren" und einem "äußeren" Ehrbegriff differenzieren (Schiffauer, 1983). Wird das Ehrgefühl eines Menschen verletzt, dann ist es in diesem kulturellen Kontext erlaubt - und mitunter sogar gefordert -, Ärger zu erleben und öffentlich kundzutun, unter Umständen sogar in Form von Gewalt. Die Normen einer weiteren "Kultur der Ehre", nämlich die der weißen Südstaatler der USA, sind bei ihren männlichen Mitgliedern offenbar soweit verinnerlicht, daß sie bei gegebenem Anlaß nicht nur in ihren Gedanken und ihren vorgestellten Handlungen auf Gewalt eingestellt sind, sondern auch auf der physiologischen Ebene vermehrt mit Aufregung in Form von Kortisolausschüttungen und Aggressionsbereitschaft in Form eines Anstiegs des Testosteronspiegels reagieren (Cohen, Nisbett, Bowdle & Schwarz, 1996). Auch wenn der Begriff der Ehre in unserer Kultur vielleicht etwas weniger prononciert ist, so entschuldigt der Angriff auf den Stolz oder die persönliche Würde eines Menschen in unserer Rechtsprechung ebenfalls in gewissem Maße gewalttätiges Verhalten. Läßt sich eine Verletzung der Ehre nachweisen, so wird in der Regel ein vermindertes Strafmaß angesetzt (Averill, 1982).

Inwiefern das Selbst in Erleben und Ausdruck von Ärger regulierend eingreift, unterscheidet sich nicht nur von Kultur zu Kultur, sondern ist auch mit historischen und gesellschaftlichen Entwicklungen verknüpft. In der europäischen Geschichte, so

Elias (1976), gab es nämlich Zeiten, in denen es (vor allem für Männer) von Vorteil war, bei tatsächlichen (oder vermeintlichen) Angriffen sofort und ohne Zögern körperlich zurückzuschlagen. Mit der Übernahme des Gewaltmonopols durch die Obrigkeit wurden befriedete Räume geschaffen, zugleich entwickelte sich aber auch ein Zwang zur "Dämpfung der spontanen Wallungen, zur Zurückhaltung der Affekte und zur Weitung des Gedankenraumes über den Augenblick hinaus" (Elias, 1976, S. 322). Mit anderen Worten: eine stärkere Beherrschung der eigenen (aggressiven) Impulse war nun gefordert. Ohne auf die von Elias (1976) geschilderten Mechanismen im einzelnen einzugehen, soll hier angedeutet werden, daß im Lauf der Geschichte (des Abendlandes) die gesellschaftliche und individuelle Kontrolle über den Ärgerausdruck des Einzelnen sowohl umfassender als auch intensiver geworden ist (Stearns & Stearns, 1986; Gordon, 1981). Zwischen den ärgerprovozierenden Anlaß und den Ausdruck dieses Gefühls tritt ein "Selbst", das regulierend eingreift. Wie und was moduliert wird, sollte dabei unter anderem mit Selbstkonzept und Selbstbewertung dieser Person zusammenhängen. Nach einer kurzen Darstellung der Entwicklung von Selbstkonzept und Selbstwert soll daher in diesem Kapitel erörtert werden, inwiefern diese beiden ineinander verwobenen Aspekte des Selbst mit dem Erleben, der Regulierung und dem Ausdruck von Ärger bei Kindern heutzutage zusammenhängen. Dabei wird es nicht nur darum gehen, ob Kinder, die häufig an sich und ihren Fähigkeiten zweifeln, eine "dünnere Haut" haben, also häufiger und heftiger Ärger empfinden, sondern auch darum, wie sie diesen Ärger mit sich und anderen abmachen. Da in Kapitel 5 ausgeprägte Geschlechtsunterschiede in Hinblick auf die verschiedenen Aspekte des Ärgers dokumentiert wurden, werden die Ergebnisse in diesem Kapitel für Jungen und Mädchen getrennt dargestellt.

6.1 Zur Entwicklung von Selbstkonzept und Selbstwertgefühl

Begriffsklärung: Selbstkonzept und Selbstwertgefühl

Unter allen Lebewesen der Welt besitzen Menschen als einzige die Fähigkeit, bewußt über ihre eigene Person nachzudenken. Damit ist ihnen die Möglichkeit gegeben, Vorstellungen über ihr eigenes Selbst zu entwickeln. Dieses Selbstkonzept hilft ihnen dabei, ihre Lebenserfahrungen kognitiv zu organisieren und zu einer mehr oder weniger kohärenten Identität zu verarbeiten. In der Nachfolge von William James unterscheidet man zwischen zwei Aspekten des Selbstkonzepts, nämlich dem "Selbst als Subjekt" - im Englischen "I" genannt - und dem "Selbst als Objekt", das im Englischen mit "me" bezeichnet wird. Das Selbst als Subjekt bezeichnet das eigentliche Selbstgefühl, also das sich von Moment zu Moment wandelnde Erleben der eigenen Person. Sich als Subjekt zu erleben, setzt sowohl das Bewußtsein voraus, daß man von anderen getrennt und damit in gewisser Weise einzigartig ist, als auch das Wissen, daß das eigene Selbst Kontinuität besitzt, also über eine gewisse Zeit hinweg stabil bleibt. Das Selbst als Objekt umfaßt die Gesamtheit der Definitionen, die man über sich selbst besitzt und die man sicherlich zum Teil von anderen übernommen hat. James unterschied beim Konzept vom Selbst als Objekt zwischen dem "materiellen Selbst", das Körper, Kleider und Besitztümer beinhaltet, dem "sozialen Selbst", das die soziale Identität, das Wissen über das eigene soziale Verhalten und die Reputation bei anderen umschließt, und schließlich dem "psychologischen Selbst", also dem Bewußtsein über die eigenen geistigen Fähigkeiten, über vergangene Bewußtseinszustände sowie über die eigene Begabung. In jedem dieser drei Aspekte des Selbst gibt es Bereiche, die für einen Menschen zentral sind, und andere, die in seiner Selbstdefinition und seinem Selbsterleben am Rande stehen. Zwischen dem Selbst als Subjekt und dem Selbst als Objekt besteht eine dynamische Wechselbeziehung: einerseits orientieren sich Menschen in ihrem subjektiven Selbstgefühl an dem, was andere ihnen an Definitionen anbieten, was also Teil ihres objektiven Selbst ist. Andererseits schützt ihr subjektives Empfinden sie davor, die Vorschläge anderer vollständig zu übernehmen. Was Menschen als Subjekt empfinden, wird letztlich von keinem anderen geteilt, ist also in gewisser Weise einmalig (Damon & Hart, 1982).

Definiert man das Selbstkonzept als "Einstellung gegenüber der eigenen Person" (Filipp, 1984), so gibt es neben der eben beschriebenen kognitiven Komponente des Selbst noch eine weitere, nämlich evaluative Komponente, die man gemeinhin "Selbstwertgefühl" nennt. Das Selbstwertgefühl ist die Summe aller Selbsteinschätzungen und Selbstbewertungen (Frey & Benning, 1983). Von Interesse ist dabei zum einen die Richtung, in der sich eine Person einschätzt, also ob sie eher mit sich zufrieden ist oder eher an sich zweifelt. Zum anderen interessiert das Ausmaß der positiven oder negativen Beurteilung, also die Frage, *wie* günstig oder ungünstig eine Person sich selbst bewertet. Selbstkonzept und Selbstwertgefühl hängen eng zusammen, weil die Bewertung des eigenen Selbst nur vor dem Hintergrund der Konstruktion des Selbst stattfinden kann, deren Schwerpunkte sich im Laufe der (kindlichen) Entwicklung verschieben und ausdifferenzieren. Deshalb folgt jetzt ein kurzer Abriß zur Entwicklung des Selbstkonzepts. Literaturüberblicke und Modelle zu diesem Thema finden sich bei Damon (1989) und Harter (1983) sowie aus interaktionistischer Sicht bei Mead (1973) und Krappmann (1984).

6.1.1 Die Entwicklung des Selbstkonzepts

Die Ursprünge des Selbst liegen in den ersten Monaten des Lebens. Als erstes entwickelt sich dabei eine der Voraussetzungen für die Entstehung des subjektiven Selbst, nämlich das Bewußtsein der Getrenntheit von anderen. Anhand von klinischen Beobachtungen stellten Mahler, Pine und Bergman (1978) fest, daß ab etwa vier Monaten die Differenzierung des Körperschemas einsetzt, Kinder also ihren eigenen Körper als verschieden von denen ihrer Betreuungspersonen erkennen. Stern (1992) setzt den Zeitpunkt dieser Differenzierung etwas früher, nämlich bei etwa zwei Monaten, an. Aufgrund von Forschungsergebnissen zur Entwicklung von Lernen, Wahrnehmung und Gedächtnis bei Säuglingen postuliert er, daß sich zwischen dem zweiten und dem siebten Lebensmonat nicht nur das Bewußtsein eines zusammengehörigen Körpers, der eigenen Handlungen und damit der eigenen

Urheberschaft ausbildet, sondern auch der zweite Aspekt des subjektiven Selbst entsteht, nämlich das Bewußtsein der eigenen Kontinuität (siehe Kapitel 2.1). Obwohl man sich ständig verändert, bleibt man sich doch in gewisser Weise gleich. Ein weiterer Grundpfeiler des in dieser Zeit entstehenden präverbalen Kern-Selbst ist die Selbst-Affektivität, also die Erfahrung der Muster "inneren" Erlebens, die mit den unterschiedlichen Gefühlen einhergehen. Bei Mahler et al. (1978) wie bei Stern (1992) entstehen diese Aspekte des Selbst vor allem in den Interaktionen mit anderen, besonders mit den Bezugspersonen. Zwischen der Selbstregulation des Säuglings und seiner Regulation durch seine Eltern und Bezugspersonen besteht ein kompliziertes Verhältnis. Geht man von einem interaktiven Modell aus, dann muß man annehmen, daß die Handlungen zwischen den Interaktionspartnern abgestimmt werden (Mead, 1973; Krappmann, 1984). Babys und ihre Eltern sind jedoch ausgesprochen ungleiche Interaktionspartner: Der Erwachsene ist zwar auf längere Sicht durchsetzungsfähiger als das Kleinstkind, aber zugleich ist er auch insofern flexibler, als ihm ein breiteres Verhaltensrepertoire zur Verfügung steht. Aber auch der Säugling bringt seinen Teil ein, etwa durch seine Reizschwelle und seine Vorlieben für bestimmte Wahrnehmungen und Reaktionsformen wie auch durch seine sich entwickelnde Fähigkeit zur Aufmerksamkeit (Brazelton & Cramer, 1991, siehe Kapitel 2.1). Bisher wurden die Interaktionen zwischen Eltern und Baby oft als einseitiger Prozeß der Einflußnahme der Erwachsenen auf das Kind konzeptualisiert, etwa in der behavioristischen Tradition als Kontingenzlernen (z.B. Malatesta & Haviland, 1982). Auch Stern (1992) konzentrierte sich auf den Niederschlag dieser Interaktionen in den kognitiven Strukturen des Säuglings. Inwiefern die Beeinflussung "gegenseitig" ist, also auch die Eltern durch das Verhalten ihres Kindes "gesteuert" werden bzw. ihr Sprößling ihnen zu neuen Lernerfahrungen verhilft, ist eine Frage, die bisher recht selten empirisch untersucht wurde (Ausnahme: Lewis & Rosenblum,1974). Brazelton und Cramer (1991) gehen davon aus, daß sowohl das Baby als auch seine Eltern "Bedeutungen" im Verhalten ihres jeweiligen Beziehungspartners entdecken, die für die Ausgestaltung der Beziehung und der Persönlichkeitsentwicklung von Eltern *und* Kind von großer Wichtigkeit sind.

Wie in Kapitel 2 geschildert, fangen Eltern und Kind in der zweiten Hälfte des ersten Lebensjahres an, ihre Gefühle "bewußt" aufeinander abzustimmen. Stern (1992) beschreibt, wie die erwachsene Bezugsperson die affektive Qualität des kindlichen Verhaltens (Intensität, Intensitätsveränderung, Tempo, Rhythmus etc.) aufnimmt und sie in ihrem eigenen Verhalten widerspiegelt. Indem sie das beobachtbare Verhalten des Kindes nicht genau nachahmt, sondern dessen affektive Qualität aufnimmt, geht sie auf den unterliegenden Gefühlszustand ein und vermittelt dem Kind, daß sie es in seinem innerem Empfinden versteht. Dies läßt eine "psychologische" Qualität in der Kommunikation zwischen Eltern und Kind entstehen. Zugleich eröffnen sich hierdurch weitere Möglichkeiten, das Selbsterleben des Kindes zu beeinflussen. Denn dadurch, daß einzelne Aspekte des Erlebens durch die Gefühlsabstimmung mit der Bezugsperson hervorgehoben werden und andere "unter den Tisch" fallen, entwickelt das Kind ein Bewußtsein darüber, was es anderen mitteilen und dadurch validieren kann und was es nur für sich selbst erleben darf. Die selektive Abstimmung auf einzelne Aspekte des kindlichen Erlebens kann weiterhin die Entwicklung eines "falschen" Selbst befördern (Winnicott, 1974), etwa wenn das

Kind seine Begeisterung über ein Spielzeug oder eine Handlung übertreibt, um seine normalerweise wenig enthusiastische Mutter in einen heitereren Gemütszustand zu versetzen. Um der Akzeptanz der Mutter willen werden die weniger gehobenen Stimmungen zugleich aus dem Bereich des potentiell gemeinsamen Erlebens ausgegrenzt. Je nachdem, wie zugänglich die ausgegrenzten Bewußtseinszustände dem eigenen Erleben bleiben, können derartige Abstimmungsprozesse - so verschiedene klinische Theorien - zum Ausgangspunkt für die Verleugnung, die Verdrängung oder die Ausformung eines Nicht-Ichs (Sullivan, 1983) werden (Stern, 1992).

Erste Ansätze zur Entstehung eines Konzepts vom Selbst als Objekt lassen sich ebenfalls mit acht bis zwölf Monaten ausmachen, wenn Säuglinge anfangen, sich anhand von äußeren Merkmalen wiederzuerkennen. Auch die eben beschriebene Affektabstimmung zwischen Eltern und Kind setzt ein rudimentäres Bewußtsein über die Existenz unterschiedlicher Perspektiven voraus (Stern, 1992). Eine Konsolidierung des Wissens über das Selbst als Objekt erfolgt im zweiten Lebensjahr. In den bekannten Untersuchungen von Lewis und Brooks-Gunn (1979) berührten Kleinkinder ab etwa 15 Monaten, die sich im Spiegel sahen, vermehrt ihre Nase, wenn auf dieser ohne ihr Wissen ein roter Punkt angebracht worden war. Dies ist ein eindeutiges Zeichen für das (visuelle) Selbsterkennen aufgrund von äußeren Merkmalen. Etwa zur gleichen Zeit erkannten sich die Kleinkinder auch erstmalig auf Fotos oder auf Videoaufnahmen wieder, die eine Woche zuvor von ihnen gemacht worden waren. Mit der Entwicklung des Selbsterkennens ist die kognitive Grundlage für die Ausdifferenzierung der "selbstbezogenen" Gefühle, also vor allem der Peinlichkeit oder genauer des Gefühls, im Mittelpunkt des öffentlichen Interesses zu stehen (Lewis et al., 1989; Lewis, 1993c), gelegt. Interessanterweise entwickelt sich im Zusammenhang mit dem Selbsterkennen auch eine frühe Form der Empathie bzw. des Hilfeverhaltens gegenüber einer sichtlich traurigen (erwachsenen) Spielpartnerin (Bischof-Köhler, 1988). Inwiefern die mit der Selbstentwicklung verbundenen kognitiven Fortschritte auch das Erleben und die Intensität von Ärger beeinflussen, wurde in Kapitel 2.2 erörtert. Ungefähr ab der Mitte des zweiten Lebensjahres beginnen die meisten Kinder zu sprechen. Mit der Sprache als neuer Form, in der das Selbst repräsentiert wird (Stern, 1992), eröffnet sich zugleich die Möglichkeit, von den Kindern selbst Auskunft über ihr Selbstkonzept zu erhalten. Dies schließt nicht aus, daß nicht auch weiterhin Interaktionsprozesse für die Ausbildung des Selbstkonzeptes von Bedeutung sind, etwa die Beteiligung an verschiedenen Arten von gemeinsamen Tätigkeiten (Krappmann, 1984) oder Spielen (Mead, 1973) bzw. die gemeinsame Erarbeitung von Problemlösungen (Youniss, 1982). Modelle zur Entwicklung des "verbalen" Selbstkonzeptes haben Selman (1984), Kegan (1986) sowie Damon und Hart (1982) vorgelegt.

Fragt man Kinder von etwa drei bis sechs Jahren nach ihrem inneren Selbst, so scheinen sie keine Unterscheidung zwischen ihrer intrapsychischen Erfahrung und ihrer äußeren Erfahrung zu machen. Kinder im Vorschulalter definieren ihr Selbst vor allem über ihren Körper, ihre Besitztümer (Selman, 1984; Damon & Hart, 1982) und über die Aktivitäten, die sie damit entfalten (Keller, Ford & Meachum, 1978). Etwa ab dem Schulalter fangen Kinder an, physisches und psychisches Erleben voneinander zu trennen. Ab etwa acht Jahren verstehen Kinder, daß man nicht nur andere, sondern auch sich selbst täuschen kann. Die Kinder ordnen nun ihrem

"Innenleben" eine Priorität gegenüber "äußeren" Erscheinungen zu (Selman, 1984). Das versetzt sie in die Lage, bewußt Fassaden gegenüber anderen aufzubauen, was angesichts von den in jeder Schulklasse anzutreffenden Piesackern eine sicher nicht zu unterschätzende Fähigkeit zur Verringerung von Ärger ist (siehe Kapitel 4.9). Zugleich fällt es ihnen nun auch leichter, durch das Vertrauen in die eigenen Fähigkeiten eine gewisse Unabhängigkeit von der Beurteilung anderer zu gewinnen und damit innere Stärke zu entwickeln. Ab der Präadoleszenz werden abstrakte geistige Merkmale, wie ideologische Vorstellungen, psychischer und interpersonaler Stil oder Selbstbestimmtheit und Einzigartigkeit, zu Kernpunkten des Selbstkonzeptes (Secord & Peevers, 1974). Mit der wachsenden Einsicht in psychologische Prozesse geht das Wissen einher, daß man sein eigenes Erleben durch Selbstreflexion gestalten und verändern kann. Mit der Adoleszenz wächst neben der Integration verschiedener Teile des Selbst auch die Einsicht, daß trotz aller Bemühungen um Kontrolle des eigenen Empfindens auch unbewußte Prozesse eine Rolle spielen können (Selman, 1984).

6.1.2 Die Entwicklung des Selbstwertgefühls

Eng verknüpft mit der Entwicklung des Selbstkonzepts ist die Einstellung zur eigenen Person, also das Selbstwertgefühl. Die Grundlagen zum späteren Selbstwertgefühl werden vermutlich in den ersten Lebensjahren des Kindes gelegt, vor allem in und durch die Erfahrungen, die es mit seinen Bezugspersonen macht. Wesentlich für die Entwicklung eines Gefühls der Selbstwirksamkeit scheint zum einen zu sein, wie zuverlässig und prompt die Eltern auf Unbehagen und Unmut des Säuglings reagieren bzw. wie sehr sie Aktivitäten des Säuglings verstärken (Brazelton & Cramer, 1991). Zum anderen belegen Forschungsergebnisse zur elterlichen Feinfühligkeit, daß auch ein "richtiges", also den Bedürfnissen des Kindes angepaßtes und dabei nicht überbehütendes Eingehen auf das Baby wichtig für die Entstehung eines Selbstkonzepts als eine "liebenswerte" Person ist (Grossmann et al., 1989). Durch das Eingehen aufeinander, auch bei Spielen und anderen vergnüglichen Aktivitäten, legen die beiden Beteiligten miteinander fest, welche Bedeutung die einzelnen Handlungen in ihrer Beziehung haben (Krappmann, 1984). Der vertraute Erwachsene hilft dem Kind dabei, seine eigenen inneren Empfindungen zu regulieren (Stern, 1992) und zunehmend auch zunächst fremde und erschreckende Gemütszustände als Teil des eigenen Selbst zu erleben (Mahler et al., 1978). Wie schon James mit Blick auf das soziale Selbst bemerkte, sind die Definitionen (bzw. Abstimmungen) von anderen Menschen umso zentraler für das eigene Selbstkonzept, je früher sie erworben wurden, je häufiger sie bestätigt wurden und je kleiner die Zahl derjenigen ist, die dem Kind Rückmeldungen dieser Art gegeben hat. Nicht nur interaktionistische Sozialisationstheorien (z.B. Mead, 1973; Krappmann, 1984), sondern auch solche, die von Erziehungsstilen (Harter, 1983; Kornadt, 1988) oder der Bindungstheorie (z.B. Crittenden, 1993; Main, Kaplan & Cassidy, 1985; Cassidy, 1988) ausgehen, postulieren daher einen großen Einfluß der Bezugspersonen auf die kindliche Selbstbewertung.

Aus dem Vorschulalter liegen erste quantitative Messungen des Selbstwerts vor. Marsh, Craven und Debus (1991) stellten ein bereichsunspezifisches Selbstwertgefühl bereits bei Kindergartenkindern fest. Zeitlich war dieses allerdings nicht sehr stabil. Möglicherweise wurden diese Veränderungen in der Einstellung zur eigenen Person, ähnlich wie bei Erwachsenen, durch Stimmungsschwankungen hervorgerufen. Harter und Pike (1984) geben zu bedenken, daß die Selbstbewertung von Kindern im Vorschulalter "absolut" ist, sich also nicht am Vergleich mit anderen orientiert und daher oft eher dem Wunsch als der Wirklichkeit entspricht. Erst ab etwa acht Jahren, so Harter (1983), sind Kinder in der Lage, ein übergreifendes Urteil über ihren eigenen Wert abzugeben. Dem steht der Befund von Eder (1990) entgegen, daß Kinder schon ab dreieinhalb Jahren beginnen, ein dispositionales Selbstbild zu entwickeln.

Was die Grundlagen der Selbstbewertung im Schulalter angeht, so herrscht mehr Einigkeit in der Wissenschaft. Charakterisch für diese Altersstufe, aber sicher auch durch die Organisationsform der Schule begünstigt, ist der Wettbewerb unter den Kindern (Sullivan, 1983). Im Vergleich mit den Gleichaltrigen gewinnen die Kinder eine zeitstabilere Einstellung zu sich selbst (Ruble, 1983). Jüngere Kinder schätzen ihr Selbst dagegen eher in Hinblick auf personenunabhängige Standards ein (Ruble, 1983). Im Verlauf der mittleren Kindheit werden die Einschätzungen der eigenen Kompetenz im kognitiven und sportlichen Bereich meist nach unten korrigiert. Die zugleich zu beobachtende Zunahme der Varianzen weist jedoch darauf hin, daß die Selbstbeurteilungen der Kinder zunehmend differenzierter werden, also "starke" wie "schwache Seiten" zunehmend genauer wahrgenommen werden. Am Niveau des globalen Selbstwertgefühls änderte sich in der deutschen Längsschnittstudie von Asendorpf und van Aken (1993) im Verlauf der Grundschuljahre im allgemeinen wenig; die Mittelwerte blieben in etwa gleich hoch (ähnlich: Harter, 1983; Baldering, 1993).

In den Grundschuljahren wurden bisher keine Geschlechtsunterschiede in Hinblick auf die positive Ausprägung des Selbstwertgefühls festgestellt (Maccoby & Jacklin, 1974). Auch neuere Untersuchungen, die sowohl bereichsspezifische Einschätzungen der eigenen Kompetenzen als auch eine globale Selbstbewertung enthalten, konnten keine systematischen Unterschiede zwischen Mädchen und Jungen nachweisen (zusammenfassend Harter, 1983). Nur Baldering (1993) kam in ihrer Untersuchung zum Selbstkonzept zu dem Ergebnis, daß Jungen sich im Mittel positiver einschätzten, wenn es um die intellektuelle oder körperliche Leistungsfähigkeit, die Selbstsicherheit, die Selbstbehauptung sowie um das Erleben von Angst ging. Mädchen sahen ihre "starken Seiten" im allgemeinen eher in ihrer Fähigkeit, soziale Kontakte und überhaupt den Umgang mit anderen Menschen zu pflegen, sowie in ihrer äußeren Erscheinung und ihrem moralischen Selbst. Diese Ergebnisse werfen die Frage auf, ob sich die Geschlechter - trotz aller Gleichheit bezüglich der Höhe des globalen Selbstwertes - in Hinblick darauf unterscheiden, aus welchen Bereichen sie ihr Urteil über sich selbst bevorzugt schöpfen (Josephs, Markus & Taforodi, 1992). Weitere Faktoren, die das Selbstwertgefühl in der mittleren Kindheit beeinflussen können, sind neben der Qualität der Eltern-Kind-Bindung (Cassidy, 1988; Crittenden, 1993) bzw. der Eltern-Kind-Beziehung im allgemeinen (Harter, 1983; Satir, 1977) auch die Geschwisterbeziehungen und die

Freundschaften (zusammenfassend v. Salisch, 1999a) eines Kindes. Je wärmer ein Kind die Beziehung zu einem Geschwister oder zu einem (gleichgeschlechtlichen) Freund etwa einschätzte, desto positiver war seine Selbsteinschätzung - auch dann, wenn andere zwischenmenschliche Beziehungen als konfliktreich geschildert wurden (Stocker, 1994). Die Beliebtheit unter den Gleichaltrigen beeinflußt ebenfalls die Höhe des Selbstwertgefühls, wobei Kinder, die von ihren Peers zurückgewiesen werden, interessanterweise dazu neigen, ihre eigene Akzeptanz bei den anderen Kindern entweder zu überschätzen (Patterson, Kupersmidt & Griesler, 1990) oder zu unterschätzen (Boivin & Bégin, 1989). Ferner können Lebensereignisse, wie die Scheidung der Eltern (Satir, 1977) oder ein Schulwechsel (Harter, 1983; Berndt, 1987), eine positive Selbstbewertung beeinträchtigen.

Die Messung des Selbstwertgefühls

Auf der Grundlage der theoretischen und empirischen Arbeiten von Epstein (1973) und Coopersmith (1967) argumentiert Harter (1983), daß sich die Selbstbewertung der Kinder je nach Bereich unterscheiden kann und daß die Kinder ihr globales Urteil über sich selbst zum Teil auf Kompetenzen in diesen einzelnen Bereichen zurückführen. Neben der bereichsübergreifenden Selbstbewertung sollte daher auch die Selbsteinschätzung in jenen Bereichen erfragt werden, die für das Selbstkonzept von Kindern von zentraler Bedeutung sind. Ausgehend von diesen Überlegungen formulierte Harter (1985) das Self-Perception Profile for Children (SPPC), das Unterskalen zu fünf verschiedenen Bereichen der Selbstbewertung enthält. Für Schulkinder sind diese fünf Bereiche: schulische Leistungsfähigkeit, Akzeptanz durch die Gleichaltrigen, Kompetenz in Spiel und Sport, Körper und Aussehen und Verhalten. Hinzu kommt eine globale Bewertung des eigenen Selbst. Faktorenstruktur und andere psychometrische Eigenschaften dieses Instruments sind zufriedenstellend (Harter, 1985), auch in den deutschen Übersetzungen (Asendorpf & van Aken, 1993; Wünsche & Schneewind, 1989). Der mit Harters SPPC erhobene Wert zum globalen Selbstwert erfaßt das Niveau der Selbsteinschätzung, also das Ausmaß, in dem sich ein Kind im allgemeinen und über längere Zeit hinweg in positiver oder negativer Richtung beurteilt. Anzunehmen ist, daß dieses Urteil über die eigene Person Schwankungen unterliegt. Dafür spricht von empirischer Seite, daß die zeitliche Stabilität des globalen Selbstwertes nicht nur im Kindergartenalter ausgesprochen niedrig war (r = .19, Marsh et al., 1991), sondern auch im Schulalter unter der der anderen Unterskalen des SPPC lag (Asendorpf & van Aken, 1993). Daher liegt es nahe, neben dem Niveau des Selbstwertgefühls auch dessen Stabilität oder Variabilität über einen bestimmten Zeitraum zu messen. Mit der Variabilität des Selbstwertgefühls erfaßt man, so Kernis, Grannemann und Barclay (1989), die Empfindsamkeit gegenüber den Beurteilungen durch andere, also die mehr oder weniger ausgeprägte Neigung eines Menschen, sich Kritik oder Lob von anderen zu eigen zu machen. Eine große Abhängigkeit von der Zuneigung und Anerkennung durch (signifikante) andere sollte sich, falls diese nicht sicher gegeben sind, in einem stark fluktuierenden Selbstwertgefühl niederschlagen (Butler, Hokanson & Flynn, 1994). Ebenso können Sorgen über die eigene Selbstpräsentation für Schwankungen in der Selbstbewertung verantwortlich sein. Aus diesen Gründen wurde ein labiles Selbstwertgefühl bei Erwachsenen mit Depressionen (Butler et al., 1994), Ängstlichkeit, geringer sozialer Eingebundenheit und geringer Lebenszufriedenheit in Zusammenhang gebracht. Menschen mit einem instabilen Selbstwertgefühl reagieren vermutlich intensiver, weil bei Bedrohungen ihr ohnehin labiles Selbst stärker gefährdet ist als bei Menschen, die über ein stabiles Bewußtsein von ihrem eigenen Wert verfügen (Kernis et al., 1989).

6.2 Selbstwert und Ärgerneigung

6.2.1 Überlegungen zum Zusammenhang von Selbstwert und ärgerantezedenten Attributionen

Die Bedrohung des Selbstwertgefühls ruft bei Erwachsenen oft ärgerliche Gefühle auf den Plan. In Averills (1982) klassischer Studie wurde der Ärger über ein Ereignis der letzten Woche bei nahezu zwei Drittel der Versuchspersonen durch ein Erlebnis, eine Handlung oder eine Einstellung hervorgerufen, die "zu Einbußen in der persönlichen Würde, dem Selbstwertgefühl oder dem Gefühl, etwas wert zu sein" geführt hatten. Die Beeinträchtigung des Selbstwertgefühls war damit neben der Zielblockade und der Normverletzung die am häufigsten genannte Kategorie ärgerauslösender Bedingungen. Bei Kindern sieht dies nicht anders aus. So erzählten die Schülerinnen und Schüler in der Befragung von Feshbach et al. (1984) über die Umstände, die ihren Ärger erregt hatten, mit zunehmendem Alter immer häufiger Erlebnisse, bei denen ihr Selbstwertgefühl bedroht worden war. Auch Krappmann (1994) machte bei der Beobachtung von Viertkläßlern in einer Berliner Grundschule den Schutz des Selbstbildes als eine der Ursachen für mißlingende Aushandlungen unter Kindern aus. Er schreibt dazu:

> "Kinder reagierten dann mit besonderer Heftigkeit, wenn sie den Eindruck gewinnen mußten, die anderen [Kinder] glaubten, sie könnten sich gegen Erniedrigungen und Übergriffe nicht wehren. Diese Situation führte in einigen Fällen zu verzweifelten Mitteln, das Selbstbild zu schützen, etwa zu dem bereits berichteten Biß eines körperlich unterlegenen Jungen. Zu dieser Verzweiflungstat schien beigetragen zu haben, daß Umstehende über seine Unfähigkeit, sich wirksam zu wehren, gelacht hatten" (Krappmann, 1994, S. 112).

Diese Ergebnisse legen ebenso wie theoretische Formulierungen von Epstein (1993) und anderen Persönlichkeitspsychologen nahe, daß die Aufrechterhaltung und Verbesserung des Selbstwertgefühls eines der Grundbedürfnisse des Menschen ist. Aus interaktionistischer Sicht wird das eigene Selbstkonzept ebenfalls permanent in den Interaktionen mit wichtigen anderen erprobt (Mead, 1973; Goffman, 1975). Gerade wenn es um bedrohliche Gefühle geht, die oft durch andere Menschen hervorgerufen werden, ist die Bewahrung einer positiven Selbstbeurteilung oft eines der Ziele, die angestrebt werden (Laux & Weber, 1993). Der Wunsch, Kontrolle über die Situation zu erlangen und dadurch ein Gefühl des persönlichen Werts wiederzugewinnen, war für Averills (1982) Versuchspersonen das am häufigsten genannte Motiv für ihre ärgerlichen Reaktionen. Wurde ihr Selbst angegriffen, dann reagierten die Kinder und Jugendlichen in Krappmanns (1993d) Beobachtungsstudie in charakteristischer Weise, die in etwa einem Drittel der Fälle darin bestand, daß sie ihre Souveränität durch Abwertung oder Angriff ihres Kritikers unterstrichen.

Für Lazarus (1991a) ist das Selbstwertgefühl nicht nur in Hinblick auf die Regulierung von schon bestehendem Ärger wichtig, sondern auch in Hinblick auf dessen Entstehung. In seiner relational-motivational-kognitiven Emotionstheorie geht er sogar soweit, zu behaupten, daß die Bedrohung der "ego identity" eine der drei notwendigen und hinreichenden primären Bewertungen ist, die zum Erleben von Ärger führen. Die beiden anderen unerläßlichen Attributionen, nämlich die Beurteilungen, daß das Ereignis für die Person relevant ist und daß es mit den eigenen Zielen nicht zu vereinbaren ist, teilt der Ärger mit anderen negativen Emotionen, wie etwa der Trauer oder der Angst. Erst die Zuschreibung, daß die "ego identity" vor dem eigenen Selbst oder vor anderen beeinträchtigt wurde oder Bemühungen um deren Aufwertung behindert wurden, macht indessen nach Lazarus (1991a) - neben weiteren sekundären Bewertungen - das Besondere an den Attributionen des Ärgers aus. Als Kern-Beziehungsthema des Ärgers schlägt er dementsprechend die Zuschreibung vor, daß man "gekränkt oder abgewertet" wurde (Lazarus, 1991b).

Im ersten Kapitel wurde ausgeführt, welche Bedingungen zum Erleben von Ärger führen (können). Trotz weitgehender Differenzen in anderen Punkten herrschte unter den kognitiven Emotionstheorien im großen und ganzen Übereinstimmung über die ärgerprovozierenden Attributionen. Ärger auf andere Personen entstand, kurz gesagt, vor allem dann, wenn ein Mensch der Meinung war, daß jemand anderes (1) ihm Schaden zugefügt hatte oder dies tun wollte, (2) für den Schaden in dem Sinne verantwortlich war, daß er ihn hätte vorhersehen oder abhalten können, (3) der Schaden beabsichtigt war und (4) keine Entschuldigungen oder Rechtfertigungen vorlagen, etwa von der Art, daß besondere Umstände den Verursacher beeinträchtigt oder behindert hatten oder daß seine Einstellung oder sein Handeln durch ein höherwertiges Motiv legitimiert waren (Mees, 1991, 1993). Wie wirkt sich nun eine im wesentlichen negative oder stark schwankende Selbstbewertung auf diese Attributionen aus? Da zu dieser Frage kaum empirische Untersuchungen vorliegen, folgen zunächst einige Überlegungen. Anzunehmen ist, daß das Selbstwertgefühl vor allem die Zuschreibung der Intentionalität beeinflußt. Kinder mit einem niedrigen oder instabilen Selbstwertgefühl dürften die feindseligen Absichten des Verursachers überschätzen. Daß der Verursacher aus Fahrlässigkeit gehandelt hat, oder daß der ärgerprovozierende Zwischenfall das Ergebnis eines Mißverständnisses oder eines Zufalls war, dürfte ihnen seltener in den Sinn kommen. Damit einhergehen dürfte eine Überschätzung des Ausmaßes, in dem die Situation von dem Verursacher zu kontrollieren war. Daß das ärgerprovozierende Verhalten durch besondere Umstände entschuldigt werden kann, dürfte ihnen ebenfalls seltener einfallen. Weil die verschiedenen Möglichkeiten, die Verursachung des Ärgers zu rechtfertigen oder zu entschuldigen, von Kindern mit niedrigem bzw. labilem Selbstwertgefühl seltener wahrgenommen werden, dürften sie häufiger Ärger empfinden. Genauer gesagt: Je niedriger bzw. labiler das Selbstwertgefühl eines Kindes, desto häufiger wird es sich ärgern. Averill (1982) dagegen postuliert nicht eine lineare, sondern eine kurvilineare Beziehung zwischen dem habituellen Niveau des Selbstwertgefühls und der Neigung, Ärger zu empfinden. Personen mit einem besonders niedrigen Selbstwertgefühl werden, so argumentiert er, die Beeinträchtigung des Selbst als legitim bzw. als kongruent mit ihrem eigenen Selbstbild empfinden und sich nicht in der Lage sehen, der Bedrohung wirksam zu begegnen. Personen mit einer ausgeprägt positiven Selbstbeurteilung werden sich dagegen seltener ärgern, weil sie geringfügige Herabsetzungen oder Zurückweisungen nicht als Bedrohung erleben. Dies entspricht den Vorhersagen aus der "Selbstkonsistenztheorie", die allerdings ebensowenig wie Averills (1982) Überlegungen zu diesem Thema empirisch abgesichert werden konnten (Frey & Benning, 1983).

Personen mit einem niedrigen bzw. instabilen Selbstwertgefühl hegen häufiger selbstabwertende Gedanken und neigen dazu, sich selbst in Frage zu stellen. Das häufige Gefühl der Unsicherheit übersetzt sich in Zweifel darüber, ob die eigenen Fähigkeiten ausreichen, um mit Situationen zurechtzukommen, die als "illegitim, schlecht, ungerecht oder nicht so, wie sie sein sollten" (de Rivera, 1984) empfunden werden. Aus dieser transaktionalen Sicht (Lazarus & Launier, 1978) ist anzunehmen, daß Kinder mit einem niedrigen oder labilen Selbstwertgefühl sich in Situationen ärgerlich fühlen, von denen ihre Altersgenossen mit höherem Selbstwert weniger berührt oder sich sogar herausgefordert sehen würden, die Situation zu ändern. Kinder mit einem niedrigen oder instabilen Selbstwertgefühl dürften daher häufiger Ärger empfinden. Ihr Gefühl der Vulnerabilität und ihre Zweifel an ihrer Fähigkeit, Hindernisse zu überwinden, dürften ihnen häufiger als anderen Kindern das Gefühl "mit dem Rücken zur Wand zu stehen" vermitteln. Aus diesem Grund empfinden sie vielleicht nicht nur häufigeren, sondern auch intensiveren Ärger, der sich möglicherweise oft mit Hoffnungslosigkeit mischt. Damit dürften sie häufig eine Gefühlsmischung empfinden, die man etwas unpräzise "Wut der Verzweiflung" nennen könnte. Die hier skizzierten Überlegungen, daß Personen mit einem niedrigen und/oder labilen Selbstwertgefühl besonders häufig und heftig Ärger empfinden, setzen voraus, daß diese Menschen nicht nur eine negative Einstellung zu sich selbst haben, sondern auch zu anderen Menschen. Dies ist zwar entwicklungspsychologisch plausibel - ein unsicheres Arbeitsmodell in beiden Eltern-Kind-Beziehungen dürfte in der Regel mit einer Selbsteinschätzung als wenig liebenswert einhergehen (Crittenden, 1993) - aber es ist nicht notwendigerweise der Fall. Ist die Einstellung zu anderen trotz (oder gerade wegen?) der eigenen Selbstzweifel im großen und ganzen positiv, dann kommt man zu anderen Vorhersagen (Griffin & Bartholomew, 1994).

6.2.2 Selbstwert und Ärgerneigung: empirische Untersuchungen

Zur Qualität des Ärgerempfindens selbstwertniedriger Kinder liegen keine Befunde aus Forschungsarbeiten vor, wohl aber zu ihren ärgerrelevanten Bewertungen und zu ihrer Ärgerneigung. Inwiefern die Attributionen eines Kindes von dessen Selbstbewertung beeinflußt werden, wurde in einem Experiment von Dodge und Somberg (1987) untersucht, in dem sie die Selbstbedrohung experimentell manipulierten.

Acht- bis zehnjährige Jungen, die von ihren Klassenkameraden als "aggressiv" abgelehnt wurden, beurteilten die Absichten von Gleichaltrigen, die sie auf Video sahen, unter "normalen" Umständen im Labor nur etwas (aber nicht signifikant) feindseliger als eine Vergleichsgruppe "nicht-aggressiver" Jungen. Erst unter Versuchsbedingungen, bei denen ihr Selbst durch die Aussicht auf eine Auseinandersetzung mit einem anderen Jungen bedroht wurde, traten die Unterschiede zwischen den beiden Gruppen deutlich hervor: Erst jetzt neigten die "aggressiven" Jungen verstärkt dazu, dem Verursacher einer zweideutigen Provokation in dem Videoclip feindselige Motive zu unterstellen. Daß der ärgerliche Zwischenfall auf einem Zufall beruhen könnte, nahmen sie in der Bedrohungssituation seltener (und damit ungenauer) wahr. Unter Umständen, in denen diese Jungen durch eine mögliche Auseinandersetzung bedroht wurden (bzw. sie sich bedroht fühlten), verstärkte sich ihr "feindseliger Attributionsbias" mehr als per Zufall zu erwarten gewesen wäre, während die Neigung zu feindseligen Unterstellungen bei den "nicht-aggressiven" Jungen der Vergleichsgruppe in etwa gleich blieb (siehe Kapitel 4.2). Auf der Grundlage der Ergebnisse von Dodge und Somberg (1987) ist daher anzunehmen, daß diese Jungen unter Bedingungen, bei denen ihr Selbst bedroht wird - was in Klassenzimmer und Pausenhof, Schulweg und Spielplatz sicher nicht selten vorkommt -, leichter Ärger empfinden und diesen wahrscheinlich häufiger in Form von aggressivem Verhalten ausdrücken. Einschränkend ist zu dieser Untersuchung zu sagen, daß nur Jungen an ihr teilnahmen.

Nimmt man an, daß sich kritische Selbstbewertungen bei manchen Menschen soweit verallgemeinert haben, daß sie die Tendenz haben, sich als ganze Person abzuwerten und dadurch häufig Scham zu empfinden, dann paßt auch das Ergebnis von Tangney, Wagner, Hill-Barlow, Marschall und Gramzow (1996) in diesen Zusammenhang. Die Arbeitsgruppe um Tangney fand nämlich heraus, daß Schulkinder (und Erwachsene), die zum Erleben von Scham neigten, in vorgegebenen Ärger-Szenarios intensivere Ärgergefühle angaben und, wenn ärgerlich, dem Verursacher eher feindselige Motive unterstellten. Bei diesen zwar signifikanten, aber nicht sehr hohen Korrelationen war die Neigung, habituell Schuld zu empfinden, vorher auspartialisiert worden. Murphy und Eisenberg (1996) stellten übereinstimmend fest, daß Grundschulkinder, die von ihren Camp-Betreuern als "sozial weniger kompetent" eingestuft worden waren, heftigere Ärgerempfindungen berichteten, wenn sie nach Ärgererlebnissen mit Peers gefragt wurden, als ihre sozial geschickteren Altersgenossen. Dieses Ergebnis hatte auch dann Bestand, wenn das Alter und das Geschlecht der Kinder sowie die Ärgerursache statistisch kontrolliert wurden.

In einer Studie von Waschull und Kernis (1993) wurde der Einfluß eines instabilen Selbstwertgefühls auf die Zuschreibungen von Kindern bei ärgerprovozierenden Zwischenfällen untersucht. Mädchen und Jungen, deren globaler Selbstwert auf der SPPC-Skala von Harter über fünf Tage stark fluktuierte (d.h. große Standardabweichungen aufwies), neigten dazu, das provozierende Verhalten eines Gleichaltrigen in hypothetischen Situationen nicht als instrumentelle Behinderung ihrer Ziele aufzufassen, sondern als Bedrohung ihres Selbstwertes. Die Autoren interpretieren diesen Befund mit Hinweis auf die größere Verletzlichkeit dieser Kinder, die sie dazu veranlaßt, sich alltägliche Provokationen allzusehr "zu Herzen" zu nehmen. Ob sich die Neigung zu einer selbstwertbedrohenden Auslegung von alltäglichen Vorkommnissen in einer ausgeprägteren Ärgerneigung niederschlägt, geht aus dieser Studie leider nicht hervor. Zur Ärgerneigung selbstwertniedriger oder -instabiler Personen liegt lediglich ein Befund bei Erwachsenen vor, nämlich die Studie von Kernis und Mitarbeitern (1989). Diese liefert den Hinweis, daß Personen, die ein hohes, aber fragiles Selbstwertgefühl besitzen, in der Regel häufiger intensiveren Ärger empfinden (Kernis et al., 1989) als Personen mit stabil-hoher oder mit niedriger Selbsteinschätzung.

6.2.3 Die Tagebuchstudie zu Selbstwert und Ärgerneigung

Ergebnisse zum Niveau des Selbstwerts

Um herauszufinden, inwiefern sich das Selbstwertgefühl auf die Ärgerneigung auswirkt, wurde sowohl beim Tagebuchsample von Studie 3 (N = 78) als auch bei der Stichprobe von Studie 1 (N = 38) der Zusammenhang zwischen Niveau des Selbstwertes und Ärgerhäufigkeit und -intensität analysiert. Für diese Auswertungen wurde das Niveau des Selbstwertgefühls zum ersten Meßzeitpunkt entlang des Medians dichotomisiert. Da die beiden Selbstwert-Gruppen recht klein waren, wurden sie nicht noch weiter nach Geschlecht aufgeteilt. Es wurden Kovarianzanalysen berechnet, wobei das Alter und die Neigung, sozial erwünschte Antworten zu geben, auspartialisiert wurden. Ergebnis dieser Auswertungen war, daß selbstwertniedrige Kinder nicht häufiger oder seltener Ärger empfanden als ihre selbstwerthohen Altersgenossen, und zwar weder in Studie 3 noch in Studie 1. Die in Tabellenform aufbereiteten Ergebnisse dieser Analysen befinden sich im Anhang (Tabellen A 6.1 und A 6.2).

Ergebnisse zur Stabilität des Selbstwertgefühls

Da der globale Selbstwert der Kinder in Studie 3 zu zwei Meßzeitpunkten im Abstand von etwa zwei Wochen erhoben wurde, war es bei dieser Stichprobe möglich, neben dem Niveau auch die Stabilität der Selbstbeurteilungen in die Auswertung einzubeziehen. Die Stabilität des Selbstwertes ergab sich aus der Zusammenfassung der beiden Median-dichotomisierten Meßwerte eines Kindes: Lag sein Selbstwert zu beiden Erhebungen unter bzw. über dem Median (dieses Meßzeitpunktes), so wurde es als "stabil niedrig" bzw. "stabil hoch" eingestuft. Kinder, deren Selbsteinschätzung einmal über und einmal unter dem Median lag, wurden als "instabil" bezeichnet. Die entsprechenden Kovarianzanalysen mit Alter und sozialer Erwünschtheit als Kovariaten sind in Tabelle 6.1 abgedruckt.

Aus Tabelle 6.1 geht hervor, daß Kinder mit einem instabilen Selbstwertgefühl besonders häufig Ärger empfanden. Kinder mit einem stabil niedrigen Selbstwertgefühl notierten besonders selten Ärger in ihren Tagebüchern. Dies galt sowohl für den intensiven als auch für den "mittelstarken" Ärger. Die Ergebnisse waren signifikant, auch wenn Alter und soziale Erwünschtheit auspartialisiert wurden.

Tabelle 6.1: Kovarianzanalysen über den Einfluß der Stabilität des Selbstwertgefühls auf die Ärgerneigung (Studie 3)

Ärgererleben im Tagebuch	Selbstwert			Haupteffekt Selbstwert-stabilität	
	stabil niedrig (N = 27) MW	instabil (N = 23) MW	stabil hoch (N = 9) MW	$F_{(2,75)}$	p
gesamt "sauer"*	.76	1.68	1.24	4.40	.017
"sehr sauer"	.31	.69	.60	4.83	.012
"mittel sauer"	.22	.52	.28	5.55	.006
"etwas sauer"	.23	.46	.36	1.37	-

* mittlere Häufigkeit pro Tag
N.B. Alter und soziale Erwünschtheit wurden auspartialisiert

6.2.4 Zusammenfassende Diskussion zu Selbstwert und Ärgerneigung

Die Erwartung, daß Kinder mit einem niedrigen Selbstwertgefühl häufiger (und heftiger) Ärger erleben als ihre Altersgenossen mit einem hohen Selbstwertgefühl, ließ sich nicht bestätigen, und zwar weder in Studie 3 noch in Studie 1. Kinder, deren Selbsteinschätzung aber schwankte, also zu einem Meßzeitpunkt über und zum anderen unter dem Median lag, notierten etwa doppelt so häufig ärgerliche Gefühle in ihren Tagebüchern wie Kinder, deren Selbstwertgefühl stabil niedrig war. Und wenn selbstwertinstabile Kinder sich ärgerten, dann war ihr Ärger häufiger stark oder mittelstark ausgeprägt. Geringer Ärger hing dagegen nicht mit der Stabilität der Selbstbewertungen zusammen. Obwohl die Median-Dichotomisierung eine recht grobe Methode ist, die geringe Schwankungen bei Kindern mit einem mittelhohen Selbstwertgefühl herausstreicht, bestätigt dieser Befund die von Kernis et al. (1989) sehr viel aufwendiger geprüfte These, daß Menschen mit einem instabilen Selbstwertgefühl besonders empfindlich auf alltägliche Provokationen reagieren. Ob die hier zutage tretende "dünnere Haut", wie von dem Experiment von Dodge und Somberg (1987) nahegelegt, mit einer feindseligen Art der Verantwortungszuschreibung zusammenhängt, muß in zukünftigen Studien geklärt werden.

Interpretiert man diese Befunde im Lichte klinischer Überlegungen weiter, so läßt sich ein instabiles Selbstwertgefühl als Ausdruck einer narzißtischen Störung deuten, zeichnet sich diese doch ebenfalls durch eine schwankende Selbsteinschätzung, genauer gesagt durch ein ständiges Hin- und Herpendeln zwischen Selbstunsicherheit und Größenvorstellungen, aus. Aus dem im Grunde genommen unsicheren bzw. unrealistischen Bild der eigenen Person ergibt sich eine erhöhte Kränkbarkeit (Bushman & Baumeister, 1998) sowie eine vergleichsweise geringe Frustrationstoleranz (Rauchfleisch, 1992). Die Funktion des Ärgers (bzw. des aggressiven Verhaltens) wäre dabei "die Abwehr der Gefühle der eigenen Verletzlichkeit, indem man der Angst zuvorkommt und den Konflikt nach außen verlagert" (Novaco, 1975, S. 6, eigene Übersetzung). Novacos verhaltenstherapeutisch orientiertes Programm zum "anger management" enthält dementsprechend als Kernpunkte die Pflege einer positiven Selbstbewertung im allgemeinen sowie die Einübung einer aufgabenorientierten Haltung während der ärgerprovozierenden Situationen. Die Verletzung des eigenen Egos soll dabei in den Hintergrund treten. Das Therapieprogramm von Siebert folgt einer ähnlichen Logik (siehe Übersicht in Fichten, 1992).

Verwandt mit diesen klinischen Einsichten sind Überlegungen zur Entstehung und Bewältigung des Gefühls der Scham. Attribuiert ein Mensch sein Fehlverhalten nicht auf bereichsspezifische und korrigierbare, sondern auf globale und zeitstabile Ursachen, so sollte nach Lewis (1993a) Scham die Folge sein. Das Empfinden von Scham ist sehr unangenehm, weil es die Bewertung der eigenen Person als Ganzes berührt. Charakteristische Merkmale im Verhalten sind niedergeschlagene Augen und eine geduckte Körperhaltung; ein Mensch, der sich schämt, möchte am liebsten "im Boden versinken". Macht jemand anderes die Person auf eine Verfehlung aufmerksam, für die sie sich schämt, so ist dies zunächst ein Angriff auf das Selbstwertgefühl dieser Person. Da Scham ein recht schmerzliches Gefühl ist, das zudem mit der Phantasie der Abwertung und Zurückweisung durch den Angreifer einhergeht, liegt es nahe, die Kränkung abzuwehren, indem man nun seinerseits den Kritiker attackiert, möglicherweise sogar in der Überzeugung, daß man das Recht auf seiner Seite hat, da man ja vorher gekränkt wurde (H.B. Lewis, 1976). Auf irgendeiner Ebene sieht die beschämte Person jedoch ein, daß ihre Wut ungerecht oder unangemessen war. Dies kann zu weiterer Scham führen bzw. sich im weiteren Verlauf zu der von Klinikern beschriebenen "Scham-Wut-Spirale" hochschrauben (H.B. Lewis, 1976; Retzinger, 1987). Erleben und Ausdruck von Ärger oder Wut sind dabei in jedem Fall eine von mehreren Möglichkeiten, das Gefühl der Scham zu umgehen (Lewis, 1993a; Tangney, Wagner, Fletcher & Gramzow, 1992). Zu Scham neigende Personen berichten entsprechend heftigere Ärgergefühle. Außerdem tendieren sie dazu, dem Verursacher ihres Ärgers feindselige Motive zu unterstellen (Tangney, Wagner et al., 1996). Weitere Merkmale der schambedingten Wut wurden in Kapitel 2.2 erörtert.

Aus Tabelle 6.1 geht nicht nur hervor, daß sich Kinder mit einem instabilen Selbstwertgefühl besonders häufig und heftig ärgerten, sondern auch, daß Kinder mit einem stabil niedrigen Urteil über sich selbst dies besonders selten taten. Entgegen den zu Beginn dieses Abschnitts formulierten Überlegungen, die sich gleichermaßen auf Kinder mit einem niedrigen wie einem labilen Selbstwertgefühl bezogen, muß man nach diesen Befunden der Tagebuchstudie zwischen diesen beiden Stilen der Selbstbeurteilung differenzieren (Bushman & Baumeister, 1998). Daß sich Kinder, die ihren eigenen Wert über beide Meßzeitpunkte hinweg stabil hoch *oder* niedriger einschätzten, seltener ärgerten, könnte stattdessen als Beleg für die von Averill (1982) vorgeschlagene kurvilineare Beziehung zwischen Selbstbewertung und Ärgererleben gelten, nach der Menschen mit einem (stabil) niedrigen Selbstwert, kurz gesagt, seltener Ärger erleben, weil sie die Beeinträchtigungen durch den Verursacher als legitim bzw. als kongruent mit ihrem eigenen Selbstbild erfahren. Menschen mit einer (stabil) positiven Selbstbewertung empfinden nach Averill (1982) seltener Ärger, weil sie alltägliche Provokationen seltener als Bedrohung oder als Angriff auf ihr Selbst erleben. Auf jeden Fall legen diese Ergebnisse nahe, den Zusammenhängen zwischen der Selbstbewertung, die hier nur recht global erfaßt wurde, und dem Ärgererleben weiter nachzugehen.

6.3 Selbstwert und Ärgerregulierung

6.3.1 Selbstwert und Ärgerregulierung: Überlegungen und Untersuchungen

Die *erste* und wahrscheinlich naheliegenste Vermutung ist, daß Menschen mit einem niedrigen Selbstwert eher als andere gehemmt sind, wenn es darum geht, ihren Ärger der Person mitzuteilen, die ihn erregt hat (Coopersmith, 1967; Lazarus, 1991a). Ergebnisse aus Studie 1 weisen darauf hin, daß je mehr Kinder an sich und ihren Fähigkeiten zweifelten, desto häufiger gaben sie im Tagebuch an, daß sie ihren Ärger im Ausdruck gegenüber dem Verursacher verkleinerten (v. Salisch, 1993c)[1]. Mögliche Gründe für die Ausdrucksminimierung hat Weber (1994) erkundet, indem sie Erwachsene nach ihrem Erleben, ihren Verhaltensreaktionen und ihren Bewältigungsintentionen in drei hypothetischen ärgerprovozierenden Situationen gefragt hat. Den Ergebnissen ihrer Studie zufolge unterschieden sich Versuchspersonen mit niedrigem und hohem Selbstwert schon beim Erleben von Ärger: Personen mit tendenziell negativer Selbstbewertung empfanden in diesen Situationen nach eigenen Angaben neben dem obligaten Ärger signifikant mehr Angst und Unsicherheit, aber auch tendenziell mehr Wut, insgesamt also eher einen "Gefühlscocktail", der stark nach Verzweiflung schmecken dürfte (siehe Kapitel 6.2.1). Den selbstwertniedrigen Probandinnen und Probanden lag bei ihren öffentlich sichtbaren Reaktionen vor allem am Herzen, ihre Unsicherheit zu verbergen, eben "nicht als der letzte Depp dazustehen", so der Wortlaut des entsprechenden Fragebogen-Items. Bei der Bewältigung des ärgerlichen Zwischenfalls war dies ihr vordringlichstes Ziel (Weber, 1994).

Menschen, die oft und stark an sich zweifeln, dürften auch oft die Legitimität ihres Ärgererlebens anzweifeln. Sie werden sich also häufiger als andere fragen, ob sie überhaupt ein Recht haben, jetzt in dieser Situation ärgerlich zu sein. Desgleichen wäre zu vermuten, daß Menschen, die zu einer negativen Bewertung ihres eigenen Selbst tendieren, besonders strenge Vorstellungen darüber verinnerlicht haben, wann und wie es angemessen ist, seinem Ärger Ausdruck zu verleihen. Als letztes wäre nicht auszuschließen, daß Menschen mit einem niedrigen Selbstwert sich auch deshalb in ihrem Ärgerausdruck gegenüber dem Verursacher zurückhalten, weil sie befürchten, ihn zu verärgern und damit seine Zuneigung zu verlieren (Coopersmith, 1967). Die Angst vor Zurückweisung durch die Person, die ihren Ärger ausgelöst hat, dürfte umso größer sein, je mehr sie in ihrer Selbstbewertung auf positive Rückmeldungen durch eben diesen Menschen angewiesen sind. Anzunehmen ist ferner, daß Menschen, die dazu neigen, nicht nur sich selbst, sondern auch andere abzuwerten (Griffin & Bartholomew, 1994), weniger Angst vor der Ablehnung durch den Verursacher haben. Insgesamt laufen die eben genannten Überlegungen darauf hinaus, daß Kinder mit einem niedrigen Selbstwert ihrem Ärger seltener Ausdruck verleihen, auch wenn dies eine Spannung zwischen dem tendenziell starken Erleben

---

1 In der Tagebuchuntersuchung von Studie 3 ließen sich diese einfachen Zusammenhänge zwischen Selbstwert und Ärgerausdruck nicht bestätigen. Stattdessen ergaben sich komplexe Zusammenhänge. Da sie schwer interpretierbar sind, werden sie hier nicht berichtet.

und dem "Nicht-Ausdruck" des Ärgers aufbaut. Zugespitzt könnte man daher annehmen, *daß Kinder mit einem niedrigeren Selbstwert eher geneigt sind, ihren Ärger im Ausdruck gegenüber dem verursachenden Freund zu verbergen, als ihre Altersgenossen mit einem höheren Selbstwert.*

Eine *zweite* Erwartung qualifiziert diese Vorhersage. Gerade weil Personen, die sich selbst eher negativ einschätzen, bei ihrem Ärgerausdruck im allgemeinen und im besonderen gegenüber denjenigen, von denen sie abhängig sind, sehr zurückhaltend sind, liegt es nahe, daß sie dieses Gefühl bei anderen Gelegenheiten umso deutlicher kundtun, möglicherweise gegenüber "Schwächeren", vielleicht aber auch gegenüber der sprichwörtlichen "Fliege an der Wand", also bei völlig unangemessenen Anlässen. Der Psychoanalytiker Udo Rauchfleisch (1992) nannte dieses Phänomen einen "Impulsdurchbruch". Krappmann (1975) diskutierte es unter den Stichworten der "Verdrängung" bzw. "Ich-Spaltung" als eine der Möglichkeiten, nicht mehr zu tolerierende Ambivalenzen aufzulösen. Für einen engen Zusammenhang zwischen einer negativen Selbstbewertung und dem Ärgerausdruck in Form von aggressivem Verhalten sprechen eine Reihe von Studien mit verhaltensauffälligen Kindern. So stellten Lochman und Lampron (1986) fest, daß zehnjährige Jungen, die bei ihren Lehrern als "aggressiv" galten, im Durchschnitt einen niedrigeren globalen Selbstwert auf der Vorläuferskala von Harters SPPC aufwiesen als eine Vergleichsgruppe "nicht-aggressiver" Jungen. Dieser Befund wurde in der Untersuchung von Schneider und Leitenberg (1989), die auch Mädchen und aggressiv-zurückgezogene ("aggressive-withdrawn") Kinder umfaßte, im Prinzip bestätigt. Zwei weitere Studien von Lochman (1992) und Mitarbeitern (Lochman & Curry, 1986) weisen darauf hin, daß sich die Selbstbewertung "aggressiver" Kinder und Jugendlichen nach therapeutischen Interventionen zur "anger control" zum Positiven hin veränderte und dieser Effekt über drei Jahre anhielt. Ähnliche Therapieeffekte bei Erwachsenen berichtet Novaco (1979, S. 257).

Hinter dem aggressiven Verhalten stehen nach Dodges (1986; Crick & Dodge, 1994) "Modell zur Verarbeitung von sozialen Informationen" Defizite nicht nur bei der Wahrnehmung und dem Erleben von ärgerprovozierenden Situationen, sondern auch hinsichtlich der Auswahl und der Ausführung angemessener Reaktionen im Verhalten. Die Schwierigkeiten, die "aggressive" Kinder mit Wahrnehmung, Enkodierung, mentaler Repräsentation und Interpretation von sozialen Hinweisreizen haben können, wurden als Verarbeitungsschritte eins und zwei im vierten Kapitel besprochen und unter dem Stichwort "feindseliger Attributionsbias" mehrfach in empirischen Untersuchungen repliziert (siehe auch Kapitel 6.2.2). Hier soll es nun um die Verarbeitungsschritte drei bis fünf gehen, die die Suche nach geeigneten Verhaltensreaktionen (Schritt 3), die Entscheidung für eine Verhaltensalternative (Schritt 4) und die Ausführung dieser Handlungen (Schritt 5) zum Inhalt haben. Dodge (1986) weist bezogen auf diese Schritte nach, daß "aggressive" Kinder im allgemeinen weniger Strategien nennen, mit denen sie Provokationen wirkungsvoll begegnen können, und daß sie auch stärker an die Wirksamkeit "aggressiver" Verhaltensweisen glauben. Defizite bei den verschiedenen Schritten zur Verarbeitung sozialer Informationen hängen oft zusammen und gehen der Tendenz nach mit einem niedrigen Selbstwertgefühl einher. So korrelierten in Lochman und Dodges (1994) Untersuchung eine lückenhafte Informationssuche, feindselige Attributionen und eine eingeschränkte Fähigkeit zur Lösung sozialer Probleme einerseits mit einer niedrigen Einschätzung des globalen Selbstwerts und der eigenen Akzeptanz bei den Gleichaltrigen andererseits. Versuchspersonen waren männliche Heranwachsende von etwa zehn und etwa vierzehn Jahren, die wegen aggressiver oder antisozialer Straftaten mit dem Gesetz in Konflikt gekommen, aber nicht inhaftiert waren. Im Vergleich zu "normalen" Jungen und zu Altersgenossen, die von ihren Lehrern als "aggressiv" eingestuft worden waren, zeigten die verurteilten männlichen Jugendlichen die größten Defizite bei den sozial-kognitiven Aufgaben. Zugleich wiesen sie den niedrigsten globalen Selbstwert auf. Diese Gruppenunterschiede blieben auch dann bestehen, wenn der IQ der Heranwachsenden auspartialisiert wurde. Leider wurden die Zusammenhänge zwischen den sozial-kognitiven Variablen zu den Verarbeitungsschritten und dem Selbstwert nicht weiter aufgeschlüsselt, so daß man auf Grund dieser Studie von Lochman und Dodge (1994) keine Aussage über den Einfluß des Selbstwerts auf die soziale Problemlösefähigkeit dieser Heranwachsenden machen kann. Einen Hinweis auf die Motive, die dem aggressiven Verhalten dieser Heranwachsenden zugrunde liegen könnten, liefert indessen der zugleich festgestellte Befund, daß diese männlichen Jugendlichen ungewöhnlich selten Angst oder Trauer zugaben, und zwar selbst in Situationen, in denen diese Emotionen durchaus angemessen gewesen wären. Lochman und Dodge (1994) deuten die Weigerung, Angst oder Trauer zu benennen, als Abwehr der eigenen Verletzlichkeit.

Eine Untersuchung von Slaby und Guerra (1988) bestätigte die von Dodge (1986) postulierten Defizite, die (männliche und weibliche) jugendliche Straftäter, die wegen antisozialer oder gewalttätiger Delikte einsitzen, mit der Verarbeitung sozialer Informationen und der Auswahl angemessener (d.h. in der Regel nicht-aggressiver) Verhaltensstrategien haben. Zugleich erhellt diese Studie einige der Hintergründe für diese Probleme, weil sie Auskunft über die "Glaubenssätze" dieser Jugendlichen gibt. Die gewalttätigen Jugendlichen waren eher als die beiden altersgleichen Vergleichsgruppen "hoch-aggressiver" und "niedrig-aggressiver" Schülerinnen und Schüler der Meinung, daß aggressives Verhalten legitim ist, daß das "Opfer" solcher Behandlung nicht leidet und daß das aggressive Verhalten nicht nur eine negative Selbstdarstellung vor anderen - etwa die Verspottung als "Feigling" - verhindert, sondern das eigene Selbstwertgefühl sogar aufpoliert. Aussagen wie "es ist wichtig, indem man sich prügelt, jedem zu zeigen, wie hartgesotten (tough) man ist" stimmten sie entsprechend häufiger als die beiden Vergleichsgruppen zu (Slaby & Guerra, 1988). Toch (1969) legt in seiner Untersuchung "Violent Men" ebenfalls überzeugend dar, daß gewalttätige Männer nicht nur häufiger Angriffe als selbstwertbedrohlich wahrnehmen, sondern Gewalt auch zum Schutz des eigenen Selbstwertgefühls und zur Bewahrung eines positiven Bildes bei anderen einsetzen. Das eingangs erwähnte Beispiel aus der Beobachtungsstudie von Krappmann (1994), das in einem Biß eines in seinem Selbstwertgefühl angegriffenen und von den Umstehenden verspotteten Jungen endete, läßt sich ebenfalls mit Blick auf die öffentliche Selbstdarstellung dieses Jungen deuten. Felson (1978) interpretiert derartige Befunde aus sozial-psychologischer Perspektive mit dem Hinweis darauf, daß das aggressive Verhalten ein Versuch sei, eine ramponierte situative Identität zu retten. Mummendey und Mitarbeiter (1982) bringen diesen mehrfach bestätigten Befund auf die das Erleben des Aggressiven charakterisierende Kurzformel: "aggressiv sind immer die anderen".

Gegenüber der Annahme von einfachen Zusammenhängen zwischen der Höhe des Selbstwertgefühls und dem aggressiven Verhalten ist allerdings Vorsicht angebracht. Zwei Untersuchungen mit Stichproben von "normalen" Grundschulkindern konnten keine signifikanten Korrelationen zwischen dem aggressiven Verhalten eines Kindes und seiner Selbstbewertung feststellen: Obwohl Schaughency, Frame und Strauss (1987) das aggressive Verhalten von Kindern der zweiten und der fünften Jahrgangsstufe von drei Seiten, nämlich durch das Kind selbst, durch seine Klassenkameraden sowie durch seine Lehrkräfte, einschätzen ließen, konnten sie keinen zufallsgesicherten Zusammenhang zur Höhe seines Selbstwertgefühls nachweisen. Hymel, Rubin, Rowden und LeMare (1990) konnten ebenfalls keine Assoziationen zwischen Selbstwertniveau und aggressivem Verhalten feststellen, auch nicht im Längsschnitt zwischen der zweiten und der fünften Jahrgangsstufe. Dennoch spricht die überwiegende, wenn auch klinische Evidenz der Studien der Arbeitsgruppen um Lochman und um Dodge dafür, einen Zusammenhang zwischen der Selbstbewertung und der Ärgerregulierung in Form von aggressivem Verhalten anzunehmen. Daher ist zu vermuten, *daß Kinder mit einem niedrigeren Selbstwert auch eher als ihre Altersgenossen mit einem höheren Selbstwert bei Ärger auf den Freund oder die Freundin zu konfrontierendem Verhalten neigen.*

Eine *dritte* Erwartung greift das Spannungsverhältnis auf, das sich bei selbstwertniedrigen Kindern zwischen ihrem intensiven Erleben von Ärger oder Wut und ihrer Zurückhaltung bei der Kommunikation dieses Gefühls gegenüber der Person, die ihn hervorgerufen hat, aufbauen dürfte. Wird der Ärger dem Verursacher auch selten direkt mitgeteilt, so besteht doch die Möglichkeit, ihn indirekt auszudrücken. So stellte Weber (1994) etwa fest, daß selbstwertniedrige erwachsene Versuchspersonen, die auch in solchen Situationen wenig Selbstbehauptung zeigten, in denen dieses wohl möglich gewesen wäre, verstärkt dazu neigten, den Verursacher in Gedanken abzuwerten. Dieses Ergebnis wird von einer eigenen Untersuchung mit 42 (überwiegend weiblichen) Studierenden bestätigt (Studie 2), die nach den bevorzugten Formen der Ärgerregulierung gegenüber ihrem Vater, einem gleichgeschlechtlichen Freund und einem Geschwister befragt wurden. Die Ergebnisse dieser Untersuchung, in der eine Parallelform des KÄRST für Erwachsene eingesetzt wurde (siehe Kapitel 4.11), deuten darauf hin, daß Studierende, die sich selbst in der Tendenz negativ bewerteten, eher dazu neigten, nicht nur den Verursacher in Worten und Gedanken abzuwerten, sondern auch Intrigen gegen diese Person zu spinnen. Hochsignifikant war ferner die Tendenz der selbstwertniedrigen Studierenden, ihre eigenen Wünsche und Bedürfnisse zurückzunehmen, sich also zu sagen, daß der eigene Anspruch nicht so wichtig sei, oder auf sich selbst ärgerlich zu werden, weil sie doch hätten wissen können, daß der Verursacher so denkt oder so handelt. Diese Ergebnisse hatten auch dann Bestand, wenn die soziale Erwünschtheit der Antworten vorher auspartialisiert worden war (v. Salisch, 1995).

Verhaltensweisen wie Abwertung und Intrige einerseits und Selbstabwertung andererseits dürften es schwierig machen, die ärgerlichen Gefühle dem Verursacher auf eine Weise mitzuteilen, daß man mit ihm darüber ins Gespräch kommen kann. Einander die Hintergründe des eigenen Ärgers ohne Vorwürfe offenzulegen und sich über die divergierenden Perspektiven auszutauschen, ist eine recht heikle Angelegenheit, die naturgemäß Empfindlichkeiten und Verteidigungshaltungen an den Tag bringt. Der offene Austausch über Anlaß und Ursachen, Sichtweisen und Konsequenzen der ärgerlichen Gefühle wird über diese normalen Schwierigkeiten hinaus erschwert, wenn einer der Beteiligten den anderen "nicht für voll nimmt" oder ihn gegenüber Dritten hintergeht. Auch Zweifel an der Legitimität seines eigenen Anspruchs dürften ein offenes Gespräch, in dem die Anteile *aller* Beteiligten abgeklärt werden, behindern. Gelingt es nicht, ohne Abwertung der Person des Verursachers ("Der ist so doof, daß es sich sowieso nicht lohnt.. ") oder Rücknahme des eigenen Anspruchs ("Ist ja nicht so wichtig... ") miteinander zu "reden", dann wird der ohnehin recht diffizile Prozeß der Klärung praktisch unmöglich. *Kinder mit niedrigem Selbstwert dürften daher seltener als ihre Altersgenossen mit höherem Selbstwert dazu bereit sein, ihre ärgerlichen Gefühle auf ihren Freund oder ihre Freundin mit dieser Person zu "bereden" und sich wieder mit ihr zu vertragen.* Diese Vorhersage wird weiterhin durch den Befund von Murphy und Eisenberg (1996) gestützt, daß Grundschulkinder, die von ihren Camp-Betreuern im Vergleich zu anderen Kindern als "sozial kompetenter" eingeschätzt worden waren, auch eher konstruktive Strategien der verbalen Aushandlung angaben, wenn sie über Ärgererlebnisse mit ihren Peers interviewt wurden, besonders die Jungen.

Hinzu kommt eine *vierte* Erwartung. Angesichts des komplizierten Verhältnisses zwischen ihren "inneren" Zweifeln und dem "äußeren" Ausdruck ihrer Ansprüche dürfte selbstwertniedrigen Kindern auch jene Leichtigkeit abgehen, die nötig ist, um ärgerprovozierenden Grenzüberschreitungen mit Humor zu begegnen. Die flinke Pointe, der schlagfertige Witz oder die Zuspitzung auf groteske Aspekte der Situation, die den Verursacher der Lächerlichkeit preisgeben, sollten daher nicht ihre Sache sein. *Kinder mit niedrigem Selbstwert dürften also seltener als ihre Altersgenossen mit höherem Selbstwert dazu neigen, ihre ärgerlichen Gefühle auf den Freund oder die Freundin mit Hilfe von Humor zu regulieren.*

6.3.2 Die Fragebogenstudie zu Selbstwert und Ärgerregulierung

Um die im letzten Abschnitt formulierten Erwartungen zum Zusammenhang zwischen dem Selbstwert und der habituellen Art der Ärgerregulierung zu prüfen, wurde den 141 Kindern des Schulsamples aus Studie 3 Harters (1985) SPPC zweimal vorgelegt. Beim ersten Meßzeitpunkt wurden die Kinder gebeten, nur die Fragen zum globalen Selbstwert zu beantworten, beim zweiten Meßzeitpunkt sollten sie den gesamten Fragebogen ausfüllen. Die Ärgerregulierung in den (gleichgeschlechtlichen) Freundschaften wurde mit Hilfe des Fragebogens zu den Kindlichen Ärgerregulierungsstrategien (KÄRST; siehe Kapitel 4.7) zu den gleichen zwei Meßzeitpunkten erhoben.

228

Ergebnisse zu Selbstwert und Ärgerregulierung auf der Ebene der vier Faktoren des KÄRST

Da in Kapitel 5 bei der Ärgerregulierung deutliche Unterschiede zwischen Mädchen und Jungen dokumentiert wurden, wurde die Auswertung für beide Geschlechter getrennt vorgenommen. Wegen der alterskorrelierten Veränderungen der bevorzugten Formen der Ärgerregulierung (siehe Kapitel 4.9) wurden Partialkorrelationen berechnet, bei denen das Alter und die soziale Erwünschtheit der Kinderantworten zuerst auspartialisiert wurden. Die Tabellen 6.2 und 6.3 geben die Partialkorrelationen zwischen dem Niveau des Selbstwerts und den Formen der Ärgerregulierung auf der Ebene der psychometrisch abgesicherten Faktoren (v. Salisch & Pfeiffer, 1998) für Jungen und Mädchen getrennt wieder.

Tabelle 6.2: **Partialkorrelationen zwischen Niveau des Selbstwerts und den vier Faktoren des KÄRST - nur Jungen (N = 49 - 57)**

KÄRST - Faktoren	globaler Selbstwert Mzp 1 r	globaler Selbstwert Mzp 2 r	Peer Akzeptanz Mzp 2 r
1. Konfrontieren und schädigen	-.41***	-	-
2. Sich distanzieren	-	.25*	.18(*)
3. Erklären u. s. zurücknehmen	.19(*)	-	-
4. Humor	-	-	-

*** p < .001; ** p < .010; * p < .05; (*) p < .10 (einseitige Signifikanzprüfung)
N.B. Nur Mzp 1; Alter und soziale Erwünschtheit auspartialisiert

Tabelle 6.3 **Partialkorrelationen zwischen Niveau des Selbstwerts und den vier Faktoren des KÄRST - nur Mädchen (N = 49 - 58)**

KÄRST-Faktoren	globaler Selbstwert Mzp 1 r	globaler Selbstwert Mzp 2 r	Peer Akzeptanz Mzp 2 r
1. Konfrontieren und schädigen	-.31*	-	-
2. Sich distanzieren	-	-	.30*
3. Erklären u. s. zurücknehmen	-	-	-
4. Humor	-.19(*)	-	-

*** p < .001; ** p < .010; * p < .05; (*) p < .10 (einseitige Signifikanzprüfung)
N.B. Nur Mzp 1; Alter und soziale Erwünschtheit auspartialisiert

Die in Tabelle 6.2 und 6.3 abgebildeten Partialkorrelationen weisen auf einen engen Zusammenhang zwischen dem Selbstwert und der Ärgerregulierung hin, der allerdings für die Jungen deutlicher ausgeprägt ist als für die Mädchen. Je niedriger der Selbstwert eines Kindes war, desto häufiger griff es nach eigenen Angaben bei Ärger zu konfrontierendem oder schädigendem Verhalten gegenüber dem Freund oder der Freundin (Faktor 1) und desto seltener distanzierte es sich intrapsychisch oder in seinem Verhalten (Faktor 2). Nur für Jungen galt, daß Kinder mit einem niedrigen Selbstwert seltener berichteten, daß sie ihre ärgerlichen Gefühle mit dem Freund "beredeten" bzw. sich wieder mit ihm "vertrugen" (Faktor 3). Die Korrelationen liegen zwar alle im mittleren Bereich, sind aber in der Regel dadurch abgesichert, daß sie für beide Meßzeitpunkte der Ärgerregulierung gelten.

Da die Faktoren mehrere Formen der Ärgerregulierung zusammenfassen und die Vorhersagen auf der Ebene der einzelnen Strategien formuliert sind, ist es nach diesem allgemeinen Überblick sinnvoll, sich den einzelnen Formen der Ärgerregulierung zuzuwenden. Im folgenden werden daher die einzelnen Erwartungen operationalisiert und die entsprechenden Partialkorrelationen dargestellt. Die Ergebnisse aller Überprüfungen werden in Kapitel 6.3.3 zusammen diskutiert.

Verbergen selbstwertniedrige Kinder ihren Ärger im Ausdruck?

Die erste der oben formulierten Erwartungen lief darauf hinaus, daß Kinder mit einem niedrigeren Selbstwert eher geneigt sind, ihren Ärger im Ausdruck gegenüber dem verursachenden Freund zu verbergen, als ihre Altersgenossen mit einem höheren Selbstwert. Bezogen auf die Strategien der Ärgerregulierung heißt dies, daß Kinder mit niedrigem Selbstwert nach eigenen Angaben seltener zu Formen der Ärgerregulierung greifen, bei denen der eigene Ärger dem verursachenden Freund direkt mitgeteilt wird, sei es durch Hauen oder Anmeckern oder sei es durch Erklären. Häufiger sollten stattdessen Formen der Ärgerregulierung sein, die Dritte einbeziehen oder intrapsychisch angelegt sind (siehe Ordnungsschema in Tabelle 4.1). Daraus folgt die Erwartung, daß die selbstwertniedrigen Kinder häufiger Intrigen mit anderen Kindern spinnen, in Gedanken Rachepläne schmieden, sich vom ärgerprovozierenden Freund abwenden, soziale Unterstützung bei anderen Kindern suchen, ihre Aufmerksamkeit auf andere Dinge lenken, die eigenen Ansprüche in Gedanken zurücknehmen, abwertende Gedanken hegen oder ihren "Frust" mit Essen und Trinken abbauen. Partialkorrelationen zwischen diesen Regulierungsstrategien und dem Selbstwert sind für die Jungen in Tabelle 6.4 und für die Mädchen in Tabelle 6.5 abgedruckt.

Aus den Tabellen 6.4 und 6.5 geht hervor, daß selbstwertniedrige Kinder nach eigenen Angaben zu einigen, aber keineswegs zu allen der eben aufgezählten Arten des Ärgerverbergens gegenüber dem Freund oder der Freundin neigten. Bezüglich der schädigenden verbergenden Strategien der Ärgerregulierung (Faktor 1) bestätigte sich die oben formulierte Erwartung, denn je (stabil) niedriger der Selbstwert eines Kindes war, desto eher gab es Intrigen und Rachephantasien gegenüber dem Freund oder der Freundin zu. Bezüglich der distanzierenden Formen des Verbergens (Faktor 2) zeigten sich der Vorhersage widersprechende Zusammenhänge, denn es waren die Kinder mit einem hohen Selbstwert, die sich bei Ärger nach eigenen Angaben häufiger von Freund oder Freundin abwandten bzw. ihre Aufmerksamkeit auf anderes lenkten. Zwischen dem Selbstwert und der Ärgerregulierung durch Rücknahme des eigenen Anspruchs (Faktor 3) oder durch abwertende Gedanken über den Freund oder die Freundin traten keine signifikanten Zusammenhänge auf. Nur in Hinblick auf die Ärgerbewältigung durch Essen und Trinken bestätigte sich noch einmal die Vorhersage des Ärgermaskierens in der Freundschaft: Je negativer die Selbstbewertung eines Kindes nämlich ausfiel, desto häufiger gab es bei Ärger in der Freundschaft an, Trost im Verzehr von Nahrungsmitteln zu suchen, vor allem zum ersten Meßzeitpunkt.

Tabelle 6.4: **Partialkorrelationen zwischen Niveau des Selbstwerts und den verbergenden Strategien der Ärgerregulierung - nur Jungen (N = 49 - 57)**

KÄRST-Strategien	globaler Selbstwert Mzp 1 r	globaler Selbstwert Mzp 2 r	Peer Akzeptanz Mzp 2 r
Faktor 1			
Intrige	-.26*	-	-
Rachegedanken	-.33**	-	-
Faktor 2			
Sich abwenden	-	17(*)	-
Soziale Unterstützung	-	-	-
Aufmerksamkeitslenkung	-	.19(*)	.19(*)
Faktor 3			
Sich zurücknehmen	-	-	-
Einzelitems			
Abwertende Gedanken	-	-	-
Essen und Trinken	-.20(*)	-	-.26*

*** p< .001; ** p < .010; * p < .05; (*) p < .10 (einseitige Signifikanzprüfung)
N.B. Nur Mzp 1; Alter und soziale Erwünschtheit auspartialisiert

Tabelle 6.5: **Partialkorrelationen zwischen Niveau des Selbstwerts und den verbergenden Strategien der Ärgerregulierung - nur Mädchen (N = 49 - 58)**

KÄRST - Strategien	globaler Selbstwert Mzp 1 r	globaler Selbstwert Mzp 2 r	Peer Akzeptanz Mzp 2 r
Faktor 1			
Intrige	-.26*	-	-
Rachegedanken	-.22(*)	-	-
Faktor 2			
Sich abwenden	-	-	-
Soziale Unterstützung	-	-	-
Aufmerksamkeitslenkung	-	-	.34**
Faktor 3			
Sich zurücknehmen	-	-	-
Einzelitems			
Abwertende Gedanken	-	-	-
Essen und Trinken	-	-.18(*)	-.34**

*** p < .001; ** p < .010; * p < .05; (*) p < .10 (einseitige Signifikanzprüfung)
N.B. Nur Mzp 1; Alter und soziale Erwünschtheit auspartialisiert

Konfrontieren Kinder mit niedrigem Selbstwert ihre ärgerverursachenden Freunde?

Die zweite Erwartung lief darauf hinaus, daß selbstwertniedrige Kinder ihre Freunde bei Ärger bedrängen und bedrohen. Tabelle 6.6 gibt die Partialkorrelationen zwischen den verschiedenen Maßen des Selbstwerts und der Ärgerregulierung in Form von konfrontierendem Verhalten bei Jungen wieder. Zur weiteren Exploration der Zusammenhänge sind auch die Korrelationen der beiden Items angegeben, die die Strategie "Konfrontierendes Verhalten" ausmachen. Bei allen Analysen wurden das Alter der Kinder und die soziale Erwünschtheit ihrer Antworten herauspartialisiert. Tabelle 6.7 enthält die entsprechenden Auswertungen für die Mädchen.

Tabelle 6.6: Partialkorrelationen zwischen Niveau des Selbstwerts und konfrontierendem Verhalten - nur Jungen (N = 49 - 57)

KÄRST	globaler Selbstwert Mzp 1 r	globaler Selbstwert Mzp 2 r	Peer Akzeptanz Mzp 2 r
Strategie			
Konfrontierendes Verhalten	-.47***	-.24*	-
Items			
Anmeckern oder anbrüllen	-.35**	-.27*	-.19 (*)
Schubsen, treten, hauen	-.46***	-.17(*)	-

*** p< .001; ** p < .010; * p < .05; (*) p < .10 (einseitige Signifikanzprüfung)
N.B. Nur Mzp 1; Alter und soziale Erwünschtheit auspartialisiert

Tabelle 6.7: Partialkorrelationen zwischen Niveau des Selbstwerts und konfrontierendem Verhalten - nur Mädchen (N = 49 - 58)

KÄRST	globaler Selbstwert Mzp 1 r	globaler Selbstwert Mzp 2 r	Peer Akzeptanz Mzp 2 r
Strategie			
Konfrontierendes Verhalten	-.22(*)	-	-
Items			
Anmeckern oder anbrüllen	-	-	-
Schubsen, treten, hauen	-.41***	-	-

*** p< .001; ** p < .010; * p < .05; (*) p < .10 (einseitige Signifikanzprüfung)
N.B. Nur Mzp 1; Alter und soziale Erwünschtheit auspartialisiert

Die Tabellen 6.6 und 6.7 dokumentieren recht deutliche Zusammenhänge zwischen dem Niveau des Selbstwerts und der konfrontativen Bewältigung des Ärgers in der Freundschaft, jedenfalls für die Jungen. Diese gehen in die vorhergesagte Richtung. Je niedriger der Selbstwert eines Kindes war, desto häufiger neigte es nach eigenen

Angaben dazu, den Freund oder die Freundin zu bedrohen. Aus der Analyse der Items geht hervor, daß sich bei den Jungen die erwarteten Zusammenhänge für beide Formen der Konfrontation bestätigten, also sowohl für das "Schlagen, Treten und Hauen" als auch für das "Anmeckern und Anbrüllen". Mädchen mit einem niedrigen Selbstwert, die sich über ihre Freundinnen ärgerten, griffen dagegen nach eigenen Angaben "nur" häufiger zu körperlichen Formen des Ärgerausdrucks.

Bereden Kinder mit niedrigem Selbstwert ihren Ärger seltener in der Freundschaft?

Der dritten Erwartung zufolge besprechen selbstwertniedrige Kinder seltener ihren Ärger mit dem Freund oder der Freundin, die sie geärgert hat. Tabelle 6.8 gibt die Partialkorrelationen zwischen den verschiedenen Maßen des Selbstwerts und der Strategie "Reden und sich vertragen" wieder, wobei wie bisher Alter und soziale Erwünschtheit der Antworten auspartialisiert wurden.

Tabelle 6.8: **Partialkorrelationen zwischen Niveau des Selbstwerts und dem "Reden" über Hintergründe des Ärgers**

KÄRST	globaler Selbstwert Mzp 1 r	globaler Selbstwert Mzp 2 r	Peer Akzeptanz Mzp 2 r
nur Jungen			
Erklären und sich vertragen	.26*	-	-
nur Mädchen			
Erklären und sich vertragen	-	-	.33**

** p < .010; * p < .05 (einseitige Signifikanzprüfung)
N.B. Nur Mzp 1; Alter und soziale Erwünschtheit auspartialisiert

Tabelle 6.8 zufolge neigen Jungen (und Mädchen) mit einem niedrigen Selbstwert seltener dazu, Ursachen und Anlaß, Perspektiven und Konsequenzen ihres Ärgers mit dem Freund oder der Freundin zu "bereden" und sich anschließend wieder mit ihm oder ihr zu "vertragen". Damit gehen die Partialkorrelationen in die vorhergesagte Richtung. Dennoch ist nicht zu übersehen, daß sie weder besonders hoch noch durch den zweiten Meßzeitpunkt abgesichert sind.

Können Kinder mit niedrigem Selbstwert ihrem Ärger mit Humor begegnen?

Die vierte Erwartung lief darauf hinaus, daß es Kindern mit niedrigem Selbstwert seltener gelingt, ihren Ärger auf Freundinnen oder Freunde mit Humor zu nehmen. Wie aus Tabelle 6.2, die die Partialkorrelationen zwischen dem Selbstwert und den vier Faktoren des KÄRST wiedergibt, bereits hervorgeht, lassen sich bei den Jungen keine signifikanten Zusammenhänge zwischen ihrem Selbstwert und ihrer Neigung zur Ärgerregulierung durch Humor nachweisen. Bei den Mädchen (Tabelle 6.3) sind die Ergebnisse widersprüchlich: Zum ersten Meßzeitpunkt geht eine Korrelation in die (vorhergesagte) negative Richtung, beim zweiten Meßzeitpunkt geht sie in eine positive Richtung. Daher ist zu vermuten, daß dieser Zusammenhang zufällig ist.

6.3.3 Zusammenfassende Diskussion zu Selbstwert und Ärgerregulierung

Betrachtet man die Befunde zum Verbergen ärgerlicher Gefühle, so stellt man fest, daß die Alternative "Maskieren vs. Zeigen" zu einfach ist, stehen hinter der Verkleinerung im Ausdrucksverhalten doch mindestens vier verschiedene Gruppen von Strategien. Eine eher feindselige Art des Verbergens der ärgerlichen Empfindungen liegt mit den Strategien "Intrige" und "Rachegedanken" vor, die beide zum Faktor 1 "Konfrontieren und Schädigen" zählen. Diese Strategien werden offensichtlich von Kindern (vor allem Jungen) mit niedrigem Selbstwert bevorzugt. Crick und Grotpeter (1995) zählen Intrigen, die auf Ausschluß von gemeinsamen Aktivitäten oder Reputationsschädigung hinauslaufen, zu den Formen "relationaler Aggressivität", da sie die Betroffenen in einem Bereich beeinträchtigen, der für die meisten Kinder von höchster Bedeutung ist, nämlich ihre (guten) Beziehungen zu anderen Kindern. Kinder, die in den Augen ihrer Peers häufig zu diesen schädigenden Verhaltensweisen greifen, werden von diesen eher abgelehnt (Crick & Grotpeter, 1995). Sowohl Intrigen mit anderen Kindern wie auch Rachegedanken perpetuieren die Feindseligkeit gegenüber dem Freund, der das Kind geärgert hat. Beides sollte die "Aushandlung" des ärgerprovozierenden Erlebnisses mit eben diesem befreundeten Kind erschweren.

Eine zweite Gruppe von Maskierungsstrategien schafft keine weiteren Feindseligkeiten, sondern läßt das ärgerliche Ereignis auf sich beruhen. Diese Gruppe von Strategien umfaßt jene, die zum zweiten Faktor des KÄRST, nämlich zum "Sich distanzieren" gehören. Dieser Faktor beinhaltet das "Sich abwenden" und die Suche nach sozialer Unterstützung ebenso wie die Lenkung der Aufmerksamkeit weg vom ärgerprovozierenden Erlebnis. Diese Strategien können den Kindern dabei helfen, ärgerliche Aufwallungen "abzukühlen" und impulsive Konfrontationen zu vermeiden. Diese distanzschaffenden Formen der Ärgerregulierung wurden eher von jenen Kindern erwähnt, die eine hohe Meinung von sich haben. Dieses Ergebnis war nicht erwartet und widerspricht sogar der Vorhersage, daß es vor allem die Kinder mit einer tendenziell negativen Selbstbewertung sind, die ihre ärgerlichen Gefühle verbergen. Die General-Annahme des Ärgerverbergens selbstwertniedriger Kinder muß auf Grund dieser Befunde auf jeden Fall qualifiziert werden. Da die Präferenz der selbstwerthohen Kinder für die distanzierenden Strategien des Ärger-Verbergens nicht vorhergesagt wurde, muß dieser Zusammenhang in weiteren Untersuchungen erst noch einmal bestätigt werden.

Eine dritte Gruppe von Strategien des Ärgerverbergens ist eher palliativer Natur, dient also vor allem der Besänftigung des emotionalen Ungleichgewichts. Gemeint ist das "Essen und Trinken", das von den selbstwertniedrigen Kindern überproportional häufig als Strategie der Ärgerregulierung erwähnt wurde. Der Griff zur Cola-Dose oder zu Süßigkeiten tröstet die Kinder möglicherweise über das "erlittene Unrecht" und gibt ihnen ein Gefühl für sich selbst, für ihren eigenen Körper wieder (Nitz, 1987; Grunert, 1993). An den verletzten Ansprüchen und Erwartungen, die die ärgerlichen Gefühle hervorgerufen haben, ändert diese Form der Bewältigung jedoch wenig. Keine signifikanten Korrelationen ergaben sich zwischen dem Selbstwert der Kinder und einer vierten Gruppe von Strategien des Verbergens, die um die Abwertung des Freundes bzw. die Zurücknahme des eigenen Anspruchs kreisen. Zwar sprechen manche Ergebnisse aus der klinischen Literatur für einen Zusammenhang zwischen einem niedrigen Selbstwert, Depression und verstärktem Ärgerempfinden (z.B. Renouf & Harter, 1990), doch ist die Befundlage im allgemeinen uneinheitlich (zusammenfassend für Erwachsene: Blöschl, 1994). Für Heranwachsende liegen zu diesem Thema bisher noch keine Ergebnisse vor. Der Grund, warum in dieser Studie keine systematischen Zusammenhänge zu finden waren, liegt möglicherweise darin, daß selbstabwertende Gedanken viele Formen annehmen können und möglicherweise von Kindern in der mittleren Kindheit noch nicht regelmäßig erkannt werden, da sie über weniger Selbstreflexivität als die von Renouf und Harter (1990) befragten Jugendlichen verfügen. Die relativ geringen Test-Retest-Korrelationen für die Items, die die Zurücknahme des eigenen Anspruchs beinhalten, sprechen ebenfalls für diese Vermutung.

Die Erwartung, daß Kinder mit einem niedrigen Selbstwert nicht nur dazu tendieren, ihren Ärger zu verbergen, sondern möglicherweise bei manchen Gelegenheiten mehr als andere Kinder zur offenen Konfrontation neigen, wurde bestätigt. Je niedriger der Selbstwert eines Jungen war, desto eher war er geneigt, zuzuschlagen oder loszubrüllen, auch gegenüber einem Klassenkameraden, mit dem er "normalerweise" befreundet war. Für Mädchen galt tendenziell das gleiche, auch wenn die Zusammenhänge hier weniger ausgeprägt waren. Weiterführende Analysen mit diesem Datensatz weisen darauf hin, daß das offen konfrontative Verhalten selbstwertniedriger Kinder verallgemeinert war. Regressionsanalysen, bei denen relevante Variablen wie Alter, Geschlecht und soziale Erwünschtheit kontrolliert wurden, legen nahe, daß ein niedriger Selbstwert und die Tendenz, den Ärger im Tagebuch zu vergrößern (bzw. wenn sehr sauer, nicht zu verkleinern), unabhängige Prädiktoren für die Vorhersage konfrontativer und schädigender Strategien der Ärgerregulierung gegenüber dem Freund oder der Freundin waren. Die Neigung zum Konfrontieren und Schädigen hängt möglicherweise mit der Intensität (oder der Zugänglichkeit) des Ärgererlebens zusammen; ein weiterer signifikanter Prädiktor war nämlich die Tendenz, beim Erzählen der ärgerlichen Begebenheit im Ärger-Folgen-Interview den eigenen Ärger wieder "aufzuwärmen" (v. Salisch, 1997b).

Diese Ergebnisse aus einer unausgelesenen Stichprobe "normaler" Schülerinnen und Schüler unterstreichen die eingangs referierten Befunde zum Zusammenhang zwischen einem niedrigen Selbstwertgefühl und aggressivem Verhalten. Zugleich lassen sie vermuten, daß die körperliche Gewalt, die die Kinder nach eigenen Angaben einsetzen, ein Notbehelf ist, den sie dann ergreifen, wenn Auseinandersetzungen entgleisen oder drohen, in eine Sackgasse zu geraten. Auf der Grundlage der Beobachtung von "mißlingenden Aushandlungen" formuliert Krappmann (1994): "Die in verschiedenen Formen eingesetzte Gewalt, mit der entgegenstehende Interessen und Vorstellungen hinweggefegt werden, ist eine starke Versuchung. Sie erscheint als ein effektiver Weg, um unerwünschte Beteiligte zu verjagen, lästige Opposition zum Schweigen zu bringen oder einen Plan oder eine Meinung durchzusetzen (S. 115)". Mit Faustrecht kann ein Kind etwas bewirken, andere einschüchtern, sich selbst als stark erleben und vor anderen Kindern - zumindest vor solchen, die solches Verhalten für legitim halten - als stark erscheinen. Kurzfristig kann es damit seine Selbstzweifel beruhigen, sein Selbstwertgefühl aufbessern. Langfristig dürften selbstwertniedrige Kinder allerdings umso mißtrauischer danach schielen, ob die Widersacher, die sie geärgert haben, sie nun wirklich respektieren oder ob diese - gerade wegen ihrer Zwangsmaßnahmen - nur auf eine Gelegenheit warten, um sie wieder "auf die Palme" zu bringen (Satir, 1977).

Wie vermutet, neigen Jungen mit einer positiven Selbsteinschätzung nach eigenen Angaben dazu, das ärgererregende Ereignis mit ihrem Freund zu besprechen und sich über die Hintergründe der Provokation zu verständigen (Murphy & Eisenberg, 1996). Dieser Zusammenhang ist tentativ, da er nur durch wenige Korrelationen gestützt wird. Dennoch ist zu vermuten, daß es Jungen mit einem höheren Selbstwert eher gelingt, zu produktiven Formen der Aushandlung mit dem Freund zu gelangen (Youniss, 1982), auch deshalb weil sie Strategien, die den Freund schädigen und damit die Klärung erschweren, vergleichsweise selten einsetzen. Die in den Auseinandersetzungen enthaltenen Impulse für die Entwicklung des Selbst und der Freundschaft dürften sich unter diesen Umständen eher realisieren lassen. So dürfte dem Kind, das sich ärgert, auf diese Weise eher bewußt werden, was seine Wünsche und Normen, Werte und Vorlieben sind und wo die Grenzen seiner Toleranz überschritten sind. Hinzu kommt, daß die Kinder durch die Offenlegung ihrer jeweiligen Sichtweisen dazu angeregt werden, ein realistisches Bild des Freundes aufzubauen, also ein Bild, in dem dieses Kind in seinen Eigenheiten "erkannt" wird und weder idealisierend in den Himmel gehoben noch in wesentlichen Punkten abgewertet wird (siehe Kapitel 4.6).

Die Annahme, daß Kinder mit einer positiven Selbsteinschätzung ärgerprovozierende Erlebnisse eher mit Humor nehmen, wurde dagegen nicht bestätigt. Wie immer werfen solche Nicht-Ergebnisse mehr Fragen auf, als sie beantworten. Festzustellen wäre zunächst, ob der fehlende Zusammenhang an der Formulierung der Items liegt. Möglich wäre auch, daß sich Schwächen in der Konzeptualisierung an diesem Punkt offenbaren, weil man über ein eigentlich ärgererregendes Ereignis aus ganz unterschiedlichen Gründen lacht, zum einen vielleicht aus einer wirklichen "Leichtigkeit", die "kleinen Ärger" leicht überwinden kann, zum anderen aber vielleicht auch aus Schüchternheit, Verlegenheit oder aus dem Wunsch heraus, den Freund oder die Freundin nicht mit dem eigenen Ärger bekannt zu machen. Funktionen und Ausdrucksformen verschiedener Arten des Humors unter Kindern sollten daher besser konzeptualisiert werden (v. Salisch, 1999b).

Aus methodischer Sicht ist gegen die Ergebnisse zur Ärgerregulierung einzuwenden, daß sie ausschließlich auf Selbstauskünften beruhen. Auch wenn die Neigung, im Sinne der sozialen Erwünschheit zu antworten, auf statistischem Wege ausgeschlossen wurde, so bleiben dennoch Zweifel, inwiefern die angegebenen Strategien der Ärgerregulierung den tatsächlichen Gedanken und Verhaltensweisen der Kinder entsprechen. Mit anderen Worten: Auch wenn das, was die Kinder über ihre Gefühle und Gedanken mitteilen, der einzige (oder einer der wenigen) Zugangswege zu ihrem Erleben ist, so sollten die selbstberichteten Formen der Ärgerregulierung selbstwerthoher und selbstwertniedriger Kinder - wenn möglich - durch andere Daten(quellen) abgesichert werden.

6.4 Zusammenfassende Diskussion des Zusammenhangs zwischen Selbstbewertung und Ärger

Nach einem kurzen Abriß zur Entwicklung des Selbstkonzepts und den damit verbundenen Selbstbewertungen wurde der Zusammenhang zwischen den Selbsteinschätzungen eines Kindes und seinem Erleben von Ärger erörtert. Die Überlegungen liefen darauf hinaus, daß sowohl Kinder mit einer niedrigen als auch solche mit einer fluktuierenden Meinung von sich selbst dazu neigen, mehr ärgerrelevante Bewertungen (und weniger entschuldigende Umdeutungen) vorzunehmen als andere Kinder. Dies dürfte dazu führen, daß sie häufiger Ärger erleben und daß ihr Ärger auch heftiger ausfällt. Den Tagebuchaufzeichnungen zufolge waren es aber nicht die Kinder mit einem niedrigen Selbstwertgefühl, die häufiger und stärker Ärger empfanden, sondern diejenigen Kinder, deren Selbsteinschätzung zwischen den beiden Meßzeitpunkten schwankte. Dies ist das erste Hauptergebnis dieses Kapitels. Es bestätigt die Überlegung von Kernis et al. (1989), daß vor allem jene Menschen gegenüber den Zumutungen des Alltags "eine dünnere Haut" haben, deren Meinung von sich selbst zwar im wesentlichen positiv, aber leicht zu erschüttern ist. Zwei Erklärungen bieten sich hierfür an: Möglicherweise wittern diese Menschen zum einen Provokationen auch dort, wo andere mit einer stabil positiven Selbsteinschätzung sie gar nicht bemerken würden. Zum anderen ist es so, daß selbstwertlabile Menschen dazu neigen, ärgererregende Provokationen als Angriff auf ihre persönliche Würde zu interpretieren (Waschull & Kernis, 1993). Inwiefern eine labile Selbsteinschätzung mit Unterschieden in der Qualität des Erlebens von Ärger, etwa als Kränkung oder als außerhalb der eigenen Kontrolle liegendes Widerfahrnis, einhergeht, wäre Frage für weitere Untersuchungen. Desweiteren wäre zu fragen, ob sich die Neigung, mit Ärger zu reagieren, auf alle Personen des sozialen Umfeldes eines Kindes bezieht oder ob bestimmte Beziehungen (z.B. zu bestimmten Geschwistern oder zu den Eltern) besonders konfliktträchtig sind. Ausgehend von diesen Informationen wäre es möglich nachzuforschen, ob die Zusammenhänge zwischen Selbstwert und Ärgerneigung immer vom Selbstwert als Konstante ausgehen müssen, der sich auf das Ärgererleben "auswirkt", oder ob es umgekehrt auch denkbar ist, daß das häufige Empfinden von Ärger dazu beiträgt, das Selbstwertgefühl eines Kindes zu erschüttern. Inwiefern sich häufiges Ärgererleben und Labilität des Selbstwerts in einem sich selbst perpetuierenden Kreislauf gegenseitig bestärken, wäre eine spannende Frage für weitere Forschungen.

Zum Zusammenhang zwischen Selbstwert und Ärgerregulierung wurden vier Erwartungen formuliert. Zweites Hauptergebnis dieses Kapitels war, daß selbstwertniedrige Kinder (vor allem Jungen) in der Tat häufiger von sich berichteten, daß sie bei Ärger auf den Freund eher zu konfrontierendem Verhalten greifen würden. Detailanalysen ergaben, daß sich dies sowohl auf Verhaltensformen wie anmeckern als auch auf Formen körperlicher Gewalt wie Schubsen oder Hauen bezog. Die Annahme, daß Kinder mit einer tendenziell negativen Einschätzung ihrer selbst ihren Ärger eher verbergen würden, bestätigte sich nur insofern, daß Kinder mit niedrigem Selbstwert häufiger angaben, daß sie gegenüber dem Freund, der sie geärgert hatte, Rachegedanken hegen oder Intrigen spinnen würden. Ein Motiv für die Wahl dieser schädigenden Mittel könnte sein, daß selbstwertniedrige Kinder meinen, damit vermeintliche Angriffe auf das eigene Selbst zu parieren. Dem Freund oder der Freundin einen Tort anzutun, ist aus Sicht dieser Kinder möglicherweise deshalb gerechtfertigt, weil sie sich in zentralen Bereichen ihres Selbst bedroht sahen und keinen anderen Ausweg finden können. Befunde, nach denen Heranwachsende mit niedrigem Selbstwertgefühl sich als vergleichsweise reizbarer und aggressiver einschätzten und eine höhere Akzeptanz von Gewalt äußerten, gehen in die gleiche Richtung (Sturzbecher, Dietrich & Kohlstruck, 1993).

Entgegen der Erwartung lagen die selbstwertniedrigen Kinder lediglich bei denjenigen Strategien des Verbergens vorn, die den Freund oder die Freundin (in Handlungen oder Gedanken) schädigen. Bezüglich der distanzierenden Strategien der Ärgerregulierung lag der Fall genau umkehrt: Selbstwerthohe Kinder setzten diese Strategien nach ihren eigenen Angaben häufiger ein. Je höher der Selbstwert eines Jungen war, desto eher neigte er bei Ärger auf seinen Freund dazu, sich von ihm abzuwenden, sein Herz bei anderen Kindern auszuschütten oder seine Aufmerksamkeit auf andere Dinge zu lenken. Bei den Mädchen waren diese Zusammenhänge weniger ausgeprägt. Ob diese abstandschaffenden Wege der Ärgerregulierung dazu dienen, den eigenen Impuls abzukühlen, um dann später mit dem Freund ruhig zu reden, oder ob sie zu Zwecken des Liebesentzugs eingesetzt werden, ist nach diesen Ergebnissen weiterhin unklar. Denkbar ist ferner, daß selbstwertschwache Kinder es gar nicht wagen, ihrem Freund auf diese Weise die kalte Schulter zu zeigen. Auch diese Zusammenhänge müssen noch in weiteren Untersuchungen repliziert werden.

Die Zusammenhänge zwischen den verschiedenen Maßen des Selbstwerts und den Strategien der Ärgerregulierung waren zwar signifikant, doch die Korrelationen waren im allgemeinen (mit Ausnahme des schädigenden Verhaltens) nicht besonders hoch und oft nicht durch die Werte des zweiten Meßzeitpunkts abgesichert. Für beide Geschlechter gingen die Trends zwar in die gleiche Richtung, aber für Mädchen waren sie in der Regel weniger ausgeprägt als für Jungen. Diese Einwände weisen darauf hin, daß es neben der Stabilität des Selbstwertgefühls noch eine Reihe von weiteren Faktoren gibt, die die Ärgerregulierung beeinflussen. Möglicherweise sind die Maße, die als Indikatoren des Selbstwerts gewählt wurden, so umfassend, daß sie nicht besonders eng mit der Ärgerregulierung zusammenhängen können. Vielleicht gehen in die globale Einschätzung, die ein Kind über seinen Selbstwert und seine Akzeptanz durch die Gleichaltrigen abgibt, viele weitere Gesichtspunkte ein, die alle nicht unmittelbar mit dem Ärger und seiner Regulierung zu tun haben. Auf Grund dieser Umstände kann sich dann kein besonders enger Zusammenhang zur bevorzugten Art der Ärgerregulierung ergeben, zumal diese auch nur in einer einzigen Beziehung abgefragt wurde. Denkbar ist ferner, daß weitere Faktoren, wie Temperament oder sozial-kognitive Beurteilungen (Normen, Werthaltungen), die nur indirekt mit dem Selbstwertgefühl zusammenhängen, die Präferenz für bestimmte Formen der Ärgerregulierung beeinflussen.

Insgesamt weisen diese Ergebnisse darauf hin, daß das Erleben und die Regulierung von Ärger (unter anderem) von Prozessen der Selbstbewertung beeinflußt werden. Das Selbst eines Kindes ist offenbar beteiligt, wenn es um die Wahrnehmung, Bewertung und Benennung von ärgerrelevanten Sachverhalten geht, möglicherweise auch bei der Zuschreibung der Ursachen (Ärger als Widerfahrnis) und ganz sicher bezüglich des Ärgerausdrucks. Bisher nur "allgemeinpsychologisch" formulierte Überlegungen zur Entstehung und Verarbeitung von Gefühlen werden hiermit durch Befunde zu interindividuellen Unterschieden ergänzt. Inwiefern - also vermittelt durch welche Schritte - Selbstkonzept und Selbstbewertung auf der einen Seite und Erleben und Regulierung von Ärger auf der anderen Seite zusammenhängen, muß in Modellen expliziert und in empirischen Untersuchungen überprüft werden. Diesen Mechanismen nachzugehen, ist eine wichtige Aufgabe für die Zukunft, unter anderem auch deshalb, weil ein niedriger Selbstwert eine der am weitesten verbreiteten Störungen im klinischen und pädagogischen Alltag ist.

Kapitel 7
Ausblick: Intrapsychische und interpersonale Aspekte der emotionalen Entwicklung

Auf den vergangenen Seiten wurde versucht, eine Übersicht über die Entwicklung des Ärgers und der Bemühungen, mit ihm fertig zu werden, zu geben. Die Emotion Ärger stand im Mittelpunkt der Betrachtung, weil die Art, wie Heranwachsende Ärger erleben und ihn mit sich und anderen abmachen, nicht nur für ihre Persönlichkeitsentwicklung und ihre psychische Gesundheit relevant ist, sondern auch bei der zufriedenstellenden Gestaltung ihrer zwischenmenschlichen Beziehungen eine zentrale Rolle spielt. In diesem abschließenden Kapitel soll sich der Blick nun über den Ärger hinaus auf die anderen Gefühlsfamilien weiten. Denn unbestreitbar ist, daß Kinder und Jugendliche neben dem Ärger noch weitere Gefühle fühlen, wie etwa Angst und Scham, Trauer und Schuld, Freude und Ekel, die sie jeweils in vielen Varianten verspüren und ausdrücken. Auch wenn in der Wissenschaft noch nicht geklärt ist, wann man eine Emotion empfindet, also welche Bedingungen notwendig und welche hinreichend sind, um von einer Emotion zu sprechen (oder ob man überhaupt besser von Prototypen-Modellen ausgehen sollte), so herrscht unter vielen Emotionstheoretikern dennoch weitgehende Einigkeit, daß Emotionen aus fünf Komponenten bestehen (v. Salisch, 1997a), in der beispielsweise folgende Bemühungen zur Emotionsregulierung ansetzen:

- Komponente der Wahrnehmung von antezedenten Bedingungen
  (hier setzen Bemühungen zur Aufmerksamkeitslenkung an),
- Komponente der Bewertung von antezedenten Bedingungen
  (hierauf beziehen sich alle Formen der Umdeutung und der Neubewertung),
- Komponente der physiologischen Prozesse
  (hier greifen körperbezogene Regulierungsstrategien, wie etwa Essen, an),
- Komponente des emotionalen Erlebens
  (hier ist der Ansatzpunkt für die Umsetzung von feeling rules zum Erleben) sowie
- Komponente des emotionalen Ausdrucksverhaltens
  (hierauf beziehen sich Regulierungsstrategien, die das äußere Erscheinungsbild zum Ausgangspunkt nehmen, wie etwa der Rat: "immer die Oberlippe steifhalten").

Eigene Muster bei der Bewertung, bei den Qualitäten des Erlebens und beim Ausdruck in Gesicht und Stimme sind für jede Emotionsfamilie anzunehmen, auch wenn sich die verschiedenen theoretischen Ansätze darin unterscheiden, genau welche antezedenten Bewertungen sie für jede Gefühlsfamilie annehmen (z.B. Scherer,

1984a,b; Lazarus, 1991a,b). Ob auch die physiologischen Reaktionen spezifisch für jede Emotion sind, ist noch nicht geklärt (Ekman & Davidson, 1994). Frijda (1986) fügt hinzu, daß alle Emotionsfamilien eigene Handlungstendenzen haben. Welchen Stellenwert die einzelnen Komponten haben und welches Verhältnis zwischen ihnen besteht, ist unter den verschiedenen Theorien umstritten (siehe v. Salisch, 1997a). Ein Überblick über die Ausprägungen dieser fünf Komponenten bei den verschiedenen Emotionen findet sich in Saarni, Mumme und Campos (1997).

Aus entwicklungspsychologischer Sicht ist nun zu fragen, wie sich diese einzelnen Komponenten entwickeln. Genauer gesagt ist zu prüfen, welche intrapsychischen und welche interpersonalen Bedingungen die Entwicklung von emotionsrelevanten Wahrnehmungen und Bewertungen, von physiologischen Prozessen sowie von Weisen des Erlebens und des Ausdrucks von Gefühlen vorantreiben. Dies möchte ich am Beispiel des Ärgers erläutern. Wie in den vorangegangenen Kapiteln ausgeführt, schreitet die Entwicklung des Ärgers und seiner Regulierung im Zusammenspiel von intrapsychischen und zwischenmenschlichen Faktoren voran. Als intrapsychische Faktoren wurden die neurologische, die kognitive, die motorische und die sprachliche Entwicklung aufgeführt, die vor allem in den ersten Lebensjahren eine überragende Rolle spielen. Später kommen als intrapsychische Faktoren der Ärgerregulierung die Gewissensbildung durch Prozesse der Verinnerlichung und der Moralentwicklung hinzu. Die einzelnen Faktoren der individuellen Entwicklung dürften eng miteinander verknüpft sein, aber diese Verflechtungen aufzuklären, würde - soweit es denn überhaupt möglich ist - zu sehr vom Thema abführen. Eingebettet sind diese individuellen Entwicklungen in die zwischenmenschlichen Beziehungen, die ein Kind unterhält, also in der Regel in die Beziehungen zu Mutter, Vater, Geschwistern, Peers und Freunden. Der intrapsychische und der interpersonale Strang der emotionalen Entwicklung unterliegen jeweils eigenen Bedingungen (constraints) und Gesetzen. Zugleich wirken sie bei der Entwicklung zusammen. Wegen ihrer theoretischen Bedeutung sollen sie im Lichte der in diesem Buch gewonnenen Erkenntnisse im folgenden noch einmal etwas abstrakter und etwas ausführlicher beleuchtet werden. Daher folgt zunächst ein kurzer Überblick über die intrapsychisch orientierten Theorien der emotionalen Entwicklung samt einiger Forschungsfragen zur Entwicklung des Ärgers und seiner Regulierung, die mit Hilfe dieser Theorien besonders gut zu beantworten wären. Daran schließt sich eine ebenso kurze Übersicht über die interpersonal orientierten Theorien an, die durch ein Modell zur emotionalen Entwicklung in den Interaktionen und Beziehungen zu anderen Menschen abgerundet wird. Am Schluß wird das Verhältnis von intrapsychischer und interpersonaler emotionaler Entwicklung diskutiert. Alle wichtigen Punkte werden am Beispiel der Entwicklung des Ärgers konkretisiert.

7.1 Zur Entwicklung des intrapsychischen Strangs der emotionalen Entwicklung

7.1.1 *Ein kurzer Überblick über die intrapsychisch orientierten Theorien der emotionalen Entwicklung*

Um den intrapsychischen Strang der emotionalen Entwicklung theoretisch zu unterfüttern, folgt nun eine sehr knapp gehaltene Übersicht über die Aussagen der sechs wichtigsten intrapsychisch orientierten Theorien zur emotionalen Entwicklung. Gemeinsam ist diesen Theorien, daß sie die Entwicklung im Individuum verorten, also die Einflüsse von zwischenmenschlichen Beziehungen und Interaktionen als gering veranschlagen. Die intrapsychisch orientierten Emotionstheorien werden im folgenden zum einen auf ihre Konzeptualisierung der Gefühlskomponenten und deren Verhältnis zueinander abgeklopft. Der andere wichtige Punkt ist ihre Konzeptualisierung von Veränderungsmechanismen in der Ontogenese von Gefühlen. Wichtige andere Aspekte (und vielleicht sogar zentrale Merkmale) dieser Theorien bleiben daher unter Umständen außen vor. Ein allgemeinerer Überblick zu den verschiedenen Theorien der emotionalen Entwicklung findet sich bei Ulich und Kapfhammer (1991), Geppert und Heckhausen (1990) sowie bei Campos et al. (1983).

Biologisch-evolutionstheoretische Theorien (z.B. Darwin, 1862/1986; Izard, 1994; Rothbart, 1989)

Diese Theorien gehen davon aus, daß Emotionen neben den kognitiven Bewertungsprozessen auch physiologische und Ausdruckskomponenten enthalten. Allerdings nimmt Izard (1994) an, daß es für einen Reihe von Emotionen eine "feste Verdrahtung" zwischen dem neurologischen Substrat, der Bewertung antezedenter Bedingungen und dem emotionalen Erleben gibt, die zu einer deterministischen Relation zwischen diesen Komponenten führt. Das Ausdrucksverhalten wird als direkter "output" der emotionalen Aktivierung betrachtet. Damit ist der Spielraum für die Entwicklung stark eingeschränkt: In der neurologisch-bewertenden Komponente beschränkt sie sich auf Ausdifferenzierung und Reifung (Izard, 1994). Temperamentstheorien (z.B. Rothbart, 1989) unterstreichen die Bedeutung der konstitutionell gegebenen physiologischen Faktoren. Emotionsregulierung wird aus der Wechselwirkung zwischen physiologisch vorgegebenen Zuständen und kognitiven Bewertungen erklärt. Zwischen einzelnen Gefühlen wird in den Temperamentstheorien nicht differenziert.

Psychoanalytische Emotionstheorien (z.B. Ulich & Kapfhammer, 1991)

Der Psychoanalyse kommt historisch gesehen zugute, daß Anna Freud (1936/1964) aus der Betrachtung der Ich-Funktionen das Konzept der Abwehrmechanismen abgeleitet hat. Dieses Konzept ist einer der ideellen Vorläufer der modernen Bewältigungstheorien, aber leider sind die weiteren Konzepte der Psychoanalyse für die heutige empirische Erforschung der emotionalen Entwicklung nur schwer nutzbar zu machen.

Neopsychoanalytische Emotionstheorien (z.B. Stern, 1992, 1995; Emde et al., 1991; Grossmann et al., 1989; Crittenden, 1993)

Im Unterschied zu den bisher genannten Theorien stellt diese Theorietradition, zu der hier auch die Bindungstheorie gezählt wird, die Beziehung zwischen dem Kind und seinen Bezugspersonen in den Mittelpunkt der Betrachtung. Einzelne Gefühle werden, wenn sie überhaupt voneinander abgrenzbar sind, der Beziehung und ihrer jeweiligen Repräsentation im Geiste von Kind und Bezugsperson untergeordnet (siehe Kapitel 2.1.1). Emotionsregulierung wird allein im Kontext der Beziehung lokalisiert. Deshalb wird diese "Theoriefamilie" unter den interpersonalen Ansätzen in Kapitel 7.2.1 weiter besprochen.

Kognitive Emotionstheorien: Neo-Piagetianische Ansätze (Fischer et al., 1990; Case et al., 1988)

Im Mittelpunkt dieser beiden Modellvorstellungen zur emotionalen Entwicklung steht ein Stufenmodell der kognitiven Entwicklung, das sich mehr (Case et al., 1988) oder weniger (Fischer et al., 1990) an Piaget anlehnt. Damit beziehen beide Modelle den Aspekt der Entwicklung inklusive Mechanismen und Stufenübergänge explizit ein. Die Arbeitsgruppe um Case (1988) leitet aus ihrem kognitiven Entwicklungsmodell differenzierte Hypothesen zur Entwicklung von emotionsrelevanten Erwartungen und Zielen ab, die sich mit dem Alter in ihren Inhalten verändern und insgesamt immer komplexer werden. Bezüglich der Emotionsregulierung können Case und Mitarbeiter (1988) ebenfalls mit theoriegeleiteten Hypothesen aufwarten; allerdings werden nur zur Aufmerksamkeitslenkung, zur Verschiebung, zur Projektion, zur Rationalisierung und zur Sublimation Vorhersagen gemacht. Andere – möglicherweise weniger theoriekonforme - Bewältigungsstrategien werden nicht behandelt, etwa solche, die andere Menschen einbeziehen. Fischer et al. (1990) beschränken sich in ihrer vergleichsweise mehr handlungs- und kontextgebundenen "emotional skill theory" auf zwei Themen, nämlich auf die Entwicklung der Hemmung am Ende des Säuglingsalters und auf die Überwindung der Spaltung zwischen einander ausschließenden Eigenschaften (z.B. nett und gemein) im Ärgerskript von Vorschulkindern (siehe Kapitel 3.1.3). Physiologische Prozesse und Ausdrucksverhalten fallen in diesen beiden Neo-Piagetianischen Ansätzen zur emotionalen Entwicklung heraus.

Kognitive Emotionstheorien: Soziale Informationsverarbeitungstheorie und
Attributionstheorie (z.B. Dodge, 1986; Crick & Dodge, 1994; Weiner, 1986; Graham
& Weiner, 1991)

Weil das Schwergewicht dieser theoretischen Ansätze auf den kognitiven Bewertungsprozessen liegt, beziehen sie sich hauptsächlich auf die Aktualgenese von
Emotionen. Diese werden im kognitiv-behavioristisch inspirierten sozialen Informa-
tionsverarbeitungsmodell ohnehin nur implizit erwähnt (siehe Kapitel 4.2). Beide
Modelle sind einseitig kognitiv orientiert in dem Sinne, daß der Kognition eine
eindeutige Priorität eingeräumt wird; physiologische Prozesse und Ausdrucksverhalten wurden bisher noch nicht berücksichtigt. Emotionsregulierung würde nach
diesen Modellvorstellungen, die hinsichtlich der Bewertungsschritte sehr differenziert sind, vor allem aus der Neubewertung der antezedenten Bedingungen bestehen.
Ontogenetische Veränderungen werden von diesen beiden Attributionsmodellen
nicht explizit einbezogen.

Kognitive Emotionstheorien: Emotionale Schemabildung (z.B.Ulich, 1991; Ulich &
Mayring, 1992)

Aufbauend auf allgemein- und kognitionspsychologische Überlegungen präsentiert
Ulich das Konzept der emotionalen Schemata, das lebensgeschichtlich geprägte
Bereitschaften beinhaltet, auf bestimmte Situationen mit bestimmten Emotionen zu
reagieren, auf bestimmte antezedente Bedingungen hin etwa Ärger zu empfinden. Da
die emotionalen Schemata individuelle Erfahrungen repräsentieren, kommt eine
differentielle Komponente hinzu. In welcher Weise sich die Erfahrungen des
einzelnen in der Entwicklung seiner emotionalen Schemata niederschlagen, ist in
diesem Modell bislang noch eine offene Frage. Die Emotionskomponenten der
Physiologie und des Ausdrucks wurden bisher in dem Schemamodell zur emotionalen Entwicklung nicht berücksichtigt.

7.1.2 Forschungsfragen zu den kognitiv orientierten Theorien der emotionalen Entwicklung

Mit Hilfe dieser meist kognitiv orientierten Theorien zur intrapsychischen emotionalen Entwicklung lassen sich eine Reihe von Forschungsfragen beantworten, allen
voran die Frage nach der Entwicklung der emotionsantezedenten Bewertungen.
Wann diese Bewertungen zuerst auftauchen, wie sie sich im Verlauf der Entwicklung
und Ausdifferenzierung von Zielen und kognitiven Fähigkeiten verändern, wurde
zwar angemahnt (z.B. Lazarus, 1994; Dunn, 1994), aber bisher noch kaum systematisch untersucht. Aus Sicht der Prototypentheorie wäre eine Beschreibung typischer
Emotionsanlässe und ihrer Veränderungen bei Kindern und Jugendlichen vordringlich.
    Bei der Entwicklung des Ärgers wurde bislang lediglich der Erwerb der Ziel-
Mittel-Relation in den ersten Lebensmonaten als Voraussetzung für den frustrations-

bedingten Ärgerausdruck nachgewiesen (Lewis et al., 1990). Unter welchen Bedingungen Ärger als Reaktion auf Normverletzungen und auf persönliche Kränkungen zum ersten Mal auftritt und wie sich diese Art des Ärgers (oder der Wut) im Laufe der Entwicklung verändert, ist bisher noch nicht untersucht worden. Eine Forschungslücke tut sich ebenfalls bei der Ontogenese der Neigung auf, Ärgerverursachern feindselige Absichten zuzuschreiben. Aus angewandter Perspektive wäre sehr interessant, zu erfahren, ab wann und in welchem Kontext sich dieser bekanntermaßen ärgerintensivierende Attributionsbias (siehe Kapitel 4.2) entwickelt. Klinisch ebenso relevant wäre es, die Ontogenese der Tendenz zu Neubewertungen zu untersuchen, die die Intensität des Ärgers verringern. Bei diesen Untersuchungen zur Entwicklung der ärgerreduzierenden Entschuldigungen und Rechtfertigungen müßten sowohl Neubewertungen in Hinblick auf den Intentionsmodus des Verursachers (prosoziales Motiv, Fahrlässigkeit, Rücksichtslosigkeit gegenüber Böswilligkeit) erfragt werden, als auch Umdeutungen, die auf beeinträchtigende Umstände, wie etwa Zwang oder Krankheit, abzielen (Mees, 1991, 1993, siehe Kapitel 1.3.1). Treten die Neubewertungen regelmäßig auf, wenn ein Kind Ärger auf einen anderen Menschen verspürt, so dürften sie in der schnellen Zurücknahme des eigenen Anspruchs resultieren, einer Tendenz, die weder für die psychische Gesundheit noch für die zufriedenstellende Gestaltung zwischenmenschlicher Beziehungen förderlich ist. Abwertende Gedanken sind ebenfalls Neubewertungen, weil sie u.a. die Bedeutung der ärgerprovozierenden Person für das eigene Selbst herabmindern. Schießlich läßt sich auch der Humor als eine Art der Umdeutung verstehen, die den Ärgeranlaß in einen anderen, eben einen lustigen Rahmen stellt. Was fehlt, ist eine systematische Untersuchung des normalen Entwicklungsgangs dieser Neubewertungen zur Ärgerminderung im Vorschulalter. Denn ab dem Alter von etwa neun Jahren scheinen diese Strategien schon recht verbreitet zu sein: das sofortige Zurücknehmen des eigenen Anspruchs wurde von der Hälfte und die abwertenden Gedanken von 43% der befragten Schulkinder nach eigenen Angaben zumindest "manchmal" bei Ärger in der Freundschaft eingesetzt (siehe Kapitel 4. 8). Diese Forschungslücke ist wegen der klinischen Relevanz von Strategien der Abwertung (Satir, 1977; Sullivan, 1953/ 1983), der Feindseligkeit (Friedman & Booth-Kewley, 1987) und des Zurücknehmens des eigenen Anspruchs (Beck, 1970; Satir, 1977) von besonderer Bedeutung.

7.1.3 *Die Dynamische Systemtheorie über Aktualgenese und Ontogenese von Emotionen*

Die Dynamische Systemtheorie geht davon aus, daß Emotionen aus verschiedenen Komponenten bestehen, die probabilistisch zusammenhängen. Im Mittelpunkt dieser Modellvorstellungen stehen nicht die einzelnen Komponenten, sondern das Wechselspiel zwischen ihnen und die sich daraus ergebende Dynamik. Vertreter dieser Theoriefamilie sind Camras (1992, 1994), die das Verhältnis von antezedenten Bedingungen und Ausdrucksverhalten in den ersten beiden Lebensjahren behandelt, Fogel und Mitarbeiter (1992), die die soziale Einbettung von Emotionsprozessen untersuchen und M.D. Lewis (1995, 1996), der sich auf das Zusammenspiel von "kognitiver" Bewertung und emotionalem Erleben (samt physiologischen Prozessen) konzentriert. Da die Theorie von M.D. Lewis recht differenzierte Aussagen zu diesen Emotionskomponenten macht und darüber hinaus Überlegungen zur (differentiellen) Entwicklung enthält, soll hier der Faden aus Kapitel 1.4.4 wieder aufgenommen und diese Theorie in zwei ihrer Kernpunkte vorgestellt werden.

Der dynamische Verlauf der Aktualgenese von Gefühlen

M.D. Lewis' Dynamische Systemtheorie ist zwar aus den kognitiven Bewertungstheorien von Scherer (1984a,b), Lazarus (1991a,b) oder Frijda (1986) hervorgegangen, aber der Schwerpunkt dieser Theorie liegt auf dem zeitlichen Verlauf der Emotionsepisoden. Dadurch verändern sich die Gewichtungen in entscheidender Weise: Die Unterscheidung zwischen der der Emotion vorausgehenden Bewertung (appraisal) und der auf die Emotion folgenden Regulierung der bisherigen sequentiellen oder "linearen" kognitiven Bewertungsmodelle verwischt sich zugunsten eines Konzepts der reziproken Verursachung von Bewertungen, emotionalem Erleben und Neubewertungen. In M. D. Lewis (1996) Modell wird diese Kreisbewegung wesentlich weiter geführt als in bisherigen Vorstellungen zur Neubewertung (z.B. Frijda, 1986), weil sie als ständiger Rückkoppelungsprozeß zwischen diesen beiden Emotionskomponenten verstanden wird, die sich bei positivem Feedback immer weiter verstärken und in ihrer Intensität steigern können. Wie Menschen sich in ein Gefühl hineinsteigern können, wird durch diese positiven Feedback-Schleifen, also durch die gegenseitige und sich über die Zeit aufschaukelnde Verstärkung von emotionsrelevanten Bewertungen und dem entsprechenden Erleben in der Dynamischen Systemtheorie, besonders plausibel dargestellt (siehe Kapitel 2.2). Wie negative Emotionen durch die Verlagerung der Aufmerksamkeit auf weniger bedrohliche Sachverhalte reguliert werden, ist mithilfe der Dynamischen Systemtheorie schon etwas komplizierter zu erklären. M.D. Lewis (1996) schreibt zu diesem Punkt, daß die Verknüpfung bestimmter kognitiver Bewertungen mit dem Erleben von Angst oder Schmerz die Suche nach einem Ausweg intensiviert. Der Ausweg, der dann auf der Ebene des Verhaltens (z.B. durch Verlassen der Situation) oder auf der Ebene der Bewertung (z.B. durch Neubewertungen) gefunden wird, ist selbstverstärkend, wenn er die unangenehmen Empfindungen vermindert (siehe Kapitel 1.4.4).

Die Entwicklung interindividueller Unterschiede bei der Aktualgenese von Gefühlen

Die zweite Besonderheit der Dynamischen Systemtheorie ist die Annahme, daß die Makrogenese, also die Entwicklung interindividueller Unterschiede, weitgehend parallel zu der eben beschriebenen Mikrogenese eines Gefühls verläuft. Aufbauend auf dem allgemeinen Grundsatz der Selbstorganisation postuliert M.D. Lewis (1995) fünf systemische Prinzipien für die differentielle Entwicklung, die sowohl die Stabilität dieser Unterschiede über die Zeit und über Situationen hinweg als auch deren Veränderung in Phasen des Umbruchs erklären. Diese Prinzipien sind wie folgt:

1. Die oben beschriebenen *Feedback-Prozesse* der Selbstverstärkung durch positive Rückkoppelung bzw. des "Abschaltens" durch negative Rückmeldung sind das erste Prinzip. Sie werden in jeder Emotionsepisode mehrfach durchlaufen und führen im Laufe der Entwicklung zu individuell ausgeprägten kognitiv-affektiven Strukturen, die man Schemata oder Skripte nennen kann. Diese legen ähnliche Bewertungen für bestimmte Situationen nahe. Dem emotionalen Erleben kommt dabei motivierende Kraft zu. "Emotions guide the assembly of interpretations that help elicit those emotions over occasions. In this way interpretations of situations grow and self-perpetuate in the presence of particular emotions..." (M.D. Lewis, 1995, S. 82).
2. Das subjektive Erleben (inklusive der physiologischen Veränderungen) lenkt die Aufmerksamkeit auf bestimmte Gesichtspunkte der Situation und unterstreicht dadurch bestimmte Deutungen von ihr. Durch das vielfache Durchlaufen dieser Kreisbewegung zwischen Empfindungen und Interpretationen konsolidieren sich die Bewertungen; es entsteht *Ordnung durch Fluktuation*. Dies ist das zweite Prinzip. Im Laufe der Zeit kristallisieren sich diese Deutungen in dem Sinne, daß sie nun immer schneller erfolgen und zunehmend schwerer von außen zu beeinflussen sind. Außerdem steuern sie im Prinzip von immer mehr Ausgangssituationen auf die gleiche Bewertung zu (Konvergenz).
3. Das dritte Prinzip der *Stabilität* ergibt sich aus der Koppelung zwischen bestimmten Bewertungen und dem Erleben; in der Sprache der Dynamischen Systemtheorie gesprochen, bilden sich durch vielfache Wiederholungen der Koppelungen zwischen den gleichen Elementen "Attraktoren" und "Repellants", also Zustandsräume, die andere Bewertungen anziehen bzw. abstoßen. Über die Zeit entstehen auf diese Weise größere "Attraktoren-Senken", die auch ganz anders interpretierbare Situationen in ihrem Lichte einfärben.
4. *Veränderungen*, und das ist das vierte Prinzip, entstehen an Verzweigungen (bifurcation points). Das System ist nach Durchschreiten dieser Umbrüche umfassender und komplexer organisiert als vorher. An jeder dieser Gabelungen öffnen sich eine Reihe von neuen Entwicklungspfaden. Diese werden eine Weile "getestet" - währenddessen ist das Verhalten nicht vorhersagbar -, bevor sich ein Pfad oder einige wenige stabilisieren. In diesen Umbruchphasen sind Kinder für Umwelteinflüsse sehr empfänglich, die sich, wenn stabilisiert, auch in ganz eigenartigen Reaktionsmustern niederschlagen können. Je mehr Knotenpunkte dieser Art ein Mensch durchlaufen hat, desto geringer ist seine Entscheidungsfreiheit bei neuen Gabelungen, da er sich an vorhergehenden Verzweigungen durch den Ausschluß anderer Optionen immer weiter festgelegt hat.
5. Das fünfte Prinzip des *Disequilibriums* ist ein allgemeines Prinzip, das besagt, daß die motivierenden Aspekte des emotionalen Erlebens die Bewertungen dabei anleiten, zu welchen neuen Konfigurationen sie sich zusammenschließen. Da meistens jedoch nicht völlig zufriedenstellende Lösungen generiert werden, entstehen neue Gefühle, die das Wechselspiel zwischen bestimmten Gedanken und dem emotionalen Erleben perpetuieren. Menschen arbeiten sich, vereinfachend gesagt, im Laufe der Zeit an wiederkehrenden Problemen ab - zum Teil ein ganzes Leben lang.

7.1.4 Forschungsfragen zur Dynamischen Systemtheorie

Durch die Annahme der Dynamischen Systemtheorie, daß der emotionale Prozeß in rekursiven Schleifen verläuft, verlagert sich die Aufmerksamkeit vom Anfang des Emotionsprozesses zu seinem Ende, genauer gesagt, von den Bewertungsprozessen, die zu Beginn des emotionalen Erlebens stehen, zu den Bedingungen, die das Abebben eines Gefühls beeinflussen. Um die Bedingungen des Abbaus emotionaler Prozesse zu erforschen, müßte man zunächst die "Halbwertszeiten" des normalen Zerfalls beschreiben. Sehr intensiv erlebte Gefühle dürften langsamer verschwinden als solche, die Menschen nur an der Oberfläche berühren. "Großer" Ärger sollte demnach länger erinnert werden als "kleiner" Ärger. Ein Beleg für diese Vermutung ist die Diskrepanz zwischen Tagebüchern zum Ärgererleben und retrospektiven Befragungen: Hatten die Versuchspersonen in einer Tagebuchstudie jeden Tag noch eine ganze Reihe geringfügiger Ärgerereignisse notiert, so nannten andere Probanden, die summarisch über ihren Ärger der letzten Woche befragt wurden, eine viel geringere Zahl von kleinen Ärgererlebnissen. "Großer Ärger" kam bei beiden Arten der Befragung in etwa gleich häufig vor (Averill, 1982).

Verlaufsparameter, wie Dauer, Zeit und Art des Aufbaus oder Abbaus der emotionalen Reaktion (z.B. gleichmäßig oder wellenförmig), Auftreten und Höhe von einem oder mehreren Spitzenwerten (peak, apex) etc., lassen sich gut anhand der Wutanfälle von Kleinkindern studieren, weil diese häufig vorkommen, oft ausgedehnte Verläufe aufweisen und der wellenförmige Abbau der Wut meist deutlich zu hören und zu sehen ist. Interessant sind diese Wutausbrüche auch deshalb, weil sie wahrscheinlich oft einen Angriff auf das Selbst des Kindes enthalten (siehe Kapitel 2.2). Mit Hilfe des theoretischen Instrumentariums der Dynamischen Systemtheorie lassen sich die Umstände, die den Abbau der Wut beschleunigen, ebenso beschreiben wie die Bedingungen, die den "natürlichen Zerfall" aufhalten oder gar umkehren, denn manchmal steigern sich bereits Kleinkinder in ihre Wut hinein. Oder kurz vor dem endgültigen Abebben ihrer Wut läßt ein Hinweis auf den ursprünglichen Anlaß ihren Zorn noch einmal aufflammen. All diese Verlaufsvarianten wären zu untersuchen, auch in Hinblick auf die Beteiligung des Selbst des Kindes. Zu prüfen wäre weiterhin, ob die Zeit, die Kleinkinder benötigen, um über ihre Wut hinwegzukommen, insgesamt von ähnlichen Faktoren abhängt wie die Genese ihrer Wut, nämlich sowohl von Bewertungen, wie der Kumulation von Frustrationen, als auch vom Zustand des Organismus, der auf Kälte, Müdigkeit oder Hunger vermehrt mit Wutanfällen reagiert (Goodenough, 1931). Diese Spekulationen müßten empirisch überprüft werden.

An Hand der Wutanfälle von älteren Kindern und Jugendlichen wäre zu untersuchen, ob sie perseverierende Gedanken haben, die das Abflauen ihrer Wut regelmäßig behindern. Die Dynamische Systemtheorie bietet für die systematische Verbindung von Ärger mit bestimmten Gedanken und Weisen des Erlebens das Konzept der "Koppelung" an. Aneinander koppeln können sich bestimmte Bewertungen; sie werden Kognitions-Kognitions-Koppelungen genannt (M.D. Lewis, 1995, 1996). Das Konzept des "mental priming" geht ebenfalls in die Richtung, daß bestimmte Gedanken durch vorher aktivierte kognitive Konstrukte zugänglicher gemacht werden können. So konnte eine erhöhte Bereitschaft von Heranwachsenden, ihren Altersgenossen in zweideutigen Situationen böswillige Absichten zu unterstellen, durch das vorherige priming durch feindselige Konstrukte nachgewiesen werden (Graham & Hudley, 1994; siehe Kapitel 4.2.1). Zu untersuchen ist, ob die Kognitions-Kognitions-Koppelungen, die den Abbau des Ärgers behindern, im wesentlichen den Bewertungen entsprechen, die die Entstehung von Ärger in der konkreten Situation begünstigen bzw. die Intensität des Ärgerempfindens steigern (siehe Kapitel 1.3.1), weil sie die Aufmerksamkeit auf eben diese Aspekte lenken. Die folgende Auswahl gibt einen Überblick über die Gedanken, die im Zusammenhang mit den Bewertungen der antezedenten Bedingungen den normalen Zerfallsprozeß des Ärgers verzögern könnten:

- Gedanken an weitere Aspekte der ärgerprovozierenden Situation, die bisher noch nicht bedachte Frustrationen, Normverletzungen oder Kränkungen ans Licht bringen;
- Verantwortungszuschreibungen, die die Intensität des Ärgererlebens steigern, wie etwa die Zuschreibung der Böswilligkeit oder das Abstreiten von ärgermildernden Entschuldigungen und Rechtfertigungen;
- Gedanken an das große Ausmaß für die eigene Person oder die leichte Vermeidbarkeit des Schadens für den Provokateur;
- Gedanken an weitere Aspekte des Ärgerverursachers, wie etwa vergangene Frustrationen, Normverletzungen oder Kränkungen.

Insgesamt laufen diese den Abbau behindernden Kognitions-Kognitions-Koppelungen darauf hinaus, die Legitimität des eigenen Ärgererlebens zu erhöhen. Diese Koppelungen können auch herbeigeführt werden, indem die verärgerte Person, die ärgerprovozierende Situation auf diese Aspekte hin abklopft, sie geradezu sucht. Ob diese Suche nach weiterer Nahrung für die eigenen Ressentiments bewußt geschieht, ist zwar in Hinblick auf therapeutische Bemühungen zur Veränderung dieser Koppelungen eine höchst interessante Frage, aber meines Wissens wurde sie in dieser Form noch nicht in der Wissenschaft gestellt. Lediglich in der englischen Metapher "to nurse one's grudge" findet sich diese Art des ständig weiter am Leben gehaltenen Ärgers wieder.

Bedingungen, die den normalen Abbau des Ärgers beschleunigen, dürften weitgehend parallel zu den eben beschriebenen Bedingungen der Verzögerung des Abbaus zu konstruieren sein: Intrapsychische Regulierungsstrategien, wie Aufmerksamkeitslenkung und Bagatellisierung durch Neubewertungen, die auf die geringe Bedeutung der Normverletzung, das geringe Ausmaß des Schadens oder die Abwertung der Person des Verursachers hinauslaufen, wurden bereits häufiger in diesem Buch erwähnt (siehe Kapitel 1.4). Werden diese Koppelungen wiederholt aktiviert, dann sollten sich auf Dauer die entsprechenden "Attraktoren" (bzw. "Repellants") bilden, die nun ihrerseits die Zugänglichkeit bestimmer Weisen der Bewertung oder des Erlebens in einer gegebenen Situation erhöhen (M.D. Lewis, 1995, 1996). Durch die immer wiederkehrende Verbindung der gleichen Bewertungen und Qualitäten des Erlebens entsteht in der Lebensgeschichte jedes Menschen eine individuelle Landkarte von mehr oder weniger zugkräftigen Attraktoren (verschiedener Art), die immer schneller aktiviert werden und außerhalb von Umbruchphasen zunehmend schwerer zu beeinflussen sind.

Insgesamt ist die Dynamische Systemtheorie von Marc Lewis (1995, 1996) eine kognitive Theorie, weil den kognitiven Bewertungen der antezedenten Bedingungen ein wichtiger Platz eingeräumt wird. Die Vorstellung eines ständigen Austausches von kognitiven Bewertungen und emotionalem Erleben, der nach den Prinzipien der Systemtheorie funktioniert, ermöglicht indessen eine sehr viel genauere - und ich würde sagen lebensnähere - Beschreibung emotionaler Prozesse als die bisherigen "linearen" kognitiven Modelle zur Aktualgenese von Emotionen. Außerdem bezieht die Dynamische Systemtheorie differentielle Aspekte ein. Dennoch bleiben zwei Fragen offen, die in einer Theorie der intrapsychischen emotionalen Entwicklung wünschenswert wären.

1. Welches Verhältnis besteht zwischen den vier Emotionskomponenten?
Eine Theorie der intrapsychischen Aspekte der emotionalen Entwicklung müßte in der Lage sein, Emotionen als Prozeß zu verstehen, der aus mindestens vier verschiedenen Komponenten besteht, nämlich nicht nur aus den kognitiven Bewertungen und dem emotionalen Erleben, sondern auch aus den physiologischen Prozessen und dem Ausdrucksverhalten. Diese Komponenten dürften jeweils eigene Rhythmen und Verlaufskurven aufweisen. Was in der Theorie der Dynamischen Systemtheorie bislang fehlt, ist die Modellierung der Rückkoppelungsprozesse innerhalb und zwischen diesen anderen Aspekten des emotionalen Geschehens. Denn die Subsumtion von physiologischen Prozessen, Ausdrucksverhalten und dem mehr oder weniger sprachlich repräsentierten emotionalen Erleben unter die eine Kategorie "Emotion" (von mir meist mit "emotionalem Erleben" wiedergegeben) ist sicherlich zu undifferenziert. Ein solches Unterfangen ist keinesfalls aussichtslos, denn zwischen der Selbstorganisation der Bewertungen und des emotionalen Erlebens, die die Dynamische Systemtheorie beschreibt, und der Selbstorganisation neuronaler Netzwerke im zentralen Nervensystem scheinen Entsprechungen zu bestehen (M.D. Lewis, 1995), die möglicherweise bis auf die Ebene paralleler Kreisläufe zwischen den "Emotionszentren" im limbischen System und den "Kognitionszentren" in der Frontalregion des Neocortex reichen (Tucker, 1992, zitiert nach M.D. Lewis, 1996).

2. Welche Mechanismen treiben die emotionale Entwicklung voran?
In den ersten beiden Lebensjahren vollziehen sich gewaltige Umbrüche in der neurologischen Entwicklung, ebenso in der motorischen, kognitiven und sprachlichen Entwicklung (siehe Kapitel 2 und 3). Auf welche Weise diese Umwälzungen die Rückkoppelungsschleifen zwischen kognitiven Bewertungen antezedenter Bedingungen und dem Erleben von Gefühlen beeinflussen, ist eine Frage, die in der Dynamischen Systemtheorie bisher noch nicht gestellt wurde. Unter diesem Aspekt ist aus der Richtung des emotionalen Erlebens unter anderem zu fragen, wie die sich ausbildende Organisation des Zentralnervensystems die Deutung emotionsantezedenter Bedingungen beeinflußt und welchen Einfluß die Möglichkeit sprachlicher Repräsentation auf diese kognitiven Bewertungen hat. Aus der Richtung der Kognition stellt sich unter anderem die Frage, wie die zunehmend komplexeren kognitiven Bewertungen das emotionale Erleben (und den emotionalen Prozeß insgesamt) verändern. Bezogen auf die Entwicklung des Ärgers

ergibt sich hieraus etwa die Frage, wodurch die kognitiven Regulierungsstrategien der Neubewertung der ärgerprovozierenden Situation entstehen und wie sie den Prozeß der Ärgerregulierung färben. Oder genauer gesagt: Als Ausweg aus welchen Empfindungen bieten sich die Umdeutungsstrategien des Zurücknehmens des eigenen Anspruchs, der abwertenden Gedanken und eventuell des Humors an? Um die Dynamische Systemtheorie für entwicklungsbezogene Fragestellungen wirklich nutzbar zu machen, sind die Entwicklungsannahmen weiter auszuformulieren: Zwei Entwicklungsprinzipien liegen dabei schon vor, nämlich (1) Phasen der Stabilität wechseln sich ab mit Phasen des Umbruchs und (2) die Entwicklung schreitet zu immer komplexeren Konfigurationen der gleichen Elemente voran. Diese beiden Prinzipien liegen auch anderen Stufenmodellen der Entwicklung zugrunde, etwa Piagets Modell der kognitiven Entwicklung. In Hinblick auf das erste Prinzip wäre darzulegen, unter welchen Bedingungen der Umbruch erfolgt: Wird die Umwälzung durch Entwicklungsprozesse angestoßen, die zunächst außerhalb des emotionalen Geschehens stehen, wie etwa die Sprachentwicklung? Oder treten innerhalb des Wechselspiels zwischen kognitiven Bewertungen und emotionalem Erleben Schwierigkeiten (welcher Art?) auf, die so sehr kumulieren, daß das bisherige System zusammenbricht und eine Neuorganisation fällig wird? In Hinblick auf das zweite Prinzip wäre zu beschreiben, wie sich die gleichen Elemente zu immer komplexeren Konfigurationen zusammenschließen und ob dadurch die Möglichkeit der Genese von wirklich neuen Elementen ausgeschlossen wird. Insgesamt trägt die Dynamische Systemtheorie, die die individuellen Entwicklungspfade in den Mittelpunkt der Betrachtung stellt, nur noch sehr entfernt die Handschrift Piagets oder anderer Entwicklungstheoretiker, die von der Annahme universeller ontogenetischer Prinzipien ausgehen.

Diese Überlegungen zielen auf mögliche Ausdifferenzierungen der Dynamischen Systemtheorie ab, die bisher in relativ abstrakter Weise formuliert wurde (M.D. Lewis, 1995, 1996). Was vor allem jedoch noch aussteht, ist die Übersetzung der bislang in der Theorie postulierten Zusammenhänge in konkrete Forschungsfragen. Denn gerade bei der Operationalisierung theoretischer Überlegungen lassen sich oft auch deren Schwachstellen entdecken, etwa: Was genau ist ein Attraktor? Wie läßt er sich bei realen Menschen in realen Situation messen? Nur durch die empirische Absicherung läßt sich dem Vorwurf der metaphorischen Unschärfe theoretischer Konzepte begegnen. Darüber hinaus bietet die Überprüfung theoretischer Formulierungen anhand von empirischen Befunden auch die Möglichkeit, die Theorie zu korrigieren. Mit anderen Worten: "bottom-up" Prozesse der empirischen Forschung können die bisher nur "top-down" konzeptualisierten theoretischen Konstrukte der Dynamischen Systemtheorie sowohl absichern als auch gegebenenfalls korrigieren und ergänzen.

7.2 Zur Entwicklung des interpersonalen Strangs der emotionalen Entwicklung

Die vorangegangenen Seiten mögen den Eindruck erweckt haben, daß sich die Aktualgenese und die Regulierung von Gefühlen allein aus den Wechselspiel zwischen Bewertungen und Erleben erklären lassen und daß die emotionale Entwicklung vor allem ein intrapsychisches Geschehen ist. Das ist mitnichten der Fall. Aus diesem Grund wird jetzt der zweite Strang aufgenommen, der die Emotionsregulierung in zwischenmenschliche Beziehungen einbettet. Mindestens vier Gründe sprechen dafür, die emotionale Entwicklung in den Kontext von Beziehungen und Interaktionen mit anderen Personen zu stellen (v. Salisch, 1999a; Bänninger-Huber & v. Salisch, 1994):

1. *Emotionale Kommunikation als zentrales Merkmal von Beziehungen*

   Seit ihrem ersten Lebenstag sind Menschen soziale Wesen, die in besonderer Weise auf andere Menschen ausgerichtet sind. Der nonverbale Austausch von Gefühlen zwischen dem Baby und seinen Bezugspersonen spielt eine wichtige Rolle und zwar sowohl für den Aufbau der überlebenswichtigen Bindungsbeziehung (Grossmann et al., 1989) als auch für die Persönlichkeitsentwicklung des Säuglings (Stern, 1992). Auch in späteren Lebensabschnitten sind enge Beziehungen von intensiven Gefühlen begleitet (Hochschild, 1990), die mitunter jedoch erst dann zum Vorschein kommen, wenn der Beziehungspartner schon nicht mehr zugänglich ist (Berscheid, 1983).

2. *Menschen als Auslöser von Gefühlen*

   Der Bezug zwischen der Person und ihrer Umwelt kristallisiert sich in Gefühlen, da sich Gefühle nur an solchen Sachverhalten entzünden, die den Menschen wichtig sind. Da zwischenmenschliche Beziehungen den meisten Menschen viel bedeuten, entstehen viele Gefühle im Kontext dieser Beziehungen (Scherer, Wallbott & Summerfield, 1986).

3. *Emotionsregulierung in Beziehungen*

   Gefühle werden nicht nur intrapsychisch, sondern auch in zwischenmenschlichen Beziehungen reguliert. Soziale Unterstützung beinhaltet im wesentlichen den Austausch darüber, welche Wahrnehmungen und Bewertungen, physiologische Symptome und Qualitäten des Erlebens hinter dem Gefühl eines Menschen stehen und wie diese zu bewerten sind. Rimé et al. (1992) führen aus, daß Menschen dazu neigen, starke Gefühle mit vertrauten Gesprächspartnern zu "recyclen". Diese Unterredungen können dazu dienen, zunächst noch diffuse Empfindungen in Worte zu fassen, die Angemessenheit des Empfindens durch den Vergleich zum hypothetischen Erleben der Gesprächspartner zu klären, gegebenenfalls Hilfe in Rat und Tat zu empfangen und sich schließlich kulturelle Deutungsmuster über die Definition und den Umgang mit diesen Gefühlen zu erschließen (siehe Kapitel 1.4.1).

4. *Verhaltenssteuerung durch den Emotionsausdruck in face-to-face Interaktionen*

   In face-to-face Interaktionen steuern die Beteiligten ihr Verhalten gegenseitig und zwar oft ohne, daß es ihnen bewußt ist. Einfache Verstärkungsschleifen (Malatesta & Haviland, 1982), aber auch komplexe Phänomene wie Affektansteckung und

Affektabstimmung (Stern, 1992), symmetrische Eskalation und Responsivität lassen sich nur im Kontext der Interaktionen und Beziehungen mit anderen Menschen verstehen. Dem emotionalen Ausdrucksverhalten kommt bei diesen Prozessen eine zentrale Rolle zu.

Für den Ärger lassen sich drei dieser vier Punkte anhand der bisher in diesem Buch gewonnenen Erkenntnisse konkretisieren:

(zu 1) Emotionale Kommunikation als zentrales Merkmal von Beziehungen
Der Ärger ist ein sehr früh entwickeltes Gefühl - er läßt sich bereits in den ersten Lebenstagen beobachten und ab etwa zwei Monaten sicher vom distress unterscheiden. Bekundungen von Ärger und distress mobilisieren die Bezugspersonen, Abhilfe zu schaffen (siehe Kapitel 2.1.1).

(zu 2) Menschen als Auslöser von Gefühlen
Der Ärger ist ein ausgesprochen soziales Gefühl in dem Sinne, daß er sich überwiegend im Umgang mit engen Vertrauten, also vor allem an Familienangehörigen und nahen Freunden, entzündet (Averill, 1982; siehe Kapitel 4.6).

(zu 3) Emotionsregulierung in Beziehungen
Die Ärgerregulierung zusammen mit anderen Personen steht ganz oben auf der "Hit-Liste" möglicher Regulierungsformen. In der vorliegenden Studie gaben etwa zwei Drittel der Grundschülerinnen und Grundschüler an, daß sie das Gespräch über Ursachen und Hintergründe "manchmal" oder "fast immer" suchten, wenn sie sich über ihren Freund oder ihre Freundin geärgert hatten. Die Suche nach Hilfe und sozialer Unterstützung bei anderen Kindern wurde von fast ebenso vielen Kindern (64,9%) als habituelle Regulierungsstrategie bei Ärger in der Freundschaft angegeben. Festzuhalten bleibt daher, daß der Ärger, den Kinder in ihren Freundschaften empfinden, überwiegend in interpersonalen Beziehungen reguliert wird, sei es in der Freundschaft selbst oder sei es im Umgang mit bisher unbeteiligten Kindern (siehe Kapitel 4.8). Hinzu kommt die Unterstützung, die Eltern ihren Kindern gewähren: In der vorliegenden Studie hatten etwa 35% der Neun- bis Dreizehnjährigen ihrer Mutter von ihrem Ärger in der Freundschaft erzählt und Ratschläge von ihr erhalten (Stamova, 1998).

7.2.1 Ein kurzer Überblick über die interpersonal orientierten Theorien der emotionalen Entwicklung

Um die emotionale Entwicklung im Rahmen von zwischenmenschlichen Beziehungen und Interaktionen besser beschreiben zu können, folgt nun ein sehr kurzer Abriß von fünf theoretischen Ansätzen. Abgeklopft werden diese Modellvorstellungen zum einen in Hinblick auf ihre Konzeptualisierung der verschiedenen Gefühlskomponenten, zum anderen in Hinblick auf ihre Vorstellungen zu Stellenwert und Art des Beitrags verschiedener zwischenmenschlicher Beziehungen. Außerdem werden ihre Überlegungen zur Ontogenese der Gefühle berücksichtigt. Wieder bleibt es nicht aus, daß wichtige (und möglicherweise zentrale) Aspekte dieser Theorien außen vor bleiben müssen. Eine allgemeinere Übersicht über die meisten dieser Theorien findet sich bei Ulich und Kapfhammer (1991), Geppert und Heckhausen (1990) sowie bei Saarni, Mumme und Campos (1997).

Ethologische Theorien (z.B. Hinde, 1985; Camras, 1982; Zivin, 1986)

Diese Ansätze berücksichtigen den Einfluß von Interaktionspartnern insofern, als sie den direkten face-to-face-Austausch zwischen ihnen beobachten. Allerdings beschränken sie sich dabei in der Regel auf eine einzige Gefühlskomponente, nämlich auf das nonverbale Ausdrucksverhalten. Dieses wird nicht nur als read-out eines internen Zustands des Organismus verstanden, sondern auch als Signal für das Gegenüber, das sein Verhalten entsprechend darauf einstellt. Überlegungen zu den anderen Emotionskomponenten und der Ontogenese sind nur bei Zivin (1986) enthalten.

Sozialpsychologische Theorien (Berscheid, 1983; Kelley, 1984)

Diese theoretischen Ansätze verorten Aktualgenese und Austausch von Gefühlen in Beziehungen und Interaktionen zwischen mehr oder weniger vertrauten Personen. Vorherrschend ist die Mikroperspektive der Aktualgenese. Die ontogenetische Entwicklung wird nicht berücksichtigt.

Soziologische Theorien (z.B. Averill, 1982; Hochschild, 1990; Weber, 1994)

Diese soziologischen Ansätze erkennen den enormen Einfluß von sozialen Repräsentationen auf das Erleben und die Regulierung von Gefühlen an. Konzepte wie "Regeln der Bewertung" oder "feeling rules" sind aus diesen theoretischen Überlegungen hervorgegangen (siehe Kapitel 1.4.1). Zwischenmenschliche Interaktionen und Beziehungen als (mögliche) Vermittlungsinstanzen zwischen den übergeordneten gesellschaftlichen Regeln und dem emotionalen Geschehen beim Einzelnen sind im Rahmen dieser Theorien zwar denkbar, bei der Umsetzung in Forschungsprogramme bleiben sie jedoch weitgehend außen vor (z.B. Averill, 1982). Die ontogenetische Entwicklung wird ebenfalls ausgeklammert.

Bindungstheorie und Neopsychoanalytische Emotionstheorien (z.B. Grossmann et al., 1989; Crittenden, 1993; Stern, 1992; Emde et al., 1991)

Bei dieser Theoriefamilie steht die Beziehung zwischen dem Kind und seiner Mutter im Mittelpunkt, allenfalls werden noch der Vater und weitere erwachsene Pflegepersonen einbezogen. Der differentielle Beitrag unterschiedlicher Personengruppen steht am Rande der verschiedenen Theorien und wird in der empirischen Forschung selten beachtet. Emotionen sind bei diesen eher molaren Ansätzen eine intermediäre Kategorie, die zwischen der Ebene der Beziehung und der Ebene der konkreten Situation angesiedelt ist. Daher wird in vielen Veröffentlichungen nicht zwischen einzeln abgrenzbaren Gefühlen unterschieden. Wichtige theoretische Konzepte wie die soziale Bezugnahme (Sorce et al., 1995) und die Affektabstimmung (Stern, 1992) wurden im Rahmen dieser theoretischen Ansätze entwickelt (siehe Kapitel 2.1).

"Kognitiv-relationale Theorie" (Dunn, 1988, 1993)

In den Forschungen von Judy Dunn und ihrer Arbeitsgruppe, die nie als zusammenfassende Theorie formuliert wurden, wird der differentielle Beitrag verschiedener Beziehungspartner auf die emotionale Entwicklung in der Kindheit ausdrücklich gewürdigt. Untersucht wird, welchen Einfluß die Erfahrungen der Kinder in ihren Beziehungen zur Mutter und zum älteren Geschwister auf ihre Fähigkeiten zur affektiven Perspektivenübernahme, zum Durchschauen von irreführenden Annahmen (false belief task) sowie auf ihre moralische Entwicklung haben. Dunns neuste Studien fragen danach, wie die eben genannten "emotional-kognitiven" Kompetenzen im Kleinkindalter die Fähigkeiten der Kinder beeinflussen, zwei bis drei Jahre später divergierende Interessen beim Spiel mit befreundeten Kindern zufriedenstellend auszuhandeln und zu konstruktiven Lösungen für Konflikte zu kommen (siehe Kapitel 2.3). Allerdings beschränken sich die Untersuchungen von Judy Dunn und ihren MitarbeiterInnen auf die Quantität der sprachlichen Kommunikation über Gefühle und Befindlichkeiten. Einzelne Gefühle (oder gar Gefühlskomponenten) werden nicht gesondert betrachtet. Ebensowenig wird die Qualität dieser Unterredungen berücksichtigt. Dennoch bezieht das nun folgende Modell zur emotionalen Entwicklung in zwischenmenschlichen Beziehungen und Interaktionen wesentliche Anregungen aus den in diesem Ansatz ausführlich dokumentierten "Gesprächen über Gefühle" ein.

7.2.2 Ein Modell zur emotionalen Entwicklung in den Interaktionen und Beziehungen zu anderen Menschen

Bei der Übersicht über die fünf interpersonal orientierten Emotionstheorien im letzten Abschnitt klang schon an, daß diese theoretischen Formulierungen meines Erachtens drei Schwachpunkte haben:
1. Die meisten von ihnen differenzieren nicht zwischen den verschiedenen Komponenten von Gefühlen. Manche betrachten lediglich eine einzige Komponente.
2. Beziehungspartner werden oft gar nicht oder nicht in ihrem differentiellen Einfluß in die theoretischen Formulierungen aufgenommen.
3. Die wenigsten berücksichtigen die ontogenetische Entwicklung.

Aus diesem Grund soll ein Modell zur emotionalen Entwicklung in zwischenmenschlichen Beziehungen vorgestellt werden, das diese drei Punkte einbezieht. Ausgangspunkt der Überlegungen ist die Differenzierung zwischen den Emotionskomponenten Wahrnehmung, Bewertung, Erleben, physiologische Prozesse und Ausdrucksverhalten, die am Anfang dieses Kapitels vorgestellt wurden (siehe auch Kapitel 1.3). Dieses in Abbildung 7.1 dargestellte Modell ist ein erster Versuch, das Wissen zusammenzutragen und zu systematisieren, das in ganz verschiedenen Forschungsansätzen zur emotionalen Entwicklung in zwischenmenschlichen Beziehungen erarbeitet wurde. Dieses Modell ist vorläufig, weil es möglicherweise noch weitere Wege der Einflußnahme von Interaktionen und Beziehungen zu anderen Menschen auf die emotionale Entwicklung gibt. Gerade zur Entwicklung der physiologischen Prozesse und ihrer Regulierung liegt weder auf der Ebene der Konzepte noch auf der Ebene der empirischen Befunde ausreichend Material vor (Ausnahmen: Janke, 1999; Shields & Stern, 1979). Meine Aussagen zu dieser Emotionskomponente sind daher eher spekulativ und durch neu eingehende Ergebnisse zu ergänzen.

Inhaltlich stützt sich dieses Modell weitgehend auf die in Kapitel 2, 3 und 4 vorgestellten Befunde, Überlegungen und Konzepte, die sich meist auf die Entwicklung einer einzigen Emotionskomponente beschränken. Weil enge Verbindungen zwischen manchen Komponenten (z.B. zwischen der Bewertung antezedenter Bedingungen und dem emotionalen Erleben) bestehen und die meisten Forschungsarbeiten die Emotionen nicht nach Komponenten differenziert haben, müssen ihre Ergebnisse extrapoliert werden, indem parallele "Wirkungen" zwischenmenschlicher Prozesse für verwandte Emotionskomponenten angenommen werden. So dürfte die Affektabstimmung (Stern, 1992; siehe Kapitel 2.1.3) sowohl Einfluß auf die Bewertungen der antezedenten Bedingungen als auch auf das emotionale Erleben nehmen. Und noch eine letzte Vorbemerkung: Wenn hier von der Einflußnahme von Beziehungen und Interaktionen mit anderen Menschen auf die emotionale Entwicklung des Kindes die Rede ist, so ist damit nicht impliziert, daß diese "Wirkungen" einseitig von der sozialen "Umwelt" auf das Kind erfolgen. Im Gegenteil: gerade bei den reziprok-symmetrisch strukturierten Beziehungen und Interaktionen mit Geschwistern und Gleichaltrigen liegt eine ausgewogene wechselseitige Beeinflussung nahe (Asendorpf & Banse, 1999; Asendorpf, 1996).

Trotz aller Beschränkungen hat ein solches integratives Modell zur emotionalen Entwicklung in zwischenmenschlichen Beziehungen gleichwohl den Vorteil, daß es die bereits gewonnenen Erkenntnisse zur interpersonalen Einflußnahme auf die Entwicklung der einzelnen Emotionskomponenten zusammenfaßt, in einen konzeptuellen Rahmen stellt und mit der Altersentwicklung in Verbindung bringt. Quer gelesen wird in diesem Modell auf einen Blick deutlich, wie sich eine einzelne Emotionskomponente im Rahmen von Beziehungen entfaltet. Dies möchte ich am Beispiel der zwischenmenschlichen Einflußnahme auf das emotionale Erleben erläutern. Welche Gefühle Kinder erleben, dürfte von anderen Personen zu Beginn ihres Lebens lediglich durch Prozesse der Affektansteckung beeinflußt werden, etwa von dem anhaltenden Weinen des (eifersüchtigen) älteren Geschwisterkindes. Später im ersten Lebensjahr kommen Prozesse der gelingenden oder mißlingenden Affektabstimmung zwischen dem Kind und seinen erwachsenen Bezugspersonen hinzu. Erst wenn das Kind langsam zu sprechen anfängt, werden seine Befindlichkeiten mit Gefühlswörtern belegt; zur gleichen Zeit fangen Familien an, über Regeln des Empfindens von Gefühlen zu sprechen, die mitunter den normativen Charakter von Hochschilds (1990) feeling rules annehmen können (z.B. "wenn man etwas geschenkt bekommt, fühlt man sich dankbar".) Ab dem Kindergartenalter lernen Kinder emotionsrelevante Skripte aus den Medien und den Rollenspielen und mit anderen Kindern. Am Beispiel dieser einen Emotionskomponente dürfte deutlich werden, daß das emotionale Erleben zunehmend mehr in den Beziehungen und Interaktionen mit anderen Menschen geformt wird.

Längs gelesen gibt das Modell einen schnellen Überblick über all die zwischenmenschlichen Prozesse, die zu einem gegebenen Zeitpunkt für die emotionale Entwicklung von Bedeutung sein dürften. Ein Beispiel: Mit drei Monaten ist die Welt noch einfach, das emotionale Erleben des Babys wird wie gesagt dominiert durch die "Ansteckung" an den Gefühlsbekundungen von anderen. Sein emotionales Ausdrucksverhalten wird beeinflußt sowohl durch die Imitation des Ausdrucksverhaltens seiner Bezugspersonen als auch durch deren kontingente Reaktion. Ein Lächeln des Kleinstkindes wird verstärkt durch ein Lächeln seiner Betreuungspersonen (und umgekehrt). Kontingenzlernen ist ebenfalls im Bereich der physiologischen Reaktionen zu erwarten, etwa durch Pflegemaßnahmen wie Aufnehmen, Füttern oder Wickeln. Manche Säuglinge erfahren dabei, daß sie fast immer etwas zu essen bekommen, wenn sie weinen, auch wenn sie eigentlich über das Mißlingen ihrer Greifversuche frustriert sind. Zeigen Babys von etwa drei Monaten Kummer, Angst oder Ärger, dann lenken ihre Bezugspersonen ihre Aufmerksamkeit oft auf andere Dinge, etwa auf visuell interessante Gegenstände ("Schau mal, da oben fliegt ein Vogel").

Verhaltensbasierte Prozesse der Säuglingszeit

Betrachtet man das Modell im Überblick, dann fällt sofort auf, welchen Einschnitt der Erwerb der Sprache für die emotionale Entwicklung bedeutet. Wie in Kapitel 2.1 ausgeführt, läuft die zwischenmenschliche Einflußnahme auf die emotionale Entwicklung im Säuglingsalter noch überwiegend auf der Verhaltensebene ab, da Säuglinge ihr Verständnis von ihrer Umwelt (und damit mittelbar auch von sich selbst) vor allem durch Wahrnehmungen und Handlungen gewinnen, die dann, verkürzt gesagt, zu Handlungsschemata verarbeitet werden (Piaget & Inhelder, 1986). Damit kommt dem Verhalten und insbesondere dem emotionalen Ausdrucksverhalten der Beziehungspartner eine Schlüsselrolle bei der emotionalen Entwicklung des Kleinstkindes zu. Imitation und operante Konditionierung, Affektansteckung und Aufmerksamkeitslenkung stehen in den ersten Lebensmonaten im Vordergrund, später kommen soziale Bezugnahme, Affektabstimmung und zunächst noch nonverbale oder halbverbale "Verhandlungen" hinzu. Auch wenn noch nicht geklärt ist, wie Kleinstkinder diese Lernerfahrungen auf der Verhaltensebene mental repräsentieren, so ist doch anzunehmen, daß sie sie als "Wenn-dann-Verknüpfungen", also als prozedurales Wissen, abspeichern (siehe Kapitel 2.1.1). Diese Art des Wissens ist vorbewußt und läßt sich nur durch besondere Hilfestellungen in Sprache überführen. Außerdem hat es eine besondere Trägheit: auch jenseits des Säuglingsalters ändert es sich im Lichte neuer Erfahrungen, wenn überhaupt, dann nur sehr langsam (siehe Kapitel 2.3.2).

Abbildung 7.1: Ein Modell zur emotionalen Entwicklung in den Interaktionen und Beziehungen zu anderen Menschen

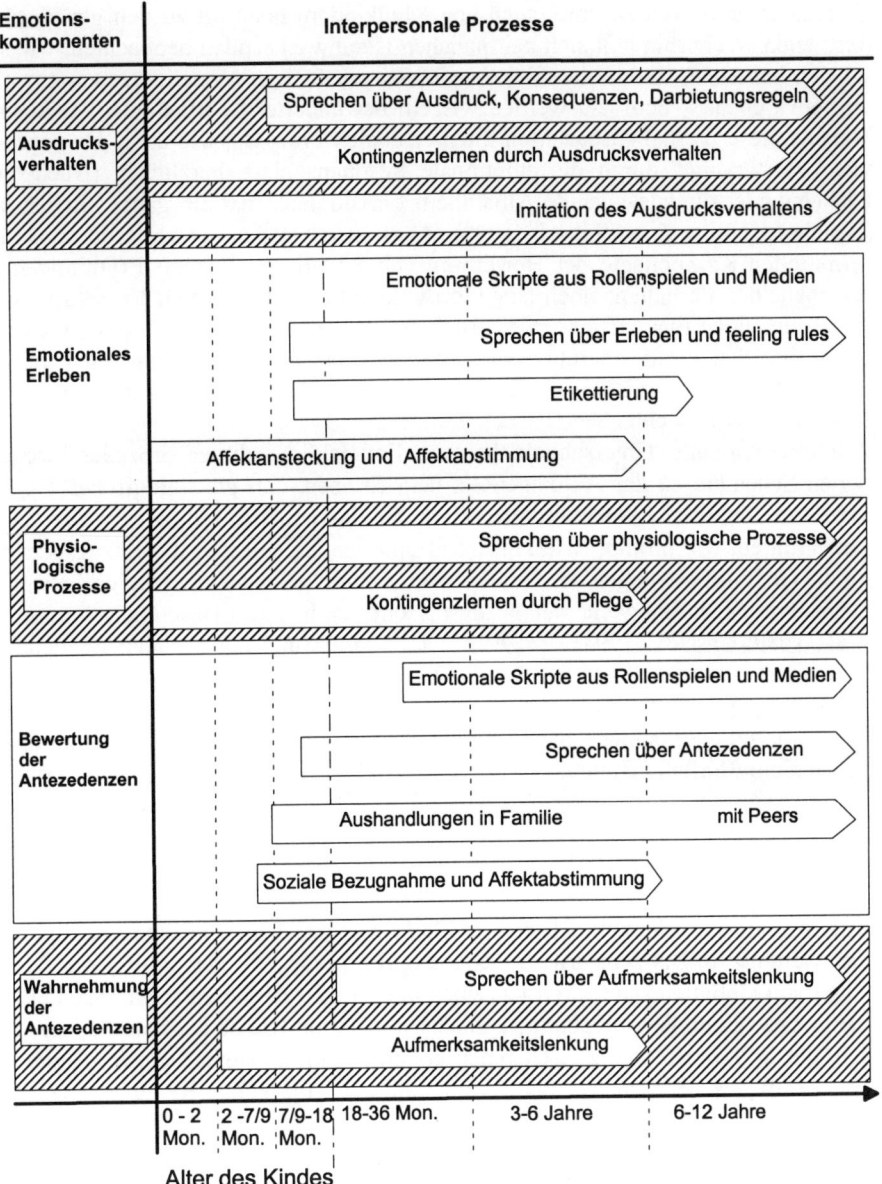

Auch wenn beim weiteren Aufwachsen das Sprechen über Gefühle zunehmend an Gewicht gewinnt, so zieht sich doch die "nonverbale" Einflußnahme auf der Verhaltensebene durch die ganze Kindheit hindurch. Operante Konditionierung und Modellernen dürften noch lange wirksam sein, vor allem wahrscheinlich im Bereich der physiologischen Abläufe und des Ausdrucksverhaltens: Ignorieren unerwünschten Verhaltens führt zum Beispiel auch bei Schulkindern noch oft zu den gewünschten Resultaten. Weiterhin läßt sich bei manchen Heranwachsenden beobachten, wie sehr sie sich bemühen, ihr emotionales Ausdrucksverhalten an Modellpersonen anzupassen, etwa ebenso "cool" zu werden wie ein bewunderter Sportler oder Medienstar. Manche dieser verhaltensbasierten interpersonalen Prozesse, wie etwa die gegenseitige "Verstärkung" durch die emotionale Resonanz eines herzlichen (Duchenne-) Lächelns oder die ansteckende Albernheit, funktionieren gar ein ganzes Leben lang (Bänninger-Huber & v. Salisch, 1994). Aber auch bei der überwiegend sprachlich vermittelten Komponente der Bewertung von Situationen dürften Erfahrungen auf der Ebene des Verhaltens noch lange fortwirken: So sind sich auch Vierjährige nicht zu schade, einen rückversichernden Blick auf das ältere Geschwisterkind zu werfen, wenn eine Person sie begrüßen will, die sie lange nicht mehr gesehen haben. In ähnlich gelagerten Situationen läßt sich die soziale Bezugnahme mitunter sogar bei Erwachsenen beobachten.

Interindividuelle Unterschiede bei der Entwicklung dieser prozedural organisierten Schemata zu der Aktualgenese, dem Erleben, den physiologischen Begleitprozessen und dem Ausdruck von Gefühlen lassen sich möglicherweise darauf zurückführen, wie prompt, wie konsistent und wie angemessen die Bezugspersonen auf die Gefühlsäußerungen des Kindes in den ersten Lebensjahren reagiert haben; das Ausmaß der "Feinfühligkeit" der Bezugspersonen ist hier von Bedeutung (Grossmann et al., 1989; Cassidy, 1994). Prozesse der Imitation und der sozialen Bezugnahme hängen ganz wesentlich von der Deutlichkeit und der Intensität der Ausdruckssignale der Bezugspersonen ab; Art und Ausmaß der emotionalen Expressivität der einzelnen Familienmitglieder sollten daher besonders auf diese Aspekte der emotionalen Entwicklung Einfluß nehmen.

Über Gefühle sprechen

Im Kleinkindalter kündigt sich eine große Wende an, denn nun fängt das Sprechen über Gefühle an. Bis zum dritten Geburtstag des kleinen Kindes nimmt die Besprechung von Gefühlen samt ihren Ursachen und Folgen rapide zu (siehe Kapitel 2.3). Durch diese Gefühlsbesprechungen, zunächst meist im Kreise der Familie, erweitern sich die Möglichkeiten zwischenmenschlicher Einflußnahme enorm. Unter der Überschrift des "Sprechens über.." sammeln sich eine ganze Reihe von verschiedenen Formen und Inhalten des Gesprächs, die sich natürlich mit dem Entwicklungsstand des Kindes verändern (Dunn, Creps & Brown, 1996). Mit Ausnahme der kulturanthropologischen Studien von Miller und Sperry (1987) wurde die Art und Weise, wie Eltern mit ihren Kindern über ihre Gefühle reden, selten erforscht, auch wenn die spezifischen Regeln und Ratschläge für die differentielle emotionale Entwicklung von großer Bedeutung sein dürften (Averill, 1982).

Gefühlsbesprechungen lassen sich danach unterteilen, ob im "hier und jetzt" über die Gefühle der anwesenden Personen verhandelt wird, die an einer Episode beteiligt waren - dies möchte ich "direkte Kommunikation" nennen - oder ob im "dann und damals" über vergangene oder zukünftige Gefühle oder die Empfindungen nicht anwesender Personen gesprochen wird. Diese zweite Art der Unterredung möchte ich als "indirekte Kommunikation" bezeichnen. Bei der direkten Kommunikation über Gefühle werden unter anderem die antezedenten Bedingungen sowie die verschiedenen Emotionskomponenten der Beteiligten mit sprachlichen Begriffen verknüpft und erläutert (Geppert & Heckhausen, 1990; siehe Kapitel 2.3.2). Bei den nicht seltenen Streitigkeiten unter Geschwistern im Vorschulalter wird beispielsweise erklärt, wie sich die einzelnen Beteiligten fühlen, was ihrem Gefühlserleben wahrscheinlich vorausgegangen ist ("und dann dachte x, er könnte dein Spielzeug haben, weil du schon länger nicht mehr damit gespielt hast"), warum das einzelne Kind rot oder blaß etc. aussieht und was sein Ausdrucksverhalten zu bedeuten hat. Hinzu kommen Regeln und Ratschläge an das Kind zur Wahrnehmung und zur Bewertung der Situation. Hin und wieder werden sicher auch die körpereigenen emotionsrelevanten Prozesse erwähnt, also etwa Hinweise auf das, was zu beachten ist, gegeben ("wenn du nur ein bißchen sauer bist, dann versuche, nicht mehr daran zu denken"). In diesen Besprechungen im "hier und jetzt" können auch Regeln zum Erleben von Gefühlen (feeling rules) ("Neid gibt es bei uns nicht"), zum Ausdrucksverhalten (Darbietungsregeln) und zu möglichen Formen der Bewältigung (Bewältigungsregeln; "Zeit heilt alle Wunden") ausgesprochen werden (siehe Kapitel 3.2.6).

Bei der indirekten Kommunikation über Gefühle geht es um den Austausch über emotionale Erfahrungen im "dann und damals", also unter anderem um emotionale Erlebnisse der Eltern in ihrer Kindheit. Eine weitere Art der indirekten Kommunikation wären Gespräche über die Gefühle von nicht anwesenden Personen, inklusive Bilderbuchgestalten und Fernsehfiguren. Noch indirekter ist das Erfinden von Geschichten, die mit dem Ziel erzählt werden, das Gefühlsleben des Kindes zu beeinflussen, ihm beispielsweise die Angst vor Hunden zu nehmen (z.B. Brett, 1997). Diese Liste der Arten der indirekten Einflußnahme auf das Gefühlsleben von Heranwachsenden ließe sich noch um ein Vielfaches verlängern, wenn man die Wirkung von Medien auf die Bewertung, das Erleben, den Ausdruck und die Regulierung von Gefühlen einbezieht. Die Protagonisten von Bilderbuchgeschichten und Tonbandkassetten, Fernsehen und comic strips, Illustrierten und Werbung spielen den Kindern je eigene emotionale Skripte vor, die sie zum Teil als Grundlage für ihre Nachgestaltungen mit anderen Kindern nehmen. Ab dem Schulalter bieten Kinderbücher Vorbilder zum Umgang mit Gefühlen an. Am Ende der Kindheit schließlich orientieren sich viele Heranwachsende an den Ratschlägen zum Umgang mit problematischen Gefühlslagen, die in Zeitschriften wie "Girl" oder "Bravo" abgedruckt werden. Dieses weite Feld der medienvermittelten Einflußnahme auf das Gefühlsleben ist bisher selten bearbeitet worden (Weber, 1997; Gordon, 1981), vor allem kaum bei Kindern, obwohl die Bedeutung der Familienserien des Fernsehens bei der Übermittlung emotionaler Skripte im Schulalter sicherlich nicht zu unterschätzen ist (Rabin & Dorr, 1995).

Was aus dem Modell zu den Entwicklungsprozessen in zwischenmenschlichen Beziehungen bislang ausgeklammert wurde, sind die differentiellen Einflüsse der verschiedenenen Sozialbeziehungen eines Kindes. Mütter und Väter, Geschwister und Peers sowie Freundinnen und Freunde dürften in jeweils unterschiedlicher Weise auf die emotionale Entwicklung des Kindes Einfluß nehmen; jede dieser Beziehungen enthält eigene Herausforderungen für die emotionale Entwicklung und eigene Beschränkungen. Diese These soll im folgenden anhand der Beziehungen zu Eltern, Gleichaltrigen und Freundinnen und Freunden ausgeführt werden. Einzelheiten zu dieser Argumentation sind v. Salisch (1999c) zu entnehmen.

Mutter und Vater sind ganz eindeutig die wichtigsten Unterstützungspersonen für Kinder in der frühen Kindheit. Erleben junge Kinder Kummer, Angst, Schreck, Schmerz oder andere Arten des Unbehagens, dann sind ihre Eltern in der Regel ihre ersten Ansprechpartner; sie sind die Bindungsfiguren, an die sie sich in ihrer Not wenden (Grossmann et al., 1989; Cassidy, 1994; Crittenden, 1993). Daran ändert sich bis zum Schulalter relativ wenig; auch in den ersten Grundschuljahren erzählten noch 70-90% der Jungen ihrer Mutter oder ihrem Vater von ihrer Angst über eine Monstergeschichte oder bei einer Nachtwanderung (Rimé, Dozier, Vandenplas & Declercq, 1996). Erst im Jugendalter scheinen Eltern nicht mehr die bevorzugten Enthüllungspartner für Gefühle wie Ärger und Trauer zu sein (Zeman & Shipman, 1997).

Eltern sind jedoch nicht nur Bindungsfiguren, sondern auch Erwachsene, die naturgemäß ein (kognitiv) weiter entwickeltes Wissen über das Gefühlsleben anderer Menschen haben. Von dem Wissen und den Lebenserfahrungen ihrer Vorfahren können Kinder profitieren, etwa wenn es um die Benennung der Emotionskomponenten oder um das Verständnis für gemischte oder maskierte Gefühle geht. Je mehr Zeit Mütter und ihre Kinder im Vorschulalter in Gesprächen über diese und ähnliche Phänomene verbracht hatten, desto weiter war das Verständnis der Kinder über das emotionale Erleben in den ersten Schuljahren entwickelt (Brown & Dunn, 1996; Dunn, Brown & Maguire, 1995). In ihren Gesprächen über Gefühle transportieren Eltern die Normen und Regeln, die in ihrer Kultur für die Bewertung, das Erleben, den Ausdruck und die Regulierung von Gefühlen vorgeschrieben sind oder geschätzt werden; in asiatischen Kulturen ist dies etwa der Respekt vor älteren Familienmitgliedern (Joshi & MacLean, 1994). Darüber hinaus haben Eltern oft besondere Erziehungseinstellungen und -ziele, wenn es um das Gefühlsleben ihrer Kinder geht. So betonen die Mütter in den weißen Slums von Baltimore etwa, daß sie ihre Töchter im Kleinkindalter "abhärten" müssen, um sie auf die Härten des Lebens vorzubereiten (Miller & Sperry, 1987). Solche Erziehungsvorstellungen dürften es Eltern oft erschweren, sich in die Bewertungen und das emotionale Erleben ihrer Kinder hineinzuversetzen. Eltern sind in ihrem Verständnis für die Gefühle ihrer Sprößlinge strukturell behindert, weil sie manche emotionsrelevanten Bewertungen der Kinder nicht teilen, denn Gespenster machen ihnen nun einmal keine Angst. Manchmal können sie die Bewertungen der Kinder auch kaum nachvollziehen, denn das Gurgeln beim Abfließen des Badewassers, das ihre Zweijährige in Angst und Schrecken versetzen kann, nehmen sie normalerweise kaum als bedrohlich wahr. Eltern haben umso größere Schwierigkeiten bei ihren Bemühungen um Einfühlung, wenn emotionsrelevante Bewertungen, Formen des Erlebens und des Ausdrucks von Gefühlen nur im Rahmen der Kinderkultur (Krappmann, 1993c) zu verstehen sind. Dafür hat sich seit ihrer Kindheit einfach zuviel verändert.

Gleichaltrige sind einander ähnlicher, weil sie etwa den gleichen Entwicklungsstand haben, die gleichen Entwicklungsaufgaben und (normativen) Lebensereignisse zu bewältigen haben und schließlich die gleiche Rolle gegenüber Institutionen wie der Schule und ihren Lehrkräften einnehmen (v. Salisch, 1999a). Diese Ähnlichkeit in ihren Lebensumständen sollte es Kindern ermöglichen, sich besser und vollständiger in die Gefühle ihrer Altersgenossen hineinzuversetzen als in die von Erwachsenen. Kinder scheinen besonders privilegiert zu sein, wenn es um die Einfühlung in die emotionsantezedenten Bewertungen und Qualitäten des Erlebens ihrer Altersgenossen geht (Keller, 1996). Hinzu kommt, wie Brown und Dunn (1992) beobachteten, daß Geschwister im Vorschulalter über (ihre eigenen!) Befindlichkeiten vorzugsweise im Kontext von Spaß und Spiel, aber auch von Rollenspielen und Aushandlungen redeten, während Mütter Gefühlsgespräche vor allem im Kontext von Pflege- und Erziehungsmaßnahmen auf die Tagesordnung setzten. Trotz häufiger Entgleisungen scheinen die Gefühlsbesprechungen unter den Geschwistern besondere Herausforderungen zu bieten, denn vierzehn Monate später wußten die Kinder besser über das Gefühlsleben ihres älteren Geschwisterkindes Bescheid als über das ihrer Mutter (siehe Kapitel 3.1.3).

Nur wenige Jahre später wird der Klatsch und Tratsch über die emotionalen Entgleisungen der Klassenkameraden zu einer beliebten Form der Unterhaltung unter Schulkindern (Gottman & Mettetal, 1986). Diese Art der sozialen Kontrolle dürfte eines der Mittel sein, mit denen die Gruppe der Gleichaltrigen ihre recht strengen Normen zum Nicht-Ausdruck der meisten Gefühle durchsetzt; andere Mittel sind Lächerlich-machen und Ausgrenzung bis hin zur gewaltsamen Viktimisierung (v. Salisch, 1999a). Die Darbietungsregeln in der Peer-Kultur dieser Altersgruppe favorisieren überwiegend das Verbergen von Angst, Schmerz (Saarni, 1991), Trauer oder Ärger (Zeman & Garber, 1996) vor den Augen der Gleichaltrigen. Nur 30% der Jungen in der Studie von Rimé und Mitarbeitern (1996) berichteten, daß sie ihre Angst bei der Nachtwanderung ihren Peers (oder ihren Freunden) erzählt hatten. Die Ergebnisse zur Altersentwicklung der Ärgerregulierung in dieser Studie unterstreichen ebenfalls, daß Heranwachsende mit zunehmendem Alter immer häufiger Strategien der Distanzierung, vor allem des Abwendens und der Aufmerksamkeitslenkung wählen, wenn sie sich über ihren Freund oder ihre Freundin geärgert hatten (siehe Kapitel 4.9). Außerdem verlangen Kinder unter dem Anreiz der "Mutprobe" von ihren Altersgenossen, negative Gefühle zu unterbinden, etwa ihren Ekel soweit zu beherrschen, daß sie einen Regenwurm verschlucken können. Insgesamt fordern Gleichaltrige einander heraus, den Ausdruck ihrer Gefühle in Hinblick auf die Regeln zu kontrollieren, die in der lokalen Peer-Gruppe gelten. Schulkinder lernen daher, daß die Gefühle, die sie "öffentlich" zur Schau stellen, nicht unbedingt mit dem übereinstimmen, was sie innerlich empfinden; sie entwickeln, kurzum, Techniken der Selbstdarstellung, des strategischen Einsatzes von Gefühlsdarbietungen, die man aus anderer Sicht auch "Gefühlsmasken" (Saarni, 1991) nennen könnte. Darin liegt auch eine offensichtliche Beschränkung der Peer-Einflüsse auf die emotionale Entwicklung, denn was sollen Kindern mit ihren "politisch nicht korrekten" privaten Empfindungen machen?

In der Präadoleszenz gewinnen Freundschaften eine neue Qualität der Intimität (Krappmann, 1993a): Freunde bestätigen einander in ihren emotionsrelevanten Bewertungen und Qualitäten des Erlebens, auch wenn diese von den Normen der Peer-Gruppe abweichen. Ein Großteil der Gespräche unter präadoleszenten und adoleszenten Freundespaaren kreist um die Exploration des Gefühlsleben der beiden Beteiligten (Gottman & Mettetal, 1986). Enge Freundschaften fordern Heranwachsende daher heraus, sich ganz in das Seelenleben eines gleichgeschlechtlichen Altersgenossen hineinzuversetzen, das vor der Peer-Gruppe sorgsam abgeschirmt wird. Freundinnen und Freunde regen einander an zu erkunden, wie sie sich gegenseitig unterstützen können. Dies kann unter Umständen auch bedeuten, daß sie den Beziehungspartner von den negativen Selbstzuschreibungen ablenken, die typisch für Gefühle von Scham, Schuld oder Peinlichkeit sind, die zwischen 10 und 15 Jahren weit verbreitet sind (Denton & Zarbatany, 1996). Die soziale Unterstützung in engen Freundschaften scheint langfristig positive Auswirkungen zu haben: Junge Erwachsene, die in der Präadoleszenz eine wirklich enge und gegenseitig bestätigte Freundschaft von einiger Dauer gepflegt hatten, wiesen ein positiveres Selbstwertgefühl als ihre Altersgenossen ohne solche "Busenfreundschaften" auf, auch wenn das Ausgangsniveau ihrer Selbstbewertung berücksichtigt wurde (Bagwell, Newcomb & Bukowski, 1998; zusammenfassend v. Salisch, 1999d). Trotz aller Entwicklungsimpulse sind Freundschaften zu einzelnen Personen dennoch anfällig: der oder die Vertraute kann die Geheimnisse weitererzählen und den Freund oder die Freundin vor den Augen der Peers bloßstellen. Oder beide Freunde sind gleichermaßen problembeladen, so daß keiner den anderen konstruktiv unterstützen kann. Reziproke Effekte zwischen Depressivität und versteckter Feindseligkeit in den Freundschaften von Jugendlichen bestätigen dies (zusammenfassend v. Salisch, 1999b,d).

Insgesamt dürften die verschiedenen Klassen von Beziehungspartnern also zum Teil in jeweils unterschiedlicher Weise auf die emotionale Entwicklung von Kindern und Jugendlichen Einfluß nehmen, doch in genau welcher Weise sie sich unterscheiden, ist noch in zukünftigen Forschungen zu klären.

7.3 Schluß: Zum Verhältnis von intrapsychischer und interpersonaler emotionaler Entwicklung

Obwohl der intrapsychische und der interpersonale Strang der emotionalen Entwicklung eine jeweils eigene Dynamik aufweisen, so laufen sie dennoch nicht parallel nebeneinander her. Anzunehmen ist vielmehr, daß sie sich wechselseitig beeinflussen, also intrapsychische Entwicklungen ebenso Voraussetzungen für die Art der zwischenmenschlichen Einflußnahme schaffen können wie auch umgekehrt Beziehungserfahrungen die intrapsychische emotionale Entwicklung vorantreiben können. Die erste dieser Richtungen, nach der intrapsychische Entwicklungen Voraussetzungen für die Einflußnahme durch andere Menschen sind, möchte ich anhand von drei Beispielen verdeutlichen: auf der Hand liegt erstens, daß die neurologische Entwicklung in den ersten Lebensmonaten soweit fortgeschritten sein muß, daß das Baby seine Aufmerksamkeit unter Belastung auf andere Dinge lenken kann, bevor seine Eltern Erfolg mit Strategien der Ablenkung haben können. Vorher können Bezugspersonen negative Gefühlsäußerungen der Kleinstkinder nur auf anderem Wege beeinflussen, etwa durch Pflegehandlungen, wie Aufnehmen oder Schaukeln. Deutlich ist zweitens, daß der Erwerb der Sprache Voraussetzung für etwas elaboriertere Verhandlungen über emotionsauslösende Situationen ist. Kognitive Entwicklungen im Schulalter dürften drittens Voraussetzungen für solche Strategien der sozialen Unterstützung sein, die auf Umdeutungen der Motive des Verursachers abzielen, etwa auf Entschuldigungen von ärgerprovozierenden Zwischenfällen durch die Annahme prosozialer Motive ("eigentlich wollte er dir bei deinem Bild helfen, als er das Wasserglas ausgekippt hat und damit dein Bild ruiniert hat").

Die emotionale Entwicklung findet nicht in einem sozialen Vakuum statt, denn Kinder leben zusammen mit anderen Menschen, beteiligen sich täglich an vielen hundert Interaktionen und erfahren auf diese Weise immer wieder Lob und Tadel, Zuwendung und Zurückweisung, Bekräftigung und Mißachtung von ihren Beziehungspartnern. Gerade in jungen Jahren sind Ausbrüche großer Leidenschaften an der Tagesordnung. Wie andere mit ihren lauten (und leisen) Gefühlsbekundungen umgehen, bietet Kindern daher ungezählte Lernchancen, die noch vervielfacht werden, wenn Beobachtungen der Gefühlsäußerungen ihrer Geschwister hinzukommen (Dunn, 1988). Manche Theoretiker vermuten daher, daß die Emotionsregulierung in zwischenmenschlichen Beziehungen Voraussetzung für die spätere intrapsychische Emotionsregulierung ist (Sroufe, 1996; Wygotsky, 1992). Daher liegt die These nahe, daß die Erfahrungen, die Kinder in der emotionalen Kommunikation mit ihren Beziehungspartnern machen, auch ihr Verständnis für Gefühle beeinflußt. Diese umgekehrte Richtung des eingangs konstatierten Zusammenhangs möchte ich anhand von zwei Studien belegen: Brown und Dunn (1996) stellten fest, daß Kinder, die im Alter von 33 Monaten häufig mit ihrer Mutter und/oder mit ihrem älteren Geschwisterkind über Gefühle und Bedingungen, die ihnen vorausgingen, gesprochen hatten, sich 7 Monate später besser in der Gefühle einer Puppe hineinversetzen konnten. Im Alter von sechs Jahren konnten diese Kinder ambivalente Gefühle besser verstehen, auch wenn ihre verbalen Fähigkeiten (upperbound MLU), eine positive Beziehung zu ihrem älteren Geschwisterkind und die Sozialschicht (Erziehung der Mutter) kontrolliert wurden. Denham et al. (1994) bestätigten, daß das Ausmaß der Responsivität der Mutter sowie ihre Erklärungen über ihr eigenes Gefühlsleben bei der Simulation von Ärger und Trauer das Emotionsverständnis ihrer Kinder 15 Monate später vorhersagten, auch wenn das Alter und die verbale Eloquenz der Kinder statistisch kontrolliert wurden. Mütter, die auf positive Gefühle und Ärger ihres Kindes im Vorschulalter mit Geduld eingingen, selbst selten ärgerlich auf Ärger oder Trauer ihres Sprößlings reagierten und viele Erklärungen abgaben, hatten Kinder, deren Emotionsverständnis später weiter entwickelt war.

So wichtig diese Studien auch sind, um auf die interpersonalen Einflüsse bei der Entwicklung des Emotionsverständnisses hinzuweisen, so leiden sie doch unter einem gravierenden Mangel. Weil in den beiden eben referierten Studien nicht einbezogen wurde, wie weit das Emotionsverständnis zu Beginn der Studie bereits fortgeschritten war, kann nicht belegt werden, daß es die Beziehungserfahrungen waren, die das spätere Emotionsverständnis beeinflußt hatten. Denn denkbar wäre ja auch, daß sich das Emotionsverständnis von einem anfänglichen hohen Niveau aus einfach weiter entfaltet hat. Um dieses Problem der Autokorrelation zu lösen, muß man das Ausgangsniveau der zu messenden Ergebnis-Variable (hier: Emotionsverständnis) in die Auswertung einbeziehen. Nur Zuwächse gegenüber dem Ausgangsniveau gehen dabei auf das Konto von Beziehungserfahrungen (zur Methode: v. Salisch, 1999a,d).

Eine solche nun methodisch schon etwas anspruchsvollere Untersuchung haben Hughes und Dunn (1998) vorgestellt. Einfache Korrelationen bestätigten, daß Kinder, die sich mit knapp vier Jahren häufiger beim (Rollen)Spiel mit einer Freundin oder einem Freund auf Geisteszustände bezogen (mental state terms), im Alter von genau fünf Jahren ein entwickelteres Verständnis für ambivalente Gefühle hatten. Wenn in die Regressionsgleichungen neben dem Alter, der Sprachentwicklung und den nonverbalen (kognitiven) Fähigkeiten der Kinder ihr Emotionsverständnis zum ersten Meßzeitpunkt einbezogen wurde, dann wurden 48% der Varianz des Emotionsverständnisses zum zweiten Meßzeitpunkt aufgeklärt. Wie häufig die Kinder in ihren Freundschaften über Geisteszustände gesprochen hatten, klärte darüber hinaus keinen signifikanten Anteil der Varianz auf. Ein einzigartiger Einfluß dieser Besprechungen mit dem Freund oder der Freundin, der über das bereits zum ersten Meßzeitpunkt gemessene Emotionsverständnis hinausging, ließ sich insofern nicht nachweisen.

Auch bei dieser recht strengen Prüfung des Einflusses von Beziehungen und Interaktionen mit anderen Menschen auf das sich entwickelnde Verständnis für Gefühle bleiben noch Vorbehalte methodischer und inhaltlicher Art. Drei Probleme drängen sich auf:

1. Die Frage danach, was ein angemessener Test zur Bestimmung des Ausgangsniveaus der Ergebnis-Variable ist. Zum Beispiel: Ist die Fähigkeit, Emotionsworte Situationen oder Gesichtsausdrücken zuzuordnen, ein Vorläufer für das Verständnis ambivalenter Gefühle und damit eine angemessene Kontrollvariable? Diese Frage nach der funktionalen Äquivalenz ist in entwicklungspsychologischen Längsschnittstudien wohlbekannt, weil sich Kinder in jungen Jahren recht schnell entwickeln und Fähigkeiten, die zu einem Zeitpunkt erst bei wenigen vorhanden waren, zum nächsten Zeitpunkt vielleicht schon allgemein verbreitet sind.

2. Das Verständnis für Gefühle wird im allgemeinen (und auch in den hier gerade vorgestellten Studien) mit Hilfe von hypothetischen Geschichten erfaßt. Hypothetische Geschichten sind jedoch stark abhängig von Kultur und Sozialschicht des Kindes. Ein Kind, das noch nie beim Zahnarzt war, kann sich beispielsweise wahrscheinlich schlechter in die Gefühle einer Puppe einfühlen, als ein Kind, das dies schon einmal oder mehrmals erlebt hat.

3. Doch noch gravierender ist das Problem, welches Verhältnis zwischen dem hypothetischen Gefühlserleben in Geschichten und dem realen Erleben des Kindes besteht (siehe Kapitel 5.3.3). Weil die Bedeutung des hypothetischen Emotionsverständnisses für das Erleben und die Regulierung von Gefühlen unklar ist, ist es sinnvoll, real vorkommende emotionale Erlebnisse zum Ausgangspunkt der Untersuchung zu machen. Davon dürften in Kindergarten und Familie, Schule und

Freizeiteinrichtung jeden Tag genügend vorkommen, wenn schon der Ärger allein im Mittel einmal täglich erlebt wird (siehe Kapitel 5.1.3). Laible und Thompson (1998) taten genau dies und protokollierten die Erklärungen, die Kinder für die Gefühlsausbrüche ihrer Altersgenossen im Kindergarten abgaben. Ergebnis war, daß Vorschulkinder, die eine (gleichzeitig gemessene) sichere Bindungsbeziehung zu ihrer Mutter hatten, besser in der Lage waren, die korrekten Gründe für die Bekundungen positiver und negativer Gefühle bei ihren Peers anzugeben, als Kinder, deren Bindungsbeziehung zur Mutter unsicher war. Dieses Ergebnis hatte auch dann Bestand, wenn Einflußfaktoren, wie das Alter oder das Geschlecht der Kinder, statistisch kontrolliert worden waren.

Insgesamt läßt sich das Verhältnis von intrapsychischer und interpersonaler emotionaler Entwicklung wahrscheinlich am besten mit Hilfe eines transaktionalen Modells abbilden, das sich anlehnt an das dynamisch-interaktionistische Modell von Asendorpf (1996), aber noch eine weitere Ebene einbezieht. Dieses Modell besteht zum einen aus einem intrapsychischen Strang, der eine eigenständige Dynamik aufweist. Wie in den Entwicklungs-Kapiteln dieses Buches (Kapitel 2 - 4) ausgeführt, sind Umwälzungen, wie die neurologische Enwicklung, die selbständige Fortbewegung, der Spracherwerb oder die Ausbildung einer theory of mind wichtige Meilensteine der intrapsychischen Entwicklung, auch in Hinblick auf die emotionale Entwicklung. Neben diesem intrapsychischen Strang laufen die Beziehungen zu den signifikanten anderen eines Kindes. Diese nehmen je nach Alter in unterschiedlicher Weise auf seine emotionale Entwicklung Einfluß, nämlich im Säuglingsalter vornehmlich auf der Ebene des Verhaltens und später über die verschiedenen Formen des Sprechens über Gefühle. Ausgeführt wurde oben ebenfalls, daß die Einflußnahme der zwischenmenschlichen Beziehungen zum Teil beziehungsspezifisch ist, jede Beziehungsklasse also zum Teil besondere Impulse für die emotionale Entwicklung enthält. Was bisher kaum angesprochen wurde, ist die Qualität der verschiedenen Beziehungen, die sich in Variablen wie Bindungsqualität (zu den Eltern und anderen erwachsenen Bindungsfiguren) oder in der Qualität von Freundschaften niederschlägt.

Damit kommen wir zum dritten Element im Modell. Was zwischen dem intrapsychischen Entwicklungsstand des Kindes und den Beziehungseinflüssen vermittelt, ist das Interaktionsverhalten zwischen dem Kind und seinen verschiedenen Beziehungspartnern. Die emotionale Kommunikation steht damit an der Schnittstelle zwischen der intrapsychischen Entwicklung und den Beziehungseinflüssen. Ob verbal kommuniziert wird oder nonverbal ein Lächeln ausgetauscht wird, ob und in welcher Weise Beziehungspartner auf die Gefühlsbekundungen des Kindes reagieren, ist damit zugleich ein Teil ihrer Beziehung (die mehr ist als alle Interaktionsepisoden zusammen; Hinde, 1993) und eine Erfahrung, die die intrapsychische emotionale Entwicklung des Kindes vorantreiben kann. Außerdem nehmen die Kinder durch die konkreten Interaktionen auch Einfluß auf ihre Beziehungspartner und damit mittelbar auch auf deren Einstellungen und Verhalten zu ihnen; Beziehungspartner beeinflussen einander in reziproker Weise (Asendorpf, 1996). Natürlich gibt es noch weitere Faktoren, die auf die emotionale Entwicklung Einfluß nehmen, etwa die biologische Konstitution, das Temperament oder das Selbstkonzept eines Kindes, inklusive

Selbstbewertung und Geschlechtsrollen-Selbstkonzept. Die biologischen Faktoren wurden in diesem Buch nur gestreift. Selbst wenn man ein recht komplexes transaktionales Modell wählt, bleiben also noch viele Fragen für zukünftige Studien offen, deren methodische Umsetzung sicherlich noch manche harte Nuß aufgeben wird.

Kinder können sich ihre Eltern (und ihre Geschwister) nicht aussuchen, Eltern müssen mit den Kindern, die sie in die Welt gesetzt haben, leben. Manche Kinder haben das Glück, in harmonische Beziehungen hineingeboren zu werden, in denen ihre Beziehungspartner selbst zufrieden sind und in wesentlichen Punkten auf sie eingehen können. Doch gerade wenn die Lebensumstände schwieriger sind, ist es nötig, die Fähigkeit zu einer korrekten Selbstwahrnehmung, die Fähigkeit, seine Gefühle zu regulieren und bei Bedarf zur Motivationssteigerung zu kanalisieren, sowie Empathie und soziale Kompetenz in den Beziehungen zu Familienmitgliedern, Freunden und Altersgenossen zu lernen. Wie sich diese (und möglicherweise weitere) Bestandteile der sogenannten "emotionalen Intelligenz" vor dem Hintergrund der intrapsychischen emotionalen Entwicklung in zwischenmenschlichen Beziehungen entwickeln, ist eine große Frage, die uns sicherlich noch eine Weile beschäftigen wird. Und das sollte sie auch tun, denn was gibt es außer der körperlichen Gesundheit wichtigeres für den einzelnen Menschen als psychisches Wohlbefinden und eine gelungene Gestaltung seiner Beziehungen zu anderen Menschen?

Literatur

Archer, J., Pearson, N. & Westeman, K. (1988). Aggressive behaviour of children aged 6-11: Gender differences and their magnitude. *British Journal of Social Psychology, 27,* 371-384.

Arsenio, W. (1988). Children's conception of the situational affective consequences of sociomoral events. *Child Development, 59,* 1611-1622.

Arsenio, W. & Kramer, R. (1992). Victimizers and their victims: Children's conceptions of the mixed emotional consequences of moral transgressions. *Child Development, 63,* 915-927.

Asendorpf, J.B. (1996). *Psychologie der Persönlichkeit.* Berlin: Springer Verlag.

Asendorpf, J. & Banse, R. (1999). *Psychologie der Beziehungen.* Berlin: Springer.

Asendorpf, J.B. & van Aken, M.A.G. (1993). Deutsche Version der Selbstkonzeptskalen von Harter. *Zeitschrift für Entwicklungspsychologie und Pädagogische Psychologie, 25,* 64-86.

Averill, J. (1982). *Anger and aggression. An essay on emotion.* New York: Springer.

Ax, A.F. (1953). The physiological differentiation between fear and anger in humans. *Psychosomatic Medicine, 15,* 433-442.

Bagwell, C.L., Newcomb, A.F. & Bukowski, W.M. (1998). Preadolescent friendship and peer rejection as predictors of adult adjustment. *Child Development, 69,* 140-153.

Baldering, D. (1993). *Selbstkonzepte von Kindern im Grundschulalter.* Frankfurt: P. Lang.

Band, E.B. & Weisz, I.R. (1988). How to feel better when it feels bad: Children's perspectives on coping with everyday stress. *Developmental Psychology, 24,* 247-253.

Bandura, A. (1986). *Social foundations of thought and action: A social cognitive theory.* Englewood Cliffs, N. J.: Prentice-Hall.

Bank, S. & Kahn, M.D. (1989). Geschwisterbindung. Paderborn: Junfermann.

Bänninger-Huber, E. & Salisch, M.v. (1994). Die Untersuchung des mimischen Affektausdrucks in face-to-face Interaktionen. *Psychologische Rundschau, 45,* 79-98.

Barrett, K. (1984). *Infants' use of conflicting signals.* Unveröff. Diss., University of Denver.

Beck, A.T. (1970). The core problem in depression: The cognitive triad. In J.H. Massermann (Ed.), *Depression: Theories and therapies* (S. 201-231). New York: Grune & Straton.

Bedford, V.H. (1993). Geschwisterbeziehungen im Erwachsenenalter. In A. Auhagen & M. v. Salisch (Hrsg.), *Zwischenmenschliche Beziehungen* (S. 119-142). Göttingen: Hogrefe.

Bell, M.A. & Fox, N.A. (1994). Brain development over the first year of life: Relations between EEG frequency and coherence and cognitive and affective behaviors. In G. Dawson & K.W. Fischer (Eds.), *Human behavior and the developing brain* (S. 314-345). New York: Guilford Press.

Belsky, J. & Most, R.K. (1981). From exploration to play: A cross-sectional study of infant free play behavior. *Developmental Psychology, 17,* 630-639.

Bem, S. (1974). The measurement of psychological androgyny. *Journal of Consulting and Clinical Psychology, 42,* 155-162.

Bennett, M. (1989). Children's self-attribution of embarrassment. *British Journal of Developmental Psychology, 7*, 207-217.

Berkowitz, L. (1962). *Aggression: A social psychological analysis.* New York: McGraw-Hill.

Berndt, T.J. (1987). *Changes in friendship and school adjustment after the transition to junior high school.* Vortrag Biennial Meeting of the Society for Research in Child Development, Baltimore, 1987.

Berscheid, E. (1983). Emotion. In H. Kelley (Ed.), *Close Relationships* (S. 110-168). New York: Freeman.

Bischof-Köhler, D. (1988). Über den Zusammenhang von Empathie und der Fähigkeit, sich im Spiegel zu erkennen. *Schweizerische Zeitschrift für Psychologie, 47*, 147-159.

Block, J. & Block, J.H. (1979). The role of ego control and ego resiliency in the organization of behavior. In W.A. Collins (Ed.), *Minnesota Symposia on Child Psychology,* Vol. 13 (S. 59-71). Hillsdale, N. J.: Erlbaum.

Bloom, L. (1993). *The transition from infancy to language. Acquiring the power of expression.* New York: Cambridge University Press.

Blöschl, L. (1994). Zur Rolle hostiler Tendenzen in der Depression: Verhaltensdiagnostische Aspekte. In D. Bartussek & M. Amelang (Hrsg.), *Fortschritte der Differentiellen Psychologie und Psychologischen Diagnostik* (S. 259-267). Göttingen: Hogrefe.

Boivin, M. & Bégin, G. (1989). Peer status and self-perception among early elementary school children: The case of rejected children. *Child Development, 60*, 591-596.

Boldizar, J.P., Perry, D.G. & Perry, L.C. (1989). Outcome values and aggression. *Child Development, 60,* 571-579.

Boninger, D.S., Gleider, F. & Strathmann, A. (1994). Counterfactual thinking: From what might have been to what may be. *Journal of Personality and Social Psychology, 67,* 297-307.

Brazelton, T.B. (1994). *Unser Kind wird selbständig. Das zweite und dritte Lebensjahr.* München: dtv.

Brazelton, T.B. & Cramer, B.G. (1991). *Die frühe Bindung: Die erste Beziehung zwischen dem Baby und seinen Eltern.* Stuttgart: Klett-Cotta.

Bretherton, I. (1993). From dialogue to internal working models: The co-construction of self in relationships. In C.A. Nelson (Ed.), *Memory and affect in development. Minnesota Symposium on Child Development,* Vol. 26 (S. 237-263). Hillsdale: Erlbaum.

Bretherton, I. & Beeghly, M. (1982). Talking about internal states: The acquisition of an explicit theory of mind. *Developmental Psychology, 18,* 906-921.

Bretherton, I., Fritz, J., Zahn-Waxler, C. & Ridgeway, D. (1986). Learning to talk about emotions: A functionalist perspective. *Child Development, 57,* 529-548.

Bretherton, I., McNew, S. & Beeghly-Smith, M. (1981). Early person knowledge as expressed in gestural and verbal communication: When do infants acquire a "theory of mind"? In M.E. Lamb & L.R. Sherrad (Eds.), *Infant social cognition* (S. 333-373). Hillsdale: Lawrence Erlbaum.

Brett, D. (1997). *Ein Zauberring für Anna.* Salzhausen: iskopress.

Brody, G.H., Stoneman, Z., McCoy, J.K. & Forehand, R. (1992). Contemporaneous and longitudinal associations of sibling conflict with family relationship assessments and family discussions about sibling problems. *Child Development, 63,* 391-400.

Brody, J., Stoneman, Z. & Burke, M. (1987). Child temperaments, maternal differential behavior, and sibling relationships. *Developmental Psychology, 23,* 354-362.

Brody, L., Hay, D. & Vandewater, E. (1990). Gender, gender role identity, and children's reported feelings toward the same and opposite sex. *Sex Roles, 23,* 363-387.

Brody, L.R. & Harrison, R.H. (1987). Developmental changes in children's abilities to match and label emotionally laden situations. *Motivation and Emotion, 11,* 347-365.

Bronson, W.C. (1981). Toddlers' behaviors with agemates: Issues of interaction, cognition, and affect. In L.P. Lipsitt (Ed.), *Monographs on Infancy* (Vol.1). Boston: Addison-Wesley.

Brown, J. & Dunn, J. (1991). "You can cry, mum": The social and developmental implications of talk about internal states. *British Journal of Developmental Psychology*, 9, 237-256.

Brown, J. & Dunn, J. (1992). Talk with your mother or your sibling? Developmental changes in early family conversations about feelings. *Child Development*, 63, 336-349.

Brown, J., Donelan-McCall, M. & Dunn, J. (1996). Why talk about mental states? The significance of children's conversations with friends, siblings, and mothers. *Child Development*, 67, 836-849.

Brown, J.R. & Dunn, J. (1996). Continuities in emotion understanding from three to six years. *Child Development*, 67, 789-802.

Brownlee, J.R. & Bakeman, R. (1981). Hitting in toddler peer interaction. *Child Development*, 52, 1076-1079.

Bruner, J. & Lucariello, J. (1989). Monologue as narrative recreation of the world. In K. Nelson (Ed.), *Narratives from the crib* (S. 73-97). Cambridge: Harvard University Press.

Bruner, J.S. (1977). Early social interaction and language acquisition. In H.R. Schaffer (Ed.), *Studies in mother-infant interaction*. London: Academic Press.

Buettner, C. (1989). Wolfsblut und He-Man. Zur Gefährlichkeit von Gewalt im Kinderspiel. *Report Psychologie*, 14, 9-15.

Bühler, C. (1955). *Der Welt-Test*. Hogrefe: Göttingen.

Buhrmester, D. & Furman, W. (1986). The changing functions of friends in childhood: A neo-Sullivanian perspective. In V. Derlega & B. Winstaed (Eds.), *Friendship and social interaction* (S. 41-62). New York: Springer.

Buhrmester, D. & Furman, W. (1990). Perceptions of sibling relationships during middle childhood and adolescence. *Child Development*, 61, 1387-1398.

Burkhardt, K.P. (1991). Zur Anwendbarkeit des Aggressions-Motiv-Gitters (AMG) bei Mädchen. *Psychologische Beiträge*, 33, 378-387.

Burrowes, B.D. & Halberstadt, A.G. (1987). Self and family expressiveness styles in the experience and expression of anger. *Journal of Nonverbal Behavior*, 11, 254-268.

Bushman, B.J. & Baumeister, R.F. (1998). Threatened egotism, narcissism, self-esteem, and direct and displaced aggression: Does self-love or self-hate lead to violence? *Journal of Personality and Social Psychology*, 75, 219-229.

Buss, K.A. & Goldsmith, H. (1998). Fear and anger regulation in infancy: Effects on the temporal dynamics of affective expression. *Child Development*, 69, 359-374.

Butler, A.C., Hokanson, J.E. & Flynn, H.A. (1994). A comparison of self-esteem lability and low trait self-esteem as vulnerability factors for depression. *Journal of Personality and Social Psychology*, 66, 166-177.

Cairns, R.B., Cairns, B.D., Neckerman, H.J., Ferguson, L. & Gariépy, J.L. (1989). Growth and aggression: 1. Childhood to early adolescence. *Developmental Psychology*, 25, 320-330.

Callondann, A. (1995). *Geschwister und Ärger - Eine Untersuchung zur Ärgerregulierung im Zusammenhang mit der Qualität der Geschwisterbeziehung*. Unveröff. Dipl.Arbeit, Freie Universität Berlin.

Campos, J.J., Barrett, K.C., Lamb, M.E., Goldsmith, H.H. & Stenberg, C. (1983). Socioemotional development. In P.H. Mussen (Series Ed.), M. Haith & J. Campos (Vol. Eds.), *Handbook of child psychology* (S. 273-314), Vol. 2. Hillsdale, N. J.: Lawrence Erlbaum.

Campos, J.J., Campos, R. & Barrett, K.C. (1990). Emergent themes in the study of emotional development and emotion regulation. *Developmental Psychology*, 25, 394-402.

Camras, L. (1977). Facial expressions used by children in a conflict situation. *Child Development*, 48, 1431-1435.

Camras, L. (1982). Ethological approaches to nonverbal communication. In R.S. Feldman (Ed.), *Development of nonverbal behavior in children* (S. 3-28). New York: Springer.

Camras, L. (1992). Expressive development and basic emotions. *Cognition and Emotion, 6,* 269-283.

Camras, L. (1994). Two aspects of emotional development: Expression and elicitation. In P. Ekman & R. Davidson (Eds.), *The nature of emotion* (S. 347-351). New York: Oxford University Press.

Camras, L., Campos, J., Oster, H., Miyake, K. & Bradshaw, D. (1992). Japanese and American infants' responses to arm restraint. *Developmental Psychology, 28,* 578-583.

Camras, L., Malatesta, C. & Izard, C. (1991). The development of facial expressions in infancy. In R.S. Feldman & B. Rimé (Eds.), *Fundamentals of nonverbal behavior* (S. 73-105). Cambridge: Cambridge University Press.

Caplan, M., Vespo, J.E., Pederson, J. & Hay, D.F. (1991). Conflict and its resolution in small groups of one-and-two-year-olds. *Child Development, 62,* 1513-1524.

Case, R., Hayward, S., Lewis, M.D. & Hurst, P. (1988). Toward a neo-Piagetian theory of cognitive and emotional development. *Developmental Review, 8,* 1-51.

Cassidy, J. (1988). Child-mother attachment and the self in six-year olds. *Child Development, 59,* 121-134.

Cassidy, J. (1994). Emotion regulation: Influences of attachment relationships. In N. Fox (Ed.), The development of emotion regulation: Biological and behavioral considerations. *Monographs of the Society for Research in Child Development,* Serial No. 240, Vol. 59 (S. 228-249). Chicago: University of Chicago Press.

Chodorow, N. (1978). *The reproduction of mothering. Psychoanalysis and the sociology of gender.* Berkeley: University of California Press.

Chugani, H.T. (1994). Development of regional brain glucose metabolism in relation to behavior and plasticity. In G. Dawson & K.W. Fischer (Eds.), *Human behavior and the developing brain* (S. 153-175). New York: Guilford Press.

Cline-Naffzinger, C. (1974). Women's lives and frustration, oppression and anger: Some alternatives. *Journal of Counseling Psychology, 21,* 51-56.

Cohen, D., Nisbitt, R., Bowdle, B. & Schwarz, N. (1996). Insult, aggression, and the Southern culture of honor: An "experimental ethnography". *Journal of Personality and Social Psychology, 70,* 945-960.

Cohn, J.F. & Tronick, E.Z. (1983). Three-month-old infants' reaction to simulated maternal depression. *Child Development, 54,* 185-193.

Cole, P., Barrett, K.C. & Zahn-Waxler, C. (1992). Emotion displays in two-year-olds during mishaps. *Child Development, 63,* 314-324.

Cole, P., Jenkins, P. & Shott, C. (1989). Spontaneous expressive control in blind and sighted children. *Child Development, 60,* 683-688.

Cole, P.M. (1986). Children's spontaneous control of facial expression. *Child Development, 57,* 1309-1321.

Coopersmith, S. (1967). *The antecedents of self-esteem.* San Francisco: Freeman and Company.

Crawford, J., Kippax, S., Onyx, J., Gault, U. & Benton, P. (1992). *Emotion and gender.* London: Sage.

Crick, N. & Dodge, K.A. (1994). A review and reformulation of social information-processing mechanisms in children's social adjustment. *Psychological Bulletin, 115,* 74-101.

Crick, N. & Grotpeter, J. (1995). Relational aggression, gender and social-psychological adjustment. *Child Development, 66,* 710-722.

Crick, N. & Ladd, G. (1990). Children's perception of the outcomes of social strategies: Do the ends justify being mean? *Developmental Psychology, 26,* 612-620.

Crittenden, P. (1993). Peering into the black box: An exploratory treatise on the development of self in young children. In D. Cicchetti & S.L. Toth (Eds.), *Rochester Symposium on Development and Psychopathology, Vol. 5, The self and its disorders* (S. 51-75). Rochester, N. Y: University of Rochester Press.

Crockenberg, S. (1985). Toddlers' reactions to maternal anger. *Merrill Palmer Quarterly, 31,* 361-373.

Cummings, E.M. (1987). Coping with background anger in early childhood. *Child Development, 58,* 976-984.

Cummings, E.M., Iannotti, R.J. & Zahn-Waxler, C. (1985). Influence of conflict between adults on the emotions and aggression of young children. *Developmental Psychology, 21,* 495-507.

Damon, W. & Hart, R.D. (1982). The development of self-understanding from infancy through adolescence. *Child Development, 53,* 831-857.

Damon, W. (1989). *Die soziale Welt des Kindes.* Stuttgart: Klett-Cotta. (Original erschienen 1977: The social world of the child)

Darwin, C. (1986). *Der Ausdruck der Gemüthsbewegungen bei den Menschen und bei den Thieren.* Nördlingen: GRENO Verlagsgesellschaft. (Original erschienen 1872: The expression of emotion in man and animal)

Davies, P. & Cummings, E.M. (1995). Children's emotions as organizers of their reactions to interadult anger: A functionalist perspective. *Developmental Psychology, 31,* 677-684.

Davis, T. (1995). Gender differences in masking negative emotions: Ability or motivation?. *Developmental Psychology, 31,* 660-667.

Dawson, G. (1994a). Development of emotional expression and emotion regulation in infancy: Contributions of the frontal lobe. In G. Dawson & K.W. Fischer (Eds.), *Human behavior and the developing brain* (S. 346-379). New York: Guilford Press.

Dawson, G. (1994b). Frontal electroencephalographic correlates of individual differences in emotion expression in infants: A brain system perspective on emotion. In N. Fox (Ed.), The development of emotion regulation: Biological and behavioral considerations. *Monographs of the Society for Research in Child Development,* Serial No. 240, Vol. 59 (S. 135-151). Chicago: University of Chicago Press.

De Sousa, R. (1980). The rationality of emotions. In A.O. Rorty (Ed.), *Explaining emotions* (S. 127-151). Berkeley: University of California Press.

Demos, V. (1986). Crying in early infancy: An illustration of the motivational function of affect. In T.B. Brazelton & M.W. Yogman (Eds.), *Affective development in infancy* (S. 39-74). Norwood: Ablex.

Denham, S.A., Zoller, D. & Couchoud, E.A. (1994). Socialization of preschoolers' emotion understanding. *Developmental Psychology, 30,* 928-936.

Denton, K. & Zarbatany, L. (1996). Age differences in support processes in conversations between friends. *Child Development, 67,* 1360-1373.

Dishion, T., Andrews, D. & Crosby, L. (1995). Antisocial boys and their friends in early adolescence: Relationship characteristics, quality, and interactional processes. *Child Development, 66,* 139-151.

Dodge, K.A. (1980). Social cognition and children's aggressive behavior. *Child Development, 51,* 162-170.

Dodge, K.A. (1983). Behavioral antecedents of peer social status. *Child Development, 54,* 1386-1399.

Dodge, K.A. (1986). A social information processing model of social competence in children. In M. Perlmutter (Ed.), *Cognitive perspective on children's social and behavioral development. Minnesota Symposium on Child Development,* Vol. 18 (S. 77-125). Hillsdale: Lawrence Erlbaum.

Dodge, K.A. (1991). Emotion and social information processing. In J. Garber & K.A. Dodge (Eds.), *The development of emotion regulation and dysregulation* (S. 159-181). Cambridge: Cambridge University Press.

Dodge, K.A., Coie, J.D. & Brakke, N.P. (1982). Behavior patterns of socially rejected and neglected preadolescents: The roles of social approach and aggression. *Journal of Abnormal Child Psychology, 10,* 389-410.

Dodge, K.A., Murphy, R.R. & Buchsbaum, K. (1984). The assessment of intention-cue detection skills in children: Implications for developmental psychopathology. *Child Development, 55,* 163-173.

Dodge, K.A. & Newman, P. (1981). Biased decision making processes in aggressive boys. *Journal of Abnormal Psychology, 90,* 375-379.

Dodge, K.A. & Somberg, D.R. (1987). Hostile attributional biases among aggressive boys are exacerbated under conditions of threat to the self. *Child Development, 58,* 213-224.

Dodge, K.A. & Tomlin, A. (1987). Cue utilization as a mechanism of attributional bias in aggressive children. *Social Cognition, 5,* 280-300.

Doise, W. & Mugny, G. (1984). *The social development of the intellect.* Oxford: Pergamon Press.

Dollard, J., Doob, L.W., Miller, N.E., Mowrer, O.H. & Sears, R.S. (1939). *Frustration and aggression.* New Haven, Conn.: Yale University Press.

Dornes, M. (1993). *Der kompetente Säugling. Die präverbale Entwicklung des Menschen.* Frankfurt a.M.: Fischer Taschenbuch Verlag.

Dornes, M. (1996). *Die frühe Kindheit. Entwicklungspsychologie der ersten Lebensjahre.* Unveröff. Ms., Universität Frankfurt a.M.

Dunn, J. (1988). *The beginnings of social understanding.* Oxford: Basil Blackwell.

Dunn, J. (1993). *Young children's close relationships.* Newbury Park, Ca.: Sage.

Dunn, J. (1994). Experience and understanding of emotions, relationships, and membership in a particular culture. In P. Ekman & R. Davidson (Eds.), *The nature of emotion* (S. 352-355). New York: Oxford University Press.

Dunn, J., Bretherton, I. & Munn, P. (1987). Conversations about feeling states between mothers and their young children. *Developmental Psychology, 23,* 132-139.

Dunn, J. & Brown, J. (1991). Relationships, talk about feelings, and the development of affect regulation in early childhood. In J. Garber & K.A. Dodge (Eds.), *The development of emotion regulation and dysregulation* (S. 89-108). Cambridge: Cambridge University Press.

Dunn, J. & Brown, J. (1994). Affect expression in the family, childrens' understanding of emotions and their interactions with others. *Merrill Palmer Quarterly, 40,* 120-137.

Dunn, J., Brown, J. & Beardsall, L. (1991). Family talk about emotions and children's later understanding of other's emotions. *Developmental Psychology, 27,* 448-455.

Dunn, J., Brown, J. & Maguire, M. (1995). The development of children's moral sensibility: Individual differences and emotional understanding. *Developmental Psychology, 31,* 649-659.

Dunn, J., Brown, J., Slomkowski, C., Tesla, C. & Youngblade, L. (1991). Young children's understanding of other people's feelings and beliefs: Individual differences and their antecedents. *Child Development, 62,* 1352-1366.

Dunn, J., Creps, C. & Brown, J. (1996). Children's family relationships between two and five: Developmental changes and individual differences. *Social Development, 5,* 230-250.

Dunn, J. & Munn, P. (1985). Becoming a family member: Family conflict and the development of social understanding in the second year. *Child Development, 56,* 480-492.

Dunn, J. & Munn, P. (1986). Siblings and the development of prosocial behavior. *International Journal of Behavioral Development, 9,* 265-284.

Dunn, J. & Munn, P. (1987). Development of justification in disputes with mother and sibling. *Developmental Psychology, 23,* 791-798.

Eagly, A. & Steffen, V.J. (1986). Gender and aggressive behavior: A meta-analytic review of the social psychological literature. *Psychological Bulletin, 100,* 309-330.

Edelman, G.M. (1987). *Neural Darwinism.* New York: Basic Books.

Eder, R.A. (1990). Uncovering young children's psychological selves: Individual and developmental differences. *Child Development, 61,* 849-863.

Eibl-Eibesfeldt, I. (1984). *Die Biologie des menschlichen Verhaltens.* München: Piper.

Eisenberg, A. & Garvey, C. (1981). Children's use of verbal strategies in resolving conflicts. *Discourse Processes, 4,* 149-170.

Eisenberg, N. & Fabes, R. (1992). Emotion, self-regulation, and the development of social competence. In M. Clark (Ed.), *Review of Personality and Social Psychology, 14* (S. 119-150). Newbury Park, Ca.: Sage.

Eisenberg, N., Fabes, R., Minarone, D., Mathy, R., Hanish, L. & Brown, T. (1994). Children's enacted interpersonal strategies: Their relations to social behavior and negative emotionality. *Merrill-Palmer-Quarterly, 40,* 212-232.

Eisenberg, N., Fabes, R., Nyman, M., Bernzweig, J. & Pinuelas, A. (1994). The relations of emotionality and regulation to children's anger-related reactions. *Child Development, 65,* 109-128.

Ekman, P. (1972). Universals and cultural differences in facial expressions of emotion. In J. Cole (Ed.), *Nebraska Symposium on Motivation* (S. 115-161). Lincoln, Neb: University of Nebraska Press.

Ekman, P. (1985). *Telling lies. Clues to deceit in the marketplace, politics, and marriage.* New York: Norton.

Ekman, P. (1988). *Gesichtsausdruck und Gefühl.* Paderborn: Junfermann.

Ekman, P. (1992). An argument for basic emotions. *Cognition and Emotion, 6,* 169-200.

Ekman, P. (1994). All emotions are basic. In P. Ekman & R. Davidson (Eds.), *The nature of emotion* (S. 15-19). New York: Oxford University Press.

Ekman, P., Levenson, R. & Friesen, W.V. (1983). Autonomic nervous system activity distinguishes among emotions. *Science, 221,* 1208-1210.

Ekman, P. & Davidson, R. (Eds.) (1994). *The nature of emotion.* New York: Oxford University Press.

Ekman, P. & Friesen, W.V. (1969). Nonverbal leakage and clues to deception. *Psychiatry, 32,* 88-106.

Ekman, P. & Friesen, W.V. (1978). *The Facial Action Coding System.* Palo Alto: The Consulting Psychologists Press.

Ekman, P. & Friesen, W.V. (1988). Die Messung der Gesichtsbewegungen mit Hilfe des Facial Action Coding Systems (FACS). In P. Ekman (Hrsg.), *Gesichtsausdruck und Gefühl* (S. 181-224). Paderborn: Junfermann.

Elias, N. (1969/1976). *Über den Prozeß der Zivilisation. Soziologische und phylogenetische Untersuchungen,* Bd. 1 & 2. Frankfurt/M: Suhrkamp.

Emde, R.N., Biringen, Z., Clyman, R.B. & Oppenheim, D. (1991). The moral self of infancy: Affective core and procedural knowledge. *Developmental Review, 11,* 251-270.

Emde, R.N., Gaensbauer, T.J. & Harmon, R.J. (1976). *Emotional expression in infancy.* New York: International Universities Press.

Emde, R.N., Robinson, J., Corley, R., Nikkari, D. & Zahn-Waxler, C. (1995). *Reactions to restraint and anger-related expressions during the second year.* Vortrag Meeting of the Society for Research in Child Development, Indianapolis, 1995.

Epstein, S. (1973). The self-concept revisited or a theory of a theory. *American Psychologist, 28,* 405-410.

Epstein, S. (1979). The ecological study of emotions in humans. In P. Pliner, K.R. Blankenstein & I.M. Spigel (Eds.), *Advances in the study of communication and affect, Vol. 5: Perception of emotions in self and others* (S. 47-83). New York: Plenum Press.

Epstein, S. (1993). Emotion and self-theory. In M. Lewis & J. Haviland (Eds.), *Handbook of emotions* (S. 313-326). New York: Guilford Press.

Erdmann, G. (1983). Vegetatives Nervensystem und Emotionen. In H.A. Euler & H. Mandel (Hrsg.), *Emotionspsychologie. Ein Handbuch in Schlüsselbegriffen* (S. 119-123). München: Urban & Schwarzenberg.

Erikson, E.H. (1984). *Kindheit und Gesellschaft.* (4. Aufl.). Stuttgart: Klett-Cotta.

Fabes, R.A. & Eisenberg, N. (1992). Young children's coping with interpersonal anger. *Child Development, 63,* 116-128.

Fabes, R.A., Eisenberg, N., McCormick, S.E. & Wilson, M.S. (1988). Preschoolers' attribution of the situational determinants of others' naturally occuring emotions. *Developmental Psychology, 24,* 376-385.

Fabes, R.A., Eisenberg, N., Smith, M. & Murphy, B. (1996). Getting angry at peers: Associations with liking of the provocateur. *Child Development, 67,* 942-956.

Fagan, J.F. (1976). Infants' recognition of invariant features of faces. *Child Development, 47,* 627-638.

Fantz, R.L. (1961). The origin of form perception. *Scientific American, 204,* 66-72.

Fein, G.G. (1987). Pretend play: Creativity and consciousness. In D. Görlitz & J. Wohlwill (Eds.), *Curiosity, imagination, and play* (S. 281-304). Hillsdale, N. J: Erlbaum.

Fein. G.G (1981). Pretend play in childhood: An integrative review. *Child Development, 52,* 1095-1118.

Felson, R.B. (1978). Aggression as impression management. *Social Psychology, 41,* 205-213.

Ferguson, T.J. & Rule, B.G. (1980). Effects of inferential set, outcome severity, and basis of responsibility on children's evaluation of aggressive acts. *Developmental Psychology, 16,* 141-146.

Feshbach, S. (1964). The function of aggression and the regulation of aggressive drive. *Psychological Review, 71,* 257-272.

Feshbach, S. (1974). The development and regulation of aggression. Some research gaps on a proposed cognitive approach. In J. De Wit & W. Hartup (Eds.), *Determinants and origins of aggressive behavior* (S. 167-192). The Hague: Mouton.

Feshbach, S., Feshbach, N.D., Cohen, R.S. & Hoffman, M. (1984). The antecedents of anger: A developmental approach. In R.M. Kaplan, V.J. Konecni & R.W. Novaco (Eds.), *Aggression in children and youth* (S. 162-174). The Hague: Nijhoff.

Fichten, W. (1992). Bewältigung und Therapie von Ärger. In U. Mees (Hrsg.), *Psychologie des Ärgers* (S. 219-184). Göttingen: Hogrefe.

Field, T. (1991). Stress and coping from pregnancy through the postnatal period. In E.M. Cummings (Ed.), *Life-span developmental psychology. Perspectives on stress and coping* (S. 45-59). Hillsdale: Erlbaum.

Filipp, S.H. (1984). *Selbstkonzept - Forschung: Probleme, Befunde, Perspektiven.* Stuttgart: Klett-Cotta.

Fischer, K.W. & Pipp, S.L. (1984). Development of the structure of unconscious thoughts. In K.R. Bowers & D. Meichenbaum (Eds.), *The unconscious reconsidered* (S. 88-148). New York: Wiley.

Fischer, K.W. & Rose, S. (1994). Dynamic development of coordination of components in brain and behavior: A framework for theory. In G. Dawson & K.W. Fischer (Eds.), *Human behavior and the developing brain* (S. 3-66). New York: Guilford Press.

Fischer, K.W., Shaver, P. & Carnochan, P. (1990). How emotions develop and how they organize development. *Cognition and Emotion, 4,* 81-127.

Fivush, R. (1993). Emotional content of parent-child conversations about the past. In C.A. Nelson (Ed.), Memory and affect in development. *Minnesota Symposium on Child Psychology (S. 39-77).* Hillsdale: Erlbaum.

Flitner, A. (1996). *Spielen-Lernen. Praxis und Deutung des Kinderspiels.* München: Piper.

Fogel, A., Nwokah, E., Dedo, J.Y., Messinger, D., Dickson, K.L., Matusov, E. & Holt, S. (1992). Social process theory of emotion: A dynamic systems approach. *Social Development, 1*, 122-142.

Fox, N. (1994). Dynamic cerebral processes underlying emotion regulation. In N. Fox (Ed.), The development of emotion regulation: Biological and behavioral considerations. *Monographs of the Society for Research in Child Development,* Serial No. 240, Vol. 59 (S. 152-166). Chicago: University of Chicago Press.

Frankenhäuser, M. (1975). Experimental approaches to the study of catecholamines and emotion. In L. Levy (Ed.), *Emotions: Their parameters and measurement* (S. 209-234). New York: Raven Press.

Frankenhäuser, M. (1979). Framework for psychoendocrine studies. In H.E. Howe & R.H. Dienstbier (Eds.), *Nebraska Symposium on Motivation 1978,* Vol 26 (S. 1123-161). Lincoln: University of Nebraska Press.

Freud, A. (1936/1964). *Das Ich und die Abwehrmechanismen.* München: Kindler.

Freud, S. (1920). *Jenseits des Lustprinzips.* Gesammelte Werke, Band 13. Frankfurt: Fischer Verlag.

Frey, D. & Benning, E. (1983). Das Selbstwertgefühl. In H. Mandel & G. Huber (Hrsg.), *Emotion und Kognition* (S. 45-79). München: Urban & Schwarzenberg.

Fridlund, A.J. (1991). Evolution and facial action in reflex, social motive and paralanguage. *Biological Psychology, 32,* 3-100.

Friedman, H. & Booth-Kewley, S. (1987). The "disease-prone personality". A metaanalytic view of the construct. *American Psychologist, 42,* 539-555.

Frijda, N.H. (1986). *The emotions.* Cambridge: Cambridge University Press.

Fuchs, D. & Thelen, M. (1988). Children's expected interpersonal consequences of communicating their affective state and reported likelihood of expression. *Child Development, 59,* 1314-1322.

Funkenstein, D.H. (1955). The physiology of fear and anger. *Scientific American, 192,* 74-80.

Garner, P.W. & Power, T.G. (1996). Preschoolers' emotional control in the disappointment paradigm and its relation to temperament, emotion knowledge, and family expressiveness. *Child Development, 67,* 1406-1419.

Garvey, C. (1974). Some properties of social play. *Merrill Palmer Quarterly, 20,* 163-180.

Garvey, C. & Shantz, C.U. (1992). Conflict talk: Approaches to adversative discourse. In C. U. Shantz & W.W. Hartup (Eds.), *Conflict in child and adolescent development* (S. 93-121). Cambridge: Cambridge University Press.

Geppert, U. & Heckhausen, H. (1990). Ontogenese der Emotionen. In K. Scherer (Hrsg.), *Enzyklopädie der Psychologie, Psychologie der Emotionen* (S. 156-172). Göttingen: Hogrefe.

Geppert, U. & Küster, U. (1983). The emergence of "Wanting to do it oneself": A precursor of achievement motivation. *International Journal of Behavioral Development, 6,* 355-369.

Ginsburg, H. & Opper, S. (1975). *Piagets Theorie der geistigen Entwicklung.* Stuttgart: Klett-Cotta.

Gloger-Tippelt, G. (1992). Konstrukte im Bereich der Geschlechtertypisierung. In M. Amelang & K. Pawlik (Hrsg.), *Enzyklopädie der Psychologie-Differentielle Psychologie.* Göttingen: Hogrefe.

Gnepp, J. & Hess, D. (1986). Children's understanding of verbal and facial display rules. *Developmental Psychology, 22,* 103-108.

Goffman, E. (1975). *Stigma. Über Techniken der Bewältigung beschädigter Identität.* Frankfurt am Main: Suhrkamp.

Goffman, E. (1976). *Wir alle spielen Theater. Die Selbstdarstellung im Alltag.* München: Piper.

Goleman, D. (1997). *Emotionale Intelligenz.* München: dtv.

Goodenough, F. (1931). *Anger in young children.* Minneapolis: University of Minnesota Press.

Gordon, S. (1981). The sociology of sentiments and emotions. In M. Rosenberg & R. Turner (Eds.), *Social Psychology. Sociological perspectives* (S. 562-592). New York: Basic Books.

Gottman, J.M. (1986). The world of coordinated play: Same- and cross-sex friendship in young children. In J.M. Gottman & J.G. Parker (Eds.), *Conversations of friends* (S. 139-192). Cambridge: Cambridge University Press.

Gottman, J.M. & Katz, L.F. (1989). Effects of marital discord on young children's peer interaction and health. *Developmental Psychology, 25*, 373-381.

Gottman, J.M. & Mettetal, G. (1986). Speculations about social and affective development: Friendship and acquaintanceship through adolescence. In J.M. Gottman & J. Parker (Eds.), *Conversations of friends. Speculations on affective development* (S. 91-113). Cambridge: Cambridge University Press.

Gottman, J.M. & Parker, J.G. (Eds.) (1986). *Conversations of friends. Speculations on affective development*. Cambridge: Cambridge University Press.

Graham, S. (1988). Children's developing understanding of the motivational role of affect: An attributional analysis. *Cognitive Development, 3*, 71-88.

Graham, S. & Hudley, C. (1994). Attributions of aggressive and non-aggressive African-American male early adolescents: A study of construct accessibility. *Developmental Psychology, 30*, 365-373.

Graham, S., Doubleday, C. & Guarino, P. (1984). The development of relations between perceived controllability and the emotions of pity, anger and guilt. *Child Development, 55*, 561-565.

Graham, S., Hudley, C. & Williams, E. (1992). Attributional and emotional determinants of aggression among African, American and Latino young adolescents. *Developmental Psychology, 28*, 731-740.

Graham, S. & Weiner, B. (1991). Testing judgements about attribution-emotion-action linkages: A lifespan approach. *Social Cognition, 9*, 254-276.

Griffin, D. & Bartholomew, K. (1994). Models of self and other: Fundamental dimensions underlying measures of adult attachment. *Journal of Personality and Social Psychology, 67*, 430-445.

Gross, I. & Levenson, R.W. (1993). Emotional suppression: Physiology, self-report, and expressive behavior. *Journal of Personality and Social Psychology, 64*, 970-986.

Grossmann, K.E., August, P., Fremmer-Bombik, E., Friedel, A., Grossmann, K., Scheurer-Englisch, H., Spangler, G., Stephan, C. & Suess, G. (1989). Die Bindungstheorie: Modell und entwicklungspsychologische Forschung. In H. Keller (Hrsg.), *Handbuch der Kleinkindforschung* (S. 31-55). Berlin: Springer.

Grunert, S. (1993). *Essen und Emotion*. München: PVU.

Haith, M.M., Bergmann, T. & Moore, M. (1977). Eye contact and face scanning. *Science, 198*, 853-855.

Halberstadt, A. (1986). Family socialization of emotional expression and nonverbal communication styles and skills. *Journal of Personality and Social Psychology, 51*, 827-836.

Harris, P. (1992). *Das Kind und die Gefühle. Wie sich das Verständnis für die anderen Menschen entwickelt*. Bern: Huber.

Harris, P., Donelly, K., Guz, G. & Pitt-Watson, R. (1986). Children's understanding of the distinction between real and apparent emotion. *Child Development, 57*, 895-909.

Harris, P., Guz, G.R., Lipian, M.S. & Man-Shu, Z. (1985). Insight into the time course of emotion among Western and Chinese children. *Child Development, 56*, 379-400.

Harris, P. & Lipian, M.S. (1989). Understanding emotion and experiencing emotion. In C. Saarni & P.L. Harris (Eds.), *Children's understanding of emotion* (S. 57-89). New York: Cambridge University Press.

Harris, P., Olthof, T. & Meerum Terwogt, M. (1981). Children's knowledge of emotion. *Journal of Child Psychology and Psychiatry, 22*, 247-261.

Hart, C., Ladd, G. & Barleson, B. (1990). Children's expectations of the outcome of social strategies: Relations with sociometric status and maternal disciplinary styles. *Child Development, 61*, 127-137.

Harter, S. (1977). A cognitive-developmental approach to children's expression of conflicting feelings and a technique to facilitate such expressions in play therapy. *Journal of Consulting and Clinical Psychology, 45*, 417-432.

Harter, S. (1983). Developmental perspectives on the self-system. In P.H. Mussen (Ed.), *Handbook of Child Psychology*, Vol. 4 (S. 275-386). New York: Wiley.

Harter, S. (1985). *Manual for the self-perception profile for children (Revision of the perceiced competence scale for children)*. Unveröff. Ms., University of Denver.

Harter, S. (1986). Cognitive development processes in the integration of concepts about emotions and self. *Social Cognition, 4*, 119-151.

Harter, S. & Buddin, B. (1987). Children's understanding of the simultaneity of two emotions: A five-stage developmental acquisition sequence. *Developmental Psychology, 23*, 388-399.

Harter, S. & Pike, R. (1984). The pictorial scale of perceived competence and social acceptance for young children. *Child Development, 55*, 1969-1982.

Hartup, W.W. (1974). Aggression in childhood: Developmental perspectives. *American Psychologist, 29*, 336-341.

Hartup, W.W. & De Wit, J. (1974). The development of aggression: Problems and perspectives. In J. De Wit & W. Hartup (Eds.), *Determinants and origins of aggressive behavior* (S. 595-620). The Hague : Mouton.

Hartup, W.W., Laursen, B., Stewart, M. & Eastenson, A. (1988). Conflict and the friendship relations of young children. *Child Development, 59*, 1590-1600.

Haug-Schnabel, G. (1987). *Playful aggression - a special form of aggression, a special form of play*. Vortrag IV. European Conference of the International Society for Research on Aggression, Sevilla, 1987.

Haviland, J.M. & Lelwica, M. (1987). The induced affect response: 10-week-old infants' responses to three emotion expressions. *Developmental Psychology, 23*, 97-104.

Heckhausen, H. (1987). Emotional components of action: Their ontogeny as reflected in achievement behavior. In D. Görlitz & J.F. Wohlwill (Eds.), *Curiosity, imagination, and play* (S. 326-348). Hillsdale: Lawrence Erlbaum.

Heider, F. (1958). *The psychology of interpersonal relations*. New York: Wiley.

Heinemann, E., Rauchfleisch, U. & Grüttner, T. (1992). *Gewalttätige Kinder*. Frankfurt/M: Fischer Taschenbuch Verlag.

Henry, J.P. (1986). Neuroendocrine patterns of emotional response. In R. Plutchik & H. Kellerman (Eds.), *Emotion: Theory, research and experience. Vol. 3: Biological foundations of emotion* (S. 37-60). Orlando: Academic Press.

Herrera, C. & Dunn, J. (1997). Early experiences with family conflict: Implications for arguments with a close friend. *Developmental Psychology, 33*, 869-881.

Herzberger, S. & Hall, J.A. (1993). Consequences of retaliatory aggression against siblings and peers: Urban minority children's expectations. *Child Development, 64*, 1773-1785.

Hess, U., Banse, R. & Kappas, A. (1995). The intensity of facial expression is determined by underlying affective state and social situation. *Journal of Personality and Social Psychology, 69*, 280-288.

Hetherington, M. (1988). Parents, children, siblings: Six years after divorce. In R. Hinde & J. Stevenson-Hinde (Eds.), *Relationships within families: Mutual influences* (S. 56-91). New York: Oxford University Press.

Hinde, R. (1985). Expression and negotiation. In G. Zivin (Ed.), *The development of expressive behavior: Biology-environment interactions* (S. 103-116). New York: Academic Press.

Hinde, R. (1993). Auf dem Weg zu einer Wissenschaft zwischenmenschlicher Beziehungen. In A.E. Auhagen & M. von Salisch (Hrsg.), *Zwischenmenschliche Beziehungen* (S. 7-36). Göttingen: Hogrefe.

Hirsch, P. (1996). *Komponenten des Ärgers. Zum Verhältnis von Auslösern, Ausdruck und Regulation von Ärger bei Kindern im Grundschulalter.* Unveröff. Dipl.Arbeit, Freie Universität Berlin.

Hochschild, A.R. (1990). *Das gekaufte Herz.* Frankfurt/M.: Campus. (Original erschienen 1983: The managed heart. Commercialization of human feelings)

Hodapp, V. & Schwenkmezger, P. (1993). *Ärger und Ärgerausdruck.* Göttingen: Hogrefe.

Hoffman, M.L. (1978). Toward a theory of empathic arousal and development. In M. Lewis & L. Rosenblum (Eds.), *The development of affect* (S. 227-256). New York: Plenum Press.

Hoffman, M.L. (1983). Affective and cognitive processes in moral internalization. In E.T. Higgins, D. Ruble & W. Hartup (Eds.), *Social cognition and social behavior* (S. 236-274). New York: Cambridge University Press.

Hoffman, M.L. (1990). Empathy and justice motivation. *Motivation and Emotion, 14,* 151-172.

Hoppe-Graff, S. & Keller, M. (1988). Einheitlichkeit und Vielfalt in der Entwicklung des Freundschaftskonzepts. *Zeitschrift für Entwicklungspsychologie und Pädagogische Psychologie, 20,* 195-213.

Hoppe-Graff, S. & Mäckelburg, B. (1991). Phantasie und Illusion beim Spielen. Zu William Sterns Psychologie des Kinderspiels. *Zeitschrift für Entwicklungspsychologie und Pädagogische Psychologie, 23,* 115-131.

Howe, N. (1991). Sibling directed internal state language, perspective taking and affective behavior. *Child Development, 62,* 1503-1512.

Howes, C. & Matheson, C.C. (1992). Sequences in the development of competent play with peers: Social and social pretend play. *Developmental Psychology, 28,* 961-974.

Huesmann, L.R. & Guerra, N. (1997). Children's normative beliefs about aggression and aggressive behavior. *Journal of Personality and Social Psychology, 72,* 408-419.

Hughes, C. & Dunn, J. (1998). Understanding mind and emotion: Longitudinal associations with mental state talk between young friends. *Developmental Psychology, 34,* 1026-1037.

Hyde, J.S. (1984). How large are gender-differences in aggression? A developmental meta-analysis. *Developmental Psychology, 20,* 722-736.

Hymel, S., Rubin, K.H., Rowden, L. & LeMare, L. (1990). Children's peer relationships: Longitudinal prediction of internalizing and externalizing problems from middle to late childhood. *Child Development, 61,* 2004-2021.

Izard, C.E. (1994). Cognition is one of four types of emotion activating systems. In P. Ekman & R. Davidson (Eds.), *The nature of emotion* (S. 203-207). New York: Oxford University Press.

Janke, B. (1999). *Naive Psychologen: Entwicklung des Emotionswissens.* Unveröff. Habil.Schrift, Universität Augsburg, Augsburg.

Janus, L. (1991). *Wie die Seele entsteht.* München: dtv.

Johnson-Laird, P.N. & Oatley, K. (1989). The language of emotions: An analysis of a semantic field. *Cognition and Emotion, 3,* 81-123.

Josephs, I. (1993). *The regulation of emotional expression in preschool children.* Münster: Waxmann.

Josephs, R.A., Markus, H.R. & Taforodi, R.W. (1992). Gender and self-esteem. *Journal of Personality and Social Psychology, 63,* 391-402.

Joshi, M.S. & MacLean, M. (1994). Indian and English children's understanding of the distinction between real and apparent emotion. *Child Development, 65,* 1372-1384.

Kagan, J. (1974). Developmental and methodological considerations in the study of aggression. In J. De Wit & W. Hartup (Eds.), *Determinants and origins of aggressive behavior* (S. 107-114). The Hague: Mouton.

Kagan, J. (1981). *The second year: The emergence of self-awareness*. Cambridge: Harvard University Press.

Kahlbaugh, P.E. & Haviland, J. (1994). Nonverbal communication between parents and adolescents: A study of approach and avoidance behaviors. *Journal of Nonverbal Behavior, 18,* 91-113.

Karbon, M., Fabes, R., Carlon, G. & Martin, C. (1991). Preschoolers' beliefs about sex and age differences in emotionality. *Sex Roles, 27,* 377-390.

Karniol, R. & Heiman, T. (1987). Situational antecedents of children's anger experiences and subsequent responses to adult versus peer provokers. *Aggressive Behavior, 13,* 109-118.

Katz, P.A. & Ksansnak, K.R. (1994). Developmental aspects of gender role flexibility and traditionality in middle childhood and adolescence. *Developmental Psychology, 30,* 272-282.

Kauke, M. (1992). *Spielintelligenz. Spielend lernen - Spielen lehren?* Heidelberg: Spektrum Akademischer Verlag.

Kegan, R. (1986). *Die Entwicklungsstufen des Selbst. Fortschritte und Krisen im menschlichen Leben*. München: Kindt Verlag.

Keller, A., Ford, L.H. & Meachum, J.A. (1978). Dimensions of self-concept in preschool children. *Developmental Psychology, 14,* 483-489.

Keller, M. (1996). *Moralische Sensibilität: Entwicklung in Freundschaft und Familie*. Weinheim: Psychologie Verlags Union.

Kelley, H.H. (1984). Affect in interpersonal relations. *Review of Personality and Social Psychology, 5,* 89-115.

Keltner, D., Ellsworth, P.C. & Edwards, K. (1993). Beyond simple pessimism: Effects of sadness and anger on social perception. *Journal of Personality and Social Psychology, 64,* 740-752.

Kemmler, L. (1957). Untersuchungen über den frühkindlichen Trotz. *Psychologische Forschung, 25,* 279-338.

Kermoian, R. & Campos, J.J. (1988). Locomotor experience: A facilitator of spatial cognitive development. *Child Development, 59,* 908-917.

Kernis, M.H., Grannemann, B.D. & Barclay, L.C. (1989). Stability and level of self-esteem as predictors of anger arousal and hostility. *Journal of Personality and Social Psychology, 56,* 1013-1023.

King, L.A. & Emmons, R.A. (1990). Conflict over emotional expression: Psychological and physical correlates. *Journal of Personality and Social Psychology, 58,* 864-877.

Klann-Delius, G. (1996). Sprache, Sprechen und Subjektivität in der Ontogenese. *Zeitschrift für Literaturwissenschaft und Linguistik, 101,* 114-139.

Klann-Delius, G. & Kauschke, C. (1996). Die Entwicklung der Verbalisierungshäufigkeit von inneren Zuständen und emotionalen Ereignissen in der frühen Kindheit in Abhängigkeit von Alter und Affekttyp: Eine explorative, deskriptive Längsschnittstudie. *Linguistische Berichte, 161,* 68-89.

Klinnert, M.D., Campos, J.J., Sorce, J.F., Emde, R.N. & Svejda, M. (1983). Emotions as behavior regulators: Social referencing in infancy. In R. Plutchik & H. Kellermann (Eds.), *Emotions in early development* (S. 199-242), Vol. II. New York: Academic Press.

Kobak, R.R., Cole, H.E., Ferenz-Gillies, R., Fleming, W.S. & Gamble, W. (1993). Attachment and emotion regulation during mother-teen problem solving: A control theory analysis. *Child Development, 64,* 231-245.

Kochanska, G. (1993). Toward a synthesis of parental socialization and child temperament in early development of conscience. *Child Development, 64,* 325-347.

Kochanska, G., De Vet, K., Goldman, M., Murray, K. & Putnam, S. (1994). Maternal report of conscience development in young children. *Child Development, 65,* 852-868.

Kochanska, G., Murray, K., Jacques, T., Koenig, A. & Vandegeest, K. (1996). Inhibition control in young children and its role in emerging internalization. *Child Development, 67,* 490-507.

Kohlberg, L. (1969). Stage and sequences: The cognitive developmental approach to socialization. In D.A. Goslin (Ed.), *Handbook of socialization theory and research (S.* 347-480). Chicago: Rand McNally.

Kopp, C.B. (1989). Regulation of distress and negative emotions: A developmental view. *Developmental Psychology, 25,* 343-354.

Kopper, B.A. (1993). Role of gender, sex role identity and Type A behavior in anger expression and mental health functioning. *Journal of Counseling Psychology, 40,* 232-237.

Kornadt, H.J. (1982). *Aggressionsmotiv und Aggressionshemmung* (2 Bände). Bern: Huber.

Kornadt, H.J. (1988). Entwicklungsbedingungen unterschiedlicher Aggressivität in Japan und Deutschland: Beitrag des Kulturvergleichs zur Motivationstheorie. *Psychologische Beiträge, 30,* 344-374.

Kövecses, Z. (1990). *Emotion concepts.* New York: Springer.

Kramer, L. & Gottman, J.M. (1992). Becoming a sibling: "With a little help from my friends". *Developmental Psychology, 28,* 685-699.

Krappmann, L. (1975). *Soziologische Dimensionen der Identität.* Stuttgart: Klett.

Krappmann, L. (1984). *Mead und die Sozialisationsforschung.* Vortrag Tagung der Sektion "Soziologische Theorien" der Deutschen Gesellschaft für Soziologie, Berlin, 1984.

Krappmann, L. (1986). Erlebtes Spiel - erspieltes Leben. In L. Erler, R. Lachmann & H. Selg (Hrsg.), *Spiel. Spiel und Spielmittel im Blickpunkt verschiedener Wissenschaften und Fächer* (S. 23-43). Bamberg: Nostheide.

Krappmann, L. (1991). Sozialisation in der Gruppe der Gleichaltrigen. In K. Hurrelmann & D. Ulich (Hrsg.), *Neues Handbuch der Sozialisationsforschung* (S. 355-375). Weinheim: Beltz.

Krappmann, L. (1993a). Die Entwicklung vielfältiger sozialer Beziehungen unter Kindern. In A.E. Auhagen & M. v. Salisch (Hrsg.), *Zwischenmenschliche Beziehungen* (S. 37-58). Göttingen: Hogrefe.

Krappmann, L. (1993b). Entwicklungsfördernde Aspekte in den Freundschaften von Kindern und Jugendlichen. *Gruppendynamik, 24,* 119-129.

Krappmann, L. (1993c). Kinderkultur als institutionalisierte Entwicklungsaufgabe. In M. Markefka & B. Nauck (Hrsg.), *Handbuch der Kindheitsforschung* (S. 365-376). Neuwied: Luchterhand.

Krappmann, L. (1993d). Bedrohung des kindlichen Selbst in der Sozialwelt der Gleichaltrigen. Beobachtungen zwölfjähriger Kinder in natürlicher Umgebung. In W. Edelstein, G. Nunner-Winkler & G. Noam (Hrsg.), *Moral und Person* (S. 335-362). Frankfurt: Suhrkamp.

Krappmann, L. (1994). Mißlingende Aushandlungen - Gewalt und andere Rücksichtslosigkeiten unter Kindern im Grundschulalter. *Zeitschrift für Sozialisationsforschung und Erziehungssoziologie, 14,* 102-117.

Krappmann, L. & Oswald, H. (1983). Beziehungsgeflechte und Gruppen von gleichaltrigen Kindern in der Schule. *Kölner Zeitschrift für Soziologie und Sozialpsychologie, Sonderheft 25,* 420-450.

Krappmann, L. & Oswald, H. (1995). *Alltag der Schulkinder. Beobachtungen und Analysen von Interaktionen und Sozialbeziehungen.* Weinheim: Juventa.

Krause, R. (1983). Zur Onto- und Phylogenese des Affektsystems und ihrer Beziehungen zu psychischen Störungen. *Psyche, 37,* 1016-1046.

Krause, R., Steimer-Krause, E. & Ullrich, B. (1992). The use of affect research in dynamic psychotherapy. In M. Leuzinger-Bohleber, H. Schneider & R. Pfeifer (Eds.), *Two butterflies on my head. Psychoanalysis in the scientific dialogue* (S. 97-136). Berlin: Springer.

Krohne, H.W. & Hock, M. (1994). *Elterliche Erziehung und Angstentwicklung des Kindes. Untersuchungen über die Entwicklungsbedingungen von Ängstlichkeit und Angstbewältigung.* Bern: Verlag Hans Huber.

Kümpel, M. (1998). *Wer wird denn gleich in die Luft gehen? Selbstwert und erwartete Konsequenzen des Ärgerausdrucks bei Kindern.* Unveröff. Dipl.Arbeit, Freie Universität Berlin, Berlin.

Labouvie-Vief, G., Hakim-Larson, J., DeVoe, M. & Schoeberlein, S. (1989). Emotions and self-regulation: A life-span view. *Human Development, 32,* 279-299.

Laible, D. & Thompson, R.A. (1998). Attachment and emotional understanding in preschool children. *Developmental Psychology, 34,* 1038-1045.

Lakoff, G. (1987). *Women, fire and dangerous things. What categories reveal about the mind.* Chicago: University of Chicago Press.

Laux, L. & Weber, H. (1990). Bewältigung von Emotionen. In K. Scherer (Hrsg.), *Psychologie der Emotionen. Enzyklopädie der Psychologie* (S. 560-629). Göttingen: Hogrefe.

Laux, L. & Weber, H. (1993). *Emotionsbewältigung und Selbstdarstellung.* Stuttgart: Kohlhammer.

Lazarus, R. (1991a). *Emotion and adaptation.* New York: Oxford University Press.

Lazarus, R. (1991b). Progress on a cognitive-motivational-relational theory of emotion. *American Psychologist, 46,* 819-834.

Lazarus, R. (1994). The stable and the unstable in emotion. In P. Ekman & R. Davidson (Eds.), *The nature of emotion* (S. 79-85). New York: Oxford University Press.

Lazarus, R.S. & Folkman, S. (1984). *Stress, appraisal, and coping.* New York: Springer.

Lazarus, R.S. & Launier, R. (1978). Stress related transactions between person and enviroment. In L.A. Pervin & M. Lewis (Eds.), *Perspectives in international psychology* (S. 287-327). New York: Plenum Press.

Leaper, C., Anderson, K. & Sanders, P. (1998). Moderators of gender effects on parents' talk to their children: A meta-analysis. *Developmental Psychology, 34,* 3-27.

Leboyer, F. (1981). *Geburt ohne Gewalt.* München: Kösel.

LeDoux, J.E. (1992). Brain mechanisms of emotion and emotional learning. *Current Opinion in Neurobiology, 2,* 191-198.

LeDoux, J.E. (1994). Memory versus emotional memory in the brain. In P. Ekman & R. Davidson (Eds.), *The nature of emotion* (S. 303-305). New York: Oxford University Press.

Lemche, E. (1996). *Die Entstehung des Körperbildes. Zur Entwicklung der psychischen Repräsentation des eigenen Körpers in den ersten drei Lebensjahren.* Unveröff. Diss., Freie Universität Berlin.

Lerner, H.G. (1985). *The dance of anger.* New York: Harper & Row.

Lerner, H.G. (1993). *Das mißdeutete Geschlecht. Falsche Bilder der Weiblichkeit in Psychoanalyse und Therapie.* Frankfurt/M: Fischer. (Original erschienen 1988: Women in therapy)

Levenson, R.W. (1994). Emotional control: Variations and consequences. In P. Ekman & R. Davidson (Eds.), *The nature of emotion* (S. 273-279). New York: Oxford University Press.

Levenson, R.W., Carstensen, L.L., Friesen, W.V. & Ekman, P. (1991). Emotion, physiology and expression in old age. *Psychology and Aging, 6,* 28-35.

Levenson, R.W., Ekman, P., Heider, K. & Friesen, W. (1992). Emotions and autonomic nervous system activity in the Miningkabau of West Sumatra. *Journal of Personality and Social Psychology, 62,* 972-988.

Lewis, H.B. (1976). *Psychic war in men and women.* New York: New York University Press.

Lewis, M. (1993a). *Scham - Annäherung an ein Tabu.* Hamburg: Kabel Verlag.

Lewis, M. (1993b). The emergence of human emotions. In M. Lewis & J. Haviland (Eds.), *Handbook of emotions* (S. 223-235). New York: Guilford Press.

Lewis, M. (1993c). The development of anger and rage. In R.A. Glick & S.P. Rose (Eds.), *Rage, power and aggression: The role of affect in motivation, development and adaptation* (S. 148-168). New Haven, Ct: Yale University Press.

Lewis, M., Alessandri, S. & Sullivan, M.W. (1990). Violation of expectancy, loss of control and anger expressions in young infants. *Developmental Psychology, 26,* 745-751.

Lewis, M. & Brooks-Gunn, J. (1979). *Social cognition and the acquisition of self.* New York: Plenum.

Lewis, M. & Rosenblum, L.A. (Eds.) (1974). *The effect of the infant on its caregiver.* New York: Wiley.

Lewis, M., Stanger, C. & Sullivan, M.W. (1989). Deception in 3-year-olds. *Developmental Psychology, 25*, 439-443.

Lewis, M., Sullivan, M. & Vasen, A. (1987). Making faces: Age and emotion differences in the posing of emotional expressions. *Developmental Psychology, 23*, 690-697.

Lewis, M., Sullivan, M.W., Stanger, C. & Weiss, M. (1989). Self development and self-conscious emotions. *Child Development, 60*, 146-156.

Lewis, M.D. (1995). Cognition-emotion feedback and the self-organization of developmental paths. *Human Development, 38*, 71-102.

Lewis, M.D. (1996). Self-organising cognitive appraisals. *Cognition and Emotion, 10*, 1-25.

Livesley, W.J. & Bromley, D.B. (1973). *Person perception in childhood and adolescence.* London: Wiley.

Lochman, J.E. (1992). Cognitive-behavioral intervention with aggressive boys: Three-year follow-up and preventive effects. *Journal of Consulting and Clinical Psychology, 60*, 426-432.

Lochman, J.E. & Curry, J.F. (1986). Effects of social problem-solving training and self-instruction training with aggressive boys. *Journal of Clinical Child Psychology, 15*, 159-164.

Lochman, J.E. & Dodge, K. (1994). Social-cognitive processes of severely violent, moderately aggressive and non-aggressive boys. *Journal of Consulting and Clinical Psychology, 62*, 366-374.

Lochman, J.E. & Lampron, L.B. (1986). Situational social problem-solving skills and self-esteem of aggressive and non-aggressive boys. *Journal of Abnormal Child Psychology, 14*, 605-617.

Lück, H. & Timäus, E. (1969). Skalen zur Messung manifester Angst (MAS) und sozialer Wünschbarkeit (SDS-E und SDS-CM). *Diagnostica, 15*, 134-141.

Lutz, C. (1988). *Unnatural emotions: Everyday sentiments on a Micronesian atoll and their challenge to western theory.* Chicago: University of Chicago Press.

Maccoby, E. & Jacklin, C.N. (1974). *The psychology of sex differences.* Stanford, Ca: Stanford University Press.

MacKinnon, C.E. (1989). An observational investigation of sibling interactions in married and divorced families. *Developmental Psychology, 25*, 36-44.

Mahler, M.S., Pine, F. & Bergman, A. (1978). *Die psychische Geburt des Menschen. Symbiose und Individuation.* Frankfurt/M: Fischer Verlag.

Main, M., Kaplan, N. & Cassidy, J. (1985). Security in infancy, childhood and adulthood: A move to the level of representation. In J. Bretherton & E. Waters (Eds.), Growing points of attachment theory and research. *Monographs of the Society for Research in Child Development*, Vol. 50 (S. 66-104). Chicago: University of Chicago Press.

Malatesta, C.Z. (1990). The role of emotions in the development and organization of personality. In R. Thompson (Ed.), *Nebraska Symposium on Motivation 1988* (S. 1-56), Vol. 36. Lincoln: University of Nebraska Press.

Malatesta, C.Z., Culver, C., Tesman, J.R. & Shepard, B. (1989). The development of emotion expression during the first two years of life. *Monographs of the Society for Research in Child Development*, Vol. 54. Chicago: University of Chicago Press.

Malatesta, C.Z. & Haviland, J.M. (1982). Learning display rules: The socialization of emotion expression in infancy. *Child Development, 53*, 991-1003.

Malatesta-Magai, C. (1991). Development of emotion expression during infancy: General course and patterns of individual differences. In J. Garber & K. Dodge (Eds.), *The development of emotion regulation and dysregulation* (S. 49-68). New York: Cambridge University Press.

Marsh, H.W., Craven, R.G. & Debus, R. (1991). Self-concept of young children 5 to 8 years of age: Measurement and multidimensional structure. *Journal of Educational Psychology, 83,* 377-392.

Matsumoto, D., Haan, N., Yabrove, G., Theodorou, P. & Cooke Carney, C. (1986). Preschoolers' moral actions and emotions in prisoner's dilemma. *Developmental Psychology, 22,* 663-670.

McCabe, A. & Lipscomb, T. (1988). Sex differences in children's verbal aggression. *Merrill Palmer Quarterly, 34,* 389-401.

Mead, G.H. (1973). *Geist, Identität und Gesellschaft.* Frankfurt/M: Suhrkamp. (Original erschienen 1934: Mind, self and society. From the standpoint of a social behaviorist)

Mees, U. (1991). *Die Struktur der Emotionen.* Göttingen: Hogrefe.

Mees, U. (Hrsg.) (1993). *Psychologie des Ärgers.* Göttingen: Hogrefe.

Meichenbaum, D. (1978). Teaching children self-control. In B. Lakey & A. Kazdin (Eds.), *Advances in child clinical psychology* (S. 45-89), Vol. 2. New York: Plenum Press.

Meltzer, H. (1933). Students' adjustments in anger. *Journal of Social Psychology, 4,* 285-309.

Meyer, W., Schützwohl, A. & Reisenzein, R. (1993). *Einführung in die Emotionspsychologie, Bd. 1.* Bern: Verlag Hans Huber.

Miller, P., Hoogstra, L., Mintz, J., Fung, H. & Williams, K. (1993). Troubles in the garden and how they get resolved. In C.A. Nelson (Ed.), *Memory and affect in development. Minnesota Symposium on Child Development,* Vol.26 (S. 87-114). Hillsdale: Lawrence Erlbaum.

Miller, P. & Sperry, L. (1987). The socialization of anger and aggression. *Merrill Palmer Quarterly, 33,* 1-31.

Mischel, W. & Mischel, H.N. (1977). Self control and the self. In T. Mischel (Ed.), *The self: Psychological and philosophical issues* (S. 56-98). Totowa, N. J.: Rowan & Littlefield.

Mischel, W. & Patterson, C.J. (1978). Effective plans for self-control in children. In W.A. Collins (Ed.), *Minnesota Symposium on Child Psychology,* Vol. 11. Hillsdale, N. J.: Lawrence Erlbaum.

Montada, L. (1993). Moralische Gefühle. In W. Edelstein, G. Nunner-Winkler & G. Noam (Hrsg.), *Moral und Person* (S. 259-277). Frankfurt: Suhrkamp (stw 1047).

Moser, U. & Zeppelin, I. von (1996). Die Entwicklung des Affektsystems. *Psyche, 50,* 32-84.

Mummendey, A., Bornewasser, M., Löpscher, G. & Linneweber, U. (1982). "Aggressiv sind immer die anderen." Plädoyer für eine sozialpsychologische Perspektive in der Aggressionsforschung. *Zeitschrift für Sozialpsychologie, 13,* 177-193.

Munn, M. & Dunn, J. (1989). Temperament and the developing relationship between siblings. *International Journal of Behavioral Development, 12,* 433-451.

Murphy, B. & Eisenberg, N. (1996). Provoked by a peer: Children's anger related responses and their relation to social functioning. *Merrill-Palmer-Quarterly, 42,* 103-124.

Nitz, H.R. (1987). *Anorexia nervosa bei Jugendlichen.* Berlin: Springer.

Novaco, R.W. (1975). *Anger control.* Lexington, Ma: Lexington Books.

Novaco, R.W. (1979). The cognitive regulation of anger and stress. In P.C. Kendall & S.D. Halpy (Eds.), *Cognitive-behavioral interventions. Theory, research and procedures.* (241-285). New York: Academic Press.

Nunner-Winkler, G. & Sodian, B. (1988). Children's understanding of moral emotions. *Child Development, 59,* 1323-1338.

Oatley, K. (1992). *Best laid schemes. The psychology of emotions.* Cambridge: Cambridge University Press.

Oerter, R. (1993). *Psychologie des Spiels. Ein handlungstheoretischer Ansatz.* München: Quintessenz.

Oerter, R. (1995). Kindheit. In R. Oerter & L. Montada (Hrsg.), *Entwicklungspsychologie,* 3. Auflage (S. 249-310). Weinheim: Psychologie Verlags Union.

Olbrich, E. & Brüderl, L. (1995). Frühes Erwachsenenalter: Partnerwahl, Partnerschaft, Elternschaft. In R. Oerter & L. Montada (Hrsg.), *Entwicklungspsychologie*, 3. Auflage (S. 396-422). Weinheim: Psychologie Verlags Union.

Olthof, T., Ferguson, T. & Luiten, A. (1989). Personal responsibility antecedents of anger and blame reactions in children. *Child Development, 60,* 1328-1336.

Opie, I. & Opie, P. (1970). *Children's games in street and playground.* Oxford: Clarendon Press.

Ortony, A., Clore, G. & Collins, A. (1988). *The cognitive structure of emotions.* New York: Cambridge University Press.

Oswald, H., Krappmann, L., Chowdhuri, I. & Salisch, M.v. (1986). Grenzen und Brücken - Interaktionen zwischen Mädchen und Jungen im Grundschulalter. *Kölner Zeitschrift für Soziologie und Sozialpsychologie, 38,* 560-580.

Oswald, H., Krappmann, L., Uhlendorff, H. & Weiss, K. (1994). Social relationships and support among peers during middle childhood. In F. Nestmann & K. Hurrelmann (Eds.), *Social networks and social support* (S. 171-189). Berlin: de Gruyter.

Panksepp, J. (1994). The clearest physiological distinctions between emotions will be found among the circuits of the brain. In P. Ekman & R. Davidson (Eds.), *The nature of emotion* (S. 258-260). New York: Oxford University Press.

Papousek, M. (1994). *Vom ersten Schrei zum ersten Wort: Anfänge der Sprachentwicklung in der vorsprachlichen Kommunikation.* Bern: Huber.

Parens, H. (1993). Rage toward self and others in early childhood. In R. Glick & S. Rose (Eds.), *Rage, power and aggression* (S. 123-147). New Haven: Yale University Press.

Parke, R.D. & Slaby, R.G. (1983). The development of aggression. In E.M. Hetherington (Ed.), *Handbook of child psychology,* Vol. 4, (S. 271-296). New York: Wiley.

Parsons, T. (1955). Family structure and the socialization of the child. In T. Parsons & R.F. Bales (Eds.), *Family socialization and interaction process* (S. 35-131). Glencoe: Free Press.

Patterson, C.J., Kupersmidt, J.B. & Griesler, P.C. (1990). Children's perceptions of self and of relationships with others as a function of sociometric status. *Child Development, 61,* 1335-1349.

Peller, L.E. (1954). Libidinal phases, ego development and play. *Psychoanalytic Study of the Child, 9,* 178-198.

Peristiany, J.G. (1965). *Honor and shame: The values of meditarrenean society.* London: Weidenfeld & Nicholson.

Perry, D.G., Perry, L.C. & Weiss, R.J. (1989). Sex differences in the consequences that children anticipate for aggression. *Developmental Psychology, 25,* 312-319.

Perry, D.G., Williard, J.C. & Perry, L.C. (1990). Peers' perceptions of the consequences that victimized children provide aggressors. *Child Development, 61,* 1310-1325.

Petermann, F. & Petermann, U. (Hrsg.) (1993). *Angst und Aggression bei Kindern und Jugendlichen.* München: Quintessenz.

Petillon, H. (1993). *Das Sozialleben des Schulanfängers. Die Schule aus der Sicht des Kindes.* Weinheim: Psychologie Verlags Union.

Piaget, J. (1975). *Das Erwachen der Intelligenz beim Kind.* Stuttgart: Kelt. (Original erschienen 1959: La naissance de l'intelligence chez l'enfant)

Piaget, J. (1986). *Das moralische Urteil beim Kinde.* (2. Aufl.). München: Klett-Cotta. (Original erschienen 1932: Le jugement moral chez l'enfant)

Piaget, J. & Inhelder, B. (1986). *Die Psychologie des Kindes.* Stuttgart: dtv/Klett-Cotta. (Original erschienen 1966: La psychologie de l'enfant)

Pulkkinen, L. (1982). Self-control and continuity from childhood to late adolescence. In P.B. Baltes & O.G. Brim (Eds.), *Life-span development and behavior,* Vol. 4 (S. 21-43). New York: Academic Press.

Pulkkinen, L. (1986). The role of impuls and control in the development of antisocial and prosocial behavior. In D. Olweus, J. Block & M. Radke-Yarrow (Eds.), *Development of antisocial and prosocial behavior: Research, theories and issues* (S. 149-206). Orlando, Fl.: Academic Press.

Quiggle, N.A., Garber, J., Panak, W.F. & Dodge, K. (1992). Social information processing in aggressive and depressed children. *Child Development, 63,* 1305-1320.

Rabin, B.E. & Dorr, A. (1995). *Children's understanding of emotional events on family television series.* Vortrag Society for Research in Child Development, Indianapolis, In. März 1995.

Rauchfleisch, U. (1992). *Allgegenwart von Gewalt.* Göttingen: Vandenhoeck & Rupprecht.

Rauh, H. (1995). Frühe Kindheit. In R. Oerter & L. Montada (Hrsg.), *Entwicklungspsychologie,* 3. Auflage (S. 167-248). Weinheim: Psychologie Verlags Union.

Rauste-von Wright, M. (1989). Physical and verbal aggression in peer groups among Finnish adolescent boys and girls. *International Journal of Behavioral Development, 12,* 473-484.

Renouf, A.G. & Harter, S. (1990). Low self-worth and anger as components of the depressive experience in young adolescents. *Development and Psychopathology, 2,* 293-310.

Retzinger, S.M. (1987). Resentment and laughter: Video studies of the shame-rage spiral. In H. B. Lewis (Ed.), *The role of shame in symptom formation* (S. 151-181). Hillsdale: Erlbaum.

Rimé, B., Dozier, S., Vandenplas, C. & Declercq, M. (1996). Social sharing of emotion in children. In N. Frijda (Ed.), *Proceedings of the 9th Conference of the International Society for Research on Emotions* (S. 161-163). Storrs, Ct.: ISRE Publications.

Rimé, B., Philippot, P. & Cisamolo, D. (1990). Social schemata of peripheral changes in emotion. *Journal of Personality and Social Psychology, 59,* 38-49.

Rimé, B., Philippot, P., Boca, S. & Mesquita, B. (1992). Long-lasting cognitive and social consequences of emotion: Social sharing and rumination. In W. Stroebe & M. Hewstone (Eds.), *European Review of Social Psychology,* Vol.3 (S. 225-258). Chichester: Wiley.

Rinn, W.E. (1984). The neuropsychology of facial expression: A review of the neurological and psychological mechanisms for producing facial expressions. *Psychological Bulletin, 95,* 52-77.

Rivera, J. de (1984). The structure of emotional relationships. *Review of Personality and Social Psychology, 5,* 116-145.

Robinson, J., Little, C. & Birigen, Z. (1993). Emotional communication in mother-toddler relationships: Evidence for early gender differentiation. *Merrill Palmer Quarterly, 39,* 496-517.

Roos, J. (1988). *Die Entwicklung der Zuschreibung komplexer Emotionen am Beispiel der Emotion "Peinlichkeit".* Frankfurt/M: Peter Lang.

Roseman, I., Wiest, C. & Swartz, T. (1994). Phenomenology, behavior and goals differentiate discrete emotions. *Journal of Personality and Social Psychology, 67,* 206-221.

Rosenberg, M. (1965). *Society and the adolescent self-image.* Princeton: Princeton University Press.

Ross, H.S. & Conant, C.L. (1992). The social structure of early conflict: Interaction, relationships and alliances. In C.U. Shantz & W.W. Hartup (Eds.), *Conflict in child and adolescent development* (S. 153-185). New York: Cambridge University Press.

Roth, W.K. (1989). Zwischen Freiheit gewähren und Einfluß nehmen- Aggression im kindlichen Spiel. *Report Psychologie, 14,* 16-23.

Rothbart, M.K. (1989). Temperament and development. In G. Kohnstamm, J. Bates & M.K. Rothbart (Eds.), *Temperament in childhood* (S. 187-248). Chichester: Wiley.

Rothbart, M.K. & Derryberry, D. (1981). Development of individual differences in temperament. In M.E. Lamb & A.L. Brown (Eds.), *Advances in developmental psychology,* Vol.1 (S. 37-89). Hillsdale, N. J: Lawrence Erlbaum.

Ruble, D.N. (1983). The development of social comparison processes and their role in achievement related self-socialization. In E.T. Higgins, D.N. Ruble & W.W. Hartup (Eds.), *Social cognition and social behavior: Developmental perspectives* (S. 91-111). N. Y.: Cambridge University Press.

Russell, J.A. (1990). Preschoolers' understanding of the causes and consequences of emotions. *Child Development, 61,* 1872-1881.

Russell, J. & Fehr, B. (1994). Fuzzy concepts in a fuzzy hierachy: Varieties of anger. *Journal of Personality and Social Psychology, 67,* 186-205.

Rusting, C. & Nolen-Hoeksema, S. (1998). Regulating responses to anger: Effects of rumination and distraction on angry mood. *Journal of Personality and Social Psychology, 74,* 790-803.

Saarni, C. (1979). Children's understanding of display rules for expressive behavior. *Developmental Psychology, 15,* 424-429.

Saarni, C. (1984). An observational study of children's attempts to monitor their expressive behavior. *Child Development, 55,* 1504-1513.

Saarni, C. (1990). Emotional competence: How emotions and relationships become integrated. *Nebraska Symposium on Motivation,* Vol. 36 (S. 115-182). Lincoln: University of Nebraska Press.

Saarni, C. (1991). *Social context and management of emotional-expressive behavior: The effects of emotional intensity, affiliation, and status on children's expectancies.* Unveröff. Ms., Sonoma State University.

Saarni, C., Mumme, D. & Campos, J. (1997). Emotional development: Action, communication, and understanding. In W. Damon (Series Ed.) & N. Eisenberg (Vol. Ed.), *Handbook of child psychology (5th ed): Vol 3, Social, emotional and personality development* (S. 237-309). New York: Wiley.

Saarni, C. & Salisch, M. von (1993). The socialization of emotional dissemblance. In M. Lewis & C. Saarni (Eds.), *Lying and deception in everyday life* (S. 106-125). New York: Guilford Press.

Salisch, M. von (1991). *Kinderfreundschaften. Emotionale Kommunikation im Konflikt.* Göttingen: Hogrefe.

Salisch, M. von (1993a). Kind-Kind-Beziehungen: Symmetrie und Asymmetrie unter Peers, Freunden und Geschwistern. In A.E. Auhagen & M. v. Salisch (Hrsg.), *Zwischenmenschliche Beziehungen* (S. 59-78). Göttingen: Hogrefe.

Salisch, M. von (1993c). *Self-worth and the experience and expression of anger.* Vortrag Tagung der Society for Research in Child Development, New Orleans, März 1993.

Salisch, M. von (1994). *Was Kinder erwarten, wenn sie ihren Ärger zeigen.* Vortrag Tagung der Deutschen Gesellschaft für Psychologie, Hamburg.

Salisch, M. von (1995). Anger and self-esteem among young adults. In N. Frijda (Ed.), *Proceedings of the 8.Conference of the International Society for Research on Emotions* (S. 375-379). Storrs. Ct. USA: ISRE Publications.

Salisch, M. von (1996). Ärgerregulierung gegenüber Freunden, Vätern und Geschwistern. In E.H. Witte (Hrsg.), *Sozialpsychologie der Motivation und Emotion* (S. 183-205). Lengerich: Pabst.

Salisch, M. von (1997a). *Wenn Kinder sich ärgern. Emotionsregulierung in der Entwicklung.* Unveröff. Habil.Schrift, Freie Universität Berlin, Berlin.

Salisch, M. von (1997b). *Ärgerregulierung in der mittleren Kindheit.* DFG-Endbericht.

Salisch, M. von (1998). Exploring unknown territory: Children's emotions during peer conflicts. In A. Fischer (Ed.), *Proceedings of the 10th conference of the International Society for Research on Emotions* (S. 204-209). Amsterdam: ISRE Publications.

Salisch, M. von (1999a). Zum Einfluß von Gleichaltrigen (Peers) und Freunden auf die Persönlichkeitsentwicklung. In M. Amelang (Hrsg.), *Enzyklopädie der Psychologie, Differentielle Psychologie, Band 4: Determinanten individueller Differenzen*. Göttingen: Hogrefe.

Salisch, M. von (1999b). The emotional side of sharing, social support, and conflict negotiation between siblings and between friends. In R. Mills & S. Duck (Eds.), *Developmental Psychology of Personal Relationships*. Chichester: Wiley.

Salisch, M. von (1999c). *Dealing with young people's passions: Emotional development in relationships with peers, friends and parents*. Vortrag Society for Research in Child Development, Albuquerque, N.M., April 1999.

Salisch, M. von (1999d). Freundschaften und ihre Folgen: Längsschnittstudien im Überblick. In L.M. Alisch & J. Wagner (Hrsg.), *Freundschaften: Interdisziplinäre Perspektiven und Befunde*. Weinheim: Juventa.

Salisch M. von & Pfeiffer, I. (1998). Ärgerregulierung in den Freundschaften von Schulkindern - Entwicklung eines Fragebogens. *Diagnostica, 44*, 41-53.

Salisch, M. von & Seiffge-Krenke, I. (1996). Freundschaftsbeziehungen im Kindes- und Jugendalter: Konzepte, Netzwerke, Elterneinflüsse. *Psychologie in Erziehung und Unterricht, 43*, 85-99.

Salovey, P. & Mayer, J.D. (1990). Emotional intelligence. *Imagination, Cognition, and Personality, 9*, 185-211.

Satir, V. (1977). *Selbstwert und Kommunikation*. München: Pfeifer. (Original erschienen 1972: Peoplemaking)

Schachter, S. & Singer, J.E. (1962). Cognitive, social, and physiological determinants of emotional state. *Psychological Review, 69*, 379-399.

Schaughency, E., Frame, C.L. & Strauss, C.C. (1987). Self-concept and aggression in elementary school students. *Journal of Clinical Child Psychology*, 16, 116-121.

Scherer, K.R. (1984a). Emotion as a multicomponent process. In P. Shaver (Ed.), *Review of Personality and Social Psychology*, Vol. 5 (S. 37-63). Beverly Hills: Sage.

Scherer, K.R. (1984b). On the nature and functions of emotions: A component approach. In K.R. Scherer & P. Ekman (Eds.), *Approaches to emotion* (S. 293-318). Hillsdale, N. J.: Lawrence Erlbaum Associates.

Scherer, K.R. (Ed.) (1988). *Facets of emotion*. Hillsdale, N. J.: Lawrence Erlbaum Associates.

Scherer, K.R. (1990). Die emotionalen Grundlagen des Gerechtigkeitsgefühls. In D. Frey (Hrsg.), *Bericht über den 37. Kongreß der Deutschen Gesellschaft für Psychologie, Kiel 1990, Band 2* (S. 411-420). Göttingen: Hogrefe.

Scherer, K.R., Banse, R., Wallbott, H.G. & Goldbeck, T. (1991). Vocal cues in emotion encoding and decoding. *Motivation and Emotion, 15*, 123-147.

Scherer, K.R., Wallbott, H. & Summerfield, A. (Eds.) (1986). *Experiencing emotion. A cross-cultural study*. Cambridge: Cambridge University Press.

Schiffauer, W. (1983). *Die Gewalt der Ehre. Erklärungen zu einem türkisch-deutschen Sexualkonflikt*. Frankfurt/M: Suhrkamp.

Schmidtchen, S. & Erb, A. (1976). *Analyse des Kinderspiels*. Köln: Kiepenhauer & Witsch.

Schmidt-Denter, U. (1988). *Soziale Entwicklung. Ein Lehrbuch über soziale Beziehungen im Laufe des menschlichen Lebens*. München: Psychologie Verlags Union.

Schmitt, M., Hoser, K. & Schwenkmezger, P. (1991). Schadensverantwortlichkeit und Ärger. *Zeitschrift für experimentelle und angewandte Psychologie, 38*, 634-647.

Schneewind, K.A. (1995). Familienentwicklung. In R. Oerter & L. Montada (Hrsg.), *Entwicklungspsychologie*, 3.Auflage (S. 128-165). Weinheim: Psychologie Verlags Union.

Schneider, M.J. & Leitenberg, H. (1989). A comparison of aggressive and withdrawn children's self-esteem, optimism and pessimism, and causal attributions for success and failure. *Journal of Abnormal Child Psychology, 17*, 133-144.

Schönpflug, W. & Battmann, W. (1991). Self-generated stress: Costs and benefits of coping. In C.D. Spielberger, J. Strelau & Z. Kulcsár (Eds.), *Stress and emotion* (S. 78-141). Washington: Hemisphere.

Schulz von Thun, F. (1981). *Miteinander reden 1: Störungen und Klärungen. Psychologie und zwischenmenschliche Kommunikation.* Reinbek: Rowohlt.

Schütze, Y. (1986). Der Verlauf der Geschwisterbeziehung während der ersten beiden Jahre. *Praxis der Kinderpsychologie und Kinderpsychiatrie, 35,* 130-137.

Scott, M.B. & Lyman, S.M. (1976). Praktische Erklärungen. In M. Auwärter & E. Kirsch (Hrsg.), *Seminar: Kommunikation, Interaktion, Identität* (S. 33-79). Frankfurt/M: Suhrkamp.

Sears, R.R. (1961). Relation of early socialization experiences to aggression in middle childhood. *Journal of Abnormal and Social Psychology, 63,* 466-492.

Secord, P. & Peevers, B. (1974). The development and attribution of person concepts. In T. Mischel (Ed.), *Understanding other persons* (S. 45-81). Oxford: Blackwell.

Selman, R.L. (1984). *Die Entwicklung des sozialen Verstehens.* Frankfurt/M: Suhrkamp. (Original erschienen 1980: The growth of interpersonal understanding)

Serbin, L.A., Powlishta, K.K. & Gulko, J. (1993). The development of sex-typing in middle childhood. *Monographs of the Society for Research in Child Development,* Serial No. 232, Vol.58. Chicago: University of Chicago Press.

Shantz, C.U. (1982). Children's understanding of social rules and the social context. In F.C. Serafica (Ed.), *Social-cognitive development in context* (S. 167-198). New York: Guilford Press.

Shantz, C.U. (1983). Social cognition. In P. Mussen (Ed.), *Handbook of child psychology,* Vol. 3, 4th ed. (S. 175-211). New York: Wiley.

Shantz, C.U. (1987). Conflicts between children. *Child Development, 58,* 283-305.

Shantz, C.U. & Hartup, W.W. (Eds.) (1992). *Conflict in child and adolescent development.* Cambridge: Cambridge University Press.

Shantz, C.U. & Hobart, J. (1989). Social conflicts and development. In T.J. Berndt & G.W. Ladd (Eds.), *Peer relationships in child development* (S. 71-94). New York: Wiley.

Shaver, P., Schwartz, J., Kirson, D. & O'Connor, C. (1987). Emotion knowledge: Further exploration of a prototype approach. *Journal of Personality and Social Psychology, 52,* 1061-1086.

Shennum, W. & Bugenthal, D. (1982). The development of control over affective expression in nonverbal behavior. In R. Feldman (Ed.), *Development of nonverbal behavior in children* (S. 145-210). New York: Springer.

Shields, S. & Stern, R. (1979). Emotion: The perception of bodily change. In P. Pliner, K.R. Blankenstein & I. Spigl (Eds.), *Perception of emotion in self and others,* Vol. 5 (S. 85-106). New York: Plenum.

Shiller, V.M., Izard, C.E. & Hembree, E.A. (1986). Patterns of emotion expression during separation in the strange situation procedure. *Developmental Psychology, 22,* 378-382.

Shoda, Y., Mischel, W. & Peake, P. (1990). Predicting adolescent cognitive and self-regulatory competencies from preschool delay of gratification: Identifying diagnostic conditions. *Developmental Psychology, 26,* 978-986.

Sieverding, M. (1990). *Psychologische Barrieren in der beruflichen Entwicklung von Frauen. Das Beispiel der Medizinerinnen.* Stuttgart: Ferdinand Enke.

Slaby, R.G. & Guerra, N.G. (1988). Cognitive mediators of aggression in adolescent offenders. *Developmental Psychology, 24,* 580-588.

Slomkowski, C.L. & Dunn, J. (1992). Arguments and relationships within the family: Differences in young children's disputes with mother and sibling. *Developmental Psychology, 28,* 919-924.

Slomkowski, C.L. & Dunn, J. (1996). Young children's understanding of other people's beliefs and feelings and their connected communication with friends. *Developmental Psychology, 32,* 442-447.

Smetana, J.G. (1981). Preschool children's conceptions of moral and social rules. *Child Development, 52,* 1333-1336.

Smollar, J. & Youniss, J. (1982). Social development through friendship. In K.H. Rubin & H.S. Ross (Eds.), *Peer relationships and social skills in childhood* (S. 279-298). New York: Springer.

Sorce, J.F., Emde, R.N., Campos, J. & Klinnert, M.D. (1985). Maternal emotional signaling: Its effects on the visual cliff behavior of 1-year-olds. *Developmental Psychology, 21,* 195-200.

Spangler, G. & Scheubeck, R. (1993). Behavioral organization in newborns and its relation to adrenocortical and cardiac activity. *Child Development, 64,* 622-633.

Sroufe, L.A. (1996). *Emotional development. The organization of emotional life in the early years.* New York: Cambridge University Press.

Sroufe, L.A., Schork, E., Motti, F., Lawroski, N. & LaFreniere, P. (1984). The role of affect in social competence. In C.E. Izard, J. Kagan & R.B. Zajonc (Eds.), *Emotions, cognition and behavior* (S. 289-319). Cambridge: Cambridge University Press.

Stadler, C., Janke, W. & Schmidt-Atzert, L. (1997). Der Einfluß der Intentionsattribuierung auf aggressives Verhalten im Vorschulalter. *Zeitschrift für Entwicklungspsychologie und Pädagogische Psychologie, 29,* 43-61.

Stamova, I. (1998). *„Laß' doch die anderen reden": Mütterliche Ratschäge und Einstellungen zur Ärgerregulierung ihrer Kinder.* Unveröff. Dipl.Arbeit, Freie Universität Berlin, Berlin.

Stansbury, K. & Gunnar, M. (1994). Adrenocortical activity and emotion regulation. In N. Fox (Ed.), The development of emotion regulation. *Monographs of the Society for Research in Child Development,* Serial No. 240, Vol 59 (S. 21-32). Chicago: University of Chicago Press.

Stearns, C.Z. & Stearns, P.N. (1986). *Anger: The struggle for emotional control in America's history.* Chicago: University of Chicago Press.

Steimer-Krause, E. & Krause, R. (1990). *Über die echten und die unechten Emotionen und andere Merkwürdigkeiten.* Vortrag Tagung der Deutschen Gesellschaft für Psychologie, Kiel, September 1990.

Stein, N., Trabasso, T. & Liwag, M. (1993). The representation and organization of emotional experience: Unfolding the emotional episode. In M. Lewis & J. Haviland (Eds.), *Handbook of emotions* (S. 279-300). New York: Guilford Press.

Stemmler, G. (1984). Psychophysiologische Emotionsmuster. Frankfurt a.M.: Peter Lang.

Stemmler, G. (1989). The autonomic differentiation of emotions revisited: Convergent and discriminant validation. *Psychophysiology, 26,* 617-632.

Stemmler, G., Schäfer, H. & Marwitz, M. (1993). Zum Konzept und zu den Operationalisierungen von Stilen der Ärgerverarbeitung. In V. Hodapp & P.Schwenkmezger (Hrsg.), *Ärger und Ärgerausdruck* (S. 71-111). Göttingen: Hogrefe.

Stenberg, C.R. & Campos, J.J. (1990). The development of anger expressions in infancy. In N.L. Stein, B. Leventhal & T. Trabasso (Eds.), *Psychological and biological approaches to emotion* (S. 199-231). Hillsdale, N. J.: Lawrence Erlbaum Associates.

Stenberg, C., Campos, J.J. & Emde, R.N. (1983). The facial expression of anger in seven-month-old-infants. *Child Development, 54,* 178-184.

Stern, D.N. (1992). *Die Lebenserfahrung des Säuglings.* Stuttgart: Klett-Cotta. (Original erschienen 1986: The interpersonal world of the infant)

Stern, D.N. (1995). *The motherhood constellation. A unified view of parent-infant psychotherapy.* New York: Basic Books.

Stern, W. (1914/1952). *Psychologie der frühen Kindheit.* (7. Auflage). Heidelberg: Quelle & Meyer.

Stocker, C. & McHale, S. (1992). The nature and family correlates of preadolescents' perceptions of their sibling relationships. *Journal of Social and Personal Relationships, 9,* 179-195.

Stocker, C. (1994). Children's perception of relationships with siblings, friends and mothers-compensatory processes and links with adjustment. *Journal of Child Psychology and Psychiatry, 35,* 1447-1459.

Stocker, C., Dunn, J. & Plomin, R. (1989). Sibling relationships: Links with child temperament, maternal behavior, and family structure. *Child Development, 60,* 715-727.

Stoneman, Z. & Brody, G. (1993). Sibling temperaments, conflict, warmth, and role asymmetry. *Child Development, 64,* 1786-1800.

Strayer, J. (1986). Children's attributions regarding the situational determinants of emotions in self and others. *Developmental Psychology, 22,* 649-654.

Sturzbecher, D., Dietrich, P. & Kohlstruck, M. (1994). *Jugend in Brandenburg.* Potsdam: Brandenburgische Landeszentrale für politische Bildung.

Suess, G.J., Grossmann, K.E. & Sroufe, L.A. (1992). Effects of infant attachment to mother on quality of adaptation in preschool. From dyadic to individual organization of self. *International Journal of Behavioral Development, 15,* 43-65.

Sullivan, H.S. (1983). *Die interpersonale Theorie der Psychiatrie.* Frankfurt: Fischer. (Original erschienen 1953: The interpersonal theory of psychiatry)

Tangney, J.P., Hill-Barlow, D., Wagner, P., Marschall, D., Borenstein, J.K., Sanftner, J., Mohr, T. & Gramzow, R. (1996). Assessing individual differences in constructive versus destructive responses to anger across the lifespan. *Journal of Personality and Social Psychology, 70,* 780-796.

Tangney, J.P., Wagner, P., Fletcher, C. & Gramzow, R. (1992). Shamed into anger? The relation of shame and guilt to anger and self-reported aggression. *Journal of Personality and Social Psychology, 62,* 669-675.

Tangney, J.P. & Wagner,P., Hill-Barlow, D., Marshall; D., Gramzow, R. (1996). Relation of shame and guilt to constructive versus destructive responses to anger across the lifespan. *Journal of Personality and Social Psychology, 70,* 797-809.

Tavris, L. (1989). *Anger. The misunderstood emotion.* New York: Touchstone.

Thelen, E. (1990). Dynamical systems and the generation of individual differences. In J. Colombo & J.W. Fagan (Eds.), *Individual differences in infancy: Reliability, stability and prediction* (S. 121-147). Hillsdale: Erlbaum.

Thompson, R.A. (1990). Emotion and self-regulation. In R.A. Thompson (Ed.), *Nebraska Symposium on Motivation 1988, Socio-emotional development* (S. 17-52). Lincoln: University of Nebraska Press.

Thompson, R.A. (1994). Emotion regulation: A theme in search of definition. In N. Fox (Ed.), The development of emotion regulation: Biological and behavioral considerations. *Monographs of the Society for Research in Child Development,* Serial No.240, Vol. 59 (S. 25-52). Chicago: University of Chicago Press.

Toch, H. (1969). *Violent men.* Chicago: Aldine.

Tomkins, S. (1991). *Affect, imagery and consciousness, III: The negative affects anger and fear.* New York: Springer.

Trautner, H.M. (1991). *Lehrbuch der Entwicklungspsychologie, Band 2: Theorien und Befunde.* Göttingen: Hogrefe.

Turiel, E. (1983). *The development of social knowledge. Morality and convention.* Cambridge: Cambridge University Press.

Ulich, D. (1991). *Emotionale Entwicklung als Aufbau emotionaler Schemata.* Vortrag Entwicklungspsychologie Tagung, Köln 1991.

Ulich, D. (1994). *Die Vernachlässigung der Persönlichkeit in der Emotionspsychologie.* Vortrag 39. Kongreß der Deutschen Gesellschaft für Psychologie, Hamburg, September 1994.

Ulich, D. & Kapfhammer, H.P. (1991). Sozialisation der Emotionen. In K. Hurrelmann & D. Ulich (Hrsg.), *Neues Handbuch der Sozialisationsforschung* (S. 551-571). Weinheim: Beltz.

Ulich, D. & Mayring, P. (1992). *Psychologie der Emotionen.* Stuttgart: Kohlhammer.

Underwood, K., Coie, J.D. & Herbsman, C. (1992). Display rules for anger and aggression in school age children. *Child Development, 63,* 366-380.

Vandell, D.L. & Bailey, M.D. (1992). Conflicts between siblings. In C.U. Shantz & W.W. Hartup (Eds.), *Conflict in childhood and adolescent development* (S. 242-269). Cambridge: Cambridge University Press.

Volling, B. & Belsky, J. (1992). The contribution of the mother-child and the father-child relationship to the quality of sibling interaction: A longitudinal study. *Child Development, 63,* 1209-1222.

Walden, T. (1991). Infant social referencing. In J. Garber & K.A. Dodge (Eds.), *The development of emotion regulation and dysregulation* (S. 49-68). New York: Cambridge University Press.

Wallbott, H.G. (1993). Soziale Bedingungen von Ärger und Ärgerausdruck. In V. Hodapp & P. Schwenkmezger (Hrsg.), *Ärger und Ärgerausdruck* (S. 113-142). Bern: Huber.

Washull, S. & Kernis, M.H. (1993). *Level and stability of self-esteem as predictors of children's intrinsic motivation and reason for anger.* Vortrag Meeting of the Society for Research in Child Development, New Orleans, March 1993.

Webb, E., Campbell, D., Schwartz, R. & Seechrest, L. (1966). *Unobtrusive measures: Nonreactive research in the social sciences.* Chicago: Rand Mc Nally.

Weber, H. (1994). *Ärger. Psychologie einer alltäglichen Emotion.* Weinheim und München: Juventa.

Weber, H. (1997). *Soziale Regeln in der Wahrnehmung und Bewältigung von Belastungen* (DFG Endbericht).

Weber, H. & Limmer, R. (1994). *Soziale Bewältigungsregeln.* Vortrag Colloquium Sozialpsychologie, Biopsychologie, Allgemeine Psychologie, November 1994.

Weber, H. & Piontek, R. (1995). Geschlechtsunterschiede in der Bewältigung von Ärger-ein Mythos? *Zeitschrift für Gesundheitspsychologie, 3,* 59-83.

Weiner, B. (1986). *An attributional theory of motivation and emotion.* New York: Springer.

Weiss, B., Dodge, K., Bates, J. & Pettit, G. (1992). Some consequences of early harsh discipline: Child aggression and a maladaptive information processing style. *Child Development, 63,* 1321-1335.

Whitesell, N.R. & Harter, S. (1996). The interpersonal context of emotion: Anger with close friends and classmates. *Child Development, 67,* 1345-1359.

Whitesell, N.R., Robinson, N.S. & Harter, S. (1993). Coping with anger-provoking situations: Young adolescents' theories of strategy use and effectiveness. *Journal of Applied Developmental Psychology, 14,* 521-545.

Wieczerkowski, W., Nickel, H., Janowski, A., Fittkau, B. & Rauer, W. (1974). *Angstfragebogen für Schüler (AFS).* Göttingen: Hogrefe.

Wilkening, F. & Krist, H. (1995). Entwicklung der Wahrnehmung und Psychomotorik. In R. Oerter & L. Montada (Hrsg.), *Entwicklungspsychologie,* 3. Auflage (S. 487-517). Weinheim: Psychologie Verlags Union.

Williams, C. & Bybee, J. (1994). What do children feel guilty about? Developmental and gender differences. *Developmental Psychology, 30,* 617-623.

Winnicott, D.W. (1974). *Reifungsprozesse und fördende Umwelt.* München: Kindler.

Wrightsman, L. (1977). *Social Psychology.* (2nd Ed). Monterey: Brooks-Cole.

Wünsche, P. & Schneewind, K. (1989). Entwicklung eines Fragebogens zur Erfassung von Selbst- und Kompetenzeinschätzungen bei Kindern (FSK-K). *Diagnostica, 35,* 217-235.

Wygotski, L.S. (1980). Das Spiel und seine Bedeutung in der psychischen Entwicklung des Kindes. In D. Elkonin (Hrsg.), *Psychologie des Spiels* (S. 430-465). Köln: Pahl-Rugenstein.

Wygotski, L.S. (1992). *Die Geschichte der höheren psychischen Funktionen.* Münster: Lit.

Youngblade, L.M. & Dunn, J. (1995). Individual differences in young children's pretend play with mother and siblings: Links to relationships and understanding of other people's feelings and beliefs. *Child Development, 66,* 1472-1492.

Youniss, J. (1980). *Parents and peers in social development.* Chicago: University of Chicago Press.

Youniss, J. (1982). Die Entwicklung und Funktion von Freundschaftsbeziehungen. In W. Edelstein & M. Keller (Hrsg.), *Perspektivität und Interpretation* (S. 78-109). Frankfurt/M: Suhrkamp.

Youniss, J. (1994). *Soziale Konstruktion und psychische Entwicklung.* Frankfurt/M: Suhrkamp Taschenbuch Wissenschaft.

Youniss, J. & Smollar, J. (1985). *Adolescent relations with mothers, fathers and friends.* Chicago: University of Chicago Press.

Zahn-Waxler, C., Radke-Yarrow, M. & King, R.A. (1979). Child rearing and children's prosocial initiations toward victims of distress. *Child Development, 50,* 319-330.

Zajonc, R.B. (1980). Feeling and thinking: Preferences need no inferences. *American Psychologist, 35,* 151-175.

Zajonc, R.B. (1984). On the primacy of affect. In K.R. Scherer & P. Ekman (Eds.), *Approaches to emotion* (S. 259-270). Hillsdale: Lawrence Erlbaum.

Zeman, J. & Garber, J. (1996). Display rules for anger, sadness, and pain: It depends on who is watching. *Child Development, 67,* 957-973.

Zeman, J. & Shipman, K. (1996). Children's expression of negative affect: Reasons and methods. *Developmental Psychology, 32,* 842-849.

Zeman, J. & Shipman, K. (1997). Social-contextual influences on expectancies for managing anger and sadness: The transition from middle childhood to adolescence. *Developmental Psychology, 33,* 917-924.

Ziegenhain, U., Rauh, H. & Müller, B. (1998). Emotionale Anpassung von Kleinkindern an die Krippenbetreuung. In L. Ahnert (Hrsg.), *Tagesbetreuung für Kinder unter drei: Theorien und Tatsachen.* (S. 82-98). Göttingen: Hogrefe.

Zimmermann, P. & Grossmann, K.E. (1993). *Attachment and aggression: A developmental view.* Unveröff. Ms., Universität Regensburg.

Zivin, G. (1977). On becoming subtle: Age and social rank changes in the use of facial gesture. *Child Development, 48,* 1314-1321.

Zivin, G. (1986). Process of expressive behavior development. *Merrill-Palmer Quarterly, 32,* 103-140.

Anhang

Stichprobe und Durchführung Studie 1

Studie 1: Stichprobe

Achtunddreißig Kinder von 7 - 8 Jahren (Durchschnitt: 7:6 Jahre), 10 - 11 Jahren (Durchschnitt: 10:1 Jahre) und 12 - 13 Jahren (Durchschnitt: 12:3 Jahre) wurden bei einem Kinderfilmfest, in zwei Kindertagesstätten und einer Schule sowie durch ein "Schneeballsystem" angeworben. 16 dieser Kinder waren Jungen, 22 waren Mädchen; die Verteilung der Geschlechter auf die drei Altersgruppen war ausgewogen. Für ihre Beteiligung erhielten die Kinder ein kleines Geschenk.

Studie 1: Durchführung und Instrumente

Soziodemographie und Ärgertagebuch

Zu Beginn des ersten Treffens wurden die Kinder nach der Zusammensetzung ihrer Familien gefragt und um einige einfache soziodemographische Angaben gebeten. Danach füllten die Kinder das Ärgertagebuch aus, das unter "Instrumente 2" hier im Anhang beschrieben wird.

Self Perception Profile for Children (SPPC)

Am Ende des ersten Treffens füllten die Kinder einen Fragebogen zu ihrem Selbstwertgefühl aus, nämlich Harters (1985) Self Perception Profile for Children (SPPC) in der deutschen Übersetzung von Wünsche und Schneewind (1989). Weil sich dieses Buch auf die Zusammenhänge zwischen der Ärgerregulierung, dem Selbstwert und den sozialen Beziehung der Kinder konzentriert, wurden nur die Subskalen "Peer Akzeptanz" und "globaler Selbstwert" des SPPC in die Auswertungen einbezogen. Die interne Konsistenz der Unterskala "Peer Akzeptanz" lag bei alpha = .80, Cronbach alpha für den globalen Selbstwert war alpha = .62. Ebenso wie in Harters (1985) Originalstichprobe ging der Selbstwert mit dem Alter zurück ($F(2,25) = 3.85$; $p = .03$). Daneben gab es keine signifikanten Alters- oder Geschlechtsunterschiede. Da fünf siebenjährige Kinder nicht in der Lage waren, alle 35 Fragen des SPPC zu beantworten, liegen die Daten von 33 Kindern vor. Da die Durchschnittswerte dieser fünf Siebenjährigen im übrigen nicht von denen der anderen Kinder abwichen, wurden ihre Daten in alle anderen Auswertungen einbezogen.

Das Ärger-Folgen-Interview

Um den Mechanismen nachzugehen, mit Hilfe derer Kinder die Regulierung ihres Ärgers bewerkstelligen, wurden die Kinder beim zweiten Treffen über ein Ereignis aus dem Ärgertagebuch befragt, bei dem sie Ärger auf einen Freund oder eine Freundin verspürt, diesem Kind ihr Gefühl aber nicht mitgeteilt hatten. Eine genauere Beschreibung dieses halbstandardisierten Ärger-Folgen-Interviews läßt sich unter

"Instrumente 3" hier im Anhang nachlesen. Außerdem wurden die Kinder gebeten, die Einsamkeitsskala für Kinder auszufüllen.

Stichproben und Durchführung Studie 3

Studie 3: Stichproben

Die Schulstichprobe

Die **Schulstichprobe** bestand aus 141 Kindern der Jahrgangsstufen drei, fünf und sechs einer Grundschule[1], die in einem Wohngebiet der unteren bis oberen Mittelschicht im Westteil Berlins liegt. 71 dieser Kinder waren Jungen, 70 waren Mädchen. 91% der Kinder waren deutscher Nationalität. 9% besaßen einen ausländischen Paß. Sofern diese Kinder nicht in Deutschland geboren waren, lebten sie im Durchschnitt bereits 3,2 Jahre in Deutschland. Sechzehn Kinder durften oder wollten nicht an der Untersuchung teilnehmen.

Die Unterstichproben der Schulstichprobe

Von den 141 Kindern der Schulstichprobe gelang es, 96 Kinder (50 Jungen und 46 Mädchen) dazu zu motivieren, das Ärgertagebuch auszufüllen und zusammen mit einem Freund oder einer Freundin aus der Schulklasse zu einem Labortermin an die Freie Universität zu kommen, bei dem die Paare zusammen ein Computerspiel spielten (v. Salisch, 1991a). Dieses Sample wurde **Laborstichprobe** genannt und ist eine Unterstichprobe der Schulstichprobe.

Achtundsiebzig Kinder (37 Jungen und 41 Mädchen) füllten etwa eine Woche lang das Ärgertagebuch aus. Reduktionen gegenüber den 96 Kindern der Laborstichprobe, denen das Tagebuch gegeben wurde, ergeben sich daraus, daß sieben Kinder ihr Tagebuch vergessen oder verloren und acht Kinder das Ärgertagebuch nur einen Tag lang ausgefüllt hatten. Dieses Sample wird fortan **Tagebuchstichprobe** genannt.

Zwar wurden alle Kinder der Laborstichprobe mit Hilfe des Ärger-Folgen-Interviews über die erwarteten Konsequenzen des Ärgerausdrucks befragt, doch bei der Auswertung reduzierte sich das Sample auf N = 67 Kinder (31 Jungen und 36 Mädchen) mit gültigen Ärgererlebnissen. Einzelheiten über die Auswahl der Ärgergeschichten der Kinder, die diesen Reduktionen zugrunde liegen, finden sich in unter "Instrumente 3" hier im Anhang. Diese Stichprobe wird im weiteren als **Interviewstichprobe** bezeichnet.

---

1 In Berlin umfaßt die Grundschule die Jahrgangsstufen eins bis sechs.

Studie 3: Durchführung

Die Befragung in der Schule

Die Schülerinnen und Schüler füllten die Fragebögen im Klassenverband aus, und zwar zu zwei Terminen im Abstand von mindestens vierzehn Tagen. Beim ersten Meßzeitpunkt wurde neben dem Fragebogen zu den kindlichen Ärgerregulierungsstrategien (KÄRST - siehe "Instrumente 1") ein kurzer Fragebogen zu soziodemographischen Informationen sowie die Unterskala zum globalen Selbstwert aus dem Social Perception Profile for Children (Harter, 1985) vorgegeben. Außerdem wurde den Kindern ein Bogen gegeben, auf dem sie soziometrische Wahlen abgeben konnten. Beim zweiten Meßzeitpunkt wurde den Kindern wiederum der KÄRST vorgelegt. Zusätzlich wurden sie gebeten, den gesamten Selbstwertfragebogen von Harter (1985) auszufüllen sowie einen Fragebogen zur sozialen Erwünschtheit. Bei beiden Terminen lasen die Kinder die Fragen der verschiedenen Fragebögen reihum vor. Verständnisfragen wurden sofort geklärt. Die Kinder erhielten für das Ausfüllen der Fragebögen eine kleine Belohnung in Form von Bonbons.

Am Ende des zweiten Termins in der Schule wurden die Kinder gefragt, ob sie an einer weitergehenden Untersuchung teilnehmen wollten, die unter anderem darin bestand, zusammen mit einem Freund oder einer Freundin des gleichen Geschlechts ein Computerspiel im Videolabor der Freien Universität zu spielen. Den Freiwilligen, die sich dafür meldeten, wurden Briefe an die Eltern mitgegeben, in denen die Laboruntersuchung erklärt und um ihre Erlaubnis gebeten wurde. Nachdem die Einverständniserklärungen der Eltern vorlagen, wurde den Kindern in kleinen Gruppen das Ärgertagebuch erklärt. Zuerst wurde das Tagebuch auf die Familiensituation des jeweiligen Kindes zugeschnitten. Anhand der Ärgererlebnisse des jeweiligen Tages wurde den Kindern dann beigebracht, wie das Ärgertagebuch auszufüllen war. Am Ende dieses Treffens wurden die Kinder gebeten, das Ärgertagebuch mindestens sieben Tage lang zu führen. Bei dieser Gelegenheit wurden außerdem alle organisatorischen Fragen im Zusammenhang mit dem Labortermin an der Freien Universität geklärt.

Die Befragung im Labor

Die Kinder kamen zum Labortermin mit einem selbstgewählten Freund des gleichen Geschlechts. Dieser Freund oder diese Freundin war nicht unbedingt die gleiche Person, über die sie im KÄRST bei der Befragung in der Schule berichtet hatten. Nach einer kurzen Einführung ging die Interviewerin[2] mit jedem Kind einzeln die Erfahrungen durch, die es im Ärgertagebuch aufgezeichnet hatte, und suchte ein Ärgerereignis aus, über das das Kind im folgenden genauer befragt wurde. Hatte das Kind sein Ärgertagebuch nicht dabei oder war kein passendes Ärgererlebnis darin enthalten, so bat die Interviewerin das Kind, sich an eine entsprechende Erfahrung zu erinnern. Nach diesem Interview, das etwa eine halbe Stunde dauerte, spielten beide Kinder zusammen das Computerspiel, das in v. Salisch (1997b, 1998) weiter ausgewertet wurde. Im Anschluß an das Computerspiel wurde der eine Freund gebeten,

---

2 Da nahezu alle Interviews von drei Interviewerinnen (zwei Studentinnen im Hauptstudium und der Autorin) durchgeführt wurden, wird im folgenden die weibliche Form verwandt.

weitere Fragebögen auszufüllen, unter anderem den Fragebogen zu den Ärgerregulierungsstrategien des Freundes, mit dem er zusammen zum Labortermin gekommen
war (KÄRST-Fremd). Der andere Freund nahm an einer Video-Recall-Prozedur teil,
über die an anderer Stelle berichtet wurde (Hirsch, 1996; Kaden, 1996). Am Ende des
Labortermins, der etwa 100 Minuten dauerte, konnten sich beide Kinder ein Geschenk
im Wert von fünf bis zehn Mark aussuchen. Kinder, die eine Videokassette mitgebracht
hatten, erhielten außerdem eine Videoaufnahme ihres gemeinsamen Computerspiels.

Studie 3: Übernommene Instrumente

Unverändert aus Studie 1 übernommen wurde das Self Perception Profile for
Children (SPPC; Harter, 1985). Gegenüber Studie 1 etwas modifiziert wurden der
Kurzfragebogen zu den soziodemographischen Angaben, das Ärgertagebuch sowie
das Ärger-Folgen-Interview. Erstmals in Studie 3 eingesetzt wurde zum einen ein
Fragebogen zur sozialen Erwünschtheit, der aus dem Angstfragebogen für Kinder
(Wieczerkowski, Nickel, Janowski, Fittkau & Rauer, 1974) entnommen wurde.
Außerdem wurde den Kindern ein Bogen zur Soziometrie vorgelegt, auf dem sie in
Anlehnung an das Verfahren von Oswald, Krappmann, Uhlendorff und Weiss (1994)
gebeten wurden, jeweils drei Klassenkameraden (beiderlei Geschlechts) aufzu-
schreiben, mit denen sie "am liebsten" bzw. "nicht so gerne" zusammen waren.

Überblick über die in Studie 1 und Studie 3 eingesetzten Instrumente

Da eine Reihe von Zusammenhängen in beiden Kinderstudien geprüft werden
können, geben Tabelle A1 und A2 einen Überblick über die Stichproben der beiden
Kinderstudien und die in ihnen eingesetzten Instrumente. Ein X bedeutet, daß das
Instrument der entsprechenden Stichprobe vorgelegt wurde.

Tabelle A 1: Übersicht über Stichproben der beiden Kinderstudien

	Studie 1	Studie 3 Schul-sample	Studie 3 Labor-sample
Stichprobenmerkmale			
N	38	141	96
Alter: MW (Std)	10.7(1.7)	10.7 (1.2)	10.5 (1.2)
Alter: Streuung	7 - 13 J.	8 - 14 J.	8 - 14 J.
Anteil Mädchen	58%	50%	48%
Anteil Einzelkinder	16%	29%	34%
Anteil Kinder aus Zwei-Eltern-Familien	90%	84%	84%

Tabelle A 2: Übersicht über Instrumente der beiden Kinderstudien

Instrumente	Studie 1	Studie 3 Schul-sample	Studie 3 Labor-sample
Soziodemographie	X	X	X
Selbstwert: SPPC gesamt	X	X	X
Selbstwert: nur globaler SW		X	X
Einsamkeit	X		
Ärgertagebuch	X		X
Ärger-Folgen-Interview	X		X
Soziale Erwünschtheit		X	X
Soziometrie		X	X
KÄRST		X	X

Stichproben und Durchführung Studie 2

Studie 2: Stichproben

Versuchspersonen waren zwei Gruppen von Studierenden an der Freien Universität Berlin. Stichprobe A bestand aus 61 Studierenden der Psychologie und der Erziehungswissenschaft. Stichprobe B bestand aus 62 Studierenden verschiedener Lehrämter. Beide Stichproben waren überwiegend weiblich (A: 86%, B: 71%). Das Alter der Befragten lag in beiden Samples zwischen 19 und 40 Jahren, der Median betrug 22 Jahre. Etwas über 20% der Studierenden in beiden Stichproben waren Einzelkinder.

Studie 2: Durchführung

Die beiden Stichproben von Studie 2 wurden jeweils während einer Lehrveranstaltung befragt. Stichprobe A wurde ein Fragebogen zur Ärgerregulierung für Erwachsene (EÄRST) gegeben. Stichprobe B erhielt neben dem EÄRST den Crowne-Marlowe-Fragebogen zur sozialen Erwünschtheit in der deutschen Übersetzung von Lück und Timaeus (1969) sowie weitere Fragebögen, über die an anderer Stelle berichtet wurde (v. Salisch, 1995).

Studie 2: Instrumente

Der Fragebogen zu den Erwachsenen-Ärgerregulierungsstrategien (EÄRST)

Parallel zu dem KÄRST wurde ein Fragebogen entwickelt, der die gleichen Strategien der Ärgerregulierung bei Erwachsenen abfragt, eben der EÄRST. Die Studierenden wurden gefragt, was sie denken oder tun, wenn sie sich über einen (gleichgeschlechtlichen) Freund ärgern, der nicht zugleich ihr Liebespartner sein sollte. Bei zehn Items war es möglich, die Formulierungen des KÄRST im Wortlaut zu übernehmen, bei weiteren fünf Items wurde die Wortwahl leicht abgewandelt. Die folgenden zwei Items wurden gemäß den Lebensumständen von Erwachsenen verändert: Das Item 12 (Kinder) über die körperlichen Formen der Auseinandersetzung wurde herausgenommen und durch ein Item über Schimpfworte ersetzt. Das Item 9 (Kinder) über den Ausschluß aus der Spielgruppe wurde in ein Item umgewandelt, das nach einer anderen Form der Intrige fragt, nämlich nach dem Lächerlichmachen vor einer Gruppe von Menschen. Das Antwortformat bestand ebenso wie beim KÄRST aus vier Stufen, die von "nie" (= 0) über "selten" (= 1) und "manchmal" (= 2) bis "fast immer" (= 3) reichten. Die Antworten von Kindern und Erwachsenen sind daher mit Einschränkung der unterschiedlich formulierten Items direkt zu vergleichen.

Instrumente 1: Der Fragebogen zu den kindlichen Ärgerregulierungsstrategien (KÄRST)

Die Konstruktion des KÄRST

Der konzeptuelle Rahmen

Um zu untersuchen, welche Formen der Ärgerregulierung Kinder wählen und welche Veränderungen sich mit dem Alter und der Entwicklung der Kinder ergeben, wurde ein Fragebogen konstruiert, der verschiedene Strategien der Ärgerregulierung enthält. Unmittelbarer Ausgangspunkt für die Konstruktion dieses Fragebogens war der Beitrag von Laux und Weber (1990) zum Handbuch für Emotionsforschung, der fast 50 Jahre Streß- und Bewältigungsforschung unter dem Aspekt der Regulierung von Gefühlen zusammenfaßt. Laux und Weber (1990) unterscheiden zwischen intrapsychischen, aktionalen und expressiven Formen der (emotionalen) Bewältigung von belastenden Ereignissen, konzedieren aber zugleich, daß diese Dreiteilung etwas künstlich ist, läuft die Bewältigung belastender Ereignisse doch oft auf mehreren Ebenen gleichzeitig ab. Vor allem aktionale oder expressive Formen der Bewältigung werden meist von Gedanken vorbereitet, begleitet oder nachbereitet. Intrapsychische Formen der Ärgerregulierung können dagegen gut alleine stehen. Weil Ausdruck und Aushandlung ärgererregender Ereignisse mit deren intrapsychischer Verarbeitung so eng verknüpft sind, wird den intrapsychischen Formen des Umgangs mit Ärger, wie etwa Rachephantasien, Umdeutungen oder Aufmerksamkeitsverlagerungen, im KÄRST ein besonderer Platz eingeräumt. Die aktionalen Formen der Bewältigung umfassen nach Laux und Weber (1990) "Klassiker" der Coping-Forschung, wie etwa die Konfrontation mit dem belastenden Ereignis (z.B. durch aggressive Handlungen), vermeidende Handlungen, die Suche nach Ersatzbefriedigungen, die Suche nach sozialer Unterstützung oder Hilfe sowie problemlöseorientiertes Handeln. Diese Grundformen lassen sich in den meisten Inventaren zur Bewältigung wiederfinden.

Tabelle A 3: Strategien der Ärgerregulierung (nach Laux & Weber, 1990) und entprechende Items im KÄRST*

Nr.	Name der Strategie	Theoretisch zugeordnete KÄRST - Items Stamm: Wenn ich auf ... sauer bin,....
1	Konfrontierendes Verhalten	1. dann brülle oder meckere ich sie an 12. dann schubse, trete oder haue ich sie
2	Aufmerksamkeitslenkung Handlung	2. dann gehe ich weg, um mich nicht mehr so doll zu ärgern 21. dann tue ich etwas, das ich gerne mag, um mich abzulenken
3	Ersatzbefriedigung	13. dann hole ich mir was Schönes zu essen oder zu trinken 22. dann gehe ich, wenn ich kann, in den Laden und kaufe mir etwas
4	Soziale Unterstützung suchen	4. dann erzähle ich einem Kind, das ich gerne mag, was mich sauer gemacht hat, und quatsche mich mit ihm oder ihr aus 16. dann frage ich ein anderes Kind, ob es mir helfen kann oder mit mir spielen will
5	Erklären und verhandeln	6. dann gehe ich zu ihr hin und erkläre ihr ohne Vorwürfe, warum ich sauer bin 17. dann rede ich ganz ruhig mit ihr und frage sie, ob wir uns jetzt wieder vertragen wollen
6	Sich abwenden (vom Verursacher)	10. dann behandle ich sie wie Luft 14. dann rede ich erstmal eine ganze Weile nicht mehr mit ihr
7	Intrige mit Dritten	9. dann sage ich den anderen Kindern, daß sie nicht mehr mitmachen soll 15. dann erzähle ich den anderen Kindern etwas Gemeines über sie
8	Aufmerksamkeitslenkung-Gedanken	8. dann versuche ich, an etwas anderes zu denken 18. dann versuche ich, die Sache möglichst schnell zu vergessen
9	Rachegedanken	19. dann denke ich mir aus, wie ich ihr eins auswischen kann 5. dann stelle ich mir in Gedanken vor, daß ich groß bin und es ihr heimzahle
10	Humor	3. dann fange ich bald an zu lachen, weil das Ganze doch eigentlich lustig ist 25. dann fällt mir ein, daß die Sache auch witzig ist
11	Seinen eigenen Anspruch zurücknehmen	11. dann fällt mir sofort ein, daß sie eigentlich recht hatte 20. dann ärgere ich mich bald über mich selbst, weil ich mir eigentlich denken könnte, daß sie so ist 24. dann sage ich mir selbst, daß ich mich nicht so wichtig nehmen soll
12	Abwertende Gedanken (über den Verursacher)	7. dann sage ich mir selbst, daß sie so doof ist, daß es sich eigentlich gar nicht lohnt, sauer auf sie zu sein 23. dann denke ich mir, daß man sie eigentlich gar nicht so ernst nehmen kann

* Fassung für Mädchen

Die von Laux und Weber (1990) beschriebenen Formen der Bewältigung lassen sich indessen nicht nur einsetzen, um mit belastenden Situationen fertig zu werden, sondern können im Prinzip auch genutzt werden, um den eigenen Ärger zu mildern. Bei der Übertragung der Bewältigungsformen auf die Regulierung von Ärger ergeben sich jedoch einige Besonderheiten, so etwa die Frage, ob die "Suche nach sozialer Unterstützung oder Hilfe" vor allem der eigenen seelischen Entlastung dient oder ob hier die "Intrige" im Vordergrund steht. Eine weitere Form der Ärgerregulierung, die sich recht häufig bei Konflikten beobachten läßt, sind Ausdrucksformen der Verachtung. Sowohl bei Auseinandersetzungen unter Kindern (v. Salisch, 1991a) als auch bei Streitgesprächen unter Erwachsenen (Steimer-Krause & Krause, 1990) war die verächtliche Miene mit etwa 10% aller Ausdrucksformen die häufigste unter den im Gesicht gezeigten negativen Grundemotionen. Daher werden auch abwertende Gedanken als intrapsychische Form der Ärgerregulierung aufgenommen. Weitere ärgerspezifische Formen der Bewältigung sind Phantasien der Rache oder der Vergeltung sowie Gedanken, in denen der durch den Ärger angemeldete Anspruch sofort zurückgenommen wird. Typische Anzeichen für letzteres sind Selbstinstruktionen, wie "ich sollte mich nicht so wichtig nehmen" oder "das hätte ich doch gleich wissen können, daß er oder sie so etwas sagt oder tut". Insgesamt wurden auf diese Weise die zwölf Strategien zur Regulierung von Ärger identifiziert, die in Tabelle A 3 wiedergegeben sind. Manches Verhalten läßt sich allerdings in mehr als eine Strategie einordnen. Schwierigkeiten dieser Art liegen in der Natur dieses Fragebogens (und der Bewältigungsforschung insgesamt), nämlich Verhalten in Hinblick auf seine Funktionen zu ordnen. Verhalten verfolgt oft mehr als ein Ziel, hat mehr als eine Funktion (Laux & Weber, 1993). Dennoch beschreiben die zwölf Strategien eine breite Palette von expressiven, aktionalen und intrapsychischen Formen der Ärgerregulierung.

Formulierung und Erprobung des KÄRST

Aus diesen Überlegungen heraus wurden zu den zwölf theoretisch angenommenen Strategien der Ärgerregulierung Items formuliert. Bei der Formulierung der Items wurde Wert darauf gelegt, Worte zu wählen, die schon Kinder im Grundschulalter verstehen können. Dies war nicht ganz einfach, da das Ziel war, auch für intrapsychische Sachverhalte eine Sprache zu finden, die einerseits präzise genug ist, um die entsprechenden Phänomene zu erfassen, und andererseits am Alltagsverständnis der Kinder anknüpft. Der KÄRST wurde in einer ersten Fassung von 31 Items N = 38 Kindern aus Studie 1 gegeben. Eine offene Frage danach, was das Kind meistens tut, wenn es "sauer" ist, erbrachte keine weiteren Strategien. Nach konzeptueller Klärung und sprachlicher Überarbeitung wurde der Fragebogen erneut einer Gruppe von Kindern vorgelegt. Nach diesem zweiten Durchgang wurden weitere Formulierungen vereinfacht. Die Beobachtung, daß die Aufmerksamkeitsspanne von jüngeren Grundschulkindern doch recht beschränkt ist, veranlaßte mich, den Fragebogen auf zehn Strategien zu kürzen, die in 25 Items abgefragt werden. Die dritte Fassung des KÄRST, die den Kindern aus Studie 3 vorgegeben wurde, ist in Abbildung A 1 und Tabelle A 3 abgedruckt.

Die Gestaltung des KÄRST

Wie in Abbildung A 1 zu sehen ist, trug der KÄRST die Überschrift "Was ich tue, wenn ich sauer bin". Die Darbietung der Items war möglichst einfach. Um die Kinder daran zu erinnern, daß es um ihre Regulierung von Ärger innerhalb einer konkreten Freundschaft ging, fing jedes Item mit dem Satz "Wenn ich auf ...... sauer bin" an. In die Punktreihe sollten die Kinder den Namen ihres Freundes oder ihrer Freundin eintragen. Gefragt wurde, wie häufig das Kind die beschriebene Strategie in dieser Freundschaft einsetzte. Für die Häufigkeiten waren vier (große) Kästchen vorgesehen, die mit "fast immer", "manchmal", "selten" oder "nie" überschrieben waren. Die Kinder mußten also nur noch ihr Kreuz an der richtigen Stelle machen. Da in diesem Alter fast ausschließlich gleichgeschlechtliche Kinder miteinander befreundet sind (Oswald, Krappmann, Chowdhuri & v. Salisch, 1986), gab es zwei Formen des Fragebogens, die außer in den grammatikalischen Formulierungen identisch waren. Jungen wurden nach ihrer Ärgerregulierung gegenüber einem Freund, Mädchen nach ihrem Umgang mit Ärger gegenüber einer Freundin gefragt.

Abbildung A 1: Titelblatt und Beispielitem des KÄRST

Geheimnummer:

Was ich tue, wenn ich sauer bin

Manchmal ist man sauer auf jemanden. Was kannst Du aber dann tun? Mich interessiert besonders, was Du machst, wenn Du sauer auf Deinen Freund bist.
Trage also bitte zuerst auf der Linie den Namen Deines Freundes ein.
Überlege dann, was Du tust, wenn Du auf ihn sauer bist. Hier sind eine Reihe von Dingen aufgeführt, die man tun kann, wenn man sauer ist. Wenn Du dies fast immer machst, wenn Du auf Deinen Freund sauer bist, kreuze bitte das Kästchen unter der "3" an, wenn Du dies nur manchmal tust, kreuzt Du das Kästchen unter der "2" an. Wenn Du es selten tust, machst Du ein Kreuz unter der "1" und wenn Du es noch nie getan hast, unter der "0".
Da jedes Kind ein bißchen anders ist, gibt es hier keine richtigen oder falschen Antworten. Die Antworten zeigen nur, was Du persönlich machst, wenn Du sauer bist.
Wenn Du diese Fragen ehrlich beantwortest, können wir am besten herausfinden, was Kinder machen, wenn sie sauer sind. Deine Antworten auf diese Fragen wird niemand außer uns sehen. Deshalb kannst Du ruhig schreiben, wie es wirklich ist.

Wie heißt Dein Freund?

Mein Freund heißt............

1. Wenn ich auf .... sauer bin, brülle oder neckere ich ihn an.

3 fast immer	2 manchmal	1 selten	0 nie

2. Wenn ich auf .... sauer bin, gehe ich weg, um mich nicht mehr so doll zu ärgern.

3 fast immer	2 manchmal	1 selten	0 nie

Daß die Ärgerregulierung in der Beziehung zu einem konkreten, namentlich benannten Freund untersucht wurde, kommt zum einen dem kindlichen Bedürfnis nach Konkretheit entgegen. Von den Kindern wird nicht verlangt, ihre Ärgerreaktionen über mehrere (oft qualitativ verschiedene) Freundschaften zu "mitteln" oder sich ihr Verhalten gegenüber einem fiktiven "Durchschnittsfreund" vorzustellen, was zudem einige Abstraktionsfähigkeit voraussetzt. Stattdessen werden sie gebeten, zu beschreiben, was sie in einer einzigen real existierenden Freundschaft denken und tun. Zum anderen ist zu erwarten, daß die Einbettung der Ärgerregulierung in eine real existierende Freundschaft zu einer größeren Validität der Anworten der Kinder führt. Die Angabe eines konkreten Kontextes macht die Auskünfte der Kinder glaubwürdiger, auch wenn sie durch die Spezifika dieser einen Freundschaft gefärbt sind. Ein weiterer Vorteil der Einbettung in eine konkrete Freundschaft besteht darin, daß sich die Selbstauskünfte der Kinder dadurch absichern lassen, daß sie mit der Fremdsicht des betreffenden Freundes verglichen werden, also mit den Antworten des Freundes auf die Frage: "Was tut Dein Freund, wenn er sauer auf Dich ist?". Dies gilt naturgemäß nur für jene Strategien, die auf der Handlungsebene liegen, also für andere zu beobachten sind. Da sich die Kinder meist über mehrere Jahre kennen und die Ärgerreaktionen sie selbst betreffen, dürften sie mit den Verhaltensweisen ihrer Freundinnen und Freunde wohlvertraut sein. Ein Vergleich von Selbst- und Fremdbericht zur Ärgerregulierung ist ebenso wie die sehr zufriedenstellenden psychometrischen Kennwerte des KÄRST (Faktorenstruktur, Test-Retest-Reliabilität, interne Konsistenz, soziale Erwünschtheit) in v. Salisch und Pfeiffer (1998) nachzulesen.

Instrumente 2: Das Ärgertagebuch

Das Ärgertagebuch

Um Basisdaten zur Häufigkeit des Ärgererlebens und der Art des Ausdrucks bei Schulkindern zu erheben, wurde das Tagebuch entworfen, das in Abbildung 5.1 abgedruckt ist. Die Kinder von Studie 1 und die Laborstichprobe von Studie 3 wurden gebeten, dieses Ärgertagebuch auszufüllen, das auf ihre besondere Familienkonstellation zugeschnitten wurde. In dem Tagebuch war Platz für alle Geschwister, die zu dem Zeitpunkt in der Wohnung des Zielkindes wohnten, für die Mutter, den Vater, zwei (gleichgeschlechtliche) Freunde, je einen gleichgeschlechtlichen und einen gegengeschlechtlichen Peer, Lehrer sowie für sonstige Personen. Jeden Tag trugen die Kinder ein, über welche dieser Personen sie sich an diesem Tag geärgert hatten, wie "sauer" sie auf sie gewesen waren ("ein bißchen sauer", "mittel sauer" oder "sehr sauer") und wie deutlich sie diesem Verursacher gezeigt hatten, daß sie ärgerlich waren ("gar nicht", "ein bißchen" oder "deutlich"). Für jeden Tag war eine neue Seite vorgesehen. Auf der Rückseite der Tagebuchseite wurden die Kinder gebeten, als Gedächtnisstütze zwei oder drei Stichworte über das Ärgererlebnis zu notieren, weil die im Tagebuch festgehaltenen Ereignisse die Grundlage für das nun folgende Ärger-Folgen-Interview bildeten.

Instrumente 3: Das Ärger-Folgen-Interview

Konzeptueller Rahmen des Ärger-Folgen-Interviews

Um die Regulierung von Ärger nicht hypothetisch, sondern in Situationen zu untersuchen, die für die Kinder wirklich bedeutsam sind, gingen die Interviewerinnen mit den Kindern die Ärgererlebnisse durch, die sie in ihrem Ärgertagebuch notiert hatten. Aus den Ärgererlebnissen, die die Kinder in der letzten Woche aufgeschrieben hatten, wurde eines ausgewählt, das in einer Freundschaft vorgefallen war. Im Mittelpunkt des nun folgenden halbstrukturierten Interviews standen Situationen, in denen das Kind im Tagebuch eingetragen hatte, daß es auf den Freund oder die Freundin "etwas" oder "sehr sauer" gewesen sei, dieses Gefühl diesem Kind aber "gar nicht" oder nur "etwas" gezeigt hatte. Nachdem das Zielkind noch einmal genau erzählt hatte, was vorgefallen war, wurde es gefragt, was gewesen wäre, wenn es seinen Ärger dem befreundeten Kind, das ihn verursacht hatte, doch oder deutlicher gezeigt hätte. Ausgehend von einer realen Situation, in der das Kind seinen Ärger im Ausdruck maskiert hatte, wurden in diesem Interview die Folgen erkundet, die es vorhersah, wenn es anders gehandelt hätte. Gefragt wurde nach den Folgen, die das Kind vorhersieht, wenn es seinen Ärger dem anderen Kind gezeigt hätte, und zwar in Hinblick auf:

(a) die Reaktion des verursachenden Kindes,

(b) die Beurteilung des Ärgerausdrucks im eigenen Selbst,

(c) die Bewertung des Ärgerausdrucks durch die Mutter und

(d) die Bewertung des Ärgerausdrucks durch einen Freund oder eine Freundin, der oder die mit der Ärgergeschichte nichts direkt zu tun hatte.

In Anlehnung an das Vorgehen bei Fuchs und Thelen (1988) wurden die offen explorativen Fragen durch Tafeln unterstützt, auf denen die Kinder ihre Einschätzungen auf fünfstufigen Skalen abgaben. Der Leitfaden des Ärger-Folgen-Interviews ist in Abbildung A 2 abgedruckt.

Abbildung A 2: Der Leitfaden des Ärger-Folgen-Interviews

Interview zur Ärgerverkleinerung

Vorbereitung: Ärgertagebuch 7 Tage lang ausfüllen

1. Wie sauer fühlst du dich jetzt? (Tafel mit 5 Blitzen)

1	2	3	4	5	9
überhaupt nicht sauer	ein bißchen sauer	mittelstark sauer	ziemlich sauer	sehr sauer	nicht gefragt

Fortsetzung nächste Seite

Beispiele für sehr sauer, mittelstark sauer. Was machst du dann?

Auswahl der Geschichte aus dem Tagebuch nach folgenden Kriterien:
1. Ärger auf Freund/Freundin (gleichgeschlechtlich) oder Geschwister (nicht mehr als 5 Jahre älter oder jünger als Zielkind)
2. Ärger wurde Verursacher gar nicht (oder nur etwas) gezeigt, auf jeden Fall deutlich weniger intensiv, als das Gefühl innerlich empfunden wurde
3. Ärger steht als Emotion im Vordergrund (nicht Enttäuschung, Neid, Eifersucht etc.)
4. Wenn möglich, Geschichte auswählen, in der andere (z.B. Eltern oder andere Peers) nicht in die Verhandlung des ärgerprovozierenden Erlebnisses eingreifen. Wenn möglich, Geschichte ohne Zuschauer (wg. Selbstdarstellung).

Tagebuch Ärger fühlen:	1 etwas	2 mittel	3 sehr	9 n.i.Tag.
Ärger fühlen(o.Tageb.):	1 etwas	2 mittel	3 sehr	8 entfällt
Tagebuch Ärger zeigen:	1 nicht	2 etwas	3 deutl.	9 n.i.Tag.
Ärger zeigen (o.Tageb.):	1 nicht	2 etwas	3 deutl.	8 entfällt
Tagebuch Zeitabstand:	1 sofort	2 später	3 nie	9 n.i.Tag.
Zeitabstand (o.Tageb.):	1 sofort	2 später	3 nie	8 entfällt

Überlege einmal, gab es in der letzten Zeit eine Situation, in der du über (Freund/Freundin, Bruder/Schwester) so richtig sauer warst, es ihm oder ihr aber nicht gezeigt hast?

3. Wie war das?

4. Verursacher-Geschlecht

      1 Junge   2 Mädchen

5. Verursacher-Beziehung

      1 Freund/Freundin
      2 Bruder/Schwester
      3 Kind aus Klasse, anderes Kind
      4 Erwachsener

6. Verursacher-relatives Alter

      1 älter als Zielkind
      2 jünger als Zielkind
      3 gleich alt wie Zielkind

7. Zuschauer dabei

      1 ja
      2 wahrscheinlich ja
      3 nein
      4 wahrscheinlich nein
      9 nicht gefragt

Fortsetzung nächste Seite

8. Zuschauer

    1 nur andere Kinder
    2 andere Kinder u. and. Erwachsene (Eltern)
    3 nur andere Erwachsene (Eltern)
    8 nicht anwendbar, weil keine Zuschauer

9. Zuschauer Eingreifen

    1 ja, Erwachsene (Eltern)
    2 ja, nur andere Kinder
    3 nein
    8 nicht anwendbar, weil keine Zuschauer
    9 nicht erfragt

10./11. Andere Gefühle erwähnt (2 Var.)

    1 Enttäuschung
    2 Neid
    3 Eifersucht
    4 Trauer
    5 Verachtung
    6 Angst, Sorge
    7 Beleidigt
    9 keine anderen Gefühle erwähnt

12./13. Andere Gefühle denkbar (Ratereinschätzung; 2 Var.)

    1 Enttäuschung über _____
    2 Neid auf _____
    3 Eifersucht auf _____
    4 Trauer über _____
    5 Verachtung über _____
    6 Angst, Sorge über _____
    7
    9 keine anderen Gefühle denkbar

14. Wie sauer fühlst du dich jetzt? (Tafel mit 5 Blitzen)

1	**2**	**3**	**4**	**5**	**9**
überhaupt nicht sauer	**ein bißchen sauer**	**mittelstark sauer**	**ziemlich sauer**	**sehr sauer**	**nicht gefragt**

> **Jetzt stell Dir einmal vor, daß du deinen Ärger doch (mehr, deutlicher) gezeigt hättest. Was hättest du dann gesagt oder getan?**

15. Was hätte (FreundIn/Bruder/Schwester) getan, wenn du ihm/ihr gezeigt hättest, wie sauer du innerlich warst? Was hätte er/sie gesagt?

nicht gefragt (9)

Fortsetzung nächste Seite

16. Was hätte er/sie gedacht?

nicht gefragt (9)

17 Hätte er/sie deinen Ärger hinter deinem Rücken an andere Kinder weitererzählt?

1	2	3	4	9
ja, bestimmt	vielleicht	wahrscheinlich nicht	sicher nicht	nicht gefragt

18 Wie sauer hätte er oder sie reagiert, wenn du ihm oder ihr gezeigt hättest, wie sauer du innerlich warst? (Tafel mit Blitzen)

1	2	3	4	5
überhaupt nicht sauer	ein bißchen sauer	mittelstark sauer	ziemlich sauer	sehr sauer

19 Mit manchen FreundInnen/Geschwistern kann man gut über das reden, was einen sauer gemacht hat, mit anderen kann man weniger gut reden. Wie gut könntest du mit (FreundIn/Geschwister) über das reden, was dich sauer gemacht hat? (Tafel mit Kreisen)

1	2	3	4	5
überhaupt nicht gut	ein bißchen gut	mittel gut	ziemlich gut	sehr gut

20 Wie hättest du dich gefühlt, wenn du ihm/ihr doch (deutlicher) gezeigt hättest, wie sauer du innerlich warst? Gedankenpause
Was wäre dann gewesen? Was hättest du gefühlt oder gedacht?
Wenn nichts kommt: **Hättest du dich eher "gut" oder eher "schlecht" gefühlt? Was wäre dir so durch den Kopf gegangen?**

Gefühlszustand, in Richtung **"nicht gut"** explorieren, z.B. durch

Hast Du kein Recht gehabt, sauer zu sein?
Hättest du das Gefühl gehabt, daß du dich zu wichtig nimmst?

Hättest du gedacht, daß du etwas bei ihm/ihr kaputt machst?
Hättest du gedacht, daß er/sie dich dann nicht mehr mag?
Hättet ihr euch auch wieder vertragen können?

Hättest du Angst gehabt, daß du dann noch viel mehr sauer wirst?
Hättest du Angst gehabt, daß du so sauer wirst, daß du dich nicht mehr einkriegen könntest? (ausrasten)
Hättest du Angst gehabt, daß du dich hinterher komisch (schlecht) fühlen würdest?

keine Kosten erwähnt	mind. 1xKosten	nicht gefragt
1	2	9

Fortsetzung nächste Seite

Kind denkt, daß in dieser Situation:

Kate-gorie	Inhalt	Ja Satz	Nein Satz	nicht gefr.	Ja o.S.	Nein o.Satz
KSE1A	es kein oder nur ein bißchen Recht hat, ärgerlich zu werden					
KSE1B	es zu anspruchsvoll ist, sich zu wichtig nimmt					
KSE2A	sein Ärger stärker wird					
KSE2B	sein Ärger-Empfinden negativ zu bewerten ist					
KSE3A	seine Ärger-Reaktionen stärker als angemessen ausfallen könnte					
KSE3B	es sich vielleicht nur schwer wieder einkriegen könnte					
KSE4	es sich hinterher komisch (schlecht) fühlen könnte					
KVE1	der Verursacher negativ reagiert, z.B. es haut, es weiter aufzieht					
KVE2A	es den Verursacher verletzen könnte (es etwas bei ihm kaputt machen könnte)					
KVE2B	es den Verursacher ungerecht behandelt					
KVE3A	der Verursacher es dann nicht mehr mag					
KVE3B	der Verursacher sich von ihm trennt					
KBE1	der Streit eskaliert, die Beziehung darunter leidet					
KDR1	es sich vor anderen Kindern lächerlich macht					
KDR3	die Eltern es bestrafen					
KSA1	es sowieso nichts nützt, um etwas am Gegenstand des Ärgers zu ändern					

andere Kosten, und zwar:

Kind wörtlich - gute Zitate? (mit Bandnummer)

Gefühlszustand, in Richtung **"froh"** (gut, erleichtert o.ä.) explorieren, z.B. durch

Hättest du dich auch ein bißchen froh gefühlt?

Wärst du dann froh gewesen, daß du keine Wut mehr im Bauch hättest?
Wärst du dann froh gewesen, weil du dich in der Sache durchgesetzt hättest?
Wärst du dann froh gewesen, weil du ihr ehrlich gezeigt hättest, wie dir zumute war?

keinen Nutzen erwähnt   mind. 1x Nutzen   nicht gefragt
      1   2   9

Fortsetzung nächste Seite

Kind wäre froh, weil

Kate-gorie	Inhalt	Ja Satz	Nein Satz	nicht gefr.	Ja o.S.	Nein o.Satz
NSE1	es seinen Ärger rausgelassen hätte, keine Wut mehr im Bauch hätte					
NSE2	es ein Recht hat, ärgerlich zu sein, den eigenen Anspruch oder das eigene Empfinden positiv bewertet					
NSE3	es an Selbstwert gewinnt, es Lust an der Provokation hat					
NVE1	der Verursacher informiert ist, er weiß, woran er ist					
NVE2	nun eine Chance besteht, daß der Verursacher sich ändert					
NBE1	Offenheit und Ehrlichkeit ein Wert in der Beziehung sind (Vertrauensbeweis)					
NDR1	es sich gegen Übergriffe wehrt, nicht vor Dritten als jemand dasteht, der sich alles gefallen läßt					
NSA1	nun die Möglichkeit besteht, daß sich in der Sache etwas mehr nach den eigenen Wünschen ändert					

anderer Nutzen, und zwar:

Kode

Kind wörtlich: gute Zitate (mit Bandnummer)

21 Hast du deiner Mutter davon erzählt? Was hat sie gesagt (oder getan)?
(weiter mit Frage 24)
Wenn nicht erzählt: **was hätte sie gesagt oder getan?**

1 erzählt   2 nicht erzählt   9 Frage nicht gefragt

22 Wenn nicht erzählt: **Würde sie dir zuhören, wenn du ihr erzählen würdest, was dich an deinem Freund/Freundin geärgert hat?**

1	2	3	4	8	9
ja, bestimmt	viel-leicht	wahrschein-lich nicht	sicher nicht	ent-fällt	nicht gefragt

23 Wenn wahrscheinlich nicht oder sicher nicht zuhören: **Hättest du gerne, daß sie dir zuhört, wenn du ihr so etwas erzählst?**

1	2	3	8	9
das hätte ich gerne	nein, das ist schon o.k. so	weiß nicht	entfällt	nicht gefragt

Fortsetzung nächste Seite

24 Hat sie dir recht gegeben, als du ihr diese Geschichte erzählt hast?
Würde sie dir recht geben, wenn du ihr diese Geschichte erzählen würdest?

1	2	3	4	5	9
überhaupt nicht recht	ein bißchen recht	teils teils	ziemlich recht	völlig recht	nicht gefragt

25 Wie verständnisvoll (freundlich) war sie zu dir?
Wie verständnisvoll (freundlich) wäre sie zu dir gewesen?
(Tafel mit lächelnden Gesichtern)

1	2	3	4	5
überhaupt nicht verständnisvoll	ein bißchen	mittel	ziemlich	sehr verständnisvoll

26 Und nun die letzte Frage:
Kannst du dir vorstellen, daß du nur etwas sauer bist, aber anderen Leuten vormachst, daß du sehr sauer bist? Hast Du das schon einmal gemacht?

1	2	3	9
ja, mit Beispiel	ja, ohne Beispiel	nein	nicht gefragt

Die Auswahl der Ärgergeschichten

Um die Ärgererlebnisse der Kinder besser vergleichen zu können, wurden aus den 64 (Studie 1) bzw. 96 (Studie 3) Geschichten, die die Kinder erzählten, 24 (Studie 1) bzw. 67 (Studie 3) Schilderungen ausgewählt. Diese Berichte erfüllten die folgenden vier Kriterien (die Anzahl der Geschichten, die diese Kriterien nicht erfüllten und deshalb aus den Auswertungen ausgeschlossen wurden, steht jeweils in Klammern dahinter):

(1) Der Ärger richtete sich auf einen Freund oder eine Freundin, der oder die möglichst das gleiche Geschlecht wie das Zielkind hatte (Studie 1: 29[3]; Studie 3: 14).

(2) Der Ärger wurde dem Freund oder der Freundin gar nicht (oder nur etwas) gezeigt, auf jeden Fall weniger intensiv, als das Gefühl innerlich empfunden wurde (Studie 1: 8; Studie 3: 7).

(3) Im Vordergrund stand die Emotion Ärger und nicht damit verwandte Gefühle, wie Enttäuschung, Eifersucht oder ähnliches (Studie 1: 1).

(4) Eltern oder andere Erwachsene griffen nicht direkt in den Prozeß der Aushandlung des ärgerprovozierenden Ereignisses mit dem anderen Kind ein (Studie 1: 1; Studie 3: 1).

Insgesamt wurden die Ärgerepisoden, die von 40 (Studie 1) bzw. 29 (Studie 3) Kindern berichtet wurden, ausgeschlossen, weil sie den eben genannten Kriterien

---

3 In den Interviews in Studie 1 und Studie 3 wurde auch über Ärgererlebnisse mit einem Geschwisterkind berichtet, allerdings in deutlich abweichenden Anteilen. Um eine bessere Vergleichbarkeit der beiden Studien zu gewährleisten, wurden daher aus beiden Studien nur jene Erlebnisse ausgewählt, bei denen die Kinder auf ihre Freundinnen bzw. Freunde "sauer" gewesen waren.

nicht entsprachen (Studie 1: 39; Studie 3: 22), weil das Tonband nicht funktionierte (Studie 1: 1), weil keine passende Geschichte zu finden war (Studie 3: 2) oder weil keine Daten zu Alter, Geschlecht, Selbstwert oder sozialer Erwünschtheit aus der Schuluntersuchung vorlagen (Studie 3: 5).

Die Kodierung der für das Selbst antizipierten Folgen des Ärgerausdrucks

Die Kinder wurden über eine Situation befragt, bei der sie dem/der Freund/in, der/die sie geärgert hat, nicht (oder nur etwas) gezeigt haben, wie "sauer" sie auf ihn/sie waren. Sie wurden gefragt: "Was wäre, wenn du ihm oder ihr deinen Ärger gezeigt hättest?" Die hier untersuchte Anschlußfrage lautete: "Wie hättest du dich dir selbst gegenüber gefühlt, wenn du X (Name des Freundes oder der Freundin) deinen Ärger gezeigt hättest?" Angeregt durch Überlegungen zur Verhaltensökonomie (Schönpflug & Battmann, 1991) werden antizipierte positive Folgen im folgenden "Nutzen" genannt, antizipierte negative Folgen "Kosten". Weil die Begründungen nur minimal voneinander abweichen, werden die Kosten des Ärgerausdrucks mit den Nutzen gleichgesetzt, die aus dem Verbergen des Ärgers resultieren. Umgekehrt werden auch die Nutzen des Ärgerausdrucks mit den Kosten gleichgesetzt, die bei der Maskierung des Ärgers entstehen. Da sich die Fragen auf den Ausdruck von Ärger in einer Situation bezogen, in der die Kinder dieses Gefühl verborgen oder überspielt hatten, bezogen sich fast alle Antworten auf die Kosten und Nutzen, die entstehen, wenn sie ihr Gefühl des Ärgers mitgeteilt hätten. Die in Abbildung A 3 abgedruckte Kurzfassung des Kodemanuals verdeutlicht, daß die Kinder die Folgen ihres Ärgerausdrucks in fünf verschiedene Richtungen konzeptualisierten, und zwar

- in Hinblick auf *das eigene Selbst*, also in Hinblick auf Fragen, die die Legitimität des Empfindens des Ärgergefühls und die Art des Ausdrucks zum Inhalt hatten;
- in Hinblick auf *den Freund* und dessen mögliche Reaktionen;
- in Hinblick auf *die Freundschaft* zwischen dem Kind und seinem Freund, insbesondere auf die Einhaltung oder Verletzung von Freundschaftsnormen;
- in Hinblick auf *unbeteiligte Dritte* wie etwa die Anwesenheit von Peers oder anderen Personen, aber auch in Hinblick auf die Einbeziehung von strafenden Eltern;
- in Hinblick auf *die Sache*, die man durch den Ausdruck seines Ärgers in seinem eigenen Sinne beeinflußt oder nicht.

Zu jeder dieser fünf Richtungen wurden negative und positive Erwartungen, also Kosten und Nutzen, formuliert. Insgesamt resultierte ein Auswertungsschema mit 37 Kodes, von denen sich allerdings 10 auf Restkategorien ("Sonstiges") bezogen. Für diese Kodes wurde ein Kodemanual mit Textbeispielen hergestellt, das auch ausführt, welche Aussagen der Kinder überhaupt als "gültig" anzusehen sind. Bezüglich der Auswahl gültiger Kinderantworten erzielten die zwei Kodiererinnen aus Studie 1 eine Übereinstimmung von 80% über alle Interviews. Bei der Kodierung des gesamten Materials mit Hilfe der 37 inhaltlichen Kodes erreichten die beiden Kodiererinnen eine Übereinstimmung von 83,5%; Cohens Kappa lag bei 82,6. Bei der gemeinsamen Kodierung von 25% der Interviews aus Studie 3 lag die Übereinstimmung zwischen zwei weiteren Kodiererinnen bei 96% (Cohens Kappa = .96). Angesichts des recht umfangreichen Kodiersystems sind das sehr zufriedenstellende Ergebnisse. Alle Nicht-Übereinstimmungen wurden zwischen den Kodiererinnen verhandelt.

Abbildung A 3: Kurzfassung des Kodemanuals über die für das Selbst antizipierten Folgen des Ärgerausdrucks

1.9.94	KOSTENSEITE	
Selbst:	*Kosten ausgelebter Ärger*	*Nutzen verkleinerter Ärger*
KSE1A	Das Kind zweifelt in der konkreten Situation an seinem Recht, Ärger zu empfinden.	Das Kind freut sich, sein Selbstbild als "nicht ärgerlich", "nicht ärgerbar"
KSE1B	Das Kind fürchtet, daß es zu anspruchsvoll oder zu mäkelig wäre oder sich zu wichtig nähme, wenn es in dieser Situation Ärger empfinden würde.	oder "nicht anspruchsvoll" gewahrt zu haben.
KSE2A	Das Kind hätte ein sehr intensives Ärgerempfinden oder sein Ärgergefühl würde verstärkt.	Das Kind fühlt sich gut, weil es nicht noch ärgerlicher wird.
KSE2B	Das Kind findet Ärgergefühle und Streiten im allgemeinen nicht gut, nicht richtig. Das Ärgerempfinden wird negativ bewertet.	Das Kind möchte sein Gebot, Ärger nicht zu empfinden, erfüllen.
KSE3	Das Kind hätte Angst, mehr Ärger zu zeigen, als es für angemessen hält (Ärgerausdruck zu stark). Es hätte Angst, die Kontrolle über sich (sein Handeln) zu verlieren; es befürchtet "auszurasten", "auszuflippen", sich hineinzusteigern".	Das Kind freut sich, nur so viel Ärger zu zeigen, wie es für angemessen hält.
KSE4	Das Kind würde sich hinterher "komisch" (schlecht im Sinne von Schuldgefühlen) fühlen.	Das Kind fühlt sich gut, kein Schuldgefühl haben zu müssen.
KSE5	Das Kind fürchtet andere Kosten in Hinblick auf das Selbst.	Das Kind sieht andere Nutzen in Hinblick auf das Selbst.
KSE6	Das Ärgerempfinden ist für das Kind unerträglich, weil es sich verletzt, gekränkt, beleidigt oder hilflos (usw.) fühlt.	
Verursacher:		
KVE1	Das Kind befürchtet, beim Verursacher ins Leere zu laufen, weil er Ausreden hat, man bei ihm nichts bewirken kann. Der Verursacher des Ärgers könnte negativ reagieren: wütend werden, das Kind ablehnen, abwerten, hauen, es aufziehen oder sich lustig machen, sich zeitl. begrenzt abwenden, beleidigt sein, später Rache nehmen o. das Kind hereinlegen.	Das Kind sieht es als nützlich an, "fruchtlose Debatten" zu vermeiden. Es freut sich, daß es vom Verursacher nicht weiter geägert werden kann (es z.B. nicht aufgezogen, gehauen wird oder Rache zu befürchten hat).
KVE2	Das Kind fürchtet, den Verursacher zu verletzen oder ungerecht zu behandeln (Schuldgefühle werden nicht erwähnt oder abgestritten).	Das Kind fühlt sich gut, Rücksichtnahme auf den Verursacher gezeigt zu haben.
KVE3	Das Kind fürchtet, wenn es seinen Ärger zeigen würde, würde es den Verursacher "für immer" verlieren.	Das Kind freut sich, daß es den Verursacher nicht "für immer" als Freund verliert.
KVE4	Das Kind befürchtet andere Kosten in Hinblick auf den Verursacher, wenn es seinen Ärger zeigen würde.	Das Kind sieht andere Nutzen in Hinblick auf den Verursacher, z.B. sein "Mögen" des Verursachers wird nicht in Frage gestellt.
KVE5	Das Kind befürchtet, den Verursacher zu überfordern, indem es sich nicht ausreichend erklärt oder ihm als zu bedrängend, anspruchsvoll, fordernd erscheint.	Das Kind freut sich, eine "Überforderung" des Verursachers vermieden zu haben.
KVE6	Das Kind befürchtet negative Folgen durch Dritte für den Verursacher, wenn es seinen Ärger zeigen würde.	Das Kind freut sich, daß negative Folgen durch Dritte für den Verursacher vermieden wurden.
Beziehung:		
KBE1	Das Kind befürchtet eine Belastung / Verschlechterung der Beziehung.	Das Kind freut sich, eine Belastung / Verschlechterung der Beziehung vermieden zu haben.
KBE2	Das Kind möchte keine seiner Beziehungsnormen verletzen (sonst Schuldgefühle).	Das Kind freut sich über die Einhaltung seiner Beziehungsnormen.
KBE3	Das Kind befürchtet andere Kosten in Hinblick auf die Beziehung.	Das Kind sieht andere Nutzen in Hinblick auf die Beziehung.
Dritte		
KDR1	Das Kind befürchtet, sich vor anderen aus der Gruppe (peers) lächerlich zu machen oder Opfer einer Intrige zu werden, sich zu blamieren.	Das Kind freut sich, "cool" geblieben zu sein, weil dann andere Peers den eigenen Ärger nicht ausnutzen können

Fortsetzung nächste Seite

315

KDR2	Das Kind befürchtet, sich vor Geschwistern lächerlich zu machen.	Das Kind freut sich, daß Geschwister seinen Ärger nicht ausnutzen können.
KDR3	Das Kind befürchtet Sanktionen durch die Eltern.	Das Kind ist froh, von den Eltern nicht bestraft werden zu können.
KDR4	Das Kind befürchtet, sich vor einer weiteren Öffentlichkeit lächerlich zu machen.	Das Kind freut sich, sich in der Öffentlichkeit nicht blamiert zu haben.
KDR5	Das Kind fürchtet andere Kosten in Hinblick auf Dritte.	Das Kind sieht andere Nutzen in Hinblick auf Dritte.
Sache:		
KSA1	Das Kind glaubt, an der Sache nichts ändern zu können oder meint, nur mehr verlieren zu können.	Das Kind freut sich, das Risiko, etwas zu verlieren (es könnte ihm z.B. etwas weggenommen werden), vermieden zu haben.
KSA2	Das Kind befürchtet andere Kosten bezüglich der Sache.	Das Kind sieht andere Nutzen bezüglich der Sache.

	NUTZENSEITE	
Selbst:	*Nutzen ausgelebter Ärger*	*Kosten verkleinerter Ärger*
NSE1	Das Kind würde bei ausgedrücktem Ärgergefühl Entlastung spüren, würde sich besser fühlen, wenn es seine Wut nicht so lange aushalten müßte, sondern sie herauslassen könnte.	Das Kind befürchtet, sich lange zu ärgern, lange "Wut im Bauch" zu haben.
NSE2	Das Kind glaubt, ein Recht zu haben, Ärger zu zeigen, bewertet den eigenen Anspruch oder das eigene Empfinden positiv.	Das Kind würde seine Interessen nicht vertreten sehen, sich als "feige" fühlen.
NSE3	Das Kind äußert Lust an (vorgestellten) aggressiven Handlungen, ohne über Schuldgefühle zu berichten.	Das Kind möchte sich nicht als ohnmächtig erleben oder als jemand, der sich alles gefallen läßt.
NSE4	Das Kind sieht andere Nutzen in Hinblick auf das Selbst.	Das Kind befürchtet andere Kosten in Hinblick auf das Selbst.
Verursacher:		
NVE1	Das Kind sieht einen Nutzen darin, den Verursacher zu informieren, damit er weiß, was dem Kind wichtig ist.	Das Kind befürchtet, den Verursacher über seine Wünsche im unklaren zu lassen.
NVE2	Das Kind sieht eine Chance, daß sich der Verursacher (real) ändert.	Das Kind befürchtet, der Verursacher könnte sich nicht ändern, wenn es seinen Ärger auf ihn nicht zeigt.
NVE3	Das Kind sieht andere Nutzen in Hinblick auf den Verursacher.	Das Kind befrüchtet andere Kosten in Hinblick auf den Verursacher.
Beziehung:		
NBE1	Das Kind sieht in "Offenheit" und "Ehrlichkeit" einen wichtigen Wert für Beziehungen / Freundschaften.	Das Kind möchte seine Beziehungsnorm der "Offenheit" und "Ehrlichkeit" nicht verletzen.
NBE2	Das Kind sieht andere Nutzen in Hinblick auf die Beziehung.	Das Kind befürchtet andere Kosten in Hinblick auf die Beziehung.
Dritte:		
NDR1	Das Kind möchte sich gegen Dritte zur Wehr setzen, nicht wehrlos dastehen, sich als durchsetzungsfähig erleben.	Das Kind befürchtet, vor Dritten als jemand dazustehen, der sich alles gefallen läßt.
NDR2	Das Kind kann sich mit Dritten (u.a. den Eltern) verbünden, wenn es seinen Ärger auf den Verursacher zeigt.	Das Kind befürchtet, von Dritten keine Unterstützung gegenüber dem Verursacher zu erhalten, wenn es seinen Ärger nicht zeigt.
NDR3	Das Kind sieht andere Nutzen in Hinblick auf Dritte.	'Das Kind befürchtet andere Kosten in Hinblick auf Dritte.
Sache:		
NSA1	Das Kind sieht die Möglichkeit, an der Sache etwas nach den eigenen Wünschen zu ändern, wenn es Ärgergefühle ausdrücken würde.	Das Kind befürchtet, daß es in der Sache keinen Erfolg haben würde, sich daran, nichts ändern würde, wenn es seinen Ärger nicht zeigt.
NSA2	Das Kind sieht andere Nutzen bezüglich der Sache.	Das Kind befürchtet andere Kosten bezüglich der Sache.

Tabellen zu Kapitel 5

Tabelle A 5.1: Kovarianzanalysen zur Häufigkeit des Ärgerempfindens bei Mädchen und bei Jungen (Studie 1)

Ärgertagebuch	Jungen N=16 MW	Mädchen N=22 MW	Haupteffekt Geschlecht F	p
gesamt "sauer"*	1.02	1.31	1.5	-
"sehr sauer"	0.42	0.53	0.6	-
"mittel sauer"	0.37	0.41	0.2	-
"etwas sauer"	0.23	0.37	2.0	-

* mittlere Häufigkeit pro Tag
N.B. Alter auspartialisiert

Tabelle A 5.2: Kovarianzanalyse zur Deutlichkeit des Ärgerausdrucks bei Mädchen und bei Jungen (Studie 1)

Ärgertagebuch	Jungen N=16 MW	Mädchen N=22 MW	Haupteffekt Geschlecht F	p
Ärger etwas zeigen*	0.38	0.59	2.3	-
Ärger nicht zeigen	0.30	0.37	0.6	-
Ärger verkleinern	0.32	0.35	0.1	-
Ärger deutlich zeigen	0.34	0.35	0.1	-
Ärger vergrößern	0.21	0.23	0.8	-

* mittlere Häufigkeit pro Tag
N.B. Alter auspartialisiert

Tabelle A 5.3: Geschlechtsunterschiede bei der Erwartung verschiedener Kosten im Ärger-Folgen-Interview (Studie 1)

Art der erwarteten Kosten	Jungen (N=8) Häufigkeit	Mädchen (N=16) Häufigkeit	Phi	p
Kosten in Hinblick auf das Selbst	13%	38%	.26	.10
Kosten in Hinblick auf den Verursacher oder Beziehung	62%	44%	.18	n.s

Tabellen zu Kapitel 6

Tabelle A 6.1: Kovarianzanalysen über den Einfluß des Selbstwertniveaus auf die Ärgerneigung (Studie 3)

Ärgererleben (Tagebuch)	Selbstwert		Haupteffekt	
	niedrig (N=42) MW	hoch (N=19) MW	Selbstwertniveau F	p
gesamt "sauer"*	1.16	1.21	0.70	-
"sehr sauer"	.44	.63	1.88	-
"mittel sauer"	.35	.36	0.01	-
"etwas sauer"	.38	.23	1.34	-

* mittlere Häufigkeit pro Tag
N.B. Alter und soziale Erwünschtheit auspartialisiert

Tabelle A 6.2: Kovarianzanalysen über den Einfluß des Selbstwertniveaus auf die Ärgerneigung (Studie 1)

Ärgererleben (Tagebuch)	Selbstwert		Haupteffekt	
	niedrig (N=14) MW	hoch (N=19) MW	Selbstwertniveau F	p
gesamt"sauer*"	1.31	1.14	0.30	-
"sehr sauer"	.56	.45	0.25	-
"mittel sauer"	.42	.39	0.20	-
"etwas sauer"	.33	.30	0.04	-

* mittlere Häufigkeit pro Tag
N.B. Alter auspartialisiert

Autorenverzeichnis

Winnicott 212
Wünsche 216
Wygotski 101; 266

Y

Youngblade 76; 103; 105
Youniss 18; 86f.; 90; 95; 134; 146f.; 199; 213; 236

Z

Zajonc 26
Zahn-Waxler 66; 71; 91; 115; 120
Zeman 140f.; 161; 163; 184; 200; 263f.
Ziegenhain 57
Zimmermann 133
Zivin 28; 255

Buchtips

Manfred Cierpka (Hrsg.)

Kinder mit aggressivem Verhalten

Ein Praxismanual für Schulen, Kindergärten und Beratungsstellen
1999, 366 Seiten, DM 59,– / sFr. 51,– / öS 431,–
ISBN 3-8017-1150-1

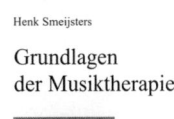

Psychotherapeutisch und pädagogisch orientierte Berufsgruppen sind immer häufiger mit Kindern konfrontiert, die aggressives Verhalten zeigen. Dieses Buch enthält Leitfäden und Materialien, die für die Durchführung von Elternseminaren und interkollegialen Fallsupervisionen sowie zur Familienberatung und -therapie eingesetzt werden können. Eingebettet sind diese praxisorientierten Kapitel in eine zusammenfassende Darstellung der aktuellen Theorienbildung zur Entstehung der Aggression bzw. Gewaltbereitschaft.

Henk Smeijsters

Grundlagen der Musiktherapie

Theorie und Praxis der Behandlung psychischer Störungen und Behinderungen
1999, X/229 Seiten, DM 59,– / sFr. 51,– / öS 431,–
ISBN 3-8017-1189-7

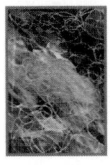

Wie kann mit Musik auf die Gedankenwelt von schizophrenen Klienten eingegangen werden? Wie kann Musik bei geistig behinderten Klienten die kognitiven Funktionen positiv beeinflussen? Das Buch beschäftigt sich ausführlich mit diesen Fragen. Es stellt eine Theorie der Musiktherapie vor und behandelt dazu Kriterien der Indikation und das Konzept der Analogie. Richtlinien zur Behandlung der psychischen Störungen bzw. Behinderungen bieten Musiktherapeuten eine ideale Wissensbasis für ihre praktische Arbeit.

Paul Gilbert

Depressionen verstehen und bewältigen

1999, 310 Seiten, DM 49,80 / sFr. 44,80 / öS 364,–
ISBN 3-8017-1074-2

Dieses Buch wendet sich an Personen, die mehr über Depressionen und ihre Verursachung sowie Möglichkeiten der Selbsthilfe wissen möchten. Es beschreibt mit Hilfe von Fallbeispielen und praxisorientierten Hinweisen wie man Kontrolle über seine Depressionen oder Stimmungstiefs gewinnen kann. Das Selbsthilfeprogramm basiert auf Techniken der Kognitiven Verhaltenstherapie und beschreibt in verständlicher Form, wie negative Denkmuster von den Betroffenen selbst verändert werden können.

Gustav Keller

Lern-Methodik-Training

Ein Übungsmanual für die Klassen 5-10
1999, 102 Seiten, Großformat, DM 59,– / sFr. 51,– öS 431,– • ISBN 3-8017-1315-6

Das Ziel des Trainings ist es, Schülern der Klassen 5 - 10 grundlegende Lernmethoden zu vermitteln, mit denen sie befähigt werden, sich selbstständig Wissen anzueignen. Dazu werden ihnen Strategien der Selbstmotivierung, des Verstehens, Behaltens und Abrufens von Lernstoff, der Problemlösung, des Konzentrierens, der Lernorganisation und der Bewältigung von Misserfolgsängsten an die Hand gegeben. Das Buch enthält u.a. zahlreiche Anleitungen für lernmethodische Grundübungen sowie zusätzliche Materialien für die Elternarbeit.

 Hogrefe - Verlag für Psychologie

Rohnsweg 25, 37085 Göttingen • Tel. 0551/49609-0 • http://www.hogrefe.de